Managementsoziologie

Grundlagen, Praxiskonzepte, Fallstudien

von
Prof. Dr. Eugen Buß
Universität Hohenheim

3., überarbeitete Auflage

Oldenbourg Verlag München

Bibliografische Information der Deutschen Nationalbibliothek

Die Deutsche Nationalbibliothek verzeichnet diese Publikation in der Deutschen Nationalbibliografie; detaillierte bibliografische Daten sind im Internet über http://dnb.d-nb.de abrufbar.

© 2012 Oldenbourg Wissenschaftsverlag GmbH
Rosenheimer Straße 145, D-81671 München
Telefon: (089) 45051-0
www.oldenbourg-verlag.de

Lektorat: Christiane Engel-Haas
Herstellung: Constanze Müller
Titelbild: thinkstockphotos.de
Einbandgestaltung: hauser lacour
Gesamtherstellung: Grafik & Druck GmbH, München

Dieses Papier ist alterungsbeständig nach DIN/ISO 9706.

ISBN 978-3-486-59660-1

Inhaltsübersicht

Inhaltsverzeichnis

Modul 9
Kommunikation: der Pulsschlag modernen Managements 249

Modul 10
Wert-Monitoring – das Scharnier zur Gesellschaft 279

Modul 11
Management in der modernen Gesellschaft   **303**

Modul 12
Der Manager im Spannungsfeld zwischen Unternehmen und Öffentlichkeit   **341**

Literaturverzeichnis   **369**

Abbildungsverzeichnis

Vorwort

*Maxime von Spitzenmanagern: „Und plötzlich
weißt du, es ist Zeit, etwas Neues zu beginnen
und dem Zauber des Anfangs zu vertrauen. "*
(Meister Eckhart)

Es gibt keinen „Königsweg" zum Verständnis moderner Managementprobleme. Die natürliche Anschauung, die es dem Unternehmer vor ein oder zwei Generationen noch leicht gemacht hatte, seine Geschäftswelt zu verstehen, ist in der heutigen Managementpraxis verloren gegangen. Unmöglich, dass heute ein einzelner Manager die Produktentwicklung, die Absatzmärkte, die Bezugsquellen vollständig überblickt. Dafür sind die Technologien zu differenziert, die wirtschaftlichen Abläufe zu vielfältig und die Distanzen zwischen den Funktionsbereichen und den Rängen im Unternehmen zu groß.

Auch die Umwelt ist komplizierter geworden. Wo früher einzelne wenige Gesetze die Verfügungsfreiheit des Managers begrenzten, befindet er sich heute in einem Dickicht, das kein einzelner von ihnen lichten kann. Wo früher der Unternehmer allein entschied, müssen heute Entscheidungen mit den verschiedensten Gremien abgestimmt werden. Wo die veröffentlichte Meinung früher mit wenigen Stimmen sprach, bringt sie sich heute über viele Organe gegenüber den Unternehmen zur Geltung. In dem engmaschiger gewordenen Netz sozialer Beziehungen und rechtlicher Vorschriften können sich Topmanager noch weniger als ihre Vorgänger ohne Assistenz von Dritten bewegen.

Wir sind mit höchst widerspruchsvollen und komplizierten Vorgängen konfrontiert: wechselseitige Beziehungen und Abhängigkeiten über den ganzen Globus, ständig wechselnde soziale Konstellationen zwischen Unternehmen und Öffentlichkeit, unklare und zweideutige Ursachen von betrieblichen Fehlentwicklungen und Managementkrisen: insgesamt ein höchst sensibles, überaus undurchsichtiges und riesiges Räderwerk von Beziehungen, die nur mühselig Schritt für Schritt systematisch aufgearbeitet werden können. Ein „richtiges" Denkmodell zur Erklärung von Managementprozessen gibt es nicht. Weder die betriebswirtschaftliche Betrachtungsweise noch soziologische Denkmodelle erschließen die Vorgänge in ihrer ganzen Breite. Aber die managementsoziologische Perspektive leistet etwas Grundlegendes: sie rückt die ökonomischen „Wahrheiten" in ein etwas anderes Licht und trägt damit zu einem besseren Verständnis unternehmensinterner Vorgänge bei.

Management bedeutet nämlich in der Regel eine Kultur des Abwägens zwischen Kapitalrendite und gesellschaftlicher Verantwortung. Die Professionalisierung von Managementstrukturen hat immer zur Folge, dass auch soziologische Fragen auf der Agenda stehen. Nur wenn außerökonomische Themen und Fragen in die Entscheidungsparameter integriert werden, kann verhindert werden, dass die scheinbare Normativität des Faktischen dazu verführt, nach einem rein betriebswirtschaftlichen Schema F zu handeln.

Der erfreuliche Erfolg dieses Buches hat mich ermutigt, den Text drei Jahre nach der Erstauf-
lage zu überarbeiten und zu aktualisieren. Dabei habe ich mich von verschiedenen Absichten
leiten lassen: innerhalb der mir selbst auferlegten textlichen Beschränkungen habe ich versucht, ein verlässliches Bild derjenigen Denk- und Forschungstraditionen nachzuzeichnen,
die typische Fragestellungen der Managementsoziologie prägen. Besonders habe ich mich
darum bemüht, jene Hauptprobleme noch stärker herauszuarbeiten, die die alltägliche Managementpraxis auf der obersten Führungsebene kennzeichnen. Zudem habe ich einige wichtige
neue Themen aufgegriffen, die den Managementalltag zunehmend prägen, wie z. B. das
schwierige Verhältnis zwischen Managern und Demokratie. Das heißt konkret, es werden immer wieder praxisrelevante wie auch öffentlichkeitsrelevante Fragestellungen behandelt. Und
schließlich habe ich daran gedacht, dem didaktischen Einführungscharakter eines Lehrbuchs
noch stärker Rechnung zu tragen, ohne dabei die für das Fach charakteristischen Zusammenhänge über Gebühr zu vereinfachen. Daher hat sich dieses Lehr- und Arbeitsbuch zum Ziel
gesetzt, nicht nur den Studierenden der Sozialwissenschaften, sondern auch den Studierenden
der Wirtschaftswissenschaften einen soziologischen Blick auf zentrale Prozesse modernen
Managements zu ermöglichen.

Ohne die mehrjährigen Erfahrungen als leitender Angestellter im Philips-Konzern und ohne
die Zusammenarbeit im Rahmen unterschiedlichster Projekte mit zahlreichen deutschen
Großunternehmen hätte dieses Lehr- und Arbeitsbuch nicht geschrieben werden können.
Daher danke ich der Daimler AG, der Siemens AG, der Allianz AG, der Boss AG, der EnBW
AG, der Deutschen Shell AG, Philip Morris GmbH, Vorwerk & Co. KG und insbesondere
Philips GmbH für eine Sicht der Dinge, die den enormen und meist unterschätzten Stellen-
wert der Soziologie im praktischen Unternehmensalltag immer wieder deutlich gemacht hat.
Die Soziologie ist eine Wissenschaft, die einen breiten Fundus an Erklärungsmöglichkeiten
für moderne Managementprozesse bietet.

Dieses Buch ist ein Einführungsbuch. Es wendet sich nicht nur an Studierende der Soziologie,
sondern auch an Studierende der Wirtschaftswissenschaften, die als Pflicht- oder Wahlfach,
als Vertiefungs- oder Profilfach Management- und Betriebssoziologie in den Bachelor- oder
Masterstudiengängen hören. Es wendet sich aber auch an Praktiker in den Unternehmen, die
sich in internen Fort- und Weiterbildungsveranstaltungen soziologischen Themen und Fragen
widmen. Selbst durchgeführte Führungs- und Managementseminare in Unternehmen und
Non-Profit-Organisationen bilden daher eine wesentliche Grundlage des textlichen Rahmens.

Ohne engagierte Mitarbeiterinnen und Mitarbeiter hätte dieses Buch nicht geschrieben werden können. Mit besonderem Nachdruck haben sich Michael Klein, Ulrike Bunz und
Andreas Bunz für dieses Lehrbuch eingesetzt, es maßgeblich begleitet und mit weichenstel-
lenden Beiträgen geprägt. Dankbar bin ich auch Eva Klinkisch, Birgit Kolaschinski und
Nikolas Gebhard, deren Unterstützung, Anregungen und profunde Kenntnisse den konzep-
tionellen Aufbau dieses Buches erst ermöglicht haben. Die Bearbeitung des Manuskripts lag
wieder in den bewährten Händen von Ruza Seidl.

Stuttgart, im Juni 2011   Eugen Buß

Der Kopf ist rund, damit das Denken die
Richtung wechseln kann.
(Francis Picabia, 1879–1953, frankokubani-
scher Maler, Graphiker und Schriftsteller)

Modul 1:

Einladung zur Managementsoziologie

Im Rahmen dieses Moduls lernen Sie,

- welche Bedeutung die Managementsoziologie in der Praxis hat,
- welche Kenntnisse und Fähigkeiten den Einstieg in das Berufsleben erleichtern,
- was das Studium der Managementsoziologie kennzeichnet und was ihre Besonderheiten sind.

1.1   Managementsoziologie als Studium

Über die Frage, was erfolgreiches Management und erfolgreiche Manager auszeichnet, wird schon seit längerem lebhaft debattiert. Dabei geht es insbesondere darum, ob gutes Management an Universitäten, etablierten Business-Schools, Fachhochschulen, Wirtschaftsakademien oder im Rahmen von MBA-Programmen erlernbar ist, oder ob es eine Kunst der Praxis ist. Die Antwort ist klar: Erfolgreiches Management ist eine Kunst, die man nicht in Hörsälen erlernen kann, aber für die die Wissenschaften wesentliche Erkenntniszusammenhänge und wichtige Erklärungshintergründe schaffen können. Wie Untersuchungen über die Karrierewege von Spitzenmanagern zeigen, ist der Anspruch der Universitäten und Business-Schools, Managergeneralisten hervorzubringen, verfehlt. Viele akademische Studiengänge bereiten nicht auf Führungsaufgaben vor, sondern bilden mit zu viel Formalisierung und Mathematisierung spezialisierte Experten aus, die dann, in den Unternehmen angekommen, vielfach wenig funktionale Managementstile praktizieren (vgl. Mintzberg 2005).

Um als Manager erfolgreich zu sein, bedarf es einer breit angelegten Ausbildung. Der Austausch mit anderen Denk- und Fachrichtungen während des Studiums ist nicht als Hemmnis einer möglichst raschen fachlichen Spezialisierung zu werten, sondern als Gelegenheit, neue Erfahrungsfelder zu betreten. Interessant ist, dass gerade die erfolgreichsten Topmanager betonen, dass das Studium ihnen geholfen hat, über die Palisaden eines fachlich eng eingegrenzten Terrains hinauszuschauen.

Entsprechend hat der Vorstandsvorsitzende eines deutschen Großunternehmens in einer wissenschaftlichen Untersuchung zu Protokoll gegeben:

> *„Entscheidend ist, ob jemand an der Spitze steht, der in einem positiven Sinn ein Generalist ist und weniger, ob ein Unternehmen von einem Betriebswirt, Chemiker, Juristen oder Ingenieur geleitet wird. Ich habe rückblickend eine Art Studium Generale gehabt. Das war ausgesprochen hilfreich. Von den Juristen habe ich Staatsrecht und Verwaltungsrecht gelernt, von der Volkswirtschaft habe ich die Makroökonomik mitgenommen, Soziologie und empirische Sozialforschung haben meinen Blick geweitet, Außenpolitik bei den Politikwissenschaftlern hat eine transnationale Dimension gehabt, und schließlich habe ich auch Neuere Geschichte studiert. Das hat mir sehr geholfen. Ich sage immer, ich bin Gott sei Dank kein Fachidiot geworden. Sie treffen heute gerade auf den mittleren, aber auch höheren Managementebenen zu viele Schmalspurexperten an, und das ist ein großer Fehler. Ich glaube, eine Führungspersönlichkeit sollte eine breite fächer- und themenübergreifende Vorbildung haben. In den USA sagen die Wirtschaftsbosse vor allem eins: Ich hole mir lieber einen Generalisten als einen Experten. Es müssen Leute an der Spitze stehen, die einen klaren Blick haben; aber woher sie fachlich kommen, ist nicht so wesentlich."* (Buß 2007, S. 40f.)

Daher ist dieses Arbeitsbuch eine Einladung. Eine Einladung zu einer Grenzverschiebung: teilweise eine mühevolle, in jedem Fall aber praxisrelevante Horizonterweiterung der Kenntnisse über tieferliegende Zusammenhänge des modernen Managements auf der Führungsebene.

Wenn Sie sich entscheiden, Soziologie zu studieren, werden Sie an einer ungewöhnlichen Exkursion teilnehmen. Die Landschaft, die Sie erkunden, heißt Gesellschaft (vgl. das nach wie vor sehr einladende Einführungsbuch vom amerikanischen Soziologen Peter Berger 1982). Das Betreten dieser Landschaft ist allerdings mit Anstrengungen verbunden. Ihnen wird ein Wechsel der Blickrichtung abverlangt, vielleicht auch eine Zäsur des Denkens. Managementsoziologie zu studieren bedeutet, den Menschen nicht nur auf den homo oeconomicus (der nur in Kosten-Nutzen-Kalkülen denkende Mensch) zu reduzieren, sondern ihn auch in seinen kulturellen und sozialen Zusammenhängen zu verstehen. Gerade diese umstrittenen „weichen Faktoren" scheinen die Manager in den großen Unternehmen neuerdings zu interessieren. Der Grund ist einfach: Sie wirken offensichtlich unmittelbar auf den langfristigen Erfolg eines Unternehmens, zum Beispiel bei Unternehmensfusionen, bei Führungsfragen, bei Identitäts- und Strategiefragen, aber auch ganz konkret bei Organisations-, Kommunikations- und Marketingproblemen.

Entschließen Sie sich, der Einladung zur Managementsoziologie zu folgen, werden Sie spüren, dass Sie das Studium nicht nur im Rahmen einer nutzenorientierten Abwägung betrachten können. Wenn Sie zu einer geistigen Auseinandersetzung bereit sind, wird das Fach zu einer dauerhaften, über das Studium hinausgehenden persönlichen und berufsqualifizierenden Bereicherung.

Vielfach bestehen Zweifel über die Bedeutung der Soziologie für den künftigen Berufsalltag in Unternehmen oder Organisationen. Bereitet das Fach eigentlich auf die Praxis vor? Gelangt man mit dem nötigen Rüstzeug in die Unternehmen? Entspricht das Fach den Anforderungen unserer Zeit? Hilft das Fach beim Berufseinstieg?

Die Antwort lautet: Ja und Nein.

Ja, wenn man das Studium nicht allein als einen Vorbereitungsschritt zum Geldverdienen begreift, sondern auch als einen Ort, an dem die Fragen nach den Folgen von Managemententscheidungen gestellt und diskutiert werden. Und wo man lernt, zwischen Prioritäten und Alternativen abzuwägen.

Ja, wenn man das Studium als einen Ort der Begegnung mit neuen Denk- und Kulturstilen versteht.

Ja, wenn man das Studium als interdisziplinäre Qualifizierung begreift, in deren Verlauf nicht nur genormte Verfahren und Antworten im Mittelpunkt stehen, sondern die ernste Auseinandersetzung mit der geistigen, kulturellen und historischen Identität eigener und fremder Kulturen.

Ja, wo Qualifikation im Studium auch heißt: Erlernen von selbständigem Denken, Toleranz, Kreativität, sozialer Kompetenz und Kooperationsbereitschaft.

Ja, wenn man Methoden und Erklärungszusammenhänge im Analogieverfahren auf praktische Alltagsprobleme zu übertragen lernt.

Nein, wenn man glaubt, allein abrufbares Faktenwissen sei die Voraussetzung für einen geglückten beruflichen Ein- und Aufstieg!

Nein, wenn man der Illusion erliegt, mit bloßen Managementsystemen die ganze Welt messbar, regelbar, kurz: fassbar machen zu können.

Nein, wenn man der Suggestion unterliegt, geschlossenes Systemdenken an sich sei etwas Wünschenswertes.

Nein, wenn man von der Vorstellung ausgeht, in der Soziologie erlernt man sofort praktisch anwendbares Handwerkszeug.

1.2   Managementsoziologie – mehr als ein Studienfach

Der Sinn des Studiums kann sich nicht in der bloßen Fachausbildung, so wichtig sie auch ist, erschöpfen. Darüber hinaus besteht er in einer Art sozialer und kultureller Empathie. Darunter verstehen wir das politisch vernünftige Handeln, oder anders gesagt: die ständige Reflexion auf die Bedeutung dessen, welche Folgen das eigene Handeln hat. In der Managementpraxis nennt man dies „Self-Monitoring", d. h. sich als Führungskraft in seinen Reaktionen ständig selbst zu prüfen und die Folgen seines Handelns zu überwachen. Es genügt nicht, nur seinen Stoff zu beherrschen, sondern auch kritisch zu ihm Stellung beziehen zu können. Letztlich liegt die Bedeutung der Managementsoziologie darin, dass jeder, der sich mit dem Fach beschäftigt, eine Antwort auf die Frage findet: Welche Kompetenz außer der bloß technischen, fachlichen und administrativen ist notwendig, damit die Unternehmen in unserer Gesellschaft legitime, von der Öffentlichkeit geschätzte und verantwortbare Einrichtungen bleiben? Man könnte dies auch so formulieren: Als Ökonom schauen Sie auf die vielen Geschäftsprozesse in einem Unternehmen, durch die Produktionsabläufe, Lieferketten, Vertriebswege oder die Buchhaltung miteinander verbunden sind. Als Soziologe schauen Sie auf die Menschen, die die Geschäftsprozesse erst ermöglichen, auf ihre Grundsätze, ihr kulturelles Selbstverständnis, ihre Kompetenzen.

In diesem Zusammenhang wird der Wert- und Strukturwandel der Gesellschaft für die Führungsebene der Unternehmen von immer größerem Interesse, denn die Ansprüche der Öffentlichkeit an die verantwortlichen Manager sind gestiegen. In den letzten Jahren wird immer deutlicher, dass zur Analyse und Bewertung der komplexen Zustände und Prozesse unserer (Um-)Welt die traditionellen Arbeitsweisen der einzelnen Wissenschaftsdisziplinen nicht mehr genügen. Zu vielfältig sind die Einflussfaktoren und ihre Vernetzung, als dass sie innerhalb eines Weltbildes umfassend beschrieben werden könnten. Schlagworte wie Globalisierung oder interkulturelle Führung stehen stellvertretend für Themen, die neben einer fachlichen Spezialisierung immer stärker den Bedarf an Generalisten zum Ausdruck bringen. Seitdem die Unternehmen nicht nur die exzellenten Spezialisten suchen, sondern immer mehr interessiert sind, neue Denk- und Blickrichtungen zu rekrutieren, suchen sie Absolventen und Absolventinnen mit interdisziplinärem Abschluss.

Schlüsselqualifikationen für einen reibungslosen Einstieg ins Berufsleben sind daher:

- Studiensemester im Ausland, Erfahrungen auf internationalem Parkett
- Auswahl von Praktika nach thematischen und nicht nach finanziellen Aspekten
- breit angelegtes Studium
- Mobilität, Initiativ- und Risikogeist
- gesellschaftliches Engagement, Begeisterung und soziale Kompetenz
- Denken in Alternativen und kritisches Denken
- absolute Aufrichtigkeit, Teamfähigkeit und Integrationsfähigkeit
- Fähigkeit zur Prioritätensetzung und zum Zeitmanagement
- Optimismus, Zielgerichtetheit, ausgeprägte Kommunikationsfähigkeit
- Führungserfahrung

Fragt man die deutschen Topmanager nach den Erfolgsregeln für angehende Führungskräfte, kommt man zu einem ähnlichen Ranking (Buß 2007, S. 194):

Frage: Welche Grundsätze würden Sie dem Führungsnachwuchs als Mentor vermitteln?

Teamfähigkeit	40%
Dienen können	30%
Gute, qualifizierte generalistische Ausbildung, life-long-learning	27%
Langfristiges Denken, Ziele entwickeln, Visionen	25%
Geduld, Gelassenheit, warten können, keine verbissenen Ambitionen	18%
Kommunikationsfähigkeit, open-mindedness	18%
Mut, Neugier, Risiko, Selbständigkeit	16%
Sich treu bleiben, Charakter zeigen, Eigenverantwortung	14%
Ins Ausland gehen	10%

Abb. 1.1 Erfolgsregeln für angehende Führungskräfte   Quelle: © Eugen Buß 2007, S. 194

Ein sinnvolles Verhältnis von Studium und späterer Berufspraxis kann nur dann gelingen, wenn die an den Hochschulen immer deutlicher werdende Aufspaltung zwischen wirtschaftsnahen und wirtschaftsfernen Profil-Fächern überwunden wird. Die Begegnung mit einem anderen Denkmilieu relativiert den eigenen Standort und macht offen für andere Sichtweisen.

Letztlich kann man die Frage nach der Bedeutung eines Faches wie der Soziologie auch mit Friedrich Schiller beantworten, der sich in seiner Jenaer Antrittsvorlesung 1789 „Was heißt und zu welchem Ende studiert man Universalgeschichte?" mit dem Sinn und Zweck des Studiums befasste. Er unterscheidet zwischen zwei Typen von Studierenden (Schiller 1980, S. 749ff.):

> Der *Brotgelehrte* ist jener, „dem es bei seinem Fleiß einzig und allein darum zu tun ist, die Bedingungen zu erfüllen, unter denen er zu einem Amt fähig und der Vorteile desselben teilhaftig werden kann; der nur darum die Kräfte seines Geistes in Bewegung setzt, um dadurch seinen sinnlichen Zustand zu verbessern und eine kleinliche Prestigesucht zu befriedigen. Seinen ganzen Fleiß wird er nach den Forderungen einrichten, die von den künftigen Herren seines Schicksals an ihn gemacht werden. Nicht bei seinen Gedankenschätzen sucht er seinen Lohn, sondern Lohn erwartet er von fremder Anerkennung, von Ehrenstellen, von Versorgung." „Wie ganz anders", so fährt Schiller fort, „verhält sich der *philosophische Kopf* … Der philosophische Geist findet in seinem Gegenstand, in seinem Fleiß selbst Reiz und Belohnung."

Einerseits sind wir alle gezwungen, Brotgelehrte zu sein. Andererseits besteht aber auch die Notwendigkeit, Züge des philosophischen Kopfes in uns aufzunehmen, also weder das eine noch das andere ausschließlich, sondern beides zugleich zu sein. Das Studium ist nur fruchtbar, wenn man nicht allein um der künftigen Karriere willen studiert, sondern sich auch seiner

Verantwortung für die praktische Anwendung seiner Kompetenzen bewusst ist. Wo das Verantwortungsgefühl fehlt, kommt auch nur ein schlechter Brotgelehrter heraus. Übertragen auf das Studium bedeutet dies, dass einerseits Faktenwissen unentbehrlich ist, andererseits es aber auch notwendig ist, den Stoff zu reflektieren und kritisch zu verarbeiten. Daher soll dieses Buch Erkenntnisse über einige zentrale managementsoziologische Phänomene geben, zugleich aber auch mit einigen theoretischen Kategorien bekannt machen, die den Stoff organisieren und die Bedeutung der einzelnen Phänomene erhellen.

Damit sind wir bereits mitten in der Soziologie, der Wissenschaft von der Gesellschaft. Wenn man sich den soziologischen Hauptbegriffen, Hauptergebnissen und Denkansätzen nähert, besteht eine Schwierigkeit, die allerdings nicht entmutigen soll: Soziologie ist nicht erlernbar wie das Rechnen, vom kleinen Einmaleins zur Bruchrechnung und dann weiter zur Integralrechnung oder zu noch komplizierteren Rechenschritten. Das Studium der Soziologie ist nicht derart aufsteigend vom Einfachen zum Komplizierten. Es verhält sich eher wie bei einem See, der allmählich zufriert: Zunächst entstehen Schollen, gleichsam Inseln von Kenntnissen über ausgewählte Einzelprobleme; dann allmählich verbinden sich Schollen zu größeren Stücken festen Eises, verbinden sich isolierte Kenntnisse zur Einsicht in Zusammenhänge. Schließlich entsteht dann so etwas wie ein fester Boden, die geschlossene Eisdecke – ein Grund, dessen Festigkeit aber nicht nur in der Natur, sondern auch im Fach stets trügerisch bleibt. Der Prozess des Studiums ist niemals abgeschlossen, weil sich der Gegenstand, um den es geht, nämlich die Beziehungen zwischen Management und Gesellschaft, ständig verändert.

Fragen zur Wiederholung:

1. Welche Art Qualifikation wird heute in der Managementpraxis gebraucht?
2. Welche Konsequenzen hat die Professionalisierung von Managementstrukturen?
3. Was kennzeichnet die Blickrichtung des Soziologen?
4. Was sind die zentralen Schlüsselqualifikationen für den Berufseinstieg?
5. Was versucht Friedrich Schiller mit der Kategorie des „philosophischen Kopfes" zu beschreiben?

Modul 2:

Managementsoziologie als wissenschaftliche Fachdisziplin

Im Rahmen dieses Moduls lernen Sie,

- was der Begriff des Managers bedeutet,
- welche Fragestellungen und Themen die Managementsoziologie behandelt,
- was die soziologische Denkweise im Unterschied zur ökonomischen Denkweise ausmacht,
- was die soziale Dimension des Managements beinhaltet,
- was den Manager als „homo oeconomicus" und „homo sociologicus" kennzeichnet,
- die Gegenstandsbereiche der Soziologie zu systematisieren,
- den Standort der Managementsoziologie innerhalb der Systematik der Soziologie zu klären,
- typische Merkmale der empirischen Sozialforschung zu umreißen,
- die Theorieformen der Soziologie zu erläutern,
- die Stufen des Forschungsprozesses zu erläutern,
- allgemeine Verfahren und Methoden der Soziologie zu erklären.

2.1   Der Manager – Begriffsklärung und Typologien

Wie lassen sich Manager soziologisch charakterisieren? Ob die Antwort lautet, sie seien Träger wirtschaftlicher Schlüsselpositionen, ob man Kompetenzen wie besonderes Organisationsgeschick, Risiko- und Pioniergeist oder die wissenschaftlich geschulte Professionalität hervorhebt, ob man auf ihre Ressourcen- und Entscheidungschancen verweist, oder ob man auf ihren Einfluss und ihre Macht abstellt, die Frage dient dazu, die Identität einer der zentralen Führungsgruppen in allen modernen Gesellschaften zu kennzeichnen.

> **Definition Manager:**
>
> Manager sind Eigentümerunternehmer oder leitende Angestellte, die auf Grund ihrer Positionsautorität die Befugnis haben, a) eigenverantwortlich und gestaltend im Rahmen einer gegebenen Budgethoheit Strategie-, Personal-, Finanz- und Sachentscheidungen zu treffen, durchzusetzen und zu kontrollieren,b) sowie in einem repräsentativen Sinn die Ziele, Interessen und Werte einer Organisation nach innen und außen zu vertreten und fortzuentwickeln.
>
> Der Begriff des Managers (neuenglisch) stammt aus dem frühen 20. Jahrhundert und geht zurück auf den lateinischen Begriff „manus" (die Hand). Nach der etymologischen Bedeutung (d. h. der Wortherkunft nach) sind Manager Menschen, die eine Sache kunstvoll ins Werk setzen.

Aus dieser Definition ergeben sich die Schlüsselfunktionen des Managements:

1. Repräsentationsfunktion nach außen
    - Werte und Leitbild eines Unternehmens/Moral
    - Interessenvertretung
    - Wirtschaftliche und technische Leistungsziele
2. Legitimationsfunktion (nach innen)
    - Sinnvermittlungsfunktion/ideelle geistige Führung
    - Legitimation der Ziele, Werte und der Mittel
    - Wahrung der Unternehmensidentität
    - Sicherstellung des kulturellen Rahmens/Moral
3. Integrationsfunktion
    - Sicherung des Zusammenhaltes/Umgang mit den Mitarbeitern
    - Teamgeist
    - Konfliktmanagement
    - Koordinationsfunktion (Mitarbeiter, Bereiche, Prozesse, Funktionen)
4. Zielsetzungsfunktion
    - Zielvorgabe
    - Zielvereinbarung
5. Strategiefunktion:
    - Konzeptionsfunktion (Geschäftsmodell)
    - Planungsfunktion
    - Leitbildentwicklung
    - Strategieentwicklung

6. Kommunikationsfunktion

- Abstimmungsfunktion
- Mitarbeiterkommunikation/Information
- Stakeholder – Kommunikation (öffentliche Anspruchsgruppen)
- Zielgruppenkommunikation

7. Exekutivfunktion

- Administrationsfunktion/Verwaltung
- Entscheidungsvorbereitung
- Entscheidungsdurchsetzung
- Entscheidungsausführung/Realisierungsfunktion
- Evaluationsfunktion

8. Verantwortungsfunktion

- Erfolgsverantwortung
- Entwicklungsverantwortung
- Rechenschaft gegenüber Aufsichtsgremien
- gesellschaftliche Verantwortung
- ideelle Vorbildverantwortung

9. Netzwerkfunktion (nationale und internationale Vernetzung)

10. Mentoring-Funktion (fördernde, weichenstellende Maßnahmen für den Nachwuchs)

Die heutigen Marktverhältnisse und Globalisierungsbedingungen verlangen darüber hinaus in der Regel den wissenschaftlich geschulten Manager, den Spezialisten für Methodik und Abstraktion. Sie verlangen die Fähigkeit, Informationen aufzunehmen und zu verarbeiten, die nicht durch eigene Beobachtung, Anschauung und Erfahrung gewonnen wurden. Beobachtung, Anschauung und Erfahrung sind nicht überflüssig geworden, aber sie reichen nicht so weit, wie die heutigen Unternehmensdimensionen und die erhöhte Komplexität es erfordern. Die gewandelten Verhältnisse dringen auf Qualifikationen, deren Zusammentreffen der Quadratur des Kreises nahe kommt: auf die Verbindung von Erfahrung und Theorie, von Anschauung und Abstraktion, von Intuition und Systematik, von Beobachtung und langfristiger Planung. Die gewandelten Verhältnisse verlangen, dass die Manager Entscheidungen unter Mitwirkung von Dritten treffen, deren Fachurteil sie ihrerseits nicht mehr beurteilen können und doch beurteilen müssen. Die Kompetenzen, die den Managern abverlangt werden, gehen inzwischen deutlich über erlernbares Know-how hinaus.

2.1.1 Eigentümerunternehmer versus angestellter Manager

Man kann zwischen zwei Typen von Managern unterscheiden:

- der Manager als angestellter Manager
- der Manager als Eigentümerunternehmer

Beispielsweise ist der Vorstandsvorsitzende der Siemens AG ein angestellter Manager mit einem Vertrag auf Zeit, während der Vorstandsvorsitzende bzw. Geschäftsführer der Dr. Oetker Holding KG als Eigentümermanager fungiert.

Die Unterschiede liegen im wesentlichen in folgenden Merkmalen:

Der angestellte Manager		Der Eigentümer-Manager
kurzfristige Vertragsdauer	——	unbefristet tätig
kontrolliert vom Aufsichtsrat	——	im formalen, rechtlichen Sinn weitgehend unkontrolliert
unselbständig (kann entlassen werden)	——	selbständig (kann nicht entlassen werden)
trägt keine Kapitalverantwortung	——	trägt die Kapitalverantwortung
trägt keine Risiken für Fehlentscheidungen	——	trägt die Risiken für Fehlentscheidungen
haftet nicht	——	haftet mit „Haus und Hof"

Abb. 2.1 Managertypologie   Quelle: © Eugen Buß

Frage: Sehen Sie sich eher (vor allem) in der Rolle des angestellten Managers oder der des Unternehmers?

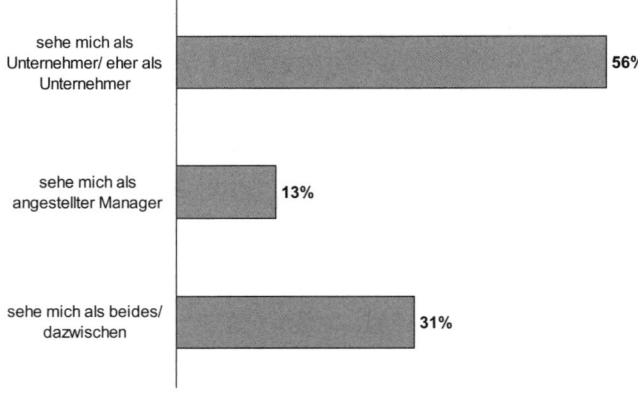

Abb. 2.2 Das Selbstverständnis der angestellten Topmanager   Quelle: © Eugen Buß 2007, S. 205

Die erste Entscheider- oder Führungsebene in großen Unternehmen (in der Praxis meist mit dem Kürzel E 1 umschrieben) ist heute nicht mehr geprägt von den ‚Industriekapitänen' der Gründerzeiten. Krupp, Thyssen, Siemens, Bosch oder Grundig waren Unternehmerpersönlichkeiten, die Kapitaleigentum und Steuerung des Unternehmens miteinander verbanden. Nur ein kleiner Prozentsatz der deutschen Top-100-Unternehmen ist heute noch inhabergeführt und ein Familienunternehmen.

In den großen Aktiengesellschaften, ob börsennotiert oder nicht, fungieren die Manager der ersten Führungsebene formal gesehen als Beauftragte, als „leitende Angestellte" – auf Zeit bestallt und kontrolliert von den Kapitaleignern mit Hilfe bzw. in Form des Aufsichtsrates. Zugleich verfügen sie über eine enorme Personal- und Budgetverantwortung; sie repräsentieren das Unternehmen nach außen und handeln in der Gewissheit, unternehmerisch tätig zu sein.

Wie die Vorstandsvorsitzenden diese strukturell ambivalente Rollensituation – gleichzeitig Angestellte und Unternehmer zu sein – einordnen und bewältigen, stellt ein zentrales Element ihres Selbstverständnisses dar (vgl. Abb. 2.2). Die meisten Manager der ersten Führungsebene sehen sich mehrheitlich „als Unternehmer", nur eine kleine Minderheit interpretiert ihre Position als das, was sie de facto auch ist: als die eines „angestellten Managers". In der Regel fallen Selbstverständnis und faktische Position auseinander (Buß 2007, S. 204ff.).

2.1.2   Personal Enterprise versus Managerial Enterprise

Die historische Entwicklung der Managerrolle lässt sich an drei Typen nachzeichnen (vgl. Chandler 1974, S. 35ff.):

1. „Personal Enterprise".

Die Entscheidungen werden von Einzelpersonen getroffen. Diesem Typ entspricht das klassische Unternehmerbild vom Eigentümer und Erfinder, der auch sein Produkt selbst vermarktet. Er tritt heute vor allem in hochinnovativen Kleinunternehmen auf (Beispiel: Software-Dienstleistungsunternehmen, Branchen der Gen-Technologie sowie der Mikroelektronik). Hier ist die Managerrolle konstitutiv an die Kapitalverantwortung gebunden.

2. „Enterprenurial Enterprise".

Die Kapitaleigner entscheiden über die langfristige Geschäftspolitik, die angestellten Manager leiten die Tagesgeschäfte. Dieser Typ herrscht vor allem in mittelständischen Unternehmen vor, in denen nach wie vor eine enge Beziehung zwischen zumeist nur wenigen Teilhabern und Geschäftsführern besteht. Beispiel: Jemand baut erfolgreich ein Unternehmen auf, zieht sich aber im Alter aus der Geschäftspolitik zurück und überlässt das Tagesgeschäft einem angestellten Manager. Der Unternehmensgründer bestimmt aber nach wie vor die langfristige Strategie oder das künftige Geschäftsmodell.

3. „Managerial Enterprise".

Bei diesem Unternehmenstyp, der vor allem die modernen Publikumsgesellschaften (also Aktiengesellschaften wie z. B. die Siemens AG, die Telekom AG, die Nestle AG) kennzeichnet, haben sich die Manager von der Kontrolle der Eigentümer bzw. der Aktionäre weitgehend gelöst. Hier haben sich relativ neue Entscheidungsstrukturen gebildet, die an die Stelle der Eigentümerbeschlüsse hierarchisch geregelte Vorstandsbeschlüsse setzen. Solche Entscheidungen sind zumeist Kompromisse zwischen Spezialistenteams und Fachleuten auf der einen Seite sowie Gruppeninteressen und öffentlichen Belangen auf der anderen Seite. Im Gegensatz zum Personal Enterprise kennt dieser Managertypus die Begrenzungen seiner Freiheitsspielräume durch die Konzernstrukturen: Zum einen, weil er nur „ein Mandat auf Zeit" besitzt (durchschnittliche Vertragsdauer drei bis fünf Jahre), zum anderen, weil die „Randbedingungen" ihn immer wieder an den objektiven Angestelltenstatus erinnern.

2.1.3   Der Manager als homo oeconomicus und homo sociologicus

Unternehmen werden von der Öffentlichkeit nicht nur als wirtschaftliche oder technische Systeme betrachtet, sondern auch als soziale und kulturelle Einrichtungen. Die beiden gegensätzlichen Denkkulturen lassen sich in Form von Manager-Idealtypen veranschaulichen.

Definition Idealtypus:

Ein Idealtyp ist eine gedankliche Konstruktion, die einen bestimmten Ausschnitt oder bestimmte Merkmale der sozialen Wirklichkeit perspektivisch übersteigert, um ihre Besonderheiten in begrifflicher Reinheit herauszuarbeiten. Ein Idealtyp ist daher kein empirisch gegebener Realtyp, sondern eine Art Abstraktion, die dazu dient, eine Fülle von Einzelerscheinungen in einem übergeordneten Begriff gedanklich zu systematisieren.

Der Manager als homo oeconomicus	Der Manager als homo sociologicus
stets rational kalkulierend	die Managerrolle als Kondensat sozialer, öffentlicher und wirtschaftlicher Erwartungen
den Nutzen maximierend	werte- und normengeleitetes Handeln
an betriebswirtschaftlichen Kennzahlen orientiert	positions- und statusgeleitetes Handeln
Zweck-Mittel abwägend	kultur- und moralgeleitetes Handeln
Kosten-Nutzen orientiert	auf Balance zwischen Managerrolle und Rollen in der Privatsphäre gerichtet
strategisch-rational interessiert	Konflikte zwischen betriebswirtschaftlichen und öffentlichen Ansprüchen/ Aspirationen austragend

Abb. 2.3 Die Doppelrolle des Managers   Quelle: © Eugen Buß

Man kann zwischen dem Manager als homo oeconomicus (altgriech.: der „haushälterische" Mensch) und dem Manager als homo sociologicus (lat. der gemeinschaftliche Mensch) unterscheiden: Der Manager als homo oeconomicus ist der sein Interesse verfolgende, nutzenmaximierende Typus, d. h. er handelt ausschließlich nach dem Nutzenkalkül eines spezifischen Unternehmensinteresses. Er versteht sich als ein Akteur mit einer bestimmten Präferenzstruktur, der sich in einer bestimmten Entscheidungssituation immer für die Handlungsalternative entscheidet, die ihm unter rationaler Abwägung der jeweiligen Kosten- und Nutzenaspekte den größten relativen Nutzen verspricht. Als Manager kann man sich dann einen „homo oeconomicus" vorstellen, wenn seine Entscheidungskriterien von folgenden Merkmalen bestimmt werden:

- Er besitzt alle für eine Entscheidung notwendigen Informationen, so dass er aufgrund einheitlicher Präferenzfunktionen aus dem Komplex der vorhandenen Alternative die jeweils wirtschaftlichste auszuwählen und allein schon deswegen „richtig" zu entscheiden vermag.
- Die Rationalität der Ziele wird als gegeben vorausgesetzt.
- Die Rationalitätskriterien (z. B. Kosten-Nutzen-Verhältnis) sind operational, das heißt messbar.

Unter diesen Bedingungen ist der „homo oeconomicus" ein Rationalitätskonzept, das auf zwei Varianten beruht:

a) Verwende gegebene Mittel so, dass damit der höchste Ertrag erzielt werden kann.

b) Erreiche einen gegebenen Zweck mit dem geringsten Aufwand.

Dagegen bezieht der Manager als homo sociologicus kulturelle und soziale Gesichtspunkte in seine Entscheidungen ein. Für ihn bedeutet erfolgreiches Management die Sicherung der Unternehmensidentität, die Integration moralischer Maßstäbe in das Handeln, Rücksichtnahme auf gesellschaftliche Werte oder Fragen der Legitimation einer Entscheidung.

Dem traditionellen Selbstverständnis der Manager liegt das Leitbild des homo oeconomicus zugrunde:

- Manager handeln primär **interessenbezogen**. Sie sind an der Durchsetzungschance eigener Interessen orientiert. Der Manager als homo sociologicus fragt dagegen auch nach einer moralischen und wertbezogenen Legitimation einer Entscheidung.
- Das herkömmliche Selbstverständnis des Managers als homo oeconomicus ist primär **funktionsbezogen**. Es ist an Recht, Gesetz sowie an die Erfüllung wirtschaftlicher und technischer Funktionen ausgerichtet. Die Unternehmen verstehen sich als Funktionssysteme, die auf der Basis eines im wesentlichen messbaren Erfolgs operieren.
- Die traditionelle Sichtweise des Managements ist **sachbezogen**. Sie ist geprägt durch Vorstellungen vom Primat der Sache. Der Manager als homo sociologicus fragt dagegen auch nach Verständigungs- und Kompromisschancen.

Der homo oeconomicus ist ein Idealtyp, der in der Wirklichkeit nicht existiert. Der herkömmlichen ökonomischen Lehre liegt zwar die Annahme zugrunde, dass der Mensch ein homo oeconomicus sei, aber die Manager wissen, dass weder sie noch ihre Kunden nach diesem Leitbild handeln. Das Menschenbild des homo oeconomicus entspricht nicht der Realität. Der Mensch entscheidet im wahren Leben oftmals irrational, ist altruistisch, hat eine Vorliebe für Fairness und lässt sich von Emotionen leiten – Eigenschaften also, die dem homo oeconomicus fremd sind.

Fallstudie Ultimatum-Spiel:

Die Unzulänglichkeiten des homo oeconomicus-Modells offenbart sich zum Beispiel im sogenannten Ultimatum-Spiel: eine Testperson, nennen wir sie Max, bekommt 10 € und die Aufgabe, das Geld zwischen sich und einer weiteren Testperson, sie soll Anna heißen, aufzuteilen. Einen Haken hat die Sache: lehnt Anna das Angebot ab, bekommen beide nichts. Wäre Anna ein lupenrein rationales Wesen, würde sie auch dann zustimmen, wenn Max ihr bloß einen Cent anböte – denn ein Cent ist immer noch mehr als 0 Cent, und 0 Cent ist das, was sie bei einem Nein bekäme. Nun ist es aber so, dass Anna es als reichlich unverschämt empfände, wenn Max sie mit einem Cent abspeisen wollte. Sie ginge in diesem Fall lieber mit leeren Händen und dem guten Gefühl nach Hause, dass Max über seine Habgier gestolpert ist und ebenfalls leer ausgeht. Das ist zwar nicht vernünftig, aber menschlich. Und Max scheint das zu ahnen: Experimente zeigen, dass die Probanden (Testpersonen) das Geld in den meisten Fällen beinahe hälftig aufteilen und „unfaire" Angebote regelmäßig abgelehnt werden (vgl. Roßbach 2007, S. 12).

2.2   Themenfelder der Managementsoziologie

Gegenstand der Managementsoziologie sind, ihrem Namen entsprechend, die Wechselbeziehungen zwischen Management und Gesellschaft.

Der Ausgangsgedanke aller managementsoziologischen Beobachtungen und Überlegungen ist die These, dass die Regeln, nach denen sich die Handlungen und Entscheidungen in Unternehmen richten, nicht allein betriebswirtschaftlicher Natur, sondern auch gesellschaftlich bedingt sind. Während die klassischen Ansätze der Betriebswirtschaft ihr Augenmerk auf die ökonomischen Prozesse in einer Organisation richten, bezieht der Soziologe auch die „gesellschaftliche Umwelt" in seine Betrachtung ein.

Unsere Lebenswelt besteht aus verschiedenen Bereichen; neben wirtschaftlichen aus politischen, kulturellen, rechtlichen, religiösen und anderen. Alle diese Bereiche können zwar unabhängig voneinander definiert und erklärt werden, aber in der Praxis überschneiden sie sich und beeinflussen sich gegenseitig. Sie wirken zusammen. Daher liegen jeder Managemententscheidung nicht nur ausgeprägte kommerzielle Gesichtspunkte zugrunde, so wichtig sie auch sind, sondern sie wird auch von gesellschaftlichen Rahmendaten beeinflusst, die in die inneren, scheinbar strikt wirtschaftlichen Prozessdaten Eingang finden.

Die wechselseitige Verschränkung ökonomischer und gesellschaftlicher Faktoren in der Wirtschaft ist nicht immer offensichtlich. Managemententscheidungen werden in der Regel nach Maßgabe von Kriterien getroffen, die den wirtschaftlichen Erfolg definieren: beispielsweise Rationalisierung aller Wertschöpfungsprozesse, Forschungsinvestitionen nach Wirtschaftlichkeitsgesichtspunkten, strategische Optimierung von Rendite und Wachstum, nach klaren Erfolgskriterien ausgehandelte Zielvereinbarungen mit den Mitarbeitern. Gesellschaftliche und kulturelle Bezüge scheinen in den Hintergrund zu treten. Doch dieser erste Blick trügt. Auch die hochentwickelten Managementsysteme sind in gesellschaftliche Strukturen eingeschmolzen; d. h. jedes Unternehmen unterliegt immer zugleich auch kulturellen Institutionen, die die Konsenschancen einer Entscheidung festlegen; die die Regeln der Legitimationsbeschaffung und Akzeptanz von Managementprozessen definieren und jene Wertvor-

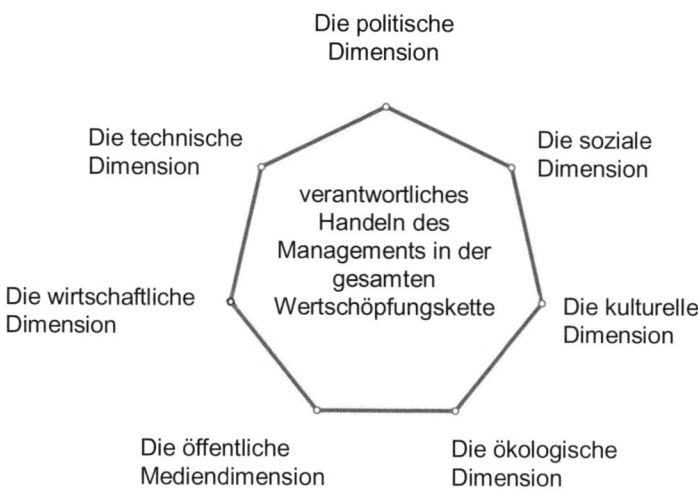

Die politische
Dimension

Die technische
Dimension

Die soziale
Dimension

verantwortliches
Handeln des
Managements in der
gesamten
Wertschöpfungskette

Die wirtschaftliche
Dimension

Die kulturelle
Dimension

Die öffentliche
Mediendimension

Die ökologische
Dimension

Abb. 2.4 Management im Schnittfeld gesellschaftlicher Bereiche   Quelle: © Eugen Buß

gaben bestimmen, in die sich Manager einfädeln müssen, wollen sie auf ihren Märkten erfolgreich operieren.

Welch enorme Bedeutung solche Fragen der Legitimation und Akzeptanz auf die Entscheidungen der Manager und den Erfolg eines Unternehmens haben kann, wird an folgender Fallstudie deutlich.

2.2.1   Fallstudie Brent Spar[1]

Die Brent Spar Affäre im Jahr 1995 war das wohl spektakulärste Ereignis der letzten 20 Jahre, das den massiven Einfluss der Gesellschaft und einzelner öffentlicher Gruppen auf die Politik eines Weltkonzerns sichtbar machte. Was war geschehen?

Der Sommer 1995 war heiß. Die geplante Versenkung der Ölplattform Brent Spar in der Nordsee feuerte die Öffentlichkeit zum Boykott des Mineralölkonzerns Shell an. Er ließ von seinem Vorhaben erst ab, nachdem sich der Umsatz um ca. 20 Prozent bis 30 Prozent verringert und sich gesellschaftliche Kräfte in die Debatte eingeschaltet hatten, die Argumente in Brandsätze verwandelten. Mehr als zwei Dutzend Bombendrohungen zählte Shell in den Tagen vor dem 20. Juni 1995, als die Firmenleitung bekannt gab, die Brent Spar werde nun doch nicht versenkt, sondern in einen norwegischen Fjord zurückgeschleppt.

Ganz am Anfang war es die Idee eines einsamen holländischen Greenpeace Aktivisten gewesen, der entdeckt hatte, dass Shell die ausgediente Ölladestation versenken wollte. Gijs Thieme hatte „das Gefühl im Bauch, dass er auf etwas Wichtiges gestoßen war – ein eindeutiges Symbol, ein eindeutiger Verantwortlicher". Auch Ulrich Jürgens, der damals bei Green-

---

[1]   Quelle der Fallstudie: Deutsche Shell 1995.

peace für internationale Kampagnen zuständig war, ahnte: „Da ist alles dran. Die visuelle Durchschlagskraft, der Symbolgehalt, ein mächtiger Gegner".

Was folgte, war eine geschickt inszenierte Medienstrategie von Greenpeace und Sprachlosigkeit von Shell. Die Journalisten verfielen als Berichterstatter von den Greenpeace-Schiffen in Hochseeromantik und Frontberichterstattung. Der in riesenhaften Lettern gedruckte Aufruf „Kehrt um" diverser Boulevardblätter, die damit Shell und nicht die Schiffe von Greenpeace meinten, stand dabei im Einklang mit dem Befund von Medienkommentaren wie „Greenpeace folgt Ghandi". Auch Politiker sprachen von Gleichgültigkeit und Verantwortungslosigkeit der Shell-Manager gegenüber der Umwelt.

Shell selbst war nicht in der Lage, binnen der drei bis vier Wochen, die die heiße Phase der Brent-Spar-Kampagne dauerte, der öffentlichen Stimmung etwas Handfestes entgegenzusetzen. Es kam nur die Klage, die Politiker hätten sich aus der Verantwortung gestohlen. Das Unternehmen spielte der journalistischen Wortschöpfung, die den „Kommunikations-Gau" beschrieb, in einem wörtlichen und übertragenen Sinn aktiv in die Hände: Image-Versenkung.

Soziologische Schlussfolgerungen aus der Fallstudie: Shell machte die schmerzliche Erfahrung, den Prozess eines massiven öffentlichen Ansehensverlustes kennen zu lernen. Die verantwortlichen Manager konnten das Problem nicht lösen. Ihnen blieb die eigentliche Natur des Konflikts verborgen. Ihre technisch-wirtschaftliche Perspektive versperrte ihnen den Blick auf den Standort der Öffentlichkeit. Charakteristisch für die heiße Phase der Brent-Spar-Auseinandersetzung waren die anscheinend unvereinbaren Denkwelten von Shell und der Öffentlichkeit. Die Shell-Verantwortlichen betonten:

*   alle Alternativen der Entsorgung seien gründlich untersucht worden;
*   die Genehmigungsverfahren seien ordnungsgemäß verlaufen;
*   die britische Öffentlichkeit sei rechtzeitig informiert worden;
*   die Interessengruppen im Rahmen eines vorgeschriebenen Verfahrens konsultiert worden.

Lauter beispielhafte Reaktionen aus einer technisch-fachlichen oder betriebswirtschaftlichen Sicht der Dinge. Technisches, juristisches und wirtschaftliches Organisationsdenken der Shell-Manager prallte gegen die Lebenswelt der Öffentlichkeit. Die Shell-Manager sahen sich mit einer Situation konfrontiert, in der die Maßstäbe der öffentlichen Beurteilung aus einer für sie anderen Kultur- und Denkwelt stammten: das Denken in Interessenkategorien auf Seiten des Unternehmens (betriebswirtschaftlich kostengünstige Entsorgung der ausgedienten Plattform) gegen das Denken in Wertkategorien auf Seiten der Öffentlichkeit (Natur, Umwelt, Gesundheit).

Definition Interessen und Werte:

Interessen sind Vorstellungen von Nützlichkeiten. Sie beherrschen weitgehend das unmittelbare Handeln in den Unternehmen. Werte sind Konzeptionen des Wünschenswerten. Gemäß dieses Vorschlages sind Werte allgemeine Richtlinien, an denen sich die Vorstellungen von Lebenszielen, von Ideen des guten Lebens oder von wünschenswerten sozialen Beziehungen orientieren. Werte bestimmen als Weichensteller die Bahnen, in denen sich die Dynamik der Interessen fortbewegt.

Werte haben ein Gewicht eigener Art. Sie können Interessen zuwiderlaufen. Man kann der Öffentlichkeit durchaus klar machen, dass die Versenkung der Plattform oder – um ein anderes Beispiel zu nennen: Tierversuche – in seinem Interesse sind. Trotzdem kann der einzelne Bürger oder Verbraucher dem Unternehmen feindlich gesonnen bleiben, weil es seine Vorstellungen stört, was ethisch vertretbar ist oder nicht. Und weil es seinem Anspruch nach einem Grundkonsens zuwiderläuft.

Damit ist ein Kernproblem der Managementsoziologie umschrieben: Es geht um das Verhältnis zwischen Management und Gesellschaft. Dieses Kernproblem der Managementsoziologie machte auch der damalige Shell-Generaldirektor Cor Herkströter deutlich: In vielen Unternehmen würden alle auftretenden Probleme als technische Fragen (sic!) behandelt: „Identifizieren, isolieren und danach lösen". So sei es auch mit der Brent Spar gegangen. Sein Unternehmen sei nach einer Studie zu der Ansicht gelangt, die Ölplattform im offenen Meer zu versenken. Von der Konzernspitze sei nicht wahrgenommen worden, dass die Öffentlichkeit darüber anders gedacht hätte. Der Betrieb sei zu sehr mit sich selbst beschäftigt gewesen und sei dadurch von der Gesellschaft isoliert worden, ergänzte Herkströter später im holländischen Fernsehen.

2.2.2 Kernfragen und Kernprobleme der Managementsoziologie

Soziologisch zu denken heißt, über den Tellerrand des Unternehmens und seiner betriebswirtschaftlichen und produkttechnischen Grenzen hinauszuschauen. Als Manager hat man die Aufgabe, eine weitere Perspektive einzunehmen und dies bedeutet: seine Vorstellungskraft von den Folgen unternehmerischer Entscheidungen ständig weiterzuentwickeln. Ein soziologisch denkender Manager ist jemand, der fähig ist, sich von der Unmittelbarkeit der aktuellen Umstände loszureißen und die grundlegenden Entscheidungen in einen weiteren Kontext zu stellen. Im besten Fall beherrscht er, wie der Amerikaner C. Wright Mills in einer inzwischen berühmten Redewendung notierte, eine soziologische Imagination (vgl. Giddens 1999, S. 4).

Fallbeispiel „Drei Affen":

Die Wahrnehmung der Shell-Manager gegenüber dem Standpunkt der Öffentlichkeit erinnert ein wenig an die Drei Affen. Jeder kennt sie: blind, stumm und taub. Manager mit diesem Verhaltensmuster demonstrieren den Palmström-Effekt (vgl. Steger 2004, S. 76). Der mit seiner Lyrik bekannt gewordene deutsche Dichter Christian Morgenstern hat diese Figur erfunden, die ihr Leben gemäß der Devise lebte, dass nicht sein kann, was nicht sein darf.

Selbst hartgesottene Manager führen oft Klage, dass das Leben sie ungerecht behandelt. Die Öffentlichkeit mißversteht ihre guten Absichten, die Medien berichten verzerrt, ihr Ansehen ist ungerechtfertigterweise niedrig und auch die Politiker klagen über ihr mangelndes gesellschaftliches Engagement. Gemäß dieser Sicht finden sich die Manager im Abseits wieder, weil sie alle Situationen nach einer betriebswirtschaftlichen Logik begreifen und nicht verstehen, dass die Öffentlichkeit mit einem ganz anderen Wertekanon das Managerhandeln beurteilt.

Wären die Manager von Shell mit der soziologischen Imagination vertraut gewesen, hätten sie sich beispielsweise gefragt,

- welche Vorstellungen zwischen Managern und Öffentlichkeit herrschen,
- in welcher Weise das Handeln des Managements auf die Öffentlichkeit oder die Kunden bezogen ist,
- in welcher Weise die Managementprozesse in die umgebende Kultur eingebettet sind,
- wie sich der Wertekanon des Managements vom Wertekanon der Öffentlichkeit unterscheidet,
- in welcher Weise Managemententscheidungen auf gesellschaftliche Ursachen zurückzuführen sind oder eben nicht.

Die gegenseitige Verständnislosigkeit zwischen Shell und der Öffentlichkeit lenkt den Blick auf ein weiteres Phänomen der Managementsoziologie: Entscheidungen und Maßnahmen des Managements können Ergebnisse hervorbringen, die von den erwünschten abweichen oder sogar das Gegenteil hervorrufen. Soziologen treffen eine wichtige Unterscheidung zwischen den *Zwecken des Handelns* – was ist beabsichtigt? – und den durch das Handeln hervorgerufenen *nicht beabsichtigten Konsequenzen*. Das Beispiel Brent Spar zeigte, dass die Shell-Manager in einer Weise gehandelt und reagiert haben, die die Erreichung ihres Ziels verhindert hat. Die nicht beabsichtigten Konsequenzen der Managemententscheidungen von Shell weisen daher auf weitere wesentliche Faktoren hin, die die Themenfelder der Managementsoziologie charakterisieren:

- Managementsoziologie beschäftigt sich mit **Kommunikationsfragen**. Um mit der Öffentlichkeit zu kommunizieren, bedarf es eines besonderen Verständnisses der Beziehungen (der Soziologe würde sagen: Interaktionen) zwischen den Führungsorganen eines Unternehmens und der Öffentlichkeit.
- Managementsoziologie beschäftigt sich mit **Identitätsfragen**. Worin besteht das historisch gewachsene Selbstverständnis eines Unternehmens? Wie sieht sich ein Unternehmen? Was zeichnet es aus? Identitätsfragen nehmen für alle CEOs (Chief Executive Officer, angelsächsische Bezeichnung für den Vorstandsvorsitzenden) einen besonders hohen Stellenwert ein.
- Managementsoziologie beschäftigt sich mit **Wertfragen**. Welche Wertansprüche (z. B. Schutz der Umwelt und der natürlichen Ressourcen) werden von den unterschiedlichen gesellschaftlichen Gruppen (Stakeholder) an das verantwortliche Management adressiert?
- Managementsoziologie beschäftigt sich mit **Image- und Reputationsfragen**. Ein Organisationsbild besteht nicht nur aus technischen und wirtschaftlichen Segmenten, sondern immer auch aus sozialen und emotionalen Facetten. Welche Faktoren bestimmen das öffentliche Ansehen eines Unternehmens?
- Managementsoziologie beschäftigt sich mit **Kulturfragen**. Was macht die Besonderheiten einer Unternehmenskultur wie beispielsweise von Shell aus? Ist sie eher ergebnisbezogen oder verständigungsorientiert?
- Managementsoziologie beschäftigt sich mit **Ethik und Moral** unternehmerischen Handelns (etwa mit dem Anspruch nach einem ehrlichen und ernsthaften Dialog bei Interessensunterschieden).
- Managementsoziologie beschäftigt sich mit **Führungs- und Entscheidungsfragen**. Welchem Führungsleitbild folgt das Management? Ist es primär konsensorientiert oder auf Alleinentscheidungen fokussiert?

- Managementsoziologie beschäftigt sich mit **Herkunft, Selbstverständnis, Netzwerken und Werten** der Manager. Nach welchen Grundüberzeugungen treffen sie ihre Entscheidungen?

Definition Managementsoziologie:

Managementsoziologie als wissenschaftliche Fachdisziplin umfasst alle jene Beobachtungen, Begriffe, Kategorien, Gesetzmäßigkeiten und Erklärungsmodelle, die sich auf die Zusammenhänge von Management und sozialen Prozessen beziehen. Dabei muss sich die Managementsoziologie besonderer Forschungsverfahren und Denkmethoden bedienen, um ein ihren Gegenstand klärendes Theoriesystem zu schaffen.

Versucht man, diese Definition aufzuschlüsseln, so lässt sich die Managementsoziologie verstehen als eine Lehre, die

1. Managementprozesse auf ihre gesellschaftliche Abhängigkeit hin untersucht;

Beispiele: Die Managementsoziologie untersucht, inwieweit der Struktur- und Wertewandel moderner Gesellschaften zu einem neuen Managementleitbild beiträgt, welche Rolle die interkulturelle Empathie (kompromissbereite Übernahme anderer Wertvorstellungen) für erfolgreiches Management spielt, welche neuen Kompetenzansprüche an das General Management (Leitungsebene des Unternehmens) gestellt werden, welche Bedeutung CSR (Corporate Social Responsibility) für die öffentliche Reputation eines Unternehmens hat. Oder die Managementsoziologie untersucht, welche gesellschaftlichen Normen, Werte und Institutionen das Selbstverständnis der Manager bestimmen oder zumindest entscheidend beeinflussen; oder sie klärt, welchen Einfluss der Staat, Verbände und gesellschaftliche Anspruchsgruppen auf die Vorstandsetagen der Wirtschaft nehmen und insbesondere die Prozesse des Change Managements (Veränderungsmanagement) beeinflussen.

Definition Change Management:

Unter Veränderungsmanagement (Change Management) im soziologischen Sinn lassen sich alle Aufgaben, Maßnahmen und Tätigkeiten zusammenfassen, die eine zwischen wirtschaftlichen, technischen, kulturellen und gesellschaftlichen Gesichtspunkten abgestimmte Veränderung in einem Unternehmen bewirken sollen. Sinn des Veränderungsmanagements ist die „Implementation" (Umsetzung) von neuen Strategien, Strukturen (Ablauf- und Aufbaustrukturen), Prozessen und Verhaltensweisen (Leitbilder).

---

2. die Rückwirkungen von Managementprozessen auf gesellschaftliche Strukturen prüft und die politische Bedeutung von Managementinteressen untersucht;

Beispiel: Die Managementsoziologie untersucht, ob Managementnetzwerke Einfluss auf politische und gesellschaftliche Entwicklungen nehmen: etwa in dem Sinn, dass Lehrpläne an Universitäten sich stärker an den Bedürfnissen moderner Managementanforderungen orientieren und damit kultur- oder geisteswissenschaftliche Strömungen zurückdrängen. Oder ein anderes Beispiel: Sie analysiert, inwieweit Manager die Globalisierungsprozesse beschleunigen und damit den Menschen enorme Mobilität und Flexibilität abverlangen, die wiederum zu neuen Familien- und Siedlungsstrukturen führen können.

3. die sozialen Dimensionen in den Verhaltensprämissen des Managements aufdeckt.

Beispiel: Die Managementsoziologie untersucht, ob das Shareholder Value Prinzip tatsächlich uneingeschränkt gilt, oder ob nicht andere eher aus der gesellschaftlichen Verantwortung resultierenden Leitlinien die Gewinnprinzipien überlagern; sie klärt, ob sich Managemententscheidungen tatsächlich allein an der Kapitalrendite orientieren, oder ob nicht vielmehr auch soziale oder ethische Gesichtspunkte berücksichtigt werden.

Fallstudie Wasserquelle:

Wie stark soziale und moralische Gesichtspunkte ursächlich betriebswirtschaftliche Entscheidungsparameter beeinflussen können, zeigt folgendes Beispiel:

In der Bevölkerung mag zwar das Bewusstsein für die Leistungsfähigkeit eines marktwirtschaftlichen Systems sehr verbreitet sein, aber nur eine Minderheit hält die Regeln der Preisbildung in der Marktwirtschaft für fair. Das ist das Ergebnis einer Umfrage der Ökonomen Bruno S. Frey und Werner W. Pommerehne (vgl. Frey 1990, S. 146ff.). Die Autoren wollten wissen, inwieweit eine Preiserhöhung wegen einer Übernachfrage nach einem Gut von der Bevölkerung als gerechtfertigt angesehen wird. Dazu legten sie 1.750 Personen im Kanton Zürich und in Berlin folgende Frage vor: „Auf einem nur zu Fuß erreichbaren Aussichtspunkt wurde eine Wasserquelle erschlossen. Das in Flaschen gefüllte Wasser wird an einem Stand an durstige Wanderer verkauft. Der Preis beträgt 1,00 €/Franken pro Flasche. Die tägliche Produktion und damit der Tagesvorrat besteht aus 100 Flaschen.

An einem besonders heißen Tag möchten 200 Wanderer eine Flasche erwerben. Darauf erhöht der Stand den Preis auf 2,00 €/Franken pro Flasche. Wie finden Sie diese Preiserhöhung?" Die Frage beantworteten 452 Personen, von denen 5 Prozent die Preiserhöhung als „völlig fair" und weitere 17 Prozent sie als „akzeptabel" bezeichneten. 44 Prozent sprachen von einer „unfairen" und 34 Prozent von einer „sehr unfairen" Preiserhöhung. In dieser Situation empfinden es knapp vier Fünftel als unfair, das Preissystem zum Ausgleich von Nachfrage und Angebot zu verwenden. Nach weiteren Befragungen kamen die Autoren zu dem Ergebnis, dass die Akzeptanz des Preissystems vor allem dann gering ist, wenn ein Gut sehr dringlich benötigt wird.

Frey und Pommerehne zogen den Schluss, dass in weiten Teilen der Bevölkerung moralische Vorstellungen über die Fairness von Preisen eine größere Bedeutung haben als das von den meisten Ökonomen favorisierte Preisbildungsmodell des Marktes. Und man könnte hinzufügen: Für die Öffentlichkeit sind nach ethischen oder sozialen Gesichtspunkten erfolgte Entscheidungen nicht minder wichtig als nach Umsatzkriterien erfolgte Entscheidungen.

Fazit:

Wie die Fallstudie Brent Spar lehrt, ist ein zentraler Gegenstand der Managementsoziologie die Schnittstelle zwischen Unternehmensinteressen einerseits und Öffentlichkeit andererseits. Zwischen Wirtschaftlichkeitserfordernissen und gesellschaftlicher Verantwortung besteht ein tiefgreifender Spannungsbogen. Dies lässt sich anhand eines Diagramms veranschaulichen. Ihm zufolge haben die Manager die Aufgabe, die Lösung betriebswirtschaftlicher und technischer Probleme mit öffentlichen Interessen und Wertansprüchen auszubalancieren.

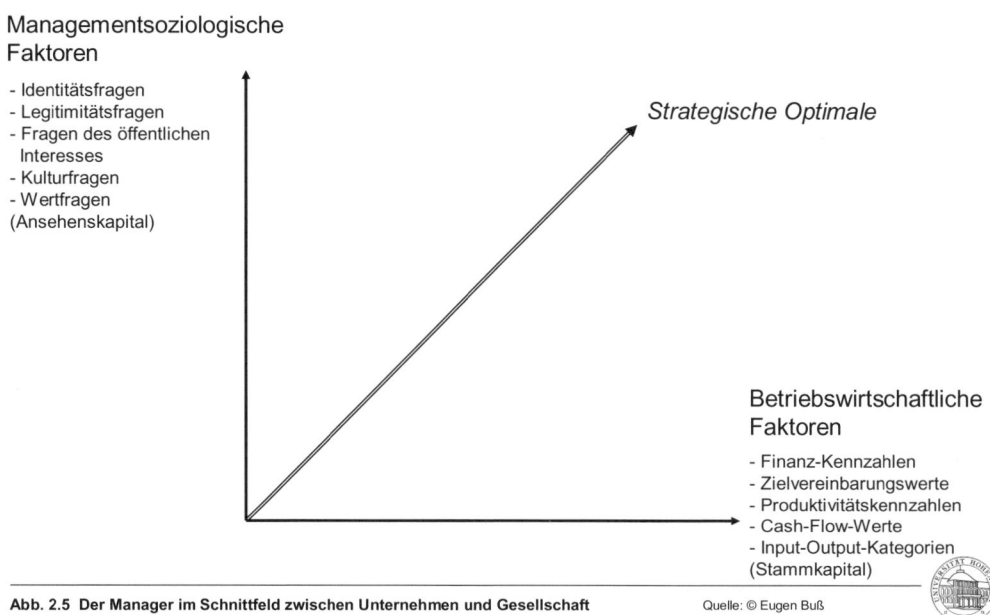

Managementsoziologische Faktoren

- Identitätsfragen
- Legitimitätsfragen
- Fragen des öffentlichen Interesses
- Kulturfragen
- Wertfragen (Ansehenskapital)

Strategische Optimale

Betriebswirtschaftliche Faktoren

- Finanz-Kennzahlen
- Zielvereinbarungswerte
- Produktivitätskennzahlen
- Cash-Flow-Werte
- Input-Output-Kategorien (Stammkapital)

Abb. 2.5 Der Manager im Schnittfeld zwischen Unternehmen und Gesellschaft   Quelle: © Eugen Buß

Die Öffentlichkeit interessieren nicht nur produkttechnische Aspekte, sondern auch Fragen wie: Was ist das Leitbild des Managements? Was ist sein Selbstverständnis? Inwieweit werden gesellschaftliche Werte und Interessen berücksichtigt? Welche öffentliche Verantwortung nehmen die Manager wahr? Die Managementsoziologie rückt eine besondere *strategische Optimale* in den Vordergrund: nämlich die Balance zwischen

- der technischen und wirtschaftlichen Fachkompetenz einerseits und der moralischen Legitimation des Managements andererseits;
- dem vom Markt diktierten Problemlösungserfordernis einerseits und der Rücksichtnahme auf öffentliche Interessen andererseits;
- dem Nutzenkalkül einerseits und dem Vertrauensanspruch der Zielgruppen andererseits;
- den Umsatz- und Marktanteilszielen einerseits und dem ethischen Postulat der Gesellschaft andererseits.

Für die Deutsche Shell hatte die Konfrontation mit der „etwas anderen" Blickweise der Öffentlichkeit zur Folge, dass die Shell-Manager anschließend von einem „Selbsterkenntnis- und Selbstfindungsprozess" sprachen. „Wir sind daran erinnert worden, dass – wie bei uns rund um die Brent Spar geschehen – viele gute Leute aus ihrer Sicht das Vernünftigste und Beste tun können, und dass dies dennoch zu einer Gesamtentscheidung führen kann, die die Gesellschaft nicht akzeptiert" (Rohmeder 1996, S. 70f.).

2.3   Was ist Soziologie?

Managementsoziologie ist ein Teilgebiet der Soziologie. Der Name Soziologie geht auf den französischen Sozialphilosophen Auguste Comte (1798–1857) zurück. In seinem mehrere Bände umfassenden Werk über „Die positive Philosophie" vertrat er die Meinung, dass das rationale Wissen über das menschliche Zusammenleben so weit fortgeschritten sei, dass eine neue wissenschaftliche Disziplin notwendig sei, die analog zur Physik in den Naturwissenschaften „soziale Physik" oder Soziologie heißen sollte.

Die Soziologie ist ein faszinierendes Fach: Sein Gegenstandsbereich reicht von der ersten flüchtigen Begegnung zwischen Personen bis zur Untersuchung globaler Prozesse.

Definition Soziologie:

Soziologie (lat. socius = Gefährte und altgr. logos = Vernunft) ist zu verstehen als eine Lehre von der Gesellschaft, die

a)   das soziale Handeln von Menschen, Gruppen und Gesellschaften zu erklären versucht,

b)   die verschiedenen Vorgänge und sozialen Prozesse innerhalb einer Gesellschaft in einen übergeordneten Beziehungszusammenhang stellt und ihre Strukturen klärt,

c)   die Ähnlichkeiten und Unterschiede zwischen verschiedenen Gesellschaften zu beschreiben versucht,

d)   die gesellschaftliche Entwicklung und den kulturellen Wandel interpretiert.

Innerhalb der arbeitsteiligen Forschung in den Sozialwissenschaften steht die Soziologie neben den Fachdisziplinen wie Psychologie, Volkswirtschaft, Politologie, Anthropologie, Ethnologie oder Pädagogik. Der wissenschaftliche Erkenntnisprozess in den Sozialwissen-

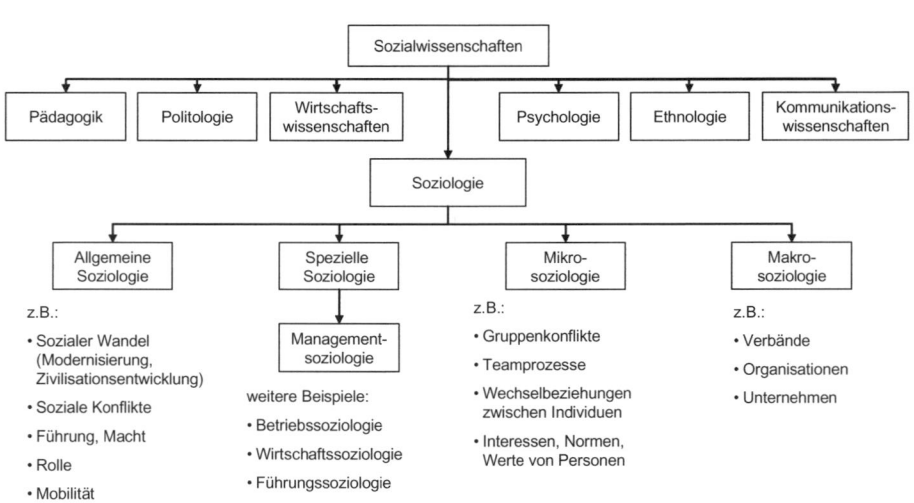

Abb. 2.6 Standort der Managementsoziologie   Quelle: © Eugen Buß

schaften unterliegt den ausgesprochenen und unausgesprochenen Regeln ihrer hoch spezialisierten Teildisziplinen und wird durch das Zusammenwirken eines weit verzweigten Systems
von Institutionen wie Hochschulen, Laboratorien, wissenschaftlichen Gesellschaften etc. gefördert. Doch bedeutet die Teilnahme an der soziologischen Forschung nicht unbedingt einen
Konsens mit den vorhandenen Ergebnissen. Die Entwicklung der Wissenschaft ist eher ein
ständiger Prozess des Infragestellens, Überprüfens und Suchens. Die Basis der Soziologie
bildet ein System von Sätzen, die fortlaufenden Modifikationen unterworfen sind, die – gegenüber den Sätzen der Naturwissenschaften – keinen Anspruch auf eine absolute Wahrheit haben.

Allgemeine Soziologie
Innerhalb der Soziologie wird eine Unterscheidung nach dem Gegenstandsbereich vorge-
nommen: nach Themen der allgemeinen Soziologie und nach Themen der speziellen Soziologien bzw. der sogenannten Bindestrich-Soziologien. Forschungsinhalte der allgemeinen
Soziologie sind die Erscheinungen des Gesellschaftslebens, die als grundlegende Prozesse,
Beziehungen und Normen das soziale Handeln der Menschen strukturieren und in alle Ge-
sellschaftsbereiche ausstrahlen. Zentrale Probleme der allgemeinen Soziologie, die für das
Verständnis von Managementfragen eine Rolle spielen, sind beispielsweise Sozialisation
(sozialer Prozess, in dessen Verlauf Personen ein Bewusstsein von Werten und Normen erwerben und eine persönliche Identität entwickeln), Kommunikation (Führungskommunika-
tion), soziale Normen, soziale Identität, aber auch Mobilität, soziale Konflikte oder sozialer
Wandel.

Spezielle Soziologien oder Bindestrich-Soziologien
Gegenstand der speziellen Soziologien sind Forschungen über einzelne, oftmals praktisch
interessierende Themenbereiche wie Familie, Freizeit, Massenkommunikation, Bildung oder
auch Management, Recht, Wirtschaft, Religion, Medizin und Kunst. Dieser Katalog speziel-
ler Soziologien ist beliebig erweiterbar. In engem thematischem Bezug zu einem begrenzten
Ausschnitt der Gesellschaft wird das Begriffsinstrumentarium der allgemeinen Soziologie
auf die jeweiligen Besonderheiten der speziellen Themenbereiche abgestimmt und erweitert,
um dort zu konkreten Erklärungsversuchen zu kommen.

Makrosoziologie
Eine weitere Unterscheidung wird zwischen Makrosoziologie und Mikrosoziologie vorgenommen. Makrosoziologisch geht es um Strukturen und Gesetzmäßigkeiten von Großgebilden.
Großgebilde im soziologischen Sinn sind z. B. Verbände, Unternehmen, Parteien, Gewerkschaften, Kirchen oder auch staatliche Körperschaften. Ihr gegenseitiges Kräfteverhältnis
und ihre internen spezifischen Ordnungsstrukturen stehen im Mittelpunkt makrosoziologischen Interesses.

Mikrosoziologie
Die Mikrosoziologie ist in erster Linie Kleingruppenforschung, die sich auf die Beziehungen
und Prozesse in face-to-face-Verhältnissen wie z. B. kleinere Projektgruppen in Organisationen, Teams oder Arbeitsgruppen konzentriert. Der mikrosoziologische Ansatz untersucht
die Struktur einer Gruppe nach Kriterien wie Integration, Konflikt, Führungsstil, Konformität
und analysiert die Mechanismen, die z. B. die Gruppendynamik und Kommunikationsvor-
gänge bestimmen.

2.4   Empirische Sozialforschung und soziologische Theorie

Managementsoziologie als Wissenschaft fußt grundsätzlich auf den beiden Komponenten der Empirie und der Theorie. In der Form der empirischen Sozialforschung ist Managementsoziologie systematische Erfahrungswissenschaft; bezogen auf ihre theoretische Komponente ist sie eine analytische Erkenntniswissenschaft. Theoretischer und empirischer Aspekt sind beide in gleicher Weise dem Ziel verpflichtet, den Erkenntnisstand über soziale Prozesse in Unternehmen zu erweitern. Empirische Forschung und Theorie schließen sich nicht aus, sondern sind eng miteinander verknüpft und bilden voneinander abhängige Phasen eines einheitlichen Erkenntnisprozesses. Während theoretische Ansätze dazu dienen, empirische Befunde in einen Erklärungszusammenhang einzubinden, hat die empirische Sozialforschung die Funktion, anhand geeigneter Methoden (wie Befragung, Beobachtung, Inhaltsanalyse, Experiment) aus sozialen Daten, statistischem oder Quellenmaterial neue Hypothesen und theoretische Annahmen zu entwickeln, oder aber bestehende Lehrsätze zu bestätigen oder zu korrigieren. Erst die systematische Wechselwirkung von empirischer Forschung und Theorie begründet die Managementsoziologie als Erfahrungswissenschaft.

Ein sehr gutes Beispiel dafür, wie diese Wechselwirkung funktioniert, gibt der „Gründungsvater" der empirischen Sozialforschung, Paul Lazarsfeld. In einer berühmten Studie hat er mit seiner damaligen Ehefrau Marie Jahoda aus einer Fülle von empirischen Daten noch heute gültige Erkenntnisse über den Stellenwert der Arbeit für die Identitätsbildung von Menschen herausgearbeitet. Nicht nur ihre Methoden, sondern auch ihre Hypothesen spielen für das Management nach wie vor eine zentrale strategische Rolle. Beschäftigungsfragen werden nicht nur unter dem Aspekt der gesellschaftlichen Verantwortung behandelt, sondern auch als Aspekt der generellen Leitbildpositionierung einer Organisation.

Definition Leitbild:

Unter Leitbildpositionierung versteht die Managementsoziologie einen Prozess, in dessen Verlauf sich das Management eines Unternehmens auf einen in der Regel spezifischen verpflichtenden Wertekanon verständigt, der den Entscheidungen und Handlungen aller Mitarbeiter zugrundegelegt wird.

2.4.1   Fallstudie: Marienthal oder was bedeutet Arbeitslosigkeit?

Marienthal ist ein durch die empirische Sozialforschung berühmt gewordenes Dorf in Niederösterreich. Zunächst war es eine kleine Industriesiedlung, als 1931 die jungen Soziologen Paul Lazarsfeld und Marie Jahoda sich dorthin aufmachten, um ihre Untersuchung über „Die Arbeitslosen von Marienthal" durchzuführen.

In Marienthal waren im Gefolge der Weltwirtschaftskrise im Februar 1930 eine Flachsspinnerei, eine Weberei und eine Bleiche endgültig geschlossen worden. Seitdem waren 1.468 Marienthaler ohne Beschäftigung. Genau dies ließ die Untersuchung seiner Bewohner zu einer klassischen soziologischen Erhebung werden. Sie gilt heute als erste große, auf teilnehmender Beobachtung beruhende empirische „Soziographie", d. h.: ein Tagebuch von Sozialdaten.

Die beiden Soziologen versuchten, sich in das Gemeinschaftsleben von Marienthal einzufügen. Sie nahmen an ärztlichen Ordinationen teil, hielten Fortbildungskurse ab, machten

Hausbesuche. Von Lehrern wurden Informationen über das Frühstück der Schulkinder geliefert, Essverzeichnisse und Haushaltsbücher wurden eingesehen.

Zur Person:

Marie Jahoda (1907–2001) studierte in Wien Psychologie und wurde 1934 Leiterin der wirtschaftspsychologischen Forschungsstelle. 1937 emigrierte sie ins Exil nach London. 1947 siedelte sie in die USA über und wurde 1949 Professorin für Psychologie an der New York University. Von 1965–1973 war sie Professorin für Sozialpsychologie an der University of Sussex, Brighton.

Zur Person:

Paul Lazarsfeld (1901–1976) studierte Mathematik und Physik in Wien. 1933 emigrierte er in die USA und wurde 1940 Professor für Soziologie an der Columbia University in New York. Paul Lazarsfeld gilt als Ahnherr der empirischen Meinungsforschung. Sein Anliegen war es, mathematische Modelle für die Erforschung sozialwissenschaftlicher Zusammenhänge nutzbar zu machen. Lazarsfeld lieferte wesentliche Beiträge zur Entwicklung empirischer Forschungsinstrumente (z. B. die Paneltechnik: die gleiche Gruppe von Personen innerhalb eines längeren Zeitraums zu ein und derselben Sache zu befragen).

Lazarsfeld und Jahoda entwickelten einen Katalog von Daten vor und nach Schließung der Fabrik (Beispiele):

- Ausgaben pro Kopf und Tag
- Art und Menge der verbrauchten Ware
- Tortenverkauf beim Bäcker (17/2)
- Ausleihverzeichnis der Gemeindebibliothek (weniger Bücher oder gar keine nach Schließung der Fabrik)
- Zeitungsabonnement (Arbeiterzeitung minus 60 Prozent, Unterhaltungsblätter minus 27 Prozent)
- Mitgliederschwund bei der Sozialdemokratischen Partei, bei Turn- und Gesangsvereinen
- Gehgeschwindigkeit auf der Hauptstraße (Männer bleiben häufiger stehen als Frauen)
- Schulbrot von Kindern
- Zeitverwendungsbögen
- Weihnachtsaufsätze der Schulkinder (Weihnachtswünsche der Kinder in anderen Gemeinden waren dreimal so teuer wie in Marienthal)

Die Schließung der Fabrik hat gravierende Folgen: Der Rhythmus von Tag und Woche verliert sich allmählich, die Teilnahme am politischen, kulturellen und familiären Leben geht signifikant zurück. Das Dorf selbst wird zum Schauplatz einer enormen Zeitdehnung. Zu den auffälligsten sozialstatistischen Erhebungen der Studie gehört die Schätzung des Tempos, das die Bewohner beim Durchqueren der 300 m langen Ortsstraße anschlagen. Von einhundert Erwachsenen, die sie entlanggingen, bleiben 40 Prozent dreimal und öfter stehen. Von 100 Männern tragen 88 keine Uhr bei sich, mehr als 30 davon haben eine zu Hause liegen. Die Zahl der Bibliotheksausleihen sinkt binnen zweier Jahre um die Hälfte, obwohl die Bücher inzwischen nicht mehr gegen Gebühr verliehen wurden. In der Apathie werden selbst diejenigen Gelegenheiten, sich über Wasser zu halten, nicht mehr genutzt, die noch zur Verfügung stehen. Es entwickelt sich eine müde Gemeinschaft, die zunehmend resigniert, verzweifelt oder apathisch ist. Die geistigen und körperlichen Widerstandskräfte gehen zurück.

Es gibt eine weitere These, die Lazarsfeld und Jahoda aus ihren Zahlen destillierten: Arbeit strukturiert auch die nicht von Arbeit betroffenen Lebensbereiche. Ohne Arbeit liegen auch das Familien- und Freizeitleben danieder.

Ein wichtiger Befund der Studie ist zudem, dass nicht der Rückgang der Einkommen die wichtigste und folgenreichste Wirkung der Arbeitslosigkeit ist, sondern das veränderte Selbstverständnis der Menschen. Arbeitslosigkeit meint, mit anderen Wörtern, etwas anderes noch als das Abrutschen aus einem bestimmten Konsumniveau:

Arbeit ist die stärkste Bindung der Menschen an die Realität:

- Arbeit weist sozialen Status zu
- Arbeit bildet Selbstwertgefühle
- Arbeit strukturiert Zeit
- Arbeit schafft Identität
- Arbeit ermöglicht soziales Engagement

Die Studie von Marienthal macht eine zentrale Managementfrage deutlich. In allen wichtigen Wohlfahrtstaaten finden derzeit politische Debatten über die Funktion der Sozialversicherungssysteme und die Ausgestaltung von Sozialhilfe und Arbeitslosenunterstützung statt. Unter dem Titel „workfare" oder „welfare to work", d. h. Wohlfahrt um der Arbeit willen, werden Überlegungen angestellt, ob nicht Arbeitsaufnahme um jeden Preis (z. B. unter dem Stichwort „Bürgerarbeit") das Ziel staatlicher Sozialpolitik sein sollte, und welche Rolle die Unternehmen in dieser Frage spielen sollten.

2.4.2   Methodische Verfahren in der Soziologie

Die methodischen Verfahren oder Instrumente, derer sich die Managementsoziologie bedient, haben den Zweck, Aussagen von wissenschaftlicher Güte hervorzubringen. Von den Methoden als den generellen Verfahrensgrundsätzen der Soziologie sind die Techniken der empirischen Forschung als die konkreten Maßnahmen und Instrumente der Materialsammlung zu unterscheiden. Zu den Methoden der Soziologie gehören:

Die theoretische Methode. Sie führt zur Erklärung und Prognose von sozialen Prozessen in den Unternehmen. Dazu werden Begriffe gesucht und gebildet, die die Wahrnehmung ordnen sollen, das Wahrgenommene bewerten und die Kommunikation über ihren Vorstellungsinhalt ermöglichen. Soziologische Theorien sind Systeme von Sätzen, die a) untereinander logisch ableitbar sind, b) informativ sind, d. h. Realitätsbezug haben und c) eine Erklärung über das Entstehen und Bestehen sozialer Sachverhalte liefern.

Ein wichtiges Merkmal der theoretischen Methode ist der Versuch, Definitionen in Rückkoppelung zu empirischen Befunden zu präzisieren. Darüber hinaus werden Hypothesen und Thesen über soziale Wirkungszusammenhänge aufgestellt, die so beschaffen sein müssen, dass sie ein Überprüfungsverfahren ermöglichen.

Die theoretische Methode lässt sich in eine *analytische* und eine *synthetische* Variante unterteilen:

- Die *analytische Methode* ist ein Verfahren zur Untersuchung der gesellschaftlichen Zusammenhänge, bei dem ein problematisiertes Phänomen in seine Elemente zerlegt wird. So lässt sich z. B. im Rahmen einer Untersuchung über das Selbstbild der Manager das Führungsverständnis in folgende analytische Elemente untergliedern: Führungsnormen, Führungswerte, Führungskultur, Führungsleitbild, Führungsakzeptanz, Führungsstil, etc. Die Analyse belässt es allerdings nicht bei der Begriffspräzisierung, sondern bezieht die im Einzelnen entwickelten Elemente wieder so aufeinander, dass aus ihnen ein neuer Erklärungszusammenhang der sozialen Wirklichkeit entsteht, z. B. das Führungsselbstverständnis der deutschen Spitzenmanager.
- Die *synthetische Methode* nimmt die Verknüpfung und gedankliche Verbindung einzelner (durch Analyse erklärter) Elemente zu einer Ganzheit vor, d. h. von der Darstellung der konkreten Einzelerscheinungen wird ein allgemeiner Erklärungsversuch abgeleitet. So wird z. B. der Trend zu konsensorientierten Entscheidungsprozessen in Unternehmen als Strukturelement eines allgemeineren Demokratisierungsprozesses unserer Gesellschaft begreiflich.

Im Rahmen des wissenschaftlichen Vorgehens lassen sich für die Entwicklung von Theorien und Hypothesen grundsätzlich zwei methodische Varianten anwenden: das *induktive* und das *deduktive* Verfahren. Sie bilden nicht nur ein methodisches Erfordernis für den Weg einer Beweisführung, sondern stellen auch für jede Form der schriftlichen wissenschaftlichen Arbeit eine Richtschnur für die Darstellung von Theorien oder präziser: für die Darstellung des Verhältnisses von Theorien und empirischem Beobachtungsmaterial dar.

- Als *induktives Verfahren* wird die Ableitung von Regeln, Hypothesen und Gesetzen aus einer Reihe von empirischen Einzelbeobachtungen bezeichnet. Beispielsweise stellt man in einer Befragung von Spitzenmanagern fest, dass sie in ihrer Jugend früh Verantwortung übernommen haben. Dann könnte man aus diesen Einzelbefunden zum Beispiel folgende Hypothese ableiten: Je früher Spitzenmanager in ihrer Jugend Führungsverantwortung wahrgenommen haben, umso erfolgreicher sind sie in ihrem Karriereweg gewesen. Eine entsprechende Überprüfung der Hypothese müßte allerdings alle Spitzenmanager einschließen, was aber praktisch nicht durchführbar wäre. Es bleibt nur die Möglichkeit, von einer entsprechend begrenzten Anzahl von empirischen Überprüfungen auf die gesamten Eigenschaften der Untersuchungsobjekte (hier Spitzenmanager) zu schließen (Schnell, Hill u. Esser 1989, S. 45f.). In der Argumentation schreitet man vom Besonderen zum Allgemeinen, von der Einzelbeobachtung zur generellen These vor, d. h., dass gedanklich eine Anzahl von realen Einzelfällen in eine Kette von Folgerungen umgesetzt wird, die in einer theoretischen Erklärung münden.
- Das *deduktive Verfahren* geht den umgekehrten Weg und leitet aus einer allgemeinen Theorie das Besondere ab, d. h. im Zuge des deduktiven Verfahrens bemüht man sich, eine allgemeine Theorie auf besondere Fälle anzuwenden und aus dieser vorausgesetzten Theorie mittels logischer Schlußfolgerungen neue gültige Erkenntnisse in einem Spezialgebiet abzuleiten. Zum Beispiel wird in den öffentlichen Medien immer wieder über ethische Fehltritte von Managern berichtet. Ein Soziologe interessiert sich nun für die Frage: Warum kommt es zu Übertretungen ethischer Richtlinien? Eine wissenschaftliche Erklärung hierfür liegt unter folgenden Bedingungen vor: Es muss eine Hypothese benennbar sein, in der ethische Fehltritte als die Auswirkung eines anderen Faktors (Ursache) vorkommen. Eine entsprechende Hypothese könnte lauten: „Wenn die Spitzenmanager von Unternehmen sich auf bestimmten Märkten in Entwicklungsländern in

Konkurrenz (Ursache) zu anderen Unternehmen sehen, die bei der Auftragsvergabe zur „Bakschischmentalität" (Bestechung) neigen, dann neigen sie auch zu ethischen Fehltritten."

Die in der Hypothese genannte Ursache (hier: Konkurrenz und „Bakschischmentalität") muss empirisch, also in der tatsächlichen Lebenswelt, und nicht nur als sprachliche Aussage vorliegen. Die Erklärung des zu erklärenden Phänomens (Explanandum) »Managermoral« erfolgt also über die logische Deduktion aus dem Gesetz (»Wenn …, dann …«) und der Überprüfung des empirischen Vorliegens der Ursache (Randbedingung) (Schnell, Hill u. Esser 1989, S. 42ff.).

2.4.3   Stufen des Forschungsprozesses in der Soziologie

Der Forschungsprozess in der Soziologie umfasst sowohl die Weiterentwicklung von Theorien als auch empirische Untersuchungen. Die einzelnen Phasen dieses Prozesses sind zugleich auch eine pragmatische, flexible Richtschnur für die Darstellung eines Themas in einer wissenschaftlichen Arbeit.

1. Der Forschungsprozess beginnt mit der Formulierung eines Problems bzw. eines vorläufigen Themas. Nehmen wir ein Beispiel: Was sind die wesentlichen Karrierefaktoren des Top-Managements? Bevor dieses in der Regel eher generelle Thema in eine Forschungsfrage bzw. ein Arbeitsthema umgewandelt werden kann, müssen die vorhandene theoretische Literatur und eventuelle Forschungsberichte aufgearbeitet werden. Dadurch wird verhindert, dass man entweder in seiner Arbeit hinter dem bereits erreichten Forschungsstand zurückbleibt, dass man wichtiges, bereits vorhandenes Material nicht berücksichtigt oder dass man bereits »erledigte« Fragen wieder aufgreift, anstatt sich neuen Aspekten eines Problems zuzuwenden.

2. Wenn man sich mit dem Forschungsstand zum gestellten Problem vertraut gemacht hat, ein schriftliches Resümee gezogen hat und der Gegenstandsbereich begrifflich vorstrukturiert ist, ist die spezielle Forschungsfrage aus dem Problembereich zu formulieren. Beispiel: Welche Rolle haben Mentoren (die Karriere eines Managers fördernde Persönlichkeiten aus dem privaten oder beruflichen Umfeld) gespielt?

3. Anschließend sind die bisherigen Denkansätze, Überlegungen, Erklärungsmodelle zur Lösung dieser Forschungsfrage zu diskutieren (Theorie A, Theorie B oder Autor A, Autor B).

4. Als nächster Schritt folgt eine vorläufige Erklärung des Forschungsproblems durch eine Arbeitshypothese. Während eine These eine einfache Feststellung ist, z. B.: die Bedeutung der Mentoren für die Karriere ist groß, was anschließend zu beweisen wäre, handelt es sich bei der Hypothese um die Behauptung eines Zusammenhangs zwischen mindestens zwei Variablen, z. B.: je nachhaltiger die Mentoren im Dialog Einfluss genommen haben, umso erfolgreicher ist die Karriere eines Topmanagers verlaufen.

5. Als nächster Schritt im Forschungsprozess folgt der Entwurf eines Themenplans. Aus der Hypothese werden einzelne Gesichtspunkte abgeleitet, die mit Hilfe von Literatur oder Quellenmaterial diskutiert werden. Letztlich geht es bei diesem Forschungsschritt darum, den bisherigen Wissensstand im Hinblick auf die eigene Hypothese zu resümieren. Einen anderen Weg geht der empirische Forschungsprozess. Um den Forschungsgegenstand möglichst präzise zu erfassen, müssen die zentralen Begriffe (z. B. was ist

ein Mentor?) operationalisiert werden. Eine operationale Definition ist gültig, wenn durch die Meßoperationen genau das erfasst wird, was gemessen werden soll (Validität). Sie ist zuverlässig, wenn bei wiederholter Anwendung unter gleichen Bedingungen stets die gleichen Ergebnisse erzielt werden (Reliabilität). Stichprobe und Auswertungstechniken werden bestimmt. Schließlich wird die Erhebung des Materials vorgenommen. Die Daten werden aufbereitet, analysiert und die Forschungsfrage zu beantworten versucht.

6. Aus der Erarbeitung des Forschungsstandes erfolgt die Verifikation (Bestätigung) oder Falsifikation (Widerlegung) der These/Hypothese. Sie erfolgt entweder a) auf der Grundlage des Literaturstudiums, b) von Quellenmaterial (Beispiel: Archiv eines Unternehmens) oder c) einer eigenen empirischen Untersuchung. Die Hypothese ist dann als verifiziert zu betrachten, wenn die aus ihr abgeleiteten Prüfungshypothesen durch die Tatsachen bestätigt werden. Sie ist dann falsifiziert, wenn eine der Prüfungshypothesen nicht mit den Tatsachen übereinstimmt.

7. Anschließend wird im nächsten Schritt des Forschungsprozesses der Geltungsbereich der gewonnenen Aussagen und Argumente abgesteckt. Wie allgemein ist der Erklärungswert? Gibt es raum-zeitliche Einschränkungen? Trifft es etwa nur für den mitteleuropäischen Raum zu, dass Mentoren eine wichtige Weichenstellung für Karrieren von Topmanagern bieten?

8. Dann wird auf noch offene Probleme verwiesen, die im Zusammenhang mit der Bearbeitung der Forschungsfrage aufgetreten sind. Beispielsweise: Welche Rolle spielt die berufliche Erfahrung des Mentors?

9. Schließlich werden die ermittelten Forschungsaussagen in einen Prozess der „intersubjektiven Überprüfung" überführt, d. h. andere Forscher überprüfen die ermittelten Erkenntnisse und verwendeten Verfahren.

10. Bei Bestätigung von anderen Forschern kann eine Anerkennung der Hypothese als Theorie erfolgen, oder es kann ein bestätigter Zusammenhang mit einer bestehenden Theorie hergestellt werden.

Die Stufen des wissenschaftlichen Forschungsprozesses bilden einen Rahmen, in dem managementsoziologische Fragestellungen beantwortet und die zu ihrer Klärung benutzten Verfahren nach erprobten Regeln angewendet werden können.

Fragen zur Wiederholung:
1. Wie lassen sich Manager soziologisch charakterisieren?
2. Zwischen welchen Managertypen kann man unterscheiden?
3. Definieren Sie den Begriff „Manager" und den Begriff der „Managementsoziologie"!
4. Im Schnittfeld welcher gesellschaftlichen Einflussfelder operieren in der Regel die Führungskräfte eines Unternehmens?
5. Nennen Sie drei Schlüsselkompetenzen von Managern.
6. Was lehrt das Ultimatum-Spiel?
7. Was ist das Kennzeichen von Managerial Enterprise?
8. Was sind die zentralen Krisengründe der Brent Spar Affäre?

9. Worin besteht die strategische Optimale im Aufgabenfeld eines Managers?

10. Worin besteht das zentrale Spannungsfeld modernen Managements?

11. Nennen Sie eine soziale Dimension in den Entscheidungsprämissen des Managements.

12. Mit welchen Fragen und Themen beschäftigt sich die Managementsoziologie? Nennen Sie drei Problemfelder.

13. Erklären Sie die Besonderheiten des homo oeconomicus und des homo sociologicus!

14. Nennen Sie die Unterschiede zwischen dem Manager als angestellter Manager und dem Manager als Eigentümerunternehmer!

15. Definieren Sie die Kategorie des „Idealtyps".

16. Definieren Sie die Kategorien „Werte" und „Interessen".

17. Nennen Sie eine typische Fragestellung aus der Allgemeinen Soziologie?

18. Womit beschäftigt sich die Mikrosoziologie?

19. In welchem Verhältnis stehen empirische Sozialforschung und soziologische Theorie zueinander?

20. Nennen Sie drei Schlussfolgerungen, die aus der Marienthal-Studie gezogen werden können.

21. Was ist der Unterschied zwischen der analytischen und synthetischen Methode?

22. Was versteht man unter einem induktiven bzw. deduktiven Verfahren?

23. Zwischen welchen Stufen des Forschungsprozesses kann man unterscheiden?

24. Worin besteht der Unterschied zwischen These und Hypothese?

25. Definieren Sie „Soziologie".

Wer immer versteht, was er tut,
lebt unter seinem Niveau.
(Lebensmaxime im Haushalt eines
deutschen Spitzenmanagers)

Modul 3:

Das Sozialprofil der deutschen Topmanager

Ziel dieses Moduls ist es,

- den Bildungsweg der Topmanager nachzuzeichnen,
- die Moral der deutschen Managerelite zu skizzieren,
- Herkunft und Werdegang der Spitzenmanager zu beschreiben,
- den „Geist" ihres Elternhauses zu umreißen,
- die wichtigsten Sozialdaten der Manager vorzustellen,
- das Autoritätsverständnis der Manager zu analysieren,
- den Entscheidungsstil der Manager zu kommentieren,
- die Netzwerke der Manager zu erläutern.

3.1 Die Kennkarte der deutschen Wirtschaftselite

In diesem Modul geht es um die Strukturdaten derjenigen, die einen öffentlichen oder von der Öffentlichkeit notierten Namen haben.[2] Wenn man von Spitzenmanagern spricht, handelt es sich dabei um Vorstandsvorsitzende, stellvertretende Vorstandsvorsitzende, Vorstandsmitglieder und Aufsichtratsvorsitzende der größten deutschen Aktiengesellschaften sowie um persönlich haftende Gesellschafter, Inhaber und Geschäftsführer der größten deutschen Nicht-Aktiengesellschaften oder Familiengesellschaften.

3.1.1 Fallstudie Oetker

Fast jeder Deutsche kennt das Unternehmen Oetker. Der Apotheker Dr. August Oetker hat einst den Grundstein für den Aufbau eines der erfolgreichsten deutschen Familienbetriebe – die Dr. August Oetker KG – gelegt. Sein Enkel Rudolf-August Oetker hat nach dem zweiten Weltkrieg das Unternehmen zur heutigen Blüte geführt. Dabei ging er weit über die Produktion von Backpulver hinaus. Rudolf-August Oetker, unternehmensintern RAO genannt, verfuhr stets nach der Devise: „Nicht alle Eier in einen Korb." Um weniger abhängig zu sein von Konjunkturzyklen, investierte er die wachsenden Gewinne aus dem Verkauf von Backmitteln in das Schifffahrtsgeschäft. Viele weitere Millionen steckte Oetker in Felder, die nichts miteinander zu tun haben: in Hotels, Banken, Versicherungen, Wein- und Sektkellereien sowie Brauereien. Sogar eine chemische Fabrik gehört bis heute zum diversifizierten Beteiligungsportfolio der Gruppe, die zuletzt rund 7 Milliarden Euro umgesetzt hat. Schon im Alter von 25 Jahren trat Oetker in die Geschäftsführung des Unternehmens ein. Drei Jahre später übernahm Oetker allein die Verantwortung. Sein Gespür für den Markt und die Weiterentwicklung der Marke Oetker, die bis heute jedes Kind in Deutschland kennt, paarte sich mit ostwestfälischer Sparsamkeit. Wenn ihn jemand nach seinem Beruf fragte, sagte er nur: „Kaufmann". Die Antwort ist typisch. Oetker war ein unprätentiöser (nicht selbstgefälliger) Mann, bescheiden auch in seinen eigenen Ansprüchen. Er war stets höflich, ein echter Herr der alten Schule. Wenn ein Gast oder Mitarbeiter sein Büro betrat, so erhob er sich und verneigte sich leicht, ungeachtet des Ranges seines Besuchers. Trotz aller Erfolge verlor er nie die Bodenhaftung, sondern fiel auf durch eine wohltuende Normalität. Deshalb war er bei den Mitarbeitern sehr beliebt. 1981, im Alter von 65 Jahren, gab Oetker die Geschäftsführung an seinen Sohn August Oetker weiter, der seither in Bielefeld auf der Kommandobrücke steht. Im Januar 2007 starb Oetker, immer noch als Vorsitzender des Beirates des Unternehmens fungierend, im Alter von 90 Jahren.

Der Geist eines Spitzenmanagers wie Oetker wird erkennbar, wenn wir wissen, aus welchem Elternhaus er kommt, welchen Prägungen er unterworfen ist, welche Werte er repräsentiert, und welche Leitbilder sich in seinem unternehmerischen Handeln niederschlagen. Soziale Daten über die Spitzenmanager erlauben daher einen Blick auf einen bestimmten Ausschnitt der geistigen Kultur in diesem Land. Welchen Bildungsweg haben die Spitzenmanager eingeschlagen? Wie ist ihr beruflicher Werdegang? Welche besonderen Erfolgsfaktoren haben ihre Karriere ermöglicht oder beschleunigt? Welcher kulturelle und soziale Referenzrahmen ist zu erkennen? Welche Werte vertreten sie?

---

[2] Diesem Modul liegt die Untersuchung von Buß, E.: Die deutschen Spitzenmanager, München 2007, zugrunde. In ihr finden sich weiterführende Hintergründe, Interpretationen und empirische Befunde.

Die Ausgangsfrage: „Wer ist die deutsche Wirtschaftselite?" schließt also viele Fragen ein. Wem fühlen sich die Spitzenunternehmer verpflichtet, welchen Stellenwert hat die gesellschaftliche Verantwortung eines Unternehmens? Sodann interessieren Autoritätsmuster, ihr Verhältnis zu Fragen der Moral in der Wirtschaft oder der Einfluss internationaler und nationaler Netzwerke.

3.1.2 Berufe der Väter

Es ist ein inzwischen gut gesichertes Ergebnis der Sozialforschung, dass die Führungsgruppen in Deutschland in ihrer überwiegenden Mehrheit aus dem arrivierten Milieu stammen. Auch die gegenwärtigen deutschen Spitzenmanager stammen vor allem aus den höheren Soziallagen. Nur eine sehr kleine Minderheit wurde in den unteren Schichtmilieus der Arbeiter oder einfachen Angestellten geboren. Demnach sind die unteren Berufsgruppen nur mit wenigen Söhnen an den Spitzen der Unternehmen vertreten.

Daher kann sich Deutschland nach wie vor nicht rühmen, eine offene Gesellschaft zu sein, die allen Heranwachsenden – unabhängig vom häuslichen Milieu – die gleichen Möglichkeiten für die Entfaltung von Talenten und für die Teilnahme am Wettbewerb um die Spitzenpositionen in der Wirtschaft gewährt.

Diejenigen Topmanager, die nach der Klassifikation der Schichtungssoziologie zur Machtelite gehören, werden mehrheitlich schon in einer entsprechenden „Höhenlage" geboren. Vier von fünf deutschen Spitzenmanagern sind bereits selbst in der oberen Mittelschicht oder Oberschicht aufgewachsen. Die übrigen 20 Prozent stiegen aus den sogenannten mittleren und unteren Milieus auf. Fast kein Spitzenmanager wurde in einem Arbeitermilieu geboren. Die unteren Schichten, die knapp die Hälfte der Bevölkerung stellen, sind demnach in den Spitzenfunktionen der deutschen Wirtschaft nach wie vor deutlich unterrepräsentiert. Auch Hartmann`s Befunde weisen in die gleiche Richtung: die Chance, aus großbürgerlichen Verhältnissen in das Top-Management zu wechseln, ist signifikant höher als bei einer Herkunft aus kleinbürgerlicher Familie (Hartmann 2002, 2004). In diesem Punkt scheint sich trotz enormer Bildungsanstrengungen nichts verändert zu haben. Insoweit ist Geißlers These vom Gesetz der zunehmenden sozialen Selektivität im politischen Herrschaftsgefüge auch auf die wirtschaftlichen Eliten übertragbar (Geißler 2002, S. 150). Das Gesetz bedeutet: *Je höher die wirtschaftlichen Führungspositionen sind, umso eher kommen die oberen Schichten zum Zuge, und umso stärker werden die unteren an den Rand gedrängt.*

Das größte Kontingent der deutschen Wirtschaftselite wird von den Söhnen selbständiger Unternehmer, Landwirte und freier akademischer Berufe gestellt. Fast jeder dritte Konzernlenker (etwa 38 Prozent) in Deutschland wuchs bereits in einem Elternhaus auf, das durch eine Ethik von Selbständigkeit und Selbstverantwortung geprägt war.

Die zweite große Berufsgruppe unter den Vätern sind leitende Angestellte. Etwas geringer ist die Zahl der Söhne von höheren Beamten. Beide zusammen ergeben das höhere Dienstleistungsmilieu, aus dem sich ein weiteres Drittel der Spitzenmanager rekrutiert. Wenn man berücksichtigt, dass der deutsche Soziologe Bolte in den 60er-Jahren nur etwa 5 Prozent der Bevölkerung diesem Milieu zuordnet, wird deutlich, wie überrepräsentiert dieses Milieu als Rekrutierungspool der deutschen Spitzenmanager ist (Geißler 2002, S. 116).

Fasst man die Handwerks- und Arbeiterberufe mit den einfachen Angestelltenberufen zusammen, kann man folgern: Die deutschen Spitzenmanager kommen nur etwa zu einem knappen Fünftel aus jenem Sozialmilieu, das in ihrer Jugend der Normalfall in der deutschen Sozialstruktur war.

Dass so wenige Angehörige aus den unteren Schichten in die Entscheidungszentren der Wirtschaft vordringen können, hat offenbar verschiedene Ursachen: Zum einen mag es an den schichttypisch ungleichen Bildungskarrieren liegen, zum anderen möglicherweise am Fehlen eines bestimmten im Elternhaus vermittelten Habitus, drittens schließlich mögen besondere schichtspezifische Wert- und Leitbilder eine Rolle spielen.

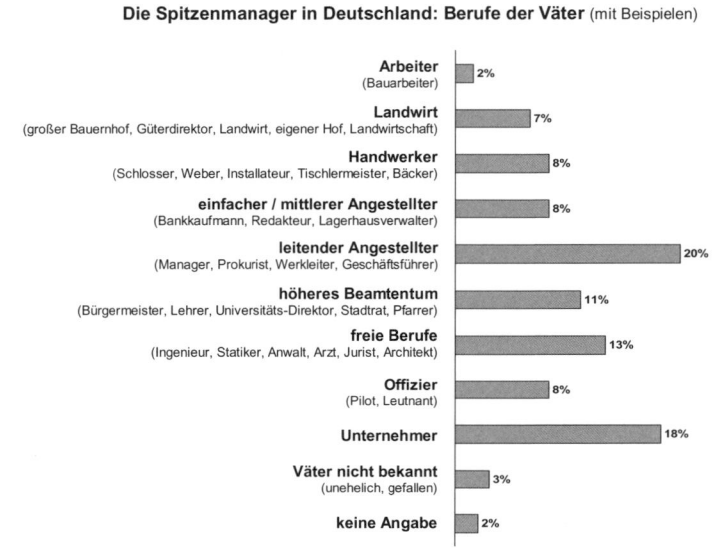

Die Spitzenmanager in Deutschland: Berufe der Väter (mit Beispielen)

Abb. 3.1 Die Spitzenmanager in Deutschland: Berufe der Väter   Quelle: © Eugen Buß 2007, S. 16

Fazit:

Konzernlenker und Vorstandsvorsitzende verdanken ihren Erfolg nicht allein dem eigenen Bemühen. Um in Spitzenstellungen zu gelangen, muss man schon in ihrer sozialen Nähe geboren sein. Je besser die Familie vorgearbeitet hat, je höher das Herkunftsmilieu auf der sozialen Landkarte angesiedelt ist, je höher auch der Rang des Vaters und Großvaters ist, desto günstiger sind nach wie vor die Aussichten, das oberste Ziel eines Vorstandspostens zu erreichen. Aufstiegsmobilität und Erfolg hängen immer noch partiell von der Herkunft ab. Und damit entscheidet nach wie vor zu einem wesentlichen Teil der Zufall der Geburt, ob man sich überhaupt am Wettbewerb um die Dispositionsbefugnisse in der Wirtschaft beteiligen kann.

3.1.3   Konfession

Zu den zentralen sozialen Faktoren der Aufstiegsmobilität in Deutschland gehört die von den Eltern übernommene Konfession. Deutlich überrepräsentiert in den Spitzenpositionen der Wirtschaft sind protestantische Konfessionseinflüsse. Lutherische, reformierte oder freikirchlich geprägte Religionszugehörigkeiten dominieren. Nach wie vor wirkt sich die Erziehung in einer katholisch geprägten Atmosphäre des Elternhauses offenbar hemmend auf dem Weg zu Spitzenpositionen in der Wirtschaft aus. Eine Tendenz zur Nivellierung der Konfessionseinflüsse als Bestimmungsfaktor von Top-Managementkarrieren hat sich bis heute nicht durchgesetzt.

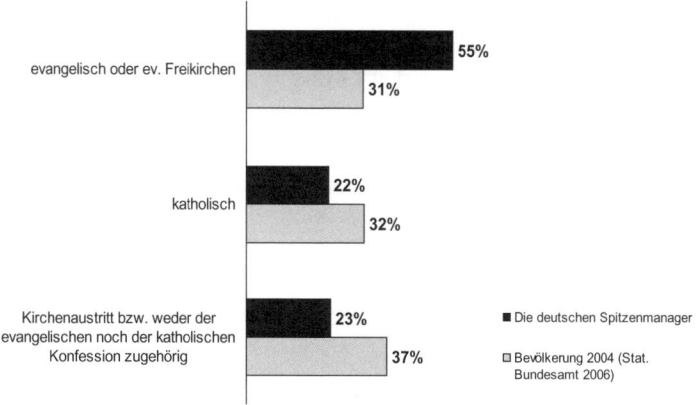

Abb. 3.2 Die Spitzenmanager in Deutschland: Zugehörigkeit zur Kirche Quelle: © Eugen Buß 2007, S. 23

Die Unterschiede in der Konfessionszugehörigkeit sind augenfällig. Zugenommen hat in den letzten Jahrzehnten der konfessionslose Status. Nicht konfessionell gebunden ist etwa jeder fünfte der heutigen Konzernlenker. Trotzdem liegt der konfessionslose Status unter den Spitzenmanagern deutlich niedriger als im Durchschnitt der Bevölkerung in Deutschland. Aber selbst der konfessionslose Status darf nicht darüber hinweg täuschen, dass nur eine kleine Minderheit von weniger als 10 Prozent der Führungskräfte überhaupt keinen Bezug zur Religion hat und sich als durchweg atheistisch bezeichnet.

Die Bedeutung protestantischer Konfessionseinflüsse auf Spitzenpositionen in der Wirtschaft ist besonders spürbar, wenn man die religiöse Atmosphäre des Elternhauses zugrunde legt. Denn auch die Spitzenmanager, die inzwischen der Amtskirche den Rücken gekehrt haben, sind in ihrer Jugend konfessionell geprägt worden. Ein Blick auf die frühere Konfessionszugehörigkeit von jenen Topmanagern, die inzwischen aus der Kirche ausgetreten sind, macht die Disparität (Ungleichheit) zwischen protestantischer und katholischer Kirchenzugehörigkeit noch gravierender: Fast 65 Prozent der deutschen Wirtschaftselite ist in einer protestantisch geprägten Atmosphäre des Elternhauses aufgewachsen, dagegen nur etwa 23 Prozent in einem katholisch geprägten Milieu.

Ein Grund für die Unterrepräsentation katholisch geprägter Topmanager könnte darin liegen, dass ihr Aufstieg deutlich dornenreicher ist als für die evangelischen Kollegen. Katholische Spitzenmanager stammen fast nie aus einem arrivierten Sozialmilieu. Im Gegensatz zu ihren evangelischen Kollegen verdanken sie ihren Erfolg nicht einer entsprechenden sozialen Höhenlage, sondern eher individuellen Biographie- und Karrieremustern.

Einer der überraschendsten Befunde der jüngsten Forschung ist der herausragende Stellenwert der Religion im Elternhaus der deutschen Topmanager. Nichts eint die große Mehrheit der Spitzenmanager mehr als ihre religiöse Erziehung. Christliche Erziehungsgrundsätze sind in ihrem biographischen Selbstbild tief verankert. Für knapp 70 Prozent der heutigen Topmanager ist die betont religiöse Atmosphäre des Elternhauses ein entscheidender Faktor im Identitätsrahmen der eigenen Entwicklung.

Auch wenn die als „calvinistisch", „pietistisch", „reformatorisch" „evangelisch" oder „katholisch" bezeichneten Leitlinien heute teilweise zwiespältig beurteilt werden – ihr Einfluss auf die Erziehung ist davon offenbar unberührt. Bei fast allen Managern spielen christliche Erziehungsgrundsätze eine zentrale Rolle. Auch im nach hinein wird die betont christliche Erziehung meist als sehr positive Erfahrung gewertet:

> Charakteristisch ist folgendes Statement eines Vorstandsvorsitzenden: *„Die Religion hat in unserer Jugend eine große Rolle gespielt, da beide Elternteile gläubig waren. Mein Vater hat sich dazu bekannt, dass wir evangelisch aufwuchsen. Wir sind immer in die Kirche gegangen. Das heißt, ethische und moralische Prinzipien waren ein ganz wichtiges Thema in unserer Erziehung. Und wir haben eben eine richtige christliche Erziehung genossen."*

Großen Einfluss hatte nicht nur die Begegnung mit Religion und Glaubensideen, sondern insbesondere der kirchlich praktizierte Glaube – von der Taufe über regelmäßigen Kirchgang, Konfirmation oder Kommunion bis hin zum kirchlichen Engagement als Messdiener oder Mitarbeit in einer kirchlichen Jugendgruppe. Daher überrascht besonders ein empirischer Befund: Jeder vierte deutsche Spitzenmanager war in einer kirchlichen Jugendgruppe aktiv.

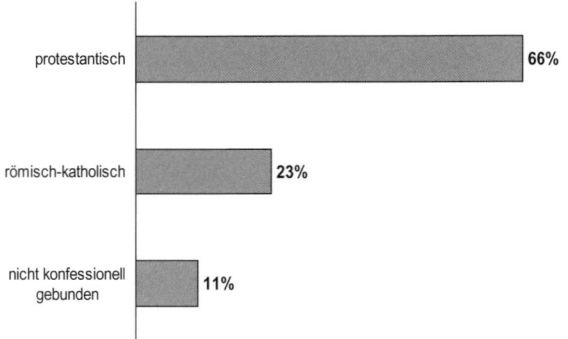

Bitte beachten: In dieser Graphik geht es um die religiöse Prägung der Manager im Elternhaus. Sie unterscheidet sich von der heutigen formalen Kirchenzugehörigkeit.

Abb. 3.3 Die Spitzenmanager in Deutschland: Religiöse Prägung im Elternhaus   Quelle: © Eugen Buß 2007, S. 24

3.1.4   Familienstatus

Topmanager sind in der Regel männlich. Frauen sind in Spitzenpositionen der Wirtschaft extrem selten anzutreffen. Ihr Anteil dürfte bei nur ca. 2 bis 3 Prozent liegen.

Fast jeder deutsche Spitzenmanager ist verheiratet (92 Prozent). Die weit überwiegende Mehrheit von ihnen (85 Prozent) hat Kinder, davon ein knappes Drittel drei Kinder und mehr. Geschieden ist kaum jemand von ihnen, entsprechend ist auch kaum jemand wiederverheiratet. Intakte Familienverhältnisse gelten offenbar in wirtschaftlichen Führungspositionen als eherne Rekrutierungsregel, Scheidungen dagegen explizit als Barriere für den Aufstieg in die wichtigsten Ämter und Funktionen. Wer geschieden ist, darf sich kaum Hoffnungen machen, in die höchsten Positionen der deutschen Wirtschaft aufzusteigen. Diese „Regeln" galten zumindest in der „aktiven Karrierephase" der heutigen Führungskräfte, und sie scheinen für sie selbst bei der Rekrutierung von Nachwuchs ebenfalls ein unverrückbarer Maßstab zu sein. Ein Vorstandsvorsitzender bemerkte dazu sehr bündig: „Wer sein Privatleben nicht in Ordnung hält, hat auch im Dienstleben Probleme".

3.1.5   Altersstruktur der deutschen Wirtschaftselite

Das Durchschnittsalter der deutschen Spitzenmanager beträgt 56,6 Jahre. Eine Verjüngung der Top-Entscheider hat in den letzten 40 Jahren nicht stattgefunden. Im internationalen Vergleich erreichen die deutschen Spitzenmanager erst verhältnismäßig spät ihre Führungspositionen. Unmerklich älter – im Durchschnitt 57 Jahre – sind nur die amerikanischen und britischen Manager. Am schnellsten mit durchschnittlich ca. 52 Jahren erreicht derzeit die schwedische Wirtschaftselite ihre Positionen.

Topmanager, die das 45. Lebensjahr noch nicht vollendet haben, finden sich nur in Ausnahmefällen und dann fast ausschließlich in den sogenannten ‚Jungen Industrien' wie in der Medien-, Kommunikations- oder Elektronikbranche. Es spricht einiges dafür, dass der dort besonders intensive Wettbewerb sowie der höhere Grad an Internationalisierung den Generationswechsel beschleunigen und das lange Zeit gültige ‚Anciennitätsprinzip' – also der Glaube an das Beförderungsrecht dessen, der die längste Wartezeit hat – entwerten.

3.1.6   Herkunftsgemeinde der Spitzenmanager

Karriereaussichten werden in der Regel vom sozialen und kulturellen Umfeld bestimmt, in das ein Manager geboren wird. Dieses Umfeld unterscheidet sich je nach Charakter der Gemeindegröße. Von der dörflichen Umgebung gingen in der Vergangenheit schwächere Anstöße zur Entscheidung für eine wirtschaftliche Laufbahn aus als von der Großstadt. Insbesondere in der älteren Generation wurden Kinder einer auf dem Land ansässigen Familie weitaus seltener angehalten oder angeregt, sich die für eine erfolgreiche Tätigkeit nötigen Bildungsvoraussetzungen zu verschaffen.

Dies hat sich inzwischen offenbar geändert. Mehr als jeder vierte Spitzenmanager bekundet, in einer dörflichen Umgebung aufgewachsen zu sein. Allerdings hat die dörfliche Herkunft einen anderen Einfluss auf die Strukturierung der intellektuellen Neigungen gehabt, als dies bei den Großstadtkindern unter der heutigen Wirtschaftselite der Fall gewesen ist. Die Distanz dörflicher Atmosphäre gegenüber universitären Bildungswegen wirkte sich gegen die Wahl eines Studiums und zugunsten einer stärker praktischen Ausbildung aus: Fast jeder fünfte Manager, der aus einer ländlichen Umgebung stammt, ist ohne Studium in die Spitzenpositionen der deutschen Wirtschaft gelangt.

Die überwiegende Mehrheit von gut 50 Prozent der heutigen Topmanager wuchs in einer Klein- oder Mittelstadt auf. Das ist überraschend. Während frühere Studien ergaben, dass die Mehrzahl der Spitzenmanager noch aus der Großstadt stammten, ist dieser Anteil offenbar deutlich rückgängig. In einer Großstadt ist nur noch knapp ein Fünftel der heutigen Wirtschaftselite aufgewachsen. Obwohl das großstädtische Milieu durch ein breites Angebot an kulturellen Möglichkeiten auch differenzierte geistige Neigungen zu bedienen vermag, hat dieser Umstand den Karrierewillen offenbar nicht beflügelt. Ganz im Gegenteil: Die Großstadt bildet eher eine Barriere als ein Sprungbrett für die höchsten Positionen in der Wirtschaft.

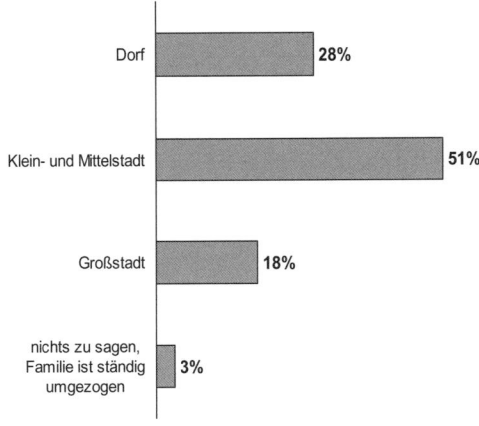

Abb. 3.4 Die Spitzenmanager in Deutschland: Herkunftsort der deutschen Spitzenmanager   Quelle: © Eugen Buß 2007, S. 28

Die jüngsten Daten rechtfertigen die Hypothese, dass die Struktur der Herkunftsgemeinde offenbar einen Einfluss auf den Studiengang hat. In dem Maße, in dem die Topmanager vermehrt aus dem dörflichen oder kleinstädtischen Milieu rekrutiert werden, verliert offenbar das traditionelle Juristenmonopol in der Wirtschaftselite an Bedeutung. Mit dem Aufstieg von Managern aus dem nicht-großstädtischen Milieu verlagert sich die dominierende Denkweise der deutschen Wirtschaftselite in eine stärker betriebswirtschaftliche Richtung oder zu den dem kleinstädtischen Milieu eher vertrauten technischen Fächern.

Die Analyse der Herkunftsdaten erlaubt einen weiteren Schluss: Die Unterschiede zwischen Stadt und Land, soweit sie in der Vergangenheit eine Ungleichheit der Karrierechancen bedingt haben, sind allmählich eingeebnet worden. Gemessen am jeweiligen Anteil der auf dem Land und in Kleinstädten ansässigen Bevölkerung sind die Dorf- und Kleinstadtsöhne unter den Topmanagern auf dem Vormarsch. Der traditionelle Vorsprung der Großstädter ist inzwischen eingeholt. Offen bleibt, wie sich diese beträchtlichen Verschiebungen erklären. Allgemeine Prozesse, dass „der städtische Geist" (König) immer unabhängiger geworden ist von der großstädtischen Struktur, können dabei ebenso eine Rolle spielen wie die möglicherweise tiefere Verankerung traditioneller, für den Erfolg maßgeblicher Werttugenden im kleinstädtischen Milieu.

3.1.7   Schule und Lehre

Fast alle Spitzenmanager in Deutschland haben ein Gymnasium besucht, nur jeder zehnte von ihnen die Volksschule oder die Mittel- bzw. Realschule. Die Chancen für Volks-, Haupt- und Realschüler sind in den vergangenen Jahren eher noch schlechter geworden. Parallel zur allgemeinen Bildungsexpansion seit den 70er-Jahren ist das Bildungsniveau der deutschen Topmanager gestiegen – und es steigt weiter: Je aktueller die Studien zur Wirtschaftselite, desto höher ist der Anteil der Abiturienten; je jünger die Manager, desto größer ist ebenfalls der Anteil der Abiturienten.

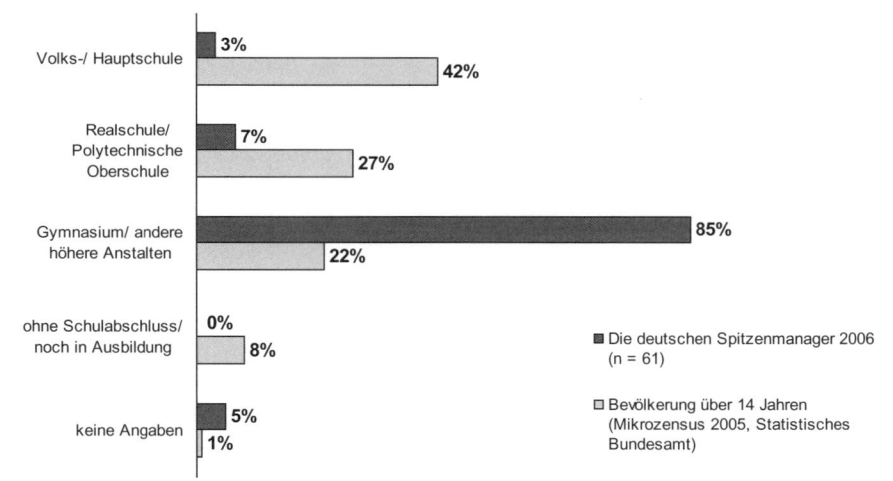

Abb. 3.5 Die Spitzenmanager in Deutschland: Schulabschluss der deutschen Spitzenmanager   Quelle: © Eugen Buß 2007, S. 31

Zum Bürgergeist der Elternhäuser gehört eine überaus hohe Bewertung von Bildung und Ausbildung. Kenntnisse und Wissen standen überall hoch im Kurs. Nach Auffassung der Eltern sollten ihre Söhne vielseitiges Wissen und breite Kenntnisse erwerben. Die Zustimmung zu höchsten Bildungszielen war weit verbreitet. Bildung diente nach Auffassung der Eltern der heutigen Wirtschaftselite weniger als Sprungbrett zu Karrierechancen als vielmehr als Vehikel zur Selbständigkeit und Unabhängigkeit, die als eigentliche Erziehungsziele einen Wert sui generis (um ihrer selbst willen) besaßen.

Einen überraschend hohen Stellenwert nahm in vielen Elternhäusern die humanistische Bildungsidee ein. Fast jeder achte Topmanager besuchte ein altsprachliches Gymnasium. Neben dem humanistischen Gymnasium haben auch Internate, meist in kirchlicher Trägerschaft, als

Erziehungsinstitution eine besondere Rolle gespielt. Jeder achte Topmanager besuchte ein Internat; das bedeutet, etwa knapp ein Viertel der gegenwärtigen deutschen Wirtschaftselite hat entweder ein Internat oder ein altsprachliches Gymnasium besucht, im Bevölkerungsdurchschnitt extrem selten besuchte Bildungseinrichtungen.

Nach Beendigung der Schulzeit stellt sich die Frage der Berufsausbildung in Form einer Lehre. Derzeit können ca. 33 Prozent der Spitzenmanager eine wirtschaftsnahe Berufsausbildung vorweisen. Und immerhin fast 10 Prozent aller derzeitigen Spitzenmanager verzichteten ganz bewusst zugunsten einer Lehre auf ein Hochschulstudium. Die Lehre wird auch heute noch als wichtige Praxis- und Lebenserfahrung gedeutet.

3.1.8   Studium

Der Weg an die Spitze der Wirtschaft führt in der Regel über die Universität. Die weit überwiegende Mehrheit der deutschen Spitzenmanager hat ein Studium abgeschlossen (82 Prozent), einige von ihnen auch auf dem zweiten Bildungsweg. Knapp die Hälfte der Topmanager hat promoviert. Der Weg an die Unternehmensspitze führt über unterschiedliche Studienrichtungen: Die Wirtschaftswissenschaften dominieren inzwischen mit knapp 28 Prozent deutlich vor den Ingenieurwissenschaften, an dritter Stelle rangiert das Jurastudium knapp vor den naturwissenschaftlichen Fachrichtungen. Betrachtet man nicht nur die Spitzenmanager der 100 größten Unternehmen, sondern auch das Top-Management in den mittelgroßen Industrieunternehmen, wächst noch die Bedeutung der ökonomischen Studiengänge. Pohlmann weist darauf hin, dass 43 Prozent des Managements inzwischen über ökonomische Qualifikationen verfügt (Pohlmann 2002, 2003).

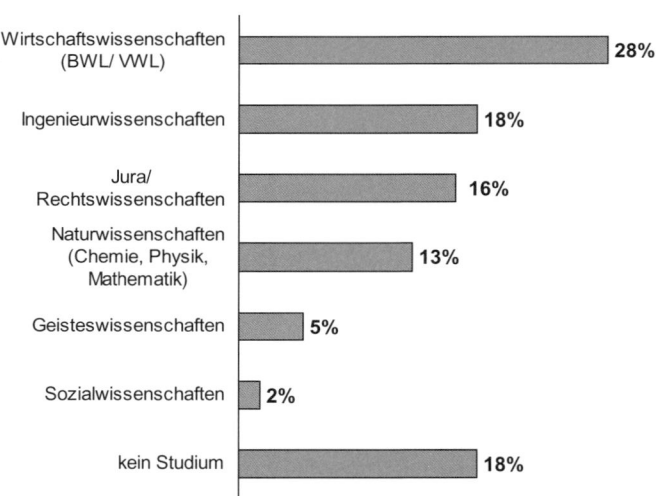

Abb. 3.6 Die Spitzenmanager in Deutschland: Fachrichtung des Studiums   Quelle: © Eugen Buß 2007, S. 34

Es lassen sich vier Trends beobachten:

- Die allgemeine Bedeutung der Juristen in der deutschen Wirtschaftselite ist rückläufig. Damit ist das traditionelle Juristenmonopol bei der Rekrutierung von Spitzenmanagern durchbrochen. Interessant ist, dass die Juristenquote mit sinkendem Alter korreliert: Je jünger die Spitzenmanager, desto seltener haben sie eine juristische Ausbildung.
- Die wirtschaftswissenschaftlichen Studiengänge erfahren eine allgemeine Aufwertung (vgl. Hartmann 1997, S. 305). In früheren Studien lag der Anteil der Ökonomen bei durchschnittlich 20 Prozent, inzwischen ist er auf fast 30 Prozent gestiegen. Heute gibt es kaum noch ein Großunternehmen, in dem nicht wenigstens ein Vorstandsmitglied ein wirtschaftswissenschaftliches Studium vorweisen kann. Von den deutschen Topmanagern wurde kein Studienfach häufiger gewählt. Vor allem unter den jüngeren Topmanagern ist das Fach am stärksten verbreitet.
- Neben den Ökonomen scheinen auch die Naturwissenschaftler und Techniker unter der Wirtschaftselite auf dem Vormarsch zu sein. Vor allem unter den jüngeren Spitzenmanagern ist der Ingenieuranteil stark steigend, die älteren Topmanager haben sehr viel seltener ein Ingenieursstudium absolviert. Die Ingenieure kommen bevorzugt aus kleineren Städten oder sind auf dem Dorf aufgewachsen.
- Die Tendenz zur Akademisierung des Top-Managements hat weiter zugenommen. Allerdings sind Disziplinen wie die Geisteswissenschaften, Sozialwissenschaften, Medizin oder Pharmazie von der Entwicklung ausgenommen. In Deutschland wird der Wert des Studiums für einen Spitzenmanager vor allem darin gesehen, dass es entsprechende Fachkenntnisse und Methodiken vermittelt: die sogenannten praktischen Fächer dominieren.

3.1.9   Der Geist des Elternhauses

Im Ganzen herrschte in der Atmosphäre des Elternhauses der heutigen wirtschaftlichen Führungselite eine Erziehungskonzeption vor, in der individualistische Werte tendenziell niedriger rangierten als Gemeinschaftswerte. Obwohl Ziele der Selbständigkeit und des Selbstvertrauens gegenüber Anpassungsideen die Oberhand gewonnen haben, waren die älteren preußischen Orientierungen nicht ausgelöscht. Es dominierten nach wie vor Imperative der Pflicht und des Fleißes, der Selbstkontrolle und christlicher Tugenden. Christliche Erziehungsgrundsätze sind im biographischen Selbstbild tief verankert.

Trotz materiell schwieriger Lebensumstände hat die Elterngeneration in ihrer Mehrheit der heutigen Wirtschaftselite einen Habitus vermittelt, der als symbolisches Kapital und Distinktionsgewinn (lat. Unterscheidung, besonders im Sinn von Auszeichnung) den Weg zu Führungspositionen zumindest erleichtert hat (vgl. Hartmann 1996, S. 206).

Definition Habitus:

Sozialer Habitus ist ein soziologischer Fachbegriff. Der französische Soziologe Bourdieu spricht in diesem Zusammenhang von einem kulturellen und sozialen Kapital der Distinktion (lat. Unterscheidung, besonders im Sinn von Auszeichnung), das unmerklich in der familiären Sozialisation verinnerlicht bzw. inkorporiert wird (Hartmann 1996, S. 16ff.). Diese Inkorporierung (lat. Einverleibung) verläuft unbewusst, z. B. wenn die Kinder erfahren, wie ‚man' sich in gesellschaftlichen Kreisen bewegt, wie ‚man' soziale Netzwerke bedient, wie ‚man' die Symbole eines gehobenen Sozialprestiges verwendet. In diesem Sinn stellt der Habitus des Elternhauses einen Code dar, der die Zugehörigkeit zu einem ganz bestimmten Lebensstil und Herkunftsmilieu signalisiert. Der Habitus ist etwas, das man besitzt, ohne es je bewusst erworben zu haben. Er ist eine Art zweite Haut, wie Bourdieu sagt: „eine einverleibte, zur Natur gewordene Präsenz" der gesamten Herkunft (Bourdieu 1987, S. 105). Oder wie es ein Vorstandsvorsitzender eines deutschen Konzerns sehr charakteristisch ausdrückt: „Was mich immer in gewisser Weise geleitet hat, ist etwas, ohne dass man darüber sprach. Diese Definition der Basis, wo man herkommt, und dass man glaubt, Zielsetzungen zu haben, ohne groß darüber sprechen zu müssen."

Deutschland verfügt über eine wirtschaftliche Führungselite, deren Wertorientierungen einer eigentümlichen Symbiose unterliegen: einerseits durch traditionelle Leitbilder einer Elterngeneration geprägt, die aus der Weimarer Republik fortwirkten, andererseits durch Wertorientierungen beeinflusst, die aus den Erfahrungen einer demokratischen Ordnung und den Bedingungen eines stabilen wirtschaftlichen Wachstums stammen.

Die häusliche Erziehungsatmosphäre der Topmanager war von sieben Leitprinzipien geprägt:

1. Klares religiöses Wertprofil
2. Selbstbehauptung und Selbstvertrauen,
3. Selbständigkeit und Verantwortungsgeist
4. Kultureller Habitus des Optimismus, des Ehrgefühls und Selbstrespekts
5. Gemeinschaftsgeist und Familiensinn
6. Ethos der Selbstdisziplin, des Pflichtgefühls und der Sparsamkeit
7. Wettbewerbsgeist.

3.1.10   Der Durchschnittsfall des deutschen Spitzenmanagers

Die Ergebnisse über die Herkunft der deutschen Wirtschaftselite erlauben die Konstruktion eines Durchschnittsfalles, den es zwar in der Wirklichkeit nicht gibt, der aber als Zusammenfassung der wichtigsten Befunde nützlich sein mag. Der charakteristische Spitzenmanager in Deutschland ist 56 Jahre alt, stammt aus einem protestantisch gefärbten Kleinstadtmilieu, kommt aus einer höheren Angestellten- oder Unternehmerfamilie, auch der Großvater väterlicherseits lebte bereits in einer entsprechenden Höhenlage. Die Mutter hat den Haushalt besorgt. Die Eltern hatten in der Nachkriegszeit hart zu kämpfen, Wohlstand war in ihrer Jugend eher ein Fremdwort. Die Eltern förderten das Fortkommen ihrer Söhne weniger durch Hinterlassung materieller Mittel als durch einen strengen Erziehungsprozess, in dem christliche Rahmenbedingungen und traditionelle Disziplinvorstellungen im Vordergrund standen.

Zudem vermittelte der familiäre Hintergrund die klare Vorstellung, dass berufliche Aufstiegsideen möglich waren. Aufstieg in eine höhere soziale Schicht galt als schwieriges, aber keinesfalls unerreichbares Ziel. Das Elternhaus hat jedenfalls, indem es Leistungsmotivation und sonstige Leistungshilfen bereitstellte, überhaupt erst die Voraussetzungen für die Zulassung zum Wettbewerb um die höchsten Positionen der deutschen Wirtschaft geschaffen. Daher verdankt der durchschnittliche Spitzenmanager seinen Erfolg auch der Herkunft aus einem bürgerlichen bis großbürgerlichen Elternhaus, das die für die Karriere förderlichen Denk- und Verhaltensdispositionen (Leitlinien) in überdurchschnittlicher Weise bereitstellte.

Die Eltern hatten den heutigen Spitzenmanagern schon früh den Wert einer soliden Schulausbildung vermittelt. Der Besuch des Gymnasiums, besonders des altsprachlichen Gymnasiums und Internats, war selbstverständlich. Am Ende der Schulzeit stand das Abitur, danach stellte sich vor allem für die Manager aus dem dörflichen Milieu die Frage nach dem Wert einer Lehre. In der Regel hat sich der heutige Spitzenmanager für ein Studium der Wirtschafts- oder Ingenieurwissenschaften entschieden. Manche Manager sind dem Weg ihres Vaters gefolgt und haben sich in einer rechtswissenschaftlichen Fakultät eingeschrieben. Es sind vor allem jene, die heute schon älter sind, aus dem städtischen Milieu stammen und in den umsatzstärksten deutschen Aktiengesellschaften als Vorstandsvorsitzende amtieren.

Der typische Spitzenmanager in Deutschland hat die deutsche Staatsangehörigkeit. Er ist verheiratet. Scheidung ist für ihn ein Fremdwort. Er hat zwei Kinder oder mehr. Er lebt in Verhältnissen, die dem klassischen Familienideal entsprechen.

3.2 Entscheidungsstil der Topmanager

Die Ansprüche an den Entscheidungsstil der Spitzenmanager sind in den letzten Jahren deutlich gestiegen.[3] Dort, wo partizipative Ansprüche der Mitarbeiter (Mitsprache- oder Teilhabeansprüche) zu kulturellen Selbstverständlichkeiten geworden sind, werden den Topmanagern zunehmend anspruchsvolle Entscheidungsverfahren abverlangt: Diskussion, Legitimation, Argumentation, flexible Urteilsbildung. Die neuen Werte tragen dazu bei, die Zielkonflikte in einem Unternehmen zu verschärfen. Eine ist der Dauerkonflikt zwischen Effizienz und Partizipation. Topmanager sind Hüter der Effizienz. Damit geraten sie leicht in Widerspruch zu Partizipations- und Mitsprachewünschen der Umgebung. Die Folge sind Spannungen, die die Topmanager mit einem zunehmend *konsensdosierten* Entscheidungsstil zu überbrücken versuchen.

3.2.1 Der Vorrang der Alleinentscheidung

Generell dominiert aber in Deutschland auf den Vorstandsetagen der Modus der raschen Alleinentscheidung. Fast die Hälfte der deutschen Spitzenmanager sieht sich als rasche Entscheider, die den Konsens bewusst hintanstellen. Symptomatisch hierfür sind Aussagen wie:

> *„Entscheidungen müssen auch mal wissend um einen Konflikt, der sich aus ihnen ergibt, getroffen werden. Das ist nun mal so. Es ist sinnvoller, zügig eine Entscheidung zu treffen, als irgendwelche Hängepartien anzufangen. Ein Grundsatz von mir ist, dass Entscheidungen sehr schnell getroffen werden.“* Und ein anderer Vorstand meint zu diesem Thema: *„Ich bin einer, der rasche Entscheidungen sucht und gebe zu, auch etwas dominant zu sein. Es wäre falsch, wenn einer sagt: Ich mache alles im Konsens. Das geht nicht. Dann wird er nicht Topmanager.“*

---

[3] Diesem Abschnitt liegt die Untersuchung von Buß, E.: Die deutschen Spitzenmanager, München 2007, S. 177ff. zugrunde.

Frage: „Drängen Sie im allgemeinen auf rasche Entscheidungen, auch wenn Sie den Eindruck haben, dass es gegenteilige Auffassungen gibt, oder arbeiten Sie vor einer Entscheidung lieber am Konsens?"

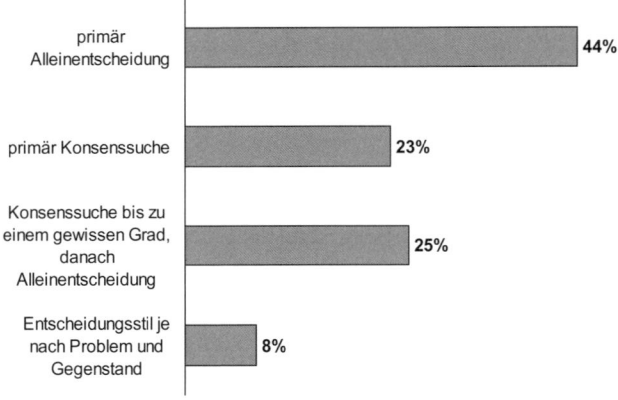

Abb. 3.7 Die Spitzenmanager in Deutschland: Entscheidungsstile   Quelle: © Eugen Buß 2007, S. 178

3.2.2   Der konsensorientierte Entscheidungsstil

Die Erwartung, dass Entscheidungsprozesse auf der höchsten Managementebene im wesentlichen Konsensprozesse geworden sind, wird durch die Antworten der Spitzenmanager auf die Frage nach ihrem Entscheidungsstil nur eingeschränkt gestützt. Zum Selbstbild der deutschen Topmanager gehört, dass etwa die Hälfte von ihnen den Konsens zwar bejaht, sich aber nicht vorbehaltlos mit ihm identifiziert. Für etwa 56 Prozent der Vorstände spielt der konsensorientierte Entscheidungsstil in der einen oder anderen Form eine Rolle, ist aber in der Alltagspraxis meist an eine Reihe von Nebenbedingungen geknüpft. Die Zustimmung zum Konsens ist vor allem pragmatisch und nicht kulturell begründet. Die Konsensmethode wird gewollt, weil und soweit sie sich als nützlich erwiesen hat, und weniger, weil sie ein in der demokratischen Unternehmenskultur verankerter Entscheidungsstil ist, weniger also als Idee. Selbstverständnis und Selbstdeutungen werden von ihr nicht beherrscht.

Nur für ein knappes Viertel der Topmanager in Deutschland hat die Entscheidung im Konsens ausdrücklich Vorrang. Die klare Präferenz für die Konsensentscheidung beruht bei dieser Managergruppe auf der Erfahrung, dass kollegiale Entscheidungsformen zwar zusätzlich Energieaufwand verlangen, aber durchweg produktiver sind. Für diese Manager bildet Konsens eine Grundvoraussetzung für eine nachhaltig wirkende, fachlich überlegene und erfolgreiche Entscheidung. Praktiziert wird ein Modell kollegialer Entscheidungsfindung, untermauert durch Sachverstand und Erfahrung.

Typische Aussage eines Vorstands zum konsensorientierten Entscheidungsstil:

„Ohne dass Sie Menschen begeistern können, werden Sie kein Ziel erreichen. Da ist die Konsensfähigkeit gefragt. Es ist meine Aufgabe, in einem angemessenen Zeitraum einen Konsens herzustellen".

Für ein gutes Viertel der deutschen Spitzenmanager ist das Votum für die Konsenspraxis zeit- und situationsabhängig. Sie legen sich nicht auf einen bestimmten Entscheidungsstil fest, sondern betonen die Einzelumstände einer Entscheidungssituation: „Es kommt darauf an […]“. Sie akzeptieren den Konsens bis zu einem gewissen Grad als wünschenswertes Entscheidungskonzept, sind aber auch bereit, ihn unter bestimmten sachlichen und zeitlichen Rahmenbedingungen außer Kraft zu setzen. Wenn die Kraft des besseren Arguments nicht überzeugt, sind diese Manager auch bereit, vom Konsensprozess Abstand zu nehmen. „Man kann einen gepflegten Umgang haben, aber nicht immer demokratisch sein im Sinne einer Abstimmung. Es muss entschieden werden. „Die Welt ist kein Debattierclub“, wie ein Vorstand betont. Und ein anderer ergänzt: „Manche Dinge sind von Zeitrestriktionen so stark geprägt, dass Sie nicht die Möglichkeit haben, die Dinge auszudiskutieren. Der Manager, der nie zu einem Entschluss kommt, ist für mich eine fürchterliche Vorstellung.“

Fazit:

Die mehrheitliche Präferenz für Konsensprozesse und ihre gleichzeitige praktische Rückstufung in der Alltagspraxis hat unterschiedliche Gründe. Sie liegt erstens daran, dass Konsens, Teamarbeit und Kooperation in Deutschland inzwischen den Rang einer kulturellen Selbstverständlichkeit haben. Man kann Konsens ehrlich bejahen und in der eigenen Praxis doch davon abweichen, ohne sich dessen immer bewusst zu sein. Zweitens spielen Sachnotwendigkeiten und Sachgesetzlichkeiten eine für eine Konsensentscheidung ungünstige Rolle. Die Vorliebe für rasche Entscheidungen ohne Konsens ist schließlich auch das Ergebnis massiven Zeitdrucks oder zumindest subjektiv wahrgenommener Zeitknappheit. Manche Dinge scheinen durch Terminfristen so stark geprägt zu sein, dass die Topmanager sich außerstande sehen, auch den letzten noch mit ins Boot zu nehmen.

Nicht der Glaube an die Überlegenheit einer im Konsens getroffenen Entscheidung an sich, sondern der formale Aspekt der Zeitknappheit kennzeichnet die Entscheidungskultur auf Deutschlands Chefetagen. Konsensnotwendige Entscheidungszeiten stehen immer weniger zur Verfügung. Dies hat Folgen: Knappe Zeit zwingt zum Verzicht auf Abwägung aller Alternativen. Die verfügbaren Reaktionszeiten werden als so knapp gedeutet, dass Handlungsalternativen mit nachvollziehbaren Analyseschritten nicht mehr in jedem Fall gründlich erwogen werden können. Die von den Spitzenmanagern wahrgenommene Diskrepanz zwischen zeitlich befristeten und sachlich notwendigen Entscheidungsverfahren wird immer evidenter. Damit wächst das Risiko von suboptimalen Entscheidungen. Symptomatisch ist, was ein Spitzenmanager in diesem Zusammenhang zu Protokoll gibt: „Bei mir herrschen sehr schnelle und manchmal auch falsche Entscheidungen. Aber mir ist Schnelligkeit wichtiger als Richtigkeit.“

Der formale Aspekt der Schnelligkeit rangiert vor der Güte einer Entscheidung, eine rasche Entscheidung vor einer richtigen Entscheidung. Knappheit von Zeit stärkt offenbar das Element der Intuition und des Experiments. In diesem Spannungsfeld zwischen Dynamik, Temposteigerung und Beschleunigungsdruck auf der einen Seite und Wertschätzung von kooperativen und abgewogenen Entscheidungsmechanismen auf der anderen Seite scheinen die deutschen Topmanager derzeit eine Balance zu suchen.

3.3   Das Autoritätsverständnis deutscher Topmanager

Man unterscheidet zwischen vier Formen der Autorität (vgl. Buß 2007, S. 184ff.):

1. Autorität qua Amt.

Hier ist die Autorität an eine formale Stellung in der Hierarchie einer Organisation gebunden. Die Autorität eines Managers ist eng an seine Position im Organigramm eines Unternehmens geknüpft.

2. Autorität durch Kompetenz.

Hier ist die Autorität eines Managers an seine Fachkompetenz gebunden.

3. Autorität durch Persönlichkeit.

Hier ist die Autorität eines Managers an seine soziale Kompetenz und/oder seine charakterliche Integrität gebunden.

4. Autorität durch demokratisches Mandat.

Hier ist die Autorität an das demokratische Mandat eines Teams gebunden.

Definition Autorität:

Autorität (von lat. auctoritas = Ansehen, Würde, Vorbild, Herrschaft) bedeutet ein Verhältnis der Über- und Unterordnung zwischen Menschen in Institutionen und Organisationen. Hinter der Autorität verbirgt sich ein Mensch mit anerkannter Entscheidungsbefugnis und/oder sittlich-moralischer Größe. Das Element der Legitimität ist das Hauptunterscheidungskriterium zur Macht. Autorität bedeutet nie Zwang, sondern beruht darauf, dass Mitarbeiter die Befugnis eines Managers akzeptieren, Anweisungen zu erteilen.

Die Persönlichkeit ist die eigentliche Autoritätsquelle für eine deutliche Mehrheit der Spitzenmanager. Befragt, welche Aspekte die eigene Autorität erklären, nennt die Mehrheit der Spitzenmanager die Autorität der Person, quasi das Charisma des Topmanagers. Ihr kommt absolut gesehen die höchste Bedeutung zu. Die Persönlichkeitsautorität ist eine Haltung, die sich nicht nur an Effizienz- und Erfolgswerten orientiert, sondern die eigenen Maßstäbe auch an ethisch-moralisch verantwortlichem Handeln ausrichtet.

Stellungnahme eines Vorstandsvorsitzenden:

„Persönlichkeitsautorität bedeutet, dass man Menschen für sich begeistern kann. Und dies gelingt einem Manager nur, wenn er die eigenen sittlichen Werte glaubhaft vorlebt und dadurch etwas bewirkt."

Fast zwei Drittel der deutschen Vorstände verbinden ihre Autoritätskonzeption mit Persönlichkeitswerten – entweder losgelöst von anderen Autoritätsquellen oder aber im Zusammenhang mit Kompetenz oder demokratischem Mandat. Sie betonen, dass insbesondere das authentische Vorleben und die Glaubwürdigkeit der Person als Legitimationsquelle von Autorität konstitutiv seien:

Stellungnahme eines Vorstandsvorsitzenden:

„Die Autorität der Person, ganz klar, das beruht in der Kraft, unsere Umwelt zu überzeugen, wie man nach vorne geht. Nicht per ordre de mufti (eine von oben erlassene undurchsichtige Verordnung). *"*

Die Fachautorität rangiert deutlich hinter der Persönlichkeitsautorität. Nur für etwa 12 Prozent der Topmanager verankert sich die Autorität ausschließlich in der Überlegenheit des eigenen Sachverstands. Charakteristisch hierfür ist das Bekenntnis eines Topmanagers: *„Wenn ich nicht im Stoff bin, bin ich nichts wert!"* Berücksichtigt man überdies die beiden anderen Autoritätsquellen (Persönlichkeit, Mandat eines Teams), mit denen die Fachautorität eine Art Autoritätsfusion eingegangen ist, gilt die fachliche Kompetenz fast jedem zweiten Manager als eine wichtige Stütze seiner Autorität.

Erst an dritter Stelle im direkten Vergleich der Autoritätsverständnisse rangiert das demokratische Mandat eines Teams. Schwerpunkte dieses Autoritätsverständnisses bilden die Einbeziehung der Mitarbeiter, der Teamgedanke und ein partizipatives Führungsverständnis.

Die reine Amtsautorität wird auf den obersten Managementebenen grundsätzlich abgelehnt. Eine Autorität kraft Amtes hat mit dem Führungsverständnis der Topmanager nichts zu tun.

Frage: „Es gibt verschiedene Meinung darüber, welche Voraussetzungen gegeben sein müssen, um die Autorität von Verantwortlichen zu sichern. Welche der folgenden Voraussetzungen akzeptieren Sie für sich?"

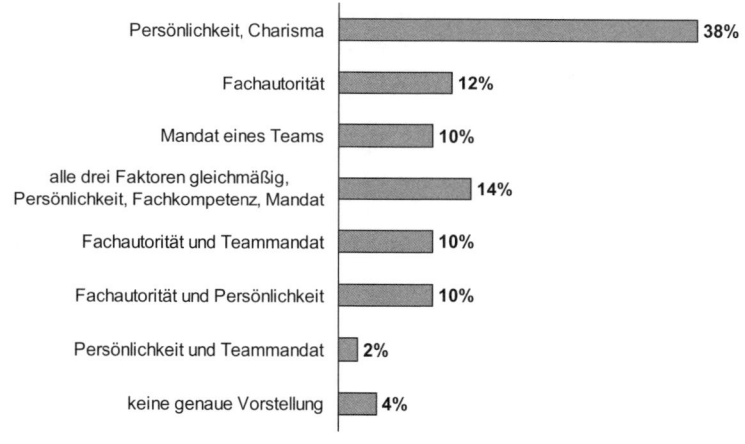

Abb. 3.8 Die Spitzenmanager in Deutschland: Autoritätsverständnis   Quelle: © Eugen Buß 2007, S. 185

Stellungnahme eines Topmanagers:

„Ich kann grundsätzlich Autorität akzeptieren. Ich habe damit kein Problem. Ich kann eine demokratisch legitimierte Autorität akzeptieren, einfach weil sie demokratisch zustande gekommen ist. Ich kann eine fachliche Autorität akzeptieren, ich kann auch eine charismatische Autorität akzeptieren. Aber ich kann nicht eine de facto-Autorität akzeptieren. Also jemand, der einfach auf einem Posten sitzt, obwohl er sich auf keine dieser drei Legitimationsquellen berufen kann, der weder charakterlich noch fachlich noch demokratisch legitimiert ist".

3.4   Manager und Moral

Schon Adam Smith (Ahnherr der Nationalökonomie) hat sich mit der moralischen Urteilsfähigkeit der Menschen befasst. Seiner Kernthese zufolge wird die Moral eines Menschen von dauerhaften Bindungen und einem engen sozialen Zusammenhalt gesichert. Wenn aber durch den Mobilitätszwang der modernen Industriegesellschaft die Intensität gegenseitigen Zusammenhalts sinkt, wenn durch die Flüchtigkeit und Vielfalt der Kontakte am Arbeitsplatz dauerhafte Bindungen erodieren, dann versagen auch die ethischen Gefühle der Menschen. Die Konsequenz wäre, dass mit der Arbeitsteilung und Spezialisierung das moralische Niveau einer Gesellschaft ganz unmittelbar berührt würde.

3.4.1   Fallstudie Siemens

Als den schönsten Job in der deutschen Industrie hat Heinrich von Pierer immer wieder den Vorstandsvorsitz von Siemens beschrieben. Für seinen Nachfolger Klaus Kleinfeld ist daraus ein Albtraum geworden. Wie kein anderes deutsches Unternehmen stand der Münchner Elektronikkonzern im Januar 2007 im Kreuzfeuer öffentlicher Kritik. Auf der Hauptversammlung des Unternehmens, als mehr als 13.000 Aktionäre in die Olympiahalle kamen und viele von ihnen ihrem Unmut Luft verschafften, hat sie ihren Höhepunkt erreicht.

Drei Ereignisse hatten den Konzern seit September 2006 in Verruf gebracht: die Gehaltserhöhung für den Vorstand um dreißig Prozent, die Pleite des erst ein Jahr zuvor an den taiwanischen Konzern BenQ abgegebenen Mobiltelefongeschäfts und schließlich der Korruptionsskandal, der das Unternehmen seit Mitte November wie ein Seuchenzug heimsuchte. Insbesondere die Affäre um vermeintliche Schmiergeldzahlungen in der Kommunikationstechniksparte im Umfang von bis zu 420 Millionen Euro bestimmte die Debatte auf der Hauptversammlung.

Der frühere Vorstands- und heutige Aufsichtsratsvorsitzende von Pierer berichtete zu Beginn der Versammlung, dass er nach einzelnen Korruptionsfällen Konsequenzen im Unternehmen gezogen habe. „Ich bedaure zutiefst, dass dies offenbar nicht in ausreichender Weise gelungen ist." Schon 1991, sagte von Pierer, seien die Siemens-Mitarbeiter auf „Verhaltensgrundsätze" verpflichtet worden, die Korruption verhindern sollten. Weltweit gebe es bei dem Münchner Elektronikkonzern 885 „Compliance-Beauftragte", welche die Einhaltung der Spielregeln überwachen sollten. Unten, im bis auf den letzten Platz besetzten Parkett der Olympiahalle, sahen die schweigenden Aktionärsmassen auf der weiten Bühne von Pierer am Rednerpult stehen, der sagte, leider sei das Anti-Korruptions-Regelwerk unterlaufen worden (F.A.Z. 2007, Nr. 22, S. 1).

Aktionärsschützer von der Deutschen Schutzvereinigung für Wertpapierbesitz sprachen von einem „unermesslichen Imageschaden für Siemens". Dem Unternehmen falle es zudem schwer, in der Korruptionsaffäre angemessen und rasch die Öffentlichkeit zu informieren,

Als Reaktion auf die Korruptionsaffäre hat Siemens einige Monate später im September 2007 eine neue Vorstandsstelle geschaffen, die die Ressorts Recht, Compliance (bedeutet: Einhaltung von Gesetzen und Unternehmensrichtlinien) und Audit (bedeutet: Prüfwesen aller Unternehmensprozesse) umfasst.

Es nehmen, wie das Fallbeispiel Siemens zeigt, die Fälle zu, in denen Manager öffentlich an den Pranger gestellt werden. In den letzten Jahren gab es eine ganze Reihe von Fällen, die die Öffentlichkeit entrüstet haben. So war beispielsweise die Rede von Korruption und Bestechung; von Schmiergeldzahlungen, von den bei Fusionen gezahlten unverhältnismäßigen Abfindungssummen für die beteiligten Akteure oder von Managern, die ‚kalt und rücksichtslos' um Synergien willen Arbeitsplatzabbau betreiben. Diese Probleme haben in den letzten Jahren die Sensibilität für Fragen der wirtschaftlichen Moral geschärft.

Definition Moral:

Moral (von lat. mores = Gesittung, Sitten) bezeichnet in der Soziologie das durch sittliche Normen und soziokulturelle Werte geordnete Zusammenleben von Menschen, deren Verhalten nach den Kategorien „gut" oder „böse/schlecht" beurteilt werden kann. Unter Ethik (von altgr. ethos = Sitte, Grundsatz) versteht man die Lehre vom guten Handeln.

Dinge können grundsätzlich nach drei Gesichtspunkten beurteilt werden:
a) nach einem metaphysischen Standpunkt (richtig oder falsch), b) nach einem ästhetischen Standpunkt (schön oder hässlich) und eben nach einem ethischen Standpunkt (gut oder schlecht).

3.4.2   Das 6-Ebenen-Modell der Managermoral

Unter den Topmanagern lassen sich sechs unterschiedliche Wahrnehmungsebenen von Moral unterscheiden (vgl. Buß 2007, S. 149ff.):

1. normativ-rechtliches Moralverständnis der Manager:
Moral hat nur eine Bedeutung, sofern bei einem Regelverstoß Sanktionen erfolgen. Charakteristisch hierfür ist folgende Haltung von Managern: „Moral ist letztlich nicht durchsetzbar, außer wenn beispielsweise Bestechung juristische Folgen hat. Am Ende wird man am Erfolg gemessen und man überlebt nicht, wenn man die Moral hochhält".

2. utilitaristisches (nutzenorientiertes) Moralverständnis der Manager:
Moral hat eine Bedeutung, sofern in Abwägung aller Vor- und Nachteile der jeweils zur Verfügung stehenden Handlungsalternativen der Nutzen einer moralisch begründeten Entscheidung überwiegt. Charakteristisch hierfür ist folgende Haltung von Managern: „Es herrscht auf Deutschlands Vorstandsetagen viel Opportunismus. Um des Geschäftes willen ist man bereit, alles Mögliche zu tun und ggf. den Wirtschaftlichkeitsnutzen vor die Moral zu stellen."

3. situatives Moralverständnis der Manager:
Moral hat eine Bedeutung, sofern der jeweilige Situationszusammenhang moralisch verantwortliches Handeln nahe legt oder nicht nahe legt. Charakteristisch hierfür ist folgende Haltung: „Es gibt Länder, da müssen Manager entscheiden, ob sie Business machen, oder ob sie nicht Business machen. Und wenn sie Business machen, dann gibt es einfach Praktiken, die für unsere moralischen Begriffe nicht in Ordnung sind. Aber diese Praktiken spielen eine Rolle, ansonsten kommen Sie nicht dahin, wo Sie hinwollen. In letzter Konsequenz geht es wirklich um die Frage, wie öffne ich einen Markt, und wie kann ich an einem Geschäft teilhaben."

4. imagebezogenes Moralverständnis der Manager:
Moral hat eine Bedeutung, sofern durch eine Handlung des Managements die öffentliche Autorität, die Akzeptanz und Reputation einer Organisation oder ihrer Verantwortlichen

unmittelbar berührt ist. Charakteristisch hierfür ist folgende Haltung von Managern: „Es gibt gewisse Grundsätze, die ich nicht nur vertrete, sondern auch durchsetze. Dies bin ich dem Ansehen und Image der Firma schuldig. Ich habe vor wenigen Tagen einen Brief von einer Konzerngesellschaft bekommen, den diese an einen Lieferanten geschickt hatte. Dieser Brief war sehr respektlos abgefasst. Da habe ich dem Verantwortlichen gesagt: Ich verlange, dass ihr euch für so eine hocharrogante Geschichte bei dem Lieferanten entschuldigt. Ich denke, hier muss man die Generalrichtung begreifen."

5. soziales Moralverständnis der Manager:

Moral hat eine Bedeutung, sofern durch Managemententscheidungen die innere Ordnung, das soziale Netz, die innere Kohäsion (Zusammenhalt) eines Unternehmens berührt wird. Charakteristisch hierfür ist folgende Haltung von Managern: „Unternehmen müssen ausgesprochen zielgerichtet geführt werden, sie müssen Gewinne erwirtschaften. Mindestens vergleichbar wichtig ist es, dass wir auch den Menschen sehen. Deswegen haben wir feste Unternehmensleitlinien (Code of Conduct) entwickelt, in denen die Mitarbeiter im Mittelpunkt stehen."

6. universalistisches (allgemeines, grundsätzliches) Moralverständnis der Manager:

Moral hat generell eine Bedeutung. Alle Managemententscheidungen sind unmittelbar an das Gewissen gebunden. Charakteristisch hierfür ist folgende Haltung von Managern: „In Fragen der Moral sind wir konsequent. Neulich haben wir die Forschungskooperation mit einer ausländischen Firma nach einer Debatte abgebrochen, die in einem wesentlich liberaleren Umfeld angesiedelt war. Auf der nächsten Stufe hätten in der Zellforschung Dinge geschehen müssen, die nach deutschem Recht und auch nach unserer eigenen Überzeugung eigentlich nicht geschehen dürften. Und dann haben wir gesagt, wir müssen auch irgendwo konsequent sein: Wenn wir es hier nicht machen dürfen und auch hier nicht machen wollen, dann dürfen wir es auch nicht in den anderen Ländern mit einem Kooperationspartner machen."

3.4.3   Eine Typologie der Managermoral

Das Selbstverständnis der Manager in Fragen der Moral ermöglicht eine Typisierung. Man kann ganz generell zwischen drei Managertypen unterscheiden:

11. Der moralisch verantwortliche Manager (ca. 30 Prozent der deutschen Spitzenmanager)
12. Der moralisch ambivalente Manager (ca. 33 Prozent der deutschen Spitzenmanager)
13. Der moralisch indifferente Manager (ca. 36 Prozent der deutschen Spitzenmanager)

3.4.3.1 Der Typus des moralisch verantwortlichen Managers

Knapp jeder dritte Topmanager in Deutschland gehört zum Typus des moralisch verantwortlichen Managers. Für ihn ist Moral um ihrer selbst willen ein erstrebenswertes Gut. Es fußt auf der ideellen Fusion von Shareholder-Value-Denken (am Aktionärsinteresse ausgerichtet) und christlichem Menschenbild. Der Typus des moralisch verantwortlichen Managers versucht, ökonomische Entscheidungen nach ethischen Leitlinien zu treffen. Diese Haltung involviert keine ethische Daueraktivität, wohl jedoch eine Art von informiertem moralischen Engagement. Zu dieser Auffassung gehört eine tätige Bereitschaft, die Prozesse im Unternehmen zu beobachten und moralisch bedenkliche Fehlentwicklungen aufzuhalten.

Typische Stellungnahme eines moralverantwortlichen Managers:

„Speziell auf unseren Arbeitsgebieten der Sexualhormone spielen Fragen wie Abtrei-bung, Empfängnisverhütung und deren Grenzgebiete eine große Rolle, die immer auch Probleme der Ethik berühren. Ein konkretes Beispiel dazu: Vom Know-how her wären wir wahrscheinlich die geeignetste Firma auf der Welt, eine Abtreibungspille zu produ-zieren und zu vertreiben. Aber wir haben bis heute keine. Jeder hat uns immer ange-guckt, als es hieß, jetzt soll bitte die Abtreibungspille kommen, wenn einer, dann müs-sen wir es machen. Machen wir aber nicht. In dieser Frage sind wir konsequent". Und ein anderer Manager fügt hinzu: „Sie können kein guter Kaufmann sein, wenn Sie nicht moralisch sauber sind. Das geht nicht, das kriegen Sie nicht hin: Sie machen kurzfristig Geschäfte, aber auf lange Sicht nicht."

Fazit:

Für den moralisch verantwortlichen Manager ist Moral nicht teilbar. Lässt man sich auf eine unmoralische Aktivität ein, korrumpiert man nicht nur sich, sondern auch sein Unter-nehmen. Es erlaubt den Schluss, dass diese Manager ein Mehrheitsbild von einer „guten" Managementpraxis haben, in der ökonomische Notwendigkeiten nicht per se über ethi-schen Grundsätzen rangieren, sondern beide wirksam ausbalanciert werden und im Zweifel Moral vor Geschäftserfolg rangiert.

Fallbeispiel Levi Strauss & Company[4]:

1853 gründete der deutsche Einwanderer Levi Strauss mit seinen Brüdern das Textilwa-rengeschäft „Levi Strauss & Co." in San Francisco. Den ersten großen Erfolg konnten sie 1873 mit der Erfindung der „blue jeans" feiern. Mittlerweile ist Levi Strauss & Co. einer der weltweit größten Bekleidungshersteller. Im Unternehmen standen neben dem ökono-mischen Erfolg auch schon frühzeitig ethische Standards im Vordergrund. Bereits 1975 führte das Unternehmen die „International Business Principles" ein. Seit den 70er-Jahren erfreute sich die Jeans „Levi's 501" auch großer Popularität innerhalb der homosexuellen Szene. Levi Strauss & Co. nahm dies zum Anlass und trieb seit 1980 die AIDS-Aufklärung voran. Außerdem war Levi Strauss & Co. auch eines der ersten großen amerikanischen Unternehmen, in denen Homosexuelle, die in festen Partnerschaften lebten, dieselben So-zialleistungen erhielten wie Verheiratete. Weiter führt Levi Strauss & Co. als erster interna-tionaler Konzern im Jahr 1991 einen umfassenden Verhaltenskodex („Code of Conduct") ein. Dieser war bzw. ist gültig für alle Kooperationspartner und soll weltweit die Mitarbei-ter schützen.

Aus Kostengründen verlegte Levi Strauss & Co. – wie die meisten Textilproduzenten – Ende der 80er-Jahre die Fertigung in Niedriglohnländer, was zur Folge hatte, dass auf-grund der niedrigen arbeitsrechtlichen und sozialen Standards dieser Länder Zweifel an der Einhaltung des Verhaltenskodex laut wurden. Um die Einhaltung der Guidelines zu garan-tieren, schickte Levi Strauss & Co. Anfang der 90er-Jahre zu allen Vertragspartnern (mehr

[4]   Verfasserin: Birgit Kolaschinski. Der Fallstudie liegen folgende Quellen zugrunde: Paine, Lynn Sharp (1996): Cases In Leadership, Ethics and Organizational Integrity: A strategic Perspective, Boston: McGraw-Hill. Ten-brock, Christian (1999): Jeans & Sex & Rock'n'Roll, in: Die Zeit, Nr. 36. Homepage der Levi Strauss & Co.

als 700 Einrichtungen in 60 Ländern) Audit-Teams (Prüfteams). Diese stellten bei ca. 5 Prozent der Zulieferer massive Mängel bei der Einhaltung der Guidelines oder Menschenrechtsverletzungen fest. Levi Strauss & Co. trennte sich sofort von diesen Zulieferern. Aus Ländern wie Burma zog man sich aufgrund der Militärdiktatur zurück.

China war ein Sonderfall. Dort stand Levi Strauss & Co. vor einer schwierigen Entscheidung, da dort ebenfalls die Menschenrechte verletzt wurden. Zwar wurde bis Anfang der 90er-Jahre nur ein geringer Anteil (2 Prozent der weltweiten Produktion) in China hergestellt, gleichzeitig stellte es aber ein riesiges Marktpotential dar. Daher gründete der CEO Robert Haas die „China Policy Group". Levi Strauss & Co. befand sich in einem doppelten Dilemma: Einerseits war es aus ökonomischen Gesichtspunkten unverzeihlich, sich aus einem solchen Markt mit ca. 1,3 Mrd. Konsumenten zurückzuziehen. Andererseits war aus unternehmensethischer Sicht ein Verbleib in diesem Markt nicht mit der eigenen Philosophie vereinbar.

Levi Strauss & Co. entschied sich schließlich aus ethischen Gründen zu einem Rückzug aus dem chinesischen Markt. Die Produktion wurde stark reduziert und der Verkauf von Levi's-Produkten wurde so gut wie eingestellt. Während die chinesische Regierung mit Desinteresse reagierte, wurde der Rückzug von der US-amerikanischen und europäischen Öffentlichkeit sehr positiv bewertet und mit hohen Akzeptanzwerten gewürdigt. 1997 führte der starke Wettbewerb innerhalb der Textilbranche zu starken Umsatzeinbrüchen bei Levi Strauss & Co. Da Entlassungen folgten, wurde die Unternehmensstrategie von Robert Haas immer häufiger kritisiert. Im Jahr 1998 wurde die Produktion in China wieder aufgebaut. Als Reaktion darauf gab es lediglich vereinzelte Proteste von Menschenrechtsorganisationen (aus LEVIS wurde EVIL). Die Öffentlichkeit zeigte sich weitgehend desinteressiert, obwohl sich die Menschenrechtslage seit dem Rückzug Anfang der 90er-Jahre nicht wesentlich geändert hatte.

Die neue Unternehmensstrategie sieht nun vor, dass nur mit Zulieferern kooperiert wird, die sich an den Verhaltenskodex halten; dies jedoch mit drei Einschränkungen: keine garantierten Mindestlöhne, die zulässige Wochenarbeitszeit liegt bei 60 Std. und es wird kein unabhängiges Monitoring durchgeführt. Heute gehört Levi Strauss & Co. wieder zu den größten und erfolgreichsten Textilunternehmen der Welt. Von den insgesamt mehr als 10.000 Mitarbeitern ist nur noch ein kleiner Teil in den USA beschäftigt. Dennoch ist Levi Strauss & Co. ein Unternehmen, das sich aktiv bemüht, die globalen Moralstandards (Global Compact, Zusammenarbeit mit NGOs usw.) zu verbessern.

3.4.3.2 Der Typus des moralisch ambivalenten Managers

Ein gutes Drittel der Spitzenmanager in Deutschland gehört zum Typus des moralisch ambivalenten Managers. Er ist der Auffassung, dass sich Fragen von Ethik und Moral in der Unternehmenspraxis nicht pauschal beantworten lassen. Innerhalb des Ideals einer ethisch verantwortlichen Unternehmensführung gebe es viele Einschränkungen: Manche moralisch ambivalenten Manager verweisen auf Markt- und Wirtschaftlichkeitszwänge, die es erschweren, moralische Grundsätze durchzuhalten. Einige räumen ein, dass Moral teilbar ist: das, was in Deutschland gelten mag, sei in Dritte-Welt-Ländern nicht durchzuhalten. Auch Taktierereien, die sich im Unternehmensalltag nicht immer vermeiden lassen, seien mit Moralmaßstäben nicht immer vereinbar. Für den moralisch ambivalenten Manager enthält die Unternehmenspraxis gewisse Grauzonen, in denen ethische Maßstäbe nicht klar definiert sind. Er weiß, dass er manche Dinge tun muss, die nach strengen ethischen Maßstäben gemessen nicht richtig sind. Es gibt offenbar ökonomische Zwänge, die ihn nötigen, Moral als Ermessensfrage zu interpretieren.

Typische Stellungnahme eines moralisch ambivalenten Managers:

„Die Firmen sind Apparate geworden. Die Manager in den Firmen sind keine charismatischen Persönlichkeiten mehr, sie sind vielfach von ihrem System getrieben. Die großen Konzerne, die weltweit operieren, wissen natürlich, dass das Thema Schmiergeld und Bestechung etwas ganz Normales außerhalb der Bundesrepublik ist. Ob das die feine Art ist? Ich halte es nicht gerade für das Optimum, aber es ist halt etwas, was in dieser internationalen globalen Welt möglich ist und in manchen Schwellenländern oder Ländern der Dritten Welt vielleicht sogar erwartet wird. Das würde ich aber nicht unbedingt mit Moralverfall gleichstellen. "

Aus Sicht des moralisch ambivalenten Managers hat Moral nicht den Zweck, unveränderliche Maßstäbe zu propagieren, interkulturelle Verhaltensregeln festzuzurren und einen kulturzentrierten Leitfaden (Code of Conduct) in der Identität eines Unternehmens zu verankern. Wer in einem Schwellenland oder in einem Land der Dritten Welt investiert, verwirft daher nicht die Moral schlechthin, sondern die kulturzentrierte Form der Moral. Er drückt aus, dass er Geschäftsbeziehungen will, die nicht mit heimischen Moralmaßstäben beurteilt werden sollen. Mit dieser Haltung wendet sich der moralisch ambivalente Manager gegen die Vorstellung, der zufolge unveränderliche ethische Grundsätze über dem wie immer verstandenen Unternehmerinteresse rangieren.

Fazit:

Für den Typus des moralisch ambivalenten Managers haben Globalisierung und Wettbewerb bestimmte Substanzen der Moral ausgehöhlt, die dort, wo es nicht so viele einschneidende Herausforderungen gab, weniger angetastet sind. Die Annahme, dass die Globalisierungsprozesse in den größten deutschen Unternehmen auf ein eher relativierendes Moralverständnis hinwirken, scheint nach aktuellen Befunden alles in allem plausibel. Wenn man Moral als Maxime des Handelns betrachtet, gerät der moralisch ambivalente Manager immer häufiger in Widerspruch zu seinen eigenen Grundüberzeugungen.

3.4.3.3 Der Typus des moralisch indifferenten Managers

Etwa jeder dritte Konzernlenker in Deutschland gehört zum Typus des moralisch indifferenten Managers. Für ihn findet Moral in der Wirtschaft kaum einen Nährboden. Der Typus des moralisch indifferenten Managers ist der Überzeugung, Wirtschaft und Moral seien letztlich unvereinbar. Wenn die Wirtschaftlichkeit es erfordere, dann muss man auch zu 'unmoralischen Mitteln' greifen. Kennzeichen der Wirtschaft sei gerade, dass sie eigenen Zwecken folge und sich eigene Normen schaffe. Für den moralisch indifferenten Manager ist Moral letztlich nicht durchsetzbar. Er ist der Überzeugung, dass man am Erfolg gemessen wird und nicht als Manager überlebt, wenn man Fragen der Moral in die alltägliche Entscheidungspraxis einbezieht.

Typische Stellungnahme eines moralisch indifferenten Managers:

„Ich hege große Zweifel, ob man immer gleich mit den großen moralischen Hämmern kommen kann. Es darf nicht so sein, dass jeder einen Ethikkatalog vor sich her trägt. Mich stört die Scheinmoral, dass wir eigentlich eine moralische Institution sein und

nebenbei aus Versehen Gewinne machen sollen. Diese Art von Scheinmoral ist nicht meine Welt."

Fazit:

Die Fokussierung auf rein wirtschaftliche Entscheidungsparameter macht die moralisch indifferenten Manager allerdings nicht generell unempfindlich gegen Fragen der Moral. Nur in ihrer Rolle als Manager hegen sie Bedenken, ethische Dimensionen explizit in ihre Entscheidungsprozesse einzubeziehen. Sie fragen sich, warum es für einen Vorstandsvorsitzenden einen größeren Bedarf geben soll, über Moral zu reden als für einen Lehrer oder eine andere Berufsgruppe. Allein die formale Machtfülle und Kompetenzbefugnisse sind für sie noch kein Anlass, über ethische Fragen in der Wirtschaft nachzudenken. In der Praxis des Alltags und vom Charakter der Tätigkeit her – so der vorherrschende Tenor der moralisch indifferenten Manager – ist Moral ein Nicht-Thema.

3.4.4 Moral im Alltag deutscher Manager

Eine insgesamt relativ niedrige Einstufung ethischer Fragen, wenig Hingabe, anstehende Entscheidungen grundsätzlich unter ethischen Gesichtspunkten zu prüfen, mäßige Bereitschaft, sich nach Maßgabe moralischer Ideale sachkundig zu machen und moralisch zu engagieren – diese Befunde stützen die These, ethische Prinzipien seien kein Wert an sich auf Deutschlands Chefetagen. Die hohe Einstufung ökonomischer Werte und die tendenziell niedrigere der moralischen Werte bedeutet aber nicht, es sei der Mehrheit der Manager gleichgültig, unter welchen ethischen Rahmenbedingungen sie handeln. Zumindest kommt die Hochschätzung wirtschaftlicher Kriterien nicht automatisch einer Geringschätzung ethischer Fragestellungen gleich. Trotzdem hat die Moral unter Deutschlands Spitzenmanagern noch nicht den Rang einer wirklich grundlegenden Entscheidungsvariablen erlangt.

Praxisbeispiel: Der Compliance Manager

Korruptionsskandale und andere Affären rücken auch in Deutschland einen Berufsstand in das Rampenlicht, der hierzulande bislang ein Schattendasein fristete: die sogenannten Compliance-Manager. Es handelt sich hierbei um einen neuen Typus von Managern. Sie sind die Hüter von Recht und Ethik in den Unternehmen. Die Gewährleistung von Compliance, also von gesetzestreuem Verhalten, rangiert denn auch ganz oben auf der Agenda vieler Vorstandssitzungen. Schließlich steht viel auf dem Spiel: Bei massiven Verfehlungen drohen neben einem Imageverlust Haftstrafen für Topmanager, hohe Bußgelder oder der Ausschluss von Lieferantenlisten. Einige spektakuläre Korruptionsfälle und Verstöße gegen das Kartellrecht haben das Problembewusstsein in den Unternehmen zusätzlich geschärft.

Mittlerweile haben die meisten großen Unternehmen einen Verhaltenskodex, einen sogenannten „Code of Conduct", verabschiedet. Solche Regelwerke sind zumeist eine Mischung aus gesetzlichen Vorgaben, etwa zur Geldwäsche oder Korruption, und freiwilligen Verpflichtungen, in denen beispielsweise der Umgang mit Geschäftspartnern, Geschenken oder Interessenkonflikten geregelt wird. Darüber hinaus erkennen immer mehr Unternehmen, dass es zur Durchsetzung der Regeln einer Organisation eines Compliance-Managers an der Spitze bedarf. Die Mehrheit der Dax-Unternehmen hat bereits einen „Chief Compliance Officer" (CCO) ernannt.

An diese Manager knüpfen sich große Erwartungen. Sie sollen wirksame Compliance-Richtlinien entwerfen, einführen und überwachen. Natürlich müssen sie rechtswidrige Handlungen entschlossen verfolgen und aufdecken. Ihre vornehmste Aufgabe besteht jedoch darin, das Thema in den Köpfen aller zu verankern und maßgeblich an der Schaffung einer auf Prävention ausgerichteten Compliance-Kultur mitzuwirken. Sie müssen daher effektiv und glaubwürdig in das Unternehmen hinein kommunizieren und unter anderem Schulungsprogramme für Manager und Mitarbeiter entwickeln.

3.5   Netzwerke der deutschen Wirtschaftselite

Netzwerke spielen im Spitzenmanagement eine große Rolle. Die weit überwiegende Mehrheit der heutigen Spitzenkräfte (etwa 88 Prozent) verweist auf unterschiedlichste nationale und internationale Netzwerke sowie auf ihre große Bedeutung für die Unternehmensprozesse (vgl. Buß 2007, S. 242ff.). Generell sehen die meisten Spitzenmanager in der Netzwerkfähigkeit einen strategischen Erfolgsfaktor.

Typische Stellungnahme eines Managers:

„Ich sehe die Netzwerkfähigkeit des Managers als eine der wichtigsten Erfolgsfaktoren von Unternehmen. Netzwerkfähigkeit bedeutet ja, sich darüber bewusst zu sein, dass mein Wettbewerber, der jetzt hier sitzt, morgen mein Partner sein kann. Diese Fähigkeit, nicht die Feindbilder im Wettbewerb zu sehen, sondern im Grunde genommen zu sagen, er ist Spieler oder Teilnehmer eines Netzwerkes, der heute die eine Rolle spielen kann und morgen die andere, diese Fähigkeit hat eine große Bedeutung."

3.5.1   Typologie von Netzwerken

Im nationalen Bereich finden sich fünf Formen von Netzwerken:

1. branchenspezifische Netzwerke (Spitzenmanager derselben Branche wie z. B. der Finanz- oder Automobilwirtschaft),

2. ausbildungsspezifische Netzwerke (Spitzenmanager derselben Universitäten oder Ausbildungsstätten im Inland und Ausland, Manager aus denselben Alumni-Vereinen und schließlich Manager aus denselben studentischen Verbindungen),

3. regionalspezifische Netzwerke (Spitzenmanager aus derselben Region, typisches Beispiel: Netzwerke des Großraumes München oder des Großraumes Frankfurt am Main),

4. durch Verbände institutionalisierte Netzwerke wie z. B. von BDA, BDI, DIHK, ZDH, Wirtschaftsrat oder von anderen Verbänden initiierte Veranstaltungen,

5. der ‚closed shop': das informelle Netzwerk der durch Aufsichtsratsmandate verwobenen Wirtschaftsführer.

Ein einheitliches, in sich geschlossenes Netzwerk der deutschen Topmanager existiert nicht. Vielmehr handelt es sich um ein Nebeneinander relativ unverbundener Netzwerke mit unterschiedlichem Charakter. Sie unterscheiden sich in ihrem Selbstverständnis und Habitus deutlich voneinander. Dies führt dazu, dass einige Netzwerke sogar bewusst auf Distanz zu anderen Netzwerken derselben Region oder Branche gehen.

Nach Auffassung der Topmanager bilden sich in einigen Netzwerken informelle Freundschaften. Diese Kombination von informeller Interessenverfolgung und persönlichen Beziehungen kann man mit dem Begriff der *‚nutzfreundschaftlichen Netzwerke'* (Luhmann) bezeichnen. Trotzdem ist das Networking der deutschen Wirtschaftselite primär interessen- und positionsgeprägt. Geht ein Vorstandsvorsitzender in den Ruhestand oder wird er abgelöst, lösen sich in der Regel auch seine Netzwerkbindungen.

Unabhängig von den eher losen Netzwerken spielen fallweise sogenannte ‚closed shops' einer kleinen Top-Elite eine nicht zu unterschätzende Rolle. Sie sind „immens effektiv über die wechselseitige Vergabe zentraler Aufsichtsratsmandate verwoben."

Ein Vorstandsvorsitzender meint dazu:

„Die deutsche Industrie wird von hundert Leuten geführt. Wahrscheinlich ist das schon zu viel. Von 50 Leuten. Die sind ganz eng miteinander verwoben. Sehr eng miteinander befreundet. Viel zu stark befreundet. Die emotionale und die faktische Unabhängigkeit ist nicht groß genug."

Wie konstitutiv Netzwerke bei der Besetzung von Vorstandspositionen nach wie vor sind, macht ein Aufsichtsratsvorsitzender deutlich: „Es gibt für den absoluten Topgeist ein gewisses Netzwerk. Es gibt ein Netzwerk, wenn es darum geht, Aufsichtsratsmandate zu besetzen, wenn es darum geht, Positionen in den Vorstandsetagen der Wirtschaft zu bekommen. Also, als Nobody kommen Sie hier nicht hin."

Nur jeder fünfte Spitzenmanager ist aus unterschiedlichen Gründen nicht in internationale Netzwerke integriert oder dementiert zumindest deren Wirksamkeit.

Fallbeispiel Davos:

Zum Weltwirtschaftsforum in Davos kamen im Jahr 2007 ca. 24 Staats- und Regierungschefs und rund 800 Führungskräfte aus der Wirtschaft in die Schweizer Berge. Diskutiert wurde ebenso engagiert über die politische wie über die wirtschaftliche Großwetterlage, in allen ihren Verästelungen, von der Liberalisierung des Welthandels über eine verstärkte Regulierung von Hedge Fonds bis hin zur Frage, wo eigentlich die Zukunft des Journalismus liegt. Dies ist jedoch nur die eine Seite der Medaille. Die andere ist wesentlich wichtiger, und sie heißt „Networking". Dies bedeutet, die Namensschildchen der Teilnehmer zu studieren und mit ihnen ins Gespräch zu kommen.

Davos heißt, dass im Umkreis von wenigen Quadratmetern in einer Stunde zufällige Gespräche mit dem Renault-Vorstandsvorsitzenden Carlos Ghosn, dem Motorola-Vorstandschef Ed Zander und seinem Kollegen Henning Kagermann von SAP möglich sind. Ghosn plaudert über seine Pläne mit dem Billigauto Dacia Logan und sein Verhältnis zum Wettbewerber General Motors, während in der Zwischenzeit noch zwei hochrangige Manager von Hewlett-Packard (HP) Hallo sagen und darauf aufmerksam machen, dass dort links ein wichtiger amerikanischer Senator stehe, knapp dahinter der Chefvolkswirt der Citigroup und rechts einer der bekanntesten Wagniskapitalgeber des Silicon Valley sitze.

Sie alle kommen hierher, weil die anderen auch da sind. „Es gibt auf der Welt keine andere Gelegenheit, in einer so zwanglosen Atmosphäre in so kurzer Zeit so viele andere Manager und wichtige Politiker aus den unterschiedlichsten Ländern der Welt zu treffen", sagt Todd

Bradley, der bei HP unter anderem für das gesamte Geschäft mit Personalcomputern verantwortlich ist (F.A.Z. 2007, Nr. 23, S. 13). Im Gipfeltreffen in Davos findet das internationale Networking jedes Jahr einen seiner Höhepunkte.

3.5.2   Internationales „Networking" der Spitzenmanager

Einen sehr viel größeren Stellenwert als auf der nationalen Ebene haben Netzwerke auf der internationalen Bühne. Für fast 80 Prozent der deutschen Topmanager bilden internationale Netzwerke einen inzwischen fast selbstverständlichen Faktor ihres beruflichen Selbstverständnisses.

Charakteristische Stellungnahme eines Managers:

„Internationale Netzwerke spielen eine große Rolle, eigentlich die entscheidende Rolle. Internationale Konzerne müssen internationale Kontakte haben". Und ein anderer Vorstand ergänzt: *„Große internationale Netzwerke sind für uns sehr wichtig, sie waren eigentlich immer wichtig, aber sie werden noch wichtiger. Wenn wir heute von einem globalen Wettbewerb sprechen, dann heißt es auch, kooperative Netzwerke zu schaffen. Anders ausgedrückt, globaler Wettbewerb bedeutet globale Partnerschaften. Wenn Sie im globalen Wettbewerb stehen, müssen Sie auch Kontakte haben in anderen Kulturen, in anderen Ländern, sonst können Sie international gar nicht wettbewerbsfähig sein. "*

Die Bedeutung der internationalen Netzwerke bezieht sich auf unterschiedliche Aspekte:

- Sie ermöglichen unterhalb der politischen Ebene Einigungsprozesse in Europa und damit die Schaffung einer gemeinsamen Interessenfront gegenüber Nationalismen.
- Sie ermöglichen Konvergenzprozesse von für die Wirtschaft zentralen Werten.
- Sie ermöglichen internationale Akzeptanz- und Reputationsprozesse.
- Sie ermöglichen neue Kontaktnetze in verschiedenen Ländern und damit neue Geschäftsmöglichkeiten.
- Sie fördern einen transnationalisierten Wirtschaftsraum, der über die EU hinausgeht.
- Sie fördern persönliche und informelle Beziehungen.
- Sie eröffnen Rekrutierungschancen eines transnational ausgerichteten Führungsnachwuchses.
- Sie ermöglichen jenseits nationaler Identitäten neue Formen der Konsensbildung.

Bei der neuen Avantgarde der Spitzenmanager verändert sich durch das internationale Networking allmählich das tiefer liegende Sediment ihres Selbstverständnisses. Sie denken und handeln mehr und mehr auch in europäischer und globaler Perspektive, sehen sich selbst im Verhältnis zu ihren ausländischen Kollegen als Europäer und trennen schließlich in sich selbst den Europäer vom Deutschen. Die Transnationalität der Manageridentität zeichnet sich dadurch aus, dass sie die nationalen Netzwerkregeln zwar nicht ganz verdrängt, aber mit transnationalen Kulturmustern überlagert (neue Standards der Kommunikation, neue transnationale Beziehungen, neue Loyalitäten, eine neue transnationale Verpflichtungsethik, neue Sprachformen, neue Spielregeln sozialer Operationen, neue Institutionen).

Das internationale Networking der deutschen Manager ist inzwischen so weit fortgeschritten, dass drei von vier Spitzenmanagern der Auffassung sind, die Vernetzung mit Managern anderer Kulturmilieus würde inzwischen auch Einfluss auf ihre Entscheidungspraktiken nehmen. Nur 25 Prozent der Spitzenmanager glauben nicht an etwaige Rückwirkungen anderer Kulturen auf ihre Entscheidungsmodalitäten. Am stärksten wirkt sich offensichtlich der angelsächsische Einfluss auf das Selbstbild der Manager aus. Fast 70 Prozent der deutschen Topmanager fühlt sich von der angelsächsischen, insbesondere der amerikanischen Kultur und ihren Wertideen geprägt. Die Dominanz dieses Kulturraums ist offenbar so voraussetzungslos, dass seine Denk- und Entscheidungsverfahren unmerklich Eingang in das kulturelle Selbstbild der deutschen Manager genommen haben.

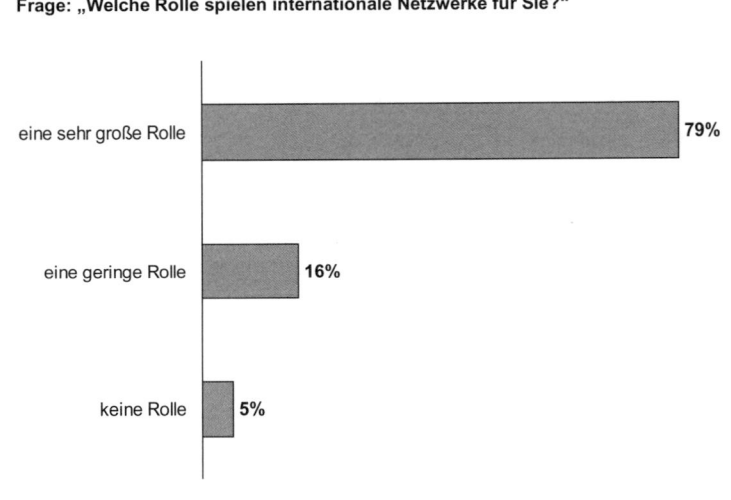

Abb. 3.9 Die Spitzenmanager in Deutschland: Die Bedeutung internationaler Netzwerke Quelle: © Eugen Buß 2007, S. 246

3.6   Die pluralistische Elite

Kennzeichen der deutschen Wirtschaftselite ist ihr breit gefächerter Pluralismus. In den Auffassungen von den eigenen Aufgaben und Interessen, von den mit ihrer Position verbundenen Rechten und Pflichten sowie den dafür benötigten Fähigkeiten unterscheiden sie sich merklich. Auch die Vorstellungen von der eigenen Stellung im Gesamtgefüge des Unternehmens und in der Öffentlichkeit gehen auseinander.

Die Spitzenmanager in Deutschland haben die unterschiedlichsten Karrierewege hinter sich. Weder eint sie die Denkweise eines ganz bestimmten Ausbildungswegs noch stimmen sie sich in der Regel in gemeinsamen Netzwerken ab.

Zum Gruppenbild der pluralistischen Elite gehört zudem das Fehlen eines gemeinsamen kulturellen und sozialen Referenzrahmens (Bezugsrahmens). Ein einheitlicher ethischer Grundkonsens ist ebenso wenig zu erkennen wie ein aus ihrer gesellschaftlichen Position abgeleitetes gemeinsames Selbstverständnis. Mit der zunehmenden Globalisierung blicken die deutschen Spitzenmanager zudem eher auf ihre Kollegen in den anderen Ländern als auf die innerstaatlichen Netze. Es sind vor allem zwei Entwicklungen, die den Pluralismus verstärken:

- die unterschiedliche Sensibilität gegenüber gesellschaftlichen Wertansprüchen, die zu differenzierten Formen von Offenheit und Verantwortung gegenüber dem Gemeinwesen führen,
- das allmähliche Verschwinden eines gemeinsamen kulturellen Kanons, aus dem sich in der Vergangenheit das kollektive Selbstverständnis der Spitzenmanager speiste.

Von einem gemeinsamen Selbstverständnis der deutschen Wirtschaftselite kann man inzwischen nicht mehr sprechen. Die kollektive Identität der deutschen Wirtschaftselite ist – wenn sie denn je in der Vergangenheit bestanden hat – inzwischen erodiert. Die Spitzenmanager bilden eine pluralistische Elite.

Fragen zur Wiederholung:

1. Aus welchem sozialen Milieu stammen die deutschen Topmanager?
2. Welche religiöse und konfessionelle Prägung haben die Manager in ihrer Jugend erfahren?
3. Was ist charakteristisch für die Herkunftsgemeinde der Manager?
4. Welche Trends lassen sich bei den Studiengängen der Manager beobachten?
5. Welche Leitprinzipien prägten den „Geist" des Elternhauses?
6. Definieren Sie den soziologischen Terminus „Habitus".
7. Welcher Entscheidungsstil dominiert unter den Managern?
8. In welcher Weise beeinflusst der Zeitdruck den Entscheidungsstil der Topmanager?
9. Zwischen welchen Netzwerken der Spitzenmanager kann man unterscheiden?
10. Was versteht man unter der These von der „pluralistischen Elite"?
1.1 Zwischen welchen Typen von Autorität kann man soziologisch unterscheiden?
12. Was versteht man unter einem „Compliance Manager"?
13. Welche sechs Ebenen des Moralverständnisses sind zu unterscheiden?
14. Was kennzeichnet den „moralisch ambivalenten" Manager?
15. Wie beeinflusst das internationale Networking die Entscheidungsverfahren der Manager?

Modul 4:

Die Wurzeln des modernen Managementverständnisses

Ziel dieses Moduls ist es,

- die geschichtliche Entwicklung der modernen Manageridentität nachzuzeichnen,

- die Leitideen und Ideengeschichte des Unternehmertums zu beschreiben,

- den Unternehmergeist im Sinne von Werner Sombart zu skizzieren,

- den Beitrag Max Webers zum rationalen Selbstverständnis, zum Berufsethos und zur Lebensführung des modernen Unternehmers nachzuzeichnen,

- das Rationalitätsmodell des homo oeconomicus zu verstehen,

- den tiefer liegenden Werthintergrund der Manager zu umschreiben,

- die Kerninstitutionen des modernen Unternehmertums und das gängige Staatsverständnis der Manager zu analysieren,

- die Grundzüge des innovativen Unternehmers nach Schumpeter zu erklären.

Die Managementsoziologie befasst sich nicht nur mit den zeitgenössischen Zusammenhängen zwischen Management und Gesellschaft; Managementsoziologie ist zugleich auch Ideengeschichte, eine Geschichte soziologischen Denkens, vor allem aber eine Geschichte der Deutungsversuche der modernen Manager-Identität. Sie wendet sich den Ursachen, Bedingungen und Merkmalen der wirtschaftlichen Entwicklung und ihren Rückwirkungen auf das Weltbild der Manager zu.

Das Selbstverständnis der heutigen Unternehmer- und Managergeneration fußt auf Überzeugungen, die die Entwicklung der modernen Marktwirtschaft seit ihren Anfängen geprägt und begleitet haben. Die geistigen Wurzeln der Manager stammen aus dem 18., 19. und 20. Jahrhundert. Es waren vor allem vier Wissenschaftler, die die Prinzipien und Besonderheiten des modernen Unternehmertums entwickelt, erklärt und verfochten haben. Viele Soziologen und Ökonomen haben an der geistigen Landkarte des modernen Kapitalismus mitgewirkt, aber niemand hat so großen Einfluss ausgeübt wie Adam Smith, Werner Sombart, Max Weber und Joseph Schumpeter. Alle vier haben – jeder auf seine Weise – bestimmte Kernelemente des modernen Kapitalismus herausgearbeitet und dabei gleichzeitig die Leitprinzipien des heutigen Unternehmertums entwickelt.

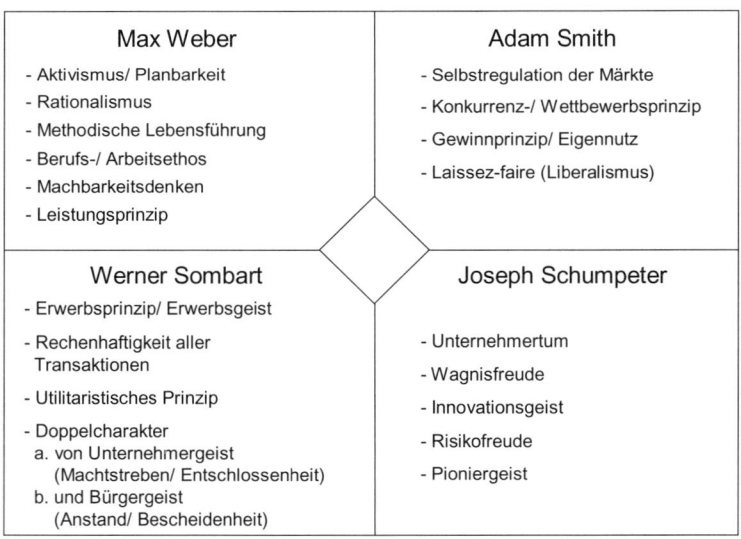

Abb. 4.1 Die geistigen Wurzeln der modernen Manager- und Unternehmeridentität   Quelle: © Eugen Buß

Zu den Leitideen der modernen Unternehmer- und Manageridentität gehören:

- Hohes Berufs- und Arbeitsethos
- Wagnis- und Pioniergeist
- Erwerbsgeist, Gewinnprinzip, Eigennutz
- Unternehmergeist: methodische Lebensführung, Anstand

- Wettbewerbsdenken
- Rationalität: Zweck-Mittel-Denken, Rechenhaftigkeit wirtschaftlicher Transaktionen
- Naturwissenschaftlich geprägtes Weltverständnis: Welt ist gestaltbar, machbar
- Aktivismus (Betonung des „Schaffens")
- Individualismus (Selbstverantwortung, Selbstbewährung)
- Pluralistische Ordnung: dezentralisierte Macht, defensives Staatsverständnis
- Chancen-, Rechte- und Pflichtengleichheit aller (Universalismus)

4.1 Werner Sombart

Zur Person:

Werner Sombart (1863–1941) studierte Rechtswissenschaften und wurde 1890 zum Professor für Staatswissenschaften in Breslau berufen. Seit 1906 übte er eine Professur in Berlin aus. Er war in der ersten Hälfte des vorigen Jahrhunderts der national und international bekannteste deutsche Wirtschafts- und Sozialwissenschaftler. Viele seiner Werke wurden in die gängigen europäischen und außereuropäischen Sprachen übersetzt – auch ins Chinesische. Sein Bekanntheitsgrad übertraf den seines heute so viel zitierten Zeitgenossen, Freundes und Kampfgefährten Max Weber zu beider Lebzeiten erheblich. Sombarts Stärke war sein Faktenwissen. Er war kein Theoretiker. Sein Verfahren bestand darin, Befunde aneinanderzureihen.

Der Sozialwissenschaftler Werner Sombart hat sich zeitlebens mit dem Generalthema „Kapitalismus" beschäftigt, mit seinen Erscheinungsformen und seinen Entstehungsbedingungen. Er fasst die Wirtschaft nicht als etwas Isoliertes auf, sondern versteht sie als Ausdruck gesellschaftlicher Entwicklungen. Charakteristisch für sie ist die Herausbildung einer besonderen *„Wirtschaftsgesinnung"*, die zugleich auch kennzeichnend für das moderne Unternehmerverständnis ist. Sombart behauptet, dass sich die Wirtschaftsgesinnung im Laufe der europäischen Geschichte von Grund auf gewandelt habe, indem sich aus dem *vorkapitalistischen Geist* (Geist des Bedarfsdeckungsprinzips) jener kapitalistische *„Wirtschaftsgeist"* (Geist des Erwerbsprinzips) herausbildete, der unsere Gegenwart fast ausschließlich beherrscht.

Der vorkapitalistische Mensch ist für Sombart der natürliche Mensch.[5] Zwar habe es zu allen Zeiten in der Natur des Menschen gelegen, so reich wie möglich zu werden. Doch diese Jagd nach Geld fand in der Regel außerhalb des Arbeitsalltags statt. Man grub nach Schätzen, man trieb Alchemie und allerlei Zauberkünste oder man eroberte ferne Länder, um zu Geld zu kommen. Im Alltagsleben spielte dagegen der Erwerbstrieb kaum eine Rolle. Das Wirtschaftsleben war ausschließlich traditionell organisiert, d. h. es war am Geist von Solidaritätspflichten und am täglichen Bedarf orientiert. Das vorkapitalistische Zeitalter steht ausschließlich unter dem Prinzip der Bedarfsdeckung.

---

[5] Dem folgenden Abschnitt liegen Sombarts Arbeiten über den „modernen Kapitalismus" (Sombart 1986) und über „den Bourgeois" (Sombart 1988) zugrunde.

Im 14. und 15. Jahrhundert findet für Sombart die große Zäsur in der europäischen Wirtschaftsgeschichte statt. Ruhe wandelt sich in Unruhe, aus der statischen Gesellschaft wird eine dynamische. Den Geist, der diese Wandlung vollbringt, der die Alte Welt „in Trümmer schlägt", nennt Sombart den *kapitalistischen Geist*. Charakteristisch für ihn ist, dass das *Erwerbsdenken* Ausdruck eines neuen Lebensprinzips wird.

Eine Avantgarde von Unternehmern beginnt, die Wirtschaft umzuformen, den Handel auszuweiten und neue Organisationsformen in Produktion und Handel einzuführen. Im Handelssektor bilden sich große Handelsgesellschaften in Gestalt von Aktiengesellschaften, in der Produktion bilden sich sogenannte Verlagssysteme: Verleger stellen Kapital (Rohstoffe, Werkzeuge) bereit und übernehmen dann die in Heimarbeit oder in einem Handwerksbetrieb hergestellten Güter zu von ihnen festgesetzten Preisen.

Aus dem Bedarfsdeckungsprinzip wird das Erwerbsprinzip. Neu ist zunächst die Entstehung einiger vom Erwerbsprinzip beherrschter kapitalistischer Inseln, allerdings noch nicht deren Zusammenschluss zu einem geschlossenen System *kapitalistischer Gesinnung*. Dieser neue Geist des Kapitalismus spiegelt sich in den Motiven der Unternehmer wider, die nun daran gehen, gemäß dieser neuen Ideen die Realität umzugestalten. Mit anderen Worten: Wandlungen der Gesellschaft beginnen für Sombart im Bewusstsein der Unternehmer, sie beginnen mit einer neuen Geisteshaltung der Manager. Entsprechend dieser Doktrin beginnt auch der Kapitalismus für Sombart mit dem Erwachen eines neuen Geistes, des *kapitalistischen Geistes*. Die Entstehung des modernen Unternehmertums zu erklären, heißt also zunächst, die Entstehung des „neuen Geistes" zu erklären.

4.1.1   Der Unternehmergeist

Charakteristisch für den *Unternehmergeist* oder *kapitalistischen Geist* ist die Durchsetzung neuer wirtschaftlicher Handlungs- und Lebensleitlinien in der Unternehmeravantgarde:

1. Bürgerliche Grundsätze

Dazu gehört die Disziplinierung der Lebensweise und die Einrichtung des Daseins nach bürgerlichen Grundsätzen wie: Regelmäßige Beschäftigung dient als Schutz gegen die Wechselfälle des Lebens; Arbeit ist gut für Leib und Seele; das Familienvermögen muss zusammengehalten werden.

Die bürgerlichen Tugenden sind darüber hinaus für Sombart solche Grundsätze, die auf der einen Seite einen guten Bürger und Hausvater, auf der anderen Seite einen soliden und besonnenen Geschäftsmann ausmachen. In seiner vollendeten Ausprägung tritt der Bürger zum ersten Mal im Florenz des 14. Jh. in Erscheinung. Er wird in Leon Battista Albertis Familienbüchern beschrieben, auf die sich Sombart weitestgehend beruft. Die Tugenden des kaufmännisch tätigen Bürgers fasst Sombart in zwei Gruppen zusammen. Die erste Gruppe nennt er die „Heilige Wirtschaftlichkeit", die zweite die „Geschäftsmoral".

Zur heiligen Wirtschaftlichkeit gehören a) die rationalisierte Wirtschaftsführung und b) die ökonomisierte Wirtschaftsführung. Die rationalisierte Wirtschaftsführung bedeutet: Die Wirtschaftsführung ist eine besondere Haushaltskunst, die versucht, ein vernünftiges Verhältnis zwischen Einnahmen und Ausgaben herbeizuführen. Die ökonomisierte Wirtschaftsführung ist die Tugend des Sparens. Die Geschäftsmoral steht für kaufmännische Solidität und Zuverlässigkeit in jeglicher Hinsicht, ist also eine Moral der Vertragstreue. Die Moral fürs Geschäft verfolgt die Absicht, kaufmännisch erfolgreich zu sein. Deshalb führte man einen Lebenswandel, der mit bürgerlicher Wohlanständigkeit beschrieben werden kann. Diese neuen Lebensregeln und bürgerlichen Grundsätze sind für Sombart eine entscheidende Quelle für die Bildung des neuen Unternehmergeistes.

2. Das Erwerbsprinzip
Im Gegensatz zur Bedarfsdeckung wird die wirtschaftliche Tätigkeit an der steten Kapitalvergrößerung orientiert. Arbeit und Erwerb dienen nicht mehr ausschließlich der statusgemäßen Bedarfsdeckung, sondern avancieren zum Selbstzweck einer reinen Kapitalanhäufung.

3. Durchsetzung des ökonomischen Rationalismus
Als Gegenprinzip zum Traditionalismus entspricht das Rationalitätsprinzip der Zweck-Mittel-Rationalität. Dazu gehören die Planmäßigkeit der Wirtschaftsführung, die „richtige" Mittelwahl in jedem einzelnen Falle und die Rechenhaftigkeit wirtschaftlicher Transaktionen. Erst durch sie wird die doppelte Buchführung möglich, eine vom Privatleben gesonderte Einnahmen-Ausgaben-Rechnung, die Ablösung der Berufsrolle vom Familienhaushalt, etc.

4. Entstehung des Individualismus
Der Individualismus entspricht der weitgehenden Ungebundenheit der Wirtschaftsakteure. Beschränkungen durch Recht und Sitte sind „an die äußerste Peripherie der gesellschaftlichen Ordnung" gelegt. Für Sombart ist der Individualismus gleichbedeutend mit dem Konkurrenzprinzip, der Einzelne handelt rücksichtslos. Seine Freiheit ist eine Ellbogenfreiheit.

5. Hervortreten eines neuen Unternehmergeistes
Besonders charakteristisch für den neuen Unternehmergeist ist die Etablierung eines eigenständigen Unternehmertums als neuer Träger der wirtschaftlichen Entwicklung. Der Unternehmergeist besteht nach Sombart im Wesentlichen aus folgenden Faktoren:
- Machtstreben
- Eroberungsdrang
- Wagemut
- Entschlossenheit
- Rastlosigkeit
- Vertragstreue
- kaufmännische Solidität.

Unternehmer zu sein, bedeutet für Sombart die kontinuierliche Unterordnung des individuellen Daseins unter das Erwerbsprinzip, Erwerb verstanden als Pflicht, Aufgabe und Beruf. Der Mensch ist hier nicht mehr das Maß aller Dinge, sondern das Geschäft. Die Erwerbsaussichten stetig zu vergrößern, das Geschäft zur Blüte zu bringen, ist das Kernanliegen jedes Unternehmers. Dazu gehören folgende Ideale: a) Quantitätsbewertung (alles muss messbar sein, Gefühle zählen nicht), b) Schnelligkeit (schnell ist etwas nur, was in Zahlen ausgedruckt werden kann), c) Neuigkeiten (das Neue interessiert nur, weil es neu ist), d) absolute Rationalität aller Entscheidungen, e) reine Tauschgüterproduktion (nicht die Art und Güte des hergestellten Produktes entscheiden über die Gütererzeugung, sondern allein die Absatzfähigkeit), f) der Kunde muss auf jede denkbare Form umworben werden, um bei ihm Aufmerksamkeit und Kauflust zu erzeugen.

4.1.2   Einflussfaktoren des Unternehmerverständnisses

Sombart nennt verschiedene Entwicklungen, die die Ausbreitung des „kapitalistischen Geistes" oder „Unternehmergeistes" gefördert haben:

1. Der Staat als Unternehmer

Zu den wichtigsten Kräften, die an der Entwicklung des Unternehmergeistes beteiligt sind, gehört der Staat. Sehr früh tritt er als kapitalistischer Unternehmer auf. In dieser Funktion wirkt er „anregend" auf den privaten Unternehmergeist und nimmt den Makel vom „schmutzigen Gewerbe". Beispielgebend ist der Staat schon durch seine Organisation. Als Vorbild der Rechenhaftigkeit durch Ausbildung der Buchführung erscheint die Finanzwirtschaft des Staates in Form „des ersten großen Haushalts".

2. Der Staat als Förderer des Unternehmergeistes

Besonders hoch bewertet Sombart den Einfluss der Berufsheere und ihres militärischen Bedarfs. Dieser Bedarf ist nicht mehr von verstreut wohnenden einzelnen Handwerkern zu befriedigen, sondern nur von Unternehmen, die große Aufträge übernehmen können. Zu diesem Zweck müssen Produktion und Verteilung nach berechenbaren Methoden umorganisiert werden.

Auch durch ein System von Privilegierungen fördert der Staat die Unternehmerinteressen. Mit der Vergabe von Lizenzen an Handelsgesellschaften unterstützt er den auswärtigen Handel. Durch die Gewährung von Monopolrechten an die Handelskompanien begünstigt er die Entwicklung großer Vermögen, die wiederum eine Voraussetzung für die weitere Ausdehnung des Kolonialhandels sind. Mit der staatlich geförderten Expansion des Außenhandels werden die Unternehmen nach kapitalistischen Grundsätzen umorganisiert.

3. Die philosophische Richtung des Utilitarismus

Zur Zeit des beginnenden Kapitalismus (17. Jahrhundert) entsteht eine utilitaristische Richtung der Philosophie, die insoweit Einfluss auf die Entwicklung des Unternehmergeistes nahm, als sie vor allem die Bedeutung rationaler Lebensregeln betonte. „Rationalisierung und Ökonomisierung" der Lebensführung sind das Ziel der utilitaristischen Philosophie.

4. Die Bedeutung kapitalistischer Züge der katholischen Kirche

Die Entwicklung des Unternehmergeistes wurde Sombart zufolge auch durch die Finanzwirtschaft der katholischen Kirche gestützt. Die Finanzwirtschaft des Papstes und das ausgedehnte Steuersystem der Kirchen lassen schon früh ein mächtiges, internationales Bankiertum erwachsen, das zur „Methodisierung des Wirtschaftslebens" beigetragen hat.

5. Die Erziehungsethik der Kirchen

Fördernd auf die Entwicklung des Unternehmergeistes hat sich schließlich auch die Erziehungsethik der Kirchen ausgewirkt. Ihre Sittlichkeitsregeln haben die Rationalisierung des Lebens gefördert, vor allem Mäßigkeit, Betriebsamkeit, Sparsamkeit und Selbstkontrolle. Der Heilige führt über seine Sünden Buch, so dass die Heiligung des Lebens fast den Charakter eines Geschäftsbetriebes annahm. Auch ein anderer Bestandteil des Unternehmergeistes, die kaufmännische Solidität, geht zum großen Teil auf das Erziehungswerk der Kirche zurück. Er fasst seine Argumente mit dem Wort zusammen: „Das tatkräftige Unternehmertum ist Gott wohlgefällig" (Sombart 1988, S. 303ff.).

Sombart interpretiert die Entwicklung des modernen Unternehmer- und Managerverständnisses aus einer Kombination von *Erwerbstrieb* und *bürgerlichem Lebensstil*. In jedem Bourgeois (erfolgreichem Unternehmer und Bürger) wohnen zwei Seelen, eine Unternehmerseele und eine Bürgerseele. Der typische Unternehmer besteht also aus einer Kreuzung aus Unternehmer- und Bürgernatur. Beide zusammen bilden erst den *„Unternehmergeist"* oder *„kapitalistischen Geist"*. Zur Unternehmernatur gehören neben dem Erwerbstrieb Wagemut, Machtstreben und Entschlossenheit, zur Bürgernatur eher Wohlanständigkeit, Solidität und Sparsamkeit. Unter der Bürgernatur versteht Sombart den Pflichtmenschen und Ethiker. Im Frühkapitalismus halten sich beide gegensätzliche Naturen in Schach. Zwar ist für den Unternehmer der höchstmögliche Erwerb das Ziel, aber das Maß aller Dinge bleibt der Mensch. Reichtum soll nicht Selbstzweck sein, er soll dazu dienen, sittliche Lebenswerte zu schaffen.

Auch die Einstellung zur Technik ist von der gleichen Haltung geprägt: Fortschritte in der Technik sind nur dann wünschenswert, wenn sie kein menschliches Glück zerstören. Die paar Pfennige, die eine moderne Technik ein Produkt verbilligt, sind die Tränen nicht wert, die sie etwa den Familien durch Arbeitslosigkeit verursachen.

Die Balance von Unternehmergeist und Bürgergeist ist historisch nicht von Dauer. Sie unterliegt einer zunehmenden Erosion um die Wende vom 18. zum 19. Jahrhundert. Der Unternehmer und Bourgeois zerfällt in seine beiden Bestandteile, die sich nun nicht mehr zu einem integrierten Ganzen zusammenfügen, sondern verselbständigen. Dieses Doppelgesicht des in der Wirtschaft tätigen Unternehmers, dieses Auseinanderbrechen seiner Struktur in den rücksichtslos seine Ellbogen gebrauchenden Geschäftsmann und den bürgerliche Wohlanständigkeit zur Schau tragenden Biedermann ist für Sombart der verhängnisvolle Sündenfall des modernen Kapitalismus. Die bürgerlichen Grundsätze und disziplinierenden Lebensregeln verlieren mit dem Versiegen der früher den ganzen Menschen tragenden und auch sein wirtschaftliches Verhalten bestimmenden Moral ihr Fundament. Sie degenerieren zur organisatorischen Routine.

Der Unternehmergeist entgleist in der Moderne ins Maßlose, von den sittlichen Beschränkungen des Bürgergeistes befreit. Er ist für Sombart in die Unendlichkeit gerückt, d. h. für das Gewinnstreben gibt es keine moralischen Grenzen mehr. Der moderne kapitalistische Geist des Unternehmers gleicht einem gesellschaftlichen Brandsatz, „der in die umfriedeten Hütten unserer Kultur geschleudert worden ist". Sombart äußert sich kritisch zur modernen Entwicklung des Kapitalismus. Wenig verspricht er sich davon, mit ethischen Appellen den modernen Manager zur Vernunft zu bringen. Die verhängnisvolle Trennung von Bürgergeist und Unternehmergeist scheint endgültig.

Wie vorausschauend Sombart seine Kritik an Managern geäußert hat, machen zahlreiche Kommentare in den letzten Jahren deutlich:

Fallbeispiel „Maßlose Manager":

Finanzminister Steinbrück geißelt *„maßlose"* Manager (Okt. 2006) „Es geht mir gegen den Strich, wenn Aufsichtsräte und Vorstände nicht mehr die Proportionen im Blick haben und nicht wissen, dass auch sie eine Vorbildfunktion haben", sagt Steinbrück der „Süddeutschen Zeitung". Es gebe „in Teilen der Wirtschaft eine gewisse *Maßlosigkeit* – und das in einer Zeit, wo weite Teile der Bevölkerung mit Zumutungen beladen werden". Der Finanzminister stellte klar, dass der Gesetzgeber gegen ungezügelte Entwicklungen bei den Vergütungen von Managern nichts tun könne. Dies sei eine Frage der Selbstkontrolle.

Er erwarte aber, dass jene, die in den Wirtschaftsverbänden Verantwortung tragen, dies in den Industrie- und Handelskammern zum Gegenstand von Erörterungen machen (http://www.focus.de/finanzen/news/gehaelter_aid_117870.html).

111 Millionen Peanuts oder: Verdienst kommt von Dienen. Bei der Mannesmann-Übernahme durch den britischen Mobilfunkkonzern Vodafone ging es um 111 Millionen Mark, die im Frühjahr 2000 an Vorstandschef Klaus Esser und ehemalige Spitzenmanager von Mannesmann geflossen sind. Vier Mitglieder des Aufsichtsrats, darunter Ackermann und der damalige IG-Metall-Chef Klaus Zwickel, beschlossen die anstößigen Prämien. Überall in Deutschland regte sich Widerstand gegen die Gehalts- und Abfindungsexzesse in den Vorstandsetagen. Es sei diese *Maßlosigkeit der Manager*, die das Vertrauen in den Kapitalismus zerstört. Ein ehrbarer Kaufmann gelte heute als Unikum. Ohne Vertrauen aber müsse die Marktwirtschaft scheitern. Dann bleiben Investitionen aus, werden Kredite gestrichen, darben die Geschäfte, wie in DIE ZEIT vom 22.01.2004 (Nr. 5) zu lesen war.

Köhler geißelt Maßlosigkeit der Manager. Dramatischer Appell des Bundespräsidenten an Deutschlands Führungskräfte im Nov. 2007: Horst Köhler erklärt in einem Interview mit dem Handelsblatt, die immensen Einkommensunterschiede zwischen Managern und Normalverdienern gefährdeten den sozialen Frieden im Land. Er sei besorgt über die auseinanderklaffende Einkommensentwicklung und eine wachsende Entfremdung zwischen Unternehmen und Gesellschaft. „Die Führungspersönlichkeiten in der Wirtschaft müssen begreifen, dass ihr Verhalten Auswirkungen auf den Zusammenhalt der Gesellschaft hat." Die Wirtschaft habe die Pflicht, der Entfremdung entgegenzuwirken. Aufsichtsräte und Aktionäre forderte der Bundespräsident auf, dafür zu sorgen, dass Manager in ihren Einkommensvorstellungen nicht die Bodenhaftung verlören. Es gebe in der Bevölkerung das nachvollziehbare Gefühl, dass etwas nicht stimme, wenn die Einkommen der einen stark stiegen, die der anderen dagegen eher stagnierten. Nötig sei eine Kultur der *Mäßigung* und des Vorbilds in den Führungsebenen der Unternehmen (http://www.spiegel.de/wirtschaft/0,1518,520276,00.html).

Fragen zur Wiederholung:

1. Wie ist Sombart zufolge das Verhältnis von Unternehmergeist und Bürgergeist im modernen Kapitalismus?
2. Wie begründet Sombart die Maßlosigkeit der Manager im modernen Kapitalismus?
3. Welche Einrichtungen haben die Entwicklung des Unternehmergeistes gefördert?
4. Aus welchen Eigenschaften besteht der Unternehmergeist?
5. Was sind die wesentlichen Merkmale des Bürgergeistes?

4.2   Max Weber

Zur Person:

Max Weber (1864–1920): Der in Preußen als Sohn eines nationalliberalen Politikers und einer als sehr gebildet geltenden Hausfrau geborene Max Weber gilt heute als Begründer und Urvater der Soziologie. Nach dem Abitur 1882 studierte er an verschiedenen Universitäten (Heidelberg, Straßburg, Berlin, Göttingen) Jura, daneben beschäftigte er sich mit Fragen der Theologie und Nationalökonomie. 1886 beendete er sein Studium und wurde kurz darauf Mitglied des Vereins für Socialpolitik. 1893 wurde er Professor für Handelsrecht in Berlin. Nach Lehrtätigkeiten in Heidelberg und Freiburg wurde Weber 1900 aufgrund einer schweren Neurose von allen Lehrtätigkeiten befreit. Im Jahr 1909 wurde er Mitbegründer der Deutschen Gesellschaft für Soziologie. Seit 1918 lehrte er zunächst an der Universität Wien, danach in München als ordentlicher Professor für Nationalökonomie.

4.2.1 Die zentrale Fragestellung von Max Weber

Die Ursprünge einer der wichtigsten wirtschaftssoziologischen Hypothesen führen in die Tiefe des Schwarzwalds. Diesen durchstreifte vor mehr als hundert Jahren der heute längst vergessene Wirtschaftshistoriker Eduard Gothein, der seine Forschungen in einem ebenfalls längst vergessenen Buch mit dem Titel „Die Wirtschaftsgeschichte des Schwarzwalds" veröffentlichte, in dem er eine gewisse Korrelation zwischen Konfession und beruflichem Erfolg feststellte. Das Buch fiel unter anderem einem jungen Wissenschaftler namens Max Weber in die Hände, der daraus die Inspiration für seine bahnbrechenden Überlegungen bezog.

Der berühmteste Versuch, die Entstehungsgeschichte des modernen Kapitalismus und damit auch die Institution des Unternehmertums zu deuten, ist Max Webers Studie „Die protestantische Ethik und der Geist des Kapitalismus". Max Weber befasst sich mit der Frage, warum die wirtschaftliche Entwicklung nur in Europa und nicht außerhalb Europas in die Bahn eines modernen industriellen Kapitalismus einlenkte. Ihn beschäftigt das Problem, worin sich die Entwicklung des Kapitalismus von vergleichbaren Entwicklungsrichtungen anderer Kulturformen unterscheidet.

Wirtschaftliche Tätigkeiten, die einen kapitalistischen Charakter tragen, hat es Weber zufolge immer und überall gegeben. Gewinn und reiner Erwerbstrieb sind nicht die Besonderheiten des abendländischen Kapitalismus. „Streben … nach möglichst hohem Geldgewinn hat an sich mit Kapitalismus gar nichts zu schaffen. Das Streben fand und findet sich bei Kellnern, Ärzten, Kutschern, Künstlern, Koketten, bestechlichen Beamten, Soldaten, Räubern, Kreuzfahrern, Spielhöllenbesuchern, Bettlern – man kann sagen: ‚by all sorts and conditions of men', zu allen Epochen aller Länder der Erde, wo die objektive Möglichkeit dafür irgendwie gegeben war und ist. … Schrankenloseste Erwerbsgier ist nicht im mindesten gleich Kapitalismus, noch weniger gleich dessen Geist" (Weber 1922, S. 4).

Die Besonderheiten des abendländischen Kapitalismus sucht Weber vielmehr in einer besonderen Form des wirtschaftlichen Rationalismus. Ihn interessieren vor allem die folgenden Fragen:

1. Warum hat nur das Abendland eine spezifische ökonomische Rationalität von universal-historischer Tragweite hervorgebracht, nicht aber Asien, wo doch weitaus ältere und differenziertere Kulturen existierten?

2. Warum entstanden gerade und nur im neuzeitlichen Westeuropa und den USA eine rationale Wissenschaft und Technik, ein rationaler Industriekapitalismus, eine rationale bürokratische Struktur des Staates?

3. Wodurch entwickelte sich der für die moderne Wirtschaft typische Individualismus und Konkurrenzgedanke, der auch den Geist des modernen Unternehmers beherrscht?

4. Wer waren die Trägerschichten der kapitalistischen Entwicklung?

5. Was waren die Begleitumstände für die Gewöhnung an disziplinierte Arbeit und eine neue Lebensführung, an ein neues „Lebensreglementierungssystem"?

6. Warum entwickelte nur das Abendland folgende für den Kapitalismus charakteristische Merkmale der modernen Rationalität:

  • gewinnorientiert arbeitendes Unternehmen
  • die rational-kapitalistische Organisation von freier Arbeit, die unter Effizienzgesichtspunkten organisiert wird
  • eine an den Chancen des Gütermarktes orientierte rationale Betriebsform
  • Trennung von Haushalt und Betrieb
  • rationale Buchführung
  • Einsatz wissenschaftlicher Erkenntnisse für die Verbesserung von Produktionsanlagen
  • Institution des formalen Rechts
  • moderne Staatsverwaltung mit rationaler Bürokratie
  • berechenbarer Privatrechtsverkehr
  • eine rationale Lebensführung

Um diese Fragen zu beantworten, versucht Weber zunächst, die historischen Bedingungen zu identifizieren, unter denen der moderne westliche Typ des rationalen Unternehmertums entstehen konnte. Seine These lautet: Erst die Entwicklung der „protestantischen Ethik" hat die sozialen Voraussetzungen geschaffen, die für die abendländische Form des Kapitalismus besonders förderlich waren. Weber vermutet einen Zusammenhang zwischen der Ethik der protestantischen Reformationskirchen und jenen Lebensgrundsätzen, die den „Geist" des Kapitalismus und Unternehmertums ausmachen.

Den Ansatzpunkt zur Begründung dieser These findet Weber im Zusammenhang zwischen Konfession und wirtschaftlichem Erfolg. Er machte die Beobachtung, dass die Protestanten unter den Unternehmern und dem hochqualifizierten technischen und kaufmännischen Personal weit überrepräsentiert waren.

Beispiele:

1. Eine empirische Studie des Weber-Schülers Offenbacher zeigte eine überproportionale Beteiligung von Protestanten bei Kapitalbesitzern und Unternehmern. Im Land Baden entfielen im Jahre 1895 nach Berechnung der Steuerbehörden auf je 1.000 evangelische Einwohner 954.060,– Mark Kapital, das der Steuer unterlag. Dagegen verfügten je 1.000 Katholiken nur über 589.000,– Mark. Unter Berücksichtigung weiterer ähnlicher Studien aus der Geschichtswissenschaft notiert Weber seine Vermutung: „In diesen Fällen liegt zweifellos das Kausalverhältnis so, dass die anerzogene geistige Eigenart, und zwar hier die durch die religiöse Atmosphäre der Heimat und des Elternhauses bedingte Richtung der Erziehung, die Berufswahl und die weiteren beruflichen Schicksale bestimmt hat" (Weber 1996, S. 5).

2. Zu Webers Zeit sind Katholiken in leitenden Funktionen sowie im höheren Bildungswesen deutlich unterrepräsentiert.

3. Im technischen und kaufmännischen Bereich ist das protestantische Übergewicht besonders ausgeprägt.

4. Protestantische Sekten waren für Geschäftserfolg und harte Arbeit immer schon bekannt. Besonders die Quäker und Baptisten taten sich hervor.

5. Protestantische Oberschüler schreiben sich eher in Studiengängen des bürgerlichen Erwerbslebens ein, katholische eher in geisteswissenschaftlichen Fächern.

6. Der Prozentsatz der Katholiken unter Schülern und Abiturienten in den „höheren Lehranstalten" bleibt beträchtlich hinter ihrem Anteil an der Gesamtbevölkerung zurück.

7. Protestantische Handwerksgesellen gehen eher in die Fabriken, wo es Aufstiegschancen in höhere Ränge gibt, katholische verbleiben dagegen eher im Handwerk. In der gelernten Facharbeiterschaft der Großindustrie sind Katholiken deutlich unterrepräsentiert.

8. Die wirtschaftlichen Wachstumsraten sind in protestantischen Ländern signifikant höher als in katholischen Ländern. Zu den wirtschaftlich erfolgreichsten Ländern gehören zu Webers Zeiten ausschließlich protestantische Nationen und Regionen (vgl. Abb. 4.2).

9. Die Mehrzahl der reichen Städte hat sich im 16. Jh. dem Protestantismus zugewandt.

10. Weber weist darauf hin, dass sich die Wirtschaft im Norden und Süden der USA merkwürdig unterschiedlich entwickelte. In den späteren Südstaaten, die wirtschaftlich nicht so erfolgreich waren, wurden Unternehmen vorwiegend von „Kapitalisten" zu reinen Geschäftszwecken gegründet, während in den Neuengland-Kolonien die Unternehmen hauptsächlich von Predigern und Graduates aus religiösen Gründen ins Leben gerufen wurden, und zwar mit sehr viel mehr Erfolg. Weber notiert dazu: „In diesem Fall liegt das Kausalverhältnis jedenfalls umgekehrt als vom materialistischen Standpunkt aus zu postulieren wäre." Er weist in diesem Zusammenhang auf die auffallende Erscheinung hin, dass aus Pfarrhäusern kapitalistische Unternehmer größten Stils hervorgehen (Weber 1996, S. 7f.).

Von diesen Beobachtungen ausgehend bestimmt Weber den Inhalt seiner Untersuchung: Ihn interessiert die praktische Wirkung von religiösen Ideen auf die Lebensführung und das Selbstverständnis der Menschen. Weber geht es um den Nachweis, inwieweit bestimmte Ideen des Protestantismus in der Entstehungsgeschichte des Kapitalismus wirksam geworden sind und u. a. den modernen Unternehmer- und Managertypus geschaffen haben. Er fragt, warum gerade die Protestanten eine besondere Neigung zum wirtschaftlichen Rationalismus und Aktivismus ausbildeten.

Daher wendet er sich dem Problem zu, worin der Zusammenhang zwischen den rationalen Handlungsgrundsätzen der alltäglichen Lebenspraxis einerseits und der protestantischen Ethik andererseits besteht. Woher kommen überhaupt die moderne Rationalität, der moderne Aktivismus, der Leistungswille, die ja nach wie vor den heutigen Manager und Unternehmer kennzeichnen?

Webers Ableitung erfolgt in vier Schritten:

1. der Traditionalismus des Mittelalters (mittelalterlicher Katholizismus);
2. die Ethik des Luthertums;
3. die Ethik des Calvinismus und der Reformationskirchen;
4. die Moderne.

Wirtschaftliche Wachstumsraten in protestantischen Ländern
im Vergleich zu katholischen Ländern und Japan, 1870 – 1984

Rang	1870 – 1913	1913 – 1938	1949 – 1965	1965 – 1984
1.	USA (P)	Japan (B)	Japan (B)	Japan (B)
2.	Kanada (P)	Norwegen (P)	Bundesrepublik (P)	Norwegen (P)
3.	Dänemark (P)	Niederlande (P)	Italien (K)	Frankreich (K)
4.	Schweden (P)	USA (P)	Frankreich (K)	Belgien (K)
5.	Deutschland (P)	Schweiz (P)	Schweiz (P)	Italien (K)
6.	Belgien (K)	Dänemark (P)	Niederlande (P)	Bundesrepublik (P)
7.	Schweiz (P)	Schweden (P)	Kanada (P)	Kanada (P)
8.	Japan (B)	Italien (K)	Dänemark (P)	Niederlande (P)
9.	Norwegen (P)	Kanada (P)	Norwegen (P)	Dänemark (P)
10.	Großbritannien (P)	Deutschland (P)	Schweden (P)	Schweden (P)
11.	Niederlande (P)	Großbritannien (P)	USA (P)	USA (P)
12.	Frankreich (K)	Frankreich (K)	Belgien (K)	Großbritannien (P)
13.	Italien (K)	Belgien (K)	Großbritannien (P)	Schweiz (P)

Mittlere wirtschaftliche Wachstumsrate in protestantischen Ländern als Prozentsatz der mittleren
wirtschaftlichen Wachstumsrate in katholischen Ländern

152%	120%	98%	72%

(P) = Länder mit einer mehrheitlich protestantischen Bevölkerung im Jahr 1900
(K) = Länder mit einer mehrheitlich katholischen Bevölkerung im Jahr 1900
(B) = Mehrheitlich buddhistische Bevölkerung im Jahr 1900

Abb. 4.2 Wirtschaftliche Wachstumsraten   Quelle: Inglehart 1989, S. 82

4.2.2   Der Traditionalismus des Mittelalters (mittelalterlicher Katholizismus)

Was der katholischen Glaubenslehre des Mittelalters fehlt, ist Weber zufolge vor allem eine Berufs- und Wirtschaftsethik. Den Arbeiter reizt der Mehrverdienst weniger als die Möglichkeit der Minderarbeit. Ihn beschäftigt nicht die Frage, wie viel er am Tag verdient, wenn er seine Arbeitsleistung maximiert, sondern wie viel er jetzt noch arbeiten muss, um dasselbe Auskommen wie vorher zu haben. Er will einfach nur leben, so leben, wie er zu leben gewohnt ist und so viel erwerben, wie dazu erforderlich ist. Er hat keinerlei Interesse, mehr zu verdienen als unbedingt erforderlich.

Als Vorbild gilt der Mensch, der den Tag untätig im Gebet – Weber: „in außerweltlicher Askese" – zubringt. Im Sinne dieses Ideals verhält sich die Kirche gegenüber der weltlichen Arbeit neutral. Es handelt sich um ein Verhältnis, wie es Kinder zur Schule haben: Wer sich nicht drücken kann, ist dumm. Arbeit wird Weber zufolge nur für den standesgemäßen Bedarf ausgeübt, ist unsystematisch, hat oft nur einen sporadischen Charakter, und es fehlt ihr jegliche Methodik und Ethik. Die Zunftordnung ist eher durch Schlendrian gekennzeichnet als durch klare praktische Leitlinien. Die gesamte Lebensführung ist eher „triebhaft" geprägt oder wie Weber sagt: kreatürlich.

Wettbewerb ist verboten, Produkt- und Verfahrensinnovationen werden streng geahndet. Es existiert kein Anreiz zu einer individuellen Besserstellung eines Handwerkers. Im Gegenteil: Kunden sind einem Handwerker wie in einem Grundbuch fest zugeordnet. Aus Unzufriedenheit über eine Ware oder Bedienung beispielsweise den Metzger oder Bäcker zu wechseln, ist ausgeschlossen. Jede ökonomische Transaktion ist in eine soziale Verpflichtung eingebunden.

- unsystematisch, nicht methodisch

- nur für standesgemäßen Bedarf

- moralisch neutral, sittlich indifferent

- Widerstand gegenüber neuen praktischen Arbeitsformen

- nicht zum Zweck des Profits (Profit eher unmoralisch)

- eher Suche nach kreatürlichem Glück (nicht Geld verdienen, sondern einfach leben)

- außerweltliche Askese

- kein Zins erlaubt/ Reichtum als Zufallsgut

- Tätigkeiten, die nicht dem Erwerb dienen, sind höher bewertet

- eher sporadische Arbeit (Schlendrian des Zunfthandwerks)

- moralische Geringschätzung des Erwerbs

- vita contemplativa gilt mehr als vita activa (Priester mehr als Handwerker)

Abb. 4.3 Arbeitswerte des Katholizismus im Mittelalter   Quelle: © Eugen Buß

Die Abwendung von der Welt, die Überwindung weltlicher Geschäftigkeit gilt als der bevorzugte Heilsweg. Die Frage ist nun, wodurch diese steinernen Mauern der Gewöhnung durchbrochen wurden. Wodurch wurde es möglich, diese im Grunde höchst bequeme Lebensweise durch eine andere das ganze Leben reglementierende und kontrollierende Lebensführung zu ersetzen? Wie konnte sich Arbeit als zentrales Lebensinteresse in einer solch starren traditionellen Umgebung durchsetzen?

4.2.3   Berufsethik des Luthertums

In einem zweiten Schritt analysiert Weber die Wertethik des Luthertums. Das Mittelalter kannte den Begriff des Berufes nicht. Luther hat als erster den Begriff des Berufes im modernen Sinn des Wortes benutzt. So wie das Wort neu war, war auch der Gedanke neu: Das einzige Mittel, Gott wohlgefällig zu leben, besteht in der Erfüllung innerweltlicher Pflichten, wie sie sich aus dem „Beruf" (Berufung, calling) ergeben. Für ihn sind die Mönche untätige Egoisten, die zum Gemeinwohl nichts beitragen und deshalb auch vor Gott keine Gnade finden. Zu loben seien dagegen jene Christen, die ihre irdischen Pflichten erfüllen und die Arbeit verrichten, zu der sie der Allmächtige berufen hat.

Weber ist der Auffassung, dass die allgemeine moralische Aufwertung des Berufslebens die folgenreichste Leistung der Reformation gewesen ist: „Die Leistung der Reformation als solche war zunächst nur, dass, im Kontrast gegen die katholische Auffassung, der sittliche Akzent und die religiöse Prämie für die innerweltliche, beruflich geordnete Arbeit mächtig schwoll" (Weber 1922, S. 74). Die Leistung Luthers liegt darin, den Stellenwert der Diesseitigkeit und den Nutzen der Arbeit für die Gemeinschaft hervorzuheben. Christen müssen arbeiten. Der Mensch ist zur Arbeit geboren wie der Vogel zum Fliegen, hat Luther einmal gesagt.

- Beruf als sittliche Pflicht/ Arbeit als sittlicher Wert

- Schickungsgedanke (keine aktive Bearbeitung der Welt)

- Aufwertung des Berufsgedankens/ Berufslebens

- Anpassungsethik (Welt als Jammertal)

- Trennung von Kirche und Staat

- patriarchalisches Führungsmodell

- Zins verwerflich

- Diesseitigkeitsgedanke

- Pflichterfüllung als höchste sittliche Betätigung

- Arbeit als Ausdruck der Nächstenliebe

- kein aktivistischer Arbeitsbegriff/ Arbeit soll nicht gestalten/ formen

- innere Gleichgültigkeit gegenüber Reichtum

Abb. 4.4 Arbeitswerte des Luthertums   Quelle: © Eugen Buß

Auch wenn Luther als erster vom gottgefälligen Beruf spricht, sind doch nicht die für die Entwicklung des modernen Kapitalismus charakteristischen rationalen Elemente des Berufsethos auf seine Lehre zurückzuführen. Für Luther ist der Beruf noch eine „Schickung". Der Mensch sollte sich in seine „Berufung" und seinen Stand schicken. Nicht das Ergebnis oder der Erfolg der Arbeit sind von Bedeutung, sondern die Gesinnung, mit der man in Treue seine Pflicht erfüllt. Das Ziel besteht allein darin, Gott zu dienen, indem die Berufsarbeit auf eine gläubige Weise verrichtet wird. Wie heißt es bei Luther: Nicht an der Leistung, sondern an dem darin liegenden Gehorsam hat Gott Freude. So bleibt bei Luther der Berufsbegriff traditionalistisch gebunden. Der Beruf ist das, was der Mensch als göttliche Fügung hinzunehmen, worin er sich „zu schicken" hat (Weber 1922, S. 77f.).

4.2.4 Arbeits- und Berufsethik des Calvinismus und der Reformationskirchen

Im nächsten Schritt – dies ist die Hauptstufe in der Ableitung des Kapitalismus und des modernen Unternehmergeistes – wendet sich Weber der Arbeits- und Berufethik der Reformationskirchen zu. Ihr sind zwei Elemente zu eigen, die dem Katholizismus fehlen:

- die methodische Lebensführung und
- das Berufsethos bzw. die Berufspflicht.

Beide sind für die Entwicklung des abendländischen Rationalismus von weit reichender Bedeutung. Berufpflicht und systematische Lebensführung bilden die Grundlage einer neuen Sozialethik, die den Geist des Kapitalismus und damit auch den Geist des modernen Managers prägt.

> **Praxisbeispiel Berufsethik:**
>
> Wenn man in Pennsylvania (USA) Friedhöfe besucht, kann man noch heute eine erstaunliche Beobachtung machen: Auf manchen Grabsteinen sind alte Inschriften folgender Art eingemeißelt: Name des Verstorbenen, Geburtsdatum – Sterbedatum, Vermögensstand zu Berufsbeginn, Vermögensstand am Lebensende.

Die mit dem Calvinismus und Puritanismus verbundene Lebensführung, die sich zuerst im 16. Jh. in Genf und in Schottland, um die Wende des 17. Jh. in den Niederlanden, danach in England und Neuengland ausbreitete, leitet Weber wie folgt ab:

Die katholische Kirche des Mittelalters betont die Freiheit des Willens. Dem Menschen ist freigestellt, das Gute oder Böse zu wollen. Obgleich der Christ ohne Gottes Gnade nicht die ewige Seligkeit erlangt, kann er sie sich doch in einem gewissen Maße verdienen, sofern er ein tugendhaftes Leben führt. Fällt er in Sünde, retten ihn die Sakramente, denn Jesus ist bereit zu vergeben. Dies bedeutet, der Mensch hat zumindest einen beschränkten Einfluss auf das, was nach seinem Tode geschieht. Charakteristisch für den Calvinismus ist dagegen das Dogma der Gnadenwahl, das heißt die so genannte Prädestinationslehre (Lehre von der Vorherbestimmung). Sie leitet – historisch gesehen – den Rationalisierungsprozess der Religion ein. Der Calvinismus beschreibt Gott als einen allwissenden und allmächtigen Weltregierer, durch dessen unerforschlichen und geheimen Ratschluss schon seit Ewigkeiten festgelegt ist, wer als auserwählt (predestinated) und wer als verordnet zu ewigem Tode (foreordained) gilt; kein menschliches Verdienst oder Verschulden kann daran etwas ändern. Dies heißt, Gottes Gnade ist nicht, wie im Katholizismus, von der Summe guter Einzelwerke abhängig.

Unter diesen Umständen ist für jeden einzelnen die Frage akut: Bin ich erwählt? Kann ich mir meiner Erwähltheit sicher sein? Die brutale Ungewissheit oder wie Weber es nennt: die *„pathetische Unmenschlichkeit"* dieser Lehre, haben das Gefühl einer unerhörten inneren Vereinsamung des einzelnen Individuums zur Folge. Jeder lebt ganz allein mit seiner Angst, dass ihm die Heilsmittel möglicherweise versagt werden. Und es gibt nichts, was dem Calvinisten in seiner Vereinsamung zur Seite steht: kein Prediger, keine Kirche, kein Sakrament. Gerade hier, meint Weber, fand die *Entzauberung* der Welt ihren Abschluss. Alle „magischen Mittel" der Heilssuche sind dem Calvinisten genommen. Selbst religiöse Bestattungszeremonien wurden verworfen. Vorzugsweise begrub man seine nächsten Angehörigen „sang- und klanglos". Der typische Calvinist avancierte zu einem „illusionslosen" und „pessimistischen" Individualisten.

Das Prinzip der rastlosen Berufsarbeit

Gleichzeitig verläuft hier die Trennungslinie zum Luthertum. Denn ein Lutheraner konnte zwar auch Gottes Gnade verlieren, doch genauso konnte er sie durch die Sakramente und Buße wieder erlangen. Der Calvinist hatte dieses Glück nicht mehr. Unter diesen Umständen ist die Frage entscheidend, wie die Menschen diese „Lehre" ertragen konnten. Wie kann man erkennen, ob man zu den Auserwählten gehört? Überall herrschte das tiefe Verlangen nach Gnadengewissheit.

Der Calvinismus gibt diesem Verlangen eine Antwort. Er räumt ein, dass es äußere Zeichen für die Erwähltheit gäbe. Als wichtigster Beweis gilt der berufliche Erfolg. Allein die *rastlose Berufsarbeit* bietet die Chance, Selbstgewissheit zu erlangen. Sie allein ist in der Lage, jeglichen Zweifel auszuräumen.

Im Calvinismus beschäftigten sich daher die Menschen unentwegt mit der Frage, wie es möglich ist, den Beweis für das Seelenschicksal im Jenseits schon im Lebenserfolg im Diesseits ablesen zu können. Gelingt es mir, untadelig zu leben? Schaffe ich es, nicht nur auf Lüge und Gewalt, sondern auch auf jede andere Sünde, auf Genuss, Heiterkeit, jegliche Diesseitsfreude zu verzichten? Dann bin ich vielleicht auch zum Heil im Jenseits berufen. Und wie beweise ich mir das? Durch Arbeit, Arbeit und noch einmal Arbeit.

- innerweltliche Berufsaskese

- Arbeit als zentrales Lebensinteresse/ Arbeit als Selbstzweck

- rigorose Sparsamkeit

- aktive Umgestaltung der Welt durch Arbeit (Machbarkeit/ Änderbarkeit)

- Mobilitätszwang, Berufswechsel ist legitim

- bestmögliches Arbeitsergebnis/ gewinnorientierte Rechenhaftigkeit

- systematische Erwerbsarbeit/ Verpflichtung zum Erwerbsinteresse

- Heiligung des Erwerbs/ Reichtum entbindet nicht von rastloser Berufsarbeit

- Aufwertung des Konkurrenzdenkens und des Individualismus

- Tüchtigkeit und fachliche Kompetenz als A und O der neuen Moral

- Erziehung zu methodischer und disziplinierter Arbeit

- rationale Lebensführung im Sinn kontrollierter Arbeit

Abb. 4.5 Arbeitswerte des Calvinismus   Quelle: © Eugen Buß

Der Calvinismus bildet den Nährboden für eine Haltung, die die aktivistische Seite eines neuen Berufsethos entwickelt und über Luthers Berufsauffassung deutlich hinausgeht. Für den Calvinisten werden nicht schon Berufserfüllung als solche, sondern erst der individuelle Erfolg sowie das bestmögliche Arbeitsergebnis zum entscheidenden Antrieb der Lebensführung des Menschen.

Gefordert werden eine strenge Askese und die bedingungslose Unterordnung des persönlichen Lebensstils unter die Grundsätze *rastloser Berufsarbeit*. Als sittlich verwerflich gilt Müßiggang, das Ausruhen auf Besitz und die Ablenkung vom Streben nach einem „heiligen Leben". Im Grunde handelt der Calvinist nach dem Prinzip, dass Gott dem hilft, der sich selber hilft. Dem entspricht die konsequente methodische Ausrichtung der ganzen Lebensführung: Während seines ganzen Lebens, in jeder Stunde, in jeder Minute ist der Gläubige vom Gedanken durchdrungen, Gottes Ruhm in Form rastloser Berufsarbeit zu mehren.

Die Berufs- und Lebensmaximen des Puritanismus

Um die rastlose Berufsarbeit zu gewährleisten, bildet die auf den Calvinismus zurückgehende Ethik des Puritanismus einen umfangreichen Katalog verbindlicher Alltagsnormen heraus, die die gesamte Lebensführung des einzelnen Menschen durchziehen:

Maximen (Leitsätze) der Berufspflicht und des Berufsethos (Beispiele):

- wer nicht arbeitet, soll nicht essen.
- bedingungslose Unterordnung des persönlichen Lebensstils unter die Grundsätze der Berufsarbeit.
- Verpflichtung zum Erwerbsinteresse.
- absoluter Sparzwang (Akkumulation des Kapitals).
- Gott verlangt Mobilität, man muss jeder beruflichen Chance folgen, Berufswechsel ist legitim.
- Gewinnerwerb ist gottgewollt; Gewinnchancen sind unbedingt zu nutzen.

Maximen der methodischen Lebensführung (Beispiele):

- Müßigkeit und Sexualität lenken ab und sind demnach verwerflich.
- Arbeit ist ein Präventiv gegen alle Anfechtungen des „unclean life". Falls die Gläubigen sexuelle Anfechtungen bedrängen, lautet neben Diät, Pflanzenkost und kalten Bädern das Rezept stets: Arbeite hart in deinem Beruf.
- mehr als sechs Stunden Schlaf ist Vergeudung.
- Zeitvergeudung durch Geselligkeit und „faules" Gerede ist sittlich absolut verwerflich.
- jeglicher Lebensgenuss ist abzulehnen.
- Streben nach Reichtum ist geboten; Genuss des Reichtums dagegen verwerflich.
- Stunden des Leichtsinns und der Schwäche sind nicht wiedergutzumachen.

Fallbeispiel Puritanismus:

Calvins Lehre schließt alles aus, was Freude macht: Unbefangenheit, Genuss, Sinnlichkeit, Lachen, Spielen, Luxus, Vergnügungssucht. Sie verwirft alle Kreatürlichkeit. Alles in allem ein Ethos der Freudlosigkeit, eine bis ins Kleinste geregelte Lebensführung. Es gibt zahlreiche plastische Beispiele hierfür: Knaben werden inhaftiert, weil sie gespielt haben. Zwei Bürger, die Ostern gekegelt haben, wandern ins Gefängnis. Ein Mann, der bei der Trauung gelächelt hat, wird verurteilt. Verboten werden Theater, Feste, Tanz, Spiel, Gesang, Wirtshäuser. Sie werden ersetzt durch sogenannte Abteien, in denen sich die Menschen unter Kontrolle unterhalten konnten (vgl. Kampschulte 1866). Noch in Shakespeares letzten Lebensjahren schloss die puritanische Stadtverwaltung von Stratford-on-Avon das Theater. Watzlawick meint, das inoffizielle Motto des Puritanismus lautet: Du darfst tun, was du willst, solange es dir keinen Spaß macht (Watzlawick 1993, S. 84).

Nathaniel Hawthorne, der große nordamerikanische Schriftsteller, hat in seinem wichtigsten Roman „Der scharlachrote Buchstabe" die puritanischen Verhältnisse angeprangert: Hester Prynne, eine junge verheiratete Frau, bekommt heimlich von einem anderen Mann ein Kind. Ihr wird von einem kirchlichen Würdenträger die Strafe auferlegt, zeitlebens ein Büßerhemd mit dem Buchstaben A, der im puritanischen Verhaltenskodex für Ehebruch steht, zu tragen –in der Farbe und mit dem Geruch von Blut. Ein Beamter folgt auf Schritt und Tritt trommelschlagend, damit die Fußgänger ihr aus dem Weg gehen können. Der heimliche Vater von Hesters Tochter war kein anderer als eben dieser kirchliche Würdenträger, der sie so marterte.

Die Lebensführung des Puritaners ist rational und irrational zugleich: rational im Hinblick auf Ordnung und Disziplin der alltäglichen Lebenspraxis, rational auch im Hinblick auf berufliches Fortkommen; irrational im Hinblick auf das kreatürliche Glück und Triebbefriedigung.

Die ethische Praxis der protestantischen Glaubenslehre gestaltet die gesamte Lebensführung der Menschen um. Sie nimmt einen eigentümlichen sachlichen, methodischen und utilitaristischen (nutzenorientierten) Charakter an: den eines bedingungslosen Dienstes an den Erfordernissen der Berufsarbeit – und damit zugleich (dies ist die moralische Begründung) den eines Dienstes am Ruhme Gottes. Der besondere Akzent dieser Ethik liegt darin, dass die Ergebnisse der Arbeit nicht wie im Katholizismus „technische Mittel" sind, um sich die Seligkeit zu erkaufen, sondern vielmehr um die Angst um die Seligkeit loszuwerden.

Der neuzeitliche Berufsmensch
Damit ist der neuzeitliche Berufsmensch geboren. In dem unentwegten Bemühen, Gnadengewissheit zu erlangen, ordnet der moderne Mensch seine ganze Lebensführung der Arbeit unter. Die Systematisierung der Lebensführung, die ja letztlich der Heiligung des eigenen Lebens dient, nimmt schon fast den Charakter eines Geschäftsbetriebes an. Arbeits- und Erwerbsstreben avancieren zum reinen Selbstzweck. Man arbeitet nicht mehr zur Befriedigung persönlicher Bedürfnisse, sondern man arbeitet um der Arbeit willen. Nur so sind Zweifel an der Erwähltheit auszulöschen. Arbeit wird zum *zentralen Lebensinteresse*, Beruf zur Gesinnung. *Innerweltliche Askese* nennt Weber dieses Ethos der Freudlosigkeit. Arbeit und Ehrbarkeit sind ihr Kern, eine bis ins Kleinste geregelte Lebensführung ihre äußere Gestalt. Ökonomisch prägt sich diese Haltung in Formen aus, die man als ein gigantisches Programm zur Steigerung der Arbeitsproduktivität beschreiben kann – vom regelmäßigen Arbeitstag bis zur pfennigfuchserischen Buchführung. Nicht Raffgier liegt auf dem Fundament des modernen Kapitalismus und des modernen Managementverständnisses, sondern äußerste Sparsamkeit und Ehrbarkeit, also mönchische Ideale in bürgerlicher Gestalt.

Der Protestantismus tritt als erste Weltreligion der Armut und dem Desinteresse an materiellen Dingen entgegen. Der Mahnung des Katholizismus, das Dasein demütig und geduldig zu ertragen, sich in das Unvermeidliche von Not, Armut und Krankheit zu fügen und auf die Erlösung zu hoffen, setzt der Calvinismus die Auffassung entgegen, aus jeder Situation rastlos und unermüdlich das Beste zu machen. Verbringen die katholischen Mönche ihr Leben noch in weltabgewandter Askese, so sind die Calvinisten durch ihre strenge Arbeitsethik gehalten, sich der Welt zuzuwenden und eine diesseits betonte Haltung einzunehmen. Das Berufsleben wird verstanden als konsequente, sittenstrenge Tugendübung, als Bewährung des Gnadenstandes (innerweltliche Askese). Die *„innerweltliche Berufsaskese"* wird damit zwangsläufig zum entscheidenden Lebensideal.

Die Entzauberung der Religion und der ethische Rationalisierungsprozess
Wie und wodurch aber Berufspflicht und methodische Lebensführung nicht nur zu rationalen Handlungsmaßstäben einzelner isolierter Individuen wurden, sondern zu einer allgemeinen, religiös verankerten Anschauungsweise, die von einer großen Bevölkerungsgruppe getragen wurde, begründet Weber mit der Entzauberung der Religion.

Weber verfolgt den Entzauberungs- und Rationalisierungsprozess über mehrere Stufen:
- Stufe 1: Rationalisierung der Religion (bedeutet Verwerfung aller Sakramente);

- Stufe 2: aus ihr folgt eine Rationalisierung des Weltbildes (bedeutet eine neue, auf das Diesseits bezogene Betrachtungsweise);
- Stufe 3: aus ihr folgt wiederum eine Rationalisierung der Berufsethik (bedeutet eine rationale und methodische Arbeits- und Lebensauffassung);
- Stufe 4: aus ihr folgt schließlich die Rationalisierung des wirtschaftlichen Handelns (bedeutet eine Rationalisierung des Betriebes, Rationalität der Planung, etc.).

Hinter der Rationalität der Wirtschaft steht also eine rationale Arbeits- und Berufsauffassung, die ihrerseits wieder auf einem rationalisierten Weltbild beruht. Die ethischen Prinzipien des Protestantismus färben auf den persönlichen Lebensstil des einzelnen Menschen ab und damit zugleich auch auf' den alltäglichen Lebensstil breiter Trägergruppen des Kapitalismus.

- Tendenz zum strategischen Rationalismus

- Tendenz zum Individualismus

- Tendenz zur Systematisierung des Lebens

- Tendenz zum Utilitarismus (Primat des Nutzendenkens)

- Tendenz zum Pragmatismus

- Tendenz zur Planungsrationalität

- Tendenz zum Konkurrenzdenken

- Tendenz zum Aktivismus

- Tendenz zur Aufwertung der Diesseitigkeit

- Tendenz zur Entwicklung einer erfolgsbezogenen Wertethik

Abb. 4.6 Folgen der Reformationsethik für das Selbstverständnis des modernen Managements   Quelle: © Eugen Buß

Die Hauptzüge des religiösen und ethischen Rationalisierungsprozesses, die sich im Protestantismus niederschlagen, lassen sich wie folgt zusammenfassen (vgl. Habermas 1982a, S. 235):

1. Die radikale Verwerfung aller magischen Mittel und aller Sakramente; dies bedeutet: Entzauberung und Entmystifizierung der Religion. Folge: *allgemeine Tendenz zum Rationalismus.*

2. Prinzip des Gnadenpartikularismus, das heißt Aufhebung der Bruderliebe und Aufhebung des Gemeinschaftsgedankens. Jeder Einzelne muss sich als autonomes Individuum in rastloser Berufsarbeit vor Gott bewähren und zum Ruhme Gottes wirken. Folge: *Tendenz zum Aktivismus und zum Individualismus.*

3. Die unerbittliche Vereinsamung des einzelnen Gläubigen aus Angst der Heilsversagung, inmitten einer Gemeinde, die eine sichtbare Identifizierung der Erwählten versagt. Folge: *Tendenz zum Isolationismus und Individualismus.*

4. Die strenge, prinzipiengeleitete, selbstkontrollierte, ich-autonome Lebensführung, die alle Lebensbereiche durchdringt, um äußere Anzeichen der Heilsvergewisserung zu erfahren. Folge: *Tendenz zur Systematisierung des Lebens.*

5. Die zunächst lutherisch bestimmte, aber besonders vom Calvinismus aktivierte Berufsidee, der zufolge sich der Gläubige durch die weltliche Erfüllung seiner beruflichen Pläne als gehorsames Werkzeug Gottes in der Welt zu bewähren hat. Folge: *Tendenz zur Aufwertung des Berufes.*

6. Die Umformung jüdisch-christlicher Weltablehnung in eine Perspektive der Diesseitigkeit, verbunden mit der Askese rastloser Berufsarbeit, wobei der äußere Erfolg das Zeichen eines individuellen Heilsschicksals darstellt. Folge: *Tendenz zum Pragmatismus und zur Diesseitigkeit.*

7. Versachlichung interpersoneller Beziehungen, da sich jeder Einzelne autonom (ohne Hilfe anderer) vor Gott bewähren muss und sich jeder gegenüber anderen durchsetzen muss; mit der Konsequenz einer Zerstörung der Pietät im zwischenmenschlichen Bereich. Folge: *Tendenz zur Aufhebung von Solidarität, Betonung des Individualismus, Entstehen von Rivalität und Konkurrenzdenken.*

Letztlich verklärt die Ethik des Protestantismus den reinen Arbeits-, Fach- und Berufsmenschen. Sie tritt für den Erwerb von Besitz ein, verherrlicht den individuellen Erfolg und weckt damit eine selbstbezogene und nutzenorientierte Denkweise – auch lauter Grundlagen der modernen Manageridentität.

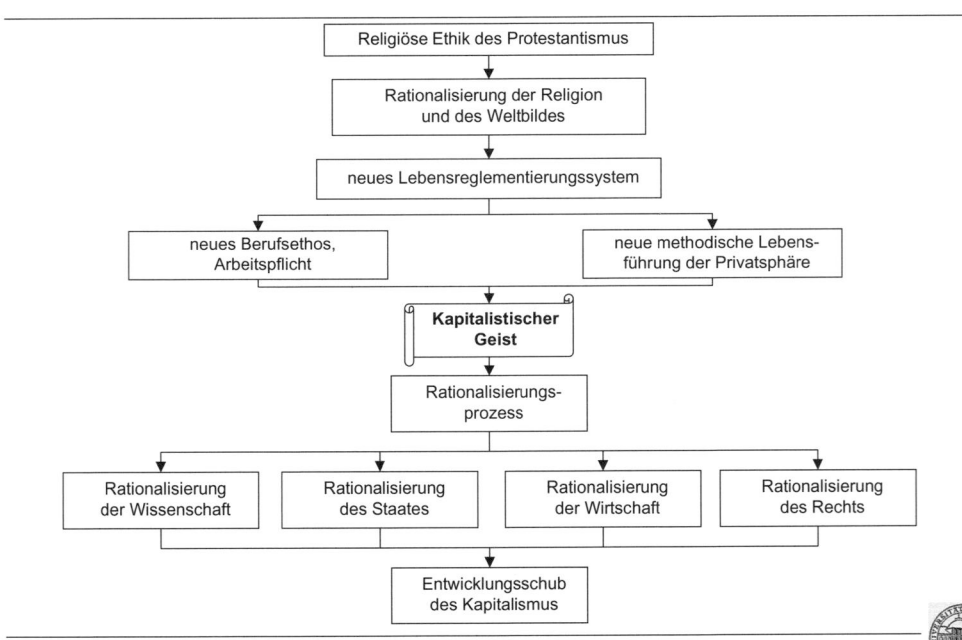

Abb. 4.7 **Entwicklung des Kapitalismus (nach Max Weber)**   Quelle: © Eugen Buß

4.2.5   Der puritanische Unternehmergeist

Die Prozesse der Rationalisierung sind folgenreich. Die unerhört gesteigerte Arbeitsbesessenheit führt im Laufe der Zeit zu mehr Reichtum. Reichtum widerspricht nicht einer asketischen Lebensführung. Nur Untätigkeit gilt als Indiz eines verfehlten Gnadenstandes. Für Gott darf der Gläubige arbeiten, um reich zu sein. Sofern der Gebrauch, den der Unternehmer von seinem Reichtum macht, nicht anstößig ist, ist er sogar verpflichtet, seinen Erwerbsinteressen zu folgen. Reichtum entbindet den Unternehmer nicht von der bedingungslosen Vorschrift der rastlosen Berufsarbeit. Gelderwerb und Vermögen sind nämlich, wenn sie in legaler Weise erfolgen, Ausdruck der Tüchtigkeit im Beruf, und diese Tüchtigkeit ist das A und O der neuen Moral.

Der ethisch begründete und motivierte Aufruf zur privaten Vermögensbildung weckt neben dem rastlosen Erwerbsstreben eine zweite Eigenschaft, ohne die der moderne abendländische Kapitalismus nicht hätte heranwachsen können: den Sparzwang, der die Akkumulation von Kapital ermöglicht. Es bildet sich der Typ des privat äußerst anspruchslosen Unternehmers, der nichts anderes im Sinn hat, als sein Vermögen als Ausdruck seines Erfolgs und Gnadenstandes zu vergrößern.

Die Ablehnung jeglichen Lebensgenusses schnürte die Konsumtion des erfolgreichen Unternehmers völlig ein. Angesichts des gottgewollten Gebotes, dass der Puritaner seinen Besitz durch rastlose Arbeit vergrößern sollte, liegt das Resultat auf der Hand. Große Geldmengen wurden angesammelt. Diese Kapitalakkumulation durch „Sparzwang" eröffnete somit die Möglichkeit einer produktiven Verwendung des Gesparten in Form von Anlagekapital (volkswirtschaftlich gesehen bedeutet dies die Formel $S = I$, d. h. das *S*parvolumen einer Volkswirtschaft entspricht stets exakt dem Investitionsvolumen).

Max Weber kommt demnach zu einer entscheidenden Schlussfolgerung: Wesentliche Hebammenfunktion für die Kapitalakkumulation und damit für die Entwicklung des Kapitalismus leistet die puritanische Lebensauffassung. Das Leitbild des anspruchslosen, ehrlichen und bescheidenen Unternehmers steht an der Wiege des modernen Managements.

Fallbeispiel John D. Rockefeller:

England transportierte seinen puritanischen Kaufmannsgeist in die Kolonien, vor allem in die Vereinigten Staaten. Dort schlugen sie Wurzeln. Es waren im Wesentlichen calvinistische Eigenschaften, die einen strenggläubigen protestantischen Unternehmer auszeichnen: Gottvertrauen, Arbeitseifer, Sparsamkeit, Zucht und Härte gegen sich und andere. Durch und durch vom calvinistischen Wirtschaftsgeist beseelt war John D. Rockefeller. Er arbeitete sich vom bettelarmen Buchhalter zum reichsten Mann Amerikas mit einer beherrschenden Marktmacht in der Ölindustrie (Standard Oil, in Deutschland bekannt unter der Marke ESSO) nach oben. Sein Berufswunsch, baptistischer Geistlicher zu werden, zerschlug sich, weil er die College-Gebühren nicht aufbringen konnte. In seiner privaten Lebensführung war er extrem geizig, unnahbar und schonte in geschäftlichen Belangen niemanden. Geschäftlicher Erfolg, Macht und Reichtum waren für Rockefeller nie Selbstzweck. Er fühlte sich als Werkzeug Gottes berufen, Ordnung in eine chaotische Welt zu bringen. Und er nahm sich das Recht, die Regeln des Wettbewerbs nach Gutdünken zu bestimmen und Konkurrenten, die seinen Plänen im Weg standen, auszuschalten. Rockefellers Pfennigfuchserei war legendär, seine buchhalterische Genauigkeit gefürchtet. Jede

Rechnung wurde genau geprüft, der Materialverbrauch überwacht. So soll Rockefeller Rechenschaft über die Verwendung von einigen Hundert Ölfässerverschlüssen verlangt haben, deren Verbrauch auf Monatsbasis ihm zu hoch erschien.

Neben Arbeitswillen, Sparzwang und der damit verbundenen Kapitalakkumulation sorgt schließlich noch eine dritte, ebenfalls aus der protestantischen Ethik abgeleitete Tugend dafür, dass die wirtschaftliche Entwicklung funktioniert: die von Gott geforderte Aufrichtigkeit und Korrektheit des Unternehmers. Ein Grund für den wachsenden Reichtum der Reformationskirchen liegt darin, dass man gerne Geschäfte mit ihnen macht. Die puritanischen Unternehmen betreiben keinen „Abenteurer-Kapitalismus". Es sind in der Regel also nicht waghalsige und skrupellose Spekulanten, sondern in harter Lebensschule aufgewachsene, vor allem aber nüchtern und stetig der Sache hingegebene Männer mit strengen bürgerlichen Anschauungen und Grundsätzen sowie untadeligem Lebenswandel (Weber 1922, S. 53).

4.2.5.1 Fallbeispiel: Benjamin Franklin

Der Kapitalismus setzte die höchststehende Geschäftsethik aller Zeiten voraus. „Honesty is the best policy" zitiert Weber die Maxime protestantischer amerikanischer Sekten. Die ihre Mitglieder streng auswählenden Gemeinschaften nennt er geradezu Fabriken der Kreditwürdigkeit. Zur Veranschaulichung des typischen puritanischen Unternehmergeistes zitiert Max Weber aus einer Einleitung des Staatsmanns und Erfinders Benjamin Franklin (1706–1790) zu „Junge Kaufleute" (Weber 1996, S. 12f.):

Bedenke, dass die *Zeit Geld* ist; bedenke, dass Kredit Geld ist; bedenke, dass Geld von einer zeugungskräftigen und fruchtbaren Natur ist. Geld kann Geld erzeugen und seine Sprösslinge können noch mehr erzeugen und so fort. Franklin meint sogar: Wer ein 5-Schilling-Stück umbringt, mordet alles, was damit hätte produziert werden können: ganze Kolonnen von Pfunden Sterling. Wer ein Mutterschwein tötet, vernichtet dessen ganze Nachkommenschaft bis ins tausendste Glied. Wer nutzlos Zeit im Wert von fünf Schillingen vergeudet, verliert fünf Schillinge und könnte ebenso gut fünf Schillinge ins Meer werfen. Wer täglich zehn Schillinge durch seine Arbeit erwerben könnte und den halben Tag spazieren geht oder auf seinem Zimmer faulenzt, der darf, wenn er auch nur sechs Pence für seine Vergnügungen ausgibt, nicht die allein berechnen, er hat außerdem noch 5 Schillinge ausgegeben oder vielmehr weggeworfen.

Franklin lehrt vor allem eine ethisch gefärbte Maxime der Lebensführung. Etwa in dieser Form: Der Schlag deines Hammers, den dein Gläubiger um 5 Uhr morgens oder um 8 Uhr abends vernimmt, stellt ihn auf sechs Monate zufrieden. Sieht er dich aber am Billardtisch, so lässt er dich am nächsten Morgen um die Zahlung mahnen und fordert sein Geld, bevor du es zur Verfügung hast. Es geht Franklin nicht um den Dienst am Kapital, sondern um Pflicht gegenüber dem Beruf. Diese Form des Gelderwerbs, als Auszug einer ethisch gefärbten und methodischen Lebensführung, ist das Resultat der „Tüchtigkeit im Beruf"; Tüchtigkeit abgeleitet aus dem Gedanken der Berufspflicht.

Zeitplaner Benjamin Franklin repräsentiert für Arbeitsmethodiker den Vater des Tagesplans. Weil die Vorschrift der Ordnung es verlange, stellte der amerikanische Staatsmann und Physiker einen 24-Stundenplan auf, der beispielsweise folgende Tätigkeiten enthielt:

- von fünf bis sieben Uhr waschen, beten, das Geschäft des Tagen einrichten und Entschlüsse fassen, frühstücken;
- von acht bis elf Uhr arbeiten;
- von zwölf bis ein Uhr Geschäftsbücher lesen und zu Mittag essen;
- von drei bis fünf Uhr arbeiten;
- von sechs bis neun Uhr Abendessen, Musik, Lesen, Gespräch, Zerstreuung und den verlebten Tag prüfen.

4.2.5.2 Merkmale des puritanischen Unternehmerethos

Bei Franklin findet man laut Weber ein Dokument jenes kapitalistischen Geistes, der frei ist von allen religiösen Beziehungen. Doch nicht einfach nur eine Lebensweisheit oder Geschäftsklugheit ist es, die Franklin lehrt, sondern ein Ethos, dessen Verletzung als Pflichtvergessenheit behandelt wird. Der Unternehmer lebt in dem Bewusstsein, dass ihm Gottes Gnade sicher ist, solange er sich geschäftlich korrekt verhält, rastlos arbeitet, allen Anfechtungen widersteht, keinen unnötigen Aufwand treibt und den Genuss seiner Macht scheut. Weber entwirft das Idealbild eines Unternehmers, der sich der überkommenen Tradition entzieht. Es ist ein Unternehmertyp mit hohen moralischen Qualitäten, die ihm das Vertrauen seiner Kunden und Arbeiter sichern und ihm helfen, alle Widerstände gegenüber dem eigenen Erfolg zu überwinden. Vor allem verlangen die moralischen Ansprüche eine unendlich viel intensivere Arbeitsleistung, die mit bequemem Lebensgenuss unvereinbar ist. Dieser Idealtyp des Unternehmers hat nichts von seinem Reichtum außer der subjektiven Empfindung, seine Pflicht getan zu haben.

Weber macht am Beispiel von Franklin einen besonderen Wesenszug des erfolgreichen Unternehmers und Managers deutlich: Es sind nicht nur Innovationen, strategischer Weitblick, Fachkompetenzen und Methoden, die zum Erfolg beitragen, sondern es sind vor allem kulturelle Prägungen, Normen und Glaubenshaltungen, die die Grundlage einer hoch respektierten Manageridentität ausmachen – heute würden wir sagen: Anstand als zentraler Faktor des Managementerfolgs.

Für Weber ist das traditionelle „*Manager- und Unternehmerethos*" durch folgende Merkmale geprägt:

- Werte wie Ehrlichkeit, Pünktlichkeit, Fleiß, Mäßigkeit, Bescheidenheit, Korrektheit sind das A und O der Managermoral.
- Nicht ungehemmtes Erwerbsstreben und Machtstreben ist richtig, sondern die sittliche Pflicht des Berufes.
- Untadeliger Lebenswandel, kein unnötiger Aufwand, absolute Sparsamkeit.
- Methodische, auf exaktem Zeitplan beruhende Lebensführung.
- Versachlichung sozialer Beziehungen.
- Sparzwang (Akkumulation von Kapital).
- Innerste Frömmigkeit kaufmännischer Kreise. Charakteristisch ist das Zusammentreffen eines virtuosen kapitalistischen Erwerbssinns mit den intensivsten Formen einer das ganze Leben durchdringenden Frömmigkeit (Weber 1996, S. 8). Die calvinistische Diaspora nennt Weber „Pflanzschule" des Kapitalismus.

Der Erfolg des protestantischen Unternehmergeistes ist Weber zufolge überall sichtbar geworden: Österreich hat wie auch andere Länder protestantische Unternehmer und Fabrikanten gezielt „importiert". Noch eklatanter ist der Zusammenhang von religiöser Lebensreglementierung und geschäftlichem Erfolg bei einer Anzahl derjenigen Sekten, deren Lebensfremdheit ebenso sprichwörtlich geworden ist wie ihr Reichtum: insbesondere bei den Quäkern und Mennoniten. Friedrich Wilhelm I. ließ die Mennoniten trotz ihrer absoluten Weigerung, Militärdienst zu leisten, gewähren, weil ihr geschäftlicher Erfolg auch die Staatskassen in Ostpreußen füllte. Und allgemein bekannt war auch, dass die Pietisten intensivste Frömmigkeit mit großem geschäftlichem Erfolg verbanden (Weber 1996, S. 8f.).

4.2.6   Der moderne Berufsmensch

Im vierten Schritt schließlich analysiert Weber die Folgen des Rationalisierungsprozesses. Die eigentliche Entfaltung der wirtschaftlichen Rationalität (des homo oeconomicus) findet erst statt, nachdem sich die neue Haltung zu Beruf, Arbeit und praktischer Lebensführung von ihren religiösen Ursprüngen gelöst hat. Erst als das religiös geprägte Berufsethos in eine rein bürgerliche Berufsauffassung umschlägt, setzt die volle Kraft des modernen Industriekapitalismus ein.

> „Ihre volle ökonomische Wirkung entfalteten … jene mächtigen religiösen Bewegungen, deren Bedeutung für die wirtschaftliche Entwicklung in erster Linie in ihren asketischen Erziehungswirkungen lagen, regelmäßig erst, nachdem die Akme (Gipfel) des rein religiösen Enthusiasmus bereits überstiegen war, der Kampf des Suchens nach dem Gottesreich sich allmählich in nüchterner Berufstugend aufzulösen begann, die religiöse Wurzel langsam abstarb und utilitaristischer Diesseitigkeit Platz machte." (Weber 1922, S. 197)

Als die religiösen Grundlagen der neuen Lebensform absterben, werden Berufspflicht, Disziplin und Arbeitsethos untermauert vom Bürgerstolz. Weber zitiert erneut Benjamin Franklin als Kronzeugen der säkularisierten Moral: Siehst du einen Mann rüstig in seinem Beruf, so soll er vor Königen stehen. Der Stolz des Bürgers gründet sich nicht auf Herkunft und Namen, er gründet sich auf seine Leistung im Beruf.

Die ehemals religiös gestützte Moral ist jetzt zum Nützlichkeitsprinzip geworden: Die Ehrlichkeit ist nützlich, weil sie Kredit bringt, ebenso Pünktlichkeit, der Fleiß, die Mäßigkeit, und deshalb sind sie Tugenden – aber sie sind nicht mehr Tugenden an sich. Die religiöse Ethik des Protestantismus verliert an Bedeutung, da sie als Triebkraft wirtschaftlichen Handelns nicht mehr benötigt wird. Der heutige Kapitalismus ist mittlerweile eine Institution, die den Menschen die Normen ihres wirtschaftlichen Handelns durch Elternhaus, Schule, Medien, Erziehungseinrichtungen oder Universität aufzwingt.

Weber erkannte den Kapitalismus als Schicksal. Denn er sah, dass das Angstethos des Puritanismus so auf Dauer nicht durchzuhalten war, sich zu etwas viel Allgemeinerem verdünnte und verbreitete: Zu einer ernüchternden Rationalität, die zum Grundgesetz aller, nicht nur der protestantischen Gesellschaft der Moderne wurde und am Ende zu einem globalen System. Aus innerweltlicher Askese, also aus einer individuellen Lebensmethodik, wurde ein gesellschaftliches Prinzip, nämlich die allgemeine Rationalisierung. Das ist jenes oft zitierte „stahlharte Gehäuse", in dem wir bis heute und bis auf Weiteres leben müssen.

Kernthese Webers:

„Der Puritaner wollte Berufsmensch sein – wir *müssen* es sein. Denn indem die Askese aus den Mönchzellen heraus in das Berufsleben übertragen wurde und die innerweltliche Sittlichkeit zu beherrschen begann, half sie jenen mächtigen Kosmos der modernen … Wirtschaftsordnung zu erbauen, der heute den Lebensstil aller einzelnen, die in dies Triebwerk hineingeboren werden, mit überwältigendem Zwange bestimmt und vielleicht bestimmen wird, bis der letzte Zentner fossilen Brennstoffs verglüht ist … Indem die Askese die Welt umzubauen und in der Welt sich auszuwirken unternahm, gewannen die äußeren Güter dieser Welt zunehmende und schließlich unentrinnbare Macht über den Menschen, wie niemals zuvor in der Geschichte. Heute ist ihr Geist – ob endgültig, wer weiß es? – aus diesem Gehäuse entwichen. Der siegreiche Kapitalismus jedenfalls bedarf, seit er auf mechanischer Grundlage ruht, dieser Stütze nicht mehr. Auch die rosige Stimmung ihrer lachenden Erbin – der Aufklärung – scheint endgültig im Verbleichen, und als ein Gespenst ehemals religiöser Glaubensinhalte geht der Gedanke der Berufspflicht in unserem Leben um." (Weber 1996, S. 153f.)

Für Weber ist die Entwicklung der wirtschaftlichen Rationalität in den hoch entwickelten Industriegesellschaften nur die Teilerscheinung einer sehr viel allgemeineren Entwicklung. Er nennt sie Rationalisierung des Abendlandes. Sie strahlt auf viele gesellschaftliche Bereiche ab: Rationalisierung von Wissenschaft, Rationalisierung von Recht, Staat und bürokratischer Organisation. In der Entwicklung des modernen Kapitalismus spielen sich die verschiedenen Rationalisierungsvorgänge gegenseitig in die Hände. Die Institutionalisierung des formalen Rechts hilft der ökonomischen Entwicklung ebenso wie die Bildung einer rationalen Bürokratie oder der Einsatz einer rationalen Wissenschaftsorganisation. Rechtssicherheit, effektive und gerechte Verwaltung sowie eine naturwissenschaftlich orientierte Wissenschaft bilden wirksame Stützpfeiler in der Entwicklung eines modernen Industriekapitalismus.

4.2.7 Die Bedeutung der protestantischen Ethik für die Manageridentität

Noch heute bekennt sich die weit überwiegende Mehrheit der Spitzenmanager in Deutschland zu Werten, die Max Weber dem Kanon der protestantischen Ethik zugeschrieben hat. Man trifft hier auf ein Spektrum von handlungsleitenden Vorstellungen, die eng miteinander verwoben sind: Pflichtgefühl, harte Arbeit, Leistungsbewusstsein und Selbstdisziplin sind gekoppelt mit Werten der Ehrlichkeit, Offenheit, Loyalität und Kooperationsbereitschaft. In dieser spezifischen Werteamalgamierung ist ein wesentlicher Pfeiler der Identität der gegenwärtigen Managergeneration verankert (vgl. Buß 2007, S. 109ff.).

Das Bild eines ‚moralischen' Managers ist nach wie vor das eines Menschen, der zuverlässig, korrekt, absolut ehrlich und selbstdiszipliniert arbeitet, wie Weber es am Beispiel Benjamin Franklins dargestellt hat. Der Beruf verpflichtet zu einer Daseinsweise, bei der niemand die Arbeitsstunden zählt und niemand die verausgabten Kräfte misst. In diesem Punkt ist die Haltung der Manager von einer hohen Kontinuität der protestantischen Ethik geprägt.

Neu aber – und darin liegt eine Diskontinuität zur protestantischen Ethik Webers – ist, dass der Wert der Pflicht heute mit sozialen Wertideen durchwoben ist. Galt noch vor einer Generation Pflicht als getreue Erledigung von Aufgaben, der andere Werte wie etwa Mitsprachewerte untergeordnet wurden, so hat sich diese Auffassung inzwischen gedreht. Pflicht gilt nicht mehr als eine Tugend, unabhängig von ihren Resultaten. Pflicht muss aus Sicht der heutigen Manager auch nicht mehr unter Verleugnung persönlicher Humanitätswerte verrichtet werden. Und Disziplin ist nicht mehr Inbegriff einer Moralordnung, in der Leistungswille und Fleiß bloß um ihrer selbst willen zentrale Plätze einnehmen.

Die Abkehr von Ideen, die Pflicht und Disziplin als fraglosen Selbstwert verstehen, ist eindeutig. Charakteristisch für die Haltung der heutigen Managergeneration ist eine Kombination verschiedener Einstellungen. Individualistische Auffassungen verbinden sich heute mit Deutungen, die die intrinsischen Aspekte von Pflichtwerten betonen (intrinsisch bedeutet: Pflicht um ihrer selbst willen). Beides schließt sich nicht aus. Für die Manager sind die zentralen Disziplinwerte zwar eine schiere Notwendigkeit und unersetzbares Mittel für den Unternehmenserfolg; aber nur in Verbindung mit Humanitätswerten und Authentizitätsansprüchen sind sie zugleich Quelle der Selbstachtung, Grundlage von Ansehen, Weg zu moralisch legitimierter Identität.

Typisch scheint demnach heute eine Art „Ideenfusion" zu sein, der zufolge sich die Wertschätzung von Selbstdisziplin und Leistung mit dem Bekenntnis zu Humanitäts- und Authentizitätswerten verbindet. Erst diese Kombination von Erfolgswerten einerseits und Bejahung von Respektswerten andererseits, von Dispositionen der Effizienz einerseits und dem Wunsch nach Humanität andererseits kennzeichnen die spezifischen Akzente im Selbstverständnis der heutigen Manager.

Fragen zur Wiederholung:

1. Was sind die zentralen Fragestellungen von Max Weber?

2. In welchen vier Schritten leitet Weber die Rationalität der modernen Wirtschaft ab?

3. Nennen Sie je drei Merkmale des mittelalterlichen Katholizismus und des Luthertums, die charakteristisch für die Arbeitsauffassung waren.

4. In welchem zentralen Aspekt hat das Luthertum einen wichtigen Beitrag für die Entwicklung des neuzeitlichen Berufsmenschen geleistet?

5. Nennen Sie drei Merkmale der Arbeitsethik des Calvinismus?

6. Beschreiben Sie einige Leitsätze der methodischen Lebensführung des Puritanismus.

7. Welche Merkmale kennzeichnen den modernen Berufsmenschen?

8. In welchen vier Stufen leitet Weber den Entzauberungsprozess der Religion ab?

9. Welche Merkmale kennzeichnen den puritanischen Unternehmergeist und bilden damit zugleich die Grundlage der modernen Manageridentität?

10. Welche Werte kennzeichnen das heutige Selbstverständnis der Manager?

4.3   Adam Smith

Zur Person:

Adam Smith (1723–1790) ging zwar als Vater der Nationalökonomie in die Geschichte ein, aber die Wirkungen des großen schottischen Moralphilosophen erstreckten sich auch auf alle anderen Bereiche der Sozialwissenschaft. Bereits mit 14 Jahren studierte Smith Philosophie an der University of Glasgow, danach 6 Jahre (1740–1746) in Oxford. 1751 erhielt der damals erst 27 Jahre alte Smith eine Professur für Logik in Glasgow, 1752 übernahm er die Professur für Moralphilosophie. Nach einer dreijährigen Bildungsreise durch Europa war Smith bis zu seinem Tod noch etwa 20 Jahre als Zollkommissar tätig. Sein bedeutendstes Werk „Eine Untersuchung über das Wesen und den Ursprung des Wohlstands der Nationen" erschien 1776. Smith entwickelte eine Konzeption, die die Beziehungen zwischen Wirtschaft und Gesellschaft sowie zwischen Wirtschaft und Staat auch zum Leitbild des Selbstverständnisses von Unternehmern und Managern machte.

4.3.1   Grundprinzipien der Arbeit

Adam Smith stellt sich die Frage, wie die Arbeit organisiert sein muss, damit Reichtum und gesellschaftlicher Fortschritt gewährleistet werden können (im folgenden vgl. Smith 1974). Er nennt vor allem zwei Bedingungen:

1.   Arbeitsteilung
2.   freier Markt.

Arbeitsteilung und freie Märkte sind die grundlegenden Institutionen wohlhabender Gesellschaften. Die Ergiebigkeit der Arbeit hängt vor allem von der Arbeitseinteilung ab, deren Wesen Smith an dem berühmten Beispiel der Stecknadel-Fabrikation und Nagel-Schmiederei veranschaulicht.

Fallbeispiel Stecknadel-Fabrikation:

Ein Arbeiter kann höchstens ein Dutzend Stecknadeln mittelmäßiger Qualität herstellen. Wenn dagegen eine kleine Gruppe von Arbeitern so eingeteilt wird, dass jeder nur einfache, sich stets wiederholende Arbeitsgänge zu vollziehen hat, so können diese Arbeiter Hunderttausende von Stecknadeln guter Qualität am Tag produzieren. Je mehr die Arbeit spezialisiert ist, umso größer ist schließlich auch die Produktivität. Je mehr die Arbeit geteilt wird, umso mehr nehmen Wachstum und Wohlstand zu. Smith ist Ahnherr des Produktivitätsgedankens. Man versteht Smiths Idee der Arbeitsteilung leicht, wenn man an einen Bienenstock denkt: Beim Wachsen des Stocks wird jede seiner Zellen Schauplatz einer spezialisierten Tätigkeit.

Ausmaß und Umfang der Arbeitsteilung hängen Smith zufolge von der Größe des Absatzmarktes ab. Sofern der Markt groß ist, und die Marktbeziehungen keiner Einschränkung unterliegen, kann sich ein stabiles System der Arbeitsteilung entwickeln – die eigentliche Voraussetzung des Reichtums. Die Größe freier Märkte ist die zweite Bedingung für die Prosperität einer Nation. Entsprechend dient der freie Markt nicht nur dem Interesse einzelner Menschen, sondern auch dem sozialen Fortschritt einer ganzen Gesellschaft.

Die Institution des freien Marktes knüpft Smith an folgende ökonomische und soziale Bedingungen, die bis heute das Selbstverständnis des Unternehmertums kennzeichnen:

1.   Prinzip des freien Tausches
2.   Prinzip der vollkommenen Konkurrenz
3.   Prinzip des Eigennutzes
4.   Prinzip der Invisible Hand (Prinzip der unsichtbaren Hand).

4.3.2   Prinzip des freien Tausches

Smith zufolge gibt es eine Grundneigung der menschlichen Natur zu tauschen. Die „propensity to truck, barter and exchange" ist Folge der Tatsache, dass der Mensch ein Kulturwesen mit dem Bedürfnis zur Kommunikation und zum wirtschaftlichen Interessenausgleich ist. Das Tauschprinzip ist etwas Natürliches, und genau darauf beruht der Kapitalismus. Insofern ist die Entwicklung des Kapitalismus ein ganz natürlicher Prozess.

Die früher existierenden Gesellschaften haben das Tauschprinzip pervertiert, weil sie entweder nur eine bestimmte Tauschform zugelassen haben oder bestimmte Tauschvorgänge ganz unterbunden haben. Daher ist das Tauschprinzip des Kapitalismus latent immer vorhanden gewesen, nur eben verdeckt. Die Entwicklung eines freien, uneingeschränkten Tausches dient der Entschlackung historischer Prozesse. Der Kapitalismus als Grundelement menschlichen Verhaltens wird freigelegt. Mit dem Niedergang des Merkantilismus – so Smith – hat das Problem des Fortschritts und des Reichtums aufgehört, überhaupt noch ein Problem zu sein.

4.3.3   Prinzip der vollkommenen Konkurrenz (pure competition)

Das zweite Prinzip, das zur Kernessenz der modernen Manageridentität geworden ist, ist für Smith der Wettbewerbsgedanke. Nur der Markt, der sich selbst reguliert und dem freien Wettbewerb unterliegt, wird in ein Gleichgewicht kommen. Smith baut in seine Theorie die Annahme ein, dass kein Unternehmer die Macht hat oder haben sollte, die Preise oder den gesamten Produktionsausstoß eines Industriezweiges zu beeinflussen. Die Machtvariable ist aus seinem Modell ausgeklammert.

Fallbeispiel Hosenproduktion:

Der Hersteller von Hosen betreibt seine Produktion ausschließlich um des eigenen Vorteils willen. Aber er kann keine Wucherpreise verlangen. Denn in diesem Falle würde die Kundschaft woanders kaufen. Also muss er Preise machen, die denen der Konkurrenz entsprechen. Marktpreise bilden sich durch das Gesetz von Angebot und Nachfrage. Werden mehr Hosen verlangt, als auf dem Markt sind, wird das Publikum sich um die Ware reißen, was den Preis und damit den Gewinn nach oben treibt. Doch die Aussicht auf höhere Gewinne – so vermutet Smith – wird andere Unternehmen veranlassen, in das Hosengeschäft einzusteigen. Dadurch gleichen sich Angebot und Nachfrage wieder aus, der Preis für Hosen sinkt. Zugleich nimmt die Profitrate ab, bis sie schließlich der Gewinnspanne in allen anderen Branchen gleicht (Gesetz vom Ausgleich der Profitraten). Auch umgekehrt funktioniert der Mechanismus. Ist das Angebot an Hosen höher als die Nachfrage, gibt der Preis nach. Die Profitrate sinkt. Die Hersteller drosseln die Produktion und erzeugen andere Dinge, von denen sie sich einen höheren Gewinn versprechen.

Die ökonomischen Gesetze des freien Wettbewerbs, die den Markt beherrschen, sorgen dafür, dass sich die für Käufer und Verkäufer günstigste Marktkonstellation von alleine einstellt. Die Verfolgung rein rationaler Tauschinteressen führt zugleich zur Harmonie des Marktgeschehens. Dieser sogenannte „Laissez-faire"-Standpunkt (gewähren lassen) ist der Ausgangspunkt des klassischen liberalen Wirtschaftsmodells.

4.3.4 Prinzip des Eigennutzes

Das dritte Kernelement in Smith' Modell ist das Prinzip vom Eigennutz des Individuums. Adam Smith preist den Eigennutz als den Motor allen wirtschaftlichen Handelns, wenn er bemerkt:

> *„Nicht vom Wohlwollen des Metzgers, Brauers und Bäckers erwarten wir das, was wir zum Essen brauchen, sondern davon, dass sie ihre Eigeninteressen wahrnehmen. Wir wenden uns nicht an ihre Menschen-, sondern an ihre Eigenliebe."*

Die Menschen streben nach Erfolg, aber sie werden in ihrem Eigeninteresse gezwungen, das Interesse der anderen und damit das Interesse der Gemeinschaft zu fördern. Der Kaufmann, der nach Handelschancen Ausschau hält, der Handwerker, der fleißig arbeitet: sie alle denken nur an sich, dienen aber tatsächlich anderen. Es ist sehr gut, so bemerkt Smith, dass uns die Natur auf diese Weise hintergeht.

> *„Denn dieser Betrug ist es, der den Fleiß und die Geschäftüchtigkeit der Menschen weckt und in Bewegung hält, und der uns schließlich den allgemeinen Wohlstand bringt."* (zitiert in Jonas 1981, S. 105).

Auf diese Erkenntnis gründet Smith die These, dass die unzähligen, eigennützigen Aktivitäten, die das Wirtschaftsgeschehen in Schwung halten, nicht ins Chaos führen, sondern in eine „natürliche" Ordnung. Erst ein System privater Eigeninteressen bzw. einer freien Interessenkonstellation sorgen für eine prosperierende Gesellschaft.

Daher sind rationales Eigeninteresse der Unternehmer und allgemeiner gesellschaftlicher Wohlstand kein Gegensatz. Die Kontrollinstanzen der Märkte sind stark genug, mögliche Egoismen der Unternehmer zu beschränken und in konstruktive Bahnen zu lenken.

4.3.5 Prinzip der Invisible Hand

Das vierte Leitbild, das Adam Smith entwickelt, ist das Prinzip der Selbstregulation moderner Märkte. Auch dieses Prinzip entspricht bis heute dem Selbstverständnis modernen Managements. Die innere Integration einer Gesellschaft – so Smith – ist kein Ziel, das man sich vornimmt, indem man sich an gemeinsame Werte oder Normen hält, sondern ist ein Ergebnis eines Prozesses, in dessen Verlauf die in Konflikt miteinander stehenden Handlungsziele vieler einzelner auf einen gemeinsamen Nenner gebracht werden. Menschen, die von ihren persönlichen Interessen geleitet werden, stellen fest, dass sie sich, um ihre eigenen Interessen zu befriedigen, mit Ergebnissen abfinden müssen, die zugleich dem Gemeinwohl des Ganzen dienen.

In diesem Sinne spricht Smith von der *„Invisible Hand"*. Sie ist nicht Ausdruck einer über-gesellschaftlichen, gleichsam metaphysischen Instanz, sondern Inbegriff der gesellschaftlichen Selbstregulierung. Der Markt zwingt die Menschen zu keinem bestimmten Verhalten, verweist sie aber auf ihr eigenes Interesse, ein bestimmtes Verhalten anzunehmen. Er lässt insofern den einzelnen in seiner Entscheidung prinzipiell frei, legt aber gewisse Entscheidungen nahe. Bei dem Prinzip der Selbstregulierung handelt es sich um einen unsichtbaren informellen Regulierungsmechanismus moderner Märkte. Gerade weil dieser Mechanismus indirekt arbeitet, ist das Prinzip der Invisible Hand so schwer zu begreifen. Aber nur sie ermöglicht – so Smith – gesellschaftlichen Fortschritt dadurch, dass gegenläufige Interessen sich wie von selbst ausbalancieren.

Immer wieder betont Smith, dass sich niemand, auch nicht die Reichen und Mächtigen, der gesellschaftlichen Konsequenzen seines Verhaltens entziehen könne, da die Invisible Hand auf unerbittliche Weise für einen Ausgleich der Interessen sorgt. Daher lehnt er die allumfassende Kontrolle durch den Staat ab. Er vertraut darauf, dass entgegenstehende Interessen sich letztlich in ihrer Wirkung gegenseitig neutralisieren.

4.3.6   Die Bedeutung des freien Marktes für die Manageridentität

Für Smith kann der Markt erst dann seinen Zweck erfüllen, wenn die uneingeschränkte Freiheit aller wirtschaftlich tätigen Menschen verwirklicht ist. Nur die Prinzipien des Individualismus und Liberalismus bringen jene Institutionen hervor, die den Antrieb zur wirtschaftlichen Entwicklung enthalten. Smith revidiert die Vorstellungen der Merkantilisten, die zur Vermehrung der Wohlfahrt einer Nation die Steigerung staatlicher Kompetenzen proklamierten. Er ist vielmehr der Auffassung, dass der Staat lediglich die Aufgabe hat, durch Abbau von Zöllen und Handelsbeschränkungen für möglichst große Märkte zu sorgen. Daneben habe der Staat allenfalls noch die Funktion, die Sicherheit der Verkehrswege und die Garantie des Eigentums zu gewährleisten. Ansonsten solle sich aber der Staat jeglicher Interventionen in den Markt enthalten (Idee des *Nachtwächterstaates*).

Mit diesen Annahmen von Adam Smith ist auch das Selbstverständnis von Unternehmern und Managern umschrieben. Wie Smith glauben auch die heutigen Unternehmenslenker, dass erst eine durchgreifende Kompetenzverlagerung vom Staat auf die Wirtschaft ein florierendes Gesellschaftssystem ergebe. Zum dominierenden Faktor in den Beziehungen zwischen Staat und Wirtschaft wird die These, dass staatliche Herrschaft keine Einschränkung der Marktfreiheit nach sich ziehen dürfe. Im Gegenteil: Gerade eine Ordnung mit einem Mindestmaß an staatlichen Eingriffen ermöglicht jenen Marktautomatismus, der nicht nur das individuelle, sondern zugleich auch das Allgemeinwohl sichert. Dies ist die berühmte Doktrin des *Laissez-faire*. Sie bedeutet nichts anderes als die institutionelle Rückübertragung staatlicher Macht und staatlicher Entscheidungskompetenz auf das selbstverantwortliche Feld der Gesellschaft (liberaler Rechtsstaatsgedanke).

Allerdings hat Smith übersehen, dass die Selbstregulation der Märkte in der Praxis vielfach zum Recht des Stärkeren wurde. Die liberale Rechtsstaatsidee des Adam Smith ignoriert die sozialen und wirtschaftlichen Machtverhältnisse. Es kam zu einer erheblichen Machtkonzentration in der Wirtschaft und damit zu einer Aufhebung des freien Interessenausgleichs.

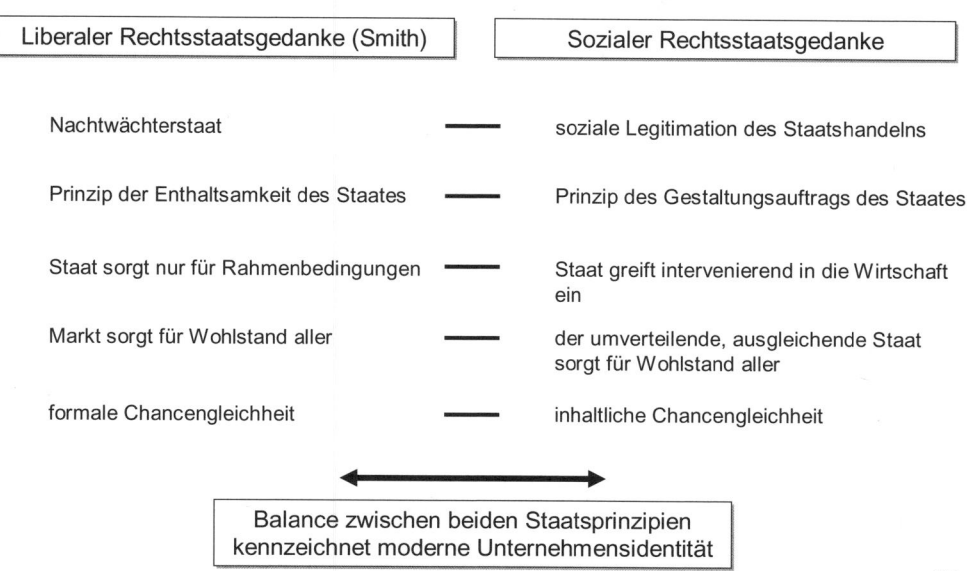

Abb. 4.8 Die Polarität der Rechtsstaatsprinzipien   Quelle: © Eugen Buß

Daher entstand als Antithese zum *liberalen Rechtsstaatsprinzip* der Begriff des *sozialen Rechtsstaatsprinzips*. Der soziale Rechtsstaat wird vom Prinzip beherrscht, dass der Staat gehalten sei, ausgleichend, schützend, umverteilend in die Wirtschaft einzugreifen. Die Wertidee staatlich garantierter sozialer Sicherheit und Chancengleichheit ist zu einer grundlegenden Institution der sozialen Marktwirtschaft geworden und wird inzwischen von der großen Mehrheit der Unternehmer geteilt. Sie hat die Legitimation des Staatshandelns auf eine neue Grundlage gestellt. Dem Staat wird zugestanden, in die selbstregulativen Prozesse der Wirtschaft einzugreifen, um die allgemeine Daseinsvorsorge sicherzustellen und Machtungleichgewichte zu verhindern. Er leistet dies, indem er beispielsweise Mitbestimmungsgesetze erlässt, durch Kartellgesetze Machtkonzentrationen verhindert, unlauteren Wettbewerb sanktioniert, Subventionen gewährt und das viel zitierte soziale Netz knüpft. Bis zu welchem Grad das Recht und die Verpflichtung des Staates zum Eingriff in die Wirtschaft reichen sollte, ist allerdings unter Managern und Unternehmern umstritten.

Fragen zur Wiederholung:

1. Was sind Adam Smith zufolge die Grundprinzipien des freien Marktes?
2. Was bedeutet das Prinzip der „Invisible Hand"?
3. In welchen Punkten hat Smith die Grundlagen der modernen Manageridentität gelegt?
4. Was sind die Merkmale des „sozialen Rechtsstaatsgedanken"?
5. Skizzieren Sie die Idee des „Nachtwächterstaats".

4.4   Josef Schumpeter

Zur Person:

Seinen Studenten in Harvard pflegte Josef Schumpeter (1883–1950) – einer der bedeutendsten Sozialwissenschaftler der letzten 100 Jahre – gegen Ende seines Lebens zu erzählen, in seiner Jugend habe er sich vorgenommen, der größte Ökonom, der größte General und der größte Liebhaber seiner Zeit zu werden – leider habe ihm das Schicksal eine Karriere als General versagt. Schumpeter studierte Volks- und Rechtswissenschaften an der Universität Wien. Er war zunächst Professor an den Universitäten Czernowitz und Graz, danach folgte eine kurze Tätigkeit als österreichischer Finanzminister, anschließend war er als Privatbankier in Wien tätig. Von 1925 bis 1932 war er Professor für Finanzwissenschaften an der Universität Bonn. 1932 emigrierte Schumpeter in die USA und war bis zu seinem Tod als Harvard-Professor tätig.

4.4.1   Innovationen und der Prozess der schöpferischen Zerstörung

Schumpeters Analyse setzt bei den Vorstellungen an, die sich die klassische Nationalökonomie vom Wettbewerb gemacht hat. Der Wettbewerb besteht vor allem aus einem ständigen *Prozess der schöpferischen Zerstörung*, bei dem neue und qualitativ bessere Produktionsverfahren und Güter die alten Produktionsverfahren und Güter verdrängen. Die geistige Wurzel des modernen Unternehmertums ist eine Geschichte schöpferischer Zerstörung. So zerstört die Fabrik den Handwerksbetrieb, das Auto die Pferdekutsche, das elektrische Licht die Petroleumlampe. Und der Prozess, der dieser schöpferischen Zerstörung zugrunde liegt, ist das eigentliche Merkmal der modernen wirtschaftlichen Entwicklung. Daher spielt die Untersuchung der technischen und kommerziellen, der betrieblichen und organisatorischen Neuerungen (Innovationen) in Schumpeters Denken die Hauptrolle, als er den Entwicklungsursachen des Kapitalismus nachspürt.

Schumpeters Konzept ist im Wesentlichen ein Konzept der technischen und organisatorischen Veränderungen, die innovative Unternehmer auslösen. Mit dem Begriff Innovationen meint Schumpeter jede denkbare Veränderung, etwa

- die Erfindung und Entwicklung neuer Produkte und Technologien;
- die Erfindung neuer Produktionstechniken;
- Erschließung neuer Absatz- oder Beschaffungsmärkte;
- Änderungen in der Ablauf- bzw. Aufbauorganisation eines Betriebes.

Innovationen sind also nicht nur bahnbrechende Neuerungen, sondern jede Idee, jede Erfindung, jede Änderung, die sich im Laufe der Zeit auf dem Markt durchsetzt. Schumpeter entwickelt jene Leitprinzipien, die noch heute mit der typischen Unternehmer- und Manageridentität in Zusammenhang gebracht werden: *Innovation, Pioniergeist, Wagnisfreude, Phantasie und Risikomentalität.*

Über das Innovationsverhalten von Unternehmern sagt Schumpeter:

1. Innovationen ereignen sich autonom. Das heißt, Innovationen werden nicht durchgeführt, weil die Konsumenten ihren Geschmack oder ihre Bedürfnisse verändert haben. Die Eisenbahn wurde nicht deshalb gebaut, weil die Menschen nicht mehr mit der

Kutsche fahren wollten. Innovationen finden vielmehr statt, weil es schöpferische und dynamische Unternehmer gibt. Die Durchsetzung von Innovationen ist die eigentliche Aufgabe des phantasievollen Einzelunternehmers.

2. Innovationen sind mit dem Entstehen und Vergehen von Firmen verknüpft; die meisten Unternehmen werden mit einer Idee und zu einem bestimmten Zweck gegründet. Sie verlieren ihre Lebenskraft, wenn diese Idee unzeitgemäß geworden ist.

3. Innovationen sind stets mit dem Aufstieg neuer Unternehmerpersönlichkeiten verbunden; allerdings verläuft mit dem Prozess des Aufstiegs zugleich ein Prozess des Sinkens, des Niederkonkurrierens alter etablierter Unternehmen (Prozess der schöpferischen Zerstörung).

4. Es gibt zwei Antriebsmotive für Innovationen: ein gesellschaftliches und ein ökonomisches. Erstens der Wille zum Aufstieg in das Milieu erfolgreicher Unternehmer und zweitens der Extragewinn, der dadurch entsteht, dass ein Unternehmer durch eine Innovation neue Produkte erstellt – oder alte Produkte durch neue, bessere Verfahren billiger herstellen kann als die Konkurrenten, sie aber zu deren Preis verkauft.

4.4.2   Fallbeispiel: Steve Wozniak

Die Welt braucht Erfinder – ausgezeichnete Erfinder, schreibt Steve Wozniak (Mitgründer von Apple) in seiner Biographie (Wozniak 2006). Steve Wozniak ist der zweite Gründer des kalifornischen Computerherstellers Apple neben dem heutigen Vorstandsvorsitzenden Steve Jobs. „Woz", wie er liebevoll in der Gemeinde der Apple-Anhänger genannt wird, hat dem Unternehmen, das ohne die von ihm geschaffenen ersten Personalcomputer „Apple I" und „Apple II" nie entstanden wäre, längst den Rücken gekehrt. Mitarbeiter ist er nur noch auf dem Papier. Anders als bei seinem einstigen Kumpel Steve Jobs, der längst ein Star der Computerszene ist, war das Rampenlicht nie die Sache des Tüftlers. Wie aber kommt man zu einer solchen Idee, zur richtigen Zeit, am richtigen Ort? Und wie kommt man dazu, diese Idee als Unternehmer erfolgreich umzusetzen und zu vermarkten? Tatsächlich glaubt der inzwischen 54 Jahre alte Wozniak nach einem Leben, das sich in weiten Teilen als verrückt bezeichnen lässt, einige Regeln parat zu haben, die er jungen Menschen, die sich für Technik interessieren, auf den Weg geben möchte – jedenfalls denjenigen, die hochintelligent sind, unternehmerisch denken und den Pioniergeist als Form einer Kunst empfinden, so wie Wozniak selbst. Die Regeln sind eine Enttäuschung für jeden, der an die segensreiche Wirkung von Teamarbeit glaubt. Denn Wozniak war stets Einzelkämpfer – innovativer Pionier eben – und in dieser Rolle liegt für ihn das Geheimnis des unternehmerischen Erfolgs.

4.4.3   Auf- und Abschwungphasen: Die Kondratieff-Zyklen

Charakteristisch für Innovationen ist, dass sie sich stoß-, ruck- oder schubweise ereignen und sich dann in einem viele Branchen erreichenden Aufschwungprozess über die Wirtschaft ergießen. Die größte Schwierigkeit – so Schumpeter – besteht darin, eine Innovation gegen die Marktmacht der etablierten Konzerne durchzusetzen. Sobald sie sich aber durchgesetzt hat, kommt es zu einer Welle von Anschlussinnovationen.

Praktisch sieht der Auf- und Abschwungprozess so aus: Ein Unternehmer, der ein neues Produkt herstellen will, beispielsweise einen Computer, braucht zunächst neue Maschinen,

Werkzeuge oder gar ein Fabrikgebäude. Also profitieren zunächst die Firmen, die die Werkzeuge und Maschinen herstellen. Von diesem Sektor strahlen nun die Wirkungen des Innovationsschubs (Computer) nach und nach auf die gesamte Wirtschaft aus. Dies geschieht dadurch, dass auch andere Unternehmen auf den Innovationszug aufspringen und Investitionsgüter brauchen, um ihrerseits Computer zu bauen. Die Nachfrage nach Werkzeugen und Arbeitskräften wächst, so dass die Löhne steigen und damit die Nachfrage nach anderen Gütern zunimmt. Kommt es darüber hinaus zur Gründung einer Fabrik in einem wirtschaftlich strukturschwachen Gebiet, werden Straßen gebaut und Viehweiden werden in Bauland verwandelt. Wegen des Zuzugs von Arbeitern eröffnen neue Geschäfte. Davon profitieren wiederum viele andere Unternehmer: die Bäcker ebenso wie die Gastwirte. Die gesamte Wirtschaft erlebt durch die Innovationen einen Boom.

Schließlich kommt das Ende des Aufschwungs. Wegen des Überangebots sinken allmählich die Preise. Die Gewinne gehen zurück, mit der Folge, dass der Anreiz für weitere Folgeinnovationen verloren geht. Es setzen ein Rückschlag, eine Rezession und im ungünstigsten Fall eine Depression ein, bei der alle alten Unternehmen in Schwierigkeiten geraten, die sich nicht rechtzeitig dem technischen Fortschritt angepasst haben. Sie fallen dem Prozess der schöpferischen Zerstörung zum Opfer.

Ein neuer Aufschwung ist erst wieder mit einem neuen großen Innovationsstoß, meist auf einem gänzlich anderen Gebiet, zu erwarten. Die Zeit zwischen den beiden Höhe- bzw. Tiefpunkten beträgt etwa 50 bis 60 Jahre. Seit dem Beginn der industriellen Revolution sind vier solcher sogenannter Kondratieff-Zyklen (genannt nach dem russischen Ökonom Kondratieff) zu unterscheiden: Der erste Innovationsstoß erfolgte durch die Dampfmaschine, der zweite durch die Eisenbahn, der dritte durch die chemische Industrie und die Elektrizität; beim vierten (Automobil; Radio) sind die Konturen weniger klar, die Meinungen gespalten. Der fünfte Innovationsstoß wäre dann – würde man Schumpeter weiter denken – die digitale Revolution.

4.4.4 Der innovative Unternehmer

Die zentrale These Schumpeters lautet: Wirtschaftliches Wachstum ist nur durch unternehmerische Innovationsstöße zu erklären. Allein neue Erfindungen und Produktionsmöglichkeiten lassen ökonomische Prosperität zu. Das unternehmerische Innovationspotential ist das eigentliche Entwicklungspotential einer Gesellschaft. Weder Verbesserungen der wirtschaftlichen Nachfrage- noch Verbesserungen der Angebotssituation eines Unternehmens, weder staatliche Wirtschafts- noch Konjunktur- oder Fiskalpolitik – normalerweise die klassischen Rezepte der Nationalökonomie – können einen neuen Boom herbeiführen. Einzig im unternehmerischen Innovationspotential liegen die Quellen einer neuen Prosperität. Nur unternehmerische Innovationen bringen Gewinne, und nur Gewinne sorgen wiederum für neue Innovationen; also umgekehrt: ohne innovative Entwicklung gibt es keine Profite und ohne unternehmerische Profite keine wirtschaftliche Entwicklung, sondern Abschwung und Niedergang.

Schumpeters Interesse zielt auf die besondere Stellung des Unternehmers und seine konstitutive Bedeutung für die Wirtschaft. Damit deutet er zugleich auf ein wichtiges Merkmal benachteiligter oder wenig entwickelter Gesellschaften hin. Das Fehlen von Unternehmern ist ein Indiz für fehlendes Entwicklungspotential. Ohne innovative Unternehmer ist in Ländern der Dritten Welt keine wirtschaftliche Entwicklung möglich.

Schumpeters These bedeutet, dass allein die Funktion eines innovativen Einzelunternehmers bzw. einer innovativen Unternehmerelite die Entwicklung moderner Industriesysteme ermöglicht. Nicht das Prinzip der Invisible Hand (Adam Smith), sondern allein das innovative Potential einer Minderheit bildet die Grundlage wirtschaftlicher Entwicklung.

Fazit:

Der schöpferische Unternehmer ist Schumpeter zufolge mithin der Motor, der das Selbstverständnis der Unternehmer prägt und seinen Willen, Dinge zu gestalten, in Gang hält. In dem innovativen, wagnis- und risikoorientierten Mentalitätstypus Schumpeterscher Prägung liegt ein wesentlicher Schlüssel zum Verständnis der modernen Unternehmer- und Manageridentität.

Fragen zur Wiederholung:

1. Was versteht Schumpeter unter dem Prozess der „schöpferischen Zerstörung"?
2. Welche Merkmale kennzeichnen Schumpeter zufolge die Unternehmeridentität?
3. Was verbindet Schumpeter mit dem Begriff der Innovation? Nennen Sie drei Merkmale.
4. Was sind die Antriebsmotive für Innovationen?
5. Was versteht man unter den sogenannten „Kondratieff-Zyklen"?

Modul 5:

Management im Fokus soziologischer Perspektiven

Ziel dieses Moduls ist es,

- verschiedene soziologische Denkmodelle zur Erklärung der Beziehungen zwischen Management und Gesellschaft vorzustellen,
- klassische Ansätze zur Managermacht vorzustellen,
- die Institutionen des Managements zu beschreiben,
- die Funktionen von Wettbewerb, Eigentum und Koalitionsfreiheit zu erläutern,
- die rollentheoretische Perspektive des Managements zu analysieren,
- das Managementselbstverständnis aus systemtheoretischer Sicht zu charakterisieren,
- Managementfragen aus handlungstheoretischer Perspektive zu beantworten.

Die Managementsoziologie als Erkenntniswissenschaft beruht auf verschiedenen Denkmodellen. Sie haben die Aufgabe, die Beziehungen zwischen Management und Gesellschaft zu erklären. Unter einem Denkmodell versteht man eine perspektivisch begrenzte, gewissermaßen einseitige Annäherungsweise an einen bestimmten Untersuchungsgegenstand, in der Hoffnung, bestimmte Besonderheiten besser verstehen zu können. Eines dieser Denkmodelle ist die machtsoziologische Perspektive.

5.1   Management aus machtsoziologischer Perspektive

Die Geschichte modernen Managements ist immer zugleich auch eine Geschichte unternehmerischer Macht. Organisationen ohne Hierarchie- und Machtstrukturen sind in den modernen Industriestaaten nicht denkbar. Macht bedeutet aber nicht immer von vornherein Missbrauch von Macht. Macht ist zunächst nur die reale Chance der Durchsetzung des eigenen Willens; vielfach wird unternehmerische Macht nicht nur zum Nachteil anderer, sondern auch im Interesse anderer durchgesetzt. Allerdings enthält das Problem von Machtbeziehungen immer auch den Aspekt ihres möglichen Missbrauchs.

Definition Macht:

Macht bedeutet die Chance, „innerhalb einer sozialen Beziehung den eigenen Willen auch gegen Widerstreben (anderer) durchzusetzen, gleichviel worauf diese Chance beruht" (Max Weber).

5.1.1   Manager im Einflussfeld von Unternehmen und Gesellschaft

Machtverhältnisse sind Ausdruck grundlegender Beziehungen, durch die die Handlungsspielräume einzelner Personen und Gruppen in formalen Organisationen wie Unternehmen, Verbänden, Behörden gekennzeichnet werden können. Beispielsweise unterliegen Mitarbeiter in Unternehmen in aller Regel einer bestimmten Macht-, Autoritäts- oder Kompetenzhierarchie. An die hierarchische Ordnung ist die Befugnis von Managern geknüpft, Verhalten zu kontrollieren und eigene Entscheidungen durchzusetzen. Durch Macht lässt sich also das Verhalten von Menschen direkt und unmittelbar steuern, gegebenenfalls durch Androhung entsprechender Sanktionen im Verweigerungsfall.

Macht als Methode der sozialen Verhaltenssteuerung ist deshalb so wirksam, weil sie außerordentlich einfach und schnell funktioniert. Zumeist reichen knappe Anweisungen, um jemanden zu einem bestimmten Verhalten zu veranlassen. Im Bedarfsfall ist der Einsatz von Macht also „billig" und effizient.

Manager üben aber nicht nur Macht aus, sie unterliegen selbst vielfältigen Machteinflüssen. Die Machtkanäle verlaufen nicht einseitig. Zumindest in den hochentwickelten Industriestaaten herrscht eine Art Machtpluralismus: ein System von countervailing powers, ein System gleichgewichtiger, sich in ihren Wirkungen ausbalancierender Machteinheiten.

Folgenden Machteinflüssen können Manager unterliegen:

- *Aufsichtsgremien*: Angestellte Manager auf der Vorstandsebene haben einen Vertrag auf Zeit oder ein Mandat auf Zeit. Ihre Freiheitsspielräume werden durch Abhängigkeiten vom Aufsichtsrat oder durch allgemeine Konzernstrukturen eingeschränkt. Aktiengesetz und Deutscher Corporate Governance Kodex (Empfehlung 3.2) verlangen, dass jeder Vorstand die künftige Unternehmenspolitik mit dem Aufsichtsrat abstimmt und mit diesem regelmäßig den Stand der Strategieumsetzung erörtert. Dementsprechend können Aufsichtsgremien das Management durch eigene Wert- und Ertragsziele herausfordern, orientiert an den Besten im Markt. Viele Aufsichtsräte setzen anspruchsvolle Wertziele.

- *Arbeitnehmerverbände und Arbeitnehmervertretungen*: Tarifauseinandersetzungen und Mitbestimmungsprozesse binden unternehmerische Macht.
- *Staat*: Der Einfluss der Legislative und Exekutive auf die wirtschaftlichen Rahmenbedingungen des Managements ist erheblich. Heute nehmen europäische und nationale Verordnungen, Subventionen, Sozial- und Umweltgesetzgebung, allgemeine Fiskalpolitik, Förderungs- und Forschungsprogramme, Zollverordnungen oder Berichtspflichten, einen breiten Raum ein und engen die Handlungsspielräume des Managements immer weiter ein.
- *Verbraucherschutz- und Interessenverbände*: Beispielsweise üben Umweltschutzorganisationen und Verbrauchervereinigungen oder Aktionsgruppen Druck aus, um bestimmte Änderungen im Handlungskodex des Managements durchzusetzen.
- *NGO* (Nichtregierungsorganisationen wie beispielsweise Greenpeace). Viele verantwortliche Manager gehen dazu über, bestimmte Zukunftsstrategien mit Nichtregierungsorganisationen zu diskutieren, um ihr Image zu wahren.
- *Öffentlichkeit und Massenmedien*: Auch die Öffentlichkeit kann durch dauerhafte Dialoge mit den Unternehmen Einfluss nehmen und gezielten Druck ausüben: zur Wahrnehmung der gesellschaftlichen Verantwortung, Einhaltung moralischer und ökologischer Standards, Einstellung von Unterprivilegierten, etc.
- *Finanzinvestoren* (beteiligen sich finanziell an einem Unternehmen und üben anschließend massiv Einfluss auf das Management aus).

Gerade in auf persönlicher Freiheit und Demokratie beruhenden Gesellschaftsordnungen wird die Macht der Manager durch eine Vielzahl von Gesetzen, durch die Verfassung, durch die Medien, durch politische Bildung und Informiertheit der Bürger begrenzt, aber ebenso auch durch das partizipative Selbstverständnis eines großen Teils der Manager selbst.

Fallbeispiel Finanzinvestoren:

Unter Finanzinvestoren versteht man Beteiligungsgesellschaften. Sie sammeln unter vermögenden Privatleuten und Institutionen Geld gegen das Versprechen einer weit über dem Marktdurchschnitt liegenden Rendite ein und investieren anschließend das Geld in aus ihrer Sicht unterbewertete und zugleich aussichtsreiche Unternehmen.

Finanzinvestoren formulieren in der Regel eigene und oft abweichende Vorstellungen zu Strategie und Erfolg eines Unternehmens, von dem sie Anteile in Form von Aktien erworben haben. Die Steigerung des Unternehmenswerts im Blick versuchen Finanzinvestoren, ihre Vorstellungen von der zukünftigen Unternehmensentwicklung beim Management durchzusetzen – über die Besetzung von Vorstandspositionen oder über die konsequente Nutzung der Beratungsfunktion des Aufsichtsrats. Fühlen sie sich nicht ernst genommen, zögern sie nicht, das Management öffentlich anzugreifen, um andere Anleger auf ihre Seite zu ziehen. Auf bis zu 600 Kontakte zu institutionellen Investoren kommt ein Finanzvorstand eines DAX-Unternehmens pro Jahr.

Sofern die Mehrheitsverhältnisse dies zulassen, entsenden Finanzinvestoren Vertreter des eigenen Hauses in die Aufsichtsräte ihrer Beteiligungen, wie etwa die Beteiligungsgesellschaft Blackstone bei der Deutschen Telekom. Über ihren Einfluss in Aufsichtsgremien sind Finanzinvestoren mitentscheidend und kontrollierend tätig. Der Aufsichtsrat fungiert quasi als „Soundingboard" für den Vorstand, d. h. er soll die strategische Planung eines Vorstands nicht nur zur Kenntnis nehmen, sondern kritisch prüfen, diskutieren und ggf. verändern. Er soll Stellung beziehen, Rat geben und im Sinne einer gemeinsamen strategischen Willensbildung von Vorstand und Aufsichtsrat auch erkennbar Einfluss ausüben. Finanzinvestoren fordern ferner ein Sitzungsmanagement, das mehr Zeit für Diskussionen über die Pläne des Managements eines Unternehmens lässt. Investoren dringen in der Regel darüber hinaus auf einen Strategieausschuss, der sich ausschließlich strategischen Fragen widmet. Im Netz dieser Einflussnahmen sehen sich die verantwortlichen Manager deutlicher Kontrolle und einem wachsenden Druck ausgesetzt.

5.1.2   Formen unternehmerischer Macht

Manager unterliegen nicht nur diversen Machteinflüssen, sondern üben auch selbst Macht aus. Sofern es die wirtschaftlichen und sozialen Rahmenbedingungen, Verfassung, Gesetze, Verordnungen oder Infrastruktur zulassen, verfügen Manager über eine hohe Durchsetzungschance ihrer Entscheidungen. Dabei lassen sich eine Reihe von Machtsphären unterscheiden:

Machtsphären in der Wirtschaft

1. Personelle Macht (Verhältnis von Vorgesetzten und Untergebenen)
2. Verfügungsmacht (Verhältnis von Managern und Aktionären)
3. Verbandsmacht (Interessendurchsetzung gegenüber Gewerkschaften und Staat)
4. Politische Macht (Verhältnis von Managern gegenüber der staatlichen Legislative)
5. Kommunale Macht (Verhältnis von Managern und Standortkommune)

Personelle Macht oder Amtsmacht

Hierbei handelt es sich um Macht aufgrund der hierarchischen Führungspositionen in einem Unternehmen, aufgrund von Eigentumsverhältnissen oder aufgrund von Kompetenz und Wissen. Die Beziehungen zwischen den Mitarbeitern eines Unternehmens sind in der Regel hierarchisch strukturiert. Die Anweisungen des Vorstands sind verbindlich. Sobald in einem Unternehmen unterschiedliche Funktionen, Tätigkeiten und Aufgaben koordiniert und zu einer gemeinsamen Unternehmensleistung zusammengefasst werden, wird eine hierarchische Kompetenz- und Verantwortungsstruktur gebildet. Management-Macht, die aus dem hierarchischen Gliederungsprinzip eines Unternehmens resultiert, ist in erster Linie *„Funktions- oder Verantwortungsmacht"*.

Aber die Kanäle der personellen Macht verlaufen nicht nur von oben nach unten. Sofern in einem Unternehmen Expertenstäbe mit hochgradig spezialisiertem Know-how tätig sind, können sie ihre Macht nicht nur aufgrund ihrer organisatorischen Stellung gegenüber Untergebenen ausüben, sondern auch gegenüber dem leitenden Management. Da die verantwortlichen Manager eines Unternehmens häufig nicht mehr über die Sachkompetenz in allen technischen und kaufmännischen Einzelfragen verfügen, sind sie auf die Informationen und das Wissen der entsprechenden Expertenstäbe angewiesen. Personelle Macht ist damit häufig nicht nur Amts- oder Eigentumsmacht, sondern auch Ausdruck einer *Informations- bzw. Wissensmacht.*

Verfügungsmacht
Die Manager haben ihren Einfluss gegenüber den Aktionären im Laufe der letzten Jahrzehnte stetig verfestigt. Bis zum Beginn des vorigen Jahrhunderts lag die Unternehmensmacht zumeist in der Hand weniger Personen, denen das gesamte Betriebskapital gehörte. Eigentum bedingte zugleich Macht. Mit der Verbreitung der modernen Aktiengesellschaft verteilt sich das Eigentum dagegen auf eine Vielzahl meist anonymer Kleinaktionäre, deren Interessen allenfalls von den Banken vertreten werden. Dem Aktionär als dem Eigentümer fehlt heute in der Regel jede Sachkenntnis, um auf die Unternehmensführung überhaupt noch Einfluss nehmen zu können. Die eigentlichen Kontroll- und Machtbefugnisse geraten in immer stärkerem Maße in die Hände angestellter Manager, deren Eigentumsrechte praktisch gleich null sind.

Kapital und Management, Verwertung und Verfügung von Besitzrechten fallen heute in der Regel auseinander. Die Geschäftsführung findet in den großen Konzernen unabhängig von Eigentumstiteln statt. Eigentum bedingt in den Aktiengesellschaften keine Macht mehr. Im Gegenteil: Macht und Einflussmöglichkeiten privater Kapitalbesitzer, das heißt derjenigen, die über Eigentum verfügen, sind drastisch reduziert; im Gegenzug steigt die Verfügungsmacht der Manager. Überspitzt formuliert: Die eigentlichen Kontrolleure (Aktionäre) werden zu den Kontrollierten, die Kontrollierten (Manager) zu den Kontrolleuren. Verfügungsmacht (über die Ressourcen eines Unternehmens) rangiert heute der Tendenz nach vor Besitzmacht (der Aktionäre).

> **Fallbeispiel Porsche:**
>
> Der Sportwagenhersteller Porsche, der den Familien Piëch und Porsche gehört, schickt sich an, das Ende von VW als eigenständigen Konzern einzuläuten. Die Besitzmacht zweier Familien rangiert über der Verfügungsmacht der Manager des weit größeren VW-Konzerns. Es ist ein Husarenstück, das in Stuttgart ausgeheckt wurde: Das Wolfsburger Unternehmen, einst aufgebaut vom Käfer-Erfinder und Piëch-Großvater Ferdinand Porsche, wird zum Familienunternehmen. Doch genau in der Übernahme, die für so manchen selbstbewussten VW-Manager zur Unterordnung werden kann, liegt die Sprengkraft für das Unternehmen. Auf den Fluren im VW-Hochhaus in Wolfsburg reden die Manager über die Berater der Porsche-Consulting als ein „Rollkommando" aus Bietigheim-Bissingen. Bei VW läuft nichts mehr ohne Zustimmung von Porsche-Chef Wiedeking. Die Macht des VW-Betriebsrats hat Wiedeking in der neuen Porsche-Holding beschnitten. Künftig werden alle wichtigen Entscheidungen bei VW nicht mehr direkt von den VW-Managern, sondern in der Porsche-Holding getroffen. Viele VW-Mitarbeiter erwarten, dass der Porsche-Chef nach der Übernahme die Zügel noch enger anzieht. (Vgl. Peitsmeier 2008, S. 14).

Verbandsmacht (Macht des Lobbyismus)

Unternehmensleiter und Manager üben nicht nur direkt, sondern auch indirekt über ihre Mitgliedschaft in Verbänden Macht aus. Besonderen Einfluss haben sie durch die legitime Mitwirkung der Verbände bei der Gesetzgebung. Die Mitwirkung der Verbände, in der Verfassung durch die Koalitionsfreiheit des Artikels 9 geschützt, ist für die politische Willensbildung sogar konstitutiv.

Verbände wie beispielsweise der BDA (Bundesvereinigung deutscher Arbeitgeberverbände), BDI (Bundesverband der deutschen Industrie), DIHK (Deutscher Industrie- und Handelskammertag), ZDH (Zentralverband des deutschen Handwerks) oder der Wirtschaftsrat bilden Einflusskanäle, welche die Interessen der Manager gegenüber dem Staat artikulieren. Sie werden aktiv, sobald sie sich in ihren Rechten und Interessen berührt sehen. Macht üben die Verbände immer dann aus, wenn ihre Interessen über das Parlament direkt in die staatliche Willensbildung einmünden, beispielsweise bei der Durchsetzung von Arbeitsschutzgesetzen, Sozialgesetzen oder Steuergesetzen. Prekär werden ihr Einfluss und ihre Macht allerdings überall dort, wo sie bestimmte staatliche Maßnahmen zu ihren Gunsten gegen den eigentlichen Willen der legislativen Organe provozieren; Beispiel: Protektionsmaßnahmen gegen ausländische Konkurrenz.

Da jede Regierung in demokratischen Staaten auf die zentralen wirtschaftlichen Kernfragen wie Arbeitslosigkeit, Wachstum und Inflation nur sehr begrenzt Einfluss nehmen kann, andererseits ihre Wiederwahl vom Erfolg auf diesem Gebiet abhängig ist, haben die Wirtschaftsverbände einen nicht zu unterschätzenden Einfluss auf die Politik eines Landes.

Politische Macht

Inwieweit Spitzenmanager Macht auf die politischen Organe eines Staates ausüben, ist empirisch weitgehend unerforscht. Das Problem hat vor allem den amerikanischen Soziologen C. W. Mills beschäftigt. Mills hat in einer klassischen und bis heute viel beachteten Studie die Ansicht geäußert, dass die Schalthebel der Macht in den USA in den Händen einer kleinen Gruppe von Wirtschaftsmanagern und Militärs liegt (Mills 1962). Die eigentliche Macht gewann die Wirtschaftselite vor allem in der Zeit zwischen 1866 und 1919. Sie bestimmte durch den „Kauf" von Gesetzen und Abgeordneten das gesamte politische Geschehen in der damaligen Zeit (Mills 1962, S. 300ff.). Inzwischen – so Mills – besetzen die Manager und Militärs alle wichtigen Schlüsselpositionen im Staat. Gemeinsam mit der politischen Führungsriege bilden sie eine Machtelite, die zwischen den Bereichen der Politik, des Militärs und der Wirtschaft zirkuliert, sich durch gemeinsame Herkunft, gemeinsame Interessen, gemeinsame Überzeugungen auszeichnet und auch in jeweils neuen Positionen die gleichen Einstellungen beibehält.

Die Machtelite ist eine kleine überschaubare Führungsgruppe, da die Wirtschaft in den USA im Wesentlichen von 200 bis 300 Großunternehmen beherrscht wird, die eng miteinander verflochten sind. Ihre führenden Vertreter haben durch persönliche Beziehungen Zutritt zu politischen Gremien; häufig genug nehmen die Spitzenmanager selbst wichtige Regierungsämter ein. Unter diesen Umständen ist es leicht, wirtschaftliche Macht direkt in politische Macht umzusetzen; beispielsweise durch Unterstützung politischer Kampagnen, Spenden an Parteien und Politiker, Beratung und Mitwirkung bei Gesetzen. Um Art und Ausmaß einer solchen Machtverflechtung von Wirtschaft und Politik zu kennzeichnen, notiert Mills: Was gut ist für General Motors, ist auch gut für die Vereinigten Staaten und umgekehrt (Mills 1962, S. 318).

In Deutschland liegen die Verhältnisse dagegen völlig anders. Es existiert kein in sich geschlossenes Elitenetzwerk, das Machtansprüche gegenüber dem Staat artikuliert. Im Gegenteil: Die Identität von Spitzenmanagern speist sich derzeit kaum aus dem Anspruch, gesellschaftliche und politische Prozesse aktiv mitzugestalten und auf sie Einfluss zu nehmen. Die meisten Manager sind keine Männer des öffentlichen Lebens. Nur etwa 5 Prozent der deutschen Topmanager bekennen sich dazu, Einfluss auf politische Prozesse auszuüben (Buß 2007, S. 220).

Zwar ist sich etwa die Hälfte der deutschen Topmanager durchaus bewusst, kraft ihrer Position politischen Einfluss ausüben zu können. Sie bekunden, mehr Einflusschancen zu haben, als sie tatsächlich wahrnehmen. Nur werden nicht die entsprechenden Schlussfolgerungen gezogen.

Statement eines Topmanagers zum politischen Einfluss:

„Der Einfluss ist natürlich bei einem so großen Unternehmen wie unserem sehr hoch. Wegen unserer Verantwortung für die Arbeitsplätze hat man automatisch auch auf die Politik Einfluss, und zwar ganz enorm. Man kann daher schon zu den verantwortlichen Politikern sagen, ihr müsst euch überlegen, ob ihr uns unterstützt. Man hat auch eine Marktmacht auf die Politik." (Buß 2007, S. 203).

Kommunale Macht

Ein besonderes Problem wirtschaftlicher Macht ist der Einfluss von Managern auf die Gemeindepolitik; vor allem überall dort, wo in einer Gemeinde eine Art Monostruktur herrscht und die Industrie einer Region aus einem einzigen Unternehmen oder einem einzigen Industriezweig besteht. Eine Stadt, die ihre Existenz im Wesentlichen der Gewerbesteuer und den Arbeitsplätzen eines einzigen Großunternehmens verdankt, beispielsweise wie Ludwigshafen der BASF oder Wolfsburg VW, wird kaum gegen den Widerstand der leitenden Manager Politik machen können. Oft wird das Verhältnis zwischen Unternehmen und Kommune als quasi symbiotisch bezeichnet: „Wenn Bayer hustet, bekommt Leverkusen eine Lungenentzündung." Die jeweiligen Unternehmensinteressen können – inwieweit, ist ungeklärt – einen beherrschenden Einfluss auf die kommunalen Entscheidungsprozesse ausüben. Ob sie es tatsächlich tun, ist von Fall zu Fall unterschiedlich. Vielfach erlegen sich die verantwortlichen Manager unter dem Druck einer sensiblen öffentlichen Meinung ein bestimmtes Maß an Selbstbeschränkung auf.

5.1.3 Das Problem der Managermacht (John K. Galbraith)

John Kenneth Galbraith befasst sich mit der Frage, ob angesichts der Machtstrukturen in den großen Konzernen die westliche Wirtschaft noch als Marktwirtschaft zu bezeichnen ist. Ihm zufolge sind die Mechanismen des Wettbewerbs nur noch von untergeordneter Bedeutung. Der Markt wird im Wesentlichen von den Managern der Großunternehmen beherrscht, die mehr Einfluss haben, als ihnen gemeinhin konzediert wird. Es sind wenige hundert Großkonzerne und ihre Manager, die die Märkte in den westlichen Industriegesellschaften beherrschen (Galbraith 1968 u. Galbraith 1974).

Grundlage seiner Überlegungen ist der Gedanke, dass die in der Wirtschaft vorhandene Macht der Konzernlenker nicht zu beseitigen, sondern nur zu neutralisieren ist. Macht muss durch Gegenmacht in Schranken gehalten werden (sog. Gleichgewichtsprinzip der „gegengewichtigen Marktmacht").

Zur Person:

John Kenneth Galbraith (1908–2006) ist US-amerikanischer Ökonom, Sozialkritiker, Präsidentenberater und Diplomat. Er ist einer der einflussreichsten Ökonomen des 20. Jh. Galbraith war nach seinem Studium in Berkeley und Forschungsaufenthalten in Harvard, Princeton und Cambridge zunächst in der Regierungsverwaltung unter Präsident Roosevelt tätig. Von 1949 bis 1976 lehrte Galbraith als Professor für Wirtschaftswissenschaften an der Harvard University.

Das Gegengewichtsprinzip der Macht

In den meisten Wirtschaftszweigen dominieren wenige Großunternehmen. So sind beispielsweise in den USA ca. 300 Konzerne für die Hälfte aller wirtschaftlichen Aktivitäten verantwortlich. Obwohl die Märkte also von wenigen großen Unternehmen beherrscht werden, ist die Versorgung ausgezeichnet, der technische Fortschritt steigt, die Preise bleiben moderat. Galbraith erklärt diesen scheinbaren Gegensatz mit der Wirkung von „Gegenmächten". Zur Dialektik der Macht der Konzernmanager gehört es, dass sich immer auch Gegenbewegungen herausbilden. Macht provoziert Gegenmacht. Als Gegenmächte fungieren Gewerkschaften, Verbraucherschutzverbände, NGOs oder Institutionen der Arbeitnehmer, z. B. Einkaufsgenossenschaften. So haben sich Arbeiterbewegungen gegen die Macht des Kapitals zusammengeschlossen, Verbraucherschutzverbände sind angetreten, um die Versprechungen der Werbung im Sinne des Verbraucherschutzes zu prüfen oder Wohlfahrtsverbände setzen dem Spielraum unternehmerischer Macht Grenzen. In einigen Fällen übernimmt auch der Staat die Rolle der Gegenkraft. Also nicht die Konkurrenz, auch nicht die freiwillige Mäßigung der Großunternehmen, sondern die Gegenmächte treiben die Innovation, den technischen Fortschritt sowie die Verbesserung des Warenangebots voran.

Das Gegengewichtsprinzip beruht auf dem Gedanken des *selbstregulativen Ausgleichs* wirtschaftlicher Machtverhältnisse (Prinzip der *„countervailing power"*). Da aber Macht kaum messbar, sondern nur abschätzbar ist, führt das Gleichgewichtsprinzip von seiner Konzeption her nur zu annähernd gleichen Machtpositionen. Aber dies reicht aus, um schwerwiegende Machtungleichgewichte zu verhindern.

Ähnlich wie Galbraith argumentiert die deutsche Soziologin Helge Pross (Pross 1971 u. Pross 1973). Auch ihr zufolge hat sich die moderne Wirtschaft zu einem pluralistischen System gewandelt. Man muss daher heute von einem „pluralistischen Kapitalismus" sprechen. Anstelle der Interessen von Unternehmenseigentümern und Managern tritt heute eine Vielzahl von unabhängigen Interessengruppen. Diese für den pluralistischen Kapitalismus typischen Gegenorganisationen sorgen dafür, dass die Manager das demokratische Verfassungsgebot der Verantwortlichkeit wenigstens teilweise erfüllen und für allgemeinen Wohlstand sorgen. Die moderne Form des pluralistischen Kapitalismus erschwert Machtmissbrauch und erwirkt Kompromisse. Auch wenn der Pluralismus unvollständig ist, wird durch die Etablierung von Gegenmächten gegenüber Inhabern wirtschaftlicher Machtpositionen der demokratische Spielraum erheblich erweitert.

Die Machtgrundlagen der Manager

Der Einfluss der Großunternehmen resultiert nicht nur aus ihrer puren Größe. Für Galbraith und Pross liegt die Bedeutung der Großunternehmen vor allem in ihrer organisatorischen Kompetenz, in ihrer Innovationsstärke, in ihren Leistungen für den technischen Fortschritt und in ihrer technologischen Führerschaft. Vor allem der technologische Fortschritt, den die Manager aus Wettbewerbsgründen massiv vorantreiben, ist der Kristallisationspunkt für die Entwicklung der modernen Industrie- und Dienstleistungsgesellschaften.

Erst der technologische Fortschritt bildet die Grundlage für die steten Steigerungsraten des Wachstums. Wenn aber der technische Fortschritt zur Sicherung des Wachstums notwendig ist, wächst den Managern per se eine besondere Rolle zu. Denn nur sie erfüllen die hierfür erforderlichen Voraussetzungen. Sie haben das Kapital, um die Entwicklung und Forschung finanzieren zu können. Nur sie haben auch die hochqualifizierten Führungskräfte, weil sie sie besser ausbilden und bezahlen können, und nur sie sind imstande, jene Massengüter zu produzieren, die die eigentlichen Grundlagen des Wohlstands bilden.

Die Technostruktur als Keimzelle der Managermacht

Mit der zunehmenden Bedeutung von Großunternehmen verändern sich zugleich ihre Machtstrukturen. Dies liegt an den Bedingungen des technischen Fortschritts: Es werden immer mehr Spezialisten für immer kleinere Anwendungsbereiche benötigt. Kapitaleinsatz und Zeitaufwand für Forschung und Entwicklung steigen. Die Vorlaufzeit zur Einführung eines neuen Produkts vergrößert sich ständig. Das Kapital wird auf lange Sicht gebunden. Die Koordination von Spezialisten hat eine komplexe Verwaltungsorganisation zur Folge.

Die heutige Technologie hat Galbraith zufolge einen Stand erreicht, der die Unternehmen zu langfristiger Planung zwingt. Der enorme Kapitaleinsatz kann nicht länger den „Gezeiten der Nachfrage" überlassen werden, sondern muss der systematischen Planung unterworfen werden.

Beschließt beispielsweise ein Autokonzern, einen neuen Autotyp zu entwickeln, der in zehn Jahren auf den Markt kommen soll, werden Expertenteams schon heute alle Details planen: Marktchancen, Kundenpotentiale, Zielgruppen, Ausstattungsdaten, Werbung, Verkaufsstrategien oder Markenpositionierung. Ebenso muss heute schon sichergestellt werden, dass Arbeitskräfte, Maschinen, Werkzeuge, Roboter und Materialien zu angemessenen Bedingungen zur Verfügung stehen.

Zu all diesem sind die Großunternehmen in der Lage. Planung bedeutet Vorsehbarkeit und Steuerbarkeit sämtlicher künftiger Markt- und Umweltvariablen sowie die Sicherstellung eines kontinuierlichen Wachstums. Die Großunternehmen haben sich zu reinen Planungssystemen umgestaltet. Statt Konkurrenz – so Galbraith – bestimmt Planung das Managerverhalten. Innovation, Investition, Lieferbedingungen, Vertrieb oder Auftragssicherungen werden primär nicht vom Wettbewerb, sondern von systematischer Planung geprägt. Die klassische Vorstellung freier Marktkonkurrenz ist hinfällig. Sie muss Galbraith zufolge durch ein Konzept allgemeiner Unternehmensplanung revidiert werden, in die die Markt- und Produktdaten als feste Größen eingehen und nicht mehr dem risikovollen Wechselspiel freier Konkurrenzverhältnisse unterliegen.

Mit der Transformation des Marktsystems in ein Planungssystem verändern sich zugleich die Machtstrukturen. Prägten früher die zahlreichen innovativen, gegeneinander konkurrierenden Unternehmerpersönlichkeiten das Bild der Wirtschaft, so sind es heute vorwiegend die planenden Expertenstäbe der Großunternehmen. Sie sind es, die die eigentlichen ökonomischen Entscheidungen treffen und über die Macht verfügen. Diese Spezialisten und Experten nennt Galbraith „*Technostruktur*".

Zur Technostruktur gehören nicht nur Planungsstäbe wie Administratoren und Controller, die Steuerungsstäbe der Informationstechnologie und Logistik, sondern auch Fachleute wie Techniker, Wissenschaftler, Ingenieure, der Vertrieb, die professionellen Marketing- und PR-Leute, Abteilungsleiter, kurz: die gesamte Führungsgarnitur vom leitenden Manager bis zum Fachspezialisten. Nicht die wenigen Spitzenmanager, sondern die in Teams zusammenge-fassten Experten der mittleren und höheren Ebenen sind die richtungsweisende Intelligenz – das Gehirn eines Unternehmens.

Die hierarchischen Strukturen in den großen Konzernen haben sich inzwischen in ein „kon-zentrisches Machtverhältnis" gewandelt. Die zentrale Entscheidungsbefugnis liegt nicht mehr beim Topmanager, sondern bei der Technostruktur. Entscheidungen der Technostruktur sind Gruppenentscheidungen, in denen hochgradig spezialisiertes wissenschaftliches, techni-sches und betriebswirtschaftliches Wissen zusammengefasst und in einen allgemeinen Pla-nungsrahmen eingebunden wird.

Innerhalb der formalen Organisationshierarchie ist also die zentrale Machtbasis von der füh-renden Managementebene auf die zweite Ebene, die Expertenebene, verlagert worden. Hier werden die eigentlichen Entscheidungen vorformuliert, d. h. den eigentlichen Entscheidern, den Managern der Führungsebene verbleibt kein echter Entscheidungsspielraum mehr. Das spezialisierte Wissen der Technokraten drängt auch den Einfluss der Aktionäre zurück. Nicht mehr die Kapitalgeber bestimmen die Geschicke eines Unternehmens, sondern die Spezialis-ten und Experten, die die Planung betreiben. Sie sind die eigentlichen Akteure der modernen Wirtschaft, in ihnen bündelt sich die Macht.

Handlungsspielräume der Topmanager

Mit der These von der Macht der Technostruktur gehört Galbraith zu einer verbreiteten Rich-tung in den Sozialwissenschaften, die darauf aufmerksam gemacht hat, dass es in großen Organisationen zu einer Ausdünnung personeller Verantwortung kommt. Zahlreiche Autoren vertreten die Auffassung, dass die Handlungs- und Entscheidungsspielräume der Manager geringer werden. Diesem als ‚constrained choice' bezeichneten Ansatz zufolge werden die Spielräume für frei gestaltete Führungsentscheidungen erheblich reduziert. Begründet wird diese These mit der Verrechtlichung betrieblicher Sachverhalte, Technisierung betrieblicher Abläufe, Standardisierung organisatorischer Praktiken, Verselbständigung der Kontrollberei-che, etc. All dies zusammengenommen führe zu einem Funktionsverlust auf der Führungs-ebene. Führung würde unter dieser Annahme in der Tat zu einem Restphänomen, zum Lü-ckenbüßer.

Diese These wird in der Praxis von den Topmanagern nicht geteilt. Nur etwa 10 Prozent von ihnen glauben, dass die Entscheidungsspielräume zurückgehen (Buß 2007, S. 203). Die überwiegende Mehrheit der Manager ist davon überzeugt, dass die Gestaltungschancen sogar zunehmen. Sie teilen nicht die Annahme, dass die Entscheidungsfreiräume in erheblichem Maße durch Sachzwänge eingeengt werden. Und sie weisen auch die Vermutung zurück, die Hauptaufgabe von Führung bestehe ausschließlich darin, Kompromisse im Rahmen struktu-reller Zwänge zu schließen.

Stellungnahme eines Topmanagers zum Entscheidungsspielraum:

„Die Entscheidungsspielräume nehmen eher zu. Auch die Globalisierung erhöht die Freiheiten. Nur die Anforderungen werden immer größer. Wenn man sich aber diesen Anforderungen erfolgreich stellt, dann werden die Freiheitsgrade größer." Und: *„Die*

Einflüsse, die sich aus der Globalisierung ergeben, sind enorm: der Wettbewerb, die Verfügbarkeit von Informationen, die daraus resultierende Transparenz, auch in den Märkten. Das birgt gewaltige Chancen, so dass ich nicht der Meinung bin, die Gestaltungsmöglichkeiten gehen zurück. " (ebd).

Die Wahrnehmung von Handlungs- und Gestaltungsspielräumen unterliegt nach Bekunden der Spitzenmanager keineswegs strukturellen Zwängen Auch rechtliche Regelungen oder technologische Vorgaben schränken ihre Freiräume nicht über Gebühr ein. Im Gegenteil: Es liege an jedem selbst, in einem schöpferischen Sinn Freiräume und Handlungsoptionen zu nutzen und die Dinge gestalterisch in Gang zu halten.

Fragen zur Wiederholung:

1. Definieren Sie die soziologische Kategorie der Macht!
2. Welchen unterschiedlichen Machteinflüssen unterliegen die Manager?
3. Was versteht man unter der „Verfügungsmacht" im Unterschied zur „Besitzmacht"?
4. Was sind Mills zufolge die Kennzeichen der Machtelite?
5. Was versteht man unter dem „Gegengewichtsprinzip"?
6. Erläutern Sie die Merkmale der Technostruktur!
7. Was ist charakteristisch für das Problem der Handlungsspielräume der Manager?

5.2 Management aus institutioneller Perspektive

Aus institutioneller Perspektive lässt sich Management unter zwei Gesichtspunkten untersuchen:

a) Welchen Institutionen unterliegt das Management?

b) Wie beeinflussen die Institutionen, aus deren Regeln und Verpflichtungen sich der Verhaltens- und Entscheidungskodex der Manager ergeben, die Geschäftsprozesse?

Definition Institutionen:

Menschen verfügen über biologische, soziale und kulturelle Bedürfnisse. Institutionen enthalten die gemeinsamen Ideen einer Gesellschaft, wie die Bedürfnisse vernünftigerweise zu befriedigen sind (z. B. Religion, Familie, Markt, Demokratie). Institutionen dienen damit der gleichartigen vorhersehbaren Lösung von regelmäßigen Problemen, schaffen Sicherheit, strukturieren die Alltagsprozesse, entlasten von Improvisationen und bilden die Grundlage für eine gemeinsame Sicht der Welt. Unter Institutionalisierung versteht man dann die Vermittlung der persönlichen Bedürfnisse (personales System) mit dem sozialen System (Verhaltenskoordination) und dem kulturellen System einer Gesellschaft (Werte, Normen, Symbole).

Institutionen lassen sich im managementsoziologischen Sinn auf zweifache Art verstehen:

a) Institutionen als Entscheidungssysteme, mit deren Hilfe über die Verwendung der in einem Unternehmen und in einer Marktwirtschaft zur Verfügung stehenden Mittel und Ressourcen entschieden wird. Institution in diesem Sinn ist beispielsweise das Verhandlungssystem der Tarifparteien.

b) Institutionen als Regelungssysteme und Normen, die die Spielräume des Managements und damit die Grundlage des wirtschaftlichen Lebens generell bestimmen. Institutionen in diesem Sinne sind beispielsweise das Privateigentum und die Vertragsfreiheit. Institutionen sind also Normenkomplexe, die den Rahmen vorschreiben, wie zu handeln ist. Sie sind legitim, weil in ihnen die Normen und Werte eines kulturellen Systems bzw. einer Gesellschaft zum Ausdruck kommen. Sie gelten als richtig, weil sie als zweckmäßig angesehen werden. „Institutionen sind die normativen Muster, durch die definiert wird, welche Formen des Handelns oder welche sozialen Beziehungen in einer gegebenen Situation als angemessen, rechtmäßig oder erwartet betrachtet werden" (Parsons 1964, S. 140f.). Oder allgemein formuliert: Als Institutionalisierung kann man jenen Prozess begreifen, in dessen Verlauf die Verfahrens- und Handlungsweisen des Managements Stabilität und Wertschätzung erhalten.

Die grundlegenden Institutionen der sozialen Marktwirtschaft, die die Spielräume des Managements definieren, lassen sich wie folgt zusammenfassen:

- der Wettbewerb (Konkurrenzprinzip)
- das Privateigentum
- die Gewerbefreiheit (die Institution des freien privaten Unternehmertums)
- das individualistische Leistungsprinzip
- die Vertragsfreiheit
- die Institution der Koalitionsfreiheit (Tarifautonomie).

5.2.1   Der Wettbewerb

Konkurrenz ist ein grundlegendes gesellschaftliches Strukturprinzip. Konkurrenz gibt es in allen Lebensbereichen. Konkurriert wird im Sport um Siege und Plätze, konkurriert wird in der Gesellschaft um Ränge und Positionen und konkurriert wird vor allem in der Wirtschaft um Erfolgsstellungen im Markt. Management bedeutet in aller Regel: Strategien und Entscheidungen treffen unter ständigem Wettbewerbsdruck.

Definition Wettbewerb:

Wettbewerb ist eine aktive, bewusste und gegenseitige soziale Beziehung, die einen antagonistischen (d. h. gegnerischen) Handlungs- und Interaktionsdialog mehrerer, dasselbe Ziel anstrebender Personen und Organisationen ausdrückt, deren Erfolg sich nach objektiven, rationalen Maßstäben kontrollieren lässt.

Wettbewerb steuert das soziale Verhalten. Nur derjenige hat Erfolg, der sich gegenüber dem Konkurrenten durchsetzt. Jede Leistung eines *Mitbewerbers* (wie es etwas beschönigend in der Praxis heißt) setzt den anderen unter Zugzwang, jede Leistungssteigerung des einen ruft gezwungenermaßen die Reaktion des anderen hervor. Mit dem für den Wettbewerb typischen Seitenblick der Konkurrenten untereinander folgt immer auf eine Aktion eine Reaktion, folgen auf die Produkt-, Organisations- und Leistungsverbesserungen des einen die Imitationen oder Innovationen des anderen.

Wesentliches Antriebselement des Wettbewerbs ist das individuelle Bemühen, Marktvorteile, Marktanteile oder wirtschaftlichen Erfolg gegenüber einem Konkurrenten durchzusetzen.

Dies bedeutet, dass ein Manager, der eine weitreichende Personal- oder Investitionsentscheidung trifft, immer die Konkurrenzsituation in die Kriterien seines Entscheidungsprozesses einfließen lassen wird. Markterfolge von Konkurrenzunternehmen wirken für Manager wie ein objektiver sozialer Druck. Die Leitungsebene jedes Unternehmens sieht sich genötigt, ihre strategischen Entscheidungen in einem permanenten Prozess den sich laufend wandelnden Konkurrenzbedingungen anzupassen. Jedes Geschäftsmodell steht permanent auf dem Prüfstand. Wettbewerb steuert also die grundlegenden Rahmendaten des Managements, beeinflusst die Entscheidungskriterien und kontrolliert den Erfolg.

Unter diesen Umständen avanciert Wettbewerb zu einem gigantischen sozialen Kontrollmechanismus moderner Märkte. Jeder einzelne Manager steht unter dem Druck des Erfolgs anderer. Und umgekehrt steuert jeder mit seinem Erfolg das Verhalten seiner Konkurrenten. Insofern ist Konkurrenz eine tiefgreifende Institution moderner Managementsysteme.

Der Wettbewerb weist folgende Prozesseigenschaften und Funktionen auf:

- Wettbewerb als *Anpassungsprozess*. Wettbewerb steigert die Anpassungsflexibilität des Managements auf veränderte wirtschaftliche, soziale und politische Rahmendaten.

- Wettbewerb als *Entwicklungsprozess*. Der Wettbewerb hat innovative Funktionen.

- Wettbewerb als *Ausleseprozess*. Der Wettbewerb übt eine Selektionsfunktion zwischen Leistungsfähigen und Nicht-So-Leistungsfähigen aus.

- Wettbewerb als *Sozialisierungsprozess*. Der Wettbewerb hat Rückwirkungen auf Wertprioritäten des Managements: beispielsweise Betonung des Leistungsprinzips, der Fachkompetenz, der Teamfähigkeit, des Denkens in rationalen Kosten-Nutzen-Relationen, der Risikofreude, des Pioniergeistes oder der Mobilität. Folge: Wettbewerb als Institution prägt das soziale Handeln nicht nur in der Wirtschaft, sondern auch in der Gesellschaft.

Der Druck, den der Wettbewerb erzeugt, ist in der Regel unpersönlich und anonym. Er fungiert wie eine unsichtbare Kontrolle des Managements. Was immer Manager tun – der objektiv messbare Markterfolg ist der grundlegende Indikator ihrer Leistung. Der Markterfolg ist keine abstrakte Größe, sondern eine in den Bilanzen sichtbare Zahl. Sie drückt sich in Marktanteilen aus, in Wachstums- und Umsatzgrößen, in der Rendite, in der Innovationsrate, in Rationalisierungsfortschritten, in Akzeptanzwerten der Öffentlichkeit, in der Markenreputation oder auch im persönlichen Erfolg, in der persönlichen Karriere des einzelnen Managers. Die Erfolgsdifferenz zwischen den einzelnen Konkurrenten ist Ausdruck für die Wirkung des Wettbewerbs; das Ausmaß der Differenz ist Indiz für die realen Leistungsunterschiede. Aus dem erreichten Erfolg resultiert in der Regel ein Prestigezuwachs; Prestige bei der interessierten Öffentlichkeit, die quasi zur Zuschauerin der jeweiligen Wettbewerbsleistungen avanciert. Erfolg in der Sache und Erfolg im Ranking kommen der öffentlichen Unternehmensreputation zugute. Insoweit handelt es sich beim Wettbewerb um einen *Mechanismus der objektiven Erfolgskontrolle*.

5.2.2 Das Privateigentum

Eigentum ist eine Management-Institution, da Eigentümerinitiativen in Form von Gewinnen prämiert werden. Weil Gewinne zu erwarten sind, ist der Eigentümer von Produktionsmitteln bereit, produktive Neuerungen durchzusetzen. Private Eigentumsinteressen sind daher die Richtschnur aller Managementaktivitäten.

Schon in der frühen liberalen Wirtschaftstheorie erscheint Eigentum als zentrales Instrument des wirtschaftlichen Fortschritts. Eben weil es privates Eigentum gäbe, „würden die Menschen lernen, nach ihrem persönlichen Vorteil, dem Erwerb und der Vergrößerung von Besitz *mit friedlichen Mitteln* zu streben. … Denn der durch Eigentum entbundene Eigennutz motiviere die Menschen zu regelmäßiger Arbeit und erziehe sie zu planvollem, zweckgerichtetem Handeln. Dadurch würde die Entfaltung menschlicher Erfindungsgabe begünstigt, würden Kunst und Wissenschaft zur Blüte gebracht, die gewerblichen und kaufmännischen Techniken verbessert, kurz: der durch die Institutionalisierung des privaten Eigentums entfesselte Egoismus trage maßgeblich zur Steigerung der Arbeitsproduktivität und damit zu allgemeinem Wohlstand bei" (Pross 1973, S. 43f.).

Diese frühliberale Form des Eigentums hat sich nicht durchgesetzt. Ihr fehlen die sozialen Schranken, die verhindern, dass sich das Kräfteverhältnis in der Wirtschaft einseitig zu Gunsten weniger mächtiger Großunternehmer verlagert. Eigentum in privat uneingeschränkter Form führt zu sozialen Disproportionalitäten (Missverhältnissen) und Ungleichgewichten, die die gesellschaftliche Stabilität gefährden. An diesen mit dem Eigentum verknüpften sozialen Problemen hat sich in der Vergangenheit der ideologische Streit zwischen Kapitalismus und Sozialismus entzündet.

In der Wirtschaftsverfassung der Bundesrepublik ist der Versuch unternommen worden, die Institution des privaten Eigentums zu erhalten, zugleich aber ihre für die wirtschaftliche Stabilität negativen Folgeerscheinungen auszuschalten. Im modernen Eigentumsbegriff sind private und öffentliche Elemente vereinigt. Die Institution des Eigentums ist heute eine Mischinstitution.

Wie lässt sich dieser eigentümliche Doppelcharakter des Eigentums erklären? Eigentum bedeutet immer ein Mehr an Rechten, ein Mehr an Macht und Chancen gegenüber dem Eigentumslosen. Eigentum ist mit Privilegierungen verbunden. In einem demokratischen Staat müssen aber Privilegierungen gerechtfertigt werden: sie sind nur zulässig, wenn sie Leistungen ermöglichen, die der Gesellschaft insgesamt zugute kommen. Dies ist der Ausgangspunkt für die soziale und öffentliche Bindung von privatem Eigentum.

Die Trennungslinie zwischen der privaten Verfügungsmacht über Eigentum und den Schranken der Sozialbindung ist nicht leicht zu ziehen. Da Eigentum Inbegriff der Dispositionsfreiheit eines Unternehmers bzw. eines Managers ist, sind seine private Verfügung und Verwertung zunächst Voraussetzung für die sogenannte „Anbieter- und Nachfragersouveränität". Andererseits muss das Eigentum auch öffentlichen Interessen Rechnung tragen. Daher werden in der sozialen Marktwirtschaft der freien Verfügung des Eigentums Grenzen gezogen. Die Verfassung leistet dies, indem sie den Verpflichtungscharakter des Eigentums ausdrücklich verankert. Gemäß § 14 des Grundgesetzes „verpflichtet" Eigentum. Darin liegt eine klare Absage an einen freien schrankenlosen Individualismus. Die Einschränkung privater Verfügungsrechte über das Eigentum erfolgt beispielsweise durch

- die Anerkennung von Gewerkschaften.
- die Legalisierung von Tarifverträgen.
- die Einführung des Arbeitsrechts.
- den Ausbau der Sozialpolitik.
- Gewinnbesteuerung.

- erweiterte Mitbestimmung (durch Mitbestimmung wird beispielsweise den Interessen der Beschäftigten bei Beschlüssen der Unternehmensleitung größere Geltung eingeräumt).

Die Institution des Eigentums unterliegt heute einem Strukturwandel. Eigentum und Verfügungsmacht fallen immer mehr auseinander. Auf den obersten Rängen der großen Publikumsgesellschaften agieren angestellte Manager, denen das Aktienkapital nicht gehört. Sie handeln als Stellvertreter der Eigentümer. Mit den Aktionären als den eigentlichen Eigentümern konfrontiert, können sie – manchmal mehr, manchmal weniger – trotzdem Entscheidungen treffen, als gehöre ihnen das Kapital.

Fazit: Wie die empirische Forschung zeigt, sehen sich die deutschen Topmanager mehrheitlich „als Unternehmer", als „Quasi-Eigentümer". Ihr Selbstverständnis (wie ein Unternehmenseigner zu handeln) und ihre faktische Position (Angestellte auf Zeit) klaffen auseinander.

Die Tatsache, dass die deutschen Spitzenmanager mehrheitlich nicht Eigentümer des Unternehmens sind, hat zur Folge, dass sie ihre unternehmerische Identität auf eine gedankliche Konstruktion gründen: nämlich so zu handeln, „als ob es das eigene Unternehmen wäre", oder wie es ein Topmanager ausdrückt: *„bei allen Entscheidungen zu überlegen, was ich machen würde, wenn mir der Laden wirklich gehören würde."* (Buß 2007, S. 205f.)

5.2.3 Die Institution des privaten Unternehmertums (Gewerbefreiheit)

Nach traditioneller Auffassung ist es Aufgabe des Managers, für die Erzeugung und Verbreitung neuer Produkte, neuer Produktionsverfahren und neuer Produktqualitäten zu sorgen. Manager und Unternehmer wäre demnach jeder, der selbstverantwortlich ohne Einflussnahme von außen wirtschaftliche Leistungen erstellt, Innovationen tätigt und als Pionier wirtschaftlichen Fortschritts wirkt. Darin liegt die Bedeutung des privaten Unternehmertums.

Beide Begriffsmerkmale – der Unternehmer als Neuerer und der Unternehmer als Eigentümer von Produktionsmitteln – sind inzwischen problematisch geworden. Die moderne wirtschaftliche Entwicklung geht in der Regel nicht mehr auf das erfinderische Genie eines Einzelnen zurück, sondern auf die Arbeit vieler Beteiligter. Träger wirtschaftlicher Leistungen ist „ein vielköpfiges Heer von Theoretikern und Praktikern innerhalb und außerhalb der Firmen: von Forschern, Technikern, Finanzfachleuten, Experten der Organisation. Niemand bezeichnet sie als Unternehmer, und doch sind sie gleichsam Teilhaber an der von Schumpeter beschriebenen Unternehmerfunktion. Diese Funktion, so wie Schumpeter sie sah, hat sich gespalten. Viele, die Unternehmensleiter sind, und noch häufiger solche, die es nicht sind, nehmen sie wahr" (Pross 1973, S. 51f.). Und umgekehrt gibt es in den Unternehmen heute viele Personen in leitenden Stellungen, die alles andere als Neuerer sind. Sie sind Unternehmer, aber verwalten nur den status quo.

Was die Gewerbefreiheit für die Unternehmer ist, ist die Institution der Berufsfreiheit für alle Arbeitnehmer, also auch für Manager. Gewerbefreiheit und Berufsfreiheit sind komplementäre Institutionen der modernen Wirtschaft. Sie betonen die Entscheidungsautonomie und Souveränität des Managers.

Der Schwerpunkt der Berufsfreiheit liegt auf dem grundgesetzlich verankerten Recht, Beruf, Arbeitsplatz und Ausbildungsstätte frei zu wählen. Recht auf Berufsfreiheit bedeutet aber nicht zugleich auch Recht auf Berufsausübung. Die Institution der Berufsfreiheit ist in einem negatorischen (abwehrenden) Sinn zu verstehen: Niemand kann gegen seinen Willen zu einer Tätigkeit gezwungen werden.

Die Institutionen der Gewerbe- und Berufsfreiheit haben ein neues Managerbild geprägt. Maßgebliches Kriterium in der Rolle des modernen Managers ist die Entscheidungsautonomie. Manager sind diejenigen Personen, die Beschlüsse formulieren und durchsetzen können, gleichgültig ob sie Angestellte oder Eigentümer, innovativ tätig oder bloße Verwalter von Vorhandenem sind.

5.2.4   Das individualistische Leistungsprinzip

Eine weitere zentrale Institution des modernen Managementverständnisses ist das Leistungsprinzip. Die Bedeutung des Leistungsprinzips beruht auf seiner Funktion im Wettbewerb. Hier unterliegt es einer fortgesetzten Bewertung. Wirtschaftliche Leistung ist die Grundlage von Erfolg und Misserfolg; ihr Ergebnis ist Ausdruck einer objektivierten Rangordnung zwischen Menschen und Unternehmen.

Die Entwicklung des Leistungsprinzips und die damit verbundene Betonung individuellen Erfolgs haben die Bedeutung traditioneller Rollen, also beispielsweise die Bedeutung von Herkunft oder Alter in modernen Managementsystemen untergraben. Obwohl es auch in der modernen Wirtschaft nach wie vor hartnäckige Diskriminierungen in der Zugehörigkeit zu ethnischen Gruppierungen (Gastarbeiter), zu Religion, zum Geschlecht (Frauen) gibt, scheint die Wertschätzung des Leistungsprinzips einen beständigen Druck auf eine soziale Bewertung nach Erfolgskriterien auszuüben.

Wenn allein Leistungsmerkmale für die Besetzung von Positionen maßgeblich sind, hat dies doppelte Konsequenzen:

- Die Leistungsfähigkeit und Produktivität eines Unternehmens kann stetig gesteigert werden, da alle Funktionen ausschließlich nach dem Gesichtspunkt der rationellen und effizienten Erfüllung und nicht nach dem Gesichtspunkt eines durch Beziehungen erworbenen Anrechts besetzt werden.
- Das Leistungsprinzip wird zu einer Umdeutung der Grundlage sozialen Ansehens. Wenn Positionen, Rang und Prestige nicht nach Herkunft, Geschlecht oder Alter verliehen, sondern vorwiegend aufgrund individueller Fähigkeiten, Qualifikationen und der Bereitschaft zur Übernahme von Verantwortung erworben werden, hat dies Rückwirkungen auf die gesellschaftliche Schichtung. Sozialer Status korrespondiert mit individueller Leistung. Prestige ist erwerbbar und unterliegt nicht mehr traditioneller Zuweisung.

Das Leistungsprinzip gilt allerdings nicht uneingeschränkt. In der sozialen Marktwirtschaft sind ausgleichende Institutionen vorhanden, die jene schützen, die dem Leistungsdruck nicht standhalten können. Dies sind die Institutionen des Sozialstaats und des sozialgebundenen Eigentums.

Die Institution des Sozialstaats ist Ausdruck einer der Tendenz nach egalitären Einkommensverteilung. Insofern steht sie im Widerspruch zur Institution des Leistungsprinzips. Während das Leistungsprinzip deutliche Tendenzen einer ungleichen Einkommensverteilung beinhaltet, wirkt das Sozialstaatsprinzip in die andere Richtung. Die Aufgabe des Sozialstaats als gesellschaftlicher Institution ist es, eine angemessene Balance zwischen Eingriffen in die Wirtschaft und einem an der Leistung orientierten Selbstverständnis des Managements zu finden.

5.2.5   Die Vertragsfreiheit

Die fünfte Management-Institution ist die Vertragsfreiheit.

Definition Vertragsfreiheit:

Unter Vertragsfreiheit versteht man die Chance, beliebige Formen und Inhalte eines Tausches oder einer Transaktion durch übereinstimmende Willenserklärung zweier autonomer Rechtssubjekte festzulegen.

Die Vertragsfreiheit ist eng an die Institution des Eigentums gebunden. Eigentum garantiert die Befugnis zur Verwertung, Nutzung und Verfügung einer Sache. Aus dieser freien Verfügungsbefugnis der Manager lässt sich die Institution der Vertragsfreiheit direkt ableiten. Sofern man über Eigentum verfügen kann, schließt dies auch das Recht ein, mit anderen Wirtschaftssubjekten schuldrechtliche Verträge abzuschließen.

Der Markt verlangt Tauschbeziehungen, die nach Belieben gewählt oder zurückgewiesen werden können. Darin liegt das besondere Gewicht der Vertragsfreiheit. Sie ist wie das Rechtssystem universalistisch. Dies bedeutet: Sie ist an keine sozialen Bedingungen geknüpft, weder an Konfessionen, Herkunft noch an den Status der Vertragspartner. Verträge werden allein nach Maßgabe wirtschaftlicher Zweckmäßigkeit geschlossen; von gesellschaftlichen Bedingungen und sozialen Bezügen wird in der Regel abstrahiert. Unter diesen Umständen schafft erst die Vertragsfreiheit die Voraussetzung für die Rationalisierung wirtschaftlicher Prozesse im Markt.

5.2.6   Die Institution der Koalitionsfreiheit

Die Koalitionsfreiheit entwickelte sich historisch außerhalb des Rechtssystems im freien Raum der Sozialpartner. Das heute existierende Mitbestimmungs- und Tarifvertragssystem gilt inzwischen als zentrale Institution der sozialen Marktwirtschaft – als ein selbstregulatives System der dezentralen Konflikt- und Interessenregulierung zwischen Management und Arbeitnehmern.

Die Gewerkschaften entstanden historisch als Reaktion auf die soziale Übermacht der Unternehmer. Die Rechtsbeziehungen innerhalb des Betriebes, das heißt die Arbeitsverhältnisse waren zunächst in den Händen des Managements gebündelt; die einzelnen Arbeitnehmer standen den Unternehmern isoliert und insoweit ohne jeden Einfluss gegenüber.

Es war von größter Wichtigkeit für das heute bestehende annähernde Machtgleichgewicht zwischen Unternehmern und Arbeitnehmern, dass sich die Arbeitnehmer nie ernstlich gegen die Verhältnisse von innen her wandten, sondern sich zunächst darauf beschränkten, von außen her auf die „Einzelarbeitsverhältnisse" einzuwirken. Sie versuchten nicht, innerhalb des Betriebes ihre als desolat empfundene Situation zu verbessern, sondern schlossen sich außerhalb der Betriebe zu Gewerkschaften zusammen. Strukturell ist die Entstehung von Gewerkschaften in der Lücke zwischen Haushalt und Arbeitsplatz verwurzelt, die durch die Ausbreitung des Berufes entstanden ist.

Die Koalitionsfreiheit garantiert heute den Vereinigungen der Arbeitgeber und Arbeitnehmer das Recht zur Wahrnehmung ihrer Interessen. Eine wirksame Wahrnehmung der Interessen ihrer Mitglieder setzt voraus, dass der Verband a) frei gebildet, b) unabhängig und c) auf überbetrieblicher Grundlage organisiert ist.

Tarifverhandlungen bilden ein Entscheidungssystem, mit dessen Hilfe über bestimmte Ressourcen der Unternehmen letztlich einvernehmlich verfügt wird. In dieser Eigenschaft sind Tarifverhandlungen und die ihr zugrunde liegende Koalitionsfreiheit eine der wichtigsten Institutionen moderner Managementsysteme. In ihnen werden die für die Entwicklung der Unternehmen entscheidenden Rahmendaten vereinbart, wie

- Mitbestimmung
- Steigerung des Reallohns und damit des Lebensstandards
- Länge der Arbeitszeit
- Humanisierung der Arbeitsplätze
- Sicherung der Arbeitsplätze
- Vermögensverteilung
- Ausbau von Alterssicherungen und Unfallschutz.

5.2.7   Fallstudie Fiat: Unseren Rückstand holen wir auf

Es gibt wieder lange Lieferzeiten. Für den Fiat-Vorstandsvorsitzenden Sergio Marchionne ist das ein völlig neues Gefühl. Drei Jahre hat er den italienischen Autokonzern umgebaut. Fertig ist er längst nicht. Sergio Marchionne, der Sanierer von Fiat, hat in drei Jahren fast zwei Dutzend Kooperationsverträge geschlossen. Nun verhandelt er zum zweiten Mal mit dem Stuttgarter Daimler-Konzern. Nach einer Vereinbarung für die Lieferung von Dieselmotoren geht es um eine gemeinsame Plattform und um Motoren für die Mercedes A- und B-Klasse. „Wir arbeiten mit einem Portfolio von Risiken, das sich ständig verändert, wenn wir investieren oder neue Märkte öffnen", sagt Marchionne (zitiert in Piller 2007, S. 15).

Für Fiat waren solche Töne noch bis vor kurzem unvorstellbar. Der neue Chef im Konzern und in der Autosparte, angetreten im Sommer 2004, setzt viel voraus: Eigenverantwortlicher, leistungsorientierter Umgang mit Projekten und Investitionen, aber auch ungeheure Flexibilität. Vorgefunden hat er 2004 das Gegenteil und hatte sofort in aller Öffentlichkeit den Analysten und Aktionären eine vernichtende Analyse von Fiat präsentiert. Die Organisationsstruktur war unzureichend, bürokratisch und kompliziert, ohne Blick auf die Konkurrenz und ohne klare Leistungsvorgaben. Schließlich war Fiat vor mehr als hundert Jahren von einem ehemaligen Offizier gegründet worden; in einer Region, die als das Preußen Italiens gelten kann. Die Konzernverwaltung und die Autosparte funktionierten eher wie ein Ministerium denn als dynamischer Weltkonzern.

Marchionne machte klar, dass Fiat nur überleben konnte, wenn Fiat sich in allen Belangen dem Wettbewerb stellt und unternehmerische Tugenden in den Vordergrund rückt. Sieben Wochen nach seinem Amtsantritt hat er eine Matrixstruktur eingeführt und jungen Mitarbeitern viel Freiraum und Verantwortung übertragen. Die alte Führungsriege unterhalb der Unternehmensspitze wurde fast vollständig ausgewechselt.

Während in den neunziger Jahren der oberste Fiat-Chef autokratisch regierte und selbst über die Autos und deren Formeln bestimmte, lässt Marchionne seine junge Truppe arbeiten, treibt sie an, gibt aber auch viel Freiheit für die Verwendung von Investitionsmitteln. „Heute dürfen die jungen Markenverantwortlichen ihr Spielzeug auf dem Markt plazieren." Wichtig ist ihm, dass auch seine Mitarbeiter Führungskompetenz zeigen, die Bereitschaft bekunden, aus übergeordneten Schemata auszubrechen, dass sie die Möglichkeit haben, auf den Wettbewerb schnell zu reagieren, oder dass sie wie Unternehmer eigenverantwortlich handeln. Auch in den Verhandlungen mit den Gewerkschaften hat er Zustimmung zu seinem neuen Kurs erzielt. Marchionne gibt zu, dass die verzweifelte Lage der Autosparte und des Konzerns im Jahr 2004 geholfen haben, bei allen Mitarbeitern, Lieferanten, Gewerkschaften oder Aufsichtsorganen mehr Bereitschaft für Veränderungen zu erreichen. Die Leute hätten das Gefühl gehabt, dass sie nichts mehr zu verlieren hätten. Heute sieht Marchionne Fiat gestärkt: Wir sind nahe am Markt, gehen sorgsam mit dem Eigentum der Aktionäre um, schaffen den Mitarbeitern viele Freiräume und belohnen vor allem die Leistung (Piller 2007, S. 15).

Aufgabe:
Versuchen Sie, alle Gesichtspunkte aus der Fallstudie herauszuarbeiten, die Ihrer Ansicht nach die institutionelle Perspektive des Managements beleuchten. Hinweis: In dieser Fallstudie kommen alle Managementinstitutionen zum Ausdruck.

Fragen zur Wiederholung:
1. Worin bestehen die beiden zentralen Definitionsmerkmale von Institutionen?
2. Welche Funktionen weist der Wettbewerb auf?
3. Wodurch werden die Verfügungsrechte des Eigentums beschnitten?
4. Was ist kennzeichnend für die Institution des privaten Unternehmertums?
5. Welche Funktionen hat das Leistungsprinzip?
6. Was versteht man unter der Institution der Koalitionsfreiheit?

5.3 Management aus rollentheoretischer Perspektive

Der Begriff der Rolle bildet einen zentralen ‚Knotenpunkt', eine ‚Nahtstelle' zwischen Individuum und Gesellschaft, zwischen Management und Öffentlichkeit. Ralf Dahrendorf hat in seinem „homo sociologicus" die Rollenkategorie als Schlüsselbegriff in die Mitte der soziologischen Theoriebildung zu stellen versucht: „der rollenlose Mensch ist für Gesellschaft und Soziologie ein nicht existierendes Wesen" (Dahrendorf 1965). Die Kategorie der sozialen Rolle stammt ursprünglich aus der Welt des Theaters; in jeder Gesellschaft spielen die Menschen eine Anzahl verschiedener Rollen, je nach Situation und wechselndem Kontext ihrer Aktivitäten.

Die *funktionalistische Rollentheorie* wurde von amerikanischen Soziologen (Ralph Linton, Talcott Parsons, Robert K. Merton u. a.) entwickelt. Die Rollentheoretiker fragen danach, wie soziales Handeln beschaffen sein muss, damit es die Funktionsfähigkeit einer Organisation fördert, also *funktional* ist. Daher das Attribut „funktionalistisch." Auf das Unternehmen übertragen heißt dies: Jeder Manager übt eine Rolle aus. Dabei folgt er ganz spezifischen Erwartungen und Normen, die an ihn in seiner Rolle als Manager von den unterschiedlichsten Adressaten (Bezugsgruppen) gerichtet werden. Durch ein *rollengemäßes* Verhalten trägt er maßgeblich zur Bestands- und Funktionssicherheit des Unternehmens bei.

Definition Soziale Rolle:

Soziale Rollen sind ein Bündel von Verhaltenserwartungen, die von einer Bezugsgruppe oder mehreren Bezugsgruppen an Inhaber bestimmter sozialer Positionen, also auch an Manager adressiert werden. Die Rolle kann auch als Bündel von mehr oder weniger verbindlichen Ansprüchen, Pflichten oder Rechten verstanden werden, die einem Manager zugebilligt oder von ihm erwartet werden. Das Attribut „sozial" in der Bezeichnung „soziale Rolle" soll andeuten, dass es sich um gesellschaftlich mehr oder weniger verbindliche Verhaltenserwartungen handelt und nicht um irgendwelche individuellen Ansprüche. Der Begriff „soziale Position" umschreibt einen formalen Standort im Organigramm eines Unternehmens. Die Position ist eher der statische Aspekt, die Rolle der dynamische Aspekt im Alltag eines Managers.

Ralph Linton (1893–1953) unterscheidet zwischen

a) erworbenen oder erwerbbaren (achieved) Rollen (zum Beispiel: Berufsrolle, Managerrolle, Elternrolle oder Rolle als Vereinsmitglied; erwerbbare Rollen sind Rollen, die kraft eigener Leistung oder eigener Entscheidung angenommen werden) und

b) zugeschriebenen (ascribted) Rollen (zum Beispiel: Geschlechtsrolle, die kulturelle Rolle: der deutsche, der englische, der österreichische Manager). Zugeschriebene Rollen sind Rollen, die in einer modernen Gesellschaft gleichsam per Geburt feststehen.

5.3.1 Fallstudie: Postkorbübung Frostkost

Um die Bedeutung der Rollentheorie zu veranschaulichen, versuchen Sie, sich in folgende Fallstudie hineinzuversetzen. Stellen Sie sich bitte vor, Sie spielen die Rolle vom Vorstandsvorsitzenden Wislander.

Am Donnerstagabend, 19:00 Uhr, setzt Ihr Chauffeur Sie vor der Tür Ihres Unternehmens ab, das Tiefkühlprodukte herstellt. Sie bitten ihn, 30 Minuten zu warten, weil Sie dann noch zu einer Gemeinderatssitzung aufbrechen wollen, deren Ende auf 23 Uhr taxiert ist.

Am Sonnabend und Sonntag wollen Sie unter keinen Umständen gestört werden, weil Sie sich auf eine Geschäftsreise nach New York vorbereiten müssen, die Montagmorgen startet und für Ihr Unternehmen von besonderer Bedeutung ist. Die Geschäftsreise dauert 10 Tage, da Sie mit verschiedenen Lieferanten verhandeln wollen. Frau Schneider, Ihre Sekretärin, hat Ihnen die wichtigsten Telefonnotizen auf den Tisch gelegt. Sie haben zur Bearbeitung genau 45 Minuten Zeit.

Aufgabe:

Was veranlassen Sie unter Berücksichtigung der jeweiligen Priorität der Aufgaben? Mit welchen Konflikten werden Sie konfrontiert? Vermerken Sie Ihre Vorgehensweise auf den jeweiligen Telefonnotizen. Erstellen Sie einen Tagesplan für den Freitag.

Telefonnotiz 1: Ihre Frau hat angerufen und gefragt, ob sie in die USA nachreisen kann, da sich überraschend die Möglichkeit geboten hat, in New York an einem Kommunikationsseminar teilnehmen zu können. Sie müsste bis spätestens 22 Uhr buchen. Vielleicht können Sie ja gemeinsam kulturelle Angebote wahrnehmen. Sie weiß aber noch nicht, wie für diese Zeit für die Tochter Sabine (15 Jahre) gesorgt werden soll.

Telefonnotiz 2: In der Produktion von Tiefkühlkost mussten wegen eines Stromausfalls alle Bänder abgestellt werden, da auch der hauseigene Generator ausfiel. Zugesagte Liefermengen können möglicherweise nicht ausgeliefert werden. Der Produktionsleiter Herr Weber bittet dringend um ein Gespräch. Wie soll verfahren werden?

Telefonnotiz 3: Herr Mark, der Leiter der Unternehmenskommunikation, hat am nächsten Dienstag sein 25-jähriges Firmenjubiläum. Er macht sich Sorgen um das Ansehen des Unternehmens, wenn Arbeitsplätze aus rein wirtschaftlichen Gründen nach Osteuropa verlagert werden.

Telefonnotiz 4: Der Gemeinderat lässt anfragen, ob Sie am Wochenende über das „Zukunftspapier Kiel 2015" mitberaten können. Die Verabschiedung sei dringend überfällig; ein Aufschub sei nicht mehr möglich. Ihre Kompetenz werde dringend benötigt.

Telefonnotiz 5: Ein Journalist von der Tageszeitung hat angerufen und fragt, ob es zutreffend sei, dass Arbeitsplätze nach Osteuropa verlagert werden sollen. Er bittet dringend um ein Hintergrundgespräch bis Sonntagmittag, da er am Montag die Nachricht in großer Aufmachung bringen will.

Telefonnotiz 6: Ihr Einkaufsleiter hat angerufen und mitgeteilt, dass eine große Charge aus Amerika mit Pestiziden belastet ist. Andererseits haben sie die Lieferung an die REWE-Handelsgruppe verbindlich bis Ende der nächsten Woche zugesagt. Er bittet dringend um einen Termin.

Telefonnotiz 7: Herr Gruber, Leiter des Controlling, macht darauf aufmerksam, dass bei der gegenwärtigen Expansion durch Sonderangebote die Kostenstruktur aus dem Ruder zu laufen droht. Er bittet dringend um eine Entscheidung, die Abgabepreise bei einzelnen Abnehmergruppen wieder zu erhöhen.

Telefonnotiz 8: Herr Mayer, Chef des Einkaufs der Handelsgruppe REWE, ist Montag in Kiel. Er möchte die Rahmenbedingungen für das nächste Quartal besprechen und mögliche Auslistungen wegen des nicht mehr konkurrenzfähigen Preis-Leistungs-Verhältnisses diskutieren. (Auslistungen bedeutet, dass einzelne Produkte von Frostkost nicht mehr von REWE abgenommen werden.)

Telefonnotiz 9: Herr Gerber, der Personalchef bittet dringend am Freitag um ein Gespräch für ca. 30 Minuten. Er möchte wissen, ob die Entscheidung, die Weihnachtsgratifikation einzufrieren, revidiert werden kann. In der Belegschaft herrscht Unruhe. Eine sehr rasche Entscheidung wäre wünschenswert, weil gute Mitarbeiter mit ihrem Wechsel drohen.

Telefonnotiz 10: Herr Winter von der Nichtregierungsorganisation (NGO) Greenpeace hat angerufen. Greenpeace hat in eigenen Untersuchungen festgestellt, dass in einzelnen Chargen genveränderter Mais verarbeitet worden ist. Herr Winter bittet um eine Stellungnahme, bevor er an die Öffentlichkeit geht.

Telefonnotiz 11: Die Marktforschung berichtet von der Notwendigkeit neuer Geschmacksvarianten in der Tiefkühlkost, die auch genveränderte Produktzutaten einschließt. Der Markt ist derzeit sehr in Bewegung, der Kunde erwartet vermehrt Lebensstil-Produkte. Was soll getan werden?

Telefonnotiz 12: Herr Lövgren, Leiter des Vertriebs, schlägt vor, die Preise ausgesuchter Produkte zu senken, da dann die Chance bestünde, mit dem Discounter Aldi ins Geschäft zu kommen. Aldi erwartet bis nächsten Freitag eine Reaktion.

Dieser Typ von Fallstudie, die so oder in abgewandelter Form häufig im Rahmen von Bewerbungsverfahren von Hochschulabsolventen gelöst werden muss, führt mitten hinein in eine rollentheoretische Perspektive des Managements.

Zum Thema Postkorbübung:

Das Postkorbverfahren ist in vielen Unternehmen ein Bestandteil herkömmlicher AC-Verfahren (Assessment Center). Der Grundgedanke des Postkorbverfahrens liegt darin, dem Probanden (Bewerber) einen Postkorb von Aufgaben vorzulegen, wie er typischerweise von einem Manager bearbeitet werden muss. Sinn der Übung ist es, Probleme und Konflikte, die sich letztlich aus unvereinbaren Anforderungen an die Rolle des Managers ergeben, zu lösen. In der Praxis sind bei Postkorbübungen keine Rückfragen möglich. Die Zeitdauer der Bearbeitung ist in der Regel je nach Schwierigkeit der Aufgabe auf ein bis zwei Stunden begrenzt.

5.3.2　　Die Anspruchsgruppen des Managements

Im Rahmen der Rollentheorie ist die Kategorie der Bezugsgruppe von besonderer Bedeutung. Bezugsgruppen sind Personen oder Gruppen, die aufgrund ihrer speziellen Position im sozialen Gefüge oder im Umfeld eines Unternehmens mehr oder weniger berechtigt sind, bestimmte Erwartungen, Forderungen oder Ansprüche an den Vorstand eines Unternehmens (Rollenträger) zu stellen. Bezugsgruppen sind also Gruppen und Personen, auf die ein Manager im Rahmen seiner Tätigkeit achten muss. Bezugsgruppen eines Managers sind z. B. die anderen Vorstandsmitglieder, Betriebsrat, Kunden, Medienvertreter, Investoren, soziale Netzwerke, öffentliche Anspruchsgruppen wie NGOs, aber auch Familie oder Freunde. In unserem Fallbeispiel wird Manager Wislander mit nicht weniger als zwölf Ansprüchen unterschiedlicher Bezugsgruppen oder Bezugspersonen konfrontiert; und zwar in mehreren Rollen gleichzeitig: in der Rolle als Ehemann, in der Rolle als Vorstandsvorsitzender, in der Rolle als Gemeinderatsmitglied.

Rollenerwartungen können sich auf Eigenschaften, Kompetenzen und Merkmale des Rollenträgers (*Rollenattribute eines Managers*) oder auf sein äußeres Verhalten (*Rollenverhalten eines Managers*) beziehen. Die Rollenattribute eines Managers können beispielsweise soziale Kompetenzen, ein demokratischer Führungsstil, ethisch verantwortbares Handeln, Fürsorge für die Mitarbeiter, strategische Kompetenz oder auch das Denken in Effizienzkriterien sein, das Rollenverhalten dagegen das konkrete Auftreten in einer Situation, Ausdruck und Stil der Kommunikation, Entscheidungsfreudigkeit, Höflichkeit, Souveränität, etc.

Rollenerwartungen sind in der Regel a) *antizipatorisch*, b) *normativ*, c) *relativ stabil* und d) *auf zeitlich und örtlich bestimmte Situationen* bezogen. Damit ist gemeint, dass die Rollenerwartungen nicht flüchtig sind, sondern über die Zeit stabil bleiben und für konkrete Situationen Handlungsanweisungen liefern. „Antizipatorisch" sind Rollenerwartungen deswegen, weil gleichsam vorweggenommen, vorausgesagt wird, was ein Manager in seiner Position tun wird.

Mit anderen Worten: Rollen beinhalten stets typisiertes Verhalten. Sie bilden einen – von konkreten Personen abstrahierenden – Komplex von Verhaltenserwartungen, der soziales Handeln anleitet und damit verlässlich macht. Auch im öffentlichen Umfeld eines Unter-

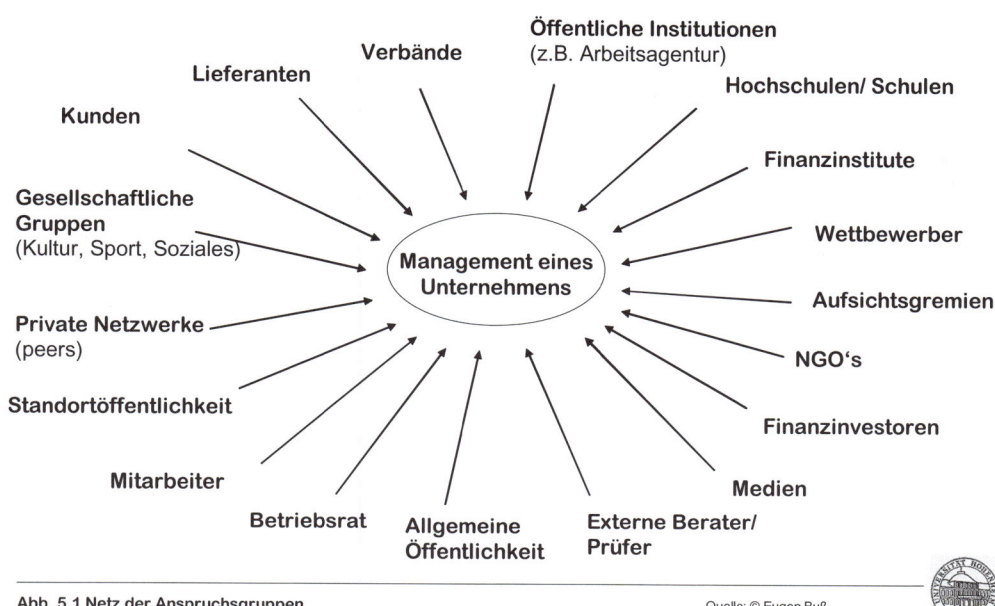

Abb. 5.1 Netz der Anspruchsgruppen

Quelle: © Eugen Buß

nehmens sind Vorstellungen eines „idealen Managers" lebendig, an dem der konkrete Manager im Einzelfall sein Verhalten orientieren und die Öffentlichkeit es – sei es anerkennend, missbilligend oder sei es nur registrierend – messen kann. So etwa die Vorstellung von der Mäßigung in der Gehaltsfrage oder von der gesellschaftlichen Verantwortung der Manager.

Dahrendorf unterscheidet drei Arten von Rollenerwartungen:

- *Kann-Erwartungen:* Erwartungen über das unbedingt Notwendige hinaus, allerdings ohne besondere Anerkennung und bei Nichterfüllung nur dosierte Sanktionen. Kann-Erwartungen bedeuten die schwächste Form von Erwartungen; minimaler Verbindlichkeitsgrad. Irgendwie erwartet man, dass ein Manager etwas mehr als seine bloße Pflicht tut.
- *Soll-Erwartungen:* hohe Verbindlichkeit der Erwartungen, die bei Erfüllung Anerkennung und bei Nichterfüllung Sanktionen zur Folge haben. Soll-Erwartungen bezeichnen den harten Kern der Managerpflichten, ohne dass sie in Form von Rechtsregeln festgelegt sind. Konformität mit den Soll-Erwartungen wird belohnt (Beispiel: ein Manager praktiziert ein hohes Maß an gesellschaftlicher Verantwortung).
- *Muss-Erwartungen:* hochgradig verbindlich, in der Regel rechtlich festgelegte Pflichten eines Managers in Form vertraglicher Vereinbarungen. Zudem gehören zu den Muss-Erwartungen die Gesetzesvorschriften eines Landes. Bei Übertretung der Muss-Erwartungen erfolgen massive negative Sanktionen, die bis zur sofortigen Entlassung reichen. Muss-Erwartungen haben also die höchste Verbindlichkeit. Je höher die Verbindlichkeit einer Erwartung, desto kalkulierbarer wird entsprechend das Verhalten eines Managers.

5.3.3   Rollenkonflikte des Managements

Rollenkonflikte von Managern setzen einen Widerstreit, im Grenzfall sogar eine Unvereinbarkeit zwischen den Erwartungen der verschiedenen Bezugsgruppen oder Bezugspersonen voraus. Der Amerikaner N. Gross hat zwei Konflikttypen herausgearbeitet:

- den Intra-Rollenkonflikt
- den Inter-Rollenkonflikt.

Die Unterscheidung zwischen diesen beiden Konfliktarten ist an den Begriff des Rollensegmentes gebunden. Wenn Betriebsrat, Aktionäre, Öffentlichkeit, Finanzinvestoren, Mitarbeiter und andere Bezugsgruppen Erwartungen an den Manager richten, so bilden diese Gruppen Rollensegmente der Managerrolle. Zwischen den einzelnen Rollensegmenten kann es zu Erwartungskonflikten kommen. So richten etwa Betriebsrat und Aktionäre völlig unterschiedliche Erwartungen an die verantwortlichen Manager. Der Betriebsrat drängt beispielsweise auf höhere Sozialleistungen oder Arbeitsplatzsicherheit, die Aktionäre dagegen auf eine höhere Gewinnausschüttung. In diesem Fall geraten die beteiligten Rollensegmente eines Managers (Betriebsrat und Aktionäre) miteinander in Konflikt.

Definition des Rollensegmentes:

Die jeweiligen Ausschnitte aus einer Managerrolle, die durch die Erwartungen einer besonderen Bezugsgruppe bestimmt sind, werden als Rollensegmente bezeichnet. Die Gesamtheit einer Rolle setzt sich aus Rollensegmenten zusammen.

… die Erwartungen verschiedener Bezugsgruppen an einen bestimmten Rolleninhaber widersprechen sich (Intra-Rollenkonflikt).

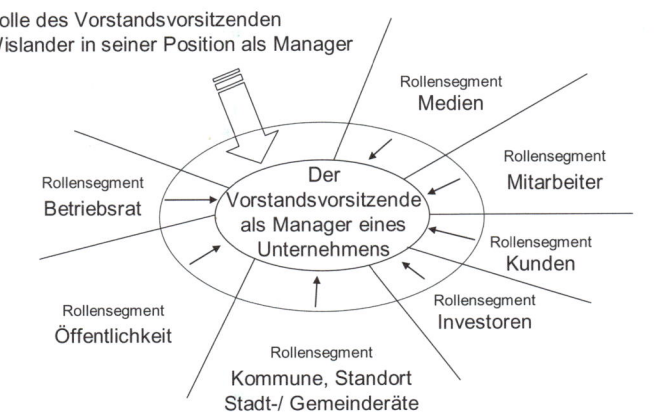

Abb. 5.2 Intra-Rollenkonflikt   Quelle: © Eugen Buß

Intra-Rollenkonflikt

Ein *Intra-Rollenkonflikt* ist ein Konflikt, in dessen Verlauf verschiedene Bezugsgruppen widersprüchliche Erwartungen oder Ansprüche an einen Manager richten. Ein Konflikt liegt immer dann vor, wenn der Manager nicht alle Erwartungen gleichzeitig erfüllen kann, die Erwartungen sich widersprechen oder der Manager aufgrund seiner Persönlichkeits- und Kompetenzstruktur von den Erwartungen, die an seine Rolle gestellt werden, überfordert ist.

So sieht sich auch Herr Wislander, der Geschäftsführer von Frostkost in unserer Fallstudie, mehreren Intra-Rollenkonflikten ausgesetzt: Greenpeace erwartet eine strikt umweltorientierte Produktverantwortung, der Kunde will offenbar auch genveränderte Lebensstil-Produkte; die Mitarbeiter drängen auf Gratifikationen, der Bereichsleiter Controlling erwartet Kostensenkungsprogramme; die Medienvertreter kritisieren die Verlagerung von Arbeitsplätzen nach Osteuropa, die Discounter erwarten dagegen preiswertere Produkte; die Kommunikationsabteilung sieht das Image gefährdet, gleichzeitig droht Rewe mit Auslistungen wegen des nicht mehr konkurrenzfähigen Preis-Leistungsverhältnisses. Auch in zeitlicher Hinsicht gibt es Intra-Rollenkonflikte: Herr Wislander ist in den USA, gleichzeitig will ein wichtiger Kunde mit ihm sprechen, etc. Der Manager Wislander sieht sich also zahlreichen Herausforderungen gegenüber, die aus den divergierenden Ansprüchen seiner Bezugsgruppen resultieren. Solche widersprüchlichen Erwartungen im Hinblick auf eine Rolle sind nun nicht die Ausnahme, sondern eher die Regel.

Inter-Rollenkonflikt

Ein Manager hat in der Regel nicht nur eine Rolle, sondern mehrere Rollen inne. Er ist auch Ehemann und Vater, er ist Mitglied in Clubs, in Vereinen, womöglich auch Mitglied in einer Partei oder im Gemeinderat, ist in Berufsverbänden tätig oder möglicherweise auch Förderer von Hilfsprojekten. Die Gesamtheit dieser verschiedenen Rollen, die ein Manager inne hat, werden in Anlehnung an Robert K. Merton (1910–2003) als *Rollensatz (role set)* bezeichnet.

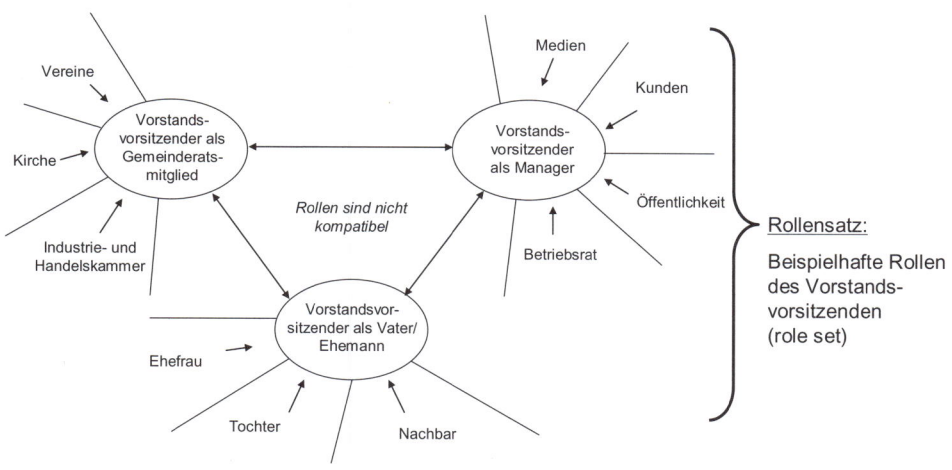

... die Erwartungen an die verschiedenen Rollen, die eine Person gleichzeitig innehat, widersprechen sich (Inter-Rollenkonflikt).

Abb. 5.3 Inter-Rollenkonflikt

Quelle: © Eugen Buß

Nun kommt es häufig vor, dass sich Erwartungen, die mit diesen verschiedenen Rollen verknüpft sind, nicht gleichzeitig erfüllen lassen. Zum Beispiel müsste Herr Wislander in seiner Rolle als Manager angesichts der Probleme im Unternehmen das Wochenende der Vorbereitung der USA-Reise widmen, gleichzeitig ist er als Mitglied des Gemeinderats bei der Beratung des Zukunftspapiers gefordert. Da es sich hier um einen Konflikt zwischen zwei Rollen handelt, nämlich der Rolle des Managers und der Rolle des Gemeinderats, sprechen wir hier von einem *Inter-Rollenkonflikt*. Ein Inter-Rollenkonflikt ist immer dann gegeben, wenn ein Manager verschiedene Rollen in sich vereinigt, deren Anforderungen er nicht auszubalancieren vermag. Ein weiteres Beispiel aus unserer Fallstudie: Geschäftsführer Wislander muss zwischen seinen Verpflichtungen aus der Familienrolle (Wo bleibt Tochter Sabine?) und seinen Aufgaben aus der Managerrolle abwägen. Es liegt auf der Hand, dass die Verhaltensanforderungen durchaus widersprüchlich sein können und Manager vor die Entscheidung stellen, welche Rolle sie auf welche Weise aus ihrem Repertoire wahrnehmen müssen, sollen, können oder dürfen.

5.3.4 Mechanismen zur Lösung von Rollenkonflikten

Eine wichtige Frage ist, wie Manager mit den Inter- und Intra-Rollenkonflikten umgehen. Letztlich sind sie nicht zu umgehen, weil so viele unterschiedliche Bezugsgruppen teils so Widersprüchliches erwarten. Deshalb muss jeder Manager das breite Erwartungsspektrum seiner Bezugsgruppen auf seine ganz persönliche Weise taktisch ausbalancieren. Darin besteht seine Leistung als unverwechselbare Persönlichkeit.

Typische Mechanismen für den Umgang mit Rollenkonflikten sind u. a.:

1. Manager geben jener Rolle den Vorzug, mit der sie sich am stärksten identifizieren (Schlüsselrolle).

2. Manager geben jener Rolle und jenen Rollenerwartungen den Vorzug, die mit den nachhaltigsten Konsequenzen und Sanktionen verbunden sind. Dies sind insbesondere die Muss-Erwartungen. Sie bilden den 'harten Kern' einer Rolle und sind nicht selten schriftlich kodifiziert. Wenn also ein Manager mit Erwartungen konfrontiert ist, die er nicht miteinander in Einklang bringen kann, wird er sich vermutlich an jene halten, deren Nichterfüllung schwere negative Sanktionen zur Folge hätte.

3. Manager geben jenen Rollenerwartungen den Vorzug, die mit der größten Intensität und Hartnäckigkeit vorgetragen werden. Sie orientieren sich an der Stärke des Erwartungsdrucks.

4. Manager geben den Erwartungen jener Bezugsgruppen den Vorzug, die für die Erreichung des Unternehmensziels von besonderer Bedeutung sind. Kriterium ist die Bedeutung der Bezugsgruppen.

5. Manager geben jenen Rollenerwartungen den Vorzug, deren Erfüllung besonders leicht von den Bezugsgruppen zu kontrollieren ist, und wo das Aufgabenfeld besonders transparent ist.

6. Manager geben jenen Bezugsgruppen den Vorzug, die im Rahmen einer gegebenen Machtkonstellation über den größten Einfluss verfügen (z. B. Erwartungen des Aufsichtsrates oder der Finanzinvestoren).

7. Manager können versuchen, ihre Macht- und Einflusssphäre zu vergrößern, um eigene Wege gehen zu können oder um sich gegen Erwartungen immunisieren zu können.

8. Je mehr die bürokratische Komplexität eines Unternehmens die Manager davor schützt, dass ihre Entscheidungen den diversen Bezugsgruppen bekannt werden, desto weniger werden sie widerstreitenden Erwartungen ausgesetzt (Mechanismus der Abschirmung des Rollenhandelns gegenüber Beobachtung durch andere).

9. Manager stehen nie allein mit ihren Rollenkonflikten. Auch andere Manager befinden sich in einer ähnlichen Situation. Sie sind gleichen Konflikten ausgesetzt. Daher sind sie geneigt, Interessengemeinschaften zu bilden (Mechanismus der Interessenabsicherung). Aufgrund gleicher Interessen versuchen sie, die eigene Rolle abzusichern und ggf. Interessenverbände zu gründen.

10. Manager versuchen, ihren Rollenkonflikt offen vor den Bezugsgruppen zu thematisieren (Mechanismus der Harmonisierung von Bezugsgruppen); sie bemühen sich, (wechselseitiges) Verständnis zu erlangen; im Idealfall gehen sie als „lachender Dritter" aus dem Rollenkonflikt hervor.

11. Im Grenzfall können Manager mit widerstreitenden Erwartungen auch dadurch fertig werden, dass sie die Beziehungen zu einzelnen Bezugsgruppen einfach abbrechen (Mechanismus der Beschränkung des Rollenfeldes). Natürlich nützt ein solcher Abbruch dem Manager nur dann etwas, wenn seine Stellung dadurch nicht grundsätzlich gefährdet wird.

5.3.5 Erfolgsfaktoren des Rollenhandelns

Soziale Rollenerwartungen sind kulturabhängig. Jeder international tätige Manager weiß, dass es nicht leicht ist, die Rollenerwartungen in einer anderen Kultur stets zu erfüllen. Er bedarf der *Empathie*, d. h. der Fähigkeit, sich in andere Kulturen hineinzuversetzen. Empathie ist für erfolgreiches Rollenhandeln von Managern unverzichtbar.

Rollenhandeln bedarf darüber hinaus auch einer *Rollendistanz*. Ein Manager, der ständig darüber nachdenken müsste, was andere von ihm erwarten, wäre schnell überfordert. In der Regel hat er „ein Gefühl dafür", welche Position er gegenüber anderen Menschen gerade inne hat und was von ihm erwartet wird. Manager haben im Laufe ihrer Karriere ihre Rollen sozusagen auswendig gelernt: *internalisiert*. Ein wichtiger Teil des funktionalen Rollenhandelns besteht darin, die Erwartungen zu erfüllen, die an die Position geknüpft sind. Andererseits wird ein Manager, der mechanisch die an ihn gerichteten Erwartungen erfüllt, im beruflichen Leben wenig Erfolg haben. Man erwartet von ihm einerseits, dass er sich *rollenkonform* verhält. Andererseits erwarten wir, dass wir es mit einer unverwechselbaren Persönlichkeit zu tun haben, die auch imstande ist, die an ihn adressierten Erwartungen zu interpretieren und sie auf ihre Bedeutung abzuwägen. Wir erwarten, dass sich der Manager als *Persönlichkeit* verhält und nicht nur als Rollenträger.

Für erfolgreiches Rollenhandeln sind daher mehrere Fähigkeiten nötig:

1. **Rollendistanz**: die Fähigkeit des Managers, sich Erwartungen gegenüber flexibel zu verhalten, einzelne Erwartungen auszuwählen, andere zu ignorieren oder in persönlicher Weise zu erfüllen (eigener Stil). In der Kategorie der Rollendistanz kommt der

Gegensatz zwischen der individuellen Autonomie des Managers und der bloßen Rollenerfüllung zum Ausdruck. Das „Ich" des Managers liegt in der freien eigenverantwortlichen Ausgestaltung der Rolle: *role making*. Der Grad der Rollenbindung schwankt auf einer Skala zwischen maximaler Fremdbestimmung und maximaler Selbstbestimmung.

2. *Empathie:* die Fähigkeit des Managers, sich in seine Bezugsgruppen hineinzuversetzen, sich deren Vorstellungen, Erwartungen, Gefühle und Normen vorstellen zu können und diese im eigenen Rollenverhalten zu berücksichtigen.

3. *Ambiguitätstoleranz:* die Fähigkeit des Managers, Rollenkonflikte zu erkennen und auszuhalten. Ambiguität bedeutet ein Zwiespalt, in dem mehrere, meist problematische Entscheidungen möglich sind.

4. *Identitätsdarstellung:* die Fähigkeit des Managers, die eigenen Erwartungen an andere im Rollenhandeln durch Symbole (Kommunikationsstil u. ä.) zu zeigen.

5.3.6 Der Rollen-Identitätskonflikt

Grundüberzeugungen der Manager können mit den praktischen Rollenerwartungen im Unternehmensalltag kollidieren. Ein Rollen-Identitätskonflikt liegt immer dann vor, wenn sich ein Manager nicht mehr mit den Erwartungen, die an ihn gerichtet werden, identifizieren kann; sei es, dass er einem rollenkonformen Verhalten aus moralischen Gründen, sei es dass er ihm aus religiösen Anschauungen oder aus tiefer liegenden Wertüberzeugungen nicht entsprechen kann oder will. Ein Rollen-Identitätskonflikt liegt auch dann vor, wenn ein Manager dem äußeren Erwartungsdruck nur mit großen inneren Widerständen folgt.

Empirischer Befund:

Rollen-Identitätskonflikte sind auf den Vorstandsetagen keine Ausnahme. Bei der Frage, ob Sachanforderungen auch schon einmal mit persönlichen Grundüberzeugungen kollidieren, bekunden immerhin gut 40 Prozent der deutschen Topmanager *„Ja, das kommt vor."* (vgl. Buß 2007, S. 122ff.). Bemerkenswert ist, dass es in der überwiegenden Mehrzahl der Fälle um Personalentscheidungen geht, die den Führungskräften – durchaus nicht nur Personalvorständen – innere Konflikte bereiten. Der Rollen-Identitätskonflikt wird an der Aussage eines Vorstandsvorsitzenden besonders deutlich: *„Es gibt relativ wenige Situationen, in denen Sachzwänge mit meinen Überzeugungen kollidieren. Wir haben hier aber Leute entlassen müssen – eine der schwersten Entscheidungen, die man sich vorstellen kann. Das sind natürlich Situationen, wo man hin und her geworfen wird und sagt: Mensch, du greifst hier in Schicksale ein, in Lebensplanungen. Da hat man dann schon ein schlechtes Gewissen."*

5.3.7 Die Grenzen des Rollenbegriffs

Die Rollenperspektive verführt leicht dazu, das Managerverhalten ausschließlich über Normen und Rollen zu erfassen und damit ein allzu statisches Bild über die Vielfalt und den Nuancenreichtum des Managementalltags zu zeichnen. Denn nicht alles soziale Handeln von Managern lässt sich als ‚rollenhaft' beschreiben. Es gibt nicht die unverrückbare, stählerne

Rolle des Managers an sich. Jeder Manager hat einen weiten Interpretationsspielraum seiner Rolle, er bedient ganz unterschiedliche Rollensegmente, es entstehen immer wieder neue Rollenvarianten, neue Rollenvorbilder. Hinzu kommen Rollenangebote aus den unterschiedlichsten sozialen Netzwerken, Interessengruppen, Initiativen oder auch Globalisierungsprozessen. Auch die Manageridentität variiert: Es gibt den Manager als Angestellten, den Manager als Eigentümer, den Manager eines Großkonzerns, den Manager eines mittelständischen Unternehmens, den Manager als Funktionär eines Verbandes, den Manager als Self-Made-Unternehmer, den Manager als Bereichsverantwortlichen einer Organisation, den international tätigen Manager oder den freiberuflichen Manager als Unternehmensberater. Zwar mag noch ein gewisses gemeinsames Rollenmuster bestehen, aber letztlich hat sich die Managerrolle so breit aufgefächert, dass es „die Managerrolle" nicht mehr gibt.

Fragen zur Wiederholung:

1. Welche Erwartungen sind Ihrer Meinung nach mit der Managerrolle verbunden? Welche persönlichen Erwartungen haben Sie darüber hinaus?

2. Welche Sanktionen stehen Ihnen als Student/in gegenüber Managerfehlverhalten zur Verfügung?

3. Nennen Sie jeweils ein Beispiel für „Muss"-, „Kann"- und „Soll-Erwartungen", die an Manager adressiert werden.

4. Überlegen Sie einmal in aller Ruhe, welche Erwartungen Herr Wislander, der Vorstand von Frostkost, primär erfüllen sollte. Begründen Sie Ihre Entscheidung.

5. Entwickeln Sie je ein Beispiel für einen Intra-Rollenkonflikt und einen Inter-Rollenkonflikt eines Managers.

6. Nennen Sie die aus Ihrer Sicht drei wichtigsten Mechanismen zur Lösung von Rollenkonflikten.

7. Was versteht man unter Rollendistanz?

8. Definieren Sie den Begriff der Ambiguitätstoleranz.

9. Geben Sie ein Beispiel für einen Rollenidentitätskonflikt.

10. Definieren Sie den Begriff der Rolle.

5.4   Management aus systemtheoretischer Perspektive

Die systemtheoretische Perspektive lässt sich am besten dadurch kennzeichnen, dass sie die Alltagswelt des Managements in ihren Merkmalen und Funktionen als ein relativ isoliertes System betrachtet – ohne Beachtung der gesellschaftlichen Verflechtungen. In der modernen Soziologie ist die Systemtheorie einer der wichtigsten Denkansätze. Ihr prominentester Vertreter ist Niklas Luhmann.

Zur Person:

Niklas Luhmann (1927–1998) gilt als einer der international einflussreichsten und angesehensten Soziologen. Er studierte Rechtswissenschaften an der Universität Freiburg. Nach einer Tätigkeit als Verwaltungsbeamter an Gerichten in Lüneburg und im Kultusministerium in Hannover studierte er Verwaltungswissenschaften an der Harvard University. Von

1968–1993 war er Professor für Soziologie an der neu gegründeten Reformuniversität Bielefeld. Niklas Luhmann prägte den Begriff der funktional-strukturellen Systemtheorie. Seine Idee ist der Entwurf einer auf wissenschaftstheoretischer Ebene universell geltenden Theorie.

Unter dem Blickwinkel der Systemtheorie interessiert sich die Managementsoziologie für alle Merkmale, in denen sich die Problemlösungsverfahren der Manager von den Verfahren in anderen gesellschaftlichen Bereichen wie etwa der Kirche, der Politik oder der Justiz unterscheiden. Man schaut vor allem auf die Unterschiede und nicht auf die Gemeinsamkeiten von Wirtschaft und sonstigen gesellschaftlichen Systemen. Im Mittelpunkt der systemtheoretischen Wahrnehmung stehen die Beziehungen zwischen den Managern und ihren Mitarbeitern, ihren Lieferanten, ihren Kunden, ihren Mitbewerbern oder den Investoren. Dabei wendet man seine Aufmerksamkeit all jenen Vorgängen zu, die unter dem Stichwort „Professionalisierung" behandelt werden (das typisch fachmännische), ferner den rationalen Entscheidungsmethoden des Managements, den Prozessen der Spezialisierung, der Rationalisierung der Produktionsprozesse, den rationalen Kriterien der Unternehmensentwicklung oder der Herausbildung typischer Expertenrollen in den Unternehmen. Die übrigen gesellschaftlichen Bereiche erscheinen dabei als abgekoppelte, separate Größen. Es scheint, als habe man eine gefärbte Brille auf, in der vor allem die für das Management spezifisch-rationalen Erfolgsmerkmale hervortreten.

Die systemtheoretische Perspektive ist daher vor allem darauf gerichtet zu erklären,

- warum und wie sich völlig eigenständige Problemlösungs- und Entscheidungsverfahren im Management entwickelt haben, die so nur in der Wirtschaft, nicht aber zugleich auch im Rechtssystem, in der Familie oder im politischen System Geltung haben,
- worauf die zunehmende Verbindlichkeit von Rationalitätskriterien in der Managementpraxis zurückzuführen ist,
- worin die Eigenarten und Besonderheiten von Managementprozessen bestehen,
- wie sich die Ausdifferenzierung des Managements auf immer neue Funktionen und Rollen vollzieht,
- unter welchen Bedingungen der Strukturwandel der modernen Wirtschaft verläuft; d. h. worin sich weniger entwickelte und hoch entwickelte Managementsysteme unterscheiden.

Die Systemtheorie ist Kernstück einer Entwicklungstheorie. Während die volkswirtschaftliche Betrachtungsweise die Unternehmen als dimensionslose Punkte im Netz kommerzieller Beziehungen auffasst – ohne Vergangenheit und ohne Zukunft –, ist die Systemtheorie insoweit Entwicklungstheorie, als sie unterstellt, dass sich die Prozesse in der Wirtschaft mit einer nicht mehr umkehrbaren Eigendynamik immer weiter verselbständigen; und zwar im Hinblick auf ein Mehr an Funktionalität, ein Mehr an Professionalität, ein Mehr an Spezialisierung und vor allem ein Mehr an Rationalität.

Die systemtheoretische Betrachtungsweise des Managements lässt sich in drei Kernthesen zusammenfassen:

1. Die These von der strukturellen bzw. funktionellen Differenzierung der Wirtschaft.
2. Die These von der relativen Autonomie des Managements.
3. Die These von der funktionalen Kompatibilität des Managements mit den anderen gesellschaftlichen Teilbereichen wie Familie, Staat, Recht, Kultur etc.

... in Kategorien der Betriebswirtschaft formuliert	... in Kategorien der soziologischen Systemtheorie formuliert
• Kosten-/ Nutzendenken	• Funktionsspezifisches Denken: was ist typisch ökonomisch?
• Zweck-/ Mitteldenken	• Relative Autonomie des Managements (bedeutet das Recht des Managements Ansprüche aus Umweltsystemen zu vertreten oder sich ihnen gegenüber abzuschirmen)
• Denken in Renditekategorien (Kapitalrendite)	• Spezialisierungs-, Differenzierungs- und Professionalisierungsprozesse in Unternehmen
• Denken in Umsatzkategorien	• Entwicklung von Trennregeln (Trennung von Geschäftsvermögen und Privatvermögen)
• Denken in Marktanteilen	• Thematisch zentrierte Zuständigkeits- und Verantwortlichkeitsfestlegung
• Der Mitarbeiter als Umsatzträger/ Kostenträger	• Entledigung systemfremder Funktionen (z.B. von Rücksichtnahme auf Familienbelange oder: „in Geldsachen hört die Freundschaft auf")
• Denken in Return on Investment-Kategorien (ROI)	• Spezifische Rationalitätsmuster des Managements in Entscheidungsprozessen und Problemlösungsverfahren
• Denken in Zielvereinbarungskategorien (Management by Objectives)	• Abschirmung gegen externe soziale Kontrolle und Zumutungen (Abnahme der Chancen auf Intervention von außen auf Managemententscheidungen)
• Denken in Input-/ Output-Kategorien	• Eliminierung von Motivlagen, die innerhalb der Wirtschaft als systemfremd erscheinen (z.B. Bekunden seiner Gefühle, seiner spirituellen Bedürfnisse am Arbeitsplatz)
• Denken in Quartalsperioden	• Spezifischer Interaktionsstil zwischen den Akteuren in den Unternehmen und im Markt (Beispiel: branchentypischer Sprachcode)
• Denken in revolvierender Jahresplanung	• Entwicklung hochspezialisierter managementtypischer Rollensets
• Denken in Cashflow-Kategorien (Mittelzufluss in einer Periode)	• Entwicklung hoher Mobilitäts- und Flexibilitätsansprüche an das Management

Abb. 5.4 Die systemtheoretische Perspektive   Quelle: © Eugen Buß

5.4.1 Das Problem der funktionellen Ausdifferenzierung der Managerrolle

Der Name der Systemtheorie kommt daher, dass sie die Gesellschaft gedanklich als einen Verbund zahlreicher, voneinander relativ unabhängiger Teilsysteme betrachtet, die voneinander getrennt bzw. abgegrenzt sind. Wenn man die Wirtschaft als einen solchen relativ selbständigen Teilbereich der Gesellschaft versteht, liegt dieser Betrachtungsweise eine wichtige Bedingung zugrunde: die funktionale Differenzierung der Gesellschaft, d. h. die Trennung eines großen zusammenhängenden Sozialsystems in einzelne Funktionssysteme wie Wirtschaft, Recht, Familie, Religion, Kultur. Jedes dieser Teilsysteme ist für sich genommen von ganz besonderer Gestalt, dadurch dass es auf bestimmte Aufgaben, Funktionen und Zuständigkeiten festgelegt wird – und eben nur auf diese und keine anderen. Im Grunde handelt es sich also um eine Art Arbeitsteilung der gesellschaftlichen Systeme untereinander. Die Gesellschaft gleicht einem Industriebetrieb, dessen Mitarbeiter durch geschickte Arbeitsteilung Produkte herstellen, die ein Einzelner nicht bewerkstelligen könnte. So schafft die Wirtschaft materielle Wohlfahrt, die Wissenschaft Wahrheit, die Familie befriedigt emotionale Bedürfnisse, die Politik bändigt Gewalt – und zwar auf eine Weise, wie es nicht möglich wäre, wenn alle Teilbereiche untrennbar miteinander verknüpft wären und sich nicht jeweils auf eine ganz spezielle Aufgabe konzentrieren könnten.

Die Sinngrenze von Managemententscheidungen

Wie aber bilden sich Grenzen gesellschaftlicher Systeme? Was sind die Aufgaben der Wirtschaft und was nicht? Welche Probleme, Problemlösungsverfahren und Handlungen sind dem Management, welche dagegen dem Recht, der Familie oder der Wissenschaft zuzuordnen?

Die Systemtheorie beantwortet diese Frage mit dem Kriterium der „Sinngrenze". Jedes gesellschaftliche System unterliegt einem bestimmten Sinn, gemäß dem es gesellschaftliche Anforderungen aufnimmt oder abwehrt, Probleme aufgreift oder zurückweist, Normen bildet, Rollen prägt und Funktionen spezialisiert.

Der Sinn des ökonomischen Systems ist, wie Luhmann es formuliert: die Sicherstellung von materiellen Bedürfnissen und die Möglichkeit der gleichzeitigen Vertagung dieser Bedürfnisse. Typisch ökonomisch ist also, *die Entscheidung über die Befriedigung von Bedürfnissen zu vertagen, die Befriedigung trotzdem gegenwärtig schon sicherzustellen und die damit gewonnene Dispositionszeit zu nutzen* (Luhmann 1991, S. 206). Das Grundproblem aller Managementaktivitäten liegt demnach in der Zeitdimension. Erfolgreiches Management ermöglicht die Erschließung eines Spielraums für Dispositionen durch Eröffnung, Erschließung und Vorwegnahme einer Zukunft. Dies geschieht in aller Regel mit Geld. Geld und das Sparen von Geld dienen dazu, die Befriedigung von Bedürfnissen sicherzustellen und gleichzeitig zu vertagen; durch ein Mehr an Geld die gewonnenen Dispositionszeiten zu nutzen. Mit anderen Worten: Typisch ökonomisch ist es zu investieren.

Dies ist die generelle Sinngrenze, nach der die Manager alle externen Anforderungen aufgreifen oder zurückweisen können, nach welchen Normen Entscheidungen getroffen werden und welchem Ziel sie verpflichtet sind. Was nicht den Investitionen dient, können die Manager zurückweisen. Zumutungen, die über diese Sinngrenzen hinausgehen, werden blockiert. Die gesamte Problemlösungskapazität des Managements ist – systemtheoretisch betrachtet – auf nur ein einziges Ziel gerichtet: die materiellen Bedürfnisse der Menschen zeitlich dauerhaft sicherzustellen und die Möglichkeiten zur Sicherstellung durch immer neue Investitionen ständig zu verbessern.

So wie die Manager auf diesen Sinn festgelegt sind, haben die anderen Sozialsysteme entsprechend andere allgemeine Sinngrenzen, beispielsweise die Politik: Bindung von Gewalt; die Wissenschaft: die Suche nach Wahrheit; das Recht: die allgemeine Verbindlichkeit von Entscheidungen; die Familie: die Liebe. Sinngrenze heißt also, dass gesellschaftliche Funktionen und Prozesse nicht sinnübergreifend sind, sondern immer einem ganz bestimmten sozialen System zuzuordnen sind. Konkret heißt dies (vgl. Luhmann 1991, S. 211):

- Reichtum eines Managers vermittelt nicht zugleich politische Macht.
- Erfolg in der Karriere heißt noch nicht Erfolg in der Liebe.
- Geld bedeutet noch nicht Wahrheit.
- Materielles Vermögen beinhaltet noch nicht zugleich religiöse Erleuchtung.
- Krach mit dem Aufsichtsrat heißt für die Manager noch nicht, dass die Kinder hungern müssen.
- Abbruch der Beziehung zur Ehefrau/Ehemann heißt noch nicht Verlust der gesellschaftlichen Reputation.

Die Gesellschaft ist also nach Funktionen spezialisiert. Das Management jedes Unternehmens ist unter diesem Blickwinkel auf ganz bestimmte Aufgaben festgelegt, es weiß, wofür es zuständig ist und noch viel wichtiger: es weiß auch, wofür es nicht zuständig ist. Seine Aktivitäten werden nicht durch kulturelle Weltbilder legitimiert, sondern durch in Geldeinheiten messbare Erfolgskriterien. Die Legitimation resultiert allein aus dem rationalen Erfolg, den der Wettbewerb ermöglicht. Ob die Manager zugleich kulturelle oder soziale Interessen bedienen, ist aus systemtheoretischer Sicht völlig unerheblich. Nur die effiziente Funktionserfüllung zählt.

Funktionale Ausdifferenzierung als historischer Prozess

Kernthese der Systemtheorie ist die Annahme, dass sich die Wirtschaft im historischen Ablauf immer mehr verselbständigt und dabei eigene Problemlösungsmethoden ausbildet; kurz: die Wirtschaft differenziert sich aus.

Am einfachsten lässt sich die Grundthese der Ausdifferenzierung der Wirtschaft erklären, wenn man sich zunächst das Bild einer nicht-entwickelten, traditionalen Wirtschaftsordnung vor Augen führt. Wirtschaftliche und gesellschaftliche Funktionen sind hier nicht getrennt. Wirtschaft und Gesellschaft sind noch eins. Soziale Funktionen werden im Rahmen wirtschaftlicher Funktionen mit erfüllt. Die Wirtschaft tritt als ein eigener Bereich noch nicht in das Bewusstsein der Menschen. Wirtschaftliche Tätigkeiten werden immer im Rahmen gesellschaftlicher Bindungen und Verpflichtungen geleistet.

> **Praxisbeispiel:**
>
> Eine Gruppe von Männern soll beispielsweise zusammen ein Haus bauen. Die meisten von ihnen sind untereinander verwandt, und der Hausbesitzer stützt sich auf diese Verwandtschaftsbeziehungen, um sich Arbeitskräfte zu verschaffen. Andererseits bezahlt er die Arbeit und verstärkt damit wiederum die Verwandtschaftsbeziehungen. Weil die Transaktion sowohl soziale als auch ökonomische Elemente zugleich enthält, wird nicht notwendig versucht, eine exakte Gleichung zwischen geleistetem Arbeitsquantum und Lohnhöhe herzustellen. Art des Helfens, Gegenleistung und Status sind untrennbar miteinander verknüpft.

Wirtschaftliche Tätigkeiten in nicht-entwickelten Gesellschaften werden von zwei Merkmalen geprägt: a) der Daseinsvorsorge und b) dem wechselseitigen Aushelfen in sozialen Beziehungen.

Beide Prinzipien, die des Ansammelns von Gütern zwecks Daseinsvorsorge und die des Helfens, stehen aber im Hinblick auf eine wirtschaftliche Entwicklung im Widerspruch zueinander. Sie blockieren sich gegenseitig (Luhmann 1991, S. 207f.). Investitionsmittel können nicht gebildet werden. Das Helfensprinzip besteht nämlich darin, dass wirtschaftliche Überschüsse in Form von Geschenken, Festen, Nothilfen, religiösen Ritualen und Opferungen ausgegeben und im Sinne des Bedarfsausgleichs verteilt werden. Dieser institutionalisierte Abgabezwang von Überschüssen verhindert, dass sich überhaupt so etwas wie wirtschaftlicher Reichtum bildet, der die Grundlage für Investitionen und damit auch für eine florierende Wirtschaft wäre. Jeglicher Überschuss wird umgehend gesellschaftlich oder religiös verwertet, aber – und das ist in diesem Zusammenhang entscheidend – mit dem Ziel, die Daseinsvorsorge sicherzustellen: Durch Opfer, Feste und Rituale sollen die Götter gnädig gestimmt werden. Und durch Geschenke schafft man sich Freunde, die bei eigener Not helfen können. Kredite, Geschenke und Leistungen sind also keine wirtschaftlichen Größen, sondern soziale Größen. Man schafft sich durch sie dauerhafte Bindungen.

Erst wo wirtschaftliche Überschüsse nicht mehr in Nothilfen oder Geschenken ausgegeben werden, sondern dazu dienen, die eigene materielle Versorgung durch Tausch zu verbessern, bildet sich erstmals in der Geschichte einer Gesellschaft die Sinngrenze der Wirtschaft und damit auch die Sinngrenze moderner Managementsysteme. Wenn wirtschaftliche Güter um ihrer selbst willen getauscht werden, bilden sich Märkte. Märkte sind historisch zunächst nichts anderes als eine neue Form der Überschussverteilung. Sie treten neben die traditionellen Formen der Überschussverwertung durch Geschenke, Opfer oder Nothilfen. In dem Maße, in dem Produkte als Güter sui generis (um ihrer selbst willen) gedacht, geteilt, getauscht und gehortet werden, tritt Wirtschaft im modernen Sinn als eigenständiges System auf. Wirtschaftliche Tätigkeiten sind nicht mehr vollständig in das Netz sozialer Verpflichtungen eingebunden. Manager sind frei, allein nach rationalen Kriterien Entscheidungen zu treffen. Ausgangspunkt der Differenzierung von Wirtschaft und Gesellschaft und damit zugleich Entstehungsbedingung moderner Märkte ist folglich eine veränderte, eher materielle Form der Zukunftssicherung.

Die Ausdifferenzierung der Managerrolle

Noch klarer lässt sich der Differenzierungsprozess der Wirtschaft anhand der Rollendifferenzierung verdeutlichen. Traditionale Gesellschaften beruhen auf einer personalen Rollenkombination, d. h. auch sie kennen verschiedene Rollen, aber sie sind untereinander untrennbar verknüpft. Im Gegensatz zur modernen Gesellschaft ist die traditionale Gesellschaft so klein und überschaubar, dass sich dieselben Personen in ihrer Eigenschaft als Nachbar, als Verwandter, als Bauer oder als Jäger immer wieder begegnen. Dabei werden aus dem Verhalten in der einen Rolle Rückschlüsse auf das Verhalten in anderen Rollen gezogen. Wer als Nachbar nicht hilft, versagt auch als Ehemann. Wer sich als Tänzer Fehltritte leistet, ist auch ein schlechter Jäger. Wer wirtschaftlich nicht auf eigenen Füßen steht, wird auch politisch keinen Einfluss gewinnen. In einer solchen Ordnung können Personen und Rollen nicht eindeutig getrennt werden.

In hoch entwickelten Gesellschaftssystemen findet dagegen eine Parzellierung (Zerlegung) der Personen in verschiedene Rollen statt, die nicht miteinander verknüpft sind. Wenn ein Unternehmer ein schlechter Autofahrer ist, zieht man noch nicht zugleich Rückschlüsse auf seine betriebswirtschaftlichen Fähigkeiten. Wenn ein Manager in der Ehe scheitert, muss er nicht zugleich auch in der Karriere scheitern. Ob jemand arm oder reich ist, von welcher Herkunft er ist, in welche Familie er hineinheiratet, zu welchen Göttern er betet, in welchen Kreisen er verkehrt, all dies ist nicht von strukturtragender Bedeutung für erfolgreiches Management. Jeder Vorstand eines Unternehmens „erträgt" es, dass beliebige Beziehungen des Arbeiters oder Angestellten als persönlicher Hintergrund vorhanden sind und auch wechseln können (vgl. Luhmann 1991, S. 204ff.).

Sie wirken nicht hinüber auf die Wirtschaft als solche. Was die Manager in ihrer Rolle außerhalb ihrer Dienstzeit tun oder lassen, ist demnach völlig losgelöst von dem, was sie in ihrer rein beruflichen Rolle tun (nur aus Sicht der Systemtheorie). Handlungskriterien, die in anderen gesellschaftlichen Bereichen eine große Bedeutung haben, sind für das Management irrelevant. Sie werden ignoriert oder ausgeschaltet. Die früheren Mischverhältnisse sind beseitigt.

Die Konsequenz ist eindeutig: Trennung von Wirtschaft und Familie, Trennung von Wirtschaft und Religion, und man könnte auch hinzufügen: Trennung von Wirtschaft und Politik oder Trennung von Wirtschaft und Wissenschaft. Funktionale Differenzierung bedeutet die Trennung ursächlich zusammenhängender oder sich überlagernder gesellschaftlicher Bereiche.

Die These von der funktionalen Differenzierung der Wirtschaft und moderner Managementsysteme beruht auf einem zweistufigen Schema. Einer undifferenzierten Wirtschaftsordnung folgt ein funktional ausdifferenzierter Status, einem „diffusen", d. h. funktional und rollenmäßig vermischten Sozialsystem folgt ein inhaltlich hochspezialisiertes Sozialsystem. Die Manager streifen im Zuge der Ausdifferenzierung alle sachfremden Bezüge ab und beschränken sich nur noch auf den reinen Markterfolg. Das Management jedes Unternehmens wird gleichsam auf exklusive Zuständigkeiten festgelegt. Sein Horizont ist eng begrenzt auf jene Kriterien und Normen, die nur der rationellen Erfüllung ihrer Funktionen dienen. Das Management hat sich auf nur noch ein Thema zu konzentrieren; es wird „thematisch rein".

Sinnüberlagerung	Sinnspezifizierung
undifferenzierte Ordnung	ausdifferenzierte Ordnung
diffuses System	spezialisiertes System
funktional vermischt	funktional getrennt
Rollenkombination	thematische Reinheit der Rollen
wechselseitige Zuständigkeitskombination (Allzuständigkeit)	exklusive Zuständigkeiten (Nur-Zuständigkeit)
praktische Rationalität	strategische Rationalität
geringe Komplexität	hohe Komplexität

Abb. 5.5 Zweistufiges Schema in der Systemtheorie   Quelle: © Eugen Buß

Fazit:

Im Zuge der Ausdifferenzierung bilden die Managementsysteme neue Formen einer sachorientierten, zweck-mittel-bestimmten strategischen Rationalität heraus. Entscheidungen werden nur noch nach Maßgabe der Gewinn-Verlust-Rechnung, der Marktstellung, nach Maßgabe der Renditeoptimierung, des Kosten-Nutzen-Verhältnisses oder nach anderen Rationalitätskriterien getroffen. In dieser Hinsicht sind die Leistungen der funktionalen Differenzierung enorm. Dadurch, dass sie alles Außerrationale aus der Managementsphäre verbannt, und dadurch, dass sie das Management von allen Rücksichtnahmen auf private und gesellschaftliche Aspekte entlastet, ermöglicht sie die Konzentration aller Kräfte auf nur ein Ziel: auf die Rationalisierung und damit zugleich auch auf die ungeheure organisatorische Leistungsfähigkeit moderner Managementsysteme.

5.4.2 Kennzeichen moderner Managementsysteme

Mit Hilfe der Systemtheorie lassen sich besonders gut die „reinen" Merkmale von Managementsystemen darstellen:

- *Legale Negierbarkeit von Personen und Sachen*
  Managementsysteme beruhen auf der *legalen Negierbarkeit von Personen und Sachen* (vgl. Luhmann 1991, S. 209). Negierbarkeit heißt, dass man unter den Bedingungen des Marktes sowohl alle Transaktionen als auch alle Beziehungen zu Lieferanten, Kreditinsti-

tuten, etc. nach Belieben wählen oder zurückweisen kann, ohne Sanktionen befürchten zu müssen.

Auch bedeutet Negierbarkeit, dass allen Gütern und Leistungen keine Emotionen anhaften. Produkte und Dienstleistungen sind unter den Bedingungen des modernen Marktes in der Regel nicht mehr kulturell überhöht; sie sind auch nicht mehr persönlich gebunden an bestimmte Besitzer. Der Markt verlangt eine sachliche Einstellung zu Produkten; er verhindert Beziehungen, die ein besonderes Verhältnis von Personen und Sachen ausdrücken.

- *Unpersönliche Beziehungen*
  Ebenso setzen moderne Managementsysteme *unpersönliche Beziehungen* voraus. Man kauft, wo es vergleichsweise am preiswertesten ist. Die Interaktionen auf dem Markt basieren generell nicht auf moralischem Engagement, religiösen Verpflichtungen. sozialen Bindungen, sondern auf den Bedingungen des unpersönlichen Vergleichs von Leistungen und Tauschwerten. „Der Markt erübrigt", wie Luhmann betont, „moralische, die Person bewertende Kontrollen und damit auch ein moralisches Engagement" (Luhmann 1991: 210).
  Dies ist allerdings nur theoretisch der Fall. Im realen Alltag kauft man seinen Bedarf nicht nur nach objektiven Gesichtspunkten des Preis-Leistungsverhältnisses, sondern man geht durchaus noch zu „seinem" Stammkaufmann an der Ecke. Soziale Bindungen spielen in der Praxis noch eine Rolle. Was aber die Systemtheorie erklärt, ist eine Entwicklung, die im historischen Verlauf zu einem vergleichsweise ständigen „Mehr" an Rationalität in ökonomischen Transaktionen führt, ohne dass dies auch schon in jedem einzelnen Fall praktiziert wird.

- *Neutralisierung gesellschaftlicher Beziehungen.*
  Moderne Managementsysteme neutralisieren soziale Merkmale ihrer Lieferanten, Kunden und Mitarbeiter; sie ignorieren soziale Herkunft und soziale Milieus. Ein Brot kostet für alle dasselbe. Der eigene Status entscheidet nicht über den Preis. Die Kompetenz des Mitarbeiters rangiert vor Konfession, Geschlecht oder Milieu. Gesellschaftliche und soziale Bezüge werden bei wirtschaftlichen Transaktionen vernachlässigt.
  Erfolgreiches Management verdrängt auch Gefühlsbekundungen wie Liebe, Affekte oder Solidarität aus dem wirtschaftlichen Alltag. Emotionalität wird in wirtschaftlichen Zusammenhängen als sachfremd wahrgenommen. Wenn jemand am Arbeitsplatz sein Bedürfnis nach Wärme oder Intimität bekunden würde, fände man es komisch oder töricht. Es wird einfach als sinn- bzw. systemfremd empfunden.

- *Affektiv-neutraler Kommunikationsstil.*
  Die Managementpraxis erfordert ferner einen exklusiven Interaktions- und Kommunikationsstil, der nicht auf andere Lebensbereiche übertragbar ist, noch von anderen Systemen der Gesellschaft zu beziehen ist. Der Stil des Miteinander-Umgehens orientiert sich allein an rationalen Erfolgskriterien.

- *Einrichtung von „Austauschbarkeiten".*
  Charakteristisch für Managementsysteme ist weiterhin die Einrichtung von sogenannten „Austauschbarkeiten". Um Leistungen und Waren austauschbar zu machen, müssen Vergleichsmöglichkeiten unendlicher Art vorhanden sein. Manager bedürfen für ihre Entscheidungen objektiver Maßstäbe von Gleichheit und Ungleichheit, die in dieser Weise in anderen Sozialsystemen nicht vorhanden sind; in der Regel: Geld. Alle Transaktionen werden allein nach formalen rechenhaften Maßstäben des Geldes gestaltet. Insoweit er-

möglicht der Markt – und dies ist charakteristisch – soziale Beziehungen, getroffen allein nach Maßgabe eines objektiven Vergleichs.

- *Rationale Rekrutierungsmechanismen.*
Managementsysteme bedürfen der Ausbildung eines besonderen Rekrutierungsmechanismus. Der Zugang zu einer beruflichen Position ist nicht mehr an askriptive (zugeschriebene) Merkmale wie Herkunft, Geschlecht, Rasse, Milieu oder Konfession gebunden, sondern in erster Linie an erworbene Kriterien der persönlichen Eignung, der Leistung oder der Beherrschung bestimmter methodischer Verfahren. Im Gegensatz zu Wirtschaftsordnungen etwa in Entwicklungsländern spielen in den modernen Märkten vor allem erwerbbare individualistische Tugenden der Leistungsbereitschaft, des Kompetenzspektrums, des Karrieregeistes oder des Pflichtgefühls als Rekrutierungsvoraussetzungen eine wichtige Rolle. Für den beruflichen Erfolg verliert der soziale Herkunftsstatus an Bedeutung. Zum Top-Manager eines großen Industrieunternehmens kann auch der Lehrling/ Auszubildende aufsteigen.
Beispiel: Reinhold Würth, der früh von der Schule ging, Lehrling im väterlichen Betrieb wurde und anschließend ein Weltunternehmen aufbaute.

- *Geld als Tauschmedium.*
Kennzeichnend für komplexe wirtschaftliche Transaktionen ist die Entwicklung des Geldmechanismus. Mit Hilfe des Geldes bilden sich besondere Rationalitätskriterien und Handlungsmaßstäbe aus. Geld kann definiert werden als die Fähigkeit von Wirtschaftssubjekten, sich ökonomisch wertvolle Ressourcen mittels vertraglicher Vereinbarung durch einen Tauschprozess zu verschaffen.
Die Verwendbarkeit von Geld beruht auf der allgemein verbreiteten Erwartung, dass ein verbindlicher Anspruch auf den Tausch von Waren gegen Geld besteht. Wer Geld als Zahlungsmittel akzeptiert, erwirbt die Erwartung, sich bestimmte ökonomisch wertvolle Güter und Leistungen jederzeit und an jedem beliebigen Ort verschaffen zu können. Andererseits begründet der Besitz von Geld im Gegenzug die Verpflichtung anderer, diese Erwartung zu erfüllen und einen entsprechenden Gegenwert bereitzustellen. Geld ist also soziologisch gesehen keine Ware, sondern eine spezielle Form der Institutionalisierung von Erwartungen und Verpflichtungen (Parsons 1976: 203).
Kennzeichnend für den modernen Markt ist das Kreditgeld. Erst durch Kreditgeld ist eine praktisch unbeschränkte Expansion von Tauschbeziehungen möglich geworden. Ob ein Konsument eine Tauschbeziehung eingeht (sprich: ein Produkt oder Dienstleistung erwirbt), hängt nicht länger von seinem Besitz an Bargeld ab. Er kann Transaktionen vornehmen, ohne bereits im eigentlichen Sinn über den Gegenwert zu verfügen. Der Tausch wird auf eine neue abstrakte Ebene gehoben: Man tauscht ein Gut gegen die Verpflichtung, den Gegenwert eines Tages einzulösen. Mit dem Kreditgeld wird die Zukunft in die Gegenwart verlagert: Man tauscht eine Leistung heute gegen eine Gegenleistung in der Zukunft. Und damit wird zugleich die Sphäre möglicher Tauschadressaten enorm erweitert. Hat jemand „Kredit", kann er unbeschränkt wirtschaftliche Transaktionen ausüben. Er kann selbst, ohne im Besitz von Geld zu sein, über Art und Ausmaß seiner Tauscherwartungen und Tauschbeziehungen entscheiden. Damit hat sich zugleich die Grundlage von Tauschbeziehungen selbst geändert: War es zunächst der Besitz von Naturalien, dann der von Bargeld, der die Grenzen des Tausches festlegte, so sind es heute in der modernen Kreditwirtschaft allenfalls noch Reputation und sozialer Status, die mögliche Grenzen markieren.

Die gesellschaftlichen Funktionen des Geldes haben den Rahmen aller Managementaktivitäten entscheidend geprägt:

1. Die Neutralisierungsfunktion des Geldes

Geld verlöre seine Funktion, wenn seine Geltung von individuellen Motiven, von Rasse, Gechlecht, Status oder Herkunft der Tauschpartner abhinge. Insoweit ist Geld ein neutrales Tauschmedium. Es ermöglicht Indifferenz und Gleichgültigkeit der Manager gegenüber den Geschäftspartnern, es ermöglicht ebenso Indifferenz gegenüber Zeitpunkten und sachlichen Inhalten einer Tauschbeziehung. Geld neutralisiert gesellschaftliche Beziehungen; es ist nicht an soziale Merkmale und soziale Grenzen gebunden. Bindungen, die auf dem Tauschmedium des Geldes beruhen, werden aus ihrer sozialen Einbettung gelöst.

2. Die Rationalisierungsfunktion des Geldes

Durch Geld gehen die individuellen und subjektiven Bezüge eines Tauschvorgangs verloren. Man braucht sich nicht mehr, wie noch beim Naturaltausch, über die jeweilige besondere Bedeutung der Tauschgegenstände Einvernehmen zu verschaffen. Mit Hilfe des Geldes kann vom Einzelfall oder von der Besonderheit eines Tauschprozesses abstrahiert werden. Geld rationalisiert, standardisiert und vereinfacht damit die Tauschbeziehungen.

3. Die kulturelle Funktion des Geldes

Als neutrales Medium ist der Charakter des Geldes universalistisch (das heißt, Geld ist nicht an soziale Merkmale von Personen und Gesellschaften gebunden). Geld überwindet lokale Märkte und Grenzen. In dieser Eigenschaft ist es ein generalisiertes Medium. Je generalisierter Geld ist (wie etwa der Dollar, der in fast allen Ländern der Welt akzeptiert wird), umso weniger ist es an die kulturellen Horizonte einer Gesellschaft gebunden. Der Besitz von Dollar ermöglicht es, mit Menschen fast aller Länder. Rassen und Sprachen in eine kommerzielle und damit auch soziale Verbindung zu treten.

Unter diesen Umständen ist Geld ein interkulturelles Tauschmedium. Es ermöglicht Beziehungen zwischen Menschen verschieden entwickelter Gesellschaften, die durch die Summe dieser Beziehungen in ihrer kulturellen Identität berührt werden können. Durch Geld werden sogenannte Akkulturationsvorgänge (Übernahme von Merkmalen einer fremden Kultur durch Personen oder Gruppen einer übernehmenden Kultur) begründet, oder es werden bestehende Akkulturationseffekte verstärkt.

Fallbeispiel Manager:

Das Selbstverständnis vieler Manager ist durch Akkulturationsvorgänge geprägt. Jeder dritte Spitzenmanager bekundet, dass der Einfluss von anderen Kulturen sich in vielfältiger Weise in seinem Selbstverständnis niederschlägt (vgl. Buß 2007, S. 247 ff). Über wirtschaftliche Transaktionen hat eine Art Amalgamierung unterschiedlicher Kultureinflüsse stattgefunden. Neben angelsächsischen Prägungen gilt dies insbesondere für Einflüsse aus dem französischen Kulturkreis sowie dem japanischen oder arabischen Raum. Meistens sind diese Einflüsse nicht direkt im unternehmerischen Alltag sichtbar, sie wirken aber als abgelagertes Sediment im tiefer liegenden Selbstbild der Spitzenmanager, wie folgende Bemerkungen exemplarisch zeigen:

„Was ich am meisten schätzen gelernt habe, ist ein bestimmter Arbeits- und Entscheidungsstil aus den USA. Das ist dieses schnelle Handeln."

> *„Seit 20 Jahren arbeite ich mit Japan zusammen. Ich hoffe, ich kriege das noch zusammen. Das war ein elementares Erlebnis, als mir ein Manager gesagt hat, für uns gibt es „Five W": What, Why, When, Where, Who. Wir gehen diese fünf W's durch und geben darauf Antwort. Also, sehr strukturiert gedacht. Das hat mich fasziniert. "*
>
> *„Es herrscht ein Konvergenzprozess, der Unternehmen mit unterschiedlichen Kulturen zusammenbringt. Wer sich nicht mit business culture, nehmen Sie Frankreich oder Italien, sehr intensiv auseinandersetzt, kann Fehler machen. Also, in dieser Managerklasse ist ein Prozess im Gange, der die national-kulturellen Unterschiede immer mehr abschleift, der zu einem Konvergenztrichter führt. "*

4. Geld erweitert den individuellen Erwartungshorizont

Der Besitz von Geld offeriert eine nahezu unendliche Zahl unterschiedlicher Tauschmöglichkeiten; mit anderen Worten: Geld steigert die Erwartungen, sich beliebige Leistungen und Güter verfügbar zu machen. Entscheidend ist, dass der Besitz von Geld Chancen oder gar die Macht verleiht, „to get things done", ohne dass man im selben Moment besondere Verpflichtungen einzugehen hat. Die besondere Kombination von Chancen, Macht und Erweiterung des persönlichen Erwartungshorizontes sowie schließlich der Freiheit gegenüber Verpflichtungen machen Geld zu einem so wichtigen und grundlegenden Mechanismus.

5. Geld steigert die Komplexität der Gesellschaft und der Managementsysteme

Mit der Entwicklung und Verfeinerung des Geldwesens nehmen zugleich die Tausch- und Kommunikationsmöglichkeiten für jeden Menschen sprunghaft zu. Das allgemeine gesellschaftliche und unternehmerische Kommunikationsnetz expandiert, es werden immer neue Kommunikationschancen begründet.

Je mehr die Kommunikations- und Tauschchancen wachsen, umso größer werden gleichzeitig die Auswahl- bzw. Selektionsprobleme im Hinblick auf die Verwendung des Geldes. Es gibt verschiedene Alternativen. Erhöht sich die Zahl möglicher Tauschadressaten, nehmen also auch die Entscheidungsalternativen zu. Es wird immer schwieriger, die Transaktionen allein nach Rationalitätskriterien zu steuern. Der Druck wächst, alle für eine Entscheidung notwendigen Informationen zu besorgen, um aus dem Komplex der Alternativen die wirtschaftlichste Lösung auszuwählen. Insbesondere für das Management wächst der Zeitaufwand, die richtige Entscheidung zu treffen. Sofern aber Selektions- und Entscheidungsprobleme steigen, wächst die Komplexität der Managementsysteme und der Gesellschaft.

6. Geld steigert das Stabilitätsrisiko der modernen Gesellschaft

Nahezu alle Aktivitäten werden nicht mehr direkt und unmittelbar, sondern nur noch über das Medium Geld in Bedürfnisbefriedigungen transformiert. Dadurch sind sie einem größeren Risiko im Falle von Störungen des Geldmechanismus unterworfen. Die Stabilität gesellschaftlicher Beziehungen ist durch das Geld sensibler geworden, denn sie hängt immer mehr von der Funktionsfähigkeit des komplexen internationalen Geldsystems ab. Eine hohe Inflationsrate beispielsweise entwertet nicht nur die Ersparnisse, sie verhindert darüber hinaus die Umsetzung von Geld in Bedürfnisbefriedigung und Zukunftssicherung, verhindert soziale Beziehungen und untergräbt die Stabilität des Netzes gegenseitiger Erwartungen und Verpflichtungen. Auch die Finanzkrisen der letzten Jahre weisen auf die enormen Stabilitätsrisiken moderner Gesellschaften hin.

7. Die Sicherungsfunktion des Geldes

Geld erweitert den Zukunftshorizont, indem es systematisch Vorsorge für die Zukunft erlaubt. Mit Naturalien lässt sich nur begrenzt für die Zukunft vorsorgen, dagegen lässt sich mit Geld für jedermann die Zukunft sichern. Waren es früher in erster Linie die Verheißungen der Religion, die den Menschen Sicherheit für die Zukunft verbürgten, so ist heute an ihre Stelle das Geld getreten. Statt Religion avanciert Geld zum eigentlichen Sicherungsmittel der Zukunft und damit auch zum zentralen Sicherungsmittel der modernen Gesellschaft (vgl. Luhmann 1991: 214).

Darin liegt aber zugleich eine Gefahr. Die vielschichtigen Probleme der individuellen Lebensvorsorge sind an das Risiko eines dauerhaften und funktionsfähigen Geldmechanismus gebunden. Die Zukunft wird nicht mehr durch immaterielle Mittel, wie sie die Religion bot, gesichert, sondern ausschließlich durch vergängliche materielle Mittel. Ein Mangel an Geld ist heute zugleich Ausdruck von Zukunftsängsten. Und mangelndes Vertrauen in die Geldwertstabilität enthält immer zugleich den Keim einer beunruhigenden Zukunftsunsicherheit – es wirkt destabilisierend.

Fazit:

Über die Besonderheiten des modernen Geldmechanismus bildet das Management, systemtheoretisch gesprochen, die zugespitzte Form einer strategischen Rationalität heraus. Entscheidungen werden nur noch nach Maßgabe klarer markttypischer Rationalitätskriterien getroffen. In dieser Hinsicht sind die Leistungen der funktionalen Differenzierung der Wirtschaft enorm. Dadurch, dass sie alles Außerrationale aus dem Bereich der Wirtschaft verbannt, und dadurch, dass sie das Management von allen Rücksichtnahmen auf private und gesellschaftliche Fragen entlastet, ermöglicht sie die Konzentration aller Kräfte auf nur ein Ziel: auf die weitere Rationalisierung und damit zugleich auch auf die wachsende organisatorische und industrielle Leistungsfähigkeit der Wirtschaft.

5.4.3   Die relative Autonomie des Managements

Neben der These von der Ausdifferenzierung spielt in der Systemtheorie die Kategorie der *„relativen Autonomie"* eine wichtige Rolle. Sie besagt, dass sich Manager gegen direkte externe soziale Kontrollen, gegen mögliche Übergriffe oder Interventionen anderer gesellschaftlicher Systeme legitimerweise abschirmen dürfen; das heißt gegen Verhaltensregeln, die in anderen gesellschaftlichen Bereichen üblich sind, die aber eben für den Rationalitätsfortschritt in den Unternehmen nicht geeignet sind und ihre Funktionen nur beeinträchtigen würden. So ist es beispielsweise unter dem Gesichtspunkt der Systemtheorie legitim, dass sich Manager dagegen wehren, emotionale Beziehungen am Arbeitsplatz zu dulden. Ebenso ist es für die Manager legitim, Gesichtspunkte der Solidarität oder Nächstenliebe – charakteristische Merkmale des Systems Religion – zu vernachlässigen. Damit Manager erfolgreich arbeiten können, müssen sie sich gegen alle Zumutungen zur Wehr setzen, die die Weiterentwicklung der Unternehmensprofessionalität beeinträchtigen könnten.

Dies bedeutet aber nicht, dass die Manager völlig unabhängig von gesellschaftlichen Institutionen handeln können. Relative Autonomie ist nicht mit Autarkie zu verwechseln. Jedes funktionierende Managementsystem bleibt immer darauf angewiesen, dass auch die anderen gesellschaftlichen Bereiche funktionieren: dass der Frieden gesichert ist (Funktion des politischen Systems), dass der Erkenntnisfortschritt und die Grundlagenforschung gewährleistet sind (Funktion des Wissenschaftssystems), dass ethische Prinzipien gewahrt werden (Funktion des Religionssystems). Im Zuge der Arbeitsteilung in der Gesellschaft leisten alle Systeme ihren Beitrag. Alle Bereiche sind aufeinander angewiesen.

Relative Autonomie bedeutet vielmehr, dass sich die Unternehmen einerseits auf bestimmte Funktionen spezialisiert haben und darin autonom sind; autonom in dem Sinne, dass sich die Manager nicht in ihre eigenen Aufgaben hineinregieren lassen, also selbst entscheiden können, nach welchen Verfahren und Methoden sie handeln. Auf der anderen Seite sind die Unternehmen natürlich auf die Funktionserfüllung der übrigen gesellschaftlichen Teilbereiche angewiesen, und zwar umso mehr, je höher spezialisiert sie sind.

Unter dem Gesichtspunkt der relativen Autonomie werden vor allem jene Regeln und Normen untersucht, die die Trennung der Wirtschaft von den anderen Teilsystemen kennzeichnen. Beispiele sind „die Norm der Unbestechlichkeit, buchungstechnische und rechtliche Trennbarkeit von Geschäfts- und Privatvermögen, Prioritäten im Verhältnis von Berufs- und Familienleben, Liebesheirat (statt wirtschaftlicher Heirat) oder Verhaltensgrundsätze wie: In Geldsachen hört die Freundschaft auf" (Luhmann 1991, S. 211). Solche Trennregeln sind nur möglich, wenn die Unternehmen von Rücksichtnahmen auf andere gesellschaftliche Systeme entlastet werden; ihnen muss aus systemtheoretischer Perspektive zugestanden werden, in gewisser Weise gleichgültig gegenüber den Anforderungen, Zumutungen und Verhaltensregeln anderer gesellschaftlicher Bereiche zu sein.

Die relative Autonomie des Managements lässt sich nach drei Gesichtspunkten unterscheiden:

1. Die zeitliche Dimension

Unter dem Gesichtspunkt der Zeit hängt die relative Autonomie des Managements davon ab, ob andere Gesellschaftssysteme wie etwa die Politik den Managern Zeit lassen, auf bestimmte Anforderungen und Ansprüche zu reagieren. Die Möglichkeit, Ansprüche zeitlich zu vertagen, das heißt sich die Zeit zu nehmen, gegebenenfalls Prozesse der Informationsverarbeitung zwischenzuschalten, ist Ausdruck einer relativen Autonomie des Managements.

2. Die sachliche Dimension

Hier drückt sich die relative Autonomie des Managements vor allem darin aus, dass das Management eines Unternehmens in seiner Legitimation noch nicht gefährdet ist, wenn in konkreten Einzelfällen Misserfolge auftreten, z. B. Gewinnprognosen nicht eingehalten werden, Arbeitsplätze abgebaut werden oder öffentliche Boykottaufrufe geäußert werden, etc. Das Management muss in der Öffentlichkeit einen Grundstock allgemeiner Legitimation genießen, die nicht auf fallweiser Zusage beruht, d. h. die nicht beim ersten Misserfolg zurückgezogen wird. Die sachliche Autonomiebedingung meint, dass zwischen den Funktionsstörungen im Einzelfall und der allgemeinen Wertschätzung der Unternehmen Schwellen eingebaut sind, die eine direkte Weitergabe der Enttäuschung auf die Legitimation des Managements verhindern.

3. Die soziale Dimension

Relative Autonomie unter sozialen Gesichtspunkten meint, dass die Manager einer Vielzahl von Umweltsystemen gegenüberstehen, die selbst untereinander konkurrieren und damit nicht eine geschlossene einheitliche Interessenfront ihnen gegenüber aufbauen. Beispielsweise dürfen politisches System, Kirche und Öffentlichkeit nicht gemeinsam Front gegen bestimmte Handlungsmaßstäbe des Managements machen, sofern die Bedingung relativer

Autonomie erfüllt sein soll. Sie dürfen weder als gemeinsam fungierende Akteure auftreten noch aus der Sicht des Managements eine geschlossene Umweltmacht präsentieren. Vielmehr müssen die Leitungsebenen der Unternehmen damit rechnen können, dass sie mit konkurrierenden Interessen, Stellungnahmen und Anforderungen konfrontiert werden. Sie müssen mehreren relativ gleichgewichtigen und sich in ihrer Wirkung gegenseitig neutralisierenden Forderungen von Verbänden, Parteien oder Interessengruppen ausgesetzt sehen.

Praxisbeispiel:

Relativ autonom sind Managementsysteme, wenn es nicht nur einen, sondern eine Vielzahl gleich berühmter Professoren gibt, die unterschiedliche Gutachten beispielsweise in einem Kartellfall erstellen; ferner, wenn eine Mehrzahl von Verbänden und Organisationen in ökologischen Fragen unterschiedliche Interessen formuliert und rivalisierende Positionen bezieht. Unter diesen Umständen können Unternehmen, wenn etwa eine Umweltorganisation zu deutlich ihre eigenen Interessen anmeldet, mit der Rückendeckung anderer Organisationen, die andere Interessen vertreten, rechnen. Sofern Unternehmen diese Art Rückendeckung erhalten, kann man von der relativen Autonomie des Managements sprechen. Der Druck der Umwelt auf anstehende Strategieentscheidungen ist geschwächt.

Fazit:

Das Management gewinnt also seine relative Autonomie vor allem dadurch, dass es für seinen eigenen Funktionsbereich von konkurrierenden Zuständigkeitsansprüchen und Forderungen anderer Teilsysteme freigestellt wird. Auf dieser Grundlage entwickeln sich die charakteristischen rationalen Verhaltensweisen des Managements.

5.4.4 Die Kompatibilität von Management und Gesellschaft

In der Systemtheorie bezeichnet man das stabile Verhältnis von Wirtschaft und Gesellschaft als Kompatibilitätsbedingung. Kompatibilität heißt Vereinbarkeit; und wenn die Systemtheorie ihr Augenmerk auf die Vereinbarkeit der gesellschaftlichen Systeme untereinander richtet, so hat sie vor allem das Problem im Auge, wie die Abstimmung hochspezialisierter Teilsysteme, das heißt konkret: die Abstimmung wirtschaftlicher und nicht-wirtschaftlicher Prozesse untereinander bewerkstelligt wird.

„Inkompatibel" ist beispielsweise das Verhältnis zwischen Management und Bürger, wenn verantwortliche Manager die Umgangssprache zu Gunsten einer rein technischen Fachsprache auflösen. Wenn branchentypische Begriffe, Fach-Codes oder Abkürzungen nur noch Eingeweihten ein Begriff sind, oder wenn der Bürger Rechnungen bekommt, die er nicht mehr entziffern kann; wenn Kreditverträge, Gehaltsbescheinigungen und Bedienungsanleitungen nur noch für Fachleute durchschaubar sind, stellt sich die Frage, ob die Manager zu Gunsten der sogenannten Professionalisierung alle Verständigungsbrücken zu den anderen Systemen bzw. zum Staatsbürger abbrechen dürfen. Dies ist das Thema der Kompatibilität. Unter ihrem Gesichtspunkt interessieren den Managementsoziologen jene Prozesse, die die Möglichkeit des Nebeneinander-Existierens von hochspezialisierten Managementsystemen und anderen gesellschaftlichen oder kulturellen Bereichen gewährleistet.

Die Kompatibilität bezieht sich darüber hinaus auf die Koordination zeitlicher Ansprüche, die jedes System erfordert, will man nicht seine Funktionsfähigkeit gefährden. Wenn beispielsweise zu Gunsten des Berufes die Familie zu kurz kommt, ist letztlich die Familie als solche gefährdet. Die Zeitbudgets, die die Systeme in Anspruch nehmen, müssen ausgewogen sein. Die Menschen müssen zeitlich noch imstande sein, alle Bereiche wie Religion, Familie, Politik, Kultur und Arbeitswelt zu „bedienen". Geschieht dies nicht, ist die Integration der Gesellschaft insgesamt gestört. Die Kompatibilitätsbedingung besteht darin, dass die einzelnen gesellschaftlichen Bereiche um der gemeinsamen Stabilität wegen ihre Funktionen und zeitlichen Ansprüche faktisch koordinieren müssen. Gelingt die Abstimmung nicht, kann eine erhöhte Störanfälligkeit der gesamten Sozialstruktur die Folge sein.

Angesichts der Probleme der modernen Gesellschaft erscheint es kaum möglich, die Kompatibilitätsbedingungen immer einzulösen, zumindest soweit das Verhältnis von Managern und Bürgern angesprochen ist. Im Gegenteil: Je mehr sich die Unternehmen nach eigenen Gesetzmäßigkeiten immer weiter spezialisieren und professionalisieren, umso größer werden offenbar auch die Verständigungs- und Vertrauensprobleme.

Praxisbeispiel für das Kompatibilitätsproblem:

Je professioneller sich auf der einen Seite die Managementsysteme entwickeln, umso größer werden pari passu (gleichzeitig) die Glaubwürdigkeitsprobleme der Manager. Die Kluft zwischen Managern und Öffentlichkeit nimmt zu. Sehr nachdenklich macht es nämlich, was die Bundesbürger auf die Frage äußern: Haben Sie Vertrauen zu Unternehmen? Ihr klares „nein" passt so gar nicht zu den Visionen, die die Manager vieler Unternehmen über ihr Bild von Offenheit und Transparenz skizzieren. Trotz massiven Medien- und Informationseinsatzes wird der Glaubwürdigkeit der Manager und Transparenz der Unternehmensprozesse ein eher schlechtes Zeugnis ausgestellt (vgl. Buß 2000, S. 163ff.): a) drei Viertel der Bevölkerung setzen wenig oder kein Vertrauen in Unternehmen und ihre Manager; b) auch die Frage nach der idealen Welt des Bundesbürgers weist auf das mangelnde Vertrauen in Großunternehmen hin. Nur für 28 Prozent der Bevölkerung gehören Großunternehmen zum Bild von einer idealen Welt – mit deutlich abnehmender Tendenz. Die Konzentration der Manager auf betriebswirtschaftliche Fragen droht nachhaltig einen Wertfaktor zu schädigen, der die Substanz eines Unternehmens im innersten zusammenhält: die Verständigung gegenüber der Öffentlichkeit, kurz: *die Kompatibilität zwischen Management und Gesellschaft.*

Fragen zur Wiederholung

1. Nennen Sie drei Probleme moderner Managementsysteme, die die Systemtheorie zu erklären versucht.

2. Formulieren Sie Kategorien, die typisch für die Systemtheorie sind.

3. Worin unterscheiden sich entwickelte und nicht-entwickelte Wirtschaftssysteme?

4. In welche drei Kernthesen lässt sich die systemtheoretische Betrachtungsweise des Managements zusammenfassen?

5. Worin besteht die Ausdifferenzierung der Managerrolle?

6. Nach welchen drei Gesichtspunkten kann man die relative Autonomie des Managements unterscheiden?

7. Was besagt die Kompatibilitätsbedingung?

8. Worin besteht der „Sinn" der Wirtschaft?

9. Wie lässt sich die im historischen Zusammenhang ungeheure Leistungssteigerung der Wirtschaft erklären?

10. Diskutieren Sie die soziologische Bedeutung des Sprichworts „strikte Rechnung – gute Freundschaft". Oder: „In Geldsachen hört die Freundschaft auf".

5.5   Management aus handlungstheoretischer Perspektive

Der systemtheoretische Ansatz ist, wie sich gezeigt hat, gut geeignet, die Besonderheiten des Managements gegenüber den anderen Bereichen der Gesellschaft herauszuarbeiten. Aber er eignet sich weniger gut, die Handlungsprinzipien zu analysieren, in denen beispielsweise ökonomische, moralische und soziale Maßstäbe miteinander verwoben sind. Es ist daher zu fragen, nach welchen allgemeinen Grundsätzen handeln Manager? Etwa nur nach rein strategischen Gesichtspunkten? Oder bilden die Entscheidungsgrundlagen ein „mixtum compositum" (buntes Gemisch) unterschiedlichster Kriterien? Ferner könnte man fragen: Handeln Manager in Mitteleuropa nach denselben Prinzipien wie in den USA oder in Japan oder in China? Welche Motive spielen in die Entscheidungen hinein? Verhält sich der Manager wie der klassische homo oeconomicus, der nichts als die Kapitalrendite im Auge hat oder ist er möglicherweise ein Unternehmer, der eine Balance zwischen Umsatzkriterien und Mitarbeiterverantwortung praktiziert? Diese Fragen lassen sich in erster Linie unter einer handlungstheoretischen Perspektive beantworten:

- Nach welchen Normen, Werten und Grundsätzen orientieren sich die Handlungen des Managements?
- Nach welchen Gesichtspunkten lassen sich die konkreten Handlungsleitlinien des Managements klassifizieren?
- Wie unterscheiden sich die Handlungsprinzipien der Manager in unterschiedlichen Unternehmensgrößen, Branchen, Regionen und Kulturen?
- Wie lässt sich der Wandel von Managementgrundsätzen im Sinn des „Change Management" erklären?

Im Gegensatz zur systemtheoretischen Perspektive geht die handlungstheoretische Betrachtungsweise nicht von einer relativ unabhängigen Managementwelt aus, die ein besonderes Eigenleben führt, sondern von der Vorstellung, der zufolge das Handeln des Managers von allgemeinen Regeln, Werten oder Normen geleitet wird, die so auch in den anderen Lebensbereichen ihre Bedeutung haben. Der eigentliche Unterschied in der Betrachtungsweise liegt vor allem darin, dass aus der handlungstheoretischen Perspektive das Management nicht aus seiner sozialen Einbettung herausgelöst wird, also nicht als isoliertes System betrachtet wird, sondern als integrierter Teilbereich der gesamten Gesellschaft. Managementprozesse sind hier immer zugleich auch gesellschaftliche Prozesse. Das Management erscheint als Handlungsfeld, auf dem ganz normale soziale Regelungsmechanismen zusammenlaufen, die so auch die anderen Lebensbereiche durchziehen.

5.5.1 Die Handlungstypen nach Max Weber

Die klassische soziologische Theorie des Handelns geht auf Max Weber zurück. Sie beruht auf der Idee, dass mit jedem Handeln (Tun oder Unterlassen) ein Sinn verbunden ist. Der Sinn erschließt sich aus den kulturellen Vorgaben, unter denen gehandelt wird. Konkret sind dies Tradition oder Sitte, kulturelle Ausdrucksmuster von Emotionen, spezifische Wertorientierungen oder aber erstrebenswerte Ziele (vgl. Abels 2007b, S. 134f.).

Definition Soziales Handeln:

Handeln ist nur dann soziales Handeln, wenn es sich am Verhalten anderer orientiert. Das Handeln eines Managers ist unter diesem Definitionsvorbehalt nur insofern soziales Handeln, als es das Verhalten anderer Marktteilnehmer in Betracht zieht. Ganz allgemein und formal also schon: indem ein Manager auf die Respektierung seiner Leistungen durch Dritte reflektiert, dass er die zukünftigen Produkterwartungen der Verbraucher berücksichtigt oder die eigenen Investitionsentscheidungen daran ausrichtet (vgl. Weber 1976, S. 30).

Weber fragt, was uns veranlasst, in einer bestimmten Situation so und nicht anders zu handeln. Dies ist die Frage nach dem Sinn, den wir mit dem Handeln verbinden. Die Antwort ist nicht überraschend: Exakt ist es in der Regel schwer zu sagen. Trotzdem kann man Weber zufolge grobe Unterscheidungen vornehmen. Er nennt sie „Bestimmungsgründe sozialen Handelns" (vgl. Abels 2007b, S. 145). Weber unterscheidet vier reine Typen:

eher situationsbezogen	**emotional-affektuell** Geltungsgrund: *Gefühl*	**zweckrational** Geltungsgrund: *Interesse*
eher verinnerlicht	**traditional** Geltungsgrund: *Sitte, Gewohnheit*	**wertrational** Geltungsgrund: *Legitimitätsglaube*
	Reflexionsgrad gering/ eher labil	Reflexionsgrad hoch/ eher stabil

Abb. 5.6 Die Idealtypen sinnhaften Managerhandelns (nach Max Weber) Quelle: © Eugen Buß

1. Zweckrationales Handeln

Zweckrational handelt ein Manager, wenn er sein Handeln „nach Zweck, Mittel und Nebenfolgen orientiert und dabei sowohl die Mittel gegen die Zwecke, wie die Zwecke gegen die Nebenfolgen, wie endlich auch die verschiedenen möglichen Zwecke gegeneinander abwägt" (Weber 1976, S. 34). Klassisches Managerverhalten ist zweckorientiertes Verhalten.

Es blendet alle sachfremden Bezüge aus und bildet dadurch die Grundlage moderner Märkte. Dazu gehören:

- Zweckrationales Handeln erfolgt allein aus dem Nutzenkalkül einer individuellen Interessenlage.
- Alle Rationalitätskriterien sind operational, d. h. messbar.
- Zweckrationales Handeln abstrahiert von Personen. Es setzt unpersönliche Beziehungen voraus.
- Zweckrationales Handeln verlangt eine sachliche Einstellung zu Produkten; es verhindert eine Haltung, die ein besonderes Verhältnis von Personen und Sachen ausdrückt.
- Die Beziehungen der Manager zu Lieferanten oder Kunden basieren nicht auf moralischem Engagement oder sozialen Verpflichtungen, sondern auf den Bedingungen des unpersönlichen Vergleichs von Leistungen und Tauschwerten. „Der Markt erübrigt", wie Luhmann betont, „moralische, die Person bewertende Kontrollen und damit auch ein moralisches Engagement" (Luhmann 1991, S. 210).
- Charakteristisch für zweckrationales Handeln sind objektive Maßstäbe von Gleichheit und Ungleichheit, von Kosten und Nutzen. Die Entscheidungen des Managements werden allein nach formalen rechenhaften Maßstäben bzw. allein nach Maßgabe eines objektiven Vergleichs getroffen. Zweckrationales Handeln setzt ferner einen rein interessenorientierten Kommunikationsstil voraus. Der Stil des Miteinanderumgehens ist emotionsfrei, er orientiert sich allein an rationalen Kriterien.
- Kennzeichnend für zweckrationales Handeln des Managements ist schließlich die Orientierung an „Return on Investment-Kategorien" (ROI) oder an Kategorien der Kapitalrendite oder an der Steigerung der Kapitalressourcen. Geldmaßstäbe sind in besonderer Weise Ausdruck von Zweck-Rationalitätskriterien.

Absolute Zweckrationalität ist in der Praxis ein konstruierter Grenzfall. Sehr selten werden Entscheidungen nur nach reinen Zweck-Mittel-Erwägungen getroffen. Meist sind in die Managemententscheidungen Werte eingewoben, die dem Prinzip der Nutzenmaximierung widersprechen.

2. Wertrationales Handeln

Ein Manager handelt wertrational, wenn er ohne Rücksicht auf die vorauszusehenden Folgen im Dienst seiner Überzeugung handelt, entweder aus moralischen Geboten, aus einem inneren Pflichtgefühl für eine Sache, aus religiöser Weisung, oder weil ihm eine bestimmte Angelegenheit besonders wichtig ist. Es ist ein Handeln nach „Geboten" oder gemäß „Forderungen", die der Manager an sich gestellt glaubt (vgl. Weber 1976, S. 34f.). Beispielsweise kann man von wertrationalem Handeln sprechen, a) wenn sich Manager einen bestimmten Kodex des Verhaltens geben, b) wenn sie ökologische Werte aus innerer Überzeugung in ihren Entscheidungen berücksichtigen, c) wenn sie Treue zu einem langjährigen Lieferanten praktizieren, der ein schlechteres Angebot als die Konkurrenz unterbreitet, d) wenn sie Mitarbeiter aus sozialer Verantwortung weiter beschäftigen, obwohl deren Arbeit nicht mehr benötigt wird. In allen diesen Fällen handeln die Manager primär aus Überzeugung und nicht nach Maßgabe der Logik einer Zweckrationalität.

Praxisbeispiel:

Wie sich die „Wertrationalität" im Sinn von Max Weber in Managemententscheidungen ausdrückt, macht folgende Aussage eines Topmanagers deutlich: *„Ich trage hier die Verantwortung für 22.000 Leute. Vor einigen Jahren haben wir uns entschieden, zwei Sparten zu verkaufen. Ich versichere Ihnen, wir haben aus Überzeugung Garantien für die Behandlung der Menschen und für ihre Arbeitsplätze verlangt. Ohne die Garantien hätten wir 660 Millionen, aber durch diese Garantien haben wir nur 610 Millionen bekommen. Das hat uns 40 bis 50 Millionen damals gekostet. Ich meine, jeder Aktionär kann ja mit Recht sagen, wie kommen Sie dazu, so viel Geld, diese 50 Millionen, nicht mitzunehmen. Auch das ist eine Frage der Moral."* (Buß 2007, S. 152).

Merkmale des wertrationalen Handelns sind:

- Wertrationales Handeln beinhaltet ein Handeln unabhängig vom messbaren Erfolg.
- Wertrationales Handeln ist geprägt durch den ethischen, ästhetischen oder wie immer sonst zu deutenden unbedingten Eigenwert einer Handlung, ganz gleich, was an Nutzen dabei herauskommt. Der Manager reflektiert nicht die Folgen einer Handlung.
- Entscheidungen über kollidierende Zweck-Mittel-Maßstäbe sind häufig wertrational.
- Wertrationales Handeln ist ein Handeln aus einem Gesinnungsprinzip.
- Wertrationales Handeln ist ein Handeln aus einem absoluten Pflichtgefühl. Wenn ein Manager sich aus Pflichtgefühl sehr viel Zeit für die Aktendurchsicht nimmt, aus zeitlicher Dringlichkeit aber eine wichtige Investitionsentscheidung ansteht, dann ist dieses Verhalten aus Webers Sicht nicht zweckrational, sondern wertrational.

3. Traditionales Handeln

Traditionales Handeln steht Weber zufolge an der Grenze dessen, was man noch sinnhaftes Handeln nennen könnte. Die Masse allen eingelebten Alltagshandelns nähert sich diesem Typ. Managementhandeln ist immer dann traditional, wenn es einer überlieferten, eingefahrenen Einstellung oder Routine folgt (Weber 1976, S. 33). „Beim traditionalen Handeln resultieren Ziele und Verlauf des Handelns aus der Gewohnheit, ohne dass viel darüber nachgedacht wird" (Abels 2007b, S. 146). Zahlreiche Maßnahmen und Prozesse im Unternehmen sind in Traditionen verankert. Charakteristisch für diesen Handlungstyp ist es, wenn ein Manager ungeachtet der besonderen Umstände des Einzelfalls sagt: „Das haben wir hier immer so gemacht!" Merkmale des traditionalen Handelns sind u. a.:

- Das Prinzip des traditionalen Handelns bedeutet, dass Handlungsmaßstäbe des Managements an traditionelle Gewohnheitsnormen gebunden sind.
- Das traditionale Handeln ist auf den Erhalt der bestehenden Ordnung gerichtet, das heißt, das traditionale Handeln ist auf Bestandssicherung und nicht auf Änderung hin orientiert. Damit wirkt es restriktiv: technische oder organisatorische Innovationen unterliegen nur sehr begrenzten Spielräumen.
- Hergebrachte Rituale genießen eine hohe Wertschätzung.
- Die Manager leben in der Anschauung, dass eingeschliffene Verfahrensweisen und Ablaufprozesse zum Maßstab der Handlungslegitimation geworden sind.

- Die Orientierungsleitlinien sind durch „Sitte" geprägt, nach dem Motto: Es ist bei uns Sitte, dies so zu machen.
- Traditionales Handeln ist kein planvolles Handeln, der Reflexionsgrad ist gering.

4. Affektuelles Handeln

Unter affektuellem Handeln versteht Weber insbesondere das emotionale Handeln; ein Handeln, das durch aktuelle Gefühlslagen bestimmt ist. Das Handeln kann eine hemmungslose Reaktion auf einen außeralltäglichen Reiz oder besondere Situationsumstände sein; es kann auch der Ausbruch überschießender Gefühle sein oder es ist ein Handeln gewissermaßen „aus dem Bauch" heraus. Im strengen Sinn erfolgt dieses Handeln ohne Reflexion, d. h. ohne jede Überlegung, ohne jedes Rationalitätskriterium. Damit steht es ebenso wie das traditionale Handeln an der Grenze dessen, was man noch bewusst „sinnhaft" bezeichnen kann. Affektuell handelt ein Manager, wenn er z. B. sein Bedürfnis nach Rache gegenüber einem Konkurrenten zu einem persönlichen Duell macht, was in der Softwarebranche in den vergangenen Jahren gelegentlich der Fall war, wenn man z. B. an die Auseinandersetzungen zwischen Oracle und SAP denkt. Affektuell handelt ein Manager auch, wenn er aus dem Gefühl heraus entscheidet, wenn er sein Bedürfnis nach „kontemplativer Seligkeit" (Weber) oder die emotionalen Inszenierungsbedürfnisse der Medien befriedigt. Und schließlich handelt er affektuell, wenn er sich – völlig verständlich – seinen Sonntagsemotionen nach einem Großauftrag hingibt.

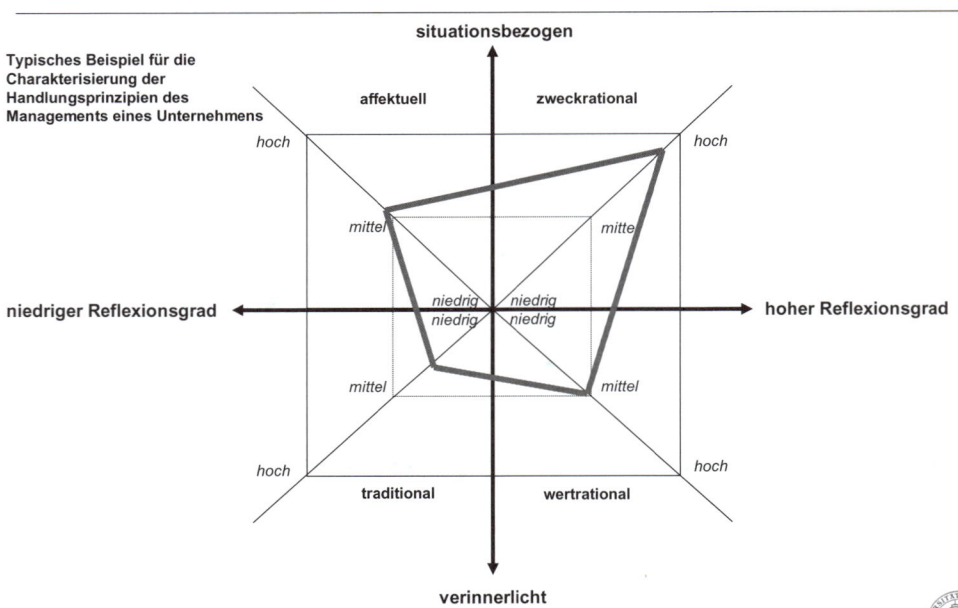

Abb. 5.7 Handlungsprinzipien des Managements nach den vier Idealtypen von Weber (Beispiel)   Quelle: © Eugen Buß

Fazit:

Bei dieser Klassifikation der Handlungstypen handelt es sich um Idealtypen (reine Formen), denen sich das praktische Handeln des Managements allenfalls annähert. Sehr selten ist das Alltagshandeln nur an dem einen oder anderen Typus ausgerichtet. Trotzdem helfen diese Handlungstypen, eine Unterscheidung verschiedener Managementkulturen vorzunehmen, denn der jeweilige Mischcharakter der vier Typen im Alltag kennzeichnet in unverwechselbarer Weise das besondere Profil des Managements eines Unternehmens oder eines Landes.

5.5.2 Die Handlungsmuster der pattern variables von Talcott Parsons

Von besonderer Bedeutung, die Handlungsmuster des Managements in einem idealtypischen Sinn zu charakterisieren, sind auch die Überlegungen des berühmten amerikanischen Soziologen Talcott Parsons.

Zur Person:

Talcott Parsons (1902–1979) studierte zunächst Biologie am Amherst College, anschließend Nationalökonomie an der London Business School und an der Universität Heidelberg, wo er auch promovierte. Von 1944–1973 war Parsons Professor für Soziologie an der Harvard-University. Seine Arbeiten werden weltweit diskutiert und haben einen weit reichenden Einfluss in der Wissenschaft.

Parsons zufolge lassen sich die Merkmale eines sozialen Systems, also auch die Handlungsprinzipien des Managements in einem Modell kultureller Orientierungsalternativen darstellen. Dieses idealtypisierende Modell geht davon aus, dass sich die grundlegenden Merkmale aller Organisationen in einem Feld zweier gegensätzlicher Orientierungsmuster (pattern variables) ausdrücken lassen. Die pattern variables ergeben sich aus vorgegebenen sozialen Rollen und entsprechenden Verhaltensmustern, die für die beteiligten Individuen in Alltagssituationen verbindlich sind. Mit diesem Typisierungsschema lässt sich nicht nur das Handeln einzelner Personen, sondern auch die allgemeinen Kulturmuster der Manager analysieren. Als pattern variables bezeichnet Parsons folgende fünf Variablenpaare:

1. Affektivität (affectivity) versus affektive Neutralität (affective neutrality)
Die erste Handlungsalternative fragt danach, ob Entscheidungen, Reaktionen oder Handlungen grundsätzlich eher nach persönlichen Beziehungen und Gefühlen (affektiv) oder nach rein sachlichen Gesichtspunkten getroffen werden (affektiv neutral). Die Frage ist: Dominieren eher gefühlsbezogene oder organisationsbezogene, beziehungsbezogene oder aufgabenbezogene Aspekte in Managemententscheidungen?

2. Spezifität (specivity) versus Diffusität (diffuseness)
Bei der zweiten Handlungsalternative beruhen Entscheidungen entweder auf einem einzigen, klar abgrenzbaren Interesse (spezifisch) oder auf mehreren miteinander vermischten Interessen (diffus). Diffus ist ein Managementsystem beispielsweise immer dann, wenn den Aufgaben der Mitarbeiter nicht eine eindeutige Funktionsbeschreibung zugrunde liegt, sondern die Erwartung gehegt wird, vorübergehend auch nicht im einzelnen vorher festgelegte Aufgaben zu übernehmen. Spezifisch ist dagegen ein Managementsystem immer dann, wenn klare

Zuständigkeiten formuliert sind und man rollenfremde Zumutungen legitimerweise zurückweisen darf. Die Frage, vor der ein Manager bei dieser Alternative steht, lautet deshalb: Löse ich eine klar umgrenzte Aufgabe oder muss ich auch viele andere Nebenbedingungen berücksichtigen? (z. B.: Welche Rolle spielt das Problem bei den Medien? Welche sachfremden Ansprüche werden formuliert? Welche weiteren Rollen (Vater, Vereinsvorsitzender, etc.) spielen bei der Bewältigung der Aufgabe hinein?)

3. Universalismus (universalism) versus Partikularismus (particularism)

Die dritte Orientierungsalternative fragt danach, ob Entscheidungen eher nach unpersönlichen allgemeinen Grundsätzen (universalistisch) getroffen werden oder eher nach Maßgabe einer besonderen persönlichen Beziehung (partikularistisch). Der Universalismus kennzeichnet soziale Beziehungen, die nach Regeln und Kriterien behandelt werden, die auf alle in derselben Weise anwendbar sind, ohne Rücksicht auf besondere Eigenschaften wie Konfession, Geschlecht (also ohne Ansehen der Person). Beispiel: Mitarbeiter werden nach Regeln beurteilt, die für alle in der gleichen Weise gelten.

Der Partikularismus kennzeichnet dagegen Beziehungen, in denen man jemand als Mitglied eines besonderen Status behandelt bzw. zu dem man in einer ganz bestimmten Beziehung steht. Beispiele: Bevorzugung von Freunden bei der Besetzung von Führungspositionen, Auftragsvergabe nach Zugehörigkeit zum selben Netzwerk (Alumni-Vereinigungen), Nachfolgeregelungen in Familienunternehmen. Universalistische Beziehungen gelten in der Regel als austauschbar, partikularistische nicht.

4. Zuschreibung (ascription) versus Leistung (achievement)

Die vierte Verhaltensalternative fragt danach, ob Handlungsmaßstäbe des Managements eher durch dauerhafte Eigenschaften eines Mitarbeiters (z. B. seine Herkunft, seine Dienststellung im Unternehmen) oder durch seine Leistung gekennzeichnet sind. Zeichnen sich Managementprinzipien primär dadurch aus, dass man Mitarbeiter danach behandelt, ob sie einen bestimmten zugeschriebenen Status (ascription) haben; oder beurteilt man sie rein nach ihrer Leistung (achievement)? Wird jemand auf Grund seiner fachlichen Kompetenz befördert oder nur, weil er einen akademischen Titel trägt oder einen bestimmten Dienstrang bekleidet? Leistet jemand Dienst nach Vorschrift (ascription) oder handelt er wie ein freier Unternehmer (achievement)?

5. Kollektivorientierung (collectivity) versus Selbstorientierung (self-orientation)

Bei der fünften und letzten Handlungsalternative lautet die Frage: Werden Entscheidungen eher nach individualistischem Kalkül und Interesse getroffen (Selbstorientierung) oder aber steht der Teamgedanke im Vordergrund (Kollektivorientierung)? Sind die Handlungsmaßstäbe der Manager eher individualistisch orientiert oder an übergeordnete Gemeinschaftsnormen gebunden?

Überträgt man dieses Modell der kulturellen Orientierungsalternativen auf die modernen Managementsysteme, so ergibt sich folgendes Bild:

1. Managemententscheidungen unterliegen primär einer *affektiv-neutralen Handlungsorientierung*. Emotionale und soziale Bindungen spielen bei der Wahl der Interaktionen zumeist keine Rolle. Es überwiegen organisations- und funktionsbezogene Entscheidungsmuster.

2. Managemententscheidungen beruhen in der Regel auf einem spezifischen, zielorientierten Verhalten (*Spezifität*). Normalerweise sind auf allen Managementebenen klare Zu-

ständigkeiten formuliert. Sach- und fachfremde Zumutungen dürfen legitimerweise zurückgewiesen werden. Alle Maßnahmen sind auf rationale und sachliche Interessenabwägungen gegründet.

3. Moderne Managementsysteme sind ihrem Selbstverständnis nach *universalistisch* und nicht partikularistisch orientiert. Alle Transaktionen und Beziehungen werden nach Kriterien gestaltet, die keine Rücksicht auf besondere Eigenschaften wie Geschlecht, Netzwerke, Konfession, Status, Familienangehörige, etc. nehmen. Gleichwohl ist klar, dass der Universalismus auch heute noch zumindest partiell von partikularistischen Strömungen unterlaufen wird.

4. Anerkennung und Statuszuweisung erfolgen aufgrund von *Leistungen*. Beförderungen beruhen auf fachlichen Kompetenzen. Der jeweilige individuelle Leistungsstandard entscheidet über die Wertschätzung eines Managers, nicht dagegen Herkunft und traditionell zugeschriebene Rollen.

5. Moderne Managementsysteme beruhen auf *„Selbstorientierung"*. Charakteristisches Kennzeichen hierfür ist die Betonung von Individualinteressen und die Rückstufung von Gemeinschaftsinteressen (Kollektivorientierung).

Resümee:

Die pattern variables bilden ein theoretisches Raster, in dem die Handlungsmaßstäbe der Manager nach fünf grundsätzlichen Orientierungsalternativen charakterisiert werden können. Insofern dienen die pattern variables dazu, unterschiedliche Managementsysteme zu typisieren. Sie stilisieren gewissermaßen das besondere Profil eines Unternehmens oder die Managementgrundsätze einer ganzen Volkswirtschaft. In der Praxis ist es allerdings nicht immer einfach, die charakteristischen Handlungsprinzipien den verschiedenen pattern variables zuzuordnen. Vielfach gibt es auch Mischformen, in denen die beiden gegensätzlichen Aspekte eines Strukturpaares in ein und derselben Managemententscheidung zum Ausdruck kommen. Doch zur allgemeinen Kennzeichnung der möglichen Besonderheiten von Managementsystemen unterschiedlicher Kulturen oder Länder eignen sie sich gut.

5.5.3 Das AGIL-Schema von Talcott Parsons

Parsons ist der Frage nachgegangen, wie die bestehende Ordnung in einer Gesellschaft erhalten wird, d. h. er fragt nach den ordnungsstiftenden Vorgängen und Zusammenhängen im Rücken der handelnden Menschen. Für ihn weist jede Ordnung eine bestimmte Struktur von Werten, Regeln und Normen auf. An diese Ordnung passen die Menschen ihre Bedürfnisse, Erwartungen und Kompetenzen kontinuierlich an – zumeist unbewusst, aber ganz konsequent. Der Grund dafür ist einfach: Die Ordnung vermittelt Sinn. Also orientieren sich die Menschen an ihr. Denn jede Ordnung schafft etwas Gemeinsames, aus dem heraus die beteiligten Akteure ihr Handeln wechselseitig verstehen (vgl. Abels 2007a, S. 128). In der Terminologie von Parsons ist es das *kulturelle System*, aus dem die Handelnden ihre Orientierung und ihren Sinn beziehen. Entsprechend hängt die soziale Ordnung von der *normativen Integration* ihrer Mitglieder ab; das bedeutet: Die Normen des kulturellen Systems entfalten eine bindende Kraft und ihre Mitglieder fügen sich in die bestehende Ordnung ein.

Die Frage, die Parsons interessiert, ist nun: Wie bewahrt sich ein soziales System – beispielsweise ein Unternehmen – seine Ordnung? Um die inneren Stabilitätsbedingungen einer solchen Ordnung zu beschreiben, verwendet Parsons die beiden Kategorien „Struktur" und „Funktion" – daher wird sein Ansatz auch strukturell-funktionale Theorie genannt. Für die Unternehmenswelt lassen sich folgende Analogien zu diesen beiden Kategorien herstellen:

- *Struktur* bezeichnet die Ordnung der Beziehungen zwischen den Unternehmenseinheiten. Sie bedeutet zudem den Zusammenhang von Unternehmensereignissen und -prozessen, die wechselseitig aufeinander bezogen sind. Die Wechselwirkung aller Unternehmensprozesse stärkt den Erhalt des Unternehmenssystems.
- *Funktion* meint die einzelnen Beiträge und Leistungen zur Erhaltung der Struktur. Je mehr die einzelnen funktionalen Leistungen aufeinander abgestimmt sind, umso stabiler ist das System.

Die Antwort auf die Frage, welche Funktionen erfüllt sein müssen, damit ein soziales System nach innen funktioniert und nach außen optimale Leistungen erbringt, hat Parsons mit seinem berühmten *Vierfelderschema* gegeben. Es wird nach den Anfangsbuchstaben der einzelnen Funktionen auch als *AGIL-Schema* bezeichnet. Danach hat jedes System, sei es eine kleine Gruppe, ein Unternehmen oder sei es die Gesellschaft insgesamt, vier Funktionen zu erfüllen, um seine Stabilität zu gewährleisten:

- **A**daption: Es muss sich an seine Umwelt anpassen und Ressourcen bereitstellen,
- **G**oal attainment: Es muss kollektive Ziele festlegen,
- **I**ntegration: Es muss ferner den Zusammenhalt der Organisationsmitglieder gewährleisten und
- **L**atent pattern maintenance: Es muss schließlich Muster aufrecht erhalten, die die Grundstruktur verinnerlichter kultureller Elemente bilden.

Das AGIL-Schema von Parsons bietet einen praktikablen Rahmen, die Handlungs- und Strategiegrundlagen des Managements zu charakterisieren. Bezieht man die Funktionen des AGIL-Schemas auf ein Unternehmen, kann man sie in folgenden vier Ebenen oder Quadranten zusammenfassen (vgl. im folgenden auch Parsons 1976, S. 72ff., Münch 2004, S. 69ff. und Abels 2007a, S. 214ff.):

G   **A**

Goal Attainment (Zielerreichungsquadrant)	Adaption/Anpassung (Wettbewerbsquadrant)
Integration (Integrationsquadrant)	Latent Pattern Maintenance/ Strukturerhaltung (Kulturquadrant)

I   **L**

Abb. 5.8 **Das AGIL-Schema von Parsons auf die Funktionen im Unternehmen bezogen**   Quelle: © Eugen Buß

- **A   Adaption – im Folgenden auch Wettbewerbsquadrant genannt:**

Adaption bedeutet ein wechselseitiges Arrangieren zwischen Umwelt und Unternehmen. Das Management eines Unternehmens muss in der Lage sein, sich an die äußeren Markt- und Wettbewerbsbedingungen anzupassen. Gleichzeitig muss es aber auch in der Lage sein, dieses äußere Marktumfeld durch eigene Maßnahmen in seinem Sinn zu verändern, beispielsweise durch Innovationserfolge, effizienzsteigernde Neugestaltung von Prozessen, durch Vernetzungen und Kooperationen zwischen unterschiedlichen Einrichtungen oder durch die Einbindung sogenannter externer Innovatoren (Wissenschaftler an universitären Forschungsinstitutionen).

Die Anpassungsfunktion beschreibt die Fähigkeit des Managements, sich auf unstabile Situationen einzustellen. Hier werden Mittel mobilisiert, die dem Management einen weiten Handlungsspielraum und ein Höchstmaß an Flexibilität gegenüber wechselnden Umweltsituationen ermöglichen. Die vorhandenen Ressourcen dienen dazu, die Reichweite der Handlungen zu erweitern und damit die Chancen zur Anpassung an Marktentwicklungen zu erhöhen.

- **G   Goal attainment – im Folgenden auch Zielerreichungsquadrant genannt:**

Kennzeichen der Zielerreichungsfunktion ist es, Entscheidungen zwischen alternativen Zielen zu treffen und anschließend die Spezifizierung des Ziels sowie die Ausführungsmodalitäten vorzuschreiben. Das Management eines Unternehmens muss in der Lage sein, Ziele zu setzen und Mittel bereitzustellen, um diese Ziele zu realisieren. Es hat also die instrumentellen Probleme der Zielerreichung zu bewältigen. Dazu gehören Planungsvorgaben für die Produktion genauso wie Rendite-, Umsatz- oder Marktanteilsziele. Es kann sich aber auch nur um die Änderung eines Terminplans handeln, an dem eine Produktionsumstellung erfolgen soll. Natürlich muss das Management auch Mittel finden und Ressourcen bereitstellen, um diese Ziele zu erreichen.

Die Zielorientierung ist eine variable Funktion des Managements, die an spezifische Situationen gebunden ist. Ein Ziel ist dadurch definiert, dass es für Gleichgewicht sorgt und die „Diskrepanz zwischen den Organisationsbedürfnissen […] und den Bedingungen in den Umwelt- und Marktsystemen, von denen die ‚Erfüllung' solcher Bedürfnisse abhängt, reduziert" (vgl. Parsons 1976, S. 174). Die Managementaktivitäten müssen dabei an Zielhierarchien ausgerichtet werden: „bei einem komplexen System (wie einem Unternehmen, E.B.) muss man daher notwendigerweise von einem System von Zielen statt von einem Einheitsziel sprechen" (ebd. S. 174). Am Anfang des Zielmanagementprozesses steht die Definition der Ziele. Vorstand und Bereichsleiter der Unternehmen geben die grundsätzlichen Ziele vor. Sie werden dann als „Top-down-Vorgabe" auf die einzelnen Abteilungen und Mitarbeiter heruntergebrochen, wobei ein sogenannter „Bottom-up-Abgleich" stattfindet, um Zielunvereinbarkeiten auszuschließen.

- **I   Integration – im Folgenden auch Integrationsquadrant genannt:**

Kennzeichen der Integration ist der funktionale und soziale Zusammenhalt im Unternehmen. Zur Erreichung der Ziele müssen die Organisationsbereiche in ihren Funktionen miteinander verbunden und aufeinander abgestimmt werden. Das intrasystemische Gefüge muss harmonisiert, Solidarität und Zusammenhalt geschaffen sowie die Koordination der Einzelhandlungen gewährleistet werden. Das Management eines Unternehmens hat daher die Interessen und Funktionsbesonderheiten aller Unternehmensbereiche so zu integrieren, dass sie zur Zielerreichung beitragen. Es muss zudem die Solidarität und den inneren Zusammenhalt aller Mitarbeiter gewährleisten. Die Integrationsfunktion verhindert, dass sich ein Bereich auf

Kosten eines anderen Bereiches profiliert oder eine Mitarbeitergruppe zulasten einer anderen privilegiert wird. Allgemeine Gemeinschaftsnormen sind selbstverständlich. Dies bedeutet, aus der Gruppe bzw. einem Team oder einer Abteilung heraus entstehen Normen, die alle binden, beispielsweise sich bei Zeitdruck gegenseitig zu unterstützen.

Integration ist ein Aspekt des Handelns, bei dem sich das Verhalten des Einzelnen oder einer Gruppe immer auf das Verhalten anderer richtet und eine Rückbezüglichkeit erwartet wird: Integration ist ein gegenseitiges Einlassen auf eine gemeinsame Weltsicht, die erst durch die Gemeinsamkeit ihre Kraft entfaltet. Der Kulturdimension kommt bei der Integrationsfunktion eine besondere Bedeutung zu, da in ihr die gemeinsamen Deutungsmuster, Werte und Verpflichtungen aufgehoben sind. Bedeutung hat der Integrationsquadrant schließlich auch für die gegenseitige Anpassung von Unternehmen und Umwelt, um eine effektive Zusammenarbeit zu gewährleisten.

- **L Latent pattern maintenance – im Folgenden auch Kulturquadrant genannt:**

Die Funktion der Strukturerhaltung sichert die dauerhafte Identität des Unternehmens und die konstitutiven Überzeugungen, die allem Handeln zugrunde liegen. Generelle Ideen, Werte und ein symbolischer Bezugsrahmen dienen als Handlungsorientierung und stiften Sinn. Jedes Unternehmen ist aus seinen Handlungsvoraussetzungen heraus darauf angewiesen, seine ökonomischen Funktionen mit einem eigenen Sinnsystem kulturell zu überformen. Das Management eines Unternehmens muss daher in der Lage sein, latente Strukturmuster – also Normen- und Sinnbezüge des Handelns – zu wahren, auch wenn die Mitarbeiter wechseln, abwesend sind oder sich desinteressiert zeigen.

Die latente Strukturerhaltung wird vor allem durch vier Merkmale gekennzeichnet:

- erstens durch die Verankerung gemeinsamer kultureller Orientierungsmuster (Leitbilder) im Bewusstsein der Mitarbeiter;
- zweitens durch die Fähigkeit, mit Konflikten und Spannungen fertig zu werden, die zwischen den verschiedenen Akteuren eines Unternehmens bestehen können. Dazu bedarf es entsprechender Institutionen zur Bewältigung dieser Spannungen, ggf. auch einer Neudefinition der geltenden Normen;
- drittens dadurch, dass die latenten Muster und Sinnbezüge des Handelns die Beziehungen zur wirtschaftlichen und sozialen Umwelt eines Unternehmens definieren und so kontrollieren, dass der potentielle Input zum Unternehmenssystem passt;
- und viertens schließlich durch Kommunikationsprozesse, aus denen heraus Ideen und Sinnbezüge des Handelns entstehen und legitimiert werden. Sie sind Teil eines schöpferischen Wertewandels, da die Abstraktion der Werte viel Platz für Interpretationen lässt (vgl. Parsons 1976, S. 173).

Diese vier Systemquadranten des AGIL-Schemas kann man als die grundlegenden Unternehmensziele und -funktionen bezeichnen. Parsons geht nun davon aus, dass sich ein Unternehmenssystem im Gleichgewicht („equilibrium") zu erhalten sucht. Unter dem Aspekt des stabilen Gleichgewichts lassen sich die vier Funktionen des AGIL-Schemas in zwei Richtungen unterscheiden: Einerseits muss jedes Unternehmen rasch auf Marktveränderungen, neue Konsumgewohnheiten der Verbraucher oder technische Innovationen des Wettbewerbs reagieren. Mit anderen Worten: Das Management hat die Aufgabe, den dynamischen Marktentwicklungen Rechnung zu tragen, offensiv zu sein und immer wieder die eigenen Ziele und die inneren Strukturen an die Umwelt anzupassen. Der Zielerreichungs- und Wettbewerbsquadrant bilden also die beiden dynamischen, offensiven Dimensionen des AGIL-Schemas.

Andererseits besteht das Problem, dass es durch die kontinuierliche Anpassung an die Markt-
erfordernisse zu Störungen in der inneren Stabilität einer Organisation kommen kann. Der
kontinuierliche Druck, die eigenen Ziele immer wieder an die äußeren Entwicklungen anpassen zu müssen, wirkt bedrohlich für den inneren Zusammenhalt und die Struktur eines
Unternehmens. Daher dienen die Integrations- und Kulturfunktionen dazu, dass sich ein
Unternehmen im Wechselprozess mit Markt und Gesellschaft seine eigene innere Stabilität
und Ordnung erhält, mit anderen Worten: sich sein Gleichgewicht bewahrt. Der Integrations-
und Kulturquadrant sind daher die beiden stabilisierenden und bewahrenden Dimensionen
des AGIL-Schemas.

Fasst man die Kernelemente des AGIL-Schemas zusammen, kann das Management eines
Unternehmens nur erfolgreich sein, wenn es zwischen den dynamischen und stabilisierenden
Prozessen einen Ausgleich schafft. Es muss erstens in der Lage sein, sich im Austausch mit
dem Markt und der Gesellschaft zu bewähren; zweitens hat es die Ziele, die sich aus der
Wettbewerbssituation ergeben, konsequent zu verfolgen. Es hat drittens die Aufgabe, die
Loyalität der Mitarbeiter zu gewährleisten, und viertens schließlich muss es einen kulturellen
Bezugsrahmen in Form von sinnstiftenden Institutionen ausbilden, die den Konsens über die
grundlegenden Werte ermöglichen. Alle vier Funktionen zusammengenommen dienen dazu,
das Unternehmen in einem stabilen Gleichgewicht zu halten.

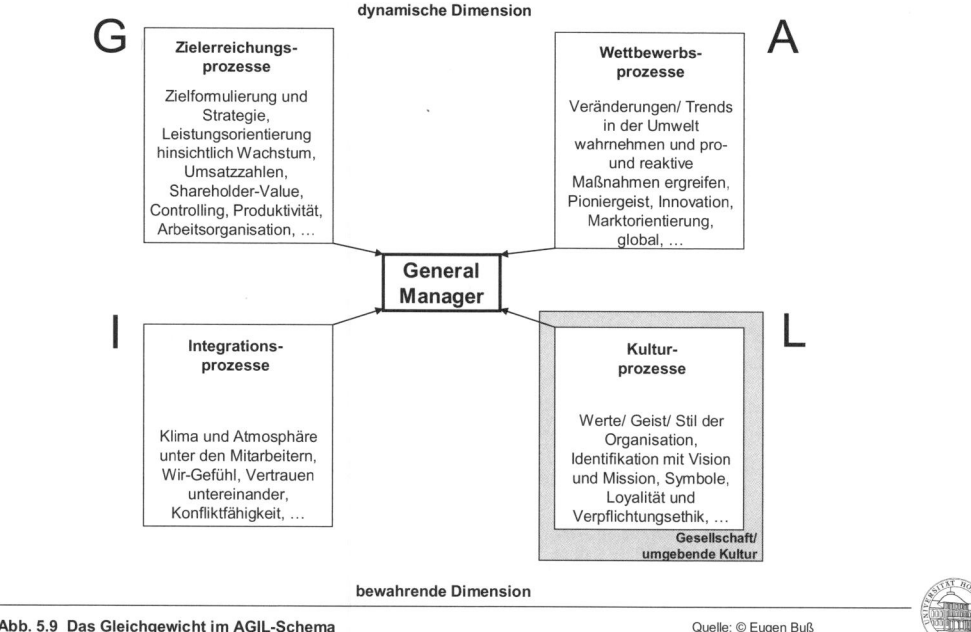

Abb. 5.9 Das Gleichgewicht im AGIL-Schema   Quelle: © Eugen Buß

Das Besondere des AGIL-Schemas liegt darin, dass sich alle Maßnahmen und Funktionen
des Managements danach unterscheiden lassen, ob sie primär nach dem Gesichtspunkt wirtschaftlicher Ziele, der jeweiligen Markt- und Wettbewerbssituation, nach dem Gesichtspunkt
innerer Integrationsnormen oder tieferer Identitätsmuster erfolgen. Damit bietet das AGIL-
Schema von Parsons eine praktikable Möglichkeit, die wesentlichen Entscheidungsparameter
des Managements nach ihrer Bedeutung für eine stabile Unternehmensentwicklung zu charakterisieren. Auf welche Quadranten lassen sich die Handlungen und Maßnahmen des Ma-

nagements beziehen? Welche Rolle spielen in den Managementkonzepten die Kultur oder die Identitätswurzeln eines Unternehmens – also der Kulturquadrant? Welche Maßnahmen sind vorwiegend auf wirtschaftliche Kennzahlen gerichtet und daher im Zielquadranten angesiedelt? Welchen Wert legt man in der Unternehmenspolitik auf die Loyalität der Mitarbeiter – also auf den Integrationsquadranten? Oder werden alle Anstrengungen primär auf die Vergrößerung der Marktanteile und auf bessere Produkte gerichtet – also auf den Wettbewerbsquadranten? Letztlich lassen sich alle Managementfunktionen und -maßnahmen auf den vier Quadranten des AGIL-Schemas plazieren.

Dies wird an folgender Fallstudie deutlich:

Fallstudie Starbucks:

Ist die amerikanische Kaffeekette Starbucks zu seelenloser Massenware geworden? Verwaltungsratschef Howard Schultz hat in einem Brief an das Management ein schonungsloses Bild von der Kaffeekette gezeichnet und in einem flammenden Appell erklärt, das Unternehmen müsse zurück zu seinen Wurzeln. Die rasante Expansion von Starbucks geht auf Kosten der Atmosphäre in den einzelnen Filialen und zerstört das Erlebnis für den Kunden, sagte Schultz. Starbucks habe seine Seele verloren. Howard Schultz ist derjenige, der die Kette zu einem Imperium aufgebaut hat und wie kein anderer mit ihr identifiziert wird. Starbucks wurde im Jahr 1971 mit einer ersten Filiale in Seattle gegründet. Heute hat Starbucks fast 13.000 Filialen in der ganzen Welt.

Schultz meint nun, die rasche Expansion habe zu einer „Verwässerung" des Starbucks-Erlebnisses für die Kunden geführt, und die Marke sei womöglich nach Einschätzung mancher Menschen zu einer „Massenware" geworden. Als ein Beispiel nannte er die Inneneinrichtung in den Filialen. Manche Leute nennen unsere Filialen sogar steril und 08/15. Auch die Umstellung auf automatische Espressomaschinen vor einiger Zeit sei auf Kosten der Atmosphäre gegangen. Zwar sei damit das Tempo erhöht worden, und die Kunden kämen schneller zu ihrem Kaffee. Auf der anderen Seite fehlten nun „die Romantik und das Theater" der alten Maschinen, bei denen mehr Handarbeit notwendig gewesen sei. Auch sei es notwendig, die Mitarbeiter mehr zu schulen, denn es hätten sich Nachlässigkeiten eingeschlichen.

Ein Hintergrund für den Brief von Schultz ist offenbar die stärkere Konkurrenz und der Rückgang des Aktienkurses. Viele Wettbewerber versuchen, den Erfolg von Starbucks zu kopieren. Das sind oft solche Filialisten, die in der Vergangenheit eher für eine Billigstrategie bekannt waren. So verkauft mittlerweile auch die Imbisskette McDonald's Spezialitätenkaffee in ihren Filialen. Auch Dunkin' Donuts, eine Kaffee- und Gebäckkette, hat das Angebot erheblich aufgewertet. „Alle möglichen Wettbewerber versuchen, Kunden von Starbucks zu gewinnen: große und kleine Kaffeeunternehmen, Schnellimbissbetreiber und Tante-Emma-Läden. Das muss aufhören." Ob Schultz das hohe Expansionstempo drosseln will, sagt er nicht. Womöglich ist sogar das Gegenteil der Fall, denn erst im Herbst hat Starbucks in Aussicht gestellt, noch aggressiver expandieren zu wollen, als bisher bekannt war (vgl. Lindner 2008, S. 20). Was muss Starbucks tun?

Das Kernproblem der Fallstudie lässt sich mit Hilfe des AGIL-Schemas auf einen Punkt zuspitzen: Das Gleichgewicht zwischen den dynamischen und stabilisierenden Quadranten ist gestört. Probleme gibt es sicherlich auf allen Feldern, aber das Kerndefizit der bisherigen

Strategie liegt auf dem Feld der latenten Strukturerhaltung bzw. auf dem Kulturquadranten. Starbucks Chef Schultz spricht ausdrücklich von der verlorenen Seele. Im Zuge der aggressiven Expansion (Zielquadrant) und der stärkeren Konkurrenz (Wettbewerbsquadrant) habe man seine Identitätswurzeln (Kulturquadrant) verschüttet. Der Konsens über die gemeinsamen Werte habe gelitten, denn das Starbucks-Erlebnis sei verwässert, die Atmosphäre in den Filialen seelenlos und die Marke zu einer Massenmarke verkommen.

Sicher spielt auch eine Rolle, dass sich möglicherweise bei den Mitarbeitern Nachlässigkeiten in den Beziehungen zum Kunden eingeschlichen haben (Integrationsquadrant). Und ob alle betriebswirtschaftlichen Kennzahlen erreicht worden sind, ist angesichts des Rückgangs des Aktienkurses auch zu bezweifeln (Zielerreichungsquadrant). Da alle Quadranten des AGIL-Schemas eng miteinander verbunden sind, würde es sich empfehlen, zwischen den beiden dynamischen Funktionen der Zielerreichung und des Wettbewerbs auf der einen Seite sowie den eher bewahrenden Quadranten der Integration und Kultur auf der anderen Seite eine annähernde Balance herzustellen. Offensive und defensive Funktionen sollten sich im Gleichgewicht befinden, will CEO Schultz seine neue Geschäftsstrategie auf eine stabile Grundlage stellen.

Inzwischen wird das AGIL-Schema mit leichten Modifikationen auch in der Praxis angewandt, um Strategieschwerpunkte des Managements in ihren Zusammenhängen besser charakterisieren zu können. Ein weiterer Anwendungsbereich liegt in den Rekrutierungsprozessen von Kandidaten für die leitende Managementebene. Wenn man das AGIL-Schema nicht nur aus der Perspektive der Funktionen betrachtet, sondern den vier Feldern auch Kompetenzen und Werte zuordnet, die zur entsprechenden Funktionserfüllung in besonderer Weise passend sind, dann lässt sich die spezifische Ausprägung eines Kandidaten oder des gesamten Managements eines Unternehmens im Sinne eines Stärken-Profils darstellen (vgl. die Graphik).

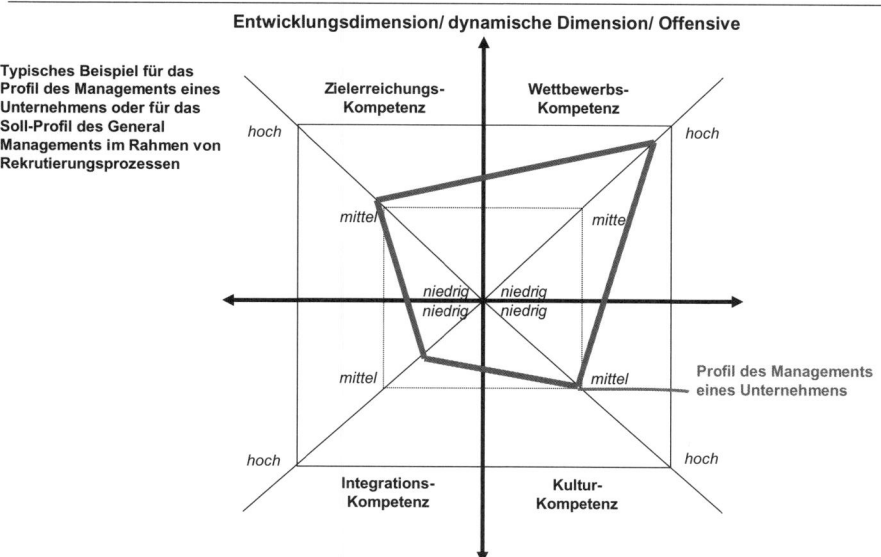

Abb. 5.10 Management-Rekrutierungsmodell nach dem AGIL-Schema   Quelle: © Eugen Buß

Fallstudie Siemens:

Das AGIL-Schema bietet eine praktikable Grundlage, das besondere Profil und Selbstverständnis des Managements zu analysieren. Im Rahmen des Siemens Graduate Programs (SGP) werden Kandidaten (High Potentials) für die General Management Ebene neben anderen Verfahren auch mit Hilfe der vier Quadranten bewertet. Dabei werden die individuellen Kompetenzen und Werte der Bewerber im Rahmen der inhaltsanalytischen Auswertung einer Rede den vier Dimensionen des AGIL-Schemas zugeordnet. Dabei entsteht ein spezifisches Ausprägungsprofil eines Kandidaten: Beispielsweise sind bei einem Bewerber die Zielerreichungskompetenzen besonders ausgeprägt, bei einem anderen möglicherweise innovative Grundeinstellungen und bei einem dritten spielen neben kulturellen Werten vielleicht noch Teamgesichtspunkte eine wichtige Rolle.

Um eine Unternehmensstrategie umzusetzen, lassen sich generell zehn Schritte unterscheiden, die sich in der Praxis als allgemeine Grundlage für Strategieprozesse des Managements bewährt haben:

1. Konzeptklärung

Was ist die grundlegende Kernidee, nach der ein Unternehmen im Markt auftritt, was ist der konzeptionelle Rahmen des Geschäftsmodells? Was ist die leitende, allen Aktivitäten zugrundeliegende Konzeptidee? Was ist das Leitbild?

2. Status-Quo-Klärung/Monitoring

Welche internen und externen Bedingungen liegen vor? Wettbewerbsanalyse, Zielgruppenanalyse, Produktanalyse, Mitarbeiterkompetenzen, Integrationsfragen, Wert- und Strukturmonitoring, SWOT-Analyse (Stärken-Schwächen-Analyse und Chancen-Risiken-Analyse).

3. Zielsetzung

Welche „Objectives" (Zielgrößen) verfolge ich? Welche Einzelziele verfolge ich auf den vier Feldern des AGIL-Schemas?

4. Problemklärung

Welche Probleme sind im Zusammenhang mit der Zielverfolgung zu lösen? Was ist das Kernproblem? Gibt es möglicherweise ein Hauptproblem und viele einzelne Sonderprobleme? Welche Fragen tauchen auf?

5. Analyse der Problemlösungswege

Welche Alternativen stehen zur Problemlösung und damit zur Zielerreichung zur Verfügung?

6. Bewertung

Systematische Klassifikation der Problemlösungswege nach Bedeutung, Priorität und Wertigkeit der Alternativen.

7. Entscheidung

Festlegung der Problemlösung. Priorität der Schritte festlegen, was wird vertagt? Eventuell Subziele formulieren, Angemessenheit der Entscheidungsschritte prüfen.

8. Umsetzung/Ausführung

Identifikation der notwendigen Einzelschritte, Ressourcen bereitstellen, für Infrastruktur sorgen, Durchführung der Arbeiten veranlassen, Aufgaben zuteilen, Konsens herstellen.

9. Kontrolle
Evaluation der Ausführungsschritte, Controlling, Überwachung der Schritte, bei Abweichung Korrekturen einleiten, Ergebnisse prüfen; Maßnahmen bei Abweichungen vom vorgeschlagenen Zielpfad festlegen.

10. Reporting
Rechenschaft gegenüber Investoren ablegen, Berichtspflicht gegenüber den Aufsichtsgremien (Verwaltungsrat, Aufsichtsrat, Beirat, Aktionäre, Medien, Öffentlichkeit, etc.).

5.5.4 Das Problem der strategischen Managementrationalität (Habermas)

„Ich habe eine grundlegende Intuition. Der motivbildende Gedanke meiner Arbeit ist die Versöhnung der mit sich selber zerfallenden Moderne." (Habermas)

Aus der Perspektive der Handlungstheorie werden die Grundprinzipien des Managements als Handlungsgrundlage gedeutet, für die die Grenzen zwischen Wirtschaft und Gesellschaft fallen. Was bedeutet dies? Welche Rückwirkungen können die Handlungsmaßstäbe des Managements auf unsere private Lebenswelt haben? Auf diese Frage gibt Habermas in seinem grundlegenden Werk über die Theorie des kommunikativen Handelns eine Antwort.

Habermas zufolge lässt sich die Entwicklung der modernen Wirtschaft als ein ständig fortschreitender Rationalisierungsprozess kennzeichnen (Habermas 1989 und 1990). Dabei handelt es sich um eine Rationalität besonderer Art, die er strategische oder Systemrationalität nennt. Gegenüber dieser *strategischen Systemrationalität*, die sich in besonderen wirtschaftlichen Denkweisen, Entscheidungsverfahren und im Kommunikationsstil des Managements niederschlägt, können sich andere kulturelle Denkformen, Institutionen und Lebensstilweisen nur schwer behaupten.

Zur Person:

Jürgen Habermas (geb. 1929 in Düsseldorf) gehört zu den international einflussreichen und renommiertesten Soziologen. Er studierte in Göttingen, Zürich und Bonn Philosophie, Geschichte und Deutsche Literatur. Von 1961–1971 war er Professor für Philosophie und Soziologie an den Universitäten Heidelberg und Frankfurt. Von 1971–1983 leitete er als Direktor das Max-Plank-Institut in Starnberg und wurde unter anderem 1980 mit dem Hegel-Preis ausgezeichnet. 1983–1993 hatte er eine Professur für Soziologie und Philosophie an der Universität Frankfurt inne und entfachte durch seine Stellungnahmen und Veröffentlichungen auch nach seiner Emeritierung zahlreiche öffentliche Debatten. 2001 wurde er mit dem Friedenspreis des deutschen Buchhandels ausgezeichnet.

Das Grundproblem der modernen Gesellschaft ist die Frage, wie verhindert werden kann, dass die einseitig strategische Rationalitätsform moderner Managementsysteme auf alle anderen Lebensbereiche übergreift. Ihr muss als Front eine neue andere Form menschlicher Rationalität gegenübergestellt werden, die Habermas *kommunikative Rationalität* nennt. Die kommunikative Rationalität ist im Gegensatz zur strategischen Rationalität vor allem eine Rationalität der Verständigung, des Ausgleichs und der sozialen Integration. Sie ist die Rationalitätsform, die in der nicht-ökonomischen Lebenswelt des Menschen ihren Ursprung hat und die in kulturellen Institutionen wie Familie, Religion oder Moral ihren Ausdruck findet. Die kommunikative Rationalität bildet die Grundlage menschlichen Zusammenlebens, ihr sollte der eigentliche Vorrang im Zusammenspiel von Wirtschaft und Gesellschaft zukommen.

In der modernen Gesellschaft stehen sich folglich zwei völlig unterschiedliche Handlungsbereiche und -normen gegenüber: auf der einen Seite der sachstrategische Bereich des Managements, die an Zweck-Mittel- oder Kosten-Nutzen-Gesichtspunkten orientierte wirtschaftliche Entscheidungslogik des homo oeconomicus und auf der anderen Seite der kommunikative, auf Verständigung beruhende lebensweltliche Bereich, die Prinzipien von Moral und Ethik, die kulturellen Institutionen von Religion, Familie und Öffentlichkeit, die die Grundlagen sozialer Integration bilden; es stehen sich also Lebenswelt und das System der Wirtschaft gegenüber.

Gesellschaft als Lebenswelt	Wirtschaft als System
kommunikatives Handeln – normengeleitet	strategisches Handeln – systemgeleitet
kommunikative Rationalität – wertorientiert	strategische Rationalität – an den „Medien" Geld und Macht orientiert
Gemeinwohlrationalität	verselbständigte Rationalität
verständigungsorientiert	sach-strategisch orientiert
Konsenschancen suchend	instrumentell, final
auf Diskurs beruhend	auf der Eigenlogik der Managementprozesse beruhend
auf Sozialintegration gerichtet	auf Systemintegration gerichtet (u.a. auf Bestandssicherung der Unternehmen gerichtet)
soziales Handeln	instrumentelles Handeln
Sprechhandlungen stehen im Vordergrund	Sachentscheidungen stehen im Vordergrund
Lebenswelt	System

Abb. 5.11 Jürgen Habermas: Die Gesellschaft als Lebenswelt   Quelle: © Eugen Buß

Habermas zufolge scheint nun die Balance zwischen beiden gestört zu sein. Die strategische Rationalität der Wirtschaft nimmt überhand. Sie verschüttet die kulturellen Institutionen der Lebenswelt. Die „Pathologie" der wirtschaftlichen Entwicklung liegt im vereinseitigten Rationalismus, der nur auf die Effizienz ökonomischer Systeme abstellt und dabei den notwendigen sozialen Konsens sowie die sinnstiftenden kulturellen Institutionen aus den Augen verliert.

Darin liegt zugleich eine Gefährdung der demokratischen Struktur. Habermas sieht die Risiken demokratischer Strukturen nicht in den erweiterten Machträumen des Managements global operierender Großkonzerne, sondern in der wirtschafts- und managementtypischen strategischen Rationalitätsform, die deshalb so demokratiefeindlich ist, weil sie nur nach Effizienz und nicht nach Kompromiss, Integration und Konsens fragt. Die überschießende strategische Rationalität der Wirtschaft, die in andere Lebensbereiche eindringt, unterminiert daher demokratische Prozesse. Nur wenn die in der Lebenswelt verankerten moralischen

Normen einen Schutzwall gegen die anflutende strategische Rationalität der Wirtschaft bilden, sind Partizipation und Demokratie auf Dauer zu gewährleisten.

Habermas sieht nicht wie Galbraith in den Experten- und Planungsstäben der Konzerne ein kritikwürdiges Phänomen. Nicht die modernen Managementverfahren, nicht die Denk- und Problemlösungsmodalitäten des Managements als solche sind Krisenerscheinungen, sondern erst die illegitime Grenzüberschreitung ihrer Denkweisen und Ansprüche auf andere Lebensweltbereiche. Erst wenn sich die wirtschaftliche Rationalität verselbständigt und auf die sinnstiftenden Institutionen der Lebenswelt übergreift, besteht Gefahr. Oder in der so genannten *„Kolonialisierungsthese"* ausgedrückt: Erst wenn die strategische Rationalität und Eigenlogik der Wirtschaft die Lebenswelt und ihre Institutionen „kolonialisiert", bilden sich bedenkliche Entwicklungstendenzen.

Die gegenwärtigen Probleme der modernen Gesellschaft liegen darin, dass Beziehungen in der Lebenswelt, d. h. vor allem moralische Beziehungen, zusehends durch symbolische Zeichen wie Geld und Macht ersetzt (kolonialisiert) werden. „Kolonialisierung" heißt dann: Geld statt Moral, Macht statt Konsens, Nutzen-Rationalität statt sozialer Integration, rationale Expertenkulturen statt demokratischer Institutionen. Habermas befürchtet, dass die Lebenswelt der modernen Gesellschaft, die auf soziale Integration angewiesen ist, im Laufe der Zeit auf die strategische Rationalität der Managementsysteme mit all ihren bedenklichen Formen umgestellt wird. Je stärker sich die Systemrationalität verbreitet, umso eher gehen traditionelle Sinnbezüge des Lebens verloren. Die sich gegenwärtig abzeichnenden Orientierungsdefizite der modernen Gesellschaft sind daher Ausdruck und Ergebnis jener Entwicklung, in der der strategischen Rationalität der Wirtschaft so wenig Widerstand von den traditionellen Institutionen der Lebenswelt entgegengesetzt wird.

Fallstudie Nestlé:

Diese Fallstudie zeigt in besonders anschaulicher Weise, wie die strategischen Rationalitätsprinzipien des Nestlé-Managements die Lebenswelt vieler Afrikanerinnen im Sinn von Habermas „kolonialisiert" haben. Im Jahre 1866 begann der aus Frankfurt stammende Apotheker Henri Nestlé mit dem, was heute als Nestlé SA zum weltgrößten Lebensmittelunternehmen wurde – ca. 65 Milliarden US $ Umsatz, vertreten in über 80 Ländern, mit mehr als 230.000 Beschäftigten in über 500 Fabriken.

In den Anfangsjahren war Nestlés wichtigstes Produkt Milchpulver, das unter den damaligen Verhältnissen viel zur Senkung der Kindersterblichkeit beitrug. Ein Jahrhundert später entbrannte der Kampf gegen vergleichbare Produkte auf dem afrikanischen Kontinent: Anstelle sich für Muttermilch einzusetzen, wurde den Nestlé-Managern unterstellt, Millionen von Neugeborenen in Afrika dem sicheren Tod anheim zu geben, weil verunreinigtes Trinkwasser das Nestléprodukt zu Gift mache. Mit zweifelhaften Marketingpraktiken einer überzogenen wirtschaftlichen Rationalitätslogik veranlasse Nestlé kontinuierlich mehr und mehr Afrikanerinnen, ihren Babys anstelle eigener Muttermilch die hochproblematischen Ersatzprodukte aus der Flasche zu geben – so der zentrale Vorwurf der Kampagne, die sich seit ihren lang zurückliegenden Anfangsjahren zu einem der längsten und erbittertsten Auseinandersetzungen zwischen Boykotteuren und einem globalen Unternehmen entwickelt hat. Bereits 1981 beschloss die WHO (Weltgesundheitsbehörde) einen Kodex für diese Produkte, dem Nestlé zunächst informell folgte. Kurz darauf wurde er offiziell übernommen.

Im Jahre 1986 wurden die ursprünglichen Produkte von der WHO verboten. Trotzdem gab es immer wieder neue Boykottbemühungen gegen Nestlé. Anfang der neunzigen Jahre schloss sich dann die anglikanische Kirche dem Boykott an – in Sachen Kaffee. Andere Gruppen folgten ihr im weiteren Verlauf. Im Jahr 1999 ließ sich Nestlé schließlich von staatlichen und neutralen Instanzen bestätigen, dass es den WHO-Richtlinien folgt. Es ist heute erstaunlich, dass Nestlé wegen eines vergleichsweise so unbedeutenden Produkts sich über 20 Jahre lang in Auseinandersetzungen verwickeln ließ, die dem Image nachhaltig geschadet haben (vgl. Steger 2004, S. 106f.).

Fragen zur Wiederholung:

1. Zwischen welchen Handlungstypen unterscheidet Max Weber?

2. Nennen Sie je zwei Merkmale für das zweckrationale und wertrationale Handeln.

3. Definieren Sie die „pattern variables".

4. Was bezeichnet die Handlungsalternative „Universalismus" und Partikularismus"?

5. Welche Funktionen kennzeichnen das AGIL-Schema von Parsons?

6. Was sind die Merkmale des Integrationsquadranten des AGIL-Schemas?

7. Was sind die Merkmale des Kulturquadranten des AGIL-Schemas?

8. Was versteht man unter einem Gleichgewicht eines sozialen Systems? Erklären Sie es am Beispiel eines Unternehmens.

9. Zwischen welchen Schritten kann man im Rahmen eines Strategieprozesses unterscheiden?

10. Erklären Sie den Unterschied zwischen der kommunikativen und strategischen Rationalität anhand charakteristischer Kriterien.

Erkenne Dich selbst!
(Inschrift über dem Eingang des Apollo-
tempels in Delphi, 6. Jh. vor Chr.)

Modul 6:

Identität: Schlüsselkonzept des modernen Managements[6]

Ziele des Moduls sind,

- die Bedeutung der Unternehmensidentität als grundlegendes Handlungsprinzip des Managements zu analysieren,
- die Funktionen der Unternehmensidentität zu analysieren,
- die Identitätsbildung als Kernproblem eines sozialen Prozesses zu beschreiben,
- die Bedeutung des „Interaktionismus" zur Klärung und zum besseren Verständnis von Identitätsprozessen eines Unternehmens herauszuarbeiten,
- Identitätsbildung als kontinuierlichen, dynamischen und offenen Unternehmensprozess darzustellen,
- das „Selbstbeschreibungskonzept" als Eckpfeiler von Identitätsmanagement vorzustellen,
- die Merkmale des Identitätsprofils eines Unternehmens zu erläutern.

---

[6] Verfasser: Roswitha Theis und Eugen Buß.

Für den früheren „Jahrhundertmanager" Jack Welch[7] ist die Identität der wertvollste Besitz des Unternehmens, und deshalb verwaltete er ihn selbst. Wenn Welch seinem breit gefächerten Konzern General Electric ein weiteres Unternehmen hinzufügen wollte, wurde vor der Übernahme mit den bisherigen Eignern über „negotiables" und „non negotiables" gesprochen. Das wichtigste „non negotiable", worüber nicht verhandelt werden konnte, war für Jack Welch die Unternehmensidentität. Wer Teil seines Konzerns wurde, musste eine neue Identität annehmen, die von General Electric. Und er bestrafte jedes Vergehen gegen die Identität mit drastischen Sanktionen.

6.1 Unternehmensidentität als Handlungsprinzip

Der Erfolg von Unternehmen hängt ganz wesentlich von ihrer Identität ab. Sie bildet eine Art „Markierung" der Organisation im Wahrnehmungsfeld von Mitarbeitern und Öffentlichkeit. Die Unternehmensidentität wirkt wie eine Erinnerungsmarke für Erfahrungen, Assoziationen und Werte, die als Sinnbilder im Sediment des öffentlichen Gedächtnisses abgelagert sind. Insoweit ist Identität die Chiffre eines besonderen Erfahrungszusammenhangs, in dem die Augenblickseindrücke mit der Geschichte eines Unternehmens in Einklang gebracht werden und in fest umrissene Vorstellungsbilder zusammengebunden werden. Gleichzeitig bildet Identität ein Handlungsprinzip, das die Unternehmensprozesse auf eine unverwechselbare Weise nach innen und außen erkennbar macht und leitet.

6.1.1 Unternehmensidentität und Corporate Identity

Definition Identität:

Identität (lat. Wesenseinheit, bedeutet wörtlich: die Übereinstimmung mit sich selbst). Die Unternehmens- oder Organisationsidentität ist die allgemeine Form einer Selbstdefinition. Identität bezeichnet das tiefere kollektive Selbstverständnis und die Selbstgewissheit einer Organisation im Hinblick auf die eigene Besonderheit. Sie ist die in ihren Merkmalen unverwechselbare Eigenheit, die jede Organisation auszeichnet, für jeden erkennbar und wiedererkennbar macht und von anderen unterscheidet. Sie zeigt sich zudem darin, dass die Eigenschaften des Unternehmens miteinander stimmig und schlüssig sind. Was die Identität einer Organisation ausmacht, ist wesentlich durch die Art und Weise definiert, in der ihr die Dinge, die Probleme, die Ereignisse bedeutsam erscheinen. Konstitutiv dafür ist die Selbstdeutung, Selbstbewertung und Selbstreflexion.

Identität entsteht aus der Beziehung eines Unternehmens zu seiner Umwelt und entwickelt sich in einem kontinuierlichen Prozess über die gesamte ‚Lebenszeit' des Unternehmens. Sie ermöglicht es, sich mit dem Unternehmen zu identifizieren (Mitarbeiter, Kunden, Öffentlichkeit) und Identität ermöglicht, das Unternehmen zu identifizieren (Markt). Eine Organisation besitzt eine eigene Identität – von Anfang an, ob sie sich damit systematisch befasst oder nicht, ob sie es so will oder nicht.

---

[7] Jack Welch gilt als der derzeit bekannteste und berühmteste US-Manager. Er hat seine Managementerfahrungen im Buch „Winning. Das ist Management" zusammengefasst.

Zur Abgrenzung:

Corporate Identity CI: Als ein Schlüsselbegriff der Managementsoziologie ist Unternehmensidentität von *Corporate Identity* zu unterscheiden – auch wenn beide Begriffe in Wissenschaft und Praxis häufig synonym (gleichbedeutend) verwendet werden. Corporate-Identity-Konzepte konzentrieren sich meist auf die ‚Machbarkeit' von Identität. Aus diesem Verständnis heraus rückt die ‚machbare' Gestaltung eines einheitlichen Erscheinungsbildes in den Vordergrund, d. h. CI-Konzepte sind design- und markenorientierte Konzepte, die sich hauptsächlich auf die stimmige Außensicht eines Unternehmens beschränken. Diese Auffassung von Corporate Identity folgt meist einem zeitgeistigen Geschmack, der eher an Aufmerksamkeitseffekten orientiert ist als an der eigentlichen Authentizität eines Unternehmens. Fragen der identitätsstiftenden Unternehmenswerte und -traditionen werden dagegen in der Praxis vielfach als gefälliges Beiwerk erachtet.

Leitbild: Leitbilder sind konkret und anschaulich. Sie beantworten die Frage: Wie kann ein Unternehmen in seinem Geschäftsfeld oder mit seinem Geschäftsmodell erfolgreich sein? Leitbilder bieten eine Handlungsorientierung für den Unternehmensalltag. Sie weisen den Mitarbeitern einen klaren Kurs für die Zukunft. Ein Unternehmensleitbild beantwortet im Gegensatz zur Unternehmensidentität keine historisch gewachsenen Stärken oder Besonderheiten eines Unternehmens, sondern fungiert als eine „Mission". Sie kandidiert für die Richtung, in die sich ein Unternehmen in Zukunft programmatisch bewegen soll.

Praxisbeispiel:

Die Manager von General Electric formulierten in ihrem Leitbild, dass sich General Electric zum „wettbewerbsstärksten Unternehmen der Welt" entwickeln und auf allen Märkten den ersten oder zweiten Rang einnehmen sollte. Alle Geschäftsbereiche, die diese Vorgabe nicht erfüllen konnten, sollten umstrukturiert, verkauft oder geschlossen werden. Es war klar, was dieses Leitbild bedeutete: es verpflichtete zu ehrgeizigen und höheren Zielen (vgl. Welch 2005, S. 25).

Image: Image ist das Ergebnis, die Resonanz der Öffentlichkeit auf die von ihr wahrgenommenen Identität. Ein Unternehmen hat eine Identität, kann aber mehrere Images haben (ausführlich vgl. Modul 8).

6.1.2 Die Bedeutung der Unternehmensidentität für das Management

Vielfach gesättigte Märkte, austauschbare Produkte und Leistungen, steigender Preisdruck, schnellere Innovations- und Produktzyklen sowie ein sich verschärfender Wettbewerb: Die Rahmenbedingungen des Managements unterliegen anhaltend dynamischen Veränderungen und lassen den Bedarf an Wiedererkennbarkeit und Identifizierbarkeit eines Unternehmens steigen.

Identität erfüllt als grundlegendes Handlungsprinzip des Managements wichtige Funktionen:

1. **Wiedererkennbarkeit:** Jede Identität schärft das Profil und fördert die Wiedererkennbarkeit eines Unternehmens auf komplexen Märkten. Sie verleiht dem Unternehmen in gewisser Weise Einzigartigkeit. Gerade weil die konkreten Konturen von Unterneh-

men durch Verwechselbarkeit der Angebote unscharf werden, erhöht sich die Notwendigkeit eindeutiger Signale an die Öffentlichkeit.

2. **Sinnstiftung:** Identität beantwortet die Frage nach dem Sinn eines Unternehmens. Durch seine Tradition, sein Wert- und Leistungsprofil sowie seine spezifischen Visionen bietet Identität eine Legitimations- und Motivationsgrundlage gemeinsamen Handelns.

3. **Identifikation:** Identität ermöglicht es Mitarbeitern, Öffentlichkeit und anderen Anspruchsgruppen, sich mit einem Unternehmen zu identifizieren.

4. **Orientierung:** Man kann metaphorisch die Identität als Haut und die Ziele als Bekleidung einer Organisation bezeichnen. Während Unternehmen ihre Ziele im Prinzip jederzeit wie das Hemd wechseln können, lässt sich die Haut – also die Identität – nicht ohne weiteres abstreifen. Daher bietet die Unternehmensidentität den Kunden, Investoren oder Medien klare Orientierungsalternativen und Handlungssicherheit. Denn sie gibt Auskunft darüber, wofür ein Unternehmen steht und welche Ziele es verfolgt.

5. **Differenzierung.** Die generellen Positionierungsziele (d. h. Wertebotschaften) und Leistungsversprechen vieler Unternehmen sind nicht nur relativ abstrakt, sondern größtenteils auch austauschbar. Identitätsbilder schaffen Präferenzen im Wettbewerb um Ansehen und Reputation. Sie erzeugen ein unverwechselbares öffentliches Differenzierungspotential und eigenständiges Profil.

6. **Aufmerksamkeit:** Die Identität eines Unternehmens definiert die Perspektiven der öffentlichen Wahrnehmung sowie – in unserem Medien- und Informationszeitalter noch wesentlich entscheidender – die Chancen auf Wahrnehmung in der Öffentlichkeit.

7. **Handlungsspielräume:** Identität erweitert die Handlungsspielräume eines Unternehmens; sie beeinträchtigt sie nicht, sondern ermöglicht sie erst. Je ausgeprägter die Identität eines Unternehmens, umso größer werden die Handlungsspielräume des Managements.

8. **Vertrauen:** In zunehmend globalisierten Märkten sind wirtschaftliche Transaktionen zunehmend anonyme Beziehungen – man tritt beim Kauf einer Aktie nicht dem Unternehmen gegenüber, ebenso wenig beim Kauf eines Autos oder einer Zahnpasta. Moderne wirtschaftliche Interaktionen sind vorwiegend „gesichtslose Interaktionen" (Giddens 1995). Sie sind typischerweise Beziehungen unter Fremden. Fremdheit bietet jedoch keine Grundlage für öffentliches Ansehen. Wie kann Reputation in „entbetteten, gesichtslosen Interaktionen" erzeugt werden, wenn man dem Hersteller nie begegnet ist – wie kann eine abstrakte Organisation ein Gesicht bekommen? Um Vertrauensbeziehungen zur Öffentlichkeit aufzubauen, bedarf es einer Identität. Dazu ein Beispiel: Es ist relativ leicht, dem persönlich bekannten Dorfmetzger zu vertrauen, dass seine Erzeugnisse artgerechter lokaler Tierhaltung entstammen, aber dem europaweit agierenden Fleischkonzern? Identität verleiht einem Unternehmen ein Gesicht. Über Identität können gesichtslose, anonyme Marktbeziehungen in vertrauensvolle Beziehungen transformiert werden. Arbeit an der Identität eines Unternehmens kann insoweit als eine Art ‚Rückbettungsmechanismus' (Giddens) bezeichnet werden. Unter Rückbettung versteht Giddens die Umwandlung einer anonymisierten Hersteller-Kunden-Beziehung in eine vertrauensvolle persönliche Beziehung.

Identität wirkt vielfältig: nach innen auf die Motivation der Mitarbeiter, nach außen auf die Treue der Kunden, auf die Akzeptanz der Öffentlichkeit oder auf bessere Chancen der Rekrutierung von hochkompetenten Mitarbeitern. Die Identität eines Unternehmens ist eine der wichtigsten, wenn nicht die wichtigste Erfolgsressource des öffentlichen Ansehens. Sie schafft Mehrwerte wie Zugehörigkeit, Identifikation, Aufmerksamkeitsportale und Reputation.

6.2 Identitätsbildung als sozialer Prozess

Um die Besonderheiten der Unternehmensidentität zu verstehen, bedarf es einer Exkursion zu den soziologischen Gestaden der allgemeinen Identitätstheorie. Die Hauptgrundlagen zum Verständnis von Identitätsprozessen haben G. H. Mead und E. Goffman gelegt. Unter der Bezeichnung „des symbolischen Interaktionismus" bilden sie die Grundlage einer wichtigen soziologischen Denktradition und einer noch heute hochaktuellen Theorieströmung (Mead 1973 u. Mead 1980).

Zur Person:

George Herbert Mead (1863–1931), Sozialpsychologe und Philosoph, studierte an der Harvard-University Philosophie, an den Universitäten Leipzig und Berlin Psychologie und Philosophie. 1894 wechselte er als Assistant Professor für Philosophie an die neu gegründete University of Chicago, wo er 1907 eine volle Professur erhielt und dort bis zu seinem Tod 1931 lehrte. Mead gilt als Mitbegründer der Chicagoer Schule der Soziologie, seine Theorie des Symbolischen Interaktionismus erlangte große Bedeutung in der Wissenschaft. Mead setzt sich für eine Stärkung der Frauenrechte ein und beschäftigt sich, beispielsweise als Vorsitzender des „Committee On Public Education" oder Herausgeber der Zeitung „Elementary School Teacher" mit einer Reform der Erziehung. Er gilt wie auch Goffman heute als großer Klassiker der Soziologie.

Zur Person:

Erving Goffman (1922–1982), der Autor mehrerer, heute zur klassischen Soziologie gehörender Werke studierte in Toronto Soziologie. Im Jahr 1958 wechselte Goffman an die University of California (Berkeley), wo er 1962 zum Professor ernannt wurde. 1968 folgte er einem Ruf an die University of Pennsylvania in Philadelphia, Goffman lehrte dort als Professor für Anthropologie und Soziologie. 1981 wurde Goffman zum Präsidenten der American Sociological Association gewählt, doch er starb 1982 an den Folgen einer Krebserkrankung, noch bevor er sein Amt antreten konnte. Zentraler Bestandteil seines soziologischen Ansatzes ist die Auseinandersetzung mit den Prozessen des Alltagslebens.

6.2.1 Das Identitätskonzept von Mead und Goffman

Die Selbstdefinition einer Person als Antwort auf die Frage „Wer bin ich?" enthält ihren Sinn erst im Austausch mit anderen. Es ist somit nie möglich, sich selbst annähernd vollständig zu beschreiben, ohne auf diejenigen Bezug zu nehmen, die die Umwelt dieses Selbst bilden. Identität entwickelt sich dabei von „außen" nach „innen". Im Regelfall erfährt der Mensch sich selbst nur durch den Umweg über seine Mitmenschen. Der Prozess der Identitätsbildung ist fundamental verknüpft mit der Fähigkeit des Menschen, sich selbst mit den Augen seiner Umgebung zu betrachten. Diesen für die Identitätsbildung wesentlichen Vorgang bezeichnet Mead *als Rollenübernahme ("Role-taking")*. Identität ist damit die kreative Antwort des Individuums auf die angesonnenen Erwartungen der anderen.

Das ICH (me) und das Ich (I)

Mead leitet die Prozesse der Identitätsbildung aus dem Spiel eines Kindes ab. Er unterscheidet in diesem Zusammenhang zwischen dem ‚*ICH' (me)* und dem ‚*Ich' (I)*. Kinder gelangen zu einem Verständnis von sich selbst als eigenständige Akteure – als ‚*ICH' (me)*, indem sie sich durch die Augen ‚der Anderen' sehen und die Einstellungen der anderen antizipieren. Ein Kind lernt, was es bedeutet, in den Schuhen einer anderen Person zu stecken. Das ‚ICH' bringt die gelernten sozialen Rollen, die Erwartungen, Reaktionen und gegebenenfalls die für das Selbstwertgefühl wichtige Anerkennung der Handlungspartner zum Ausdruck. Es ist das reflektierte soziale Selbst. Das ‚Ich' hingegen bezeichnet das spontane, aktive, kreative Selbst, ohne Rückbezug zur Umgebung. Es bezieht sich auf die Einmaligkeit des Individuums. Mead zufolge ist in manchen Fällen der Beitrag des „Ich" zum Verhalten größer, in anderen ist es umgekehrt. Es ist im Sinn der Identitätsbildung also nicht so, dass sich das „ICH" grundsätzlich gegen das „Ich" durchsetzen muss. Gerade das „ICH" eröffnet besondere Möglichkeiten, sich als „Ich" unverwechselbar auszudrücken.

Fazit:

Der Aufbau von Identität ist für Mead ein sozialer Prozess, der aus einem komplexen Gefüge von Erwartungen, antizipierten Erwartungen, Rollenübernahmen und Selbstdefinitionen besteht.

Definition von „Ich" und „ICH":

„Ich" bedeutet das „unverfälschte Selbst", das undomestizierte So-und-nicht-anders-sein des Individuums, die Einmaligkeit des individuellen Charakters, des Temperaments, der Bedürfnisse. „ICH" bedeutet die Person als Träger einer Rolle, die Entsprechung von Erwartungen, das Handeln im Netzwerk von Institutionen, Ansprüchen, Normen – der Mensch als sozialisiertes, kulturelles Wesen. „Ich" und „ICH" zusammengenommen und gegenseitig verwoben bilden die Identität des Individuums.

Personale Identität und soziale Identität

In Erving Goffmans Modell spielt die Balance zwischen personaler Identität und sozialer Identität eine besondere Rolle (Goffman 1978 und Krappmann 2000). Mit *'personaler Identität'* bezeichnet Goffman die Einmaligkeit eines Menschen als Ausdruck einer einzigartigen Biographie. Die personale Identität äußert sich in der Einheit einer unverwechselbaren Lebensgeschichte. *'Soziale Identität'* ist für Goffman der Ausdruck von Rollen- oder Perspektivenübernahmen und verinnerlichten Rollenerwartungen, die von der Umgebung an eine Person adressiert werden. Soziale Identität beschreibt die Zugehörigkeit eines Individuums zu verschiedenen Bezugsgruppen und garantiert die Erfüllbarkeit der unterschiedlichen Ansprüche, die von diesen Bezugsgruppen gehegt werden.

Eine ausgeprägte, stabile ‚*Ich-Identität*‘ entwickelt sich Goffman zufolge erst aus der Fähigkeit eines Individuums, eine Balance zwischen der personalen und sozialen Identität herzustellen. Eine gelungene Identitätsbalance ist eine permanente Gratwanderung zwischen sozialer und personaler Identität und bedeutet, dass sich eine Person weder gegenüber den Erwartungen anderer verschließt, noch sich ihnen völlig unterordnet (vgl. Schäfers und Kopp 2006, S. 244).

Folgt man der Terminologie Goffmans, kann man zwischen zwei Identitätsformen eines Unternehmens unterscheiden:

- die personale Identität eines Unternehmens als das spezifische Selbstverständnis und die besondere unverwechselbare 'Lebensgeschichte' eines Unternehmens sowie
- die soziale Identität eines Unternehmens als Ausdruck der verinnerlichten Erwartungen und Ansprüche der Öffentlichkeit sowie seine Antworten darauf.

6.2.2   Identitätsbildung von Unternehmen

Die Gedanken von Mead und Goffman lassen sich auf den Charakter und die Besonderheiten einer Unternehmensidentität übertragen. Sie entwickelt sich demnach nur in und durch soziale Interaktionen mit der Öffentlichkeit. Unternehmensidentität ist grundsätzlich Ausdruck eines gesellschaftlichen Prozesses. Sie lässt sich nicht durch Konzepte am Schreibtisch entwickeln, sondern ist das Ergebnis eines kontinuierlichen Austauschprozesses mit den *„Anderen"*. Das sind für die Unternehmen nicht nur die Mitarbeiter, sondern alle öffentlichen Ziel- und Anspruchsgruppen (Stakeholder).

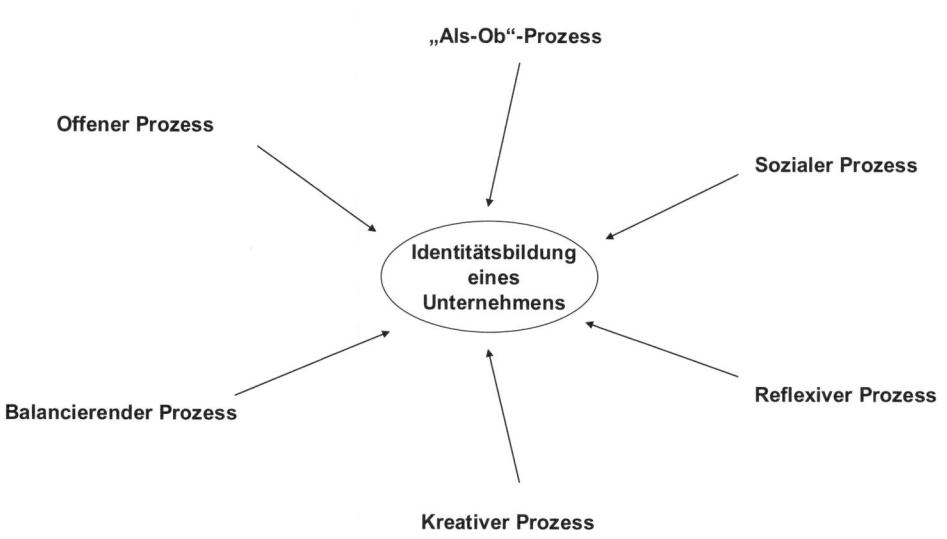

Abb. 6.1 Der soziale Identitätsprozess in Unternehmen   Quelle: © Eugen Buß

6.2.3 Identitätsbildung als reflexiver Prozess

Analytisch gesehen spielen in der Praxis folgende Aspekte bei der Identitätsbildung von Unternehmen eine Rolle:

Identitätsbildung ist zunächst ein reflexiver Prozess. Das bedeutet: Sie ist stets auf die von der Außenwelt vorgenommenen Erwartungen und Wahrnehmungen rückgekoppelt. Ein Unternehmen kann sich seiner Identität erst in dem Moment bewusst werden, wenn es sich auch mit den Augen der Öffentlichkeit sieht – also mit den Augen ‚der Anderen', wie die symbolischen Interaktionisten sagen.

Dieser Umweg über ‚die Anderen' erklärt sich aus dem spezifischen Charakter von Kommunikation. Diese kann nur dann erfolgreich sein, wenn man vorübergehend die Rolle des ‚Gegenübers' einnimmt und die eigene Position aus der Sicht des Gegenübers wahrnimmt. Identität trägt daher ein Doppelbild in sich: das Selbstbild eines Unternehmens sowie die spezifischen Antworten des Managements auf die antizipierten Erwartungen seiner öffentlichen Anspruchsgruppen.

Dieses Spiel der wechselseitigen Übernahme der Perspektiven stellt eine wesentliche Herausforderung für das *Identitätsmanagement* dar. Es bedeutet, dass Manager ihr Unternehmen auch von außen betrachten. Allzu schnell geben sie sich sonst der Illusion hin, Innensicht sei gleich Außensicht. Erfolgreiches Identitätsmanagement setzt deshalb voraus, dass sich ein Manager abwechselnd in die eigene Rolle und die der Öffentlichkeit versetzt. Es muss sich gleichsam in einen fiktiven Dialog verwickeln lassen. Erst indem er diesen Dialog mit sich selbst immer wieder durchspielt, bildet sich eine eigenständige Identität. Auf diese Weise bekommt das Management nicht nur ein Gefühl für die Perspektive der Öffentlichkeit, für ihre Wertansprüche und Interessen, sondern auch ein klares Verhältnis zu sich selbst. Es ist das, was Goffman die Balance zwischen personaler und sozialer Identität nennt und was den reflexiven Charakter einer stabilen Unternehmensidentität ausmacht.

Fazit:

Für die Identitätsbildung eines Unternehmens ist es notwendig, dass es das Management versteht, auf sich selbst zu reagieren (vgl. Schäfers u. Kopp 2004, S. 54). Dabei handelt es sich nicht um eine passive Übernahme der Sicht anderer, sondern um eine Dynamik, in der es erforderlich ist, unterschiedliche und widersprüchliche Erfahrungen zu integrieren.

6.2.4 Identitätsbildung als kreativer, balancierender Akt

In Anlehnung an Goffman charakterisiert Krappmann (Krappmann 2000, S. 52) Identität als einen *kreativen, balancierenden Prozess*. Er bedeutet – übertragen auf die Situation eines Unternehmens – bestimmte öffentliche Wertansprüche zu antizipieren und sie kreativ mit dem eigenen historisch gefärbten Selbstverständnis auszubalancieren. Die Identität eines Unternehmens lässt sich demnach von der Kultur, den Wertansprüchen und Themenentwicklungen der Umgebung nicht ablösen. Jede aktuelle gesellschaftliche Fassung, jede Augenblicksversion einer Kultur stellt Identitätsofferten dar, in die sich ein Unternehmen einfädeln muss, will es seine Identität kreativ weiterentwickeln. Damit entsteht Unternehmensidentität aus einem Amalgamierungsprozess (Verbindungsprozess) von historisch gefärbter Eigenidentität und der Adaption eines aktuellen gesellschaftlichen Wert- und Kulturrahmens.

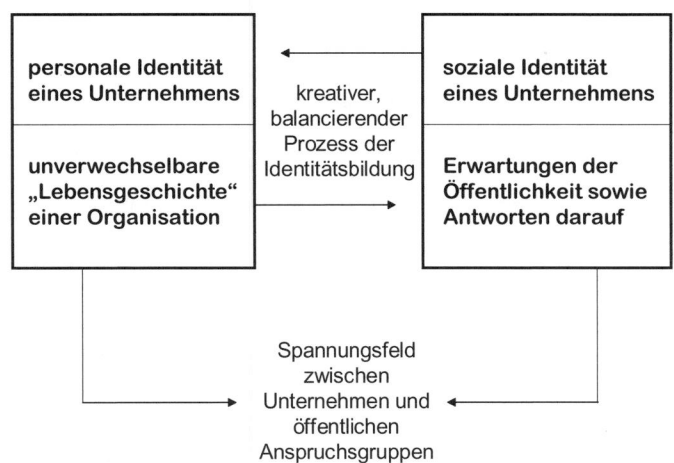

Abb. 6.2 Identität als Scharnier – zwischen personaler Identität und sozialer Identität   Quelle: © Eugen Buß

Ein Unternehmen, das wiedererkannt und identifiziert werden will, muss demnach eine eigene, unverwechselbare Antwort auf die „Identitätsnormen" (Goffman) der Öffentlichkeit finden. Diese kreative Leistung ist ein zentrales Moment der Identitätsbildung und erfordert einen permanenten Balanceakt: Das Management muss die Erwartungen von außen akzeptieren und sich bei Bedarf gleichzeitig von ihnen distanzieren.

Arbeit an der Identität bedeutet daher für das Management, die innere Unabhängigkeit gegenüber öffentlichen Ansprüchen zu wahren. Eine stabile Unternehmensidentität unterwirft sich nicht bedenkenlos äußeren Ansprüchen. Sie ist vielmehr Ausdruck historisch verinnerlichter, gleichzeitig flexibel angewandter Prinzipien im Umgang mit der Öffentlichkeit. Die Fähigkeit des Managements, immer wieder eine solche Balance herzustellen, macht die zentrale Leistung der Identitätsbildung aus.

Für den kreativen Prozess der Identitätsbildung ist ein weiterer Aspekt von Bedeutung: Ein Unternehmen muss *„so sein wie die anderen und gleichzeitig nicht so sein wie die anderen"*. Was bedeutet dies? Eine gelungene Identität ist nicht die, die schlichtweg ‚einzigartig' ist, sondern die, die anderen verwandt ist, aber in der Art der Antwort auf öffentliche Ansprüche ihre volle Individualität entfaltet.

In der Regel sind die Erwartungen und Wertansprüche, die an das Management adressiert werden, ziemlich ähnlich: Erfolg, Gewinne, innovative Produkte, Arbeitsplatzsicherheit, Umweltschutz und weitere Faktoren gelten mehr oder weniger als „Pflichtnormen" für alle Manager. Insofern muss ein Unternehmen in gewisser Weise so sein wie jedes andere. Wäre ein Unternehmen wirklich in allen Belangen konsequent anders, würde es von der Öffentlichkeit nicht mehr akzeptiert werden. Es ist wie im normalen Leben: Jemand, der von allen Normen abweicht, gilt schnell als kauziger Sonderling.

Jedes Unternehmen steht daher vor dem gleichen Problem: Es muss für sich klären, was es von anderen Unternehmen unterscheidet, die im selben Wirtschafts- und Sozialsystem mit der gleichen übergreifenden Kultur agieren. Ob BASF oder Bayer, Volkswagen oder Siemens, RWE oder Allianz, die Deutsche Telekom oder die Deutsche Bank – sie alle sind kulturell verwandt. Unter dem Einfluss von rechtlichen Rahmenbedingungen haben sie sich als Organisationen angeglichen. Trotzdem ist klar, dass Unterschiede bestehen, die nicht allein produkt- oder dienstleistungstypischer Natur sind.

Die Unterschiede ergeben sich aus der unternehmensspezifischen – also einzigartigen – Antwort auf die gesellschaftlichen Wert- und Interessenansprüche, die an diese Unternehmen adressiert werden. In ihrer Antwort balancieren die Unternehmen ihr gewachsenes Selbstverständnis und den Strom ständig wechselnder öffentlicher Ansprüche immer wieder neu aus.

6.2.5   Das Als-ob-Prinzip im Prozess der Identitätsbildung

Die Erwartungen, die an das Management eines Unternehmens gerichtet werden, können höchst unterschiedlich sein. Vielfach lassen sich die Ansprüche einzelner Gruppen kaum miteinander vereinbaren, oftmals stehen sie sogar im Widerspruch zueinander. Ein Beispiel dafür bieten die divergierenden Ansprüche von Aktionären und Nichtregierungsorganisationen (NGOs). Zwischen dem, was Greenpeace will und dem, was die Aktionäre anstreben, liegen Welten. Auch zwischen dem, was die Mitarbeiter wollen und dem, was sich die Kunden des Unternehmens vorstellen, lassen sich nicht immer Brücken bauen.

Dennoch muss sich das Management eines Unternehmens so verhalten, *als ob* es die Erwartungen der verschiedenen Anspruchsgruppen mehr oder weniger akzeptiert und bedient – selbst wenn es faktisch diese Erwartungen nicht ohne weiteres vollständig erfüllen kann. Es muss quasi eine *'Als-ob-Balance'* (Goffman) in seinem Handeln entwickeln. Konkret bedeutet das: Das Management muss nach außen signalisieren, dass es um die Erwartungen einer oder mehrerer Anspruchsgruppen weiß und sie respektiert. Gleichzeitig kann es in seinem Handeln und seinen Entscheidungen gar nicht alle Erwartungen konsequent erfüllen.

Fazit:

Unter dieser Annahme ist Identitätsarbeit erfolgreich, wenn es dem Management gelingt, die unterschiedlichen Ansprüche seiner Anspruchsgruppen (Stakeholder) in seinem Handeln und öffentlichen Auftreten zu repräsentieren, ohne sich dem äußeren Erwartungsdruck direkt anzupassen.

6.2.6   Identitätsbildung als offener dynamischer Prozess

Der Prozess der Identitätsbildung eines Unternehmens ist nie wirklich abgeschlossen. Er ist ein *offener Prozess*, der von unterschiedlichen Interpretationen der Manager, Mitarbeiter, aber auch der Öffentlichkeit in Nuancen immer wieder neu geprägt wird. Das Selbstbild eines Unternehmens entwickelt sich in der Auseinandersetzung mit Erwartungen und Zuschreibungen der wichtigen Bezugsgruppen kontinuierlich fort. Die Konsequenz: Das Management sieht sich fortwährend mit neuen, oftmals sogar gegensätzlichen Erwartungen konfrontiert, auf die es reagieren muss.

Hinzu kommt: Als offener Prozess erstreckt sich Krappmann zufolge die Identitätsbildung über die ganze ‚Lebenszeit' – mit unterschiedlichen biographischen Etappen. Das lässt sich auch auf die Identität von Unternehmen übertragen. Im Laufe seiner Geschichte muss es sich mit ganz unterschiedlichen, teils auch widersprüchlichen Erwartungen auseinandersetzen. Dabei gibt es Phasen, in denen das Management bewusster an seiner Identität arbeitet: beispielsweise in Gründungsphasen oder in Phasen einer strategischer Neuorientierung, bei Fusionen oder im Zuge der Internationalisierung des Geschäftsmodells. Auf der anderen Seite gibt es Phasen, in denen Identitätsfragen mehr im Hintergrund stehen oder sogar ausgeblendet werden.

Wie auch immer: Jede Identität besitzt eine biographische Komponente. Um zu wissen, wer ein Unternehmen heute ist, muss es sich auch vergegenwärtigen, wer es gestern war. Gedächtnisstörungen gegenüber der Vergangenheit führen unweigerlich zu einem Verlust an Identität und damit an öffentlichem Ansehen. Identität, die eine Bindungswirkung entfaltet, koppelt die Gegenwart an die Vergangenheit.

Identität besitzt daher drei Zeitbezüge:

1. *Vergangenheit*: Identität ist das Ergebnis einer Selbstdeutung vergangenen Handelns. Geschichte begründet Identität.

2. *Gegenwart*: Die gesellschaftliche und wirtschaftliche Ortsbestimmung eines Unternehmens in der Gegenwart stiftet Identität.

3. *Zukunft*: Die Projektion von Absichten, Zielen und Visionen sowie die Antizipation künftiger Entwicklungen formt Identität.

Nicht immer lassen sich historische Phasen ohne weiteres in die Biographie und das Selbstverständnis des Unternehmens stimmig einbinden. Es kann durchaus Brüche geben, die es erforderlich machen, eine Erklärung zu finden.

Praxisbeispiel:

Identitätsbrüche spielen beispielsweise in vielen traditionsreichen Unternehmen eine Rolle, die während des zweiten Weltkriegs mit dem nationalsozialistischen Regime Geschäfte machten und anschließend die Vergangenheit schamvoll verschwiegen.

Ein anderes Beispiel liefern Unternehmen, deren Produkte in der Vergangenheit unter Bedingungen hergestellt wurden, die aus heutiger Sicht ethisch nicht mehr zu vertreten sind – beispielsweise durch Kinderarbeit. Gleichzeitig nehmen viele dieser Unternehmen heute für sich in Anspruch, ethisch verantwortlich zu handeln. Kommen solche Verstrickungen an das Licht der Öffentlichkeit, können sich durchaus Erosionen der Identität ergeben, die die Identifikationschancen mit dem Unternehmen nachhaltig beeinträchtigen können.

Selbst wenn Phasen der Unternehmensgeschichte nicht in das heutige Selbstverständnis zu integrieren sind, ist es für die Identitätsbildung der betroffenen Unternehmen von großer Bedeutung, diese Ereignisse nicht zu verschweigen, zu verbergen oder zu verdrängen. Sie sind vielmehr offen der eigenen Vergangenheit zuzurechnen. Gleichzeitig muss das Management deutlich machen, welche Konsequenzen es aus den Vorfällen oder bedrückenden Ereignissen der Vergangenheit für sein heutiges Selbstverständnis zieht. Informationen zurückzuhalten bedeutet, die eigene Identität zu gefährden (Krappmann 2000, S. 52f.).

Aus dem offenen Prozesscharakter der Identität resultieren zwei Herausforderungen für die Managementpraxis:

- Wahrung von *Kontinuität*: Wie können die historisch gewonnenen Identitätserfahrungen in die Antworten auf jene Fragen einfließen, die heute an die Manager adressiert werden? Welche Rolle soll die gewachsene Identität bei der Bewältigung der Zukunftsfragen eines Unternehmens spielen?
- Wahrung von *Konsistenz*: Wie sollte (kann) ein Unternehmen mit den unterschiedlichen – sich oftmals widersprechenden – Erwartungen und Ansprüchen seiner Ziel- und Anspruchsgruppen umgehen? Wie kann es sie unter einen Hut bringen – bei Wahrung seiner eigenen Identität?

Fazit:

Kontinuität und Konsistenz sind die beiden zentralen Eckpfeiler im sozialen Prozess der Identitätsbildung eines Unternehmens. Eine stabile Identität setzt voraus, dass Unternehmensgrundsätze der Vergangenheit immer in die jeweils aktuelle Leitbilddiskussion eingeflochten werden. Das bedeutet: Frühere Interpretationen von Ereignissen, Handlungen und Selbstdeutungen dürfen nicht ignoriert, sondern müssen bewusst in die gegenwärtige Selbstdefinition des Unternehmens integriert werden, damit es zu keinem Identitätsbruch kommt.

Identitätsmanagement erfordert also die Fähigkeit, verschiedene – teils widersprüchliche – Aspekte der Unternehmensgeschichte in ein einheitliches und konsistentes Verständnis der eigenen Organisationspersönlichkeit zusammenzufügen (vgl. Schäfers und Kopp 2004, S. 54). Ein solcher Prozess setzt eine ständige – zumindest latente – Vernetzung von Vergangenheit, Gegenwart und Zukunft voraus.

6.3   Das Selbstbeschreibungskonzept

Identität bedeutet ganz wesentlich Unterscheidung und Anders-Sein. Erst prägnante Abgrenzungen nach außen erlauben ein klar profiliertes und überschaubares Bild.

Zu diesem Zweck müssen Unternehmen oder Organisationen sogenannte ‚Selbstbeschreibungen' (Luhmann 1996, S. 373) anfertigen. Über Selbstbeschreibungen oder wie man neuerdings auch sagt: *„corporate stories"* oder *„company stories"* bestimmt eine Organisation sich selbst, gewinnt ein Gesicht, wird plastisch sichtbar, hebt sich von der Konkurrenz ab, erhält eine Identität, die kommunizierbar ist. Eine solche Selbstbeschreibung enthält zugleich ein Angebot an die Öffentlichkeit, wie das Unternehmen wahrgenommen werden will. Jede Selbstbeschreibung bündelt, abstrahiert, generalisiert, verdichtet Handlungen und Entscheidungen eines Unternehmens, die deutlich machen, dass es sich in ganz unterschiedlichen Situationen und Anlässen immer um dieselbe Einheit handelt.

Die Selbstbeschreibung ist folglich ein dynamisches, kreatives Konzept. In ihm werden die Impulse gebündelt, die das Management in fortwährender Interaktion mit seiner Umwelt und dem Markt erhält. Es integriert die unterschiedlichen Facetten der eigenen Identitätsentwicklung. Identität wird im Laufe der „Lebensgeschichte" eines Unternehmens durch das erworben, was ihm widerfuhr, was es leistete, welche Enttäuschungen es erlitt, wodurch es geprägt wurde und worauf es zu hoffen wagte. Damit wird jede Selbstbeschreibung zu einem kreativen Akt.

6.3.1 Identitätsmerkmale der Selbstbeschreibung

Ein Selbstbeschreibungskonzept macht den nicht alltäglichen, überdauernden Deutungskern – den eigentlichen thematischen Kern – einer Organisation sichtbar. Es führt zwangsläufig zu einem Kondensat der Grunderfahrungen, die das Selbstverständnis aller Beteiligten auf ganz besondere Weise prägen.

Folgende Merkmale der Identität bilden eine gute Grundlage für ein Selbstbeschreibungskonzept:

Identitätsmerkmale der Selbstbeschreibung

Merkmal		Leitfragen
Merkmale der Leistungsidentität		
1	**Reputation**	Worauf ist das Unternehmen stolz?
		Wo liegt der Schauplatz seiner Erfolge?
2	**Produktbezug**	Worin liegt seine technische oder programmatische Identität?
		Welche Besonderheiten weisen Produkte, Leistungen oder Programme auf?
3	**Kompetenz**	Über welches Know-how, welches spezifische Wissen verfügt ein Unternehmen?
		Wie ist das Kompetenzprofil der Mitarbeiter?
		Welche Bedeutung haben Entwicklung, Forschung und Innovationen?
4	**Rang**	Wie ist der öffentliche Erfolg eines Unternehmens, sein Ranking im Markt?
5	**Projektion von strategischen Absichten**	Welche Ziele verfolgt ein Unternehmen?
		Über welche Visionen verfügt es?
		Was ist seine Mission?
Merkmale der Wertidentität		
6	**Ortsbezug**	Welche regionale Verankerung und welche regionalen Bezüge weist ein Unternehmen auf?
		Welche spezifische regionale Mentalität passt zu ihm?
		Wer oder was passt zu ihm?
7	**Tradition**	Welche erzählbare Unternehmensgeschichte liegt vor?
		Welche Karrieremodelle und Erfolgsetappen liegen der eigenen Geschichte zugrunde?
		Welche Rückschläge waren zu verkraften?
		Welche Lehren wurden gezogen?
		Welche Entwicklungsstationen und Zäsuren können dargestellt werden?
		Welche Ereignisse der Vergangenheit bilden eine Plattform für die Zukunft?
		Was hat das Unternehmen geprägt?

8	Kulturelles Selbstverständnis	Welche charakteristischen Grundwerte verfolgt das Unternehmen? Welche öffentlichen Wertansprüche werden bedient? Welchen Verpflichtungen steht das Unternehmen gegenüber? Worin liegen seine Versprechungen?

6.3.2 Die Doppelnatur von Identität: die Leistungs- und Wertidentität

Identität ist eine Art programmatische unverwechselbare Stellungnahme eines Unternehmens gegenüber seiner Umwelt. Sie beruht auf einer zentralen Idee von sich selbst. Diese Leitidee ist Basis der Selbstbeschreibung und der eigentliche Kristallisationspunkt der Identität.

Die Leitidee beschreibt Sinn und Zweck des Unternehmens: Sinn meint die symbolische Dimension von Wertstandards, Zweck meint die eher materielle Dimension der ökonomischen, technischen oder organisatorischen Leistung. Entsprechend verfügt die Identität eines Unternehmens über zwei Ebenen:

- Die **Leistungsidentität**: Sie ist Ausdruck der Positionierung im Markt und definiert die Stellung eines Unternehmens im Vergleich zum Wettbewerb. Zu ihr zählt ein Ensemble aus Produktinhalten, Leistungszielen, Kompetenzen, Zuständigkeiten, Qualitätskennzahlen, Erfolgswerten sowie Plandaten, die die betriebswirtschaftlichen und organisatorischen Leistungen kennzeichnen.

- Die **Wertidentität**: Sie ist quasi der gewachsene Teil der Unternehmensidentität und trägt – wie eine Gedenkmünze – ihre Prägung, das Bild und die Erinnerung an eine tiefere historisch gewachsene Identität in sich. Grundlage der Wertidentität sind Werte und Normen, die den verbindlichen Handlungs- und Entscheidungsrahmen für ein Unternehmen liefern. Die Wertidentität entwickelt sich durch die Integration historischer Unternehmensetappen, gegenwärtiger Wertideen und möglicher Zukunftsvisionen in das gegenwärtige Selbstbild. Entscheidend für die Wertidentität ist die über Jahre oder gar Jahrzehnte gewachsene authentische Essenz einer charakteristischen Wertkultur.

Die Leitidee hat zudem ein ‚Thema'. Das Thema konkretisiert das Ziel, auf das sich die Identität verdichtet. Es hilft bei der Entscheidung der Öffentlichkeit, wie es den Umgang mit einem Unternehmen interpretieren und gestalten soll. Im Unterschied zu den diffusen Alltagserfahrungen, die Mitarbeiter und Öffentlichkeit mit einem Unternehmen machen, ist die Leitidee der Identität spezifisch. Konkret: das Traditionsunternehmen; das Unternehmen, das für Innovation steht; das Unternehmen, das für ausgezeichnetes Design bekannt ist; das Unternehmen, das Branchenführer ist oder das Unternehmen, das sich durch Fürsorge für die Mitarbeiter auszeichnet.

Das identitätsprägende Thema vereinfacht letztlich die Auffassungen und Gefühle der Öffentlichkeit. Es macht unmissverständlich klar, wofür eine Organisation steht, und worauf sich Zustimmung oder Ablehnung der Öffentlichkeit stützen.

Fallbeispiel Arthur Andersen:

Arthur Andersen wurde vor fast einhundert Jahren gegründet. Das ursprüngliche Leitbild beinhaltete, sich zu der Wirtschaftsprüfungsgesellschaft zu entwickeln, die weltweit den größten Respekt und das größte Vertrauen genießt. Arthur Andersen wurde schließlich erfolgreich, weil es die kompetentesten und gewissenhaftesten Wirtschaftsprüfer einstellte und sie dafür belohnte, dass ihre Arbeit dem Unternehmen rund um den Globus das Vertrauen anderer Firmen und Aufsichtsbehörden einbrachte.

In den achtziger Jahren verfolgte Arthur Andersen eine Strategie des dynamischen Portfolios (Angebotserweiterung). Die Unternehmensberatungsbranche versprach große Gewinne. Im Jahr 1989 wurde die Firma in zwei Einheiten aufgeteilt: in die traditionelle Wirtschaftsprüfungsabteilung namens Arthur Andersen und in Andersen Consulting. Beide gehörten zur Dachgesellschaft Andersen Worldwide. Der Strukturwandel bei Arthur Andersen von der reinen Wirtschaftsprüfungsgesellschaft zur Unternehmensberatungsgesellschaft berührte unmittelbar die eigene Identität. Beratungsfirmen legen auf Gewissenhaftigkeit generell weniger Wert als auf Kreativität und aggressives Verkaufsverhalten – sie schleusen ihre Mandanten von einem Projekt zum nächsten. Plötzlich teilten sich die juristisch geschulten Wirtschaftsprüfer ein Büro mit Betriebswirten in Armani-Anzügen. Einige Wirtschaftsprüfer ließen sich mitreißen und warfen ihre hergebrachten Identitätswerte über Bord, an denen sie sich so lange orientiert hatten. Es bestand die reale Gefahr einer Identitätserosion unter den Mitarbeitern.

Fast die gesamten neunziger Jahre hindurch führte Arthur Andersen deshalb mit sich selbst Krieg. Das Beratungsbusiness unterstützte unwillig die Wirtschaftsprüfung, und die Wirtschaftsprüfer verabscheuten die Arroganz der Beratertypen. Wie sollten die Mitarbeiter unter diesen Umständen wissen, wie die Identität des Unternehmens aussah und welche Werte maßgebliche Bedeutung besaßen? Mit einer für die Bedeutung von Identitätsfragen geradezu frappierenden Einsicht meinte ein damaliger leitender Mitarbeiter salopp: „Die zwei Gäule passen eben nicht vor denselben Karren". Die Identitätserosion ging so weit, dass die einzelnen Partner schließlich vor Gericht landeten, weil sie sich nicht über die Aufteilung der Firmengewinne einigen konnten. 2002 brach die weltweit renommierte Gesellschaft schließlich zusammen (vgl. Welch 2005, S. 32f.).

6.3.3   Das Identitätsprofil einer Organisation

Unternehmens- und Organisationsidentitäten sind nicht immer leicht erkennbar. Dann treten in der Praxis Fragen auf wie: Worin besteht eigentlich die Kernpositionierung, das Leitthema des Unternehmens? Und für das Management stellen sich die Fragen: Was zeichnet ‚uns' aus? Was sind ‚unsere' Wurzeln? Was ist die Kernessenz ‚unseres' Selbstverständnisses?

Um diese Fragen zu beantworten, empfiehlt sich eine Analyse der Unternehmensidentität anhand von zehn Identitätsfaktoren. Sie lassen sich nach Identifikationsstärke und Vitalitätsstärke eines Unternehmens strukturieren. Zusammen genommen markieren diese zehn Faktoren das Identitätsprofil einer Organisation.

Die zehn Merkmale eines Identitätsprofils:

Identifikationsstärke eines Unternehmens	
Unverwech-selbarkeit	Dies ist der Grad, in dem das Erscheinungs- und Leistungsbild eines Unternehmens typisch und eigenständig ist. Es handelt sich um Erkennungszeichen, die eine Organisation als solche identifizieren. Es geht um das Prinzip der Wiedererkennbarkeit. Die Botschaft eines Unternehmens muss auch „aus der Entfernung" identifizierbar sein: Sie muss einfach, klar strukturiert, sowie gegenüber anderen Identitäten unverwechselbar positioniert sein. Unverwechselbarkeit im Sinne von Differenziertheit und Wiedererkennbarkeit ist Grundvoraussetzung für die Identität eines Unternehmens/Marke.
Selbstähn-lichkeit	Dies ist der Grad, in dem das Erscheinungsbild eines Unternehmens in allen kommunikativen Äußerungen auf die Kernidentität abgestimmt ist. Der Betrachter muss alles, was an Darstellungen rund um die Organisation oder ein Markenbild geschieht, als wesensverwandt erleben. Auch muss jedes Detail der Darstellung immer das Ganze repräsentieren. Das Konzept der Selbstähnlichkeit verlangt die Widerspruchsfreiheit zwischen den drei Ausdrucksbereichen a) Verhalten, b) Kommunikation, c) Erscheinungsbild sowie die innere Kohärenz in jedem dieser Bereiche. Konkret: Die Eigenarten der Abteilungen, der Verhandlungsstil, die Alltagsgepflogenheiten oder die Darstellungsformen müssen so geartet sein, dass sie einer übergeordneten Identitätskonzeption entsprechen (vgl. Bergler 1963, S. 119).
Beständigkeit	Dies ist das Maß, in dem die Identität auf Kontinuität und Geschichte verweisen kann. Es ist der Umfang, in dem die Identität über eine längere Zeit durch dieselben Merkmale bestimmt wird. Unternehmensidentität ist die Aneignung und Fortschreibung eines gewachsenen historischen Profils auf der Suche nach den gegenwärtigen wirtschaftlichen und sozialen Rahmenbedingungen eines Unternehmens.
Vertrautheit	Dies ist die Summe der Erfahrungen, die die Öffentlichkeit mit der Identität eines Unternehmens gesammelt hat sowie die subjektiv wahrgenommene Chance, mit einer Organisation in einen Dialog einzutreten. Vertrautheit steht in engem Zusammenhang mit Nähe. Vertrautheit ist ein grundsätzliches Merkmal von Image. Wird das Image geändert, die Positionierung neu ausgerichtet, ergeben sich Fremdheitserlebnisse, deren Folgen von öffentlicher Unsicherheit bis zur Ablehnung reichen können.
Thematische Prägnanz	Dies ist das Maß der Kommunikationsleistung eines Unternehmens, in deren Rahmen es gelingt, Grundcodierungen seiner Identität im Sinne der Profiliertheit, der Klarheit und Bestimmtheit herauszuarbeiten. Es ist der Umfang der Aktivitäten, die auf ein prägnant umrissenes, allgemein legitimiertes Ziel verwandt werden. Komplexe Informationen, widersprüchliche Darstellungen, am Zeitgeist orientierte Werbung unterlaufen die thematische Prägnanz.
Balance	Dies ist das Maß an Wechselwirkung, in dem die kulturelle Eigenidentität eines Unternehmens auf den gesellschaftlichen Wertewandel bzw. Leitbildwandel abgestimmt wird (z. B. Berücksichtigung des veränderten Frauenbildes in Personalrekrutierungsfragen).

	Vitalitätsstärke eines Unternehmens
Selbständig-keit	Dies ist der Grad, in dem das Selbstbild eines Unternehmens unabhängig von wechselndem öffentlichem Themen- bzw. Interessendruck ist. Die Selbständigkeit ist Ausdruck für die Unabhängigkeit und Stärke eines Unternehmens oder einer Marke.
Bedeutung	Dies ist das Maß an Wertschätzung, die die Öffentlichkeit der Unternehmensidentität im Sinne des Respekts vor seinen ethischen, sozialen, technischen und wirtschaftlichen Leistungsmaßstäben zollt. In der Bedeutung spiegelt sich die öffentliche Relevanz eines Unternehmens wider.
Distanz	Dies ist das Maß, in dem die Identität eine Leistungsdistanz zu Konkurrenten, eine entsprechende Positionierung im Markt bzw. eine Rankingposition im Wettbewerb ausdrückt. Über Distanz wird die wirtschaftliche Reputation eines Unternehmens gesteuert.
Habitustole-ranz (Berg-ler)	Dies ist die Toleranzgrenze, die dem Darstellungsstil eines Unternehmens von der Öffentlichkeit noch zugestanden wird, um sein Gesicht zu wahren, d. h. sie ist das Maß, in dem der praktizierte Verhaltensstil von der proklamierten Wertidentität abweichen darf.

In ihrer Gesamtheit ergeben die zehn Faktoren im Rahmen eines Selbstbeschreibungskonzepts Aufschluss über die Wirkungspotentiale der Identität – und damit über ihre Stärken und Schwächen sowie über ihre Chancen und Risiken.

Je nach Ausprägung der Indikatoren lässt sich die Identitätsstärke eines Unternehmens in einem Diagramm sichtbar machen.

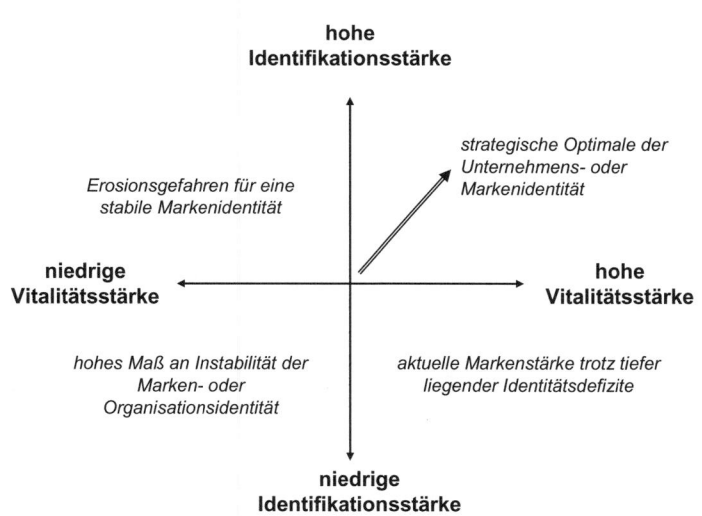

Abb. 6.3 Identitätsstärke eines Unternehmens/ einer Marke   Quelle: © Eugen Buß

Im Idealfall verfügt ein Unternehmen sowohl über eine hohe Vitalitäts- wie auch über eine ausgeprägte Identifikationsstärke. Dann ist die strategische Optimale der Unternehmensidentität erreicht.

Im entgegengesetzten Fall einer niedrigen Vitalitäts- und Identifikationsstärke sind die Stabilitätsrisiken entsprechend hoch. Die Identität ist diffus, sie unterliegt hohen Erosionsgefahren.

Fragen zur Wiederholung:

1. Nennen Sie die Ihrer Ansicht nach wichtigsten Definitionsmerkmale von Unternehmensidentität.

2. Welche Funktionen hat die Unternehmensidentität für das Management?

3. Wie bildet sich Identität im Rahmen eines sozialen Prozesses? Beschreiben Sie das Modell von Goffman.

4. Was versteht man unter „Role-taking"?

5. Unterscheiden Sie das „Ich" und „ICH".

6. Was versteht man unter personaler Identität im Vergleich zur sozialen Identität eines Unternehmens?

7. Wie würden Sie Identitätsbildung als reflexiven Prozess beschreiben?

8. Was ist mit dem „balancierenden Prozess" der Identitätsbildung gemeint?

9. Erklären Sie das „Als-ob-Prinzip" der Identitätsbildung?

10. Was versteht man unter einem „Selbstbeschreibungskonzept"?

11. Nennen Sie je drei Merkmale der Leistungsidentität und Wertidentität eines Unternehmens.

12. Nennen Sie drei Merkmale der Identifikationsstärke eines Unternehmens und beschreiben Sie sie.

13. Nennen Sie drei Merkmale der Vitalitätsstärke eines Unternehmens und beschreiben Sie sie.

14. Was ist die strategische Optimale der Unternehmensidentität?

Übungsaufgaben:

1. Lassen Sie sich den Geschäftsbericht, Umweltbericht oder eine Imagebroschüre eines an der Börse notierten Unternehmens zuschicken, beispielsweise von BMW, EON, Deutsche Telekom, Linde, VW, Adidas, etc. Lesen Sie die Berichte sorgfältig. Recherchieren Sie zusätzlich im Internet. Analysieren Sie die Angaben zum Selbstverständnis, zum Leitbild oder zur Unternehmensphilosophie und arbeiten Sie die Ihrer Ansicht nach zentralen Identitätsmerkmale heraus.

2. Wie sehen Sie vor dem Hintergrund des dargestellten Konzeptes zur Identitätsbildung den Prozess Ihrer eigenen Identitätsbildung? Versuchen Sie im Sinn des Selbstbeschreibungskonzeptes eine Selbstbeschreibung Ihrer eigenen Person in einigen zentralen Facetten.

3. Stellen Sie sich vor, Sie werden von Ikea beauftragt, ein Konzept zur Profilschärfung des Unternehmens in Deutschland zu erarbeiten Wie würden Sie vorgehen und welche Maßnahmen würden Sie vorschlagen? (Lässt sich auch als Gruppenarbeit gut durchführen!)

Kultur bedeutet, einen Baum zu pflanzen aufgrund von Erfahrungen, die man nicht selbst gemacht hat, damit er Früchte hervorbringt, die man nicht selbst ernten wird
(Schein).
Wir haben einiges geändert, die Seele ist geblieben
(Werbespruch der Porsche AG).

Modul 7:

Unternehmenskultur: die „Seele" von Management und Unternehmen

Ziel dieses Moduls ist es,

- die Bedeutung, Besonderheiten, Funktionen und Merkmale einer Unternehmenskultur vorzustellen,
- unterschiedliche Typologien von Unternehmenskulturen zu beschreiben,
- charakteristische Ausdrucksformen von Unternehmenskulturen darzustellen,
- Kriterien zur Messung von Unternehmenskulturen zu erarbeiten,
- Methoden zur Erfassung von Unternehmenskulturen vorzustellen,
- die klassischen Kulturkonzepte zu analysieren,
- die wichtigsten in der Praxis diskutierten Kulturkonzepte von Hofstede, Schein und Goffee/Jones miteinander zu vergleichen.

7.1   Unternehmenskultur als Managementkonzept

Fragen der Kultur gehören zu den wichtigsten Alltagsthemen auf Deutschlands Managementetagen. Ein deutscher Spitzenmanager meint:

> *„Kulturfragen spielen eine besondere Rolle. Man kann das an einem einfachen Beispiel verdeutlichen: Das Handeln von organisierten Teilnehmergruppen, das, was man in der Firma ‚corporate governance' nennt, also das Verhältnis bestimmter Organe zueinander, setzt voraus, sich mehr mit kulturellen Fragen auseinanderzusetzen und offener zu werden. Ich glaube, das ist Ausdruck eines tiefgreifenden Wertewandels, der im Moment auf den Vorstandsetagen stattfindet."* (vgl. Buß 2007, S. 149f.).

Die Bedeutung kultureller Einflussfaktoren auf den Unternehmenserfolg bzw. auf die Wertschöpfung eines Unternehmens kann nicht hoch genug eingeschätzt werden. Bis zu 80 Prozent aller Fusionen und Akquisitionen erreichen die gesetzten Ziele nicht oder nur teilweise, weil der „Clash of Cultures" (der Kampf der Unternehmenskulturen) unterschätzt wird (Schmidt 2007, S. 18). Vollmundig angekündigte Eheversprechen wie von Daimler und Chrysler zerbrechen an den kulturellen Unvereinbarkeiten der beteiligten Unternehmen. Seit der Veröffentlichung des Bestsellers „Auf der Suche nach Spitzenleistungen" von Peters und Waterman hat das Thema der Unternehmenskultur Einzug in die Managementpraxis gehalten (vgl. Sackmann 2004, S. 23). Besonders die Untersuchungen von Collins und Porras (1995), in der 18 langjährig erfolgreiche Unternehmen mit den zweitbesten ihrer Branche verglichen wurden, ferner die Studie von Collins (2004), in der Unternehmen charakterisiert wurden, die einen nachhaltigen Turnaround (Wende zum Erfolg) geschafft hatten sowie die Arbeit von Sackmann (2004), die den Erfolgsfaktor Unternehmenskultur am Beispiel von sechs bekannten Unternehmen untersucht hat, haben das Interesse am „weichen" Faktor der Kultur beflügelt.

7.1.1   Was versteht man unter Unternehmenskultur?

Jedes Unternehmen, ob es dies so wünscht oder nicht, hat eine Unternehmenskultur. Sie entsteht mit der Gründung eines Unternehmens und entwickelt sich mit der Geschichte eines Unternehmens fort. Die Unternehmenskultur ist die Gesamtsumme der Verhaltensschemata im Sinne von Denk-, Gefühls- und Handlungsnormen, die wie ein Staffelstab von Mitarbeitern an Mitarbeiter oder von Mitarbeitergeneration an Mitarbeitergeneration weitergegeben und weiterentwickelt werden, einschließlich der Artefakte (Artefakte = von Menschen geschaffene Dinge). In diesem Sinn kann die Kultur einer Organisation als spezifischer *symbolisch kodierter Handlungs- und Sinnzusammenhang* bezeichnet werden.

Definition Unternehmenskultur:

Kultur von lat. cultura = Bearbeitung, Ausbildung, Veredelung. Unter Unternehmenskultur versteht man

a)   die objektiv wahrnehmbare eingespielte Arbeitsweise einer Organisation (z. B. Art und Regeln der Problemlösungen, Verfahrensvorschriften, Satzungen, etc.)

b)   die objektiv wahrnehmbaren spezifischen Muster, Praktiken, Regeln, Rituale und Symbole der Kommunikation nach innen und außen,

c) die objektiv wahrnehmbare Gestaltungsform einer Organisation und ihrer Ablaufprozesse (z. B. Führungsorganisation, Art der Zuständigkeiten, Anreizsysteme, Statussymbole, Kompetenzen, Stilelemente),

d) die objektiv wahrnehmbaren spezifischen Werte, Ideale, Sinngebungen, Ziele, Zwecke und die Art der gegenseitigen Verpflichtungen in einer Organisation sowie die Chancen und Fähigkeiten, ihnen zu folgen.

Kurz gesagt ist jede Unternehmenskultur der Typus einer besonderen Gemeinschaft mit einer spezifischen „Seele". Unternehmenskultur ist sowohl „pattern of behavior" wie auch „pattern for behavior" (Neuberger & Kompa 1987, S. 20ff.). Sie spannt sich von der Willkommenskultur des Pförtners einer Organisation bis zur Verabschiedungskultur eines langjährigen Mitarbeiters. Die Kultur ist eine unsichtbare Kraft, die alle Schichten eines Unternehmens beherrscht.

Ihre Funktionsvielfalt ist groß: Die Kultur einer Organisation beeinflusst ganz unmittelbar das Denken, die Empfindungen, die Entscheidungen und das Handeln von Führungskräften und Mitarbeitern. Sie dient als Raster zur selektiven Informationsaufnahme und -verarbeitung. Sie setzt Prioritäten, steuert Entscheidungen über Wichtiges und weniger Wichtiges, prägt das Klima, legt die Spielregeln für die Arbeit fest, dient als Orientierung bei der Auswahl des „richtigen" Verhaltens, definiert den Umgang untereinander und mit den Kunden oder der Öffentlichkeit, legt fest, wie man mit Problemen umgeht, signalisiert, was Wert hat und was nicht (vgl. Sackmann 2004, S. 26). Für das Management ist die Unternehmenskultur in doppelter Weise interessant: einerseits weil sie in allen Situationen die Handlungen kanalisiert, die zulässigen Gefühle etikettiert und die Entscheidungen in gewisser Weise normiert; andererseits weil sie quasi als Führungsersatz die Kontrolle der Mitarbeiter eines Unternehmens auf eine unterschwellige Weise „weich" besorgt (Neuberger); d. h. vieles ist nur atmosphärisch vorhanden, bleibt unterhalb der bewussten Reflexion. Für Außenstehende, die in ein Unternehmen kommen, ist es oft sehr schwierig, die Prozesse in gut eingespielten Abteilungen zu verstehen. Vieles geschieht unausgesprochen, manchmal sind es nur nonverbale (gestische oder mimische) Kommunikationssignale, z. B. eine bestimmte Art des Humors, die bestimmte Reaktionen hervorrufen.

Als zentrale Funktionen der Unternehmenskultur gelten die:

Identifikationsfunktion (eine Kultur schafft Identifikationschancen mit einem Unternehmen und stärkt das Selbstbewusstsein der Mitarbeiter),

Integrationsfunktion (eine Kultur wirkt integrativ, sie kann binden und die Zugehörigkeit zu einem Unternehmen stärken),

Differenzierungsfunktion (eine Kultur kann durch ihre Unverwechselbarkeit eine Organisation in der Wahrnehmung der Mitarbeiter und der Öffentlichkeit herausheben. Beispielsweise ist Porsche wegen seiner besonderen Kultur unter den Absolventen der Hochschulen der beliebteste Arbeitgeber in Deutschland),

Mobilisierungsfunktion (eine Kultur mobilisiert; sie verpflichtet zu gemeinsamem Handeln; sie wirkt motivationsfördernd),

Legitimationsfunktion (eine Kultur erfüllt die Funktion der Sinnvermittlung, sie schafft unmittelbar Sinn für Managemententscheidungen),

Steuerungsfunktion (eine Kultur vermag durch geteilte Werte, Normen und Rituale handlungsentlastend zu wirken. Sie entlastet von fallweisen Handlungsanleitungen und stellt somit ein wichtiges Instrument der Personalführung dar),

Funktion der *Komplexitätsreduktion* (eine gut etablierte Unternehmenskultur ermöglicht schnelles Handeln, da die kulturellen Muster wie ein Filter gegenüber der täglichen Informationsflut bzw. Informationskomplexität wirken (was ist wichtig, was ist unwichtig?). Zudem ermöglichen gemeinsame Normen eine Art Handlungsanweisung, wie mit einer jeweiligen Situation umzugehen ist).

Unternehmenskulturen werden nicht einfach erfunden oder gemacht. Sie entstehen nicht am grünen Tisch. Die Ursprünge einer Unternehmenskultur liegen meist beim Gründer eines Unternehmens (z. B. Thomas Watson bei IBM, Max Grundig, David Packard bei Hewlett-Packard, Konrad Henkel, August Oetker oder Steve Jobs bei Apple). Diese dienen mit ihren Visionen und Ideen, mit ihren Werten, Neigungen und Eigenheiten als Vorbilder für nachfolgende Managergenerationen, die in ihrem Sinn handeln, denken und entsprechend Mitarbeiter rekrutieren. Kulturprägend wirken aber auch schwere Krisen in einer Organisation und die Art und Weise, wie sie gemeistert werden; ferner einschneidende Veränderungen in den Eigentümerverhältnissen, in der Führung sowie Fusionen, neue Geschäftsmodelle, die Expansion in neue Märkte, etc. Kulturprägend ist zudem das Umfeld eines Unternehmens, die sogenannten Kontextfaktoren: regionale Herkunft, z. B. das deutsche Unternehmen, das schwäbische Unternehmen, das eidgenössische Unternehmen; ferner die Art der Branche und ihr Reifegrad, die Technologien, der Wettbewerbsgrad, Art der Kunden, Charakteristika der Zulieferer und Investoren, etc.

Fallbeispiel Hewlett Packard:

Kaum war die Amerikanerin Carly Fiorina Chefin von Hewlett Packard geworden, hat sie innerhalb kürzester Zeit eine beispielhafte Kampagne gestartet, um das Großunternehmen zu seinen kulturellen Wurzeln zurückzuführen. Instinktsicher ist sie in einer Welt, in der alle nur zu neuen Ufern aufbrechen wollen, zu der eigenen Tradition zurückgekehrt.

„Wir sind ein Unternehmen mit einer großen Tradition", bekennt sie, „ein Unternehmen von Erfindern. Diesen Geist wollen wir wieder beleben. Wir wollen beweisen, dass wir trotz weltweit 83.000 Mitarbeitern und einem Jahresumsatz von über 42 Milliarden Dollar immer noch die einfachen Regeln beherrschen, die Bill Hewlett und Dave Packard, die Väter von HP, 1939 in ihrer Garage einführten: *Arbeite schnell, unbürokratisch. Bleibe flexibel. Sei ein Erfinder. Wir müssen unsere Werte bewahren, denn sie sind die Seele und der Charakter von HP.* Was wir daher lernen müssen, ist zu erkennen, was wirklich zu unserer Kultur gehört, und was unsere Mythen sind, die sich um diese Kultur ranken" (vgl. Buß u. Fink-Heuberger 2000, S. 94).

Fallbeispiel Procter & Gamble:

Von William C. Procter, Sohn eines der Gründer von Procter & Gamble, wird erzählt, dass er in den 1880er-Jahren begann, von Fall zu Fall selbst Hilfstätigkeiten in der Fabrik auszuführen. Er belud Seifenmischgeräte, nahm sogar gemeinsam mit den Arbeitern das Essen auf dem Boden ein (Deal u. Kennedy 1987, S. 90f.). Sein Selbstverständnis hat sich in den Folgejahren in einer besonders mitarbeiterorientierten Managementkultur ausgedrückt.

7.1.2 Ausdrucksformen der Unternehmenskultur

Die Unternehmenskultur ist für das Management von herausragender Bedeutung. Sie ermöglicht gemeinsam geteilte Wahrnehmungen, Erlebnisse, Handlungen und Gefühle, die so grundlegend sind, dass viele Unternehmensprozesse ohne Eingriff oder Einflussnahme von irgendeiner Seite gewissermaßen „automatisch" gelingen. Insofern ist die aktive Gestaltung der Unternehmenskultur (culture management) ein kontinuierlicher Prozess, der nie aufhört und nicht rationalisiert werden kann.

Je stärker die Kulturwerte wirken und je tiefer die Überzeugungen in der Alltagspraxis einer Organisation Fuß fassen, umso nachhaltiger beeinflusst die Kultur auch das Selbstverständnis aller Mitarbeiter.

Die Bedeutung einer Unternehmenskultur lässt sich anhand folgender Dimensionen messen:

Kulturstärke: Dies ist das Maß, in dem die Kultur Einfluss auf das Verhalten der Mitarbeiter einer Organisation nimmt, bzw. das Maß der Vitalität einer Kultur in der Alltagspraxis einer Organisation.

Kulturdehnung: Dies ist das Maß, in dem die Kultur verletzt werden kann, ohne Schaden zu nehmen.

Kulturprägnanz: Dies ist das Maß, in dem die Kultur eines Unternehmens besonders, einzigartig und unverwechselbar ist.

Kulturnähe: Dies ist das Maß, in dem die Kultur eines Unternehmens den Mitarbeitern und der Öffentlichkeit vertraut ist.

Kulturakzeptanz: Dies ist das Maß, in dem die Kultur eines Unternehmens bei den Mitarbeitern und in der Öffentlichkeit Wertschätzung findet.

Die Unternehmenskultur kommt sowohl in technischen Artefakten (im Wortsinn: künstliches Erzeugnis) wie Maschinen und Gebäuden als auch in strukturellen Artefakten wie Hierarchien, Informations- und Kontrollsystemen sowie im Führungsstil zum Ausdruck; ebenso im Verhalten der Mitarbeiter, insbesondere der verantwortlichen Manager („das machen wir hier so"). Sie steuern das Verhalten in Organisationen meist auf symbolischer Ebene. Ausdrucksformen, die überwiegend symbolisch wirken, sind beispielsweise

- die informelle soziale Struktur: Dazu gehören Kommunikationsstil, Sprachgewohnheiten, Sondersprachen (z. B. abteilungstypische Codes), Art des Humors, ferner Anekdoten und Geschichten insbesondere über die Unternehmensgründer, über besondere Ereignisse, Zäsuren in der Unternehmensgeschichte, ggf. über Mythen, Legenden; dazu gehören auch Stil der Kontaktaufnahme, Wir-Gefühl, Vertrautheit, Stimmungslage, Atmosphäre, Fragen wie: Wer soll sich wann für was schämen? Wem fühlt man sich verpflichtet? Welches Bild von Kollegialität wird idealisiert? Darf man zeigen, dass man ärgerlich ist?
- Mitarbeiterbesprechungen, Jubiläen, Rituale, Tabus, Mitarbeiterzeitungen.

- Bedeutung von Symbolen, Statussymbole, Design, Logos, Kleidungsvorschriften, Architektur, Ausstattung.

Die Symbole bzw. die symbolische Kommunikation werden als kulturstiftend wahrgenommen und definieren in substantieller Weise den Handlungsrahmen in einer Organisation. Versteht man Unternehmenskultur als Handlungsrahmen, so bietet sie als Ergänzung zu betriebswirtschaftlichen Instrumenten eine ganze Reihe von symbolhaften, kulturellen Maßnahmen, um ein Problem zu lösen.

Praxisbeispiel:

Die Kosten des Vertriebsbereiches werden vom Top-Management als zu hoch angesehen. Herr Dr. Lövgren, Vorstand des Vertriebs, muss sich in einem Gespräch mit dem Vorstandsvorsitzenden sagen lassen: „Besser als ein ausgefeiltes Controlling-System wäre ein ausgeprägtes Kostenbewusstsein aller Vertriebsbeauftragten. Sorgen Sie dafür, dass Ihre Mitarbeiter ihre Haltung verändern. Zur Kultur unseres Hauses gehört, auf unnötigen Aufwand zu verzichten. Zwar mag auch ein Controlling-System das Kostenbewusstsein stärken. Entscheidend kommt es aber auf die Verankerung entsprechender Werte und Überzeugungen an, an denen sich das Verhalten der Mitarbeiter ausrichtet". Daraufhin entscheidet Dr. Lövgren, folgende kulturwirksamen Maßnahmen durchzuführen:

- Offener Verweis auf Leitbild und Philosophie des Unternehmens.
- Verweis auf entsprechende Traditionen und Ethik des Gründers des Unternehmens.
- Selbst als Vorbild wirken durch massive Kürzung des Budgets für Repräsentationszwecke.
- Erzählen von Geschichten, in denen engagiertes und kostenbewusstes Verhalten von Mitarbeitern honoriert wurde.
- Einführen eines wöchentlichen Rituals (Mitarbeiterbesprechung), in der über Kostensenkungserfolge berichtet werden kann.
- Einrichtung einer Kolumne mit dem Titel: „Der Sparfuchs" in der monatlich erscheinenden Mitarbeiterzeitung.
- Würdigung erfolgreicher Sparmaßnahmen anlässlich von Jubiläen und Mitarbeiterversammlungen.
- Einführung eines KVP (bedeutet: kontinuierlicher Verbesserungsprozess), d. h. Institutionalisierung eines kreativen Vorschlagswesens.

Mit einem solchen Mix von kulturstiftenden Maßnahmen versucht Dr. Lövgren, Sparsamkeit und Kostenbewusstsein als Leitwert der Unternehmenskultur im Selbstverständnis seiner Mitarbeiter zu verankern.

7.2   Methoden zur Erfassung der Unternehmenskultur

Um Unternehmenskulturen zu beschreiben und zu erklären, verwendet man in der Soziologie in der Regel fünf Wege:

1. das Kultur-Screening
2. das heuristische Verfahren
3. das Leitfadengespräch bzw. das narrative Interview

4. den klinischen Ansatz nach Schein

5. das idealtypische Verfahren.

	Trifft gar nicht zu				Trifft voll- kommen zu
	1	2	3	4	5
1. Das Unternehmen ist gekennzeichnet durch					
…strikte Leistungsorientierung.	i	i	i	i	i
…Wettbewerbsdenken/ Innovationskultur.	i	i	i	i	i
…Selbstständigkeit der Mitarbeiter.	i	i	i	i	i
…gesellschaftliche Verantwortung.	i	i	i	i	i
…klare erkennbare Zukunftsstrategie.	i	i	i	i	i
…hohes Ansehen in der Öffentlichkeit.	i	i	i	i	i
…Tradition.	i	i	i	i	i
2. Der Entscheidungsstil des Managements ist geprägt durch					
…Risikoneigung.	i	i	i	i	i
…Konsenssuche.	i	i	i	i	i
…Intuition.	i	i	i	i	i
…Schnelligkeit.	i	i	i	i	i
…Partizipation der Mitarbeiter.	i	i	i	i	i
…Statusdenken.	i	i	i	i	i
…Dezentralisierung der Verantwortung.	i	i	i	i	i
3. Die Autorität des Managements ist geprägt durch					
…Position bzw. Rang in der Hierarchie.	i	i	i	i	i
…Fachkompetenz.	i	i	i	i	i
…die charakterliche Persönlichkeit.	i	i	i	i	i
…klare Wertüberzeugungen.	i	i	i	i	i
4. Das Problemlösungsverhalten					
…ist flexibel und kreativ.	i	i	i	i	i
…ist an rationalen Argumenten und Vorgaben orientiert.	i	i	i	i	i
…steht stets unter Zeitdruck.	i	i	i	i	i
…ist durch Sicherheits- und Routinedenken geprägt.	i	i	i	i	i
5. Die Zusammenarbeit im Unternehmen ist gekennzeichnet durch					
…hohe Kollegialität/ Teamgeist	i	i	i	i	i
…hohe Formalität aller Beziehungen/ Statusdenken.	i	i	i	i	i
…sehr gutes Betriebsklima.	i	i	i	i	i
…starke Kontrolle.	i	i	i	i	i
…Abschottung.	i	i	i	i	i
…Konflikte.	i	i	i	i	i

Abb. 7.1 Beispiel für einen Fragebogen zum Kulturscreening   Quelle: © Eugen Buß

7.2.1 Praxis des Kultur-Screenings

Das Kultur-Screening (vgl. Jänicke 2005, S. 93ff.) ist im Grunde genommen eine empirische Kulturdiagnose. Mit Hilfe von Experteninterviews und standardisierten Instrumenten werden im Rahmen einer Mitarbeiterbefragung die Kulturbesonderheiten einer Organisation erfasst. Ziel des Kultur-Screenings ist es, die kulturspezifischen Werte einer Organisation zu bestimmen, den Übereinstimmungsgrad zwischen den Organisationsmitgliedern zu ermitteln und die gelebten Werte im Rahmen eines Soll-Ist-Vergleichs mit den gewünschten Leitbildern zu vergleichen.

7.2.2   Das heuristische Verfahren

Das heuristische (altgriech. = finden) Verfahren gleicht einem Suchprozess. Während auf der Ebene des äußerlich Wahrnehmbaren die herkömmlichen Regeln der empirischen Sozialforschung erfolgreich sein können, müssen sie zwangsläufig auf der Ebene des Unsichtbaren scheitern. Die heuristische Methode geht über die Oberflächenerscheinungen und sichtbaren Ausdrucksformen hinaus und versucht gewissermaßen, das Sediment der tiefer liegenden Werte und grundlegenden Annahmen einer Kultur zu ermitteln (Stähle 1989, S. 19). „Heuristisch" zu arbeiten, bedeutet also, von dem, was man sieht, auf etwas zu schließen, was man nicht sieht, aber im Hintergrund wirksam ist.

Methodisch stellt sich die Aufgabe, über die Erfassung kultureller Artefakte die tieferen Grundannahmen zu erschließen, die den eigentlichen Kulturkern einer Organisation ausmachen. Die Fallstudie über Levi Strauss zeigt, wie sich aus dem jährlichen Ritual der Einsichtnahme in den Geschäftsbericht eine kulturelle Basisannahme „heuristisch" erschließen lässt (Neuberger u. Kompa 1987, S. 55).

Fallstudie Levi Strauss:

Kulturelles Artefakt (jährliches Ritual):   Über Generationen hinweg waren die jährlichen Geschäftsberichte streng gehütete Familiengeheimnisse. Um der Gesetzesbestimmung zu entsprechen, dass jeder Aktionär Einsicht in den Geschäftsbericht nehmen kann, hatte David Beronio, ein Berater, der das Vertrauen der Familie besaß, ein Exemplar getippt und trug es persönlich im Raum umher, um es jedem Aktionär, der die Versammlung besuchte, zu zeigen. Leitende Angestellte aus dem zweiten Glied und Kleinaktionäre konnten nur einen kurzen Blick auf die Bilanz werfen, bevor der Bericht in Beronios verschlossene Schublade verschwand. Mit der Erweiterung der Geschäftsführung und der Multiplikation der steuerlichen Probleme der Firma vermehrten sich auch die Kopien – aber jede war nummeriert und alle wurden am Schluss der Jahresversammlung eingesammelt.

Anschauung: Nur Familienmitglieder und Berater, die ihr Vertrauen besitzen, dürfen die Jahresberichte der Firma eingehend analysieren.

Wert: Geheimhaltung im Bezug auf Firmenangelegenheiten ist wichtig.

Basisannahme: „Außenstehenden" kann man nicht vertrauen.

Der eigentliche Kulturkern der Firma Levi Strauss liegt nicht offen zutage, ist in keinem Leitbild öffentlich proklamiert, sondern lässt sich nur indirekt, d. h. heuristisch aus den Vorgängen der Jahreshauptversammlung erschließen.

7.2.3 Das Leitfadengespräch und narrative Interview

Ein weiteres eher „interpretatives" Verfahren zur Ermittlung der Unternehmenskultur ist das Leitfadengespräch und narrative Interview.

Beim Leitfadengespräch handelt es sich um das Instrument eines halb-strukturierten Interviews. Ein solches Instrument gestattet, anhand eines vorgegebenen Fragenkataloges Problemstellungen der Unternehmenskultur aufzugreifen, die möglicherweise auch außerhalb des vorgedachten Rahmens liegen und somit den Forschenden helfen, ein realistisches Bild von den Kulturbesonderheiten zu bekommen. Den Mitarbeitern eines Unternehmens werden keine festen Frageformulierungen vorgelegt, sondern im Sinne eines „Kreisens" um den Gegenstand vielmehr ein weiter Rahmen gelassen, um auf die spezifischen, von ihnen selbst angesprochenen Aspekte eingehen zu können. Die Gespräche werden auf Band aufgezeichnet oder protokolliert. Zur Auswertung der Gesprächsprotokolle wird ein Kategorienraster für die einzelnen Themenbereiche erstellt, unter welches die Aussagen der Mitarbeiter subsumiert (untergeordnet) werden können. Um die hierfür benötigten, geeigneten strategischen Auswertungsrichtlinien, -strukturen und -grammatiken zu entwickeln, bedarf es einer Sichtung des Materials auf deskriptiver Ebene, die die Gesprächsbefunde induktiv kategorisiert und so nach gemeinsamen Tendenzen und Strukturen sucht, das Abweichende und Atypische identifiziert und beides illustriert.

Das narrative (erzählende) Interview ist eine freiere Form des Leitfadengesprächs. Beim narrativen Interview handelt es sich um eine Erzählform, die nicht wie im üblichen Interview von einem vorformulierten Schema von Fragen ausgeht. Es geht bei dieser Methode darum, den Gesprächspartner zu einer Erzählung von erlebten Begebenheiten im Unternehmen anzuregen und ihn dabei weitgehend so sprechen zu lassen, wie ihm „der Schnabel gewachsen" ist. Der Forscher schlägt lediglich ein allgemein formuliertes Thema vor und lässt den Gesprächspartner seine Erzählung entwickeln. Der Interviewer verhält sich dabei als interessierter Zuhörer. Erst wenn erkennbar ist, dass der Mitarbeiter seine Geschichte offensichtlich als beendet betrachtet, ergreift der Interviewer in der zweiten Phase des Interviews wieder die Initiative und bringt Fragen an, die beim Mitarbeiter weitere narrative Sequenzen (Folgen) auslösen sollen. Diesem Verfahren liegt die Hypothese zugrunde, dass spontane Erzählungen besonders gut Aufschluss über die tatsächlichen Werthaltungen und Grundannahmen der Befragten geben.

Fazit:

Das Leitfadengespräch dient dem tieferen Verständnis von Unternehmenskulturen. Es deckt unterschwellige Strömungen, Stärken, Widersprüche und Gegensätze einer Kultur auf.

7.2.4 Der klinische Ansatz nach Edgar Schein[8]

Schein ist Anhänger des sogenannten *klinischen Forschungsansatzes*. Er setzt die enge Kooperation des außen stehenden Forschers mit informierten Insidern – im Sinne von Kulturträgern – voraus. Erst in der kontinuierlichen Zusammenarbeit beider Perspektiven ist die

---

[8] Verfasserin: Ulrike Bunz.

Entschlüsselung der kulturellen Essenz möglich: Auf sich alleine gestellt würde der Forscher Gefahr laufen, eigenen subjektiven Vorurteilen zu erliegen.

Die Entschlüsselung der Kultur für Insider

Schein schlägt folgende Prozesse zur internen Dechiffrierung der Unternehmenskultur vor, um schrittweise die Ebenen der Artefakte bis hin zu den Grundprämissen zu identifizieren (vgl. Schein 2003, S. 74–77 und Schein 1995, S. 134–140):

- Definition eines aktuellen Problems – was soll innerhalb des Unternehmens verbessert werden?
- Überprüfung des vorherrschenden Kulturverständnisses und Präsentation des dreistufigen Kulturmodells unter den beteiligten Unternehmensangehörigen (vgl. zum dreistufigen Kulturmodell den Abschnitt 7.4.3).
- Identifizierung von Artefakten: In einer moderierten Gruppendiskussion mit den beteiligten Insidern werden die Artefakte des Unternehmens gesammelt. Evtl. können Kategorien wie Kleiderordnung, erwünschte Verhaltensweisen gegenüber dem Vorgesetzten, materielle Gestaltung der Arbeitsplätze, Umgang mit Zeit und Raum etc. als Anregungen gegeben werden.
- Ermittlung bekundeter Werte: In einem nächsten Schritt werden die Gruppenmitglieder nach dem Warum ihres Handelns gefragt, das in den Artefakten sichtbar wird. Es werden diejenigen Handlungsgründe bzw. bekundete Werte notiert, über die in der Gruppe ein Konsens besteht. Bei abweichenden Meinungen könnten verschiedene Subkulturen vorliegen – in diesem Fall werden die notierten Werte mit einem Fragezeichen versehen.
- Vergleich von Werten und Artefakten:
  Wo gibt es Widersprüche und Konflikte zwischen Verhalten, Maßnahmen, Regeln und Praktiken und den öffentlich bekundeten Werten? Wie läßt sich das tatsächliche Verhalten begründen? Das Ansprechen dieser Ungereimtheiten soll die tiefer liegenden kulturellen Annahmen , die die Artefakte erklären können, erkennbar machen.
- Beurteilung der gemeinsamen Annahmen – Ermittlung kultureller Hilfen und Hindernisse: Die Gruppe bekommt die Aufgabe, die bisher identifizierten Grundannahmen im Hinblick auf ihre förderliche oder hinderliche Wirkung für die Lösung des anstehenden Problems zu bewerten. Es geht insbesondere um die Identifikation der zwei oder drei besonders hinderlichen sowie förderlichen Prämissen.

Dieser sechsstufige Prozess kann mit verschiedenen Mitarbeitergruppen eines Unternehmens wiederholt werden.

Die Entschlüsselung der Kultur für Außenstehende

Gemäß des klinischen Forschungsansatzes bedarf es der Unterstützung des externen Forschers durch motivierte Insider (vgl. Schein 1995, S. 144–148):

- Schritt 1: Erste Begegnung sowie erstes Beobachten und Kennenlernen der Unternehmenskultur durch den Forscher.
- Schritt 2: Weitergehende systematische Beobachtung und Überprüfung evtl. überraschender kultureller Erfahrungen.
- Schritt 3: Suche nach einem motivierten Insider.
- Schritt 4: Vorstellung und Diskussion der Beobachtungen, Überraschungen, Verwirrungen und Ahnungen mit dem Insider.

- Schritt 5: Aufklärung der Beobachtungen gemeinsam mit dem Insider. Beide Seiten forschen systematisch nach den zugrunde liegenden Prämissen und ihrem strukturellen Zusammenhang.
- Schritt 6: Ausarbeitung der vermuteten Grundannahmen zu formalen Hypothesen, die anhand weiterer Datenmaterials geprüft werden sollen.
- Schritt 7: Systematische Überprüfung und Konsolidierung der Hypothesen anhand von (Gruppen-)Interviews, weiteren Beobachtungen, Fragebögen, Inhaltsanalysen von Dokumenten, Geschichten und anderen Artefakten.
- Schritt 8: (Vorläufige) Bestätigung und Formulierung der identifizierten Prämissen als kulturelle Essenz des Unternehmens.
- Schritt 9: Beständige Neubewertung, Verfeinerung und Modifikation des bisherigen Kulturmodells.
- Schritt 10: Niederschrift einer formalen Beschreibung der Unternehmenskultur.

Die Erhebungsmethoden im Rahmen der Kulturanalyse

Schein weist ausdrücklich darauf hin, dass sich sein Ansatz zur Kulturanalyse von anderen gängigen Methoden unterscheidet, da er nicht von der Annahme ausgeht, „dass man durch ‚richtige' Fragen oder einen geeigneten Fragebogen die Entschlüsselung der Kultur schon so gut wie geleistet hat." (Schein 1995, S. 144).

Gerade die tiefer liegenden kulturellen Annahmen können seiner Meinung nach nicht einfach über einen Fragebogen ermittelt werden. Wenn sich Unternehmenskultur als ein derart tiefes und breites Phänomen präsentiert, würde zu Beginn der Kulturanalyse gar nicht klar sein, welche Fragen in einem Fragebogen zu stellen wären. Seiner Meinung nach lässt sich Kultur als Gruppenphänomen am ehesten in Gruppendiskussionen bzw. -interviews erheben. Auf diese Weise lässt sich besser feststellen, ob es unter den Gruppenmitgliedern überhaupt einen Konsens zu den verschiedenen Kulturaspekten gibt.

7.2.5   Das idealtypische Verfahren

Man kann Unternehmenskulturen auch über ein idealtypisches Verfahren charakterisieren. Die Kategorie des Idealtyps stammt von Max Weber. Ideal meint nicht etwas Erstrebenswertes, sondern eine „reine Form". Das idealtypische Verfahren ist entsprechend eine Methode, mit deren Hilfe man aus den vielen in der Praxis anzutreffenden Aspekten einer Unternehmenskultur einige wenige hervorhebt, sie gleichsam generalisiert, um etwas Typisches beschreiben zu können. Der Idealtyp ist also eine gedankliche Konstruktion, die durch einseitige Steigerung einiger weniger Gesichtspunkte gebildet wird, um wesentliche Charakteristika des Kulturbegriffes hervorzukehren.

Mit Hilfe eines solchen idealtypisierenden Verfahrens werden in der Managementpraxis eine Fülle von Typisierungen vorgenommen. Beispiele sind etwa (vgl. Jänicke 2005, S. 102):

- Gruppenkultur (Group Culture: im Unternehmen dominieren Merkmale wie gegenseitige Loyalität, Vertrauen, Sympathie, gegenseitige Hilfe, Teamarbeit, etc.)
- Hierarchiekultur (im Unternehmen dominieren Merkmale wie klare, formale Strukturen, klare Zuständigkeiten, Fokussierung auf Produktivität und Rentabilität, etc.)
- Rationalkultur (Rational Culture: im Unternehmen dominieren Merkmale wie hohe Leistungsstandards, Planung der Abläufe, Vermeidung von Risiken, zweckrationale Strategieorientierung, etc.)

- Marktkultur oder Entwicklungskultur (Developmental Culture: im Unternehmen dominieren Merkmale wie Risikogeist, Innovationsgeist, Kreativität, Denken in Wettbewerbskategorien und Marktanteilen, etc.)
- Ad-hoc Kultur (im Unternehmen dominieren Merkmale wie Eigenverantwortung der Mitarbeiter, Gestaltungsfreiheit des einzelnen, Offensive, Dynamik, etc.)
- Low-Context-Culture versus High-Context-Culture (im Unternehmen dominieren Merkmale wie Verbundenheit bzw. Distanz zwischen den Mitarbeitern; Low-Context-Culture steht für eine niedrige Kommunikationsdichte oder Interaktionstiefe, High-Context-Culture entsprechend für eine hohe Kommunikationsdichte).

Beispielhaft ist auch die Typologie von Deal und Kennedy:

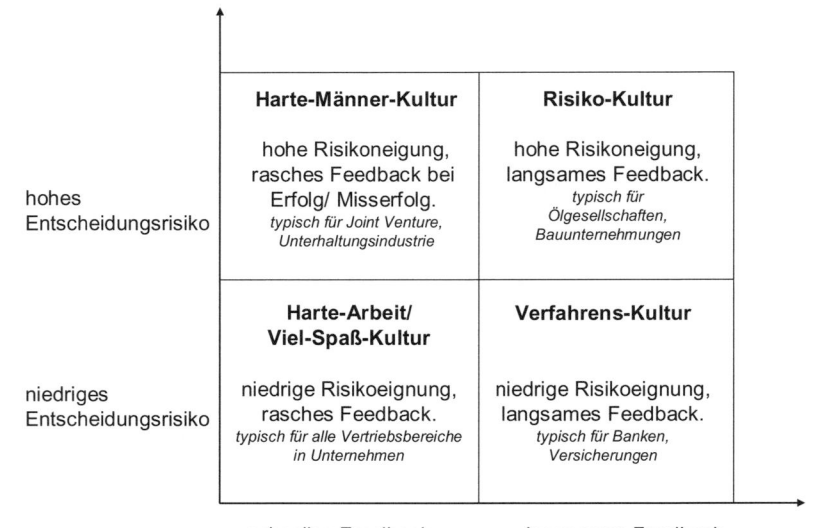

Abb. 7.2 Die Kulturtypologie von Deal und Kennedy   Quelle: nach Deal/ Kennedy 1987

Typologien haben den Nachteil, dass sie sich zumeist auf wenige Dimensionen (Risikoneigung, Feedback, etc.) beschränken. Sie haben aber den Vorteil, charakteristische Merkmale einer Unternehmenskultur in besonderer Weise hervorzuheben und damit das spezifische Profil eines Unternehmens zu betonen.

7.3   Die klassischen Kulturkonzepte

Die moderne Kulturdebatte im Management wird nach wie vor von zwei klassischen Eckpfeilern kultureller Prinzipien geprägt:

- Die instrumentell-rationale Kultur (der Hard-Approach-Ansatz des Taylorismus)
- Die integrative Kultur (der Soft-Approach-Ansatz der Human-Relations-Bewegung).

Die die beiden Ansätze konstituierenden Prinzipien haben alle nachfolgenden und aktuellen Konzepte im wesentlichen überdauert.

Dem Hard-Approach-Ansatz von Taylor steht der Human-Relations-Ansatz von Roethlisberger, Mayo und anderen gegenüber, die den dauerhaften Erfolg und die kulturelle Substanz eines Unternehmens primär in der Mitarbeiterorientierung sehen (Soft-Approach-Ansatz). Weniger die distanzierte, objektiv-wissenschaftliche, technisch-instrumentelle Führungskultur, sondern vielmehr die auf ein gutes Betriebsklima zielende Führungskultur weckt die Leistungsbereitschaft der Arbeitnehmer und sorgt letztlich auf Dauer für eine höhere Produktivität. Während Taylor auf die formale Organisiertheit aller Arbeitsabläufe zielt, sehen Roethlisberger und Mayo vor allem in den *Interaktionsdependenzen* (das sind typische Beziehungsmuster und Beziehungsabhängigkeiten zwischen den Mitarbeitern) die eigentlichen Produktivitätschancen eines Unternehmens. Wo Taylor ein Raster für effektive Funktionen einer Organisation schaffen will, setzt Mayo auf das Betriebsklima.

7.3.1   Die Hard-Approach-Kultur

Ahnherr der Theorie der *wissenschaftlichen Betriebsführung* ist Frederick Winslow Taylor, ein Ingenieur und Industriepraktiker, der 1911 seine „Principles of Scientific Management" veröffentlichte.

Taylors Ziel war es, den Produktivitätszuwachs durch arbeitsorganisatorische Maßnahmen zu verbessern. Damit wurde er zu einem Gründungsvater der betriebswirtschaftlichen Organisationslehre und der Organisationssoziologie. Er ging von einem einfachen Grundsatz aus: Statt mit individuellen Anreizen die Mitarbeiter zum Erreichen eines Organisationsziels zu bewegen, sollte besser ein System von Organisationsmaßnahmen den Erfolg eines Betriebes ermöglichen.

Zu diesen Maßnahmen gehörten unter anderem (vgl. auch Endruweit 2004, S. 58):

- die strikte Aufteilung aller Arbeiten in strukturierende und ausführende Tätigkeiten. Dies bedeutet eine klare Trennung von dispositiver Tätigkeit der Unternehmensleitung, etwa in Form der Arbeitsvorbereitung, und ausführender Tätigkeit des Arbeiters. Dem Arbeiter wird jeweils ein bestimmtes Arbeitspensum vorgegeben, so dass er sich nur noch mit dessen Erfüllung, aber nicht mehr mit dessen Planung beschäftigen muss; also: Trennung von Planung, Entscheidung und Ausführung,
- möglichst weitgehende betriebliche Arbeitsteilung mit dem Ziel der Minimierung des Arbeitsinputs, der erforderlichen Qualifikationen und der Lohnkosten,
- die genaue Untersuchung der für eine Tätigkeit wirklich notwendigen Handgriffe, systematische Durchführung von Zeit- und Bewegungsstudien zur Ermittlung von Planvorgaben (u. a. für Akkordlohn) und zur optimalen Standardisierung von Arbeitsabläufen,
- die Feststellung der Leistungskurven und dementsprechend die Bemessung von Arbeitszeit und Arbeitspausen,
- die vorher vom Arbeitgeber kalkulierte Festlegung einer Prämie oder eines Bonus für die Erfüllung eines bestimmten Arbeitspensums,
- statt Anleitung des Arbeiters durch einen einzigen Meister nun die Unterstellung eines Arbeiters unter bis zu acht „Funktionsmeister" (functional foreman), die für die Anleitung des Arbeiters bezüglich Produktqualität, Arbeitsverfahren, Maschineneinstellung usw. zuständig sind,
- zentrale Kontrolle der Arbeitsprozesse durch das Management/direktives Führungsverhalten.

Taylor sah als wesentlichste Eigenschaft eines Vorgesetzten die Fähigkeit, strukturieren zu können, d. h. die Fähigkeit, Arbeitsvorgabe, Arbeitspensum und Arbeitsmethode exakt vorzugeben. Die strikte Vorgabe sah er als eine Entlastung für die Arbeiter. Sie waren dadurch befreit von der Doppelaufgabe, eine Tätigkeit strukturieren und gleichzeitig ausführen zu müssen. Die gute Strukturierungsfähigkeit des Managers, ein sehr direktives Führungsverhalten, ergänzt durch ein materielles Belohnungssystem sind für Taylor die kulturellen Eckpfeiler einer leistungsfähigen Organisation. Sie setzen Energie frei und steigern Leistung und Zufriedenheit. Zudem wurden die Arbeitnehmer durch die rationale Organisation der Arbeit unabhängiger von der Willkür der Vorgesetzten.

Taylors Ideen hatten einen großen Einfluss auf die Organisationskultur in vielen Unternehmen. Durch die Erfolge in den von ihm geleiteten Betrieben fanden Taylors Vorschläge rasch ein weltweites Echo und wirken bis heute nach. Seinen Vorstellungen lag ein mechanistisches, teilweise autoritäres Menschenbild zugrunde. Die Unternehmenskultur ist hauptsächlich geprägt von der reinen Ergebnis- und Produktivitätsorientierung und weniger von der Kunden- oder Mitarbeiterorientierung. Ziel einer solchen Kulturausrichtung ist der Vorrang der Kostenführerschaft und permanenten Leistungssteigerung. Im Hintergrund bleiben entsprechend mitarbeiterbezogene Kulturfaktoren.

7.3.2.   Die Soft-Approach-Kultur

Zur Person:

Elton Mayo (1880–1949) fand durch die Hawthorne Experimente heraus, dass die Arbeitszufriedenheit steigt, wenn die Mitarbeiter in Entscheidungsprozesse einbezogen werden, weniger jedoch durch kurzfristige Anreize. Die Ergebnisse der Hawthorne-Studien wurden in Mayos Werk *The Human Problems of an Industrial Civilization* (1933) beschrieben und später von einem Mitarbeiter, Fritz Jules Roethlisberger, weiter bekannt gemacht. Mayo wird als Gründer der Human-Relations-Schule des Managements anerkannt.

Zur Person:

Fritz Jules Roethlisberger (1898–1974, US-amerikanischer Wissenschaftler). Er arbeitete mit Elton Mayo bei den Hawthorne-Experimenten zusammen, leitete die Forschung und Datenanalyse und veröffentlichte die Forschungsergebnisse in *Management and the Worker* (1939). Er startete seine wissenschaftliche Karriere am Harvard Industrial Research Department und wurde später Professor an der Harvard Business School.

Die Human-Relations-Theorie ist eines der Ergebnisse der vielleicht berühmtesten sozialwissenschaftlichen Experimentserie, die je stattgefunden hat. Die betriebssoziologischen Experimente, die unter dem Namen Hawthorne-Studien bekannt geworden sind, wurden unternommen, um den Kausalzusammenhang von Arbeitsbedingungen und Arbeitsleistungen zu erhellen. Man nahm an, dass einzelne Faktoren des unmittelbaren Arbeitsumfelds isoliert und ihr Einfluss exakt ermittelt werden könnte.

Berühmt geworden ist die Untersuchung in dem Industriebetrieb Hawthorne der Western-Electric Company in Chicago (vgl. Roethlisberger, F.J. u. W.J. Dickson 1950, Mayo 1949, Mayo 1960).

Hard-Approach-Kultur (Taylorismus)		Soft-Approach-Kultur (Human-Relations-Ansatz)
organisationsbezogen	——	interaktionsbezogen
formelle Beziehungen	——	informelle Beziehungen
funktionale Struktur	——	soziale Struktur
Primat der Arbeitszerlegung	——	Primat der Teamarbeit
eher autoritär/ hierarchisch	——	eher demokratisch/ partizipativ
eher instrumentell	——	eher integrativ
eher sachleistungs-/ output-orientiert	——	eher am Gruppenklima orientiert
eher affektiv neutrale Beziehungen	——	eher emotionale face-to-face-Beziehungen
eher direkte Kontrolle der Arbeitsprozesse	——	eher indirekte Kontrolle der Arbeitsprozesse
eher aufgabenbezogen	——	eher kommunikationsbezogen

Abb. 7.3 Klassische Kulturkonzepte   Quelle: © Eugen Buß

7.3.2.1 Fallstudie Western Electric Company (Hawthorne Untersuchung)

In der Chicagoer Fabrik für Elektromaterial mit 30.000 Arbeitern suchte ein Betriebsingenieur (G. A. Pennok) seit Jahren nach der besten Beleuchtung im Betrieb und fand dabei zu seinem großen Erstaunen heraus, dass in einer versuchsweise gewählten Werkstatt ganz unabhängig von seinen Experimenten mit starkem und schwachem, konzentriertem und diffusem Licht regelmäßig mehr geleistet wurde als in den anderen Werkstätten. Ratlos brach Pennok seine Versuche ab, bis er eines Tages Elton Mayo von der Harvard Handelshochschule davon erzählte. Daraufhin organisierte Mayo (1927) mit seinem Stab eine umfassende Untersuchung über den Einfluss der Umgebung auf die Arbeitsleistung – eine Untersuchung, die fünf Jahre dauern sollte. Man benutzte alle möglichen Methoden. Fragebögen, Aussprachen (in etwas über 2 Jahren wurden 21.216 Arbeiter interviewt), medizinische Untersuchungen, Verhaltensforschung bei einzelnen Arbeitern usw.; aber die erstaunlichsten Ergebnisse lieferte eine als Testobjekt ausgewählte Werkstatt.

Aus einer Gesamtheit von 150 Arbeiterinnen wurden 6 ausgewählt und mit ihrer Einwilligung in einem besonderen Werkstattraum untergebracht. Alle sechs wurden wie bisher mit der Montage von Telefonrelais beschäftigt. Es war eine stark repetitive (sich wiederholende) Tätigkeit. Die Leistung der Arbeiterinnen betrug etwa eine Montage pro Minute, der Tagesdurchschnitt pro Person belief sich auf ca. 500 Relais. Die Leistung der einzelnen Arbeiterinnen war kontrollierbar, sowohl durch die Stückzahl als auch durch die Qualität.

Erste Etappe: Es fand eine sorgfältige Unterrichtung der ausgewählten Arbeiterinnen über das Forschungsvorhaben statt. Man erklärte ihnen den Zweck des Versuches, nämlich dass die Wirkung bestimmter Arbeitsbedingungen wie Beleuchtung, Pausen, Prämien, Gratistee, Kurzarbeit usw. auf die Arbeitsleistung studiert werden sollte. Aber man sagte ihnen ausdrücklich, sie sollten nach ihrem gewohnten Rhythmus arbeiten, nur nicht hetzen. Alle machten freiwillig mit und wurden einem Versuchsleiter unterstellt, der einige Funktionen übernahm, die in der normalen Fabrik der Meister hatte. Der Versuchsleiter war ständig mit den Arbeiterinnen in ihrem Testraum. Dazu kamen häufig Besucher aus der Firma, von Universitäten und anderen interessierten Stellen. Die Entlohnungsform wurde etwas modifiziert. Bisher wurde der Lohn jeder einzelnen Arbeiterin aus einer Gesamtleistung der 150 Arbeiterinnen insgesamt errechnet. Die Gesamtleistung dividiert durch 150 Arbeiterinnen ergab den Einzellohn. Jetzt errechnete sich die Leistung aus sechs. Damit hatte jede Arbeiterin einen stärkeren Einfluss auf den Lohn der ganzen Gruppe. Der Zusammenhang von individueller Leistung und Lohn wurde durchsichtiger.

Zweite Etappe: Experimentiert wurde mit verschiedenen Formen einer Verkürzung der Arbeitszeit. Die leitende Frage dabei war: Wie wirkt sich die Verkürzung der Arbeitszeit auf die Arbeitsleistung aus? Steigt die Leistung, weil sich die Müdigkeit vermindert? Bleibt sie gleich? Lässt sie nach? Die übliche Arbeitszeit lag bei 48 Stunden pro Woche. Die erste Veränderung war noch klein: vormittags und nachmittags je fünf Minuten Pause (5 Wochen lang). Diese Pausen wurden von den Arbeiterinnen sehr begrüßt. Die Arbeitsleistung stieg sofort an.

Dritte Etappe: Als nächstes wurden zwei Pausen von je 10 Minuten eingeführt. Auch sie führten sofort wieder zu einer Erhöhung der Leistung. Weitere Schritte: 6 Pausen von je 5 Minuten. Dies lehnen die Arbeiterinnen allerdings ab. Der Grund ist einfach: zu häufige und zu kurze Unterbrechungen. Dann schließlich: 15 Minuten Pause am Vormittag, 10 Minuten nachmittags. Vormittags wurde zudem ein Imbiss von der Firma gestellt. Abermals gab es bessere Ergebnisse.

Vierte Etappe: Der Arbeitstag wurde zunächst um 30 Minuten, dann um 1 Stunde verkürzt. Die Arbeitszeit hörte früher auf. Die Pausen wurden beibehalten. Bei Verkürzung um eine Stunde ging das Wochenergebnis der Gruppe zurück, während die Leistung pro Arbeitsstunde immer noch weiter anwuchs. Eine ähnliche Folge hatte die Einführung des freien Sonnabends. Inzwischen war die Gesamtarbeitszeit um 15 Prozent vermindert.

Fünfte Etappe: Alle bisherigen Vergünstigungen wurden wieder beseitigt. Jetzt trat die eigentliche Überraschung ein: Die Arbeitsleistung blieb hoch, sie ging nicht auf den Ausgangsstand zurück.

Damit war die ursprüngliche wissenschaftliche Annahme hinfällig. Diese Annahme besagte: Mehr Pausen oder eine anderweitige Verkürzung der Arbeitszeit vermindern die Müdigkeit und eine geringere Müdigkeit führt zu größerer Leistung pro Zeiteinheit. Wäre die Annahme richtig, hätte die Leistung nach Wiedereinführung der alten Arbeitszeit auf den Ausgangsstand zurückgehen müssen. Dies geschah aber nicht. Warum nicht? Was hat die kontinuierliche Steigerung der Leistung bewirkt?

Fakt jedenfalls war, dass die Leistung der sechs Arbeiterinnen stetig wuchs und nach drei Jahren auf einem hohen Niveau stabil blieb. Natürlich sank die Leistung dann und wann, manchmal nur für fünf Minuten, manchmal für mehrere Wochen; aber – zur Verblüffung der Forscher – nie als Folge eines ihrer willkürlichen Eingriffe; denn während dieser drei Jahre hatten die Forscher alles mögliche versucht, hatten Prämien bewilligt und entzogen, Arbeitspausen und Gratistee eingeführt und wieder abgeschafft und anderes mehr. Trotzdem fiel die Leistung dieser sechs nie unter den Durchschnitt, während dieselben Maßnahmen in anderen Werkstätten sofort zu Unzufriedenheit und Leistungsabfall führten.

Allerdings meinten die sechs Arbeiterinnen, dass bei ihnen ein Gefühl der Befreiung, der Entlastung aufgekommen sei. Sie sähen natürlich selbst, dass ihre Leistung gestiegen sei.

Aber sie wüssten nicht warum, weil sich dies, wie sie versicherten, ohne ihr Zutun ergeben habe. Sie selbst hätten nicht das Gefühl, rascher zu arbeiten als früher. Besonders frappierte sie, dass sich ihre Einstellung gegenüber den anderen und gegenüber dem Werkmeister stark gebessert hatte. Kurz gesagt, das Klima schien ihnen weit freier und angenehmer, sie waren zufrieden.

Hatte man nun zwischen diesem neuen Klima und dem Leistungswachstum so etwas wie Ursachen und Wirkung zu sehen? Offenbar ja! Der Chef des Forschungsteams, Patnam, glaubte sich zu dem folgenden Schluss berechtigt: „Wenn wir logisch denken, müssen wir das Leistungswachstum weit eher dem besseren Betriebsklima zuschreiben als allen sonstigen Änderungen während der Untersuchung."

7.3.2.2 Die kulturellen Kernelemente des Human-Relations-Ansatzes

Der wichtigste kulturelle Einfluss, der für die bessere Leistung der Arbeiterinnen im Testraum verantwortlich war, war das allmähliche Zusammenwachsen der Beteiligten zu einer solidarisch handelnden Gruppe mit einem hohen „Wir-Gefühl". Die einzelnen Mitglieder, die vorher als mehr oder minder isolierte Individuen in einer Menge von 150 tätig waren, fingen an, sich aufeinander einzustellen, halfen sich bei der Arbeit und glichen damit individuelle Schwächen aus. Sie führten während der Arbeitszeit schließlich mehr Gespräche in der Gesamtgruppe als in Paaren und trafen sich auch noch während der freien Zeit. Unverkennbar hatte sich ein kultureller Gruppen-Spirit gebildet, aus dem verbindliche Normen und Rituale bei der Arbeit entstanden.

Zwei Fragen tauchen in diesem Zusammenhang auf: Wodurch wurden die sechs Einzelpersonen zu einer zusammen handelnden Gruppe integriert? Woher kam die höhere Leistungsnorm? Warum akzeptierte die Gesamtheit eine Leistungshöhe, die keine der Arbeiterinnen für sich vorher angestrebt hatte? Darauf gibt es zwei Antworten:

- Erstens durch gemeinsame Interessen und deren Erkennbarkeit. Die Gruppe war gegenüber den Arbeiterinnen in der Fabrikhalle privilegiert. Es gab eine günstigere Entlohnung, mehr Aufmerksamkeit, viele Besuche aus der Unternehmensleitung und von außen. Ferner eine gelockerte Form der Aufsicht: Der Meister wurde durch den Versuchsleiter ersetzt, der den Mädchen mehr Freiheiten bei der Arbeit ließ und sich für ihre Meinungen und Probleme interessierte. All dies wurde als Vergünstigung empfunden. Der Erhalt dieser Vergünstigungen wurde von allen Mädchen gewünscht. Das war das gemeinsame integrierende Interesse.
- Zu höherer Leistung waren die Arbeiterinnen bereit, um sich ihre Privilegien zu bewahren. Das war durch die individuelle Anstrengung jeder Einzelnen nicht zu gewährleisten. Es verlangte vielmehr Solidarität. Sie äußerte sich in gegenseitiger Hilfe bei der Arbeit, aber auch im Druck der Schnelleren auf die Langsameren. Wer die neue unbewusst entwickelte Arbeitsnorm nicht akzeptierte, lief Gefahr, von der Gruppe isoliert zu werden und seiner Privilegien beraubt zu werden. Das wollte niemand. Informelle Gruppen dieser Art können starken Einfluss auf die Leistung ihrer Mitarbeiter gewinnen.

Wenn eine Gruppe Privilegien genießt, ist sie eher bereit, eine hohe Leistungsnorm zu akzeptieren; wo sie keine Vorrechte besitzt, tendiert sie leichter zur Zurückhaltung der Leistung – der viel zitierten Output-Restriktion. Für ihre Mitglieder ist die informelle Gruppe Schutzmacht und Drohung in einem: Schutzmacht, soweit sie die individuellen Schwächen ausgleicht und alle Beteiligten gegen unerwünschte Eingriffe von außen abschirmt, vor allem gegen solche von oben; Drohung, insoweit sie Abweichungen von der Gruppennorm mehr oder minder ahndet.

Ergebnisse der Hawthorne-Experimente:

- Nicht äußere Arbeitsbedingungen, sondern die sozialkulturelle Struktur des Unternehmens entscheidet über die Arbeitsleistung und Berufszufriedenheit.
- Die Sinnvermittlung (Legitimationsvermittlung) einer Arbeitsumstellung ist genauso wichtig wie die Umstellung selbst. Arbeiter reagieren im Grenzfall bis hin zur aktiven Untreue, wenn man sie zu einer Tätigkeit zwingt, ohne sie bei der vorgängigen Entscheidung mitreden zu lassen. Dann kommt es zu einem Widerstand sowohl gegen das Unternehmen als auch gegen das verantwortliche Management wie auch gegen die Kollegen selbst.
- Für die Unternehmensleitung ist Menschenführung wichtiger als effizienter Sachmitteleinsatz. Der Mensch ist nicht bloß eine materiell-egoistisch motivierte Kreatur, sondern die kulturelle Atmosphäre am Arbeitsplatz ist entscheidend für sein Engagement.
- Die Leistung des Einzelnen wird geprägt a) durch eine besondere Form der interpersonellen Kommunikation am Arbeitsplatz, b) durch die kulturellen Leitbilder der unmittelbar miteinander arbeitenden Menschen, c) durch die sich daraus ergebenden Beziehungen untereinander und die in ihnen wirkenden auch außerbetrieblichen Gewohnheiten, Sitten, Traditionen, Wünsche und Erwartungen.
- Industriearbeit sollte Teamarbeit sein. Die informelle Gruppenbildung am Arbeitsplatz ist entscheidend für die Leistung. Der Arbeiter ist kein Einzelgänger, der egoistischen Motiven nachgeht.
- Die Bedeutung von sozialem Prestige und persönlichem Ansehen ist konstitutiv für die Arbeitsleistung.
- Beschwerden über Monotonie am Arbeitsplatz haben häufig ihre Ursachen ganz woanders: im Mangel an sozialer Zugehörigkeit/Wir-Gefühl.
- Nicht die Arbeit an sich ist demotivierend, nur die Umstände.
- Die Krankenrate/Fluktuationsrate eines Betriebes hängt von den informellen Gruppenstrukturen und Integrationschancen der Mitarbeiter ab.
- Der Vorgesetzte (Gruppenführer) braucht keine besondere Führungskompetenz wie Durchsetzungsfähigkeit zu haben. Seine wichtigste Eigenschaft besteht darin, ein guter „Zuhörer" zu sein. Selbst die untersuchenden Wissenschaftler hatten bald herausgefunden, dass sie ebenfalls mehr zuhören müssten. Daher legten sie keinen so hohen Wert mehr auf Fragebögen, sondern ließen die Arbeiterinnen frei reden. Sie hatten bemerkt, dass die bloße Möglichkeit, sich auszusprechen, die Leistung des Einzelnen erhöhte.

Mayo glaubte, durch Förderung der Bildung solcher informeller Gruppen wäre es möglich, eine bessere Gesellschaft zu schaffen. Er meinte, der Mangel an Befriedigung sozialer Bedürfnisse – vor allem des Bedürfnisses nach Zugehörigkeit zu einer Gruppe und nach Anerkennung durch sie – macht die Menschen aggressiv und diese Aggressivität wirke sich zerstörerisch aus. Mayo beschwört alle verantwortlichen Manager, für die Möglichkeit der Teamarbeit im Arbeitsalltag zu sorgen und darüber hinaus mit den Beschäftigten menschlich umzugehen. Daher gilt er als Vater der Human-Relations-Bewegung.

7.4 Moderne Ansätze zur Unternehmenskultur

Es gibt eine ganze Reihe von Modellen, mit denen sich Unternehmenskulturen analysieren lassen. Folgende soziologische Konzepte spielen heute in der Praxis eine besondere Rolle:

7.4.1 Das Kulturkonzept von Geert Hofstede

Hofstede hat sich als geistiger Pionier der Kulturforschung einen Namen gemacht. In seinen Untersuchungen zwischen 1971 und 1973 wurden IBM-Mitarbeiter aus mehr als 60 Ländern befragt. Auf der Basis von 117.000 Fragebögen gelang ihm eine systematische Annäherung an den Kulturbegriff.

> **Zur Person:**
> Geert Hofstede, (geb. 1928 in Haarlem/Niederlande), studierte Maschinenbau an der Universität Delft. Danach diente er drei Jahre als technischer Offizier, bevor er Fach- und Führungspositionen in der freien Wirtschaft, u. a. in der Personalführung von IBM Europa, annahm. 1973 wurde Hofstede Professor für Management an der EIASM in Brüssel, danach hatte er Gastprofessuren und weitere Führungspositionen in der niederländischen Wirtschaft inne. 1985–1993 war Hofstede Inhaber des Lehrstuhls für Anthropologie und internationales Management an der Universität Maastricht. Hofstede wurde mit zahlreichen Preisen und Ehrungen ausgezeichnet.

Hofstede zufolge erlernt und verinnerlicht der Einzelne in seinem frühen Umfeld charakteristische Muster des Denkens und Fühlens, die später sein Verhalten und seine Einstellung in allen Bereichen des sozialen Lebens beeinflussen. Diese kulturimmanenten Muster determinieren individuelles Handeln nicht zwangsläufig, sie geben jedoch einen gewissen Rahmen vor und machen es damit kalkulierbar. Jedes Mitglied einer Gesellschaft wird demzufolge auf unterschiedlichen Kulturebenen gleichzeitig „konditioniert" (auf bestimmte Reaktionsweisen festgelegt), etwa auf der Ebene der Familie, der Partnerschaft, des Berufes, der geographischen Region, des Geschlechts oder der Alterskohorte (Personengruppe gleicher Altersstufe). Hofstede konzentriert sich in seinen Studien insbesondere auf den Einfluss der nationalen Ebene und auf die damit verknüpfte mentale „Software", die Menschen unterschiedlicher nationaler Herkunft voneinander unterscheidbar macht.

> **Definition Kultur nach Hofstede:**
> Hofstede definiert den Begriff Kultur prägnant als „die kollektive Programmierung des Geistes („Software of the Mind"), die Mitglieder einer Gruppe oder Kategorie von Menschen von einer anderen unterscheidet" (Hofstede, 1993a, S. 19). Die Kultur manifestiert sich in Werten und Praktiken (Rituale, Helden, Symbole). Werte bilden den Kern einer Kultur. Helden sind Personen mit gewissen Eigenschaften, die in einer Kultur hoch angesehen sind. Rituale wie beispielsweise Formen des täglichen Grüßens sind kollektive Tätigkeiten, die in einer Kultur als sozial notwendig erachtet werden. Symbole wie Haartrachten und Flaggen bilden die äußerste Schicht der Kulturzwiebel, d. h. sie bilden den oberflächlichsten Teil einer Kultur, der oft von anderen Kulturen übernommen wird. Folglich definiert Hofstede Unternehmenskultur als gemeinsame Wahrnehmung täglicher Praktiken (Hofstede 1993a, S. 206).

7.4.1.1 Die Kulturdimensionen von Geert Hofstede

Das Kernelement einer nationalen Kultur bilden die Werte, die innerhalb eines Landes vorherrschen. Sie sind gleichzeitig wichtigstes Hilfsmittel, Kulturen voneinander zu differenzieren. Hofstede hat weltweit die Wertesysteme von über fünfzig Ländern empirisch analysiert mit dem Ziel, kulturelle Unterschiede und Gemeinsamkeiten zwischen den einzelnen Ländern zu operationalisieren. Seine Studien haben letztlich fünf entscheidende sogenannte bipolare Dimensionen aufgedeckt, die wahrnehmbare kulturelle Verschiedenheiten systematisch begründen. Die Kulturdimensionen von Hofstede ermöglichen eine Annäherung an einen Kulturbegriff, mit dessen Hilfe sich auch Unternehmenskulturen beschreiben und unterscheiden lassen.

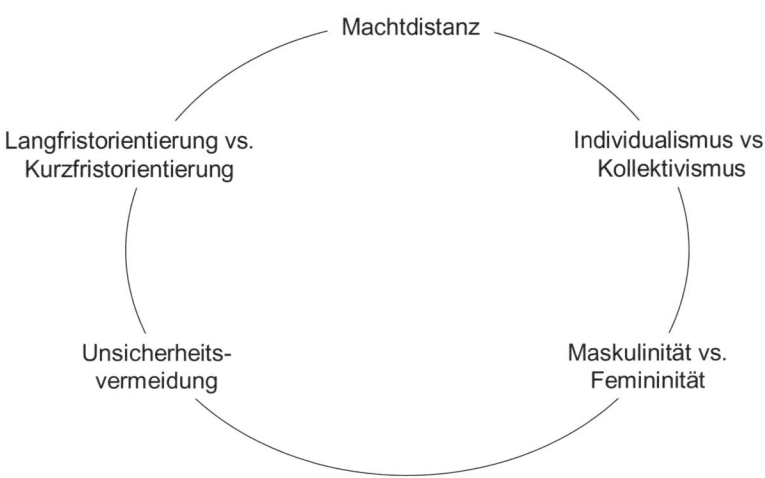

Abb. 7.4 Die 5 Kulturdimensionen nach Hofstede   Quelle: nach Hofstede 1997, passim

Die fünf Kulturdimensionen von Hofstede:

1. Machtdistanz

Die erste Dimension bildet die Machtdistanz. Darunter versteht man das Maß, bis zu welchem die Mitarbeiter akzeptieren oder erwarten, dass die Macht innerhalb einer Organisation ungleich verteilt ist. Stark ausgeprägte formale Hierarchien und zentralisierte Entscheidungswege verweisen auf eine hohe Machtdistanz. Mitarbeiter und Vorgesetzte sehen sich als ungleiche Personen, die ungleiche Rechte haben. Höhergestellte operieren tendenziell mit einem autoritären oder patriarchalischen Führungsstil. Befehl und Gehorsam kennzeichnen die Mitarbeiter-Vorgesetzten-Beziehung. Die Entscheidungsgewalt liegt allein beim Vorgesetzten. In diesen Kulturen darf und soll eine Führungskraft ihren Rang durch Statussymbole nach außen kennzeichnen und übernimmt idealerweise die Rolle eines wohlwollenden Autokraten.

In Unternehmen mit geringer Machtdistanz betrachten sich dagegen Mitarbeiter und Vorgesetzte als gleichberechtigte Personen. Die Organisationen sind eher dezentral strukturiert und haben eine flache Hierarchie. Die Vorgesetzten führen tendenziell mit einem demokratischen oder konsultativen (d. h. beratenden) Führungsstil. Mitarbeiter haben ein selbstverständliches Mitspracherecht und werden vom verantwortlichen Management vor wichtigen Entscheidungen aufgefordert, ihre Meinung zu äußern. Anstelle von Statussymbolen sind Verhaltensweisen gefragt, die die Gleichheit demonstrieren. Der „einfallsreiche Demokrat" entspricht in diesen Organisationen dem Idealbild eines Managers.

geringe Machtdistanz	hohe Machtdistanz
• **Hierarchie**: ungleiche Rollenverteilung aus praktischen Gründen	• **Hierarchie**: reflektiert existentielle Ungleichheit
• **Mitarbeiter** erwarten, in Entscheidungen einbezogen zu werden	• **Mitarbeiter** erwarten, Anweisungen zu erhalten
• **Idealer Chef**: einfallsreicher Demokrat	• **Idealer Chef**: wohlwollender Autokrat, Statussymbole populär
• **Privilegien, Statussymbole**: missbilligt	• **Privilegien, Statussymbole**: populär
• **Ungleichheit**: so gering wie möglich	• **Ungleichheit**: wird erwartet, ist erwünscht
• **Tendenz**: Dezentralisation	• **Tendenz**: Zentralisation

Abb. 7.5 Kulturdimensionen nach Hofstede – Machtdistanz   Quelle: nach Hofstede 1997, S. 46

2. Individualismus versus Kollektivismus

Die zweite Kulturdimension *Individualismus versus Kollektivismus* stellt die Frage nach dem Verhältnis des Individuums zur Gruppe. Dominieren die Interessen des Einzelnen oder der Gruppe bzw. der Gemeinschaft? In individualistisch orientierten Kulturen ist der Einzelne weniger auf eine Gruppe angewiesen und kümmert sich vorwiegend um sich selbst. Da vor allem Eigeninteressen und Selbstverwirklichung eine große Rolle spielen, sind die Bindungen zwischen den Gesellschaftsmitgliedern entsprechend locker. Im Vordergrund stehen „das persönliche Wohlergehen, die eigene Anerkennung und individuelle Leistungsbefriedigung" (Hofstede 1993a, S. 82). Die Mitarbeiter pflegen ein eher kalkulierendes als emotionales Verhältnis zu Vorgesetzten und Kollegen und arbeiten gerne unabhängig. Belohnungen und Anerkennungen werden daher dem Einzelnen nach seiner individuellen Leistung und nicht dem gesamten Team entgegengebracht (Hofstede 2001, S. 235f.). Individualistische Organisationen verfügen in der Regel über eine Low-Context-Kommunikation, d. h. eine niedrige Kommunikations- und Beziehungsdichte zwischen den Mitarbeitern mit der Folge, dass viele Dinge explizit ausgedrückt werden müssen, um Einvernehmen zu erzielen.

In kollektivistischen Kulturen hingegen leben die Mitglieder in „Wir-Gruppen" und sind geprägt durch ein starkes Zusammengehörigkeitsgefühl. Der Einzelne verhält sich seiner Gruppe gegenüber absolut loyal und kann ebenso bedingungslosen Rückhalt erwarten. Der Selbstverzicht rangiert an erster Stelle. Harmonie und das Erreichen gemeinsamer Gruppenziele stehen im Vordergrund. Die Zugehörigkeit zu einer Gruppe ist für die Mitarbeiter wichtiger als das Erreichen persönlicher Ziele. Zwischenmenschliche Beziehungen besitzen damit auch innerhalb eines Unternehmens eine größere Bedeutung als die rationale Erfüllung von Aufgaben. Deshalb werden in diesen Organisationen Anreize an die Leistung der Gruppe geknüpft. Personalpolitische Entscheidungen, zum Beispiel die Einstellung und Beförderung von Mitarbeitern, werden vor dem Hintergrund des Wir-Gefühls einer Gruppe getroffen. In kollektivistischen Organisationen herrscht hauptsächlich eine High-Context-Kommunikation (d. h. eine hohe Kommunikations- und Beziehungsdichte zwischen den Mitarbeitern). Vieles, was in individualistischen Kulturen explizit ausgedrückt wird, ist für kollektivistische Kulturen selbstverständlich (Hofstede 1993a, S. 77).

> Kurz gesagt: Der entscheidende Unterschied für Manager liegt darin, dass Management in individualistischen Kulturen Management von Individuen bedeutet, in kollektivistischen hingegen das Management von Gruppen. Die individualistische Kulturdimension ist im gesamten angelsächsischen Kulturraum verbreitet. Zu den kollektivistisch ausgerichteten Kulturen zählen die Länder Ostasiens und einige Lateinamerikas.

Individualität	Kollektivität
Identität: im Individuum begründet	**Identität:** im sozialen Netzwerk begründet
Verhältnis Aufgabe-Beziehung: Aufgabe besitzt Vorrang	**Verhältnis Aufgabe-Beziehung:** Beziehung besitzt Vorrang
Managementverständnis: Management von Individuen	**Managementverständnis:** Management von Gruppen
Arbeitgeber-Arbeitnehmer-Beziehung: gegenseitiger Nutzen	**Arbeitgeber-Arbeitnehmer-Beziehung:** familiäre Bindung
Einstellungs-/ Beförderungsentscheidung: beruhen auf Fertigkeiten/ Regelungen	**Einstellungs-/ Beförderungsentscheidung:** berücksichtigen WIR-Gruppe des Mitarbeiters
Kommunikation: low-context	**Kommunikation:** high-context

Abb. 7.6 Kulturdimensionen nach Hofstede – Individualität vs. Kollektivität   Quelle: nach Hofstede 1997, S. 90

3. Maskulinität versus Femininität

Die Dimension *Maskulinität versus Femininität* untersucht, bis zu welchem Grad maskuline bzw. feminine Werte in einer Kultur dominieren. In Organisationen, in denen maskuline Werte betont werden, spielt das Leistungsprinzip eine wichtige Rolle. Die ideale Führungskraft ist bestimmt, aggressiv und entschlussfreudig. Entscheidungen werden lieber alleine getroffen als in der Gruppe. Selbstbewusstes Auftreten und erfolgsorientiertes Handeln werden positiv bewertet. Die spezifischen Geschlechterrollen von Mann und Frau heben sich deutlich voneinander ab. Maskuline Organisationen zeichnen sich insbesondere durch leistungsbezogene Anreizsysteme aus: „pay according to merit and performance" (Hofstede 2001, S. 313).

In femininen Organisationen hingegen zählen zwischenmenschliche Beziehungen, Solidarität und Lebensqualität mehr als schneller beruflicher Aufstieg oder die Durchsetzungsfähigkeit gegenüber der Konkurrenz. Man stellt seine eigene Person nicht in den Vordergrund, sondern legt Wert auf Konsensentscheidungen. Ein besonderes Augenmerk legt das verantwortliche Management auf soziale Aspekte, um die Mitarbeiter zu motivieren, zum Beispiel durch Einrichtung flexibler, familienfreundlicher Arbeitszeiten. Von Vorgesetzten wird vornehmlich ein intuitiver und konsensorientierter Entscheidungsstil erwartet, der den sogenannten *soft skills* wie Kompromissbereitschaft und Kooperation gerecht wird. Prototyp femininer Kulturen sind die skandinavischen Länder. Maskuline Werte dominieren in mitteleuropäischen Ländern, den USA und besonders stark in Japan (Hofstede 2001, S. 287).

Maskulinität	Femininität
Entscheidungsverhalten der Vorgesetzten: entschlussfreudig, bestimmt	**Entscheidungsverhalten der Vorgesetzten:** intuitiv, streben Konsens an
Erwünschtes Auftreten: selbstbewusst, entschlossen	**Erwünschtes Verhalten:** Bescheidenheit, Understatement
Orientierung: Leistung/ Karriere	**Orientierung:** Lebensqualität
Umgang mit Konflikten: austragen	**Umgang mit Konflikten:** durch Kompromisse lösen
Werte: materieller Erfolg, Geld, Besitz, Fortkommen	**Werte:** Sorge um Mitmenschen, Teamgeist
Leben, um zu arbeiten	**Arbeiten**, um zu leben

Abb. 7.7 Kulturdimensionen nach Hofstede – Maskulinität vs. Femininität   Quelle: nach Hofstede 1997, S. 133

4. Unsicherheitsvermeidung

Die Dimension der Unsicherheitsvermeidung wird durch das Ausmaß definiert, in dem sich eine Organisation durch ungewisse, unsichere Situationen im Alltag bedroht fühlt und bestrebt ist, Mehrdeutigkeit zu vermeiden. Unsicherheitsvermeidung darf nicht mit Risikovermeidung verwechselt werden. Während man mit Risikovermeidung ein bestimmtes Ereignis vermeiden möchte, ist die Unsicherheitsvermeidung darauf ausgerichtet, etwas Unbestimmtem aus dem Weg zu gehen. Man möchte eine Situation vermeiden, in der alles passieren kann.

In einer Organisation mit starker Tendenz zur Unsicherheitsvermeidung besteht ein emotionales Bedürfnis nach Regeln und Vorschriften, um *Ambiguität* (Doppeldeutigkeit, Zweideutigkeit) auf ein Mindestmaß zu reduzieren. Neue Ideen und Innovationen, die fest eingeschliffene Überzeugungen und Verhaltensprozesse stören, stoßen in einem solchen Umfeld gewöhnlich auf Skepsis. Ein Manager qualifiziert sich dann als geeignete Führungskraft, wenn er seinen Mitarbeitern vertraute Konzepte anbietet und klare Richtlinien vorgibt. Mitarbeiter mit starker Unsicherheitsvermeidung haben ein starkes Bedürfnis nach Regeln und fühlen sich nur in einer strukturierten Umgebung wohl. Selbst unsinnige oder dysfunktionale Regeln befriedigen das Bedürfnis nach Strukturen.

In Gesellschaften hingegen, in denen Unsicherheitsvermeidung kaum eine Rolle spielt, lassen sich Mitarbeiter durch Abweichungen vom Gewohnten wenig beirren. Regeln jeglicher Art werden eher als unangenehm empfunden. In Unternehmen dieser Länder findet man folglich eine nur auf das Notwendige reduzierte Standardisierung und Formalisierung von Abläufen. Hohe Unsicherheitsvermeidung ist in vielen Ländern Lateinamerikas und in Europa, vor allem in Spanien und Portugal, verbreitet. In den USA, aber auch in skandinavischen Ländern ist diese Dimension auffallend gering ausgeprägt.

starke Unsicherheitsvermeidung	schwache Unsicherheitsvermeidung
Regeln: emotionales Bedürfnis nach Regeln	**Regeln:** auf das Notwendige reduziert
Formalisierung: stark u. a. Standardisierung von Abläufen	**Formalisierung:** gering
Einstellung zu Innovationen: Skepsis	**Einstellung zu Innovationen:** Toleranz, Aufgeschlossenheit
Motivation: durch Sicherheit	**Motivation:** durch Leistung
Zeit: Geld	**Zeit:** Orientierungsrahmen
Unsicherheit: Bedrohung, die zu bekämpfen ist	**Unsicherheit:** normale Erscheinung im Alltag
Stress: groß, Gefühl der Angst	**Stress:** gering, Gefühl des Wohlbefindens
Emotionen: darf man zeigen bei geeignetem Anlass	**Emotionen:** darf man nicht zeigen

Abb. 7.8 Kulturdimensionen nach Hofstede – Unsicherheitsvermeidung   Quelle: nach Hofstede 1997, S. 176

5. Lang-/Kurzfristorientierung: die konfuzianische Dimension

Die erst jüngst entdeckte Kulturdimension *Langfrist- versus Kurzfristorientierung* bezieht sich auf die vorherrschende zeitliche Orientierung einer Organisation. Die Bezeichnung *konfuzianisch* rührt daher, dass der Pol Langfristorientierung jene Werte zusammenfasst, die sich auch in der Lehre Konfuzius' wiederfinden, insbesondere Geduld und Beharrlichkeit. Diese Werte sind verknüpft mit einem Fokus auf langfristige Ziele, zu deren Gunsten gegenwartsbezogene Erfolgserwartungen zurückgestellt werden. Das Management setzt entsprechend auf Nachhaltigkeit, da kurzfristige Leistungsanreize und andere „quick fixes" hier als nicht effizient gelten. Tendenziell besteht in diesen Unternehmen ein großer Respekt vor Traditionen, der allerdings ein schnelles Durchsetzen von Innovationen erschweren kann. Es herrscht zudem eine klare statusbezogene Ordnung, die das hierarchische Gefüge im Unternehmen stabil hält.

Im Unterschied dazu zeigen kurzfristorientierte Unternehmenskulturen typischerweise eine höhere Neigung, sich an Quartalszahlen zu orientieren. Manager und Mitarbeiter erwarten rasche Ergebnisse ihrer Anstrengungen. Sie sind weniger gewillt, zugunsten langfristiger angelegter Geschäftsmodelle auf kurzfristige Erfolgszahlen zu verzichten und sich in Geduld zu üben. Die Kulturdimension der Langfristorientierung ist vor allem in asiatischen Ländern von Bedeutung (vgl. Hofstede 1993a, S. 190ff.).

Langfristorientierung	Kurzfristorientierung
Werte: Ausdauer, Beharrlichkeit, Sparsamkeit, Geduld	**Werte**: stärkere Konsumneigung, Erwartung schnellerer Ergebnisse, Erlebnishaltung
Bedeutung von Tradition: Respekt vor Tradition, weniger offen für Innovationen	**Bedeutung von Tradition**: wird modernen Gegebenheiten angepasst
Unternehmenspolitik: nachhaltig, langfristige Ziele	**Unternehmenspolitik**: kurzfristige Strategien, aktuelle Erfolgszahlen
Ordnung: statusbezogen	**Ordnung**: flexibel

Abb. 7.9 Kulturdimensionen nach Hofstede – Langfrist- vs. Kurzfristorientierung   Quelle: nach Hofstede 1997, passim

Die fünf Kulturdimensionen von Hofstede bieten eine empirische Möglichkeit, Arbeitsweise, Kommunikation, Führungsstil und Organisationsform eines Unternehmens zu charakterisieren und die spezifische Kultur eines Unternehmens zu bestimmen.

7.4.1.2 Das Spannungsfeld zwischen Landeskultur und Firmenkultur

Transnationale Fusionen und strategische Allianzen bestimmen zunehmend die Politik großer Konzerne. Unternehmen entsenden in jüngster Zeit im Rahmen von internationalen Joint Ventures (kurzfristige Projektzusammenarbeit von zwei Unternehmen), Green Field Starts (Direktinvestitionen im Ausland ohne Hilfe eines Partners vor Ort) oder anderer Strategien ihre Manager in ausländische Niederlassungen. Damit die interkulturelle Zusammenarbeit gelingen kann, muss das Verhaltens- und Führungsrepertoire der entsandten Manager auf den kulturellen Erwartungshorizont der Mitarbeiter im Ausland abgestimmt werden. Die jeweilige kulturelle „Landes-Software" stellt zumeist ungewohnte Anforderungen an den Führungsstil. Diese Entwicklung beschert den Managern transnational operierender Unternehmen ein mehr oder minder ausgeprägtes Spannungsfeld zwischen Landes- und Firmenkultur.

Hofstedes Untersuchungen zeigen, dass selbst eine starke und vereinheitlichte IBM-Unternehmenskultur die Prägung durch die angestammte Landeskultur nicht überlagert. Landeskulturelle Werte rangieren stets vor unternehmenskulturellen Werten. Beispiel: Mitarbeiter von Unternehmen reagieren auf Stress- und Unsicherheitssituationen eher mit landeskulturellen Verhaltensmustern und weniger mit unternehmenskulturell erwünschten Mustern (Herbrand 2000, S. 22). Daher ist es für den Erfolg eines Engagements im Ausland unerlässlich, die eigene Unternehmenskultur an landeskulturelle Besonderheiten anzupassen. Das heißt in letzter Konsequenz: Managementpraktiken können nicht ohne weiteres über kulturelle Landesgrenzen hinweg „exportiert" werden (Hofstede 1980, S. 50).

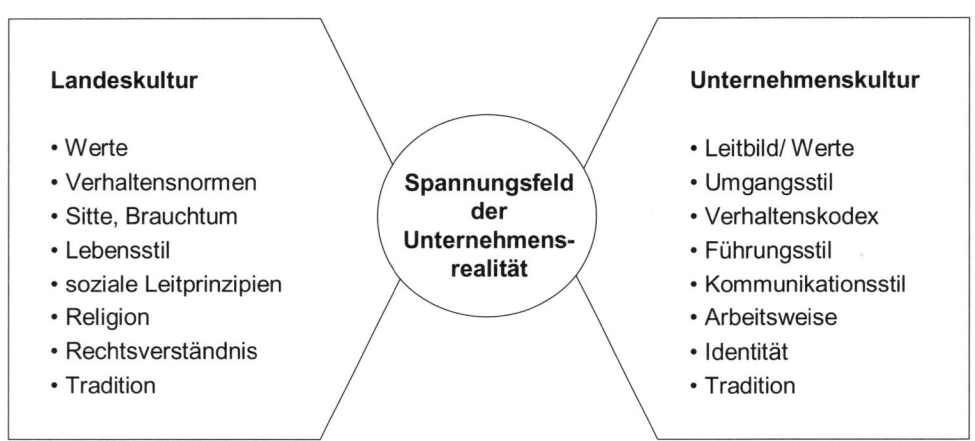

Abb. 7.10 Management im Spannungsfeld zwischen Landeskultur und Unternehmenskultur Quelle: © Eugen Buß

Praxisbeispiele Kulturunterschiede:

Ein deutscher Manager mit einem Führungsauftrag in China muss insbesondere mit dem kollektiven Kulturverständnis eines Teams umzugehen wissen. Würde er das chinesische Kulturmuster ignorieren, nach dem nie der Einzelne, sondern immer nur das Team in seiner Gesamtheit belohnt werden darf, würde er nicht nur die Gruppenharmonie untergraben, sondern in letzter Konsequenz auch das Wertschöpfungsergebnis deutlich mindern. Direkte Einzelkritik an einem Mitarbeiter würde in China zu einem inakzeptablen Gesichtsverlust führen. Werden die Leistungen einzelner Mitarbeiter hervorgehoben und individuell honoriert, ist dies für den Einzelnen peinlich. Die Harmonie der Gruppe würde gestört, und eine gut gemeinte Anerkennung würde insgesamt eher demotivierend wirken.

Weiteres Beispiel: Soll ein Führungsstil in japanischen Unternehmen erfolgreich sein, muss er den beiden kulturellen Aspekten Gruppendenken (Kollektivismus) und Machtdistanz Rechnung tragen. Deutsche Mitarbeiter bevorzugen beratende Entscheidungsformen, während Mitarbeiter aus dem asiatischen Raum eher hierarchische Führungsprozesse vorziehen und ein patriarchalisches Verhalten des Vorgesetzten erwarten. Ein partizipativer Führungsstil birgt in Kulturen mit ausgeprägter Machtdistanz die Gefahr, als „abdication of responsibility by a manager" (E. Keller) aufgefasst zu werden und kann dann zu kontra-produktiven Ergebnissen wie sinkende Leistungsbereitschaft, erhöhte Fluktuation oder verringertes Vertrauen in das Management führen (Herbrand 2000, S. 25).

7.4.1.3 Fallbeispiel MbO (Management by Objectives)

Hofstede illustriert den Zusammenhang zwischen Unternehmens- und Landeskultur am Bei-spiel der Managementtechnik MbO (Management by Objectives). MbO ist eine inzwischen auch in Deutschland sehr verbreitete Managementtechnik, die auf klaren, zeitlich befristeten Ziel- und Ergebnisvereinbarungen zwischen Management und Mitarbeitern beruhen. Solange sich die Mitarbeiter im Rahmen eines vereinbarten Zielkorridors bewegen, handeln sie voll-kommen selbständig ohne jeden Eingriff des Vorgesetzten. Führungsgespräche erfolgen nach diesem Konzept nur dann, falls ein Mitarbeiter die vorher vereinbarten Ziele nicht erreicht. Im Grunde findet ein permanenter Soll-Ist-Vergleich bezüglich der Zielerreichung statt. Zu-gespitzt formuliert: Ziele ersetzen die Führung. Entwickelt in den fünfziger Jahren in den USA, reflektiert diese Methode der Mitarbeiterführung sehr deutlich die zugrundeliegenden Werte Nordamerikas und zwar in dreifacher Hinsicht (Hofstede 1980, S. 58):

- Die Mitarbeiter sind ausreichend unabhängig, um mit ihrem Vorgesetzten über Ziele verhandeln zu können. Diese Voraussetzung ist in den USA kulturell durch relativ ge-ringe Machtdistanz (abgeflachte Hierarchien) gegeben mit der Folge, dass Mitarbeiter ohne weiteres an wichtigen Entscheidungen teilhaben.
- Eine weitere Prämisse von MbO ist, dass beide Seiten bereit sind, ein Risiko einzuge-hen. Auch dies stellt in den USA vor dem Hintergrund geringer Unsicherheitsvermei-dung kein Problem dar.
- Beide Seiten, Vorgesetzter und Mitarbeiter, betrachten die Erreichung der Leistungsziele als wichtiges Kriterium der Leistungsbeurteilung. Auch diese Voraussetzung ist in der maskulinen US-amerikanischen Gesellschaft erfüllt, in der das Leistungsprinzip generell stark betont ist.

Um festzustellen, ob sich MbO als Führungsstil beispielsweise in Deutschland eignet, geht man wieder von den Hofstedeschen Dimensionen aus: Da inzwischen auch in Deutschland die Machtdistanz geringer geworden ist, stellt die erste Prämisse von MbO letztlich kein Problem dar. Die zweite Prämisse – Risikobereitschaft auf beiden Seiten – stößt allerdings bei deutschen Mitarbeitern auf Grenzen. Mit einer überdurchschnittlichen Tendenz zur Unsi-cherheits- und Risikovermeidung in Deutschland wehren sich Mitarbeiter, Wagnisse einzu-gehen. Die dritte Prämisse einer eher maskulinen Gesellschaft (Betonung von Leistungs- und Karrierebewusstsein) ist dagegen in Deutschland im wesentlichen wieder gegeben.

Fazit:

MbO passt also prinzipiell mit gewissen Einschränkungen in das deutsche Wertesystem. Um allerdings der hohen Unsicherheitsvermeidung gerecht zu werden, musste MbO in Deutschland modifiziert werden: Die deutsche Version von MbO ist entsprechend formali-sierter und lässt sich treffender als „Management by joint goal setting" beschreiben (Hof-stede 2001, S. 391).

7.4.2   Das Kulturkonzept von Rob Goffee und Gareth Jones

Rob Goffee und Gareth Jones haben ein weiteres Modell entwickelt, mit dessen Hilfe sich Unternehmenskulturen klassifizieren lassen (Goffee u. Jones 1998).

Definition Kultur nach Goffee/Jones:

Kultur ist zu verstehen als spezifisches Muster gegenseitiger sozialer Beziehungen und wechselseitiger Verpflichtungen.

Kultur bedeutet für Goffee und Jones eine besondere Form von Gemeinschaft. Sie ergibt sich daraus, wie Menschen zueinander stehen. Entsprechend ist die Kultur eines Unternehmens am besten zu verstehen, wenn man sie aus dem Blickwinkel betrachtet, der sich in der Soziologie zum Studium menschlicher Organisationen seit langem bewährt hat. Soziologen unterscheiden zwischen zwei charakteristischen Formen menschlicher Beziehungen: Soziabilität und Solidarität (Terminologie nach Goffee u. Jones).

Zur Person:

Rob Goffee ist Professor für Organisationstheorie an der London Business School (University of London). Seine Forschungsschwerpunkte sind Entrepreneurship, Unternehmensgründung sowie die Thematik von authentischem Führen. Er ist Berater zahlreicher Unternehmen und veröffentlichte u. a. mit Gareth Jones den Weltbestseller „Why should anyone be led by you?".

Zur Person:

Gareth Jones gilt als einer der führenden Berater für Organisation, Firmenkultur, Führung und Change Management. Nach seiner Zeit als Gastprofessor an der INSEAD und als Professor an der Henley Business School ist er nun Leiter für Personal und Unternehmenskommunikation bei der BBC. Zusammen mit Goffee betreibt er die auf Kreativität spezialisierte Unternehmensberatung CMA.

7.4.2.1 Die Kulturdimensionen eines Unternehmens

Soziabilität stellt ein Maß für die persönliche Nähe zwischen den Mitgliedern eines Unternehmens dar; Solidarität ist ein Maß für die Fähigkeit eines Unternehmens, gemeinsame Ziele, unabhängig von persönlichen Bindungen, rasch und effektiv zu verfolgen.

Goffee und Jones stellen Soziabilität und Solidarität in einem Modell einander gegenüber. Das Resultat sind vier Kulturtypen:

- die *vernetzte* (networked) Unternehmenskultur
- die *fragmentierte* oder entbettete (fragmented) Unternehmenskultur
- die *gemeinsinnige* (communal) Unternehmenskultur
- die *instrumentelle* (mercenary) Unternehmenskultur

Für Goffee und Jones gibt es keine beste Kultur. Welche die passende ist, entscheiden letztlich das Geschäftsmodell und das jeweilige Geschäftsumfeld.

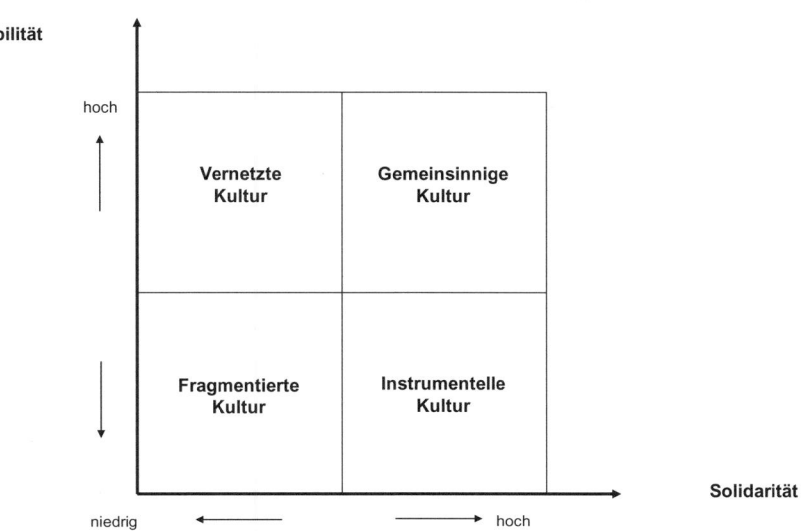

Abb. 7.11 Die vier Kulturtypen eines Unternehmens (Goffee/ Jones)   Quelle: nach Goffee/ Jones 1998

Die Achse Soziabilität

Die Achse Soziabilität bezieht sich auf das Maß an emotionalen, nicht zweckgerichteten, also uneigennützigen Beziehungen zwischen Menschen, die einander in irgendeiner Weise nahe stehen. Sie haben meist übereinstimmende Gedanken, Einstellungen, Interessen und Werte. Sie verkehren miteinander von gleich zu gleich.

Folgende **Indikatoren** kennzeichnen Beziehungen mit einem hohen Maß an **Soziabilität**:

- gegenseitige Wertschätzung, Vertrauen und Sympathie;
- uneigennützige Beziehungen ohne „Hintergedanken";
- gutes Miteinander, Streit und Konflikte sind eher die Ausnahme,
  Teamarbeit steht im Vordergrund;
- persönliche Kontakte und Freundschaften gehen über die Arbeit hinaus;
- gegenseitige Unterstützung und Hilfsbereitschaft, ohne sofort Gegenleistungen einzufordern;
- Austausch auch über private Themen und Probleme;
- unbürokratische und flexible Zusammenarbeit je nach Situationserfordernissen, fördert Kreativität;
- Akzeptanz von unkonventionellen Meinungen;
- stärkt Arbeitsmoral.

Abb. 7.12 Soziabilität – Indikatoren und Konsequenzen   Quelle: nach Goffee/ Jones 1998

In reinster Form stellt Soziabilität einen Typ sozialer Interaktion da, der um seiner selbst willen geschätzt wird. Ständige direkte persönliche Kontakte, geprägt von einem Gefühl der Gegenseitigkeit, sind das tragende Element. Die Soziabilität drückt den emotionalen Charakter von Beziehungen aus. Sie ist eine Frage des Herzens.

Ein hoher Soziabilitätsgrad einer Unternehmenskultur hat allerdings auch Schattenseiten. Sie lassen sich wie folgt zusammenfassen: a) freundschaftliche Beziehungen zwischen den Mitarbeitern können zur Folge haben, dass schwache Leistungen hingenommen werden. Es ist bequemer, suboptimale Leistungen mit der Begründung zu entschuldigen, dass der Betreffende eben persönliche Probleme habe; b) es entwickeln sich häufig Cliquen und informelle Gruppen, die hinter den Kulissen agieren, Vorschriften umgehen oder bewusst unterlaufen bzw. außerhalb der Dienstwege verhandeln.

Praxisbeispiel:

Wenn einem Kommunikationsverantwortlichen eines Unternehmens die neuen strategischen Pläne der Marketingabteilung missfallen, weil sie seiner persönlichen Ansicht nach den für die Unternehmenskultur essentiellen Wert der Seriosität unterlaufen, erzählt er einfach seinem guten Freund, einem Vorstandsmitglied, von seinen Bedenken nach der Arbeit auf dem Golfplatz, statt sie bei einer offiziellen Besprechung vorzutragen. Und plötzlich finden sich die Pläne abgeschmettert, ohne dass die Marketingabteilung jemals den Grund dafür erfährt.

Die Achse Solidarität

Solidarität ist weniger eine Frage des Herzens als des Kopfes. Bei ihr beruhen Beziehungen auf gemeinsamen Aufgaben, Interessen und Zielen, die allen Beteiligten zu Vorteilen reichen.

Hinweis:

In der Soziologie werden hin und wieder Begriffe verwendet, die man auch im Alltag benutzt, dort aber etwas anderes bedeuten. Solidarität verwendet man umgangssprachlich für „Gemeinsinn" oder „Zusammengehörigkeitsgefühl", als soziologischen Fachbegriff verwenden ihn Goffee und Jones im Sinn von Interessengemeinschaft.

Praxisbeispiel:

Ein Unternehmen sucht nach Strategien, um international zu expandieren. Auf der Vorstandsetage sind die Differenzen zwischen Produktentwicklung, Design, Marketing und Kommunikation allgemein bekannt. Trotzdem richtet der Vorstand eine Strategiegruppe ein, der je zwei Manager aus jeder Abteilung angehören. Obwohl sich die Manager persönlich nicht näher kommen, arbeiten sie effektiv zusammen. Aus einem guten Grund: Der Bonus berechnet sich nach der Leistung des Gesamtteams. Als die Strategiegruppe ihre Analysen und Empfehlungen abgeliefert hat, kehrt jeder Manager in seine Abteilung zurück. So gesehen heißt Solidarität: Wenn ich gebraucht werde, bin ich zur Stelle.

Wie Soziabilität hat auch Solidarität ihre Nachteile. Ist eine Strategie falsch, kann das wirtschaftlich einen massiven Einbruch bedeuten. Manager können mit voller Kraft havarieren, wenn sie die falschen Dinge gut machen. Weitere Nachteile sind: a) es kommt nur dann zur Zusammenarbeit, wenn den Einzelnen ihr persönlicher Nutzen klar ist. Bevor sie Aufgaben anpacken, fragen sich die Mitarbeiter: Lohnt sich das für mich? b) Rollen und Zuständigkeiten sind klar festgelegt. Kreative Impulse von außen werden zurückgewiesen; c) es kann Grabenkämpfe um Kompetenzen geben.

Folgende **Indikatoren** kennzeichnen Beziehungen mit einem hohen Maß an **Solidarität**:

- die gemeinsamen Ziele sind klar und werden von den Mitgliedern geteilt;
- Zielerreichung sowie Leistungs- und Ergebnisorientierung gelten als oberste Prioritäten;
- konzentrierter Erfolgswille;
- auf schlechte Leistung einzelner Mitglieder wird sofort und unmissverständlich reagiert;
- es existiert ein klares System aus Belohnungen und Bestrafungen;
- Fairness gegenüber den Mitarbeitern;
- formelle Regeln und Hierarchie werden bei der täglichen Arbeit berücksichtigt;
- einmal begonnene Projekte werden mit Engagement zu Ende gebracht;
- klare Kompetenzverteilung;
- rasche Reaktionen auf Machtentwicklungen.

Abb. 7.13 Solidarität – Indikatoren und Konsequenzen   Quelle: nach Goffee/ Jones 1998

7.4.2.2 Die vernetzte Unternehmenskultur

Die vernetzte Unternehmenskultur ist durch eine Fülle informeller Beziehungsnetze gekennzeichnet. Sie sorgen dafür, dass Entscheidungen meist schon lange vor den dafür anberaumten Besprechungen feststehen. Hierarchie und Bürokratie sind wenig ausgeprägt. Das kann ein Element von Flexibilität sein. Andererseits sind vernetzte Kulturen häufig so politisiert, dass Mitarbeiter viel Zeit darauf verwenden, Sonderanliegen zu verfolgen. Leistungsvorgaben und Leistungsregeln werden oft angefochten.

Fallbeispiel Unilever: Ein vernetztes Unternehmen

(vgl. Goffee u. Jones 1997, S. 44). In dem anglo-niederländischen Verbrauchsgüter-Konzern Unilever kursiert ein geflügeltes Wort. Danach erkennen Unilever-Manager einander selbst dann, wenn sie sich vorher nie begegnet sind. Es sei dieses gewisse Etwas in ihrem Aussehen und Auftreten – so subtil, dass es sich nicht in Worte fassen lasse. Natürlich übertreibt diese Firmenlegende ein wenig. Trotzdem ist Unilevers Tradition typisch für ein stark vernetztes Unternehmen, dessen Kultur in einem hohen Maße von Soziabilität geprägt ist. Über Jahre wurden bewusst sozial verträgliche Leute eingestellt – Personen mit ähnlichem Herkommen, Wertvorstellungen und Interessen. Sie empfinden eine starke

Loyalität gegenüber ihren Kollegen und stimmen mit den Unternehmenswerten der Kooperation und des Konsens überein.

Unilever bedient sich vieler Mittel, um das Klima der Umgänglichkeit im Unternehmen zu fördern. In Four Acres, dem konzerneigenen internationalen Trainingscenter für das Management vor den Toren Londons, nehmen jedes Jahr Hunderte von Führungskräften an Veranstaltungen teil, die der Intensivierung sozialer Bindungen dienen: Mehrgängige Mahlzeiten, Gruppenaufnahmen, Rasensport, etc. Diese gemeinschaftlichen Erlebnisse erzeugen ein informelles Netz unter Gleichgestellten, die sich gut kennen, immer wieder treffen und gerne Erfahrungen austauschen. Neben den Veranstaltungen in Four Acres fördert Unilever die Soziabilität durch jährliche Konferenzen, zu denen die mehr als 500 Topmanager des Unternehmens zusammenkommen. Die Manager reden miteinander und überprüfen die Geschäftsstrategie. Doch Arbeit ist längst nicht alles. Beim guten Essen und Trinken werden Meinungen ausgetauscht und alte Freundschaften erneuert.

Auch die jüngeren Manager hält Unilever ständig auf Trab – über Grenzen, Produkte und Geschäftsbereiche hinweg. Das führt frühzeitig zu den klassischen Unilever-Beziehungen und steigert das Know-how. Die sorgfältig gepflegten Soziabilitätsmuster der Unternehmenskultur von Unilever finden jedoch nicht immer ihr Gegenstück in einem entsprechend hohen Niveau konzernweiter Solidarität. Jahrelang tat man sich bei Unilever schwer damit, zu einer konzernübergreifenden Koordination und zu übereinstimmenden Zielen zu kommen. Dies hat sich inzwischen verändert. Unilever ist heute auf dem Weg zu einer stärker instrumentellen Unternehmenskultur.

Folgende **Merkmale** kennzeichnen die **vernetzte** Kultur:

- Rituale spielen eine große Rolle (z.B. gemeinsam zum Essen gehen);
- Unternehmen hat Charakter einer Familie;
- soziale Kontakte gibt es auch privat;
- hohe Loyalität und Konsensbereitschaft unter Kollegen;
- hohe Kreativität durch offenen Informations- und Ideenaustausch;
- hierarchische Wege werden umgangen, vielmehr Klärung auf informellem Weg;
- Leistungsvorgaben und Verfahrensregeln werden leicht angefochten, schwache Mitglieder werden geschützt;
- Freundschaften unter Kollegen verhindern notwendige Sachauseinandersetzungen;
- Möglichkeit der Bildung von Subkulturen und Cliquen;
- relativ niedriges Kommunikationsniveau zwischen den Fachabteilungen;
- Insidersprache, die auf gemeinsamen Erlebnissen beruht;
- keine starke Führung.

Abb. 7.14 Die vernetzte Kultur   Quelle: nach Goffee/ Jones 1998

7.4.2.3 Die instrumentelle Unternehmenskultur

Der Gegenpol zur vernetzten Kultur ist für Goffee und Jones die instrumentelle Kultur. Zwischen Sache und Person, zwischen Arbeit und Vergnügen wird klar getrennt. Die Kommunikation dreht sich fast ausschließlich um betriebliche Angelegenheiten. Auf Marktchancen wird rasch reagiert, Prioritäten werden nach transparenten Maßstäben unverzüglich festgelegt. Schwache Leistungsergebnisse werden nicht toleriert. Andererseits fehlt meist die Bereitschaft zur Kooperation und zum fraglosen Informationsaustausch. Die Atmosphäre ist eher kühl, die Kreativität dosiert.

Instrumentelle Unternehmenskulturen funktionieren Goffee und Jones zufolge hervorragend unter folgenden Bedingungen: a) bei rascher Reaktionsnotwendigkeit auf Marktveränderungen, b) wenn sich ein Wettbewerbsvorteil durch die Schaffung von Exzellenzzentren erreichen lässt, c) wenn Unternehmensziele messbar vorgegeben sind.

Folgende **Merkmale** kennzeichnen die **instrumentelle** Kultur:

- klare Wettbewerbsorientierung, Fokussierung auf wichtigste Konkurrenten;
- leistungsorientiertes Klima, hoher Leistungsdruck, hohe Produktivität;
- faire Behandlung aller Mitarbeiter, sofern hart gearbeitet wird;
- Kommunikation dreht sich ausschließlich um geschäftliche Angelegenheiten;
- intensiver Einsatz für gemeinsame Projekte (sofern der persönliche Nutzen erkennbar ist);
- Arbeit rangiert vor dem Privatleben;
- hohe Durchsetzungskraft des Managements;
- Fehlen von persönlichen Bindungen zwischen den Mitarbeitern;
- relativ hohe Fluktuationsrate wegen schwacher Loyalität;
- mangelnde Bereitschaft zur Zusammenarbeit und zum Informationsaustausch;
- eindeutige Prioritätensetzung aller Maßnahmen;
- faire Behandlung, sofern hart gearbeitet wird.

Abb. 7.15 Die instrumentelle Kultur Quelle: nach Goffee/ Jones 1998

7.4.2.4 Die fragmentierte Unternehmenskultur

Fragmentierte Unternehmenskulturen sind dadurch gekennzeichnet, dass sowohl die Identifikation mit dem Unternehmen wie auch die Kommunikation zwischen den Mitarbeitern relativ dosiert sind. Weder fühlen sich die Mitarbeiter besonders mit dem Unternehmen verbunden noch praktizieren sie eine ausgeprägte zwischenmenschliche Nähe. Allein die gestellte Aufgabe oder reine Pflichterfüllung stehen im Vordergrund.

Auch fragmentierte Unternehmen können erfolgreich operieren, wenn folgende Bedingungen erfüllt sind: a) wenn die Arbeit weitgehend selbständig erfolgt (z. B. im Vertrieb im Rahmen der Managementtechnik MbO oder in Anwaltskanzleien, wo jeder einzelne Anwalt für seine eigenen Mandanten tätig ist), b) wenn Innovationen von Einzelkämpfern statt von Teams geschaffen werden, c) wenn Mitarbeiter von sich aus ohne Verfahrenskontrolle an einem selbst gesteckten Ziel arbeiten.

Folgende **Merkmale** kennzeichnen die **fragmentierte** Kultur:

- Zugehörigkeit zum Unternehmen hat keine persönliche Bedeutung;
- Identifikation eher mit der Berufsgruppe als mit dem Unternehmen;
- fehlende gemeinsame Rituale;
- Arbeit hinter verschlossenen Türen;
- keine Teilnahme an geselligen Ereignissen;
- schwache und sehr selektive Kommunikation zwischen den Mitarbeitern;
- keine Verständigung auf gemeinsame Leistungs- oder Strategieziele;
- Appelle der Führung stoßen auf taube Ohren;
- schwache Führung, schwaches Selbstwertgefühl der Vorgesetzten;
- hohes Maß an Individualismus und Eigeninteressen der Mitarbeiter.

Abb. 7.16 Die fragmentierte Kultur   Quelle: nach Goffee/ Jones 1998

7.4.2.5 Die gemeinsinnige Unternehmenskultur

Eine gemeinsinnige Kultur kann sich in jeder Phase des Lebenszyklus eines Unternehmens entwickeln, beispielsweise in einem Start-up-Unternehmen. Die Gründer und ersten Mitar-

Folgende **Merkmale** kennzeichnen die **gemeinsinnige** Kultur:

- hohes Identifikationsniveau mit dem Unternehmen (Firmenlogo gleichsam eingebrannt in die Haut);
- hohe rituelle Bedeutung geselliger Ereignisse;
- hohe Kommunikationsdichte, insbesondere spielt der Kommunikationsstil eine Rolle, um Verbundenheit zu demonstrieren;
- es fällt schwer, *keine* Kommunikation zu pflegen; es gibt kaum persönliche oder berufliche Geheimnisse. Mangelnde Offenheit wird sanktioniert;
- Ziele, Leitbild und Visionen des Unternehmens spielen eine große Rolle und werden vorbehaltlos akzeptiert;
- Autorität der Führung wird anerkannt, Topmanager genießen Respekt;
- Motto: „Arbeiten um zu leben!". Das gesamte soziale Leben findet oftmals im Arbeitsumfeld statt;
- fließende Grenzen zwischen Arbeit und Nicht-Arbeit. Es wird auch von zuhause aus gearbeitet;
- Gemeinsamkeit und Fairness als zentrale Werte.

Abb. 7.17 Die gemeinsinnige Kultur   Quelle: nach Goffee/ Jones 1998

beiter sind meist gute Freunde, die unter beengten Verhältnissen hart am Erfolg arbeiten. In der Startphase von Apple Computer wohnten die Beschäftigten zusammen, fuhren gemeinsam zur Arbeit und verbrachten die Wochenenden zusammen.

Wenn Soziabilität und Solidarität hoch entwickelt sind, erhält ein Unternehmen dann nicht das Beste aus zwei Welten? Eine gemeinsinnige Kultur bildet meist ein unerreichbares Ideal und passt am besten zu religiösen, politischen oder staatsbürgerlichen Organisationen. Wenn sich ein Unternehmen für eine gemeinsinnige Kultur entscheidet, wird es schwer, sie durchzuhalten. Meist ist eine gemeinsinnige Kultur von einer besonderen Führungspersönlichkeit mit großer Ausstrahlung geprägt. Scheidet sie aus, leidet das eine oder andere. Zudem bestehen zwischen Soziabilität und Solidarität inhärente Spannungen. Der hoch-soziable Anteil an der gemeinsinnigen Kultur gerät oft in Gegensatz zu dem, was in Phasen des Wachstums, der internationalen Expansion oder der Diversifizierung geschieht. Diese einschneidenden Umwälzungen erfordern eine rasche Konzentration aller Kräfte auf die gemeinsamen Ziele, also Solidarität in Reinkultur unter Vernachlässigung der soziablen Anteile der Unternehmenskultur.

Gemeinsinnige Kulturen sind besonders geeignet, a) wenn Innovationen eine umfassende Teamarbeit benötigen, die orts- und bereichsübergreifend gestaltet sein muss, b) wenn Strategien langfristig angelegt sind und c) wenn das Wettbewerbs- und Marktumfeld voller Dynamik ist (z. B. Unternehmen der Informationstechnik oder Telekommunikation).

Fazit:

Für Goffee und Jones sind die Herausforderungen, die an Unternehmenskulturen gerichtet sind, groß. Wie kann ein Unternehmen angesichts veränderter Wettbewerbs- und Marktverhältnisse, aber auch angesichts veränderter Ansprüche der Öffentlichkeit den Wandel von einer Kultur zu einer anderen bewerkstelligen, ohne einen Scherbenhaufen anzurichten? Wie kann ein Unternehmen ein Zuviel oder Zuwenig an Solidarität und Soziabilität auf ein wünschenswertes Maß bringen? Die Antwort enthält drei Punkte: Erstens müssen Manager auf empirischem Wege herausfinden, wie stark die beiden Dimensionen der Solidarität und Soziabilität in ihrem Unternehmen verankert sind. Zweitens muss geprüft werden, ob die vorhandene Kultur zum geschäftlichen und gesellschaftlichen Umfeld passt und wo besondere Diskrepanzen herrschen, und drittens schließlich ist ein spezifischer Maßnahmenkatalog zu entwickeln, der die Stärkung der beiden Dimensionen ermöglicht.

7.4.3 Das Kulturmodell von Edgar Schein[9]

Zur Person:

Edgar H. Schein, (geb. 1928 in Zürich), ist emeritierter Professor für Sozialpsychologie und Management am Massachusetts Institute of Technology (MIT) in Cambridge. Daneben ist er weltweit als Unternehmensberater tätig. Er gilt als Wegbereiter auf dem Feld der Organisationsentwicklung und -beratung, insbesondere in Fragen der Organisationskultur und Karriereentwicklung. Der Begriff der Corporate Culture wurde wesentlich durch seine Arbeiten geprägt.

---

[9] Verfasserin: Ulrike Bunz.

Der Kulturansatz von Schein hat zum Ziel, die verborgenen und komplexen Aspekte des Unternehmensalltags aufzuspüren: ob es sich dabei um – aus Sicht der Mitarbeiter – scheinbar „unvernünftige" Managemententscheidungen handelt oder aber um „eingefleischte" Verhaltensweisen von Mitarbeitern: solche Phänomene können anhand klassischer Unternehmensmodelle nicht erklärt werden. Hier setzt Scheins Kulturkonzept an. Er beleuchtet insbesondere den Zusammenhang von Führung und kulturellen Fragen: Wie entwickeln sich Unternehmenskulturen unter dem prägenden Einfluss des verantwortlichen Managements? Und wie wird umgekehrt die Kultur selbst zur Steuerungsgröße und zum Entscheidungsparameter für das Management? Beide Bereiche stehen – wie zwei Seiten einer Medaille – in einem zirkulären Wechselwirkungsprozess.

7.4.3.1 Das Drei-Ebenen-Modell der Unternehmenskultur

Schein zufolge bildet sich Kultur als ein Gruppenphänomen dort heraus, wo Menschen gemeinsame Erfahrungen teilen und an gemeinsamen Aufgaben arbeiten. Sie entsteht als Folge eines *kollektiven Lernprozesses*: diejenigen Denk- und Verhaltensweisen, die ein Unternehmen erfolgreich gemacht haben, werden im Laufe der Erfahrungsgeschichte internalisiert (verinnerlicht), erlangen eine gewisse Selbstverständlichkeit und werden nicht mehr hinterfragt. Sie setzen sich als Sediment der Kultur ab (vgl. Schein 2003, S. 174). Als Quellen der Kultur sieht Schein vor allem die Überzeugungen, Werte und Grundsätze der Unternehmensgründer, die gemeinsamen Erfahrungen der Mitarbeiter im Verlauf der Unternehmensentwicklung und schließlich neue Impulse von Mitarbeitern und Management.

Unternehmenskultur setzt sich Schein zufolge aus drei Ebenen zusammen: a) die Ebene der Artefakte, b) die Ebene der öffentlich propagierten Werte und c) die Ebene der unausgesprochenen, tief verwurzelten und oft unbewussten Grundannahmen. Gerade dieser Tiefenebene von Kultur misst Schein eine besondere Bedeutung bei.

Ebene der Artefakte:
Die Artefakte als oberste Ebene des Phänomens Unternehmenskultur umfassen die kulturellen Aspekte auf der Manifestations- oder Beobachtungsebene, die sinnlich wahrnehmbar sind. Folglich zählen dazu alle Phänomene, die ein Beobachter sehen, hören und fühlen kann. Zu den Artefakten zählen typische Verhaltensmuster und Rituale, sichtbare Strukturen, Architektur, Kleidungsstil, Sprechweise, Gefühlsäußerungen, die Geschichten des Unternehmens etc. Alle Artefakte zusammengenommen prägen den „Stil" des Unternehmens, der sowohl für Unternehmensangehörige als auch für Außenstehende bei Kontakten mit dem Unternehmen und seinen Vertretern erlebbar wird. Allerdings wird auf dieser Ebene noch nicht klar, welche Bedeutung die jeweiligen Artefakte haben.

> *„Die wichtigste Erkenntnis zu dieser Ebene der Kultur besteht darin, dass sie sich leicht beobachten, aber nur schwer entschlüsseln lässt. (…) Der Beobachter kann also seine Eindrücke beschreiben, aber daraus allein noch nicht rekonstruieren, was diese Dinge in einer bestimmten Gruppe bedeuten oder ob sie überhaupt entscheidende Grundannahmen widerspiegeln."* (Schein 1995, S. 30–31)

Ebene der öffentlich propagierten Werte:
Die mittlere Ebene der Unternehmenskultur umfasst diejenigen öffentlich bekundeten Werte, Normen und Regeln, an denen sich das Handeln der Mitarbeiter eines Unternehmens orien-

tiert oder orientieren sollte. Auch die öffentlich formulierten Strategien, Ziele und die Philosophie des Unternehmens zählen zu dieser Ebene.

Schein stellt fest, dass sich die meisten Unternehmen durch die gleichen öffentlich bekundeten Werte auszeichnen, obwohl sie sich auf der Ebene der Artefakte deutlich voneinander unterscheiden. Entsprechend treten häufig Widersprüche zwischen den propagierten Werten und den sichtbaren Verhaltensweisen auf (Schein 2003, S. 43).

Ebene der unausgesprochenen gemeinsamen Annahmen:
Die dritte Ebene beschreibt die *kulturelle Essenz*, die unverwechselbare Identität eines Unternehmens. Sie repräsentiert das gemeinsame *kollektive Wissen* einer Gruppe – das Denken, die Empfindungen und Wahrnehmungen, die die Mitarbeiter eines Unternehmens im Laufe der gemeinsamen Erfahrungsgeschichte erfolgreich verinnerlicht haben. Als „gemeinsames mentales Modell" (Schein 2003, S. 36) halten die Mitarbeiter die gemeinsamen Sichtweisen und Perspektiven für selbstverständlich und sind daher auch kaum in der Lage, diese Ebene bewusst wahrzunehmen, zu reflektieren und in Worte zu fassen: „*Grundprämissen sind etwas so Selbstverständliches, dass abweichende Meinungen einfach für verrückt erklärt und automatisch abgelehnt werden.*" (Schein 1995, S. 29)

Schein zufolge bietet besonders diese Tiefenebene dem Beobachter den Schlüssel zum Verständnis kultureller Phänomene in Organisationen: Erst wenn die Grundannahmen entschlüsselt sind und der kulturelle Lernprozess der Organisation nachgezeichnet wurde, können Artefakte richtig interpretiert und die Glaubwürdigkeit von Werten angemessen beurteilt werden (ebd., S. 33).

Definition Kultur nach Schein:

Kultur definiert Schein als die Werte, Normen und Grundannahmen, die sich aus der persönlichen Lerngeschichte eines Teams oder einer Organisation ergeben.

„Kultur besteht aus den gemeinsamen unausgesprochenen Annahmen, die eine Gruppe bei der Bewältigung externer Aufgaben und beim Umgang mit internen Beziehungen erlernt hat. Kultur manifestiert sich zwar in offenem Verhalten, in Ritualen, Artefakten, Atmosphäre und propagierten Werten, aber ihre Essenz sind die gemeinsamen unausgesprochenen Annahmen. (…) Die wesentlichen Elemente von Kultur sind unsichtbar. Sie werden als selbstverständlich betrachtet und nicht mehr wahrgenommen, können aber wieder bewusst gemacht werden." (Schein 2003, S. 173f.)

7.4.3.2 Fallbeispiel Kulturanalyse „Action" und „Multi"

Schein skizziert exemplarisch zwei Typen von Unternehmenskulturen, die ihm in seiner Beratungspraxis begegnet sind, anhand des Drei-Ebenen-Modells (vgl. Schein 1995, S. 38–55).

Das Unternehmen „Action"
Bei „Action" handelt es sich um einen erfolgreichen und global agierenden Hersteller von Hochtechnologie-Geräten mit Hauptsitz in den USA. „Action" lässt sich u. a. durch folgende *Artefakte* kennzeichnen (Ebene 1):

- offene Architektur: offene, großräumige Arbeitsbereiche und Konferenzräume;
- dynamisch wirkendes Umfeld, hohe Betriebsamkeit der Mitarbeiter;

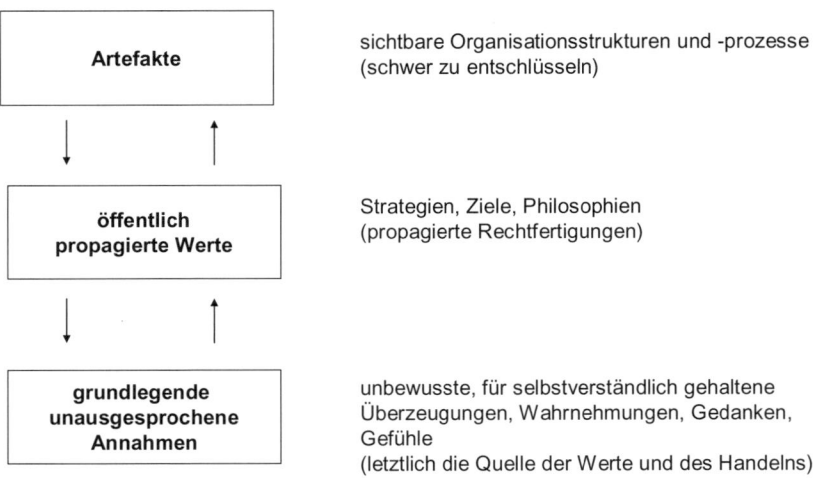

Abb. 7.18 **Das Mehr-Ebenen-Modell von Schein**   Quelle: Schein 2003, S. 30

- große Cafeteria, Kaffeemaschinen und Kühlschränke auch in den Arbeitsbereichen;
- kaum Verwendung von Statussymbolen wie z. B. Privatbüros, Speisesäle für Führungs-kräfte oder persönliche Parkplätze.

„Action" bekundet u. a. folgende *Werte* in der Öffentlichkeit (Ebene 2):

- Prinzip der persönlichen Verantwortung und Eigeninitiative der Mitarbeiter;
- starke Teamorientierung: es gilt, für Entscheidungen den Team-Konsens zu gewinnen;
- Werte der protestantischen Arbeitsethik spielen eine wichtige Rolle: harte Arbeit, hohe Maßstäbe persönlicher Moral, persönliche Verantwortung, Integrität, Ehrlichkeit.

Grundprämissen: *Das „Action"-Paradigma* (Ebene 3):

- Der Einzelne ist die Quelle aller guten Ideen.
- Die Wahrheit zeigt sich in Debatten und Tests.
- Jeder muss für sich selbst denken und „richtig" handeln.

Das Unternehmen „Multi"

„Multi" ist ein europäisches, geographisch dezentralisiertes Chemieunternehmen mit einem breiten Feld an Geschäftsbereichen.

Der Stil von „Multi" wird durch folgende *Artefakte* gekennzeichnet (Ebene 1):

- Förmlichkeit (Wachleute sind uniformiert, Wartebereich mit einigen wenigen, modernen Möbelstücken).
- Speisesäle sind nach Status und Rang der Mitarbeiter aufgeteilt.
- Der offizielle Titel spielt bei Begrüßung und Kommunikation eine wichtige Rolle.
- (Termin-)Pläne und Pünktlichkeit spielen eine große Rolle.

Bekundete *Werte* (Ebene 2):

- Experten-Autorität, insbesondere durch Bildung, Erfahrung und hohe Position erworben; dem Experten wird hoher Respekt entgegen gebracht. Das demonstriert auch der Gebrauch akademischer Titel. Konflikte werden – wenn möglich – vermieden.
- Hoher Respekt vor Wissenschaft und Forschung.
- Die Weisungskette wird strengstens eingehalten, Vorgaben des Vorgesetzten werden umgesetzt.

Das „Multi"-Paradigma (Ebene 3):

- Wissenschaftliche Forschung ist die Quelle für Wahrheit und gute Ideen.
- Die Aufgabe liegt in der Verbesserung der Welt durch die Wissenschaft und „wichtige" Produkte.
- Wir haben genügend Zeit. Qualität, Präzision und Wahrheit sind wichtiger als Schnelligkeit.

Das Fallbeispiel zeigt, wie sich die Kultur eines Unternehmens auf den drei verschiedenen Ebenen darstellen lässt. Da es in der Praxis unzählige Typen von Unternehmenskulturen gibt, verzichtet Schein auf eine umfassende inhaltliche Typologie, wie es beispielsweise Goffee und Jones tun.

7.4.3.3 Die Kulturdimensionen eines Unternehmens

Der Inhalt der Kultur spiegelt nach Schein die grundlegenden Aufgaben und Probleme jeder Organisation wider: den Umgang mit dem externen Umfeld und die Probleme der internen Integration. Kulturelle Annahmen beziehen sich auf folgende Bereiche und Themen (vgl. Schein 1995, S. 45–68):

1. Fragen des äußeren Überlebens des Unternehmens:
   Es geht um solche Annahmen, die beschreiben, was getan und wie es getan werden soll. Themen sind hier z. B. die Unternehmensvision, -strategie und -strukturen sowie das System der Machtverteilung und Leistungsbewertung.

2. Fragen der internen Integration:
   Sie betreffen die zwischenmenschlichen Beziehungen im Unternehmen wie z. B. den Grad an Teamarbeit oder den Kommunikationsstil. Dazu gehören:

   - *Gemeinsame Sprache und Konzepte:*
     Kultur manifestiert sich am sichtbarsten in einer gemeinsamen Sprache und in gemeinsamen Verhaltensweisen wie z. B. Kleidungsvorschriften, richtiges Verhalten gegenüber Vorgesetzten oder in Besprechungen, Bedeutung von Abkürzungen und Redewendungen, Maß der geleisteten Arbeitszeit etc.

   - *Gruppengrenzen und Identität: Wer ist „in" und wer ist „out"?*
     In jedem Unternehmen entwickeln sich bestimmte Formen, anhand derer sich Status und Zugehörigkeit ablesen lassen (Auszeichnungen, Parkplätze, Vergünstigungen etc.). Jede Gruppe/Abteilung/Team muss in der Lage sein zu definieren, wer dazugehört und wer nicht. Es muss festgelegt werden, von welchen Kriterien die Mitgliedschaft abhängt – sowohl was den Gruppeneintritt (Einstellungsfragen) als auch die interne Karriere (Aufstiegsfragen – im Sinne des dreidimensionalen Modells der Organisation) betrifft.

- *Welche Zeichen und Privilegien symbolisieren den Grad der Zugehörigkeit?*
  Gibt es bestimmte Markierungen dafür, wer in oder out ist? Welche Konsequenzen hat das für die Beziehungen zu diesen Mitarbeitern?

- *Charakter von Autorität und Beziehungen:*
  Annahmen über das richtige Maß an persönlichen Beziehungen bzw. Intimität, an Offenheit zwischen den Mitarbeitern sowie Annahmen über die Ausgestaltung von Autoritätsbeziehungen.

- *Wie nahe sollen sich die Mitarbeiter stehen?*
  (z. B. Was darf dem Chef gesagt werden? Wie muss mit ihm kommuniziert werden? Darf ich ihn unterbrechen? Gibt der Chef Feedback? Darf über private Probleme gesprochen werden? Worüber wird bei informellen Anlässen gesprochen? Verkehren die Mitarbeiter auch privat miteinander?)

- *Zuweisungen von Belohnungen und Status:*
  Jede Gruppe/Abteilung muss sich darüber einigen, welche Verhaltensweisen (un-) erwünscht sind und welche Konsequenzen diese nach sich ziehen.

Bei der Kulturanalyse gilt diesem Bereich eine besondere Beachtung: Gerade aus der Identifikation der „heroischen" und „frevelhaften" Verhaltensweisen (Schein 1995, S. 86) sowie deren Formen der Sanktionierung lassen sich Hinweise auf die zugrunde liegenden Grundprämissen ableiten.

3. Tiefere Annahmen über das Wesen der Realität, der Zeit, des Raums, der Wahrheit, des Menschen und der menschlichen Beziehungen:
   Unternehmen sind immer in den kulturellen Gesamtkontext einer Region, Nation oder eines bestimmten Kulturkreises eingebettet. Diese sogenannte tiefere Annahme wird oftmals als Selbstverständlichkeit vorausgesetzt, ist aber bei der Analyse einer Unternehmenskultur explizit zu berücksichtigen. Schein orientiert sich bei diesen Kulturdimensionen an gängigen ethnologischen Kategorien zur Beschreibung von Kulturen.

- *Verhältnis Mensch und Natur:*
  Wie wird das richtige Handeln der Menschen im Verhältnis zur Umwelt definiert? Wie sieht das geeignete Maß an Aktivität und Passivität aus? Welche Beziehung besteht zwischen Unternehmen und Umwelt (Dominierendes Verhältnis – die Umwelt beherrschen; harmonisches Verhältnis – friedliche Koexistenz und eigene Nische finden; unterordnendes Verhältnis – sich der Umwelt fügen)? Diese Annahmen haben z. B. Auswirkungen dahingehend, wie offensiv das Unternehmen im Markt im Vergleich zu anderen Mitbewerbern agiert und welche Zukunftsziele formuliert werden.

- *Annahmen über das Wesen des Menschen:*
  Kulturen unterscheiden sich dahingehend, ob der Mensch grundsätzlich als gut, als entwicklungsfähig und änderungsbereit angesehen wird oder nicht. Diese Annahmen schlagen sich beispielsweise in den Anreiz-, Belohnungs- und Kontrollsystemen des Unternehmens nieder.

- *Annahmen über menschliche Beziehungen:*
  Diese Annahmen beziehen sich auf die aus Sicht der Organisation „richtigen" Beziehungsformen, die die Zusammenarbeit sowohl angenehm als auch produktiv machen. Es spielen Fragen eine Rolle wie: Inwieweit herrscht eine individualistische Orientie-

rung oder eine Kollektivorientierung vor? Liegt der Schwerpunkt auf Loyalität und Engagement oder auf Selbstverwirklichung und individuelle Autonomie?

- *Annahmen über das Wesen der Wirklichkeit und der Wahrheit:*
  Was wird als wahr und richtig angesehen? Spielen Traditionen, religiöse Lehren, unangreifbare Autoritäten eine Rolle oder die wissenschaftliche Expertenmeinung bzw. eine pragmatische Grundhaltung („Wir glauben an das, was funktioniert."). Wie werden Entscheidungen im Unternehmen getroffen? Was wird als Fakt angesehen, was als Meinung?

- *Annahmen über Zeit und Raum:*
  Welches Grundkonzept von Zeit wird verfolgt? Fragen in diesem Zusammenhang sind: Gibt es ein lineares oder zyklisches Zeitverständnis? Welche Bedeutung hat Pünktlichkeit? Werden Dinge/Aufgaben gleichzeitig erledigt oder sequentiell? Welche Zeitspanne ist für Termine/Besprechungen etc. vorgesehen? Was bedeutet es, früh bzw. spät mit der Arbeit anzufangen bzw. früh oder spät die Arbeit zu verlassen?
  Daneben spielt die symbolische Bedeutung des Raumes eine Rolle, z. B. Bedeutung von Raum für die Definition bestimmter Beziehungsaspekte wie den Grad der Vertrautheit oder die Definition des privaten Bereichs.

Bei allen genannten Bereichen handelt es sich um *Konsensfaktoren*, die geklärt und aufeinander abgestimmt werden müssen, damit die Organisation eines Unternehmens eine konsistente Kultur entwickelt und langfristig überleben kann. Je kohärenter das kulturelle Gesamtsystem ist, desto stärker ist die Kultur des Unternehmens ausgeprägt und umso schwerer lassen sich kulturelle Veränderungen implementieren (einführen).

Schein betont, dass es an sich keine richtigen oder falschen, guten oder schlechten Unternehmenskulturen gibt. Die Güte der Unternehmenskultur misst sich am Erfolg des Unternehmens, an seinen Kernaufgaben und Umfeldbedingungen. Da sich die Manager in dynamischen Märkten und Umwelten bewegen, müssen sich Unternehmenskulturen zwangsläufig weiterentwickeln und anpassen (vgl. Schein 2003, S. 36, S. 174). Schein weist insbesondere auf die Rolle des Managements im Lebenszyklus eines Unternehmens hin. Je nachdem, ob sich ein Unternehmen in der Phase der Gründung und des Wachstums, der mittleren Entwicklung oder der Reife und des Niedergangs befindet, erfüllt die Kultur ganz unterschiedliche Funktionen. Dies muss das Management berücksichtigen.

Die Kerngedanken von Scheins Überlegungen zur Unternehmenskultur können wie folgt zusammengefasst werden (vgl. Schein 2003, S. 40f.):

Eigenschaften von Unternehmenskulturen:

- **Kultur ist tief.**
  Die sichtbaren Kulturelemente stellen lediglich die Spitze des Eisbergs dar. Die kulturelle Essenz zeigt sich in den verinnerlichten Überzeugungen und Werten, über die die Mitarbeiter nur schwer sprachfähig sind.
- **Kultur ist breit.**
  Die kulturelle Essenz bezieht sich auf alle Aspekte und Bereiche des unternehmerischen Umfeldes (Umgang mit dem Vorgesetzten, mit Kunden und anderen Stakeholdern, Karrieremöglichkeiten, Verhalten in Besprechungen etc.).
- **Kultur ist stabil.**
  Die kulturelle Dimension verleiht dem betrieblichen Alltag Bedeutung, Sinn und Berechenbarkeit. Menschen tendieren deshalb dazu, an den kulturellen Überzeugungen fest-

zuhalten, selbst dann, wenn diese aufgrund von Umweltveränderungen dysfunktional geworden sind. Die Kultur kann dann zu einem Hindernis für die weitere Entwicklung des Unternehmens werden.

Fragen zur Wiederholung:

1. Mit welchen Mess-Dimensionen kann man Kulturen von Unternehmen unterscheiden?

2. Was sind in einem kulturellen Sinn Artefakte?

3. Definieren Sie Unternehmenskultur.

4. Worin drückt sich die Unternehmenskultur auf symbolischer Ebene aus?

5. Versuchen Sie, die Homepage eines großen Unternehmens (Beispiel: Ikea) inhaltsanalytisch zu untersuchen und beschreiben Sie die aus Ihrer Sicht typischen kulturellen Merkmale.

6. Zwischen welchen Methoden zur Erfassung von Unternehmenskulturen kann man unterscheiden?

7. Nennen Sie drei der wichtigsten Erkenntnisse der Hawthorne-Experimente?

8. Was sind die charakteristischen Merkmale im Konzept von Taylor?

9. In welchen zentralen Aspekten unterscheidet sich der Hard-Approach-Ansatz vom Soft-Approach-Ansatz?

10. Was hat die Leistungssteigerung der Arbeiterinnen in den Hawthorne-Experimenten bedingt?

11. Wie heißen die fünf Kulturdimensionen von Hofstede?

12. Was sind die Merkmale einer maskulinen bzw. femininen Unternehmenskultur?

13. Charakterisieren Sie eine Unternehmenskultur mit hoher Machtdistanz.

14. Charakterisieren Sie eine Unternehmenskultur mit hoher Unsicherheitsvermeidung.

15. Was versteht man unter der Langfristorientierung einer Unternehmenskultur?

16. In welchem Zusammenhang stehen Länderkultur und Unternehmenskultur? Analysieren Sie das wechselseitige Spannungsverhältnis am Beispiel des MbO.

17. Wie heißen die beiden zentralen Achsen im Kulturmodell von Goffee/Jones? Beschreiben Sie sie.

18. Wie lauten die vier Kulturtypen von Goffee/Jones?

19. Nennen Sie die Merkmale der instrumentellen und vernetzten Unternehmenskultur.

20. Nennen Sie die Merkmale der fragmentierten und gemeinsinnigen Unternehmenskultur.

21. Definieren Sie den Kulturbegriff nach Schein.

22. Was sind Schein zufolge die Kerneigenschaften von Unternehmenskulturen?

23. Beschreiben Sie die verschiedenen Ebenen der Unternehmenskultur. Nennen Sie für jede Ebene konkrete Beispiele.

24. Wie lauten die drei Kulturdimensionen im Modell von Schein? Bitte nennen Sie konkrete Beispiele.

25. Welche Probleme spielen bei der Frage der „internen Integration" eine Rolle?

Modul 8:

Reputations- und Image-Management: die Quelle öffentlichen Ansehens

Ziel dieses Moduls ist es,

- die Bedeutung von Reputations- und Imagefragen für das Management zu erläutern,
- Reputationsmanagement als neue Form des Wettbewerbs in reifen Märkten zu beschreiben,
- die direkten und indirekten Wertschöpfungspotentiale von Image und Reputation vorzustellen,
- die Wertdimensionen und sozialen Funktionen von Image zu skizzieren,
- die unterschiedlichen Erscheinungsformen von Image zu beschreiben,
- die Techniken der Imagepflege zu erläutern,
- die Folgen von Ansehens- und Imagekrisen für das Management zu diskutieren.

Das Marken- bzw. Unternehmensimage bestimmt Firmenwert und Wachstumsperspektiven meist mehr als jede andere Vermögensposition im Jahresabschluss eines Unternehmens. Imagekapital ist in der Regel nicht minder wichtig als das Stammkapital. Würde morgen beispielsweise BMW abbrennen, alle Fabriken, alle Büros, und nichts bliebe übrig als nur die Marke, dieses schimmernde Abstraktum – dann könnte BMW-Chef Norbert Reithofer die Markenrechte noch während der Löscharbeiten als Sicherheit für einen 20 Milliarden Dollar Kredit hinterlegen. Der Reputationswert der Marke BMW, der Wert des öffentlichen Ansehenskapitals, beträgt knapp 20 Milliarden Euro. Fazit: Nicht allein der Bilanzwert, sondern auch der Ansehenswert ist entscheidend für die Bonität. Und deshalb sind Reputation und Image ein zentrales Thema auf den Chefetagen der Wirtschaft.

8.1   Image als Handlungsprinzip

Beim Image handelt es sich um ein grundlegendes Ordnungs- und Wertschöpfungsprinzip des Managements. Image ist eine zentrale Steuerungsquelle für die Orientierung im Markt, es ist Quelle von Wertschätzung oder Ablehnung eines Unternehmens, Quelle von Loyalität oder Zurückweisung. Image dient als maßgebliches Kriterium für Bewertungen von Organisationen und Institutionen.

8.1.1   Fallstudie: Zigaretten-Blindtest

Studenten, alle starke Raucher einiger bestimmter Zigarettenmarken, wurden zu einem Versuch eingeladen, bei dem sie – angeblich zur Beurteilung einer neuen Zigarette – so viel rauchen durften, wie sie wollten. Die einzige Auflage der Versuchspersonen bestand im fortlaufenden Ausfüllen eines absichtlich dilettantisch aufgebauten kleinen Fragebogens, den sie mit jeder Zweierpackung neu bekamen und der einige belanglose Fragen zur Qualitätsbeurteilung enthielt. Die Packungen, lediglich fortlaufend nummeriert, und die Zigaretten waren völlig neutral, obwohl es sich um die von den Versuchspersonen bevorzugten Zigarettenmarken handelte.

Der Versuch war nun so eingerichtet, dass jede Versuchsperson nur ihre eigene Marke zur Beurteilung erhielt. Es war mithin ein Zustand geschaffen, in welchem der Raucher seine gewohnte Marke als nacktes Produkt dargeboten erhielt, und nicht, wie normalerweise, deren Image mitrauchen konnte. Es verwundert nicht, dass die Zigaretten unerkannt blieben. Ebenso ist es nicht erstaunlich, dass in dieser künstlich geschaffenen Situation sehr schlechte Prädikate verteilt wurden. Verständlich war schließlich auch, dass die Versuchspersonen, je nach Ausdauer, nach einiger Zeit gern von der gebotenen Möglichkeit einer Pause im Nebenraum Gebrauch machten, wo sie sich mit Kaffee, aber auch mit ihren gewohnten Zigaretten, die in Originalpackungen zwanglos dalagen, bedienen konnten.

Erst jetzt geschah das eigentlich Überraschende: Einige griffen schon nach kurzer Zeit spontan zu ihrer Marke, bei anderen genügte ein kurzes Anbieten; nur vereinzelte Studenten lehnten vorerst ab. Viele betonten im Geplauder spontan, wie gut im Vergleich zum Versuch doch diese Zigaretten seien; alle fanden sie Erquickung im Rauchen der gleichen Zigarette, die sie im Versuch vor wenigen Minuten noch erschöpft ausgedrückt hatten, um schimpfend und klagend eine Pause einzulegen (vgl. Spiegel 1961, S. 40f.).

Fazit:

Jeder Konsument erwirbt nicht nur ein bloßes Produkt, er erwirbt vielmehr Vorstellungs-bilder, Gefühls- und Empfindungsqualitäten, die er mit einem Produkt assoziiert oder auf ein Unternehmen projiziert. Das Bild einer Marke oder eines Produktes ist genauso wichtig wie das Produkt oder die Produktleistung selbst.

8.1.2 Begriffsklärung von Image

Schon 1956 schrieb Boulding, ein Ahnherr der Imageforschung, dass eher subjektive Vorstel-lungen über ein Unternehmen das Verhalten der Öffentlichkeit bestimmen als die tatsächli-chen Gegebenheiten. Image, so sah es Boulding, steuert das Verhalten. Nicht das Produkt oder die Marke an sich entscheiden über Zustimmung oder Ablehnung, sondern das Bild über sie. Nicht das Unternehmen selbst, nicht seine Leistungen und Erfolge steuern die Kon-sumentenentscheidung, sondern die Vorstellungen über sie. In ihnen liegt das eigentliche Wertschöpfungspotential.

Definition Image:

Image ist ein mit einem Unternehmen unmittelbar verwobenes, meist historisch gegründe-tes, relativ dauerhaftes und bewertendes Vorstellungsbild,

- das direkt verhaltens- bzw. handlungssteuernd wirkt (und zwar doppelseitig: im Sinne des Selbstbildes, das ein Unternehmen verpflichtet, sowie im Sinne des Fremdbildes, demzufolge Kunden und Öffentlichkeit Akzeptanzentscheidungen treffen);
- das im Verhältnis zu Konkurrenten eine Positionierung und/oder einen Ruf vermittelt. Image steht immer zu einer Umgebung in Beziehung; in diesem Sinne ist Image Ab-grenzung und Unterscheidung. Das Anders-Sein ist eines seiner Zentralelemente;
- das in symbolisch exemplifizierender (d. h. anhand von beispielhafter) Wahrnehmung aus der Fülle denkbarer Merkmale und Eigenschaften auf einige wenige vereinfa-chende, bildhafte oder typisierende reduziert ist. Das Image ist immer einfacher gestal-tet als das Objekt, das es repräsentiert;
- das einen sozialen und immateriellen Wert darstellt, der sich darin ausdrückt, dass Image grundsätzlich Ausdruck von hohen oder niedrigen Akzeptanz- und Wertschät-zungsurteilen ist;
- das das Ergebnis eines kulturspezifischen Deutungsprozesses eines Unternehmens ist.

Zusammengefasst versteht man unter Image bewertende, relativ dauerhafte und typisierende Vorstellungen, die in symbolischen Bildern verdichtet sind und zu einem bestimmten Han-deln verpflichten oder mobilisieren.

Kennzeichnend für jedes Image sind perspektivische Wahrnehmungen. Man interpretiert die Welt selektiv, generalisiert die Informationen, die man erhält, reduziert die Erfahrungen auf einen Umfang, an dem man sich sinnvoll orientieren kann, und gewinnt dadurch erst Mög-lichkeiten, Akzeptanzentscheidungen zu treffen. Image entzieht sich dem rationalen Kalkül. Es ist nicht Ausdruck einer begründeten Annahme, es lässt sich auch nicht auf objektive und handgreifliche Ursachen zurückführen, sondern wird durch subjektive Prozesse der vereinfa-chenden Erlebnisverarbeitung gesteuert (Luhmann 1973, S. 83). Image entsteht aus „vagen

Teilansichten". Nicht Fakten, sondern Vorstellungen steuern das Bild der Öffentlichkeit über ein Unternehmen.

Dies hat für das Verständnis von Image Folgen: Es sind kulturspezifische Bilder, Deutungen und Assoziationen, die unser Urteil über eine Organisation bestimmen. Ob dieses Bild mit der Wirklichkeit übereinstimmt, ist unerheblich. Entscheidend ist, dass die mit dem Image verbundenen Vorstellungsbilder eine größere Orientierungs- und Steuerungskraft in der Öffentlichkeit haben als die faktischen Leistungen einer Organisation. Die Öffentlichkeit sammelt in der Regel nur Informationsbruchstücke. Sie rekonstruiert diese Steinchen zu einem Mosaikbild, das ein vereinfachtes, durch die eigene kulturelle Perspektive gedeutetes Bild eines Unternehmens ergibt. Image ist daher stets Ausdruck eines Wechselspiels zwischen Darstellung (eines Unternehmens) und Deutung (seitens der Öffentlichkeit).

Praxisbeispiel:

Konsumentscheidungen werden vielfach getroffen nach Kriterien wie Gefühlslagen, Ästhetik, Regionalität oder Traditionalität. Sie spielen bei der Akzeptanz eines Produktes eine entscheidende Rolle. Beispielsweise wird mit einer italienischen Designerbluse, in der das Etikett 'Made in Taiwan' eingenäht ist, kein italienisches Modegefühl mehr verbunden, sei sie qualitativ noch so hochwertig. Die mit italienischer Mode assoziierte Ästhetik oder das mit ihr verbundene Lebensgefühl wird nicht mehr vermittelt, so hochwertig das Produkt auch verarbeitet sein mag. Die reale Produktleistung vermag Defizite an kultureller Kompetenz nicht zu kompensieren. Das Bild des Produktes enthält Brüche.

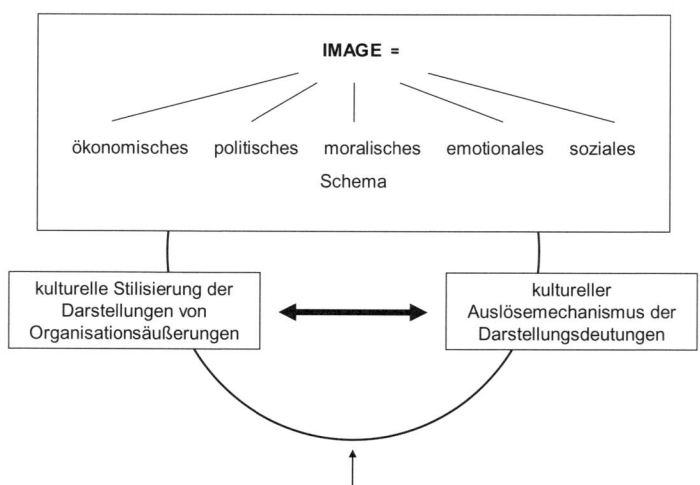

Abb. 8.1 Wechselspiel der Darstellung und Deutung von Image   Quelle: © Eugen Buß

8.1.3 Die Wettbewerbspyramide

Die wachsende Bedeutung von Image und Reputation für das Management geht auf eine ganze Reihe von veränderten Rahmenbedingungen zurück:

- **Der Wettbewerb verändert sich.** Die Wettbewerbsbedingungen haben sich auf vielen Teilmärkten verschärft. Produkte und Dienst- oder Serviceleistungen ähneln sich immer mehr, werden letztlich austauschbar. Damit wächst das Risiko, dass Kunden abwandern. Wenn aber kein entscheidender Vorteil mehr gegenüber den Mitbewerbern erreicht werden kann, wenn technische Leistungsmerkmale zunehmend vergleichbar werden, ändert sich auch der Wettbewerb. Nicht das Produkt an sich schafft Präferenzen, sondern die Reputation. Bei annähernd gleichen Preisen und Sicherheitsstandards wird die Wahl zwischen den Fluggesellschaften durch den guten Ruf entschieden. Der wachsende Wettbewerbsdruck führt zu einer Verlagerung vom Produktwettbewerb über den Problemlösungswettbewerb zum Identitäts- und Reputationswettbewerb.

  Auf der untersten Stufe des Wettbewerbs in hochentwickelten Märkten konkurrieren Unternehmen um das bessere Produkt (Beispiel: Handy). Sind Handys aber im fortgeschrittenen Stadium technisch austauschbar, konkurriert man um die bessere Problemlösung (z. B. Verwaltung der E-Mail-Funktion). Sind letztlich auch die Problemlösungen austauschbar, konkurriert man auf der nächst höheren Stufe der Wettbewerbspyramide um das bessere Geschäftsmodell (z. B. neue Vertriebsstrategie, Erweiterung des Produktspektrums um neue Dienstleistungen, Kooperationen mit anderen Unternehmen, Fokussierung auf bestimmte Zielgruppen oder Vertriebsregionen). Es wird dann nicht mehr um das bessere Produkt oder die bessere Problemlösung gerungen, sondern um das bessere Geschäftsmodell.

  Sind aber auch die Geschäftsmodelle ausgereizt, konkurriert man auf den beiden obersten Stufen zunächst um die prägnantere Identität und schließlich um die höhere Reputation. Hier spielt eine Rolle, welche Werte das Management eines Unternehmens vertritt, auf welche Tradition es zurückblicken kann, welche Erfolge es in der Vergangenheit gehabt hat, welches Ansehen es sich aufgebaut hat oder auf welche Kundenbindungen es zurückgreifen kann. Reputation ermöglicht eine trennscharfe Abgrenzung im Wettbewerbsfeld.

- **Epochaler Wandel zur Informationsgesellschaft.** Innerhalb einer Generation hat sich das Informationsangebot der Medien um den Faktor des ca. 40-fachen erweitert. Die Pro-Kopf-Versorgung mit Massenkommunikationsmitteln sowie die Mediennutzungszeit steigen kontinuierlich um etwa 10 Prozent jährlich. Durch neue multimediale Informationsangebote werden die Folgen der Informationsüberlastung noch gravierender. Angesichts der Flut von Informationen reagiert der moderne Mensch mit einer unbewussten, fast völligen Nicht-Beachtung der empfangenen Botschaften. Der Einzelne wird unfähig, das Wichtige vom Unwichtigen zu trennen. Er ist auch nicht mehr in der Lage, die wirklich kritischen Informationen zu erfassen.

  Im Zusammenhang mit dem epochalen Wandel zur Information-Driven-Economy ist nicht Information das dringlichste Problem, sondern Aufmerksamkeit. Faktischer Zeitdruck und Informationsfülle rufen Abwehrreaktionen bei den umworbenen öffentlichen Adressaten hervor. Immer neue Unternehmen und Organisationen konkurrieren um das knappe Gut „Aufmerksamkeit". Zentrale Aufgabe des Managements ist es daher, eine

Art „Aufmerksamkeitsportal" zu schaffen und über sie öffentliche „Aufmerksamkeits-gemeinschaften" herzustellen. Je höher die Reputation eines Unternehmens ist, umso leichter ist es, die Aufmerksamkeitsschwellen zur Öffentlichkeit zu überwinden und mit seinen Produkten oder Botschaften wahrgenommen zu werden.

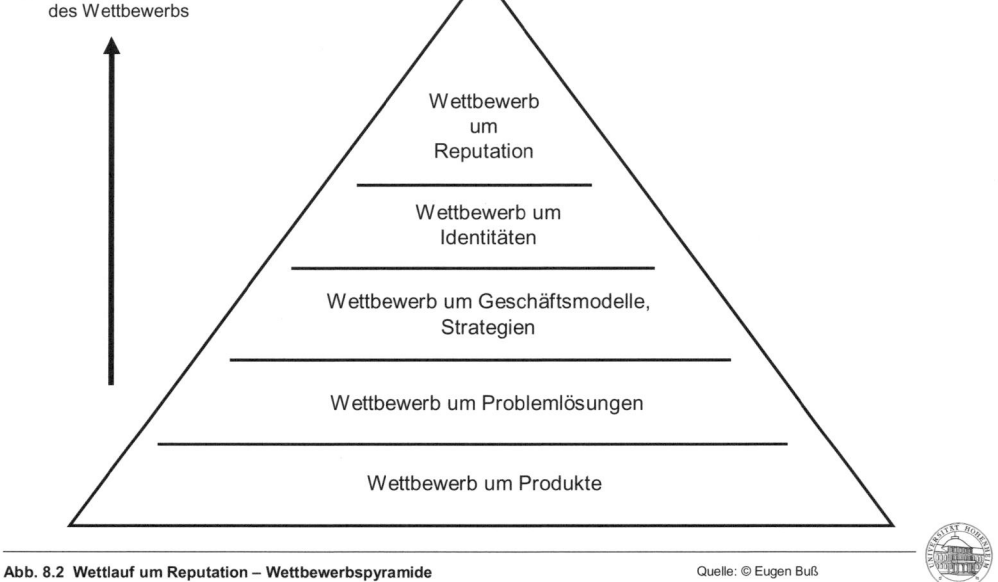

Abb. 8.2 Wettlauf um Reputation – Wettbewerbspyramide   Quelle: © Eugen Buß

8.2   Bedeutung von Image und Reputation

Unternehmen werden in der Öffentlichkeit nicht nur als wirtschaftliche oder technische Systeme betrachtet, sondern auch als soziale Organisationen. Sie haben die Aufgabe, neben einer Dienst- oder Sachleistung auch Akzeptanz und Ansehen zu produzieren. Erst beides zusammengenommen (Problemlösungsfähigkeit und Akzeptanz) macht den wirtschaftlichen Erfolg eines Unternehmens aus.

8.2.1   Das Akzeptanzmodell

Jedes Akzeptanzmodell besteht aus zwei Parametern. Der eine Parameter ist die fachliche Problemlösungskompetenz einer Organisation. Problemlösungskompetenz kann man messen. Man kann sich darauf einigen, dass ein Unternehmen eine besondere Leistungskompetenz hat – es ist kompetent, weniger kompetent oder eben nicht kompetent. Man kann also die Leistungskompetenz skalieren. 5 steht für höchste Kompetenz, 1 für niedrige Kompetenz. Dasselbe kann man auch für den zweiten Parameter, die Vertrauenswürdigkeit oder Akzeptanz, sagen. Auch hier kann ein Unternehmen außerordentlich vertrauenswürdig erscheinen, also 5 – das bedeutet höchste Wertschätzung und Glaubwürdigkeit.

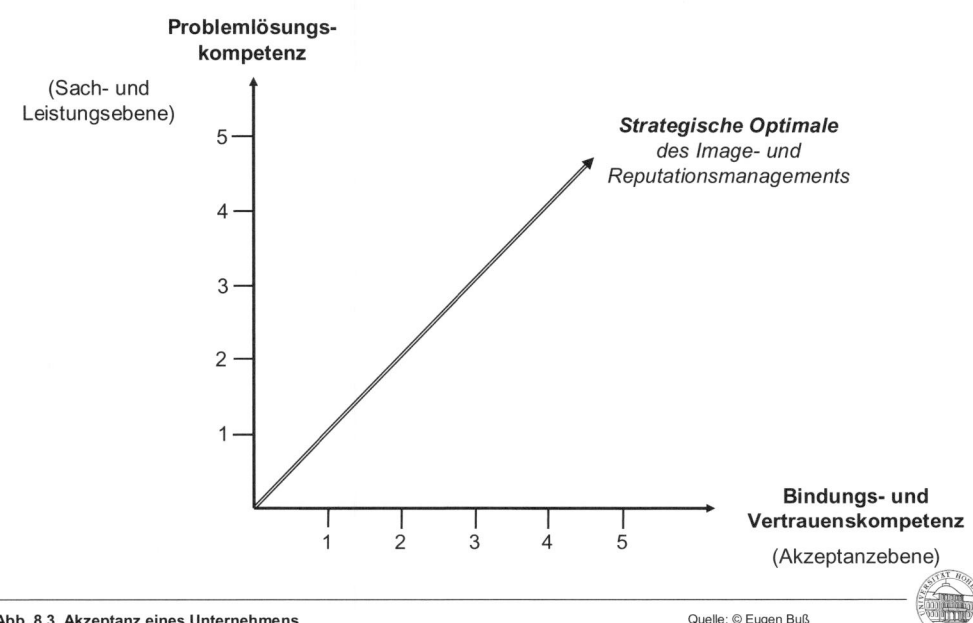

Abb. 8.3 Akzeptanz eines Unternehmens   Quelle: © Eugen Buß

Wenn es richtig ist, dass ein Angebot, das die Öffentlichkeit akzeptieren soll, gleichermaßen Leistungskompetenz wie Glaubwürdigkeit in sich enthalten muss, dann muss die Linie, auf der sich das öffentliche Profil einer Organisation in diesem Modell befindet, den Winkel halbieren. Denn nur auf dieser Kurve ist in jedem Punkt gleichermaßen Glaubwürdigkeit wie Problemlösungskompetenz enthalten: Dies wäre die *strategische Optimale des Reputationsmanagements.*

Führt man sich nämlich vor Augen, wie Unternehmenswert und Umsatzrendite beispielsweise durch a) *Opportunitätskosten* (verschenkte Reputationschancen), b) *Transaktionskosten* (z. B. Aufwendungen für Krisenkommunikation) und c) *Interaktionskosten* (verschenkte Kundenbindungen) nachhaltig beeinflusst werden können, wird deutlich, dass Image und Reputation für die Entwicklung der Wertschöpfung (Substanzsteigerung) eines Unternehmens ebenso wichtig sein können wie ökonomische Erfolgszahlen: Je nach Studie hängen zwischen 15 und 50 Prozent der Marktkapitalisierung eines Unternehmens von seinem Ansehen in der Öffentlichkeit ab.

Öffentliche Akzeptanz ist demnach nicht ein beiläufiges „Etwas", sondern geht konstitutiv in die Wertschöpfung eines Unternehmens ein. Es fungiert ähnlich wie die Unternehmensidentität als eine Art „Währung", die auf den Finanzmärkten oder bei Fusionen eine große Rolle spielt.

8.2.2 Direkte Werttreiber von Image und Reputation

Der gute Ruf ist für das Management noch aus weiteren Gründen von hoher Bedeutung: Er entscheidet über Lieferantenkredite; er ermöglicht höhere Produktpreise, er erhöht die Bonität. Reputation erleichtert den Zugang zu Absatzmärkten, Lieferantenmärkten und Kapitalmärkten. Und schließlich ist der gute Ruf unerlässlich, um auch außerhalb des Heimatmarktes mit seinen Produkten Akzeptanz bei den Kunden zu finden, um die richtigen Partner für eine Kooperation zu gewinnen, um Übernahmen auch im Ausland über die Bühne zu bringen oder um institutionelle Investoren für die eigene Aktie zu gewinnen.

Image und Reputation

- erhöhen die Markteintrittsbarriere für neue Wettbewerber;

- befreien von der Verpflichtung, jedem kurzfristigen Trend zu folgen;

- erhöhen die Kreditwürdigkeit und Bonität;

- ermöglichen, die Preis-Leistungsschere zu spreizen;

- erweitern die wirtschaftlichen und unternehmerischen Handlungsspielräume;

- reduzieren Marketingkosten und Vertriebsaufwendungen;

- reduzieren Einkaufs- und Supportkosten;

- reduzieren Kundenbindungs- und Kundengewinnungskosten;

- erhöhen die eigenen human resources;

- erhöhen Kooperationschancen.

Abb. 8.4 Direkte Werttreiber von Image und Reputation   Quelle: © Eugen Buß

Reputation ist daher eine besondere Form einer unternehmerischen Ressource. Ihr Nutzen ist auf Unternehmens- wie auf Kundenseite: Der gute Ruf entlastet das Unternehmen von direkten Vertriebsaufwendungen wie personalintensiver Fachberatung, Kosten-Nutzen-Analysen, Wettbewerbsvergleichen und vor allem Preiszugeständnissen. Auf dem Kapitalmarkt kann sich eine erstklassige Reputation von Unternehmen bezahlt machen in Form einer besseren Bonität und einer deutlich über dem Buchwert liegenden Börsenbewertung. Reputation trägt damit letztlich zur Sicherung einer eigenständigen Zukunft bei. Eine überdurchschnittliche Reputation dürfte sich auch auf den Arbeitsmärkten positiv niederschlagen. Bei der Rekrutierung von Fach- und Führungskräften tut sich ein angesehenes Unternehmen leichter als ein Unternehmen mit schlechter Reputation.

Auch für den Kunden ist Reputation von einem hohen Wert. Er wird enthoben von zeitaufwendigen Produktvergleichen sowie vom Problem, Vertrauen gewinnen und anschließend kontrollieren zu müssen. Diese Form der Entlastung ist der Konsument gerne bereit zu honorieren. Mit Reputation sind also gegenseitige Loyalitäten verbunden, die wie Markteintrittsbarrieren für Konkurrenten wirken. Oder anders ausgedrückt: Je weniger Imageleistungen und Ansehen ein Unternehmen hat, umso höher sind im Gegenzug die Betriebsaufwendungen für denselben Unternehmenserfolg.

> **Definition Werttreiber:**
>
> Unter Werttreiber von Image und Reputation versteht man soziologische Merkmale oder Merkmalskombinationen, die zu einer Substanzsteigerung, bzw. Steigerung des inneren Unternehmenswertes beitragen.

8.2.3 Indirekte Werttreiber von Image und Reputation

Neben den direkten Wertschöpfungsfaktoren bieten Image und Reputation auch indirekte Wertschöpfungschancen für das Management: Ordnungs-, Orientierungs- und Bindungsleistungen.

Image und Reputation

- schaffen eine trennscharfe Abgrenzung gegenüber dem Wettbewerb;
- beschleunigen Entscheidungsprozesse von Konsumenten;
- schalten verfügbare Optionen aus;
- entlasten den Verbraucher von aufwendigen Produktvergleichen und Produktanalysen;
- schaffen Vertrauensbindungen zur Öffentlichkeit, Mitarbeitern und Kunden;
- sind Medium von Loyalitäten;
- erleichtern Verständigungs- und Akzeptanzprozesse in der Öffentlichkeit;
- bieten Identifikationsangebote und erkennbare „Persönlichkeiten";
- bieten der Öffentlichkeit eine Selektionshilfe bzw. einen Filter für eingehende Informationen;
- verhindern Mehrdeutigkeit;
- reduzieren eine komplizierte Sachlogik auf eine einfache Bildlogik;
- reduzieren Ungewissheit, Unsicherheit, Ambiguität (Doppeldeutigkeit);
- erzeugen Sinn.

Abb. 8.5 Indirekte Werttreiber von Image und Reputation   Quelle: © Eugen Buß

Die jüngsten Entwicklungen in Wirtschaft und Gesellschaft haben eine wichtige Konsequenz: Angesichts der Flut von Marken, der zunehmenden Informationskomplexität, der Austauschbarkeit der Produkte, dem wachsenden Misstrauen gegenüber Experten und Leistungsversprechungen nimmt die Suche nach Orientierung bietenden Maßstäben deutlich zu.

Heute kennzeichnet eine prinzipielle Unsicherheit die Entscheidungen der Menschen: Die Grenze zwischen Richtigem und Falschem, Vertrautem und Neuem, die früher klar markiert schien, ist gefallen. Angesichts dieser Situation wird der moderne Mensch unsicher. Er steht unter einem selbst erzeugten Legitimationsdruck seiner Entscheidung: Hat er das „richtige" Produkt erworben, hat er die „richtigen" Entscheidungen getroffen, alle Alternativen berücksichtigt? Hat er alle verfügbaren Informationen bei der Bewertung des Unternehmens berücksichtigt? Passt das Markenbild zu seinem Lebensstil, zu seinem Status? Die Unsicherheit des modernen Menschen hat grundsätzliche Züge. Die Vielfalt der Angebote nötigt ihn, sich immer wieder von vertrauten Orientierungen und früheren Entscheidungen zu distanzieren. Stabile Dienstleistungs- und Produktbindungen lösen sich auf in Ja-Nein-Optionen.

Die Folge: Mit der Auflösung vorgefundener Deutungsmuster der modernen Lebenswelt wächst der Bedarf an „richtiger Orientierung". Die Öffentlichkeit sucht nach Ruhepolen im Bilder- und Informationsrauschen der modernen Warenwelt. Einen solchen Ruhepol bildet Image – Image verstanden als Vertrauensbindung an ein Unternehmen oder eine Marke. Vertrauensbindungen bieten Entscheidungssicherheit. Der Verbraucher ist entlastet, sich mit der Komplexität der Angebote überhaupt befassen zu müssen. Er nimmt nur noch unsystematisch und unregelmäßig Information entgegen. Die über das Image erzeugte Vertrauensbindung ersetzt die Dauerauseinandersetzung mit zahlreichen komplexen Einzelinformationen und Konkurrenzprodukten. Imagebilder wirken wie ein Navigationszeichen im Strom der Werbebotschaften.

Weitere indirekte Werttreiber von Image heißen also: Entscheidungsvereinfachung und Entscheidungsklarheit. Imageinvestitionen des Managements – das sind in der Praxis Investitionen in die externe Unternehmenskommunikation – sind insoweit Investitionen zur Ausschaltung verfügbarer Optionen des Verbrauchers. Ein klares Image schafft Unterscheidungen, schafft Differenzierungen. Es ermöglicht dem Management, sich mit den öffentlichen Adressaten in Form stillschweigenden Verstehens zu arrangieren. Image erzeugt auf besondere Weise feste Bindungen zu einer eigenen Klientel – und das Interessante ist, dass eine vom Image gesteuerte Entscheidung Kunden und Öffentlichkeit mehr befriedigt als eine Entscheidung aufgrund kompletter Informationen.

Praxisbeispiel Image und Kaufentscheidung:

Je mehr objektive Beurteilungskriterien fehlen, desto stärker wird Image zum entscheidenden Faktor für eine Kaufentscheidung. Aus einer Studie, die bestimmte Entscheidungskriterien beim Kauf von 0 (wenig wichtig) bis 100 (sehr wichtig) einstufte, lag das Image mit der Punktzahl von 94 im Vergleich aller Kriterien deutlich an der Spitze (Schulz 1991, S. 37). Objektive Parameter wie Testvergleiche oder Befragungen von Experten spielten dagegen nur eine untergeordnete Rolle. Dieses Verhalten ist keineswegs irrational, denn die Entscheidungen werden für den Menschen einfacher, wenn er sich auf Imagebilder verlassen kann. Image vermittelt Orientierungssicherheit in Situationen unvollständigen Wissens, wird zum Ersatzwissen für soziale Orientierung. Damit stellt das Image ein wesentliches Beschleunigungselement in Entscheidungsprozessen dar, da es von komplexen Auswahlverfahren entlastet. Der Markt wird vereinfacht gesehen. Wo auf ein Reservoir klarer Imagebilder zurückgegriffen werden kann, lassen sich Menschen leichter mobilisieren.

Fazit:
Unter den veränderten Informationsbedingungen moderner Märkte steigt die Bedeutung von Image als stabilisierende Navigationsmarke. Es gibt Handlungs-, Orientierungs- und Entscheidungssicherheit. Die Öffentlichkeit kontrolliert nicht mehr die diversen Leistungs- bzw. Produktdetails, sondern nur noch ihr Vertrauen und langfristig auch die sachlichen Fakten. Die große wirtschaftliche Bedeutung eines historisch gewachsenen Unternehmens- oder Organisationsimages liegt darin, dass die Öffentlichkeit weniger die Leistungen als solche prüft, sondern vielmehr, ob die Fortsetzung ihres Vertrauens noch gerechtfertigt ist

oder nicht. Mit anderen Worten: Stabile Beziehungen sind in besonderer Weise Ausdruck einer Reputation, die weniger durch faktische Leistungsstandards gekennzeichnet ist als vielmehr durch ein vom Unternehmensimage geprägtes Vertrauensangebot.

8.2.4   Die Bindungspyramide

Bindungen auf der Grundlage von Reputation und Image lassen sich in Form einer Bindungspyramide abstufen. Auf der untersten Stufe der *Bekanntheit* ist die Bindung an ein Unternehmen am schwächsten. Auf der zweiten Stufe wird die Bindung mit dem Begriff *Adäquanz* umschrieben: Die Leistungsmerkmale und Vorstellungsbilder eines Produktes, einer Dienstleistung oder einer Marke entsprechen im Großen und Ganzen dem kulturellen Lebensstil und dem Milieu eines Konsumenten. Marke und Konsument passen zusammen. Auf der dritten Stufe der *Vertrautheit* ist die Bindung bereits recht ausgeprägt. Die mit einem Unternehmen verbundenen Werte und Bilder sind dem Konsumenten auf der kognitiven und emotionalen Ebene vertraut. Die vierte Stufe auf der Bindungspyramide wird mit der Kategorie der *Relevanz* umschrieben. Marke oder Unternehmen bedeuten dem Verbraucher oder einer Zielgruppe etwas. Auf der fünften Stufe ist die Bindung *(Präferenz)* an ein Unternehmen bereits so ausgeprägt, dass es gegenüber anderen vorgezogen wird. Auf der letzten und höchsten Stufe *(Loyalität)* ist die Bindungsintensität am höchsten. Selbst im Enttäuschungsfall hält man an einer Unternehmensmarke fest.

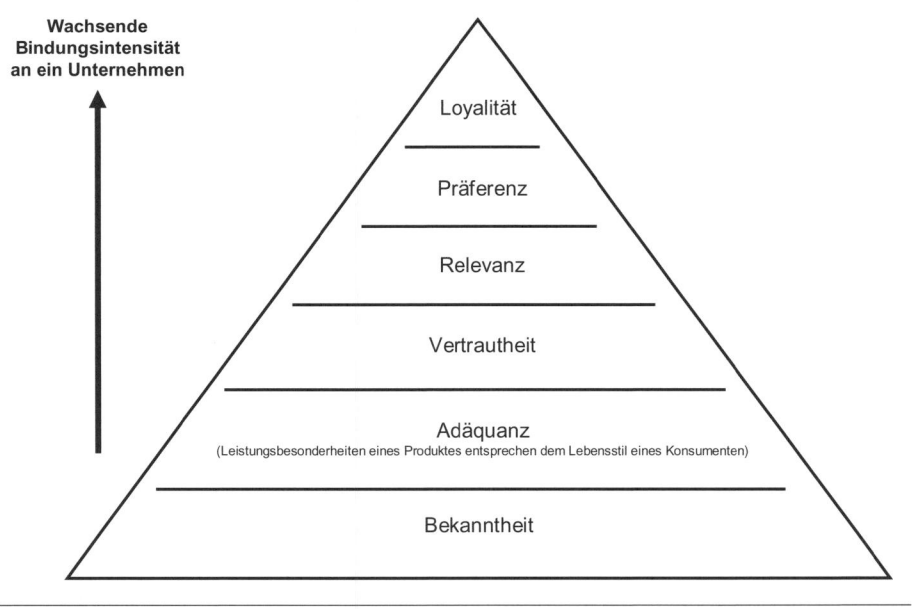

Abb. 8.6 Die Bindungspyramide   Quelle: © Eugen Buß

8.2.5   Die Wertdimensionen von Image und Reputation

Man kann zwischen folgenden Wertdimensionen von Image unterscheiden (vgl. auch Bergler 1998):

Image als Unternehmenswert

Zwischen dem Ruf eines Unternehmens und seiner betriebswirtschaftlichen Performance bestehen korrelative (sich gegenseitig bedingende) Zusammenhänge. Einer Studie der Universität Harvard zufolge werden Kaufentscheidungen primär durch das Image und nur nachrangig durch den Preis oder andere Faktoren ausgelöst (vgl. Lohrmann 1995, S. 59, vgl. Klage 1995, S. 67f.).

Die Reputation übernimmt immer stärker die Rolle produktiven Kapitals. Im Sinne eines Unternehmenswertes begründen Imagebilder zudem Wettbewerbsvorteile. Die Liste der Weltmarken ist lang: angefangen von Coca-Cola über Marlboro, McDonald's, Sony, Levi's bis hin zu adidas. Hier geht es nicht mehr um Produkte, der Unternehmensname dient als sinnbildliches Synonym für einen erfolgreichen Wettbewerbsstatus.

Ranking der zehn wertvollsten Marken der Welt:

1. Coca-Cola
2. Microsoft
3. IBM
4. General Electric (GE)
5. Intel
6. Nokia
7. Toyota
8. Disney
9. McDonald's
10. Mercedes Benz

Quelle: FAZ 2006, Nr. 174, S. 18.

Image als politischer Wert

Erfolg schafft Reputation – und über sie lässt sich öffentliche Aufmerksamkeit erzielen. Unternehmen können über ihre Reputation für ihre Interessen leichter Publizität herstellen. Der prominente Ruf mobilisiert Respekt von der Art, wie man ihn öffentlichen Autoritäten entgegenbringt. Darin liegt eine wichtige politische Funktion des Images. Die Reputation eines Unternehmens entfaltet ihre Wirkungen nicht nur im Markt, sondern auch in der politischen und gesellschaftlichen Arena, wenn es darum geht, eigene Interessen zu vertreten. Spitzenmanager von hoch angesehenen Konzernen haben ohne große Probleme Zugang zu den Medien und den entscheidenden Fachpolitikern.

Image als Kontakt- und Mobilisierungswert

Image und Reputation bilden eine Brücke zwischen Unternehmen und Öffentlichkeit. Die Herstellung von Kontakten zu Stakeholdern (öffentlichen Anspruchsgruppen) wird wesentlich erleichtert. Auch kommt dem Image als Kontaktwert eine Art „Aufmerksamkeitsreserve" zu; er entscheidet, ob Kommunikation überhaupt auf Resonanz stößt.

Image als Nachfragewert

Die Untersuchungen über Einflussfaktoren auf die individuellen beruflichen Entscheidungen für einen bestimmten Arbeitgeber zeigen die empirisch gut belegte hohe Nachfragewirkung eines attraktiven Images. Absolventen von Hochschulen bewerben sich lieber bei einem imagestarken als einem imageschwachen Unternehmen. Derzeit imagestarke Unternehmen wie Porsche oder SAP oder die Unternehmensberatung BCG (Boston Consultant Group) gelten als beliebteste Arbeitgeber unter Jungakademikern. Folglich können sich diese Unternehmen die besten Absolventen aussuchen.

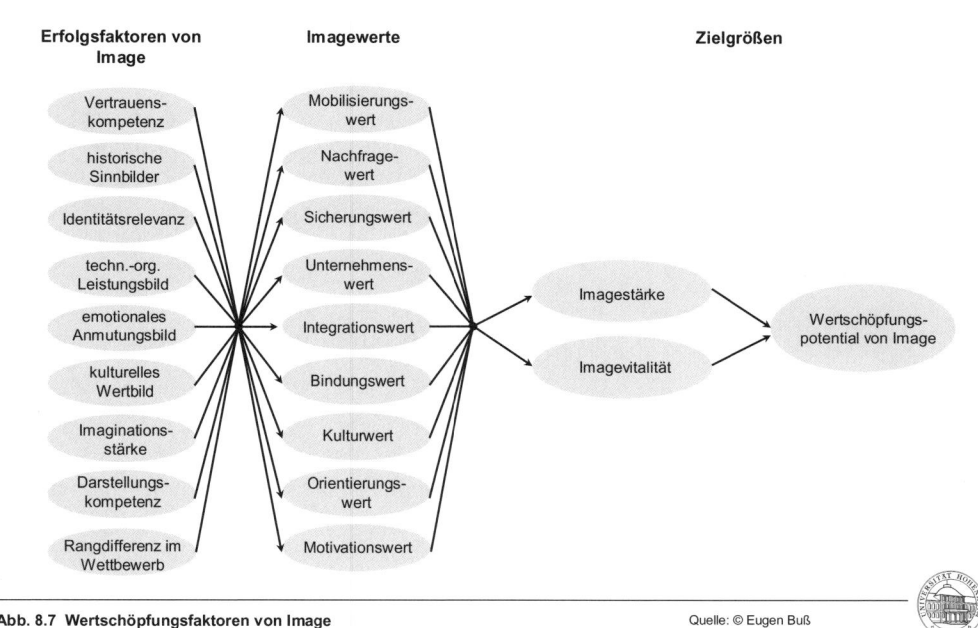

Abb. 8.7 Wertschöpfungsfaktoren von Image   Quelle: © Eugen Buß

Image als Motivationswert

Die Leistungs- und Arbeitsmotivation der Mitarbeiter in einem Unternehmen wird neben anderen Faktoren auch maßgeblich von seiner öffentlichen Reputation beeinflusst.

Image als Kommunikationswert

Images attraktiver Unternehmen sind per se von hohem Öffentlichkeitswert. Daraus ergibt sich, dass Interessen und Anliegen des Managements dieser Organisationen mit wesentlich höherer Wahrscheinlichkeit von Medien und ihren Multiplikatoren aufgegriffen werden.

Image als Sicherungswert

Ein gutes Image ermöglicht es dem Management eines Unternehmens, dauerhafte und feste Beziehungen zu einem eigenen Kundenstamm zu entwickeln. Ein guter Ruf federt Marktrisiken ab und sichert die Marktstellung. Je verlässlicher und höher die Reputation einer Organisation ist, umso mehr kann die kostspielige Dauerreaktion auf vorübergehende Konkurrenz- und Markttrends in den Hintergrund treten. In letzter Konsequenz zielt das Image auf geregelte Bindungen zwischen Unternehmen und Kunden, die – im besten Fall – durch ihre Exklusivität eine Art firmenspezifische Klientel zu schaffen vermögen (Beispiel: einmal Mercedes, immer Mercedes).

Image als Ordnungs- und Orientierungswert

Jedes Unternehmensimage kann als eigener Mikrokosmos gedeutet werden. Es schafft Grenzen nach außen, differenziert, klassifiziert, grenzt ab, definiert Präferenzen bei der Wahl zwischen Handlungsalternativen und ordnet die Komplexität von Märkten und Informationen. Image fungiert als eine Art kultureller Erkennungscode. Öffentlichkeit, aber auch Kunden, Investoren oder Medien fühlen sich wohler in ihrer Haut, wenn sie von der Annahme ausgehen, ein Unternehmensimage im Sinne eines Erkennungscodes sei in der Lage, ihnen eine klare Orientierung zu bieten.

Fazit:

Gelungenes Image bildet ein erfolgreiches Scharnier zwischen den Wirtschaftlichkeitsinteressen eines Unternehmens und den Orientierungsansprüchen der Öffentlichkeit. Je prägnanter Image und Reputation in den Augen der Öffentlichkeit erscheinen, desto stärker wirken ihre differenzierten Wertdimensionen.

8.2.6   Die Funktionen von Image und Reputation

Zu den zentralen Funktionen des Images gehören:

Image und Reputation verpflichten

Image beeinflusst öffentliche Wertschätzungen gegenüber einem Unternehmen unmittelbar. Image ist handlungsrelevant in doppelter Weise: Wer Image hat, muss gemäß seines Images handeln; wer Image wahrnimmt, orientiert sich am Image. Image verpflichtet. Ein guter Ruf nötigt Management und Mitarbeiter eines Unternehmens, bestimmte Regeln zu achten und sich bestimmter Darstellungspraktiken zu bedienen, die dem eigenen Image entsprechen.

Image und Reputation beruhen auf einem doppelten Verpflichtungsverhältnis gegenüber der Öffentlichkeit: Verpflichtung nicht nur auf eine entsprechende Leistungsqualität, sondern auch auf die Werte und Kultur, die ein Unternehmen repräsentiert, d. h. auf eine Art von öffentlichem Wohlverhalten des Unternehmens. Insofern ist Image Ausdruck der anhaltenden Verpflichtung des Managements, diese doppelte Glaubwürdigkeit zu schaffen und zu bewahren. Image erfordert ein hohes Maß an „commitment". Es nötigt zur Einhaltung ganz bestimmter Standards, die das Management und alle Mitarbeiter unmittelbar binden.

Image integriert

Anschauung und Lebensstil eines Menschen werden durch Markenimages symbolisch erkennbar. Der Einzelne repräsentiert mit der Marke nicht nur sich selbst, sondern ein Milieu, eine Gruppe oder einen Status, dem er sich zugehörig fühlt. Das Image einer Marke avanciert zu einem Erkennungszeichen für die Zugehörigkeit zu einem Milieu oder Status. Es wird quasi zu einer sozialen Duftmarke für ein bestimmtes Gruppen-Selbstverständnis. Markenbilder fungieren als Chiffren der Zugehörigkeit. Sie machen Gemeinsamkeiten und Verschiedenheiten offenkundig und erleichtern es dem Einzelnen, seinen Platz im sozialen Raum zu definieren.

Image verleiht Status

Wer sich eines Markenimages bedient, drückt sinnbildlich einen Teil seines Selbstverständnisses aus. Er entleiht ein Stück seiner Identität von einer Markenpersönlichkeit. Mit ihr fällt es dem Einzelnen leichter, seinen Status zu inszenieren. Markenimages sind ein wichtiger Teil des Selbstinszenierungsrituals von Menschen geworden. Sie bilden eine symbolische Kulisse, die aus einem Abgrenzungs- oder Unterscheidungsbedürfnis des Einzelnen aufgebaut wird. Für viele Menschen bedeutet die Verfügbarkeit einer Marke immer auch Statussicherheit, da sie die soziale Position des Einzelnen auf symbolische Art und Weise „dinghaft" macht. Marken sind die Eckpfeiler, an denen sich eine hierarchische Ordnung, Statusunterschiede oder ein Oben und ein Unten sinnbildlich festmachen lassen.

Image mobilisiert

Fehlt gegenüber einem Unternehmen jedes Reaktionsinteresse, dann hat es auch kein Image. Eine Organisation oder eine Marke muss aus sich heraus in der Lage sein, Reaktionstendenzen auszulösen. Entweder macht Image aufmerksam, provoziert Zustimmung und schafft Zugehörigkeit oder es grenzt aus, ruft Ablehnung hervor und schafft Distanz.

Image akkulturiert

Der Begriff *Akkulturation* (Kulturanpassung) bezeichnet die Übernahme von Ideen, Leitbildern, Normen, Techniken, Produkten einer fremden Kultur durch Gruppen oder Einzelpersonen einer übernehmenden Kultur. Insbesondere globale Marken können als eine Art Kulturprinzip fungieren. Kulturen sind als historische Gebilde zwar einzigartig, doch auf der Ebene der Bilder gibt es Gemeinsamkeiten. Marken avancieren zu kulturübergreifenden Symbolen, wenn sie dem modernen Menschen erlauben, sich auf authentische Weise einer anderen Kultur zu nähern. Man denke etwa an die mit dem Begriff „Coca-Cola-Zivilisation" bezeichneten Akkulturationsprozesse in unterentwickelten Gesellschaften. Hier geht es nicht mehr um die regionale Nützlichkeit eines Imagesymbols, sondern um das dem Markensymbol Coca-Cola zugrunde liegende Kulturbild einer offenen Gesellschaft. Insoweit vermögen globale Imagesymbole den kulturellen Provinzialismus einer Gesellschaft zu überwinden oder zumindest zu einer Auseinandersetzung mit ihr zu bewegen. Das Image eines Unternehmens fungiert hier als eine Art kultureller Erkennungscode.

Fallbeispiel Harley-Davidson:

Die Bedeutung der verschiedenen Imagefunktionen belegt die Firmengeschichte von Harley-Davidson: Harley-Davidsons Anfänge waren bescheiden. 1901 begannen William Harley und Arthur Davidson in einer Hütte in Milwaukee mit ihrem Versuch, ein Motorrad zu bauen. 1903 gründeten sie eine Firma und produzierten drei Motorräder. Im zweiten Weltkrieg lieferte Harley 90.000 Maschinen an die Alliierten zum Einsatz in der Alten Welt. Sie erwiesen sich als äußerst robust, was in Amerika ein *patriotisches Image* der Marke begründete. In den 60er-Jahren avancierten die Maschinen zu Leinwandsymbolen, zu nächst zur Unterstützung des *Mythos grenzenloser Freiheit*, später dann als Transportmittel des *Protests*.

Bekanntlich fuhren im Film „Easy Rider" die Schauspieler Peter Fonda und Jack Nichol-son gemächlich durch das von Sinnkrisen zerrüttete Amerika und verbreiteten neue Sub-kultur-Botschaften. Nach einem längeren Abstieg des Unternehmens in den 80er-Jahren fast bis zum Konkurs gelang es einem neuen Konzernmanagement, das Unternehmen durch eine konsequente Imagestrategie im Sinne einer geschickten Traditions- und My-thospflege wieder aufzurichten. Die in der Marke verankerten kulturellen Werte „Patrio-tismus", „Freiheit" und „Protest" bildeten den Schlüssel des Erfolgs.

Die Motorräder avancierten zu einem rollenden Mythos. Sie gelten auf vielschichtige Weise als Symbol des American Way of Life, als Symbol individueller Freiheit, als Aus-druck für Patriotismus, als Symbol einer Flucht aus der Routine des Alltags im Sinne eines fast mythischen Protestbildes. Die mit Harley-Davidson verbundenen Werte erinnern an eine noch heute sehr lebendige Legende: an den Aufbruch zu immer neuen Grenzen. Wie tief dieses Bild inzwischen verankert ist, belegt vielleicht besser als andere der amerikani-sche Präsident Clinton. Als er die Fabrik in York besuchte, gab er seinen „letzten Wunsch" als Präsident der Vereinigten Staaten bekannt: „Ich möchte auf einer Harley aus dem Wei-ßen Haus in die untergehende Sonne fahren" (vgl. Burger 2000).

Welche Bedeutung diese Bilder für den Geschäftserfolg von Harley haben, macht deren Verkaufsmaxime deutlich: Man bekommt für 20.000 $ ein einzigartiges Image, und das Motorrad gibt es kostenlos dazu.

8.3   Eine Image-Typologie

Von Imagemaßstäben geführte Organisationen denken langfristiger in ihren Strategien, ent-schiedener in Wertfragen und verantwortungsvoller in Respektskategorien. Die Kraftlinien in diesem Gefüge werden durch das Image-Netzfeld gekennzeichnet (vgl. Abb. 8.8).

8.3.1   Sockelimage und Oberflächenimage

Image ist die Chiffre eines Erfahrungszusammenhangs, in dem Augenblickseindrücke mit der Identitätsgeschichte eines Unternehmens in Einklang gebracht werden. Die Vorstellun-gen, die sich auf das Erscheinungsbild eines Unternehmens beziehen, haben demnach eine Doppelnatur:

- einerseits ein kurzfristiges, schwankendes Oberflächenbild, ein Ad-hoc-Bild im Sinne eines spontanen Eindrucks;
- andererseits ein tiefenstrukturelles Bild, das eine historische Wurzel hat und sich gegen wechselnde Themen- oder Zeittrends immunisiert.

Man unterscheidet zwischen den vorübergehenden, flüchtigen Einflüssen von Stimmungs-eindrücken auf die öffentliche Meinungsbildung (*Ad-hoc-Image*) und den stabilen, historisch verankerten „Sockelbildern" von einem Unternehmen (*Sockel- oder Tiefenimage*) (vgl. Abb. 8.9). Beide können sich überlagern und je nach Situation oder Anlass auf die eine oder andere Weise in der Öffentlichkeit zum Ausdruck kommen.

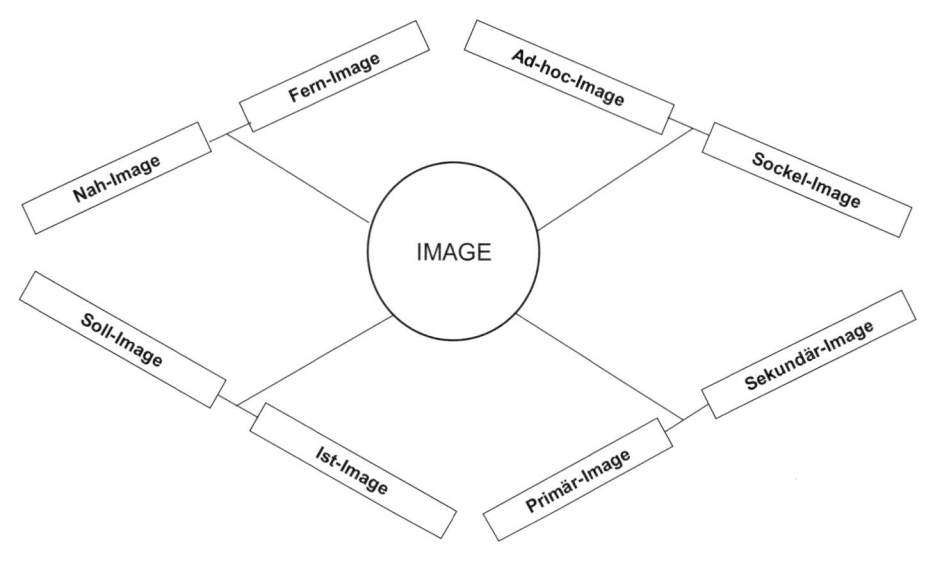

Abb. 8.8 Image-Netzfeld Quelle: © Eugen Buß

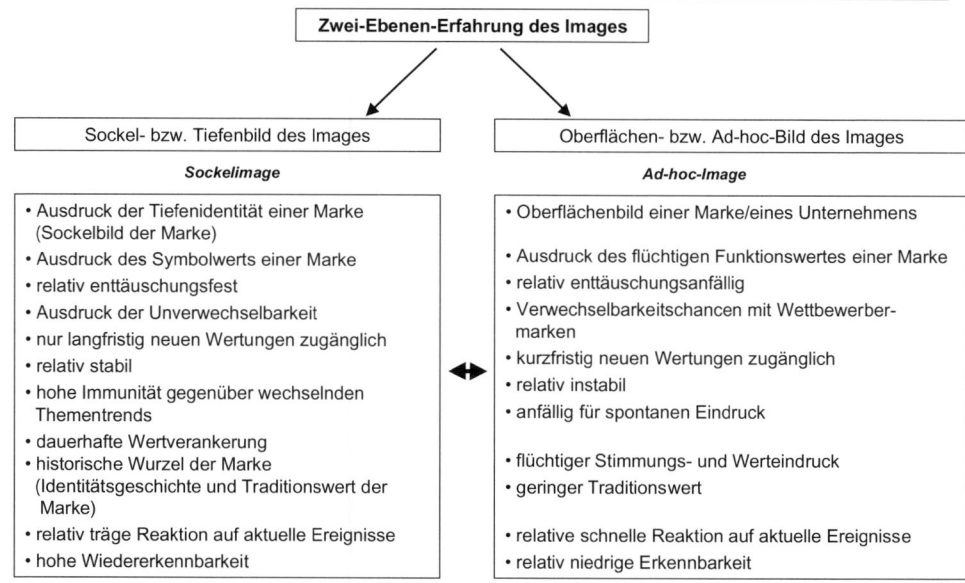

Abb. 8.9 Zwei-Ebenen-Erfahrung des Images Quelle: © Eugen Buß

Kern des Images ist in der Regel ein tiefer liegendes, fest umrissenes Vorstellungsbild. So vielfältig seine Ursachen sein mögen, seine Entstehungsgeschichte verweist stets auf historisch gewachsene unternehmenstypische Besonderheiten. Image im Sinn einer Sockel-Identität ist demnach von bloßen Augenblickseindrücken zu unterscheiden; konkret: Image

ist nicht der flüchtige Reflex der Öffentlichkeit auf umfragetechnisch erhobene Kunden-
einstellungen zu werbewirksam inszenierten Produkt- und Markeneigenschaften. Auch der
spontane Unmut über mangelnde gesellschaftliche Verantwortung des Managements oder
Schadenfreude wie beim viel zitierten Elchtest sind zwar die schlagzeilenträchtige Reaktion
auf ein akutes Ereignis, sie haben aber nichts mit den als Sediment abgelagerten öffentlichen
Vorstellungsbildern über ein Unternehmen zu tun.

Image im Sinn des Sockelbildes ist relativ enttäuschungsfest. Es vermag negative Alltagsein-
drücke zu kompensieren. Zwar finden zwischen Sockel- und Oberflächenbild Austauschpro-
zesse statt, aber sie beeinflussen das Sockelbild nur langfristig.

Fallbeispiel Coca-Cola:

Coca-Cola, ein Klassiker unter den globalen Markenikonen, zehrt seit Jahren von seinem
guten Sockelimage. Coca-Cola ist ein Musterbeispiel dafür, dass ein starkes Sockelimage
viele selbstverschuldete Fehler übersteht. Im Juli 1999 wurden aufgrund einer Schlamperei
verunreinigte Getränke in Belgien und Frankreich ausgeliefert. Viele Coca-Cola-Kunden in
Belgien und Frankreich klagten über angebliche Vergiftungserscheinungen. Auf die Klagen
reagierten die Kommunikationsstrategen der Marke ohne jede Sensibilität. Coca-Cola war
groß geworden mit einem Managementstil, der seit den 1920er-Jahren wenig bis gar keine
Anpassung an den Zeitgeist erfahren hatte – ganz im Gegensatz zu Produkten und Marketing. Der Zentralismus von Coca-Cola war sprichwörtlich: „Wo zum Teufel ist Belgien?"
soll die Reaktion des CEO gewesen sein, als die schlechten Nachrichten aus Europa den
Sitz der Firmenzentrale in Atlanta erreichten (vgl. Steger 2004, S. 101).

Das (Ad-hoc)-Image war lädiert: nicht vertrauenswürdig, geheimniskrämerisch, in den
Reaktionen stets weit hinter dem zurückbleibend, was von der Sache her erforderlich war.
Dass man sich bei den Belgiern entschuldigte, ließ die Franzosen aufschreien. Die gravie-
rendste PR-Panne der Firmengeschichte endete mit der größten Rückrufaktion. Getränke
im Wert von 14 Millionen US-Dollar waren zurückzurufen, die Gesamtkosten wurden auf
100 Millionen US-Dollar geschätzt. Noch in Kenia nahmen Supermärkte in der EU abge-
füllte Coca-Cola Produkte aus dem Regal, weil man der Qualitätskontrolle nicht traute.
Dem Image (Sockel-Image) hat dies indessen nicht geschadet.

Coca-Cola hat die negative öffentliche Stimmung rasch verdaut, der eingebrochene Ak-
tienkurs hat sich rasch erholt, heute ist Coca-Cola die wertvollste Marke der Welt.

Fazit:

Image- und Reputationsprozesse brauchen Zeit. Das Sockel-Image ist wegen seines „Se-
dimentcharakters" nicht direkt beeinflussbar oder veränderbar. Es ist nicht kurzfristig
„machbar". Im Gegenteil: Es ist gegründet auf ein Substrat von historisch gewachsenen
stillschweigenden Deutungsübereinkünften, die nur langfristig neuen Wertungen zugänglich sind.

Fallbeispiel Filmexperiment:

Wie sehr sich tief verankerte Sockelbilder gegenüber aktuellen Ereignissen immunisieren, belegen nicht nur Umfragen, denen zufolge nach einer Krise die Imagewerte sich wieder rasch auf das vorherige Niveau einpendeln; es lässt sich auch durch ein besonders prägnantes Beispiel aus der empirischen Sozialforschung belegen (Six 1988):

In einem Experiment wurden über 2000 acht- bis dreizehnjährige Kinder mit zwei Filmen konfrontiert, die mit der Absicht hergestellt worden waren, Verständnis für die soziale Situation von türkischen Kindern in Deutschland zu wecken. Die Ergebnisse der Studie waren signifikant:

- Kinder, die vor dem Betrachten der beiden Filme zu einem extrem negativen Bild gegenüber Türken neigten, bewerteten die Filme im nachhinein schlecht und erinnerten sich auch kaum an Einzelheiten. Die Filme veränderten das Sockelbild nicht, sondern festigten es sogar noch.
- Dem erklärten Produktionsziel der Filme kamen jene Kinder näher, die sich schon vorher ein relativ positives Bild von den Türken gemacht hatten. Diese Kinder bewerteten zu allen Erhebungszeiten den Inhalt der Filme stets günstig und konnten sich auch stets relativ stabil an den Inhalt der Filme erinnern.
- Wie unterschiedlich Informationen aus den Filmen aktiv verarbeitet wurden, zeigte sich vor dem Hintergrund der ursprünglichen Einstellungen auch darin, dass Kinder, die vor der Filmvorführung ein negatives Bild von den Türken hatten, sich schlechter an die tatsächlichen Filminhalte erinnerten als Kinder mit einem eher positiven Bild. Offenbar bestimmt das Sockelbild das Raster, in dem wir Informationen aufnehmen. Dies macht deutlich, dass Sockelbilder nur sehr langfristig zu modifizieren sind.

8.3.2 Primärimage versus Sekundärimage

Jedes Image wird von zwei Komponenten bestimmt:

- *Primärimage:* Das Image eines Unternehmens selbst, also das selbst erzeugte Eigenimage, das sich unmittelbar auf das Profil eines Unternehmens bezieht.
- *Sekundärimage:* Das einem Unternehmen gewissermaßen aufgestempelte Image einer Branche oder einer Kultur, in der ein Unternehmen tätig ist; d. h. eine Art abgeleitetes Image, das aus einem übergeordneten wirtschaftlichen, sozialen oder kulturellen Kontext resultiert.

Das Image einer Organisation ist niemals losgelöst vom Bild der übergeordneten Einheit. Branchen mit einem relativ hohen Ansehen transferieren ihr Bild auf jedes ihrer Einzelunternehmen. Beispielsweise ist die Reputation der Automobilhersteller im Durchschnitt durchweg höher als die Reputation der Chemieunternehmen. Die Konsequenz ist, dass das hochpositive Branchenimage der Automobilindustrie direkt auf die Unternehmensimages von BMW, Daimler-Benz, Audi oder Volkswagen durchschlägt. Umgekehrt vermag sich trotz herausragender Leistungen ein Versicherungsunternehmen nie von dem eher durchschnittlichen Ansehen der Versicherungsbranche zu lösen. Ein ständiger Rückkoppelungsprozess beeinflusst das Bild des einzelnen Unternehmens. Weitere Beispiele für das Sekundärimage:

- Eine KFZ-Zulassungsstelle kann noch so modern und effizient arbeiten, ihr haftet immer zugleich das Image einer bürokratischen Organisation an.

- Ein noch so professionell geführter Nahrungsmittelkonzern wie Philip Morris kann sich nicht vom Image der Tabakindustrie lösen, so eigenständig das selbst erarbeitete Profil auch sein mag.

- Ein der Gesundheit verpflichtetes Pharmaunternehmen wird immer zugleich mit dem eher kritischen Bild der Chemiebranche assoziiert. Das Branchenimage strahlt auf das einzelne Unternehmen zurück.

- Siemens ist nicht nur ein Elektrokonzern, sondern es wird im Ausland immer auch gleichzeitig als „deutsches" Unternehmen gesehen, ob es dies so will oder nicht. Das „Deutsch-Sein" haftet dem Unternehmen als konstitutives Imagemerkmal an.

Wenn mit „Made in Germany" Assoziationen wie technologische Verlässlichkeit verbunden werden, so werden sie im Gegenzug direkt an jedes deutsche Unternehmen adressiert, das im Ausland seine Produkte verkauft. Ein deutsches Unternehmen zieht gewissermaßen Bausteine eines übergeordneten kulturellen Images direkt in sein spezifisches Imagebild ein; unternehmensspezifische Werte (Primärimage) und übergeordnete kulturelle Vorstellungen (Sekundärimage) gehen eine unauflösbare Verbindung ein.

8.3.3   Fernbild versus Nahbild

Das Fernbild einer Stadt wie beispielsweise von Frankfurt/M., wie es Personen beschreiben, die nie in Frankfurt waren, unterscheidet sich grundsätzlich von dem Nahbild, wie es Personen zeichnen, die Frankfurt aus eigener Anschauung kennen. Immer – so ein Ergebnis der empirischen Sozialforschung – ist das Fernbild ins Negative verzeichnet. Ähnlich verhält es sich mit dem Bild, das sich die Öffentlichkeit von Managern macht. Auch hier ist das Nahbild, also das Bild, das sich Menschen machen, die einen Manager aus eigener Anschauung kennen, deutlich positiver, das Fernbild durchweg kritischer (vgl. Abb. 8.10). Also empfiehlt es sich, das Nahimage vom Fernimage zu unterscheiden.

Imagebilder, die auf persönliche Erfahrung oder auf persönliche Nähe gründen, heißen *Nahimage*. Ein Nahimage, das auch mit dem Begriff *„Ego-Involvement"* umschrieben wird, ist beispielsweise: a) das Image eines Unternehmens bei jenem Personenkreis, der das Unternehmen durch unmittelbare Anschauung oder Erfahrungen kennt (z. B. Mitarbeiter, Standortöffentlichkeit, Investoren oder Lieferanten); b) das Image von Produkten und Marken, die mit persönlichen Erlebnissen, Erfahrungen verbunden sind; c) Marken, auf die sich individuelle Lust-, Status- oder Zugehörigkeitsgefühle projizieren.

Imagebilder, die sich aus der Distanz entwickeln, heißen Fernimage. Ein Fernimage, das auch mit dem Begriff *„Ego-Detachment"* umschrieben wird, ist beispielsweise a) das Image eines Unternehmens, das man nur vom Hörensagen kennt; b) das Image von Produkten und Marken, mit denen keine persönlichen Erfahrungen verbunden sind.

Je nach Distanz des Fernbildes herrscht eine abnehmende *Plastizität* (Anschaulichkeit), d. h. das Fernimage ist negativer, weniger differenziert, stereotyphafter und tendenziell verzerrter als das Nahimage.

Kombiniert man zwei zentrale Unterscheidungsmerkmale des Image-Netzfeldes in einer Graphik, erhält man deutliche Hinweise auf mögliche Stabilitätschancen eines Unternehmensimages, zugleich aber auch auf seine wesentlichen Stabilitätsrisiken (vgl. Abb. 8.12). Plaziert man das Maß der Tiefen-Verankerung eines Images auf der X-Achse, dagegen das

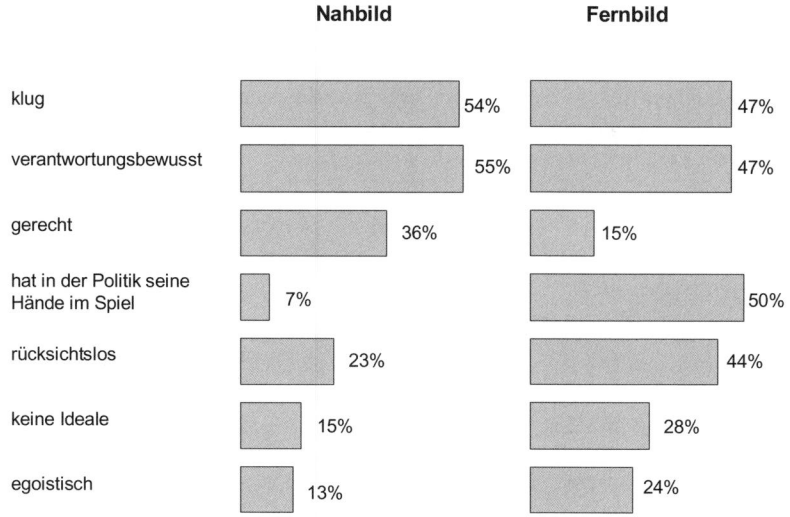

Abb. 8.10 Unternehmerbild

Nah-Image	Fern-Image
Image-Nahbild eines Unternehmens	Image-Fernbild eines Unternehmens
Image einer Organisation bei den Adressaten, die ein aktives Interesse an oder Erfahrung mit einer Organisation haben, z.B.:	Image einer Organisation bei den Adressaten, die eine Organisation nur mittelbar kennen und keine direkte Erfahrung haben, z.B.:
• Mitarbeiter • Standortöffentlichkeit • Kunden • Investoren • Mitglieder einer Partei • Standortmedien	• beobachtende allgemeine Öffentlichkeit • Medien • nicht betroffene Teilöffentlichkeiten
Merkmale: • relative Nähe zum Unternehmen • relativ hohe Beobachtungsbereitschaft • relativ hohes Interesse • relativ hohe Erfahrung mit Unternehmens-leistungen, -prozessen • relativ hohe Identifikation • relativ hohe Bedeutsamkeit von Unternehmens-entscheidungen für die Stakeholder	*Merkmale:* • relative Distanz zum Unternehmen • relativ niedrige Beobachtungsbereitschaft • relativ niedriges Interesse • relativ niedrige Erfahrung mit den Organisationsleistungen, -prozessen • relative dosierte Identifikation • relativ niedrige Bedeutsamkeit von Unternehmens-entscheidungen für die Öffentlichkeit
Fazit: **Image-Nahbild** ist das Image eines Unternehmens, das bei maßgeblichen Teilöffentlichkeiten verankert ist.	*Fazit:* **Image-Fernbild** ist das Image eines Unternehmens, das bei entfernteren Teilöffentlichkeiten verankert ist.

Abb. 8.11 Image-Bilder

Nah- bzw. Fernbild einer Organisation auf der Y-Achse, ergibt sich ein aufschlussreiches Bild. Die strategische Optimale des Images liegt auf dem Feld zwischen Nah- und Sockelbild; die höchste Erosionsgefahr liegt dagegen auf dem Feld zwischen Ad-hoc-Image und Imagefernbild. Die Graphik macht deutlich, wo die Chancen, aber auch die Risiken einer bestimmten „Imagelage" angesiedelt sind.

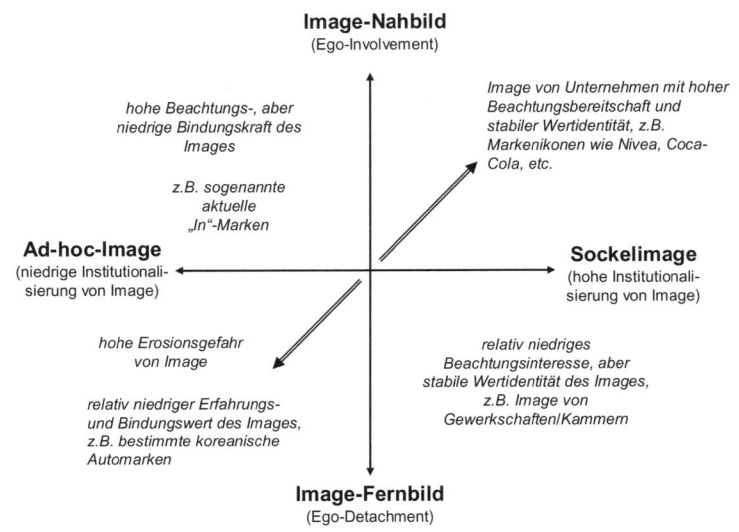

Abb. 8.12 Wirkungsformen des Images   Quelle: © Eugen Buß

8.4   Techniken der Imagepflege

Jede Kultur scheint ihr eigenes charakteristisches Repertoire an Praktiken zur Wahrung eines guten Rufes zu haben. Auf dieses Repertoire müssen sich auch die Manager beziehen, wenn sie fragen, wie ihre Reputation in einem Krisenfall zu behaupten ist.

Es geht um das, was man im Privatleben Takt und in der Wirtschaft soziale Geschicklichkeit nennen könnte. Techniken der Imagepflege dienen dazu, bei Zwischenfällen sein Gesicht zu wahren – Zwischenfälle sind Ereignisse, die das Ansehen eines Unternehmens bedrohen. In einer solchen Situation müssen Manager zweierlei tun: ihr eigenes Image wahren und – was immer wieder ignoriert wird – das ihrer öffentlichen Kontrahenten.

8.4.1   Fallbeispiel: Apple

Eine der wichtigsten Techniken der Imagepflege ist der korrektive Prozess (vgl. Goffman 1978). Besonders Erving Goffman hat sich intensiv mit Interaktionsritualen und Prozessen der Imagepflege auseinander gesetzt. Ihm zufolge müssen bei einem Imageschaden rituelle Schritte eingehalten werden, um das Ansehen und die Selbstachtung der Beteiligten wiederherzustellen. Apple hat diese Schritte in einer Krise praktiziert.

Ein ungewohntes „Mea Culpa" von Apple: Ein kleinlauter Steve Jobs, der Vorstandsvorsitzende (CEO) des amerikanischen Apple-Konzerns, das ist eigentlich ein Widerspruch in sich. Als Jobs im September 2007 die Bombe platzen ließ, dass der Preis für das iPhone nur zwei Monate nach seiner Einführung drastisch von 599 auf 399 Dollar gesenkt wird, verkaufte er öffentlich auch das als einen Geniestreich: Mit dem niedrigeren Preis könne man nun eben noch mehr Kunden als ohnehin schon ansprechen.

Offenbar hatte der 52 Jahre alte Jobs keine Ahnung, was er damit in seiner sonst so treuen Apple-Gemeinde für einen Aufschrei auslösen würde. Die ersten iPhone-Käufer fühlten sich von Jobs völlig übers Ohr gehauen. Viele von ihnen hatten sich Stunden, wenn nicht sogar Tage vor Verkaufsbeginn angestellt, um sicherzustellen, dass sie ein iPhone bekommen. Sofort nach Steve Jobs Ankündigung der Preissenkung entlud sich der Ärger in Internetforen, und iPhone-Kunden ließen wüste Beschimpfungen auf Apple und Jobs los. Was folgte, hatte den Charakter einer iCrisis.

Steve Jobs sah dem aufwallenden Zorn einen Tag lang zu und machte dann eine bemerkenswerte Kehrtwende: Ein paar Tage später brachte er einen offenen Brief „an alle iPhone-Kunden" heraus. „Wir entschuldigen uns, dass wir Euch enttäuscht haben", schrieb Jobs darin. Er gab zu, seine Erstkunden schlecht behandelt zu haben. „Unsere frühen Kunden haben uns vertraut, und wir müssen dieses Vertrauen in Momenten wie jetzt mit Taten rechtfertigen", fuhr er fort. Und dann versprach er ein Versöhnungsgeschenk. Alle, die sich schon ein iPhone gekauft haben, sollen einen Warengutschein im Wert von 100 Dollar bekommen. Danach zeigten sich die iPhone-Nutzer versöhnt und lobten das Angebot als richtige Geste.

8.4.2 Der korrektive Prozess der Imagepflege

Wenn ein Manager mit einem Ereignis konfrontiert wird, das unvereinbar mit den Einstellungen der Öffentlichkeit oder seiner Kunden ist, dann muss er einen korrektiven Prozess einleiten. Die Einleitung des korrektiven Prozesses dient dazu, das alte Ansehen wiederherzustellen. Er verläuft stets nach dem Vier-Stufen-Muster:

Herausforderung – Angebot – öffentliche Akzeptanz – Dank (vgl. Goffman 1994, S. 10ff.).

Priorität hat die Auflösung der Krisensituation zur Zufriedenheit aller Beteiligten; eine Schuldzuweisung ist absolut zweitrangig. Daher muss der verantwortliche Manager zunächst versuchen, die Wirkung des Zwischenfalls bzw. der Krise zu korrigieren. Wenn beispielsweise die Öffentlichkeit über ein Ereignis empört ist oder ihr Vertrauen verletzt ist, muss eine Art *ritueller Versuch* unternommen werden, einen befriedigenden Status in den Beziehungen zur Öffentlichkeit wiederherzustellen.

Es handelt sich um einen rituellen Versuch, weil er sich erstens auf eine klar definierte Abfolge von Handlungssequenzen bezieht, durch deren symbolische Komponente ausgedrückt wird, für wie achtenswert das betroffene Unternehmen die Position der Öffentlichkeit hält. Und ritueller Versuch auch deshalb, weil in diesem korrektiven Prozess bestimmte Darbietungs- und Stilregeln zu beachten sind, die den Ausdruck von Emotionen festlegen; also zeremonielle Regeln, die eine Art zeremonieller Etikette darstellen. Auch gegenüber Dingen, die man für sekundär oder bedeutungslos halten würde, muss symbolisch eine Ausdrucksgeste der Wertschätzung gegenüber der Öffentlichkeit bzw. den betroffenen Kunden vermittelt werden. Dauer und Intensität des korrektiven Prozesses werden dabei genau auf die Intensität der Imagebedrohung abgestimmt.

**Korrektive
Ausgleichshandlung**
nach Erving Goffman

Vier-Stufen-Muster

der Handlungsschritte

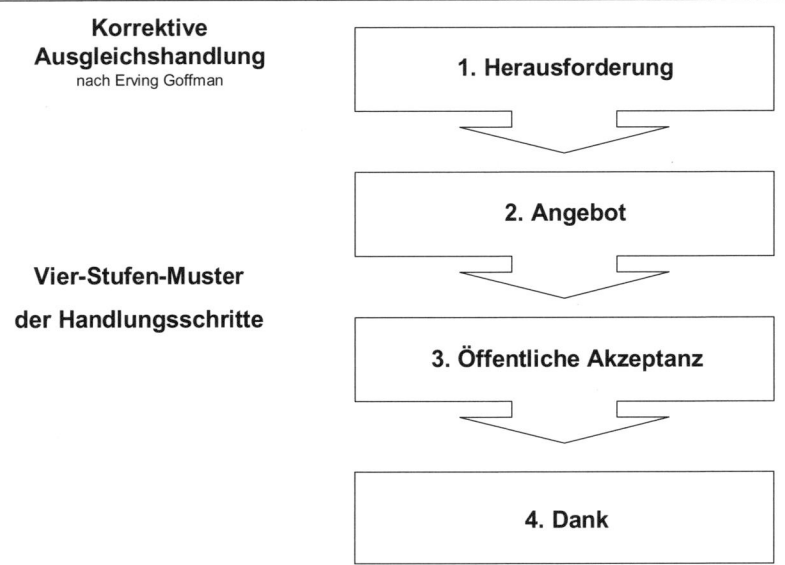

Abb. 8.13 **Der korrektive Prozess als rituelle Handlung**   Quelle: © Eugen Buß

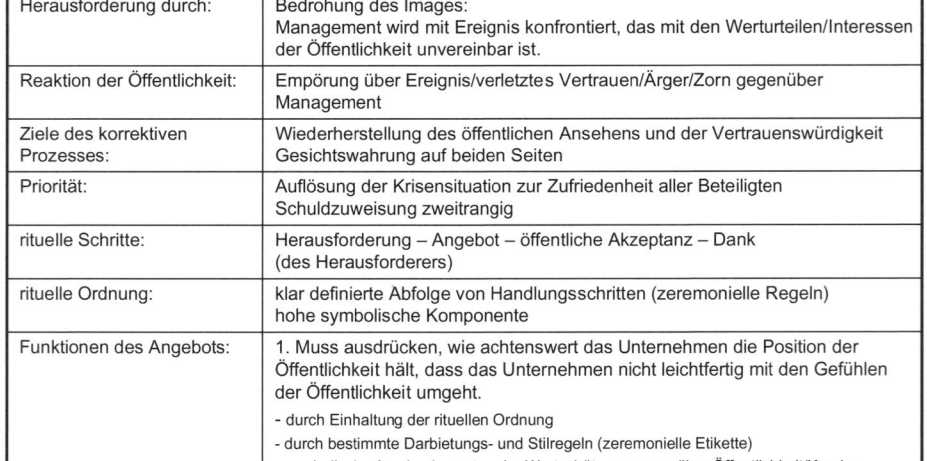

Herausforderung durch:	Bedrohung des Images: Management wird mit Ereignis konfrontiert, das mit den Werturteilen/Interessen der Öffentlichkeit unvereinbar ist.
Reaktion der Öffentlichkeit:	Empörung über Ereignis/verletztes Vertrauen/Ärger/Zorn gegenüber Management
Ziele des korrektiven Prozesses:	Wiederherstellung des öffentlichen Ansehens und der Vertrauenswürdigkeit Gesichtswahrung auf beiden Seiten
Priorität:	Auflösung der Krisensituation zur Zufriedenheit aller Beteiligten Schuldzuweisung zweitrangig
rituelle Schritte:	Herausforderung – Angebot – öffentliche Akzeptanz – Dank (des Herausforderers)
rituelle Ordnung:	klar definierte Abfolge von Handlungsschritten (zeremonielle Regeln) hohe symbolische Komponente
Funktionen des Angebots:	1. Muss ausdrücken, wie achtenswert das Unternehmen die Position der Öffentlichkeit hält, dass das Unternehmen nicht leichtfertig mit den Gefühlen der Öffentlichkeit umgeht. - durch Einhaltung der rituellen Ordnung - durch bestimmte Darbietungs- und Stilregeln (zeremonielle Etikette) - symbolische Ausdrucksgesten der Wertschätzung gegenüber Öffentlichkeit/Kunden - auf Intensität der Imagebedrohung abgestimmt 2. Muss zeigen, dass man gelernt hat, dass man für das Vergehen bezahlen will, damit man wieder als vertrauenswürdig beurteilt wird.

Abb. 8.14 **Der korrektive Prozess nach Erving Goffman**   Quelle: © Eugen Buß

Die Handlungssequenzen, die durch eine Bedrohung des Ansehens ausgelöst werden, und die auf die Wiederherstellung des guten Rufes gerichtet sind, nennt Goffman *Ausgleichshandlung*.

Die korrektive Ausgleichshandlung verläuft in einer klaren Abfolge ritueller Schritte:

Der **erste Schritt** ist die **Herausforderung**. Hier übernimmt eine öffentliche Gruppe (z. B. eine Umweltschutzorganisation, die Medien, etc.) die Verantwortung dafür, auf ein Fehlverhalten einer Organisation hinzuweisen. Eine Umweltschutzgruppe kann beispielsweise fordern, dass eine ausgediente Ölplattform nicht versenkt wird, und dass entsprechende Fehlentscheidungen zurückgenommen werden müssen. Oder Medien weisen auf Rechtsverstöße bei einer Korruptionsaffäre hin und fordern zugleich Aufklärung. In unserem Fallbeispiel weisen die gekränkten iPhone-Nutzer das Unternehmen in Internetforen auf eine aus ihrer Sicht unhaltbare Entscheidung hin.

Der **zweite Schritt** in der korrektiven Ausgleichshandlung ist das **Angebot**. Dem betroffenen Unternehmen wird in der Regel von der Öffentlichkeit die Chance eingeräumt, die Folgen seines Vergehens wieder gutzumachen und damit das eigene Ansehen wiederherzustellen. Es gibt einige klassische Methoden, diesen Schritt zu vollziehen:

- Man kann eine deutliche Respektsbekundung gegenüber der Haltung der Öffentlichkeit vornehmen.
- Man kann versuchen zu beweisen, dass das, was als Bedrohung des Ansehens erscheint, in Wirklichkeit ein bedeutungsloses Ereignis war, eine unbeabsichtigte Handlung oder eine unvermeidbare Folge von äußeren Umständen.
- Man zeigt ein hohes Maß an Selbstachtung und dokumentiert Gelassenheit, gekoppelt mit Taktgefühl, Transparenz und Reaktionsschnelligkeit.
- Man kann öffentlich bekunden, dass man über die *Bedeutung* des Vergehens im klaren ist, daraus gelernt hat und bereit ist, dafür zu bezahlen.
- Man kann auch die Bedeutung der Ereignisse sofort, offen und umfassend eingestehen und sich auf dessen Urheber konzentrieren. Man kann beispielsweise den Nachweis erbringen, dass man nicht eigenverantwortlich gehandelt hat, weil man vielleicht von Experten abhängig war.
- Man kann versuchen, umstandslos und sofort den von einem Schaden Betroffenen Entschädigung anzubieten.
- Man kann eine öffentliche Entschuldigung, öffentliche Reue oder den Ausdruck einer Beschämung der Verantwortlichen anbieten.
- Man kann anbieten, dass eine gut beleumdete Interessenorganisation, die die Werte der Öffentlichkeit vertritt, verantwortlich in den Fortgang der Ereignisse eingebunden wird.
- Man kann anbieten, dass eine gut beleumdete, hoch integre Persönlichkeit des öffentlichen Lebens den Fortgang der Ereignisse aktiv und verantwortlich mitgestaltet.
- Je nach Schwere der Krise und je nach Ausmaß der öffentlichen Empörung kann man auch Selbstbestrafung im Sinne von Umorganisation, Etablierung neuer Verfahren oder Entlassung beteiligter Mitarbeiter anbieten.
- Und schließlich kann es in einer schweren Krise auch notwendig werden, eine Kombination der oben beschriebenen Maßnahmen anzuwenden.

Dies sind wichtige Schritte oder Phasen der rituellen Ausgleichshandlung. Selbst wenn die verantwortlichen Manager nicht imstande sind, einen Schaden gänzlich zu beheben, können sie dennoch mit Hilfe dieses zweiten Schrittes der korrektiven Ausgleichshandlung gegenüber der Öffentlichkeit dokumentieren, dass man *gelernt hat*, dass man *für das Vergehen bezahlen will*, und dass man wieder als *vertrauenswürdig* beurteilt werden kann. Weiterhin kann die Unternehmensführung mit Hilfe des Angebotes zeigen, dass sie sich über die Art und Bedeutung des Vergehens im klaren ist (ein übrigens sehr wichtiger Aspekt) und die Sanktionen kennt, die ein solches Vergehen nach sich zieht. Mit der Art des Angebots demonstriert die Unternehmensleitung schließlich, dass sie mit den Gefühlen der Öffentlichkeit nicht leichtfertig umgeht, und dass sie, sollten die Gefühle der Öffentlichkeit verletzt worden sein, bereit ist, einen Preis für ihre Handlung zu zahlen. Die Geschäftsleitung als Schuldige zeigt durch das Angebot, dass beides, ein mit der Öffentlichkeit geteilter Verhaltenskodex und sie als *ihr Verteidiger*, immer noch funktionieren. Die Verhaltensregeln, die gebrochen sind, sind immer noch in Kraft. Damit stellt sie zugleich die Bindung zur Öffentlichkeit wieder her.

In unserem Fallbeispiel beweist Steve Jobs, dass er den zweiten Schritt der korrektiven Ausgleichshandlung zu gehen gewillt ist: „Wir entschuldigen uns, dass wir Euch enttäuscht haben", schrieb Jobs in einem offenen Brief. Er gab zu, seine Erstkunden schlecht behandelt zu haben. Und dann versprach er noch ein Versöhnungsgeschenk. Seine Ausgleichshandlung besteht in folgenden Schritten:

- Steve Jobs bekundet öffentlich, dass er über die fatale *Wirkung* seiner Entscheidung im klaren ist, daraus gelernt hat und bereit ist, dafür zu bezahlen.
- Er gesteht seine Entscheidung sofort, offen und umfassend ein.
- Er bietet den von einem Schaden Betroffenen, also den iPhone-Kunden, eine Entschädigung an.
- Er entschuldigt sich öffentlich.

Bleibt allerdings der CEO (Chief Executive Officer, die amerikanische Bezeichnung für einen Vorstandsvorsitzenden eines Unternehmens) bei einem Zwischenfall distanziert bzw. lässt sich auf kein Angebot ein, eskaliert der Prozess. Dies geschieht etwa, wenn der Vorstand eines Unternehmens versucht, sich ausschließlich in einem günstigen Licht zu präsentieren und die eigenen Entscheidungen zu rechtfertigen. Dann wächst die öffentliche Empörung. Der Vorstand gilt als „schamlos". Unter diesen Umständen zählen nicht mehr die Sachinformationen, sondern nur noch der Stil der Auseinandersetzung.

Die Wiederherstellung des guten Rufes hat immer etwas mit der Verantwortungsübernahme für den Gang der Ereignisse zu tun; auch und gerade dann, wenn aus Sicht des betroffenen Unternehmens der Vorfall eher marginal ist oder unverschuldet eingetreten ist, ihm aber zugerechnet wird.

Der **dritte Schritt** im korrektiven Ausgleichsprozess ist die **öffentliche Akzeptanz** des Angebotes: Die Öffentlichkeit, der ein Angebot gemacht wurde, kann es als ein befriedigendes Mittel zur Wiederherstellung des guten Rufes annehmen. Den verantwortlichen Managern wird ihr Gesicht wieder „geschenkt". In unserem Fallbeispiel zeigten sich die iPhone-Kunden versöhnt und lobten das Angebot von Steve Jobs als richtige Geste.

Im **vierten Schritt** der korrektiven Ausgleichshandlung muss die betroffene Organisation **Dank** dafür signalisieren, dass die Öffentlichkeit die Entschuldigung angenommen hat, ein übrigens immer wieder vergessener oder unbeachteter Schritt, der für das künftige Ansehen einer Organisation allerdings von großer Bedeutung ist.

Die vier Phasen des korrektiven Prozesses – *Herausforderung, Angebot, öffentliche Akzeptanz und Dank* – liefern ein grundsätzliches Modell zur Wahrung der Reputation.

Eine wichtige Abweichung von dem üblichen korrektiven Ablauf zur Wiederherstellung des guten Rufs geschieht, wenn das Management, das sich der Verletzung einer öffentlichen

Regel oder eines Wertes schuldig gemacht hat, sich offen weigert, die Warnung der Öffentlichkeit zu beachten, und ihr verletzendes Verhalten fortsetzt, anstatt ihre Handlung zu korrigieren, wie es beispielsweise in der ersten Phase der Brent Spar Auseinandersetzung die Deutsche Shell AG (vgl. Modul 2) praktizierte. Dieser Schritt wirft das zeremonielle Spiel auf die Stufe der Herausforderung zurück (vgl. Goffman 1994, S. 20ff.).

Auch in diesem Fall stehen der Öffentlichkeit einige klassische Schritte zur Verfügung. Sie kann z. B. auf Boykottdrohungen zurückgreifen und das Unternehmen, das eine Warnung in den Wind geschlagen hat, wirtschaftlich schädigen. Oder die Öffentlichkeit kann sich von der betroffenen Organisation mit sichtlichem Ärger zurückziehen, ihre Treue oder Mitgliedschaft aufkündigen, aber dennoch darauf vertrauen, letztlich Recht zu bekommen. Beide Strategien sind Wege, die eigene Selbstachtung zu wahren. Allerdings sind für alle Betroffenen die Kosten gewöhnlich sehr hoch. Um solchen Eskalationsprozessen vorzubeugen, sollte das Management in einer Krisensituation relativ rasch den korrektiven Prozess einschlagen.

Es ist klar, dass im Reaktionsablauf eines korrektiven Prozesses Emotionen eine große Rolle spielen; beispielsweise Zorn und Ärger über einen Vertrauensbruch. Diese Emotionen gehören zur Logik des rituellen Spiels zur Wiederherstellung eines beschädigten Rufs. Sie müssen daher im Angebot einer Organisation berücksichtigt werden.

Fragen zur Wiederholung:

1. Worin liegt soziologisch das Kernergebnis des Zigaretten-Blindtests?
2. Definieren Sie Image.
3. Erklären Sie, was die Wettbewerbspyramide bedeutet.
4. Welche Entwicklungen in der modernen Gesellschaft führen zu einer deutlichen Aufwertung des Reputationsmanagements?
5. Skizzieren Sie in aller Kürze die Stufen der Bindungspyramide.
6. Zeichnen Sie das Akzeptanzmodell und erläutern seinen Sinn.
7. Was versteht man unter den direkten und indirekten Werttreibern des Images?
8. Über welche „Wertdimensionen" verfügt Image?
9. Nennen Sie die Ihrer Ansicht nach drei wichtigsten Funktionen von Image.
10. Aus welchen Imagetypen besteht das Image-Netzfeld?
11. Erläutern Sie den Unterschied zwischen Primär- und Sekundärimage.
12. Skizzieren Sie in einer Graphik den Zusammenhang zwischen Sockelimage und Nahimage.
13. Wie hat Apple auf die Imagekrise reagiert?
14. Beschreiben Sie die vier Stufen des korrektiven Prozesses der Imagepflege.
15. Welche korrektiven Ausgleichshandlungen gibt es im Fall einer Ansehens- oder Imagekrise?

Übungsaufgaben:

1. Sie sind von Ihrer Gemeinde/Stadt gebeten worden, eine Strategie zur Verbesserung des kommunalen Ansehens im Umland zu entwickeln. Skizzieren Sie eine solche Strategie auf der Grundlage der wichtigsten Erklärungen zum Image- und Reputationsmanagement.

2. In diesem Kapitel wurden verschiedene Imageformen beschrieben. Bringen Sie die Imageformen in eine Rangfolge nach ihrer Bedeutung und begründen Sie Ihre Entscheidung.

3. Schlagen Sie unter Berücksichtigung dessen, was Sie in diesem Modul gelernt haben, einen Weg vor, wie die Brent Spar-Affäre (vgl. Modul 2) vom Management besser hätte gelöst werden können.

*„Ich brauche nur dies eine Ding in Dein
Bewusstsein fallen zu lassen", sagte der
Meister; „und schon entfacht es in Dir eine
unendliche, phantastische Geschichte".
Ja, aber", entgegnete der Tor ungläubig,
„das ist doch nur ein Wort."*
(Klatschmohn)

Modul 9

Kommunikation: der Pulsschlag modernen Managements

Ziel des Moduls ist es,

- die beiden Ebenen der instrumentellen und integrativen Managementkommunikation darzustellen,
- die Realebene und die Metaebene der Kommunikation einander gegenüberzustellen,
- das Funktionsspektrum der Managementkommunikation zu erläutern,
- die Ursachen von Kommunikationskrisen zu beschreiben,
- das Modell von Schulz von Thun und das 6-Felder-Schema der Managementkommunikation vorzustellen,
- die Bedeutung der symbolischen Kommunikation darzustellen,
- Marken als Kommunikationssymbole zu verstehen,
- Kommunikation als interkulturelles Phänomen aufzufassen,
- die unterschiedlichen Gesprächskulturen von Männern und Frauen zu charakterisieren,
- die Konsequenzen der geschlechtsspezifischen Kommunikationsstile anhand konkreter Verhaltensbeispiele am Arbeitsplatz aufzuzeigen,
- die Bedeutung von Kommunikation für das Management herauszuarbeiten.

9.1　　　Kommunikation als Kernaufgabe des Managements

Beruf: General Manager. Kernkompetenz: Kommunikation. So könnte das Fazit lauten, wenn man über das Anforderungsprofil der Topmanager nachdenkt. Manager sind während ihrer Arbeitszeit selten allein, d. h. sie müssen ständig reden oder zuhören. Ihre Tage sind zu über 50 Prozent mit Meetings verplant, ihre Arbeit ist hochgradig fragmentiert (zersplittert), sie sitzen kaum einmal länger als zehn Minuten ununterbrochen an einer Sache. Die Vorstellung, der Manager sei ein Meisterstratege, der seinen Konzern mit Planungspapieren und Memos aus einer abgeschotteten Vorstandsetage auf Kurs hält, ist eine Legende. Die meisten Dinge werden am Telephon oder face to face (persönlich) besprochen. Manager müssen permanent kommunizieren, sei es im Gespräch mit Analysten, mit Aufsichtsgremien, mit Key-Account-Kunden (Schlüssel- oder sogenannte A-Kunden), mit Vorstandskollegen oder Mitarbeitern. In der Mehrzahl der Fälle heißt Management: Kommunikation im Hier und Jetzt.

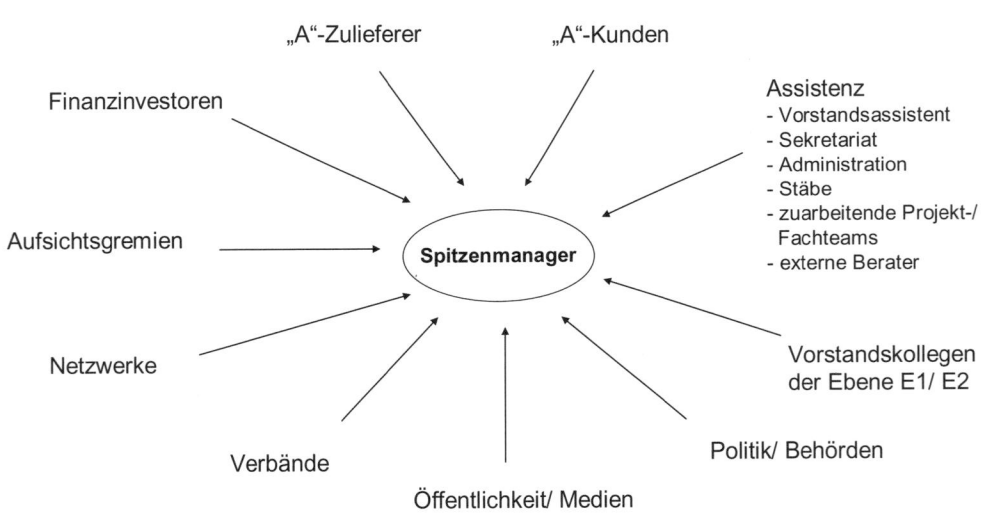

Abb. 9.1 Die 10 zentralen Kommunikationsstränge des obersten Managements　　　Quelle: © Eugen Buß

Unter Kommunikationsgesichtspunkten sind Organisationen „Netze von Kommunikations-strömen", die geplant und ungeplant zwischen den Mitarbeitern ablaufen. Auch Außenste-hende, z. B. Kunden, Aufsichtsgremien, Verbände oder Medien, nehmen ein Unternehmen primär über kommunikative Codes wahr: Werbung, Public Relations, Logos, Slogans, Me-dienberichte, Aktionärsinformationen, etc.

Definition Kommunikation:

von griech. koinein, von lat. communicatio: Verbindung, Mitteilung, Anteil nehmen, in Gemeinschaft treten. Kommunikation oder auch „Interaktion" ist eine Sozialhandlung zwi-schen Menschen. Kommunikation bedeutet soziologisch die bewusste oder unbewusste

Übertragung von Informationen, Gefühlen, Gedanken, Bedeutungen, Werten und Einstellungen von einer Person oder Gruppe auf eine andere Person oder Gruppe, die darauf zielt, mittels sprachlicher oder nicht-sprachlicher Signale (Gestik, Mimik, Symbole, etc.) soziale Beziehungen zu gestalten.

Menschen kommunizieren ununterbrochen. Selbst ihre Abwesenheit sendet Signale aus (der Termin interessiert mich nicht, das Thema ist irrelevant oder „es gibt Wichtigeres"). Ob anwesend oder abwesend, ob sprechend oder schweigend, ob lachend oder räuspernd, ob aktive Präsenz oder im Hintergrund bleibend – es werden laufend verbale oder Körpersignale ausgesendet, die entsprechend gedeutet werden. Fazit: Menschen können *nicht nicht* kommunizieren (Watzlawick u. a. 2000).

Kommunikation bildet die Grundlage für alle Management- und Organisationsprozesse in einem Unternehmen, und zwar auf mehrfache Weise:

- Neue Medien haben gravierende Auswirkungen auf die internen und externen Kommunikationsabläufe (vgl. Mast 2006, S. 8).
- Das Management von Kommunikation entscheidet über den geschäftlichen Verlauf.
- Der Wettbewerb verlagert sich von der Produkt- auf die Kommunikations- und damit Reputationsebene.
- Kommunikation definiert den Erfolg aller Projektteams.
- Die Art und Weise der Kommunikation bestimmt das Betriebsklima und das Engagement der Mitarbeiter.

9.1.1 Fallstudie: Kommunikationskonflikt

Wie ist Kommunikation möglich, wenn Menschen nicht von denselben Dingen ausgehen oder nicht dieselben Wertvorstellungen teilen? Um diese Frage zu beantworten, nehmen wir einmal an, dass Herr Harms, ein Angestellter, ins Büro seines Chefs gerufen wird. Der Chef, nennen wir ihn Herr Hansen, kritisiert seine Arbeit: „Herr Harms, ich finde, Sie sollten das besser so machen, wie ich es Ihnen zeige!" Darauf antwortet Herr Harms: „Ja, meinen Sie?"

Unterstellen wir einmal, dass Herr Hansen sich logisch, klar und verständlich ausdrückt, den Sachverhalt richtig darstellt und seinen Standpunkt belegt. Doch er überzeugt seinen Mitarbeiter nicht. Was kann Herr Hansen tun? Ist er der Ansicht, dass das, was sich zwischen ihm und Herrn Harms abspielt, alles in allem den Gesetzen der Logik folgt, dann bleiben ihm nur zwei Schlussfolgerungen: Entweder hat er sich nicht klar genug ausgedrückt, oder Herr Harms ist zu dumm, um ihn zu verstehen. In diesem Fall müsste er die Sache in immer einfacheren Worten vorkauen oder aber resignieren. Nur ungern gibt sich Herr Hansen geschlagen, daher fährt er mit seinen Erklärungen fort.

Je deutlicher es wird, dass Herr Harms ihn nicht versteht, desto frustrierter und emotionaler wird der Chef. Er kritzelt irgendwelche Hieroglyphen auf ein Blatt Papier, um Herrn Harms zu überzeugen, warum er die Sache so anpacken muss, wie von ihm vorgeschlagen. Und da sich Herr Hansen für einen vernünftigen Menschen hält, geht ihm das Ganze gegen den Strich, als Herr Harms erneut antwortet: „Ja, meinen Sie?" Wie blöd kann eigentlich so ein Bursche sein? Das ist die Haltung des Chefs, und unglücklicherweise hört Herr Harms das auch heraus. Er wird daher in seinem Chef nicht den kooperativen und hilfsbereiten Vorgesetzten sehen, sondern einen Gegner. Der Chef bedroht durch die Art und Weise, wie er kommuniziert, seine Selbstachtung. Und deshalb wiederholt er erneut: „Ja, meinen Sie?" (frei nach F. J. Roethlisberger 1991).

9.1.2   Kommunikation im Spannungsfeld zwischen Realebene und Metaebene

So wie ein Maler seine Zugehörigkeit zu einer bestimmten Schule durch die Wahl seiner Ausdrucksmittel und seines Stils dokumentiert, so zeigt das Management einer Organisation durch das Verwenden bestimmter Kommunikationstechniken, wem und mit welcher Absicht es etwas mitzuteilen sucht. Die Art, wie sich Manager äußern, entscheidet darüber, ob sie gehört werden, und ob sie verstanden werden. Der Darstellungsstil prägt das Erscheinungsbild einer Organisation meist mehr als es Sachinformationen vermögen. Darstellungsmittel spielen in der Regel eine größere Rolle als Darstellungsinhalte; und symbolische Gesten schaffen tiefere Verständigungsbindungen als bloße Informationen. Sie zeigen, was einer Organisation wichtig, im Grenzfall sogar heilig ist.

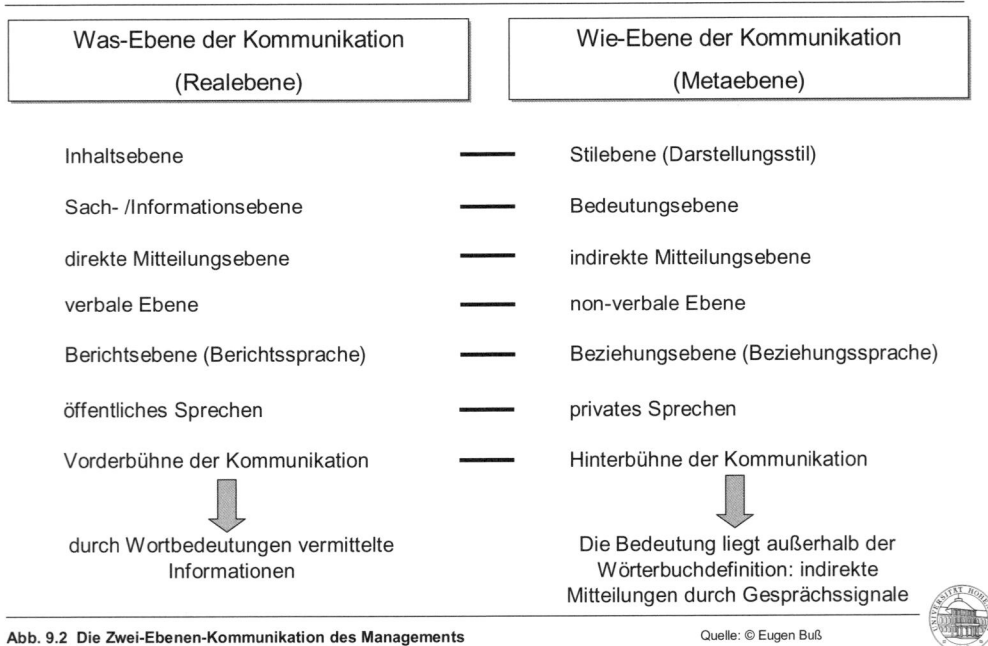

Abb. 9.2 Die Zwei-Ebenen-Kommunikation des Managements   Quelle: © Eugen Buß

Daher ist es nicht nur von Bedeutung, was gesagt wird, sondern auch, wie etwas gesagt wird. Damit lässt sich die *„Was-Ebene"* der Kommunikation oder die *Sachbotschaft*, also die wortwörtliche Bedeutung des Gesagten, von der *„Wie-Ebene"* bzw. der *Sprechweise* unterscheiden. Die Wie-Ebene vermittelt über die wörtliche Bedeutung des Gesagten hinaus verschiedene, vielleicht manchmal sogar widersprüchliche *Metamitteilungen*. Sie „rahmen" das Gespräch (Tannen 1991, S. 30): Die Rahmung erlaubt Hinweise darauf, wie das Gesagte zu verstehen ist und wie die Beziehung zwischen den Kommunikationspartnern zu deuten ist.

Im Beispiel der Fallstudie: Herr Hansen entnimmt aus der Rahmung die Annahme, Herr Harms sei unkooperativ, Herr Harms deutet die Rahmung dagegen als Angriff auf seine Selbstachtung.

Kommunikation vollzieht sich grundsätzlich auf zwei Ebenen:

- Die *„Sachebene"*, d. h. die Was-Ebene, die inhaltliche Ebene oder die *Realebene* der Kommunikation. Dazu gehören Vollständigkeit, Klarheit und Richtigkeit von Informationen. Es handelt sich hierbei um die fachlich-inhaltliche Kommunikationsseite.
- Die *„Stilebene"*, d. h. die Wie-Ebene, die Ebene der Darstellungsweise oder die *Meta-Ebene* der Kommunikation. Dazu gehört die atmosphärische Seite der Kommunikation, die Seite, die nonverbale (nicht sprachliche) Signale des Respekts aussendet, die Seite, die die Bedeutung einer Information vermittelt oder die Art und Tiefe einer Beziehung ausdrückt.

Die Welt der Kommunikation zeigt sich also nie auf der ganzen Bühne. Es gibt immer eine Vorder- und Hinterbühne, die reale Sachbotschaft einerseits und die Hinterbühne der Stilmittel andererseits. Erst beide zusammen bilden den Rahmen für das Verständnis von Kommunikationsprozessen im Management: Argumente und Inszenierung, Inhalt und Stil, Sache und Tonlage. Gelungene Kommunikation geht ihren Weg nicht nur durch die kalte Region der Sachinformationen oder Realebene, sie bezieht vielmehr immer auch die Wirkungsprozesse der Metaebene ein.

Definition Nonverbale Kommunikation:

Unter nonverbaler Kommunikation versteht man die Gesamtheit aller derjenigen Kommunikationshandlungen/Äußerungen, die keine Sprechhandlungen sind. Nonverbale Kommunikation lässt sich nach folgenden Merkmalen unterscheiden: a) Gestik (Kommunikation durch Gebärden, vor allem Arme, Hände und Finger, ferner Bewegungen, Haltung des Körpers), b) Mimik (Gesichtsausdruck), c) Proxemik (die räumliche Entfernung, die eingehaltene Distanz zwischen den kommunizierenden Personen, sie variiert je nach soziokultureller Herkunft) und d) Symbole (Bilder, Logos).

Bedeutung der Meta-Ebene der Kommunikation

Warum ist die Wie-Ebene so wichtig? Warum sagen wir nicht direkt, was wir meinen? Warum ziehen wir uns immer wieder auf die Metaebene zurück? Tannen meint, die Indirektheit (Meta-Ebene) sei unser Rettungsfloß. Sie begründet es damit, dass es die beiden gegensätzlichen Wünsche nach Nähe und Distanz sind, die unsere Kommunikation treiben. Kommunikation setzt sich zum Ziel, eine Balance zwischen diesen widerstreitenden Bedürfnissen zu schaffen. Wir handeln also indirekt, „indem wir mit unseren Mitteilungen nicht genau sagen, was wir meinen, während wir gleichzeitig mit unseren Metamitteilungen aushandeln, was wir wollen" (Tannen 1997, S. 127).

Die beiden Vorteile der Indirektheit:

- *Beziehungs-Vorteil:* Verstanden zu werden, ohne viel gesagt zu haben, schafft ein Gefühl der Verbundenheit.

- *Selbstschutz-Vorteil:* Sobald wir glauben, erkennen zu können, dass wir auf Ablehnung stoßen, können wir die Tür, die wir uns über die Indirektheit offen gehalten haben, zum Rückzug benutzen. Diese Rückzugsmöglichkeit steigert unsere Unabhängigkeit.

Sach- und Autonomiefunktionen		Beziehungsfunktionen
1.	Distanz	Nähe
2.	Unabhängigkeit	Verbundenheit
3.	Statusdistanz/ Rangdifferenz	Statusüberbrückung
4.	Autonomie	Heteronomie
5.	Information	Interaktion
6.	Ergebnis	Verständigung
7.	Direktheit	Indirektheit
8.	Leistungsdenken	Freundschaftsdenken
9.	Asymmetrie	Symmetrie
10.	Individualismus	Gruppenbezogenheit/ Konsens

Abb. 9.3 Funktionsspektrum der sozialen Kommunikation   Quelle: © Eugen Buß

Offenbar sind Menschen Träger zweier widerstreitender Bedürfnisse. Dem Bedürfnis nach Verbundenheit und dem Bedürfnis nach Unabhängigkeit. Unser Ziel ist es, diese beiden gegensätzlichen Wünsche nach Nähe und Distanz auszubalancieren. Die Metaebene der Kommunikation hilft, den fortwährenden Balanceakt zwischen Verbundenheit und Distanz, zwischen informeller Nähe und Hierarchie zu praktizieren.

Im Sprach- und Sprechstil der verantwortlichen Manager einer Organisation werden wichtige Vorentscheidungen in diesem Balanceakt getroffen. Handelt es sich um eine Sprache, die primär auf der Sach- und Argumentationsebene verankert ist und damit möglicherweise die Stimmungslage der Mitarbeiter ausblendet? Die vom Bewusstsein „besserer Argumente" und hierarchischer Distanz geprägt ist? Die auf die bloße Akzeptanz der eigenen Interessen und Positionen gerichtet ist? (Zwischenfrage: Wie hat Herr Hansen mit Herrn Harms in der Fallstudie kommuniziert?) Oder handelt es sich um eine Sprache, die vom Respekt gegenüber der Öffentlichkeit und Kunden unterlegt ist, die Verständigungswillen und Nähe im Sprechstil ausdrückt oder die Sachzwänge gegenüber Kompromissbemühungen zurückstellt? Mitarbeiter und Öffentlichkeit decodieren den Rang einer Beziehung bzw. die beabsichtigte Verbundenheit oder Distanz stets aus symbolischen Gesten (Meta-Ebene) des Managements.

9.1.3   Fallstudie: Meta-Kommunikation

Wir variieren leicht die Szene aus der oben beschriebenen Fallstudie:

Wir nehmen an, dass Herr Harms eine Chefin hat, Frau Petersen. Als Frau Petersen die Reaktion von Herrn Harms vernimmt: „Ja, meinen Sie?" trifft sie eine andere Entscheidung. Während Herr Hansen sich für das „Erklären" entschied, entscheidet sie sich für das „Zuhören". Sie geht davon aus, dass Herr Harms mit seiner Bemerkung „Ja, meinen Sie?" keineswegs seine Gedanken erschöpfend ausgedrückt hat. Also beschließt Frau Petersen, zuzuhören und das nicht in der Illusion, die Kommunikation folge ausschließlich logischen Gesetzen. Eher ist sie darauf gefasst, dass es ein Hin und Her von Gefühlen, Respektssignalen, Verbundenheitsgesten geben wird.

Daher wird Frau Petersen gerade auf die Dinge achten, die Herr Hansen nicht wahrgenommen hat. Sie bemerkt, dass sie mit ihrem Vorschlag „Herr Harms, ich finde, Sie sollten das besser so machen, wie ich es Ihnen zeige!" seine Gefühle verletzt hat. Anstatt nun Herrn Harms dazu zu bringen, sie zu verstehen, will sie versuchen, ihn zu verstehen. Also stellt sie Fragen: „Wie denken Sie darüber? Was empfinden Sie dabei?" Und als Herr Harms beginnt, offener zu reden, ist ihre Neugier geweckt: „Herr Harms ist gar nicht so dumm. Ganz interessant, wie er denkt." Nun fühlt sich wiederum Herr Harms als Person verstanden, er fühlt sich frei, seine Meinung zu äußern. Und vor allem würdigt er, dass Frau Petersen seine Fähigkeit, eigenständig zu handeln, anerkennt. Also sagt er: „Gut, Frau Petersen, ich bin zwar nicht ganz mit Ihnen einverstanden, aber wissen Sie, ich versuche es mal ein paar Tage und danach sage ich Ihnen, was ich davon halte." (frei nach F.J. Roethlisberger 1991).

Fazit:

Die beiden Fallstudien dokumentieren auf anschauliche Weise die Zwei-Ebenen-Kommunikation des Managements. Bei Herrn Hansen dominiert das „instrumentelle Kommunikationsverständnis" der Realebene, bei Frau Petersen dagegen das „integrative Kommunikationsverständnis" der Meta-Ebene. Aus der Gegenüberstellung beider Ansätze lassen sich folgende Schlussfolgerungen ableiten (vgl. Abb. 9.4):

1. Die Petersen-Methode der Kommunikation klappt besser, weil sie die Meta-Ebene der Kommunikation in das Gespräch bewusst einbezieht.

2. Herrn Hansens Kommunikationsstil schlägt fehl, weil er falsch einschätzt, was sich zwischen zwei Leuten abspielt, die miteinander kommunizieren.

3. Herr Hansen unterliegt dem Missverständnis, dass Kommunikation nach den Gesetzen der Logik erfolgt, und dass Worte an sich etwas bedeuten.

4. Kommunikation ist nicht nur eine Sache des rationalen Intellekts, sondern vor allem der Beziehungssignale auf der Metaebene.

Der Kommunikationsverzerrwinkel

Wenn Metaebene und Realebene der Kommunikation nicht übereinstimmen, kann es zu gravierenden Deutungsproblemen kommen (vgl. Abb. 9.5). Ein Manager, der zu einem Besucher sagt „herzlich willkommen" (Realebene der Sachbotschaft), aber gleichzeitig in der Mimik und Gestik meint: „Ach Du lieber Himmel, da ist er ja schon wieder" (Meta-Ebene

Instrumentelle Management-Kommunikation		Integrative Management-Kommunikation
1. Berichts-/ Informationsebene dominiert	—	Vertrauensebene dominiert
2. Positionierung im Markt steht im Vordergrund	—	Atmosphärische Nähe zur Öffentlichkeit steht im Vordergrund
3. Kommunikation stellt auf Leistungsergebnisse ab	—	Kommunikation stellt auf Verständigung ab
4. Sachinteressen stehen im Vordergrund	—	Vertrauenswerte stehen im Vordergrund
5. Messbare Resonanzwerte dominieren	—	Respektskategorien dominieren
6. Denken in Ansehens-, Status- und Reputationsnormen	—	Denken in Kooperationskategorien
7. Kommunikation setzt auf Erfolgskategorien	—	Kommunikation zielt auf Akzeptanz
8. Kommunikation zielt auf Autonomie/ Unabhängigkeit	—	Kommunikation zielt auf Wert-Konsens/ Verbundenheit
9. Kommunikation setzt auf Richtigkeit/ Rechtmäßigkeit	—	Kommunikation zielt auf Bedeutung des Gesagten
10. Kommunikation zielt auf Nutzenebene	—	Kommunikation zielt auf emotionale Ebene

Abb. 9.4 Management-Kommunikation Quelle: © Eugen Buß

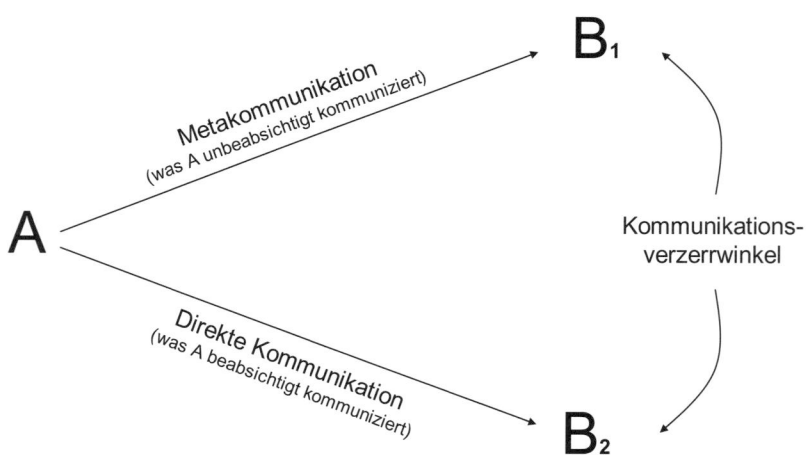

Abb. 9.5 Kommunikation: direkte Kommunikation und Metakommunikation Quelle: © Eugen Buß

der Beziehungsbotschaft), zeigt durch die Körpersprache seine „wahren" Gefühle. Einstellungen und Empfindungen werden grundsätzlich *non-verbal* übersetzt. Wie dieses Gefühl sich äußert, ist unerheblich: es kann ein lascher Händedruck sein, ein verspanntes Gesicht, ein verlegenes Wegschauen oder ein falsches flüchtiges Lächeln. Jedenfalls signalisiert der

Manager seinem Besucher eine mehrdeutige Botschaft. Es wäre möglich, dass der Besucher die Situation nicht richtig deuten kann.

Wenn also Realebene und Meta-Ebene in der Kommunikation auseinanderfallen, ist die Situation nur schwer zu deuten; sie ist mehrdeutig. Umstände, in denen eine nachhaltige Diskrepanz zwischen proklamierten Bekenntnissen einerseits und praktizierten Handlungsweisen andererseits besteht, erschüttern nachhaltig das Vertrauen der Mitarbeiter. Die Decodierung dessen, was der Absender einer Kommunikation tatsächlich meint, misslingt. Besteht diese Diskrepanz über eine längere Zeit, kann man von einer *„verzerrten Kommunikation"* sprechen. Diejenigen, die dieser Mehrdeutigkeit der Kommunikation ausgesetzt sind, geraten im Grenzfall in eine sogenannte *„soziale Beziehungsfalle"*.

Fallbeispiel Aventis:

Nur wenige Wochen nach der Übernahme des deutsch-französischen Unternehmens Aventis (früher Hoechst AG) durch den französischen Pharmahersteller Sanofi-Synthelabo reichte das erste Vorstandsmitglied die Kündigung ein. In den darunter folgenden Führungsetagen sah es nicht besser aus. Mit Kündigungen oder innerer Emigration reagierten zahlreiche Mitarbeiter auf die Übernahme. Was war geschehen?

Nach der Übernahme besuchte der Sanofi-CEO (Vorstandsvorsitzender) Betriebsversammlungen in Frankfurt und war bestrebt, die Vorbehalte der Aventis-Mitarbeiter gegenüber der Fusion abzumildern. Er kündigte an, dass es keinen Abbau von Arbeitplätzen geben werde. Nur wenige Monate danach meldete die Pressestelle des Unternehmens, es seien 4.000 Stellen abgebaut worden (Differenz zwischen Proklamiertem und Praktiziertem). Folge dieser sozialen Beziehungsfalle bzw. der verzerrten Kommunikation: tiefe Enttäuschung hochrangiger Manager, die ihren Job quittierten und im Unternehmen schließlich große Lücken hinterließen.

Steht die Wie-Ebene der Kommunikation in Widerspruch zu den erklärten Intentionen eines Unternehmens oder umgekehrt, ist die Balance im Darstellungs-Deutungs-Prozess gestört. Zwischen der intendierten Darstellung eines Unternehmensziels und der Deutung der Mitarbeiter oder der Öffentlichkeit bestehen Diskrepanzen.

9.1.4 Basisregeln der Kommunikation

Man unterscheidet zwischen vier Basisregeln der Kommunikation, die auf dem Wechselspiel zwischen Stil- und Sachebene der Kommunikation beruhen:

- der accounting-lag
- die Form-Regel
- die Et-Cetera-Regel
- die Reziprozitätsregel.

Der accounting-lag

Ein accounting-lag bedeutet, dass die Darstellungsstile und -mittel, die Manager bei der Verfolgung ihrer Ziele einsetzen, ihren Absichten hinterherhinken. Mit dem Begriff „account" (Garfinkel 1967) sind kommunikative Darstellungsformen gemeint, die Sinn aufweisen und gleichzeitig zum Sinn passen. Wenn aber Was-Ebene (Realebene) und Wie-Ebene (Stilebene) der Kommunikation auseinanderfallen, kommt es zu einem accounting-lag. Diese Unvereinbarkeit zwischen Darstellungssinn und Darstellungsmittel führt zu latenten oder realen Kommunikationsstörungen.

Praxisbeispiel accounting-lag:

Ein accounting-lag liegt vor, wenn ein Unternehmen ausdrücklich (Sinn der Kommunikation) partnerschaftliche Führungsprinzipien oder die Gleichbehandlung von Mann und Frau propagiert, jedoch gleichzeitig alte Sprachstile bei Stellenausschreibungen oder Formularen beibehält (Darstellungsmittel der Kommunikation).

Die Form-Regel

Gelungene Kommunikation setzt sogenannte Form-Regeln voraus. Es geht im Dialog mit der Öffentlichkeit um den Respekt gegenüber kulturellen Angemessenheitsstandards (Cicourel 1973, S. 178) durch die Manager.

Praxisbeispiel Form-Regel:

Zu Kommunikationsstörungen kommt es immer dann, wenn ein Manager die Basisregel der „Wahrung der Form" verletzt. Sei es, dass, wie im Fall der Deutschen Bank, ein Vorstandssprecher nicht auf die richtige Sprache zurückgreift, um einen „Skandal" zu erklären (erinnert sei hier an die „peanuts-Floskel" oder das Victory-Zeichen, das der Vorstandssprecher der Deutschen Bank in einem Landgerichtsprozess um Untreue wegen überhöhter Abfindungen lächelnd in die Kameras hielt). Dies wird in der Öffentlichkeit als nicht akzeptabel empfunden.

Form-Regeln sind unausgesprochene Regeln angemessener Kommunikation (Cicourel 1974, S. 287). Die Form-Regel – oder auch die Regel der kulturellen Etikette – weist Manager an, ihre jeweilige Organisation über jede Botschaft so zu repräsentieren, dass dem unausgesprochenen, gesellschaftlichen Regelset, dem „Knigge der Öffentlichkeit" in angemessener Weise entsprochen wird.

Die Et-Cetera-Regel

Als dritte Basisregel der Kommunikation gilt die Et-Cetera-Regel (Cicourel 1973, S. 178, Garfinkel 1973, S. 209f.), wörtlich: die „Und-so-weiter-Regel". Die Et-Cetera-Regel bedeutet, dass sich die Kommunikation in Stil und Inhalt stets an ein bei Mitarbeitern oder in der Öffentlichkeit verankertes Muster hält. Ein Satz wie „Das kann ein Vorstandsvorsitzender von Siemens so nicht gesagt haben. Das sagt kein Siemensianer", deutet auf die Wirkung der Et-Cetera-Regel hin. Verhält sich das Management nicht der Annahme (dem Kurz- oder Langzeitvorrat des Deutungsrepertoires) entsprechend, das ihm von Mitarbeitern, Kunden oder der Öffentlichkeit zugedacht wird, kommt es zu Kommunikationsstörungen.

Praxisbeispiel Et-Cetera-Regel:

Erinnert sei an die Anzeigen- und Plakatwerbung des italienischen Textilunternehmens Benetton in den 90er-Jahren, das durch schockierende Werbephotos, die u. a. die blutgetränkte Uniform eines gefallenen Soldaten zeigten. Mit absolutem Unverständnis „Das macht man nicht" reagierte die Öffentlichkeit.

Es entstand eine Lücke zwischen der Tabu brechenden und die bisherigen Standards außer Kraft setzenden Kommunikationspolitik des Managements und dem Vorverständnis der deutschen Öffentlichkeit über den Kommunikationsstil von Benetton. Vor allem durch das Wie der Aufnahme von Tabu-Themen in die Darstellungsarbeit des Unternehmens kam es zu Kommunikationsstörungen mit einem Großteil der Öffentlichkeit, da der Kommunikationsstil nicht mehr kompatibel war mit dem kulturellen Deutungsrepertoire der Öffentlichkeit.

Die Einhaltung der Et-Cetera-Regel wird mit einer Art Vertrauensvorschuss seitens der Öffentlichkeit belohnt. Somit wird es möglich, die Äußerungen und Darstellungen des Vorstands sozusagen rückschauend-vorausschauend zu deuten. Dies hat den Vorteil, dass bei partiellem Unverständnis einer Manageräußerung ihre Bedeutung automatisch im Sinne des bisherigen Bildes interpretiert wird. Die Et-Cetera-Annahme darf jedoch nicht überstrapaziert werden, da sonst mit massiven Kommunikationsstörungen zu rechnen ist.

Die Regel von der Austauschbarkeit der Perspektiven

Eine weitere Basisregel für eine erfolgreiche Kommunikation ist die Reziprozität der Perspektiven, die Austauschbarkeit der Standpunkte zwischen Unternehmen und Öffentlichkeit (Cicourel 1972, S. 251f.).

Praxisbeispiel Reziprozität:

Infolge des Imageschadens durch das Brent Spar-Ereignis für Shell hat das niederländisch-britische Ölunternehmen im Januar 1997 zumindest in den Niederlanden der Öffentlichkeit ein Wiedergutmachungsangebot unterbreitet: „Shell verbannt Pornos aus den Vertragstankstellen". In den Tankstellen sollten nur noch „gesellschaftlich akzeptierte Publikationen" wie Playboy oder Penthouse verkauft werden. Diese sollten aber außer Reichweite von Kindern und unauffällig angeboten werden. Denn der Verkauf von Pornos vertrage sich nicht mit dem Image eines seine Kunden respektierenden Unternehmens.

Die Einhaltung der Reziprozitätsregel signalisiert der Öffentlichkeit, dass nicht nur „die Chemie" in der Kommunikation mit dem Unternehmen stimmt, sondern dass beide Seiten denselben oder zumindest ähnlichen Blickwinkel auf ein bestimmtes Ereignis, auf eine bestimmte Situation oder auf ein bestimmtes Produkt haben. Für eine gelungene Kommunikation von Managern ist es entscheidend, von Zeit zu Zeit bewusst die Perspektive zu wechseln und sich in den Standpunkt der Öffentlichkeit zu versetzen, um zu erfahren, wie übereinstimmend die jeweiligen Standpunkte tatsächlich sind.

Fazit:

Typische Fälle misslungener bzw. verzerrter Kommunikation liegen beispielsweise vor, wenn:

1. die Unternehmenskommunikation Deutungsspielräume bei Mitarbeitern oder in der Öffentlichkeit zulässt, also nicht eindeutig oder in sich nicht schlüssig ist, d. h. nicht gewollte Interpretationen zulässt;

2. wenn die gewählten Mittel und Darstellungsformen nicht zu den wahrgenommenen Ereignissen passen;

3. wenn stillschweigende Sinnübereinkünfte (z. B. der Wert der Umwelt, der Wert der Gesundheit etc.) in der Kommunikation außer Kraft gesetzt werden;

4. wenn Selbstverständlichkeitsregeln in unternehmerischen Stellungnahmen (Offenheit, Schnelligkeit, Stil) nicht beachtet werden;

5. wenn die in eine Marke eingespeisten Standards und Werte ignoriert bzw. im Darstellungsstil nicht repräsentiert werden. Unvereinbarkeiten zwischen proklamierten Werten und praktiziertem Verhalten sind beispielsweise:
   - Performance gap: Verkündet werden Innovation und Globalität, das tatsächliche Auftreten bleibt jedoch provinziell; d. h. reale Handlungsmaßstäbe der Manager und Unternehmensgrundsätze fallen auseinander.
   - Credibility gap: Kommunikativ erweckter Anspruch und tatsächliches Verhalten klaffen weit auseinander, beispielsweise wird Kundennähe kommuniziert, aber nicht praktiziert; oder ein anderes Beispiel: Ökologieanspruch einerseits, Geschäftsberichte auf Hochglanzpapier andererseits.
   - Identity gap: Nach außen werden Aufbruch und Mitbestimmung propagiert, nach innen dominieren aber alte Hierarchien.

9.2 Die Funktionen der sozialen Kommunikation

9.2.1 Das Modell von Schulz von Thun

Die Zwei-Ebenen-Kommunikation ist ein recht grobes Raster, um die Bedeutung von Kommunikationsprozessen zu umschreiben. Friedemann Schulz von Thun hat deshalb ein erweitertes Modell vorgeschlagen, um die Kommunikation von Führungskräften zu verstehen (Schulz von Thun 2000).

Ihm zufolge enthält jede Äußerung eines Managers vier Botschaften gleichzeitig (Schulz von Thun 2000, S. 33):
- Sachinformation (worüber ich informiere)
- Selbstkundgabe (was ich von mir zu erkennen gebe)
- Beziehungshinweis (was ich von dir halte und wie ich zu dir stehe)
- Appell (was ich erreichen möchte).

Schulz von Thun hat die vier Seiten einer Äußerung als ein Kommunikationsquadrat dargestellt und dem Empfänger entsprechend „vier Ohren" zugeordnet. Je nach Situation kann eine Führungskraft seine „vier Ohren" einzeln auf Empfang stellen:

- Mit dem *Sach-Ohr*: Welche sachliche Information höre ich aus dem heraus, was eine Mitarbeiterin oder die Öffentlichkeit mir sagen will? Hier geht es um Daten, Fakten und Sachverhalte. Wichtige Kriterien sind Wahrheit, Relevanz und Hinlänglichkeit.

- Mit dem *Selbstkundgabe-Ohr*: Was höre ich über die persönliche Stimmung, Gefühle und Mentalität eines Mitarbeiters oder eines externen Kommunikationspartners heraus, möglicherweise aus dem Stil des Gesagten, der Mimik oder Gestik? Was sagt mir das über den anderen? Wie ist er gestimmt?

- Mit dem *Beziehungs-Ohr*: Was hält eine Mitarbeiterin wohl von mir als Führungskraft? Wie sieht sie die Beziehung? Wie steht sie zu mir? Wie fühle ich mich behandelt durch die Art, in der sie mit mir spricht?
- Mit dem *Appell-Ohr*: Was will ein Mitarbeiter von mir? Offen oder verdeckt geht es hier um Wünsche, Appelle, Ratschläge, Handlungsanweisungen. Es geht um die Frage: Was soll ich jetzt machen?

9.2.2 Das 6-Felder-Schema der Managementkommunikation

Das Modell von Schulz von Thun lässt sich vor dem Hintergrund seiner Argumente erweitern:

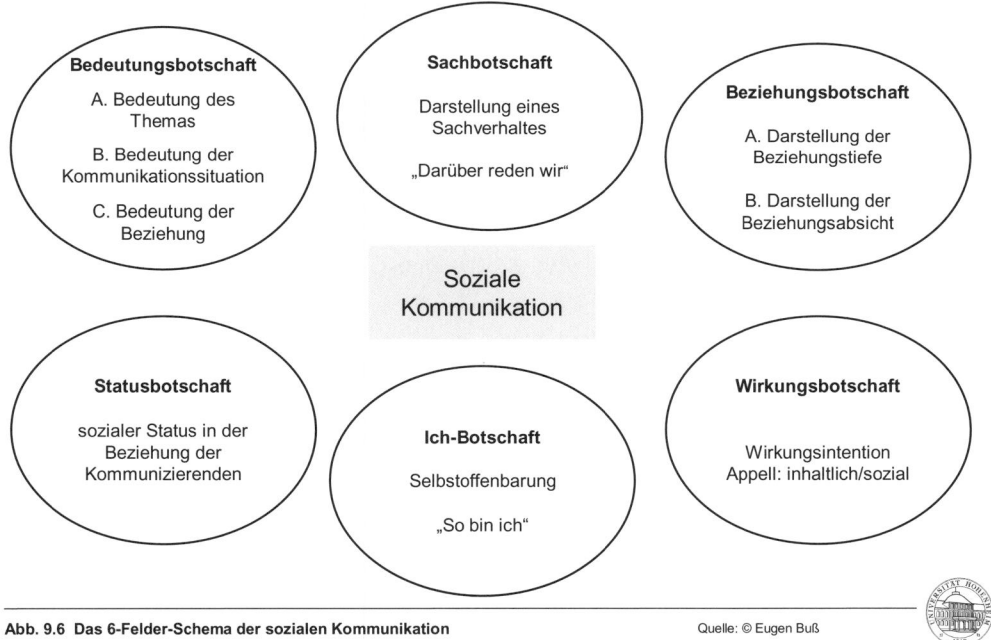

Abb. 9.6 Das 6-Felder-Schema der sozialen Kommunikation Quelle: © Eugen Buß

In jeder sozialen Kommunikation stecken grundsätzlich sechs Botschaften:

- **Die Darstellung des Sachverhaltes:** Im professionellen Umfeld des Managements spielt die Sachinformation auf den ersten Blick eine Hauptrolle. Sachargumente rangieren vor personenbezogenen Argumenten. „Lasst uns bei der Sache bleiben" ist ein beliebter Einwurf, um den Gesprächsfaden in einer Mitarbeiterbesprechung fortzuentwickeln. Auf der Sachebene gilt erstens das Wahrheitskriterium: Ist das Gesagte wahr oder unwahr bzw. zutreffend oder unzutreffend? Zweitens gilt das Kriterium der Relevanz: Ist das Gesagte von Belang oder irrelevant? Und drittens schließlich erscheint das Kriterium der Hinlänglichkeit: Sind die angeführten Sachhinweise für das Thema ausreichend oder spielen auch noch andere Gesichtspunkte eine Rolle?
- **Die Bedeutungsbotschaft der Kommunikation:** Auf der Metaebene decodieren die beteiligten Gesprächspartner die Bedeutung des Themas für den Fortgang eines Projek-

tes sowie die Bedeutung der Situation für die Beteiligten. Aus rituellen Symbolen (Wie viel Zeit nimmt sich der Manager für das Gespräch? Wie gründlich hat er sich vorbereitet? Wie aufmerksam hört er zu? Wie unterstützen Mimik und Gestik seine Gesprächsführung? Wie ist der atmosphärische Kontext?) lässt sich die Relevanz der Kommunikation, des Themas und der Situation entschlüsseln. Weniger durch das formal Gesagte als vielmehr durch den Stil der Kommunikation wird erkennbar, ob es das Management schafft, dass die Öffentlichkeit den Kontakt zu ihr und die Informationen von ihr als „bedeutsam" erlebt (und eben nicht als verwechselbar, austauschbar, ersetzbar). In jede Kommunikation ist auf subtile Weise durch den atmosphärischen Kontext der Gesprächsstruktur die Bedeutungsebene eingewoben.

- **Die Beziehungsbotschaft:** Ob man will oder nicht, ob man es so wünschen mag oder nicht: Sofern ich kommuniziere, gebe ich indirekt (also auf der Metaebene) zu erkennen, wie ich zu einem anderen stehe, was ich von ihm halte, wie es in der Beziehung weitergehen soll. „In jeder Äußerung steckt somit ein Beziehungshinweis" (Schulz von Thun 2000, S. 35). Jeder, der eine Nachricht oder ein Gesprächssignal empfängt, hat ein sensibles Ohr für Gesten des Respekts, der Wertschätzung, der Achtung, aber genauso für Signale der Verbundenheit, der atmosphärischen Nähe bzw. der Distanz. In der Art und Weise der Gesprächsführung eines Managers, sei es die Tonalität, die Begleitmimik, die Formulierung oder die Abgewogenheit der Worte, nimmt der jeweilig andere wahr, wie nah oder distanziert der Gesprächspartner ist, was seine Intention für die Zukunft der Beziehung ist, und wie wichtig ihm die Beziehung ist.

Jeder Manager muss sich stets klar darüber werden, ob eine Äußerung gegenüber einem Dritten als Ausdruck von Geringschätzung oder Achtung interpretiert wird. Wird beispielsweise eine beliebige Geste (lange Reaktionsdauer, technisch dominierte Argumente, widersprüchliche Informationen) als Geringschätzung der Öffentlichkeit oder der Mitarbeiter gedeutet, ist das atmosphärische Klima entsprechend kühl. Gesten der Geringschätzung schaffen eine Atmosphäre sozialer Kälte, sie sind verbunden mit Empfindungen von Distanz, Ohnmacht, Abwertung oder Kränkung. Im Falle einer Unternehmenskrise würden Signale der Geringschätzung dazu beitragen, dass die Auseinandersetzung mit der Öffentlichkeit eskaliert (vgl. Fallstudie Brent Spar). Umgekehrt vermögen Respektsgesten eine Atmosphäre von Verbundenheit zu schaffen. Gesten des Respekts werden als Signal von Nähe, Konsens, Verständigung, Kompromissbereitschaft gedeutet. Sie sind verbunden mit einem Klima von Sympathie und Offenheit. Respektsgesten federn entsprechend mögliche Eskalationsprozesse im Rahmen einer Krise ab.

- **Die Statusbotschaft:** Jede Kommunikation dient implizit dazu, Rangverhältnisse zwischen den an einem Gespräch Beteiligten herzustellen, zu wahren oder zu modifizieren. Auf der Metaebene werden fortwährend Hierarchieentscheidungen getroffen: Wer reagiert zuerst auf eine Rede oder ein Argument? Wer darf in einer Mitarbeiterbesprechung zuerst einen Witz machen (natürlich der Ranghöchste)? Wer definiert eine Situation? Wer hat das erste Vorschlagsrecht? Wer redet wie lange? Wer unterbricht wie oft? In jede Kommunikationssituation spielen unmerklich Hierarchisierungen hinein, die die Steuerung des Gesprächsverlaufes mitbestimmen und von den Beteiligten unbewusst internalisiert werden. Nach jeder Mitarbeiterbesprechung in einem Unternehmen haben alle Beteiligten ein Gespür für die zugrundeliegende Hierarchie der Gruppe und für ihre eigene Stellung innerhalb dieser Gruppe, ohne dass sie sich darüber explizit ausgetauscht hätten. Darüber hinaus kann die gesamte Gesprächssteuerung so weit von der

Statusebene geprägt sein, dass das Interesse einiger Teilnehmer eher darin besteht, am Ende einer Mitarbeiterbesprechung das eigene Ansehen gewahrt oder verbessert zu haben als in der Sache vorangekommen zu sein. In vielen Kommunikationssituationen rangieren Statusfragen vor Sachfragen.

- **Die Ich-Botschaft:** Sofern ein Manager kommuniziert, gibt er etwas von sich preis. Jede Äußerung auf der Sachebene enthält zugleich versteckte Signale auf der Selbstoffenbarungsseite: Wofür er grundsätzlich steht, was ihn bewegt, wie er seine Rolle versteht, welche moralische Haltung er vertritt, welchen Führungsstil und welche Entscheidungstechnik er bevorzugt oder wie sein Verhältnis zur Öffentlichkeit oder auch zu seiner Familie ist. Natürlich kann er auch direkt sagen: „Seht her! Ich stehe für folgende Grundsätze: etc." Aber in der Regel werden die Werte und Mentalitätseigenschaften eines Managers eher indirekt aus der Summe seiner Kommunikationsgesten entschlüsselt. Das gilt natürlich auch für die Gegenseite. Wie schafft es ein Manager, die Ich-Botschaften seiner Mitarbeiter oder Kollegen oder sonstigen Kommunikationspartner zu decodieren? Nimmt er sie überhaupt wahr? Und welches Konfliktpotential könnte sich daraus ergeben? Denken Sie noch einmal über das Fallbeispiel zu Beginn dieses Moduls nach.

Ebenso wichtig wie das fachliche Selbstverständnis oder das Werteverständnis ist ein weiterer Aspekt: Im Gravitationszentrum der Ich-Botschaft steht die Selbstachtung eines Managers. Über die Art des öffentlichen Auftretens der Manager werden implizit Bilder erzeugt, die Empfindungen wie Würde, Gelassenheit, Ehrgefühl oder ihr Gegenteil widerspiegeln. Gelingen Darstellung und öffentlicher Auftritt, entwickeln sich Ich-Botschaften, die eine bestimmte Form von Respekt gegenüber dem Manager und der gesamten Organisation auslösen und deshalb mit Wertschätzung der Öffentlichkeit rechnen können. Das im Darstellungsstil eines Managers erkennbare Maß an Selbstachtung ist ein zentraler Baustein für sein Ansehen und eine gelungene Kommunikation.

- **Die Wirkungsbotschaft:** Manager, die das Wort ergreifen, wollen auch Einfluss nehmen. Sie wollen ihre Kommunikationspartner, ihre Shareholder und Stakeholder, nicht nur erreichen, sondern auch etwas „bei ihnen erreichen". Wer an der Spitze von Unternehmen steht, verspricht sich von der Position vor allem die Chance, Dinge bewegen zu können. Kommunikation ist für die Führungskräfte von besonderer Bedeutung, denn der Führungsauftrag enthält die Herausforderung, Durchsetzungswillen zu praktizieren und Menschen zu leiten und zu motivieren. Dies kann direkt geschehen, aber ebenso indirekt.

Wenn Manager betonen, von welchen Werten und Grundsätzen sie sich leiten lassen, hat dies implizit auch Auswirkungen auf die Kultur einer Organisation und damit natürlich auch auf das Selbstverständnis aller Mitarbeiter. Ihre Kommunikationskompetenz zeichnet sich nicht nur dadurch aus, dass sie immer klar sagen, was sie wollen, sondern auch dadurch, dass sie ihre Ansprüche an das Umfeld in ihren Kommunikationsstil gewissermaßen einweben. Explizite und implizite Appelle kennzeichnen die Durchsetzungserfordernisse auf den Chefetagen. Aber auch umgekehrt gilt: Manager brauchen eine besondere Sensibilität, d. h. ein besonderes Ohr für die Ansprüche, Wünsche und Erwartungen der Umgebung, ob sie nun offen oder verdeckt herangetragen werden. „Die unerfüllten Wünsche von heute sind die Vorwürfe von morgen." (Schulz von Thun 2000, S. 41).

9.3   Die Bedeutung der symbolischen Kommunikation

Ein Symbol ist ein non-verbales Sinnbild, das eine bestimmte Realität offenbart und ohne weiteres verständlich ist. Es ist auf der Metaebene der Kommunikation angesiedelt. Das Verstehen eines Symbols ist erlebnishaft. „Jetzt", wird dem Betrachter klar, „verstehe ich endlich, worum es geht". Ein Symbol sagt mehr, als die Sprache formulieren kann. Es verdeutlicht, was man mit Logik allein nicht erfassen kann. Das macht das Fallbeispiel Peanuts auf besonders anschauliche Weise deutlich.

Praxisbeispiel Peanuts:

Kaum ein Zitat eines Topmanagers hält sich ähnlich hartnäckig wie jenes von Hilmar Kopper. Am 21. April 1994 fielen die denkwürdigen Worte: „Wir reden hier eigentlich von Peanuts". Gemeint waren damit offene Handwerkerrechnungen in Höhe von 50 Millionen Mark. Für die Deutsche Bank sei die Begleichung solcher Rechnungen aus der Milliardenpleite des Immobilienunternehmens Jürgen Schneider, die damals die Bankenwelt erschütterte, kein Problem. Kopper hat den falschen Ton getroffen, die Glaubwürdigkeitswerte eines Bankhauses verletzt und damit die Öffentlichkeit fassungslos gemacht. Kopper und die Deutsche Bank trafen damals eine Flut von Häme, Verärgerung, Ironie und Missachtung.

Menschen handeln und reagieren stets aufgrund der Bedeutung, die symbolische Gesten für sie haben. Manager müssen also ständig die Bedeutung antizipieren, die ihre Gesten für die Öffentlichkeit haben. So hundertprozentig ist meist nie ganz klar, was bei der Entschlüsselung herauskommt. Bei mangelnder Erfahrung mit symbolischer Kommunikation besteht immer das Wagnis, die Bedeutung einer Geste falsch einzuschätzen, wie eben der persönliche Auftritt des Vorstandsvorsitzenden in einer Krisensituation. Erst das Wissen um symbolische Zusammenhänge ermöglicht eine gelungene Kommunikation des Managements mit ihren Stakeholdern (öffentlichen Anspruchsgruppen).

Praxisbeispiel Greenpeace:

Die Macht von Symbolen zeigt sich beispielhaft im Falle der Ölverladestation Brent Spar, die von Shell im Meer versenkt werden sollte, dann aber von Vertretern der Umweltorganisation Greenpeace besetzt wurde. Fotos gingen um die Welt, die zum Fanal (Leuchtfeuer) wurden. Greenpeace schuf Symbole für die Gefährdung der Umwelt durch – wie man mit eigenen Augen zu sehen glaubte – brutalen Missbrauch von Technik. Auf den Bildern waren Feuerwehrboote zu sehen, die starke Wasserstrahlen gegen wehrlose einzelne Menschen richteten. Diese hingen in großer Höhe über dem Meer; sie wirkten einsam und gefährdet, hilflos den Elementen ausgesetzt. Die Folge war ein Aufschrei der Empörung, der Shell nach einiger Zeit zum Aufgeben zwang. Für rationale Erwägungen gab es keinen Platz mehr, viel zu prägend waren die Bilder. Ihre Symbolkraft erwies sich als stärker als jedes rationale Argument.

9.3.1   Logos als Kommunikationssymbole

Alle dreißig DAX-Unternehmen (die größten Aktiengesellschaften Deutschlands) verfügen über ein Logo als Unternehmenssymbol. Allerdings ist *erstmalig* im Jahre 1996 das Firmenlogo bei allen Unternehmen auf dem Deckblatt des Geschäftsberichtes zu finden. In der verstärkten Präsentation des Logos wird der Anspruch des Managements deutlich, über die Produktebene hinaus symbolisch auf jene Werte zu verweisen, die für das eigene Selbstverständnis charakteristisch sind. Logos enthüllen daher eine Welt, die der unmittelbaren Erfahrung auf der reinen Produktebene in der Regel gar nicht zugänglich zu sein braucht.

Fallbeispiel Ralph Lauren:

Denkt man an das Polosymbol des Textilwarenunternehmens Ralph Lauren, so wird damit mehr als nur ein Sport dargestellt, nämlich ein Lebensstil der Aristokraten. Das Image steht für die gesamte freizeitorientierte Upper-Class-Szene. Produkte mit dem Polo-Label gelten erstens als teuer, sind zweitens von hoher Qualität und haben drittens einen ganz bestimmten Stil. Der potentielle Käufer des Polo-Hemdes hat festgelegte Erwartungen an den Habitus, den das Hemd vermittelt. Diesen spezifischen Habitus wiederum kann nur ein Polo-Hemd – versehen mit dem Polo-Symbol – vermitteln, ein Lacoste-Hemd mit dem Logo des Krokodils beispielsweise niemals.

Fallbeispiel Shell:

Das Logo der Muschelschale des Öl-Konzerns Shell übt tief bis in das Unterbewusstsein reichende Wirkungen aus: Über das archaische Symbol der Muschel wird dem Unternehmen eine besondere Verpflichtung gegenüber Natur und Umwelt zugeschrieben. Die Muschel ist eine deutliche Erinnerungsmarke für bestimmte Erfahrungen mit der Natur und dem universellen Leben (Eliade 1988, S. 149). Sie ist sozusagen ein Sinnbild für die Vorstellungen zur geologischen (Fort-) Entwicklung der Erde. So geartete archaische Symbole verstärken einerseits das Erinnerungspotential für das Unternehmen, verpflichten aber auch gleichzeitig das Management, den Bedeutungskern des Logos zu schützen.

Fallbeispiel Mercedes Benz:

Die Symbolkraft des Mercedes Benz Sterns verbindet unterschiedlichste Erfahrungsebenen:

*   historische Bezüge wie Klassik, Tradition, Geschichte des Automobilbaus;
*   technische Werte wie Techniküberlegenheit, Qualität, Exzellenz;
*   soziale Werte wie Autorität, Sicherheit, Kompetenz;
*   emotionale Werte wie Stolz, Status, Träume, Selbstwertgefühle etc.

Gerade weil „der Stern" nicht darauf beschränkt ist, nur sich selbst zu bezeichnen, funktioniert er als Symbol: Das Logo des Sterns ist mehrdimensional: Vergangenes erhält sinnliche Präsenz, Unsichtbares wird sichtbar, Unausdrückliches ausdrückbar, Unbekanntes durch Bekanntes zugänglich. Über das Symbol des Sterns wird eine Erfahrungsbreite erreicht, die auf direktem Wege nicht erzielt werden kann. Das Symbol des Sterns lotet eine größere Tiefe aus, als es der rein rationalen Erkenntnis möglich wäre.

Fazit:

Symbolische Kommunikation in Form des Logos ist Ausdruck einer doppelten Art von Wert-Choreographie:

- das innere Selbstverständnis einer Organisation wird symbolisch verdichtet,
- die Akzeptanz bestimmter öffentlicher Grundwerte und die Zugehörigkeit zur gemeinsamen kulturellen Lebenswelt werden deutlich gemacht.

9.3.2 Marken als Kommunikationssymbole

Auch Marken fungieren als Kommunikationssymbole. Sie können die unterschiedlichsten Assoziationen auslösen – von Vertrauen bis Wohlbefinden, von Kompetenz bis Sachlichkeit, von Qualität bis Lebensgefühl. Nicht das Produkt als solches bestimmt das Markenprofil, sondern die über Symbole gesteuerte Interpretationsleistung der Öffentlichkeit. Nicht die Realitätsebene, sondern die Metaebene der symbolischen Inszenierung entscheidet über den Erfolg des Unternehmens.

Die Symbolik der Marken vereint unterschiedliche Wirklichkeitsebenen, konkrete und vorgestellte, rationale und emotionale, profane und sakrale, technische und soziale. Meist sind vor allem zwei Ebenen aufeinander bezogen: Vergangenheit und Gegenwart, Sinn- und Sachbereich.

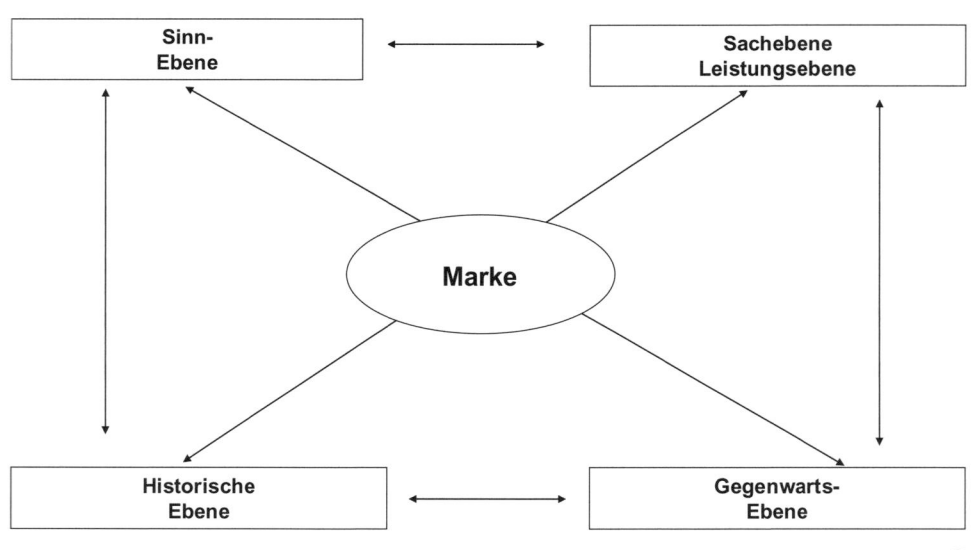

Abb. 9.7 Symbolkontext einer Marke   Quelle: © Eugen Buß

Produkte und Leistungen, deren Differenzierungskraft nicht besonders groß ist, erhalten mehr und mehr einen Gestaltungsauftrag, der auf symbolischer Ebene wiedergibt, was das reale Leben versagt: Glück, Träume, Zugehörigkeitsgefühle, Identitätsangebote.

Fallbeispiel New Beetle:

Der New Beetle, der Mini oder der Fiat Cinquecento mögen unter Marketinggesichtspunkten lediglich die Aufarbeitung von Emotionen und Individualität bedeuten, die im kühlen Nutzen der Massenfahrzeuge Golf, Passat, etc. verloren gegangen sind; sie mögen unter Designgesichtspunkten eine Form darstellen, die das Original niemals zu übertreffen vermag. Aber unter dem Gesichtspunkt erfolgreicher symbolischer Kommunikation bilden diese Autos eine in Technik gegossene Metapher eines Epochenbildes, das – und dies ist entscheidend – unverwechselbare Wiedererkennungseffekte mit den in der Geschichte des Unternehmens verankerten Leitideen fördert. Damit sind diese Autos eine symbolische Manifestation für eine historische Legende, in der Erinnerungswerte mit Sehnsuchtsempfindungen zusammenfließen. Sie fungieren als eine Art bildliches Ritual, das vertraute Imaginationen freisetzt und auf symbolischer Ebene die Verständigung mit dem Hersteller stärkt.

Marken als soziale Symbole haben eine große Bedeutung für die Identitätsbildung in der modernen Gesellschaft. Über Marken wird es dem Einzelnen möglich, sich selbst und seine Umgebung zu verstehen und zu bewerten. Marken bilden Chiffren der Zugehörigkeit. Textilmarken wie Nike, Puma oder Adidas gewähren beispielsweise „Einlass" zu peers (Gleichaltrigen-Gruppen), wie umgekehrt ihr Fehlen den verhinderten Träger ausschließen und ausgrenzen. Die Marke drückt Zugehörigkeit zu einer Gruppe aus. Sie erzeugt Zusammengehörigkeitsgefühl, stärkt das Wir-Gefühl und stiftet sogar ein Stück Prestige. Marken als soziales Symbol sind damit höchst ambivalent: Nach innen drücken sie Verbundenheit aus (nach dem Motto: Du gehörst zu uns, Du bist „insider"), nach außen Abstand oder gar Ausgrenzung („outsider"); nach innen Nähe, nach außen Distanz; nach innen Verständigung, nach außen Konkurrenz.

Über Marken wird das Selbstverständnis eines Milieus, einer Jugendgruppe oder eines Gesellschaftskreises auf subtile Weise symbolisch repräsentiert. Marken sind ein wichtiger Teil des Selbstinszenierungsrituals von Menschen geworden. Sie bilden eine symbolische Kulisse, die ein *gemeinsames Lebensgefühl* oder ein *gemeinsames Werteverständnis* sichtbar machen und damit Zugehörigkeit zu einer sozialen Gruppe oder einem sozialen Milieu signalisieren. Menschen vermögen sich ihrer eigenen Wirklichkeit oft erst dann zu vergewissern, wenn sie sie sich in Gestalt von Markensymbolen vorstellen.

Je austauschbarer die Unternehmensleistung, desto wichtiger werden Sinn vermittelnde Zusatzsymbole, also die „Anreicherungen", die ganz trivialen Produkten wie etwa Mineralwasser oder Jeans hinzugefügt werden. Selbstgenügsame Produkte brauchen zusätzlich Kraft, und selbst starke Marken brauchen manchmal kommunikative Allianzen, um ihr Zielpublikum noch zu erreichen oder Wettbewerbsvorteile zu begründen: Der Joghurt braucht den Wellness-Appeal, Nike braucht Sportstars mit speziellem Charakter – kurz: Ein Produkt lebt von seinem symbolischen Kontext, mit dem es identifiziert wird.

Charakteristisch für eine Marke als soziales Symbol sind folgende Merkmale:

- Sinn- und Produktbereich sind aufeinander bezogen. Die Bedeutung der Marke Levi's geht z. B. nicht aus den Jeans an sich hervor, sondern aus einem historischen Sinnzuschreibungsprozess (Bild von „Pioniergeist", „Wagnisfreude", „Freiheit"), der ihr entweder aufdefiniert oder von ihr kommuniziert wurde. Das Markensymbol deutet auf

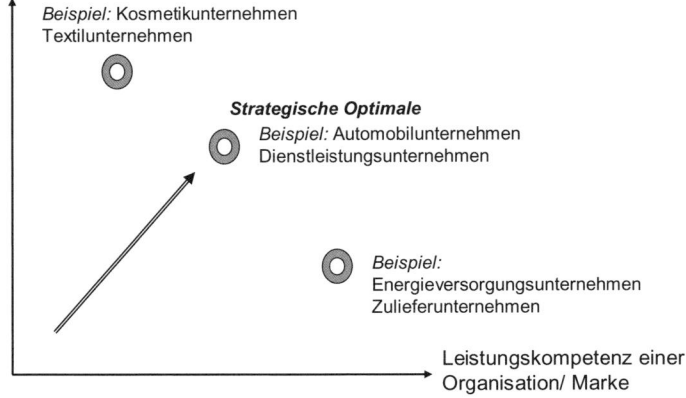

Symbolkompetenz einer
Organisation/ Marke

Beispiel: Kosmetikunternehmen
Textilunternehmen

Strategische Optimale
Beispiel: Automobilunternehmen
Dienstleistungsunternehmen

Beispiel:
Energieversorgungsunternehmen
Zulieferunternehmen

Leistungskompetenz einer
Organisation/ Marke

Abb. 9.8 Zusammenhang zwischen Symbolebene und Leistungsebene einer Marke   Quelle: © Eugen Buß

etwas hin, was es selbst nicht ist und dient damit zum Transport von Vorstellungen, die Sinn erzeugen, z. B. Unkonventionalität oder Selbsterfüllung.

- Marken sind grundsätzlich Erben ihrer Vergangenheit. Kein Marketing, keine Werbung, keine PR-Kampagne und keine Unternehmenspolitik vermögen ihr historisches Bild zu löschen. Marken tragen immer die Spuren ihrer historischen Identität in sich. Historische Bilder werden in die konkrete Markenwirklichkeit hineinprojiziert und bilden eine unauflösliche Amalgamierung (Verbindung) von aktuellem Produkterlebnis und mit dem Produkt verbundenen vergangenen Erfahrungen. Marken sind daher ihrem Wesen nach stets wertkonservativ.

- Bedeutungs- und Leistungsebene sind in der Markensymbolik stets aufeinander bezogen. Die Loslösung der Markensymbolik von der Produktleistung bzw. von den Produkteigenschaften ist auf Dauer nicht durchzuhalten. Die größte Wirkungskraft einer Marke liegt daher in einem ausgewogenen Balanceverhältnis zwischen ihrer Symbolkompetenz einerseits und ihrer Leistungskompetenz andererseits. Legt man die Symbolbedeutung einer Marke auf die eine Achse eines Diagramms, die Leistungsbedeutung auf die andere Achse, so halbiert die strategische Optimale der Markenkommunikation das Feld.

Dominiert, wie in der Graphik dargestellt, die Leistungsebene (wie etwa bei Energieunternehmen), muss die Kommunikationsbalance in Richtung Symbolbedeutung verschoben werden. Herrscht andererseits die reine Symbolkraft vor, verliert die Marke (auf Dauer) gewissermaßen ihre Bodenhaftung und muss sich in Richtung Leistungskompetenz verschieben.

Die Bedeutung der symbolischen Kommunikation für die Beziehungen zur Öffentlichkeit sind vielfältig:

- Symbole fungieren als Navigationsleitbild für Reputation, Nähe, Zugehörigkeit, Vertrauen;

- Symbole bündeln die wichtigsten Wertgrundsätze und die Identitätsessenz einer Organisation;
- Symbole sind Sinnbild für die besondere Stellung eines Unternehmens im Markt;
- Symbole helfen, Sinnbilder in das Zentrum einer rationalen Entscheidungsmatrix der Konsumenten zu rücken und damit die Beziehungen zwischen Öffentlichkeit und Unternehmen zu stärken;
- Symbole bilden die Grundlage für Identifikationsangebote und stärken die Bindung von Zielgruppen an das Unternehmen.

Funktionssymbole

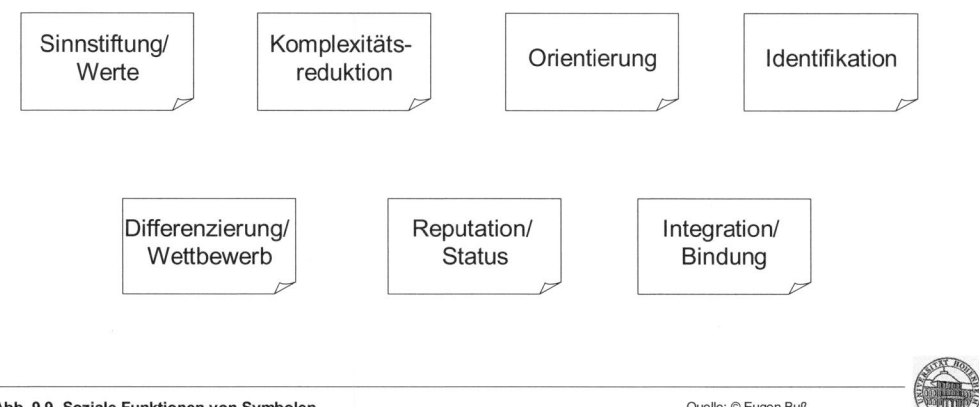

Abb. 9.9 Soziale Funktionen von Symbolen   Quelle: © Eugen Buß

9.4 Job Talk: Kommunikation als interkulturelles Phänomen. Der Ansatz von Deborah Tannen[10]

> *„Der Gesprächsstil ist nicht irgendetwas Zusätzliches, das obendrauf kommt wie der Zuckerguss auf einen Kuchen. Er ist die Teigmasse, aus dem der Kommunikationskuchen gemacht wird."* (Tannen 1999, S. 54).

Zur Person:

Deborah Tannen (geb. 1945) ist US-amerikanische Soziolinguistin und Professorin an der Georgetown University. In ihren Forschungen und Publikationen widmet sich Tannen den geschlechtsspezifischen Unterschieden im Kommunikationsverhalten von Männern und Frauen. Ihr bekanntestes Buch ist die populärwissenschaftliche Studie „You Just Don't Understand. Women and Men in Conversation" (deutsch: „Du kannst mich einfach nicht verstehen). Ihr Konzept des Job Talk bietet eine interessante Perspektive auf die geschlechtstypische Kommunikation im Unternehmen und auf den Zusammenhang zwischen

---

[10] Verfasserin: Ulrike Bunz.

Kommunikationsstil und Karrieremöglichkeiten. Damit liefern ihre Forschungen einen Erklärungsansatz für das aktuelle Phänomen, dass nur wenige Frauen bis in die Spitzenpositionen deutscher und internationaler Unternehmen aufsteigen.

Der soziolinguistische Ansatz Tannens geht von der Annahme aus, *dass die Wie-Ebene und damit die Art und Weise, Metamitteilungen zu senden und zu empfangen, kulturell geprägt ist.* Menschen verwenden unbewusst unterschiedliche Gesprächsstile und -muster, die sie in ihrer jeweiligen Kultur und ihrem jeweiligen Umfeld über spezifische Sozialisationsmuster erlernen. Hier spielen Faktoren wie geographische und ethnische Herkunft, Schichtzugehörigkeit, Beruf, Alter und das Geschlecht eine wichtige Rolle (vgl. Tannen 2001, S. 9). Insbesondere das Geschlecht ist für die Art des Kommunikationsstils entscheidend, denn Männer und Frauen wachsen Tannen zufolge in verschiedenen Welten auf, selbst wenn sie im gleichen Land, vielleicht Tür an Tür oder sogar in der gleichen Familie leben. In ihrer Welt lernen sie jeweils bestimmte Dinge zu tun und auch, in einer bestimmten Art zu sprechen.

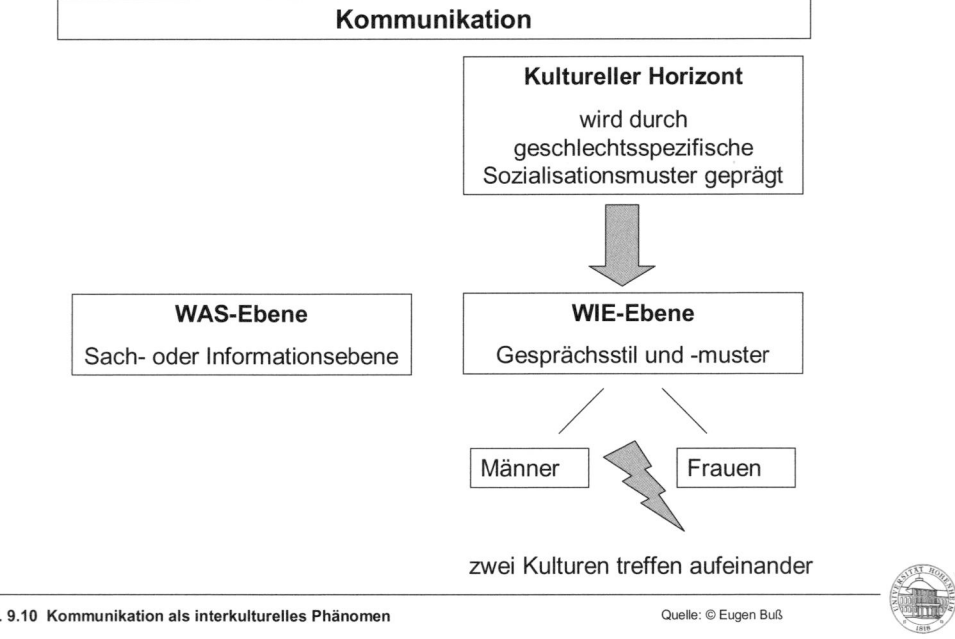

Abb. 9.10 Kommunikation als interkulturelles Phänomen   Quelle: © Eugen Buß

9.4.1 Männer- und Frauen-Sprechkulturen

Die Kommunikation zwischen Männern und Frauen lässt sich als interkulturelle Kommunikation begreifen, in deren Rahmen zwei Sprechkulturen aufeinander treffen. Männer und Frauen sind von klein auf in verschiedene kulturelle Horizonte eingebettet und orientieren daran ihren Sprachstil. Beide lernen sozusagen verschiedene Sprachen oder sogenannte „Genderlekte" (Definition: geschlechtstypisch gepägtes Sprechverhalten), die zu Missverständnissen und Konflikten führen können, wenn die Beteiligten nicht mit den verschiedenen Sprachen vertraut sind.

Männer-Sprechkultur

Die männliche Sprechkultur steht – idealtypisch gesehen – in einem engen Zusammenhang mit *Wettbewerb und Konkurrenz*. Männer nehmen ihre Welt als eine hierarchisch gegliederte Ordnung wahr, in der sie entweder in einer überlegenen oder einer unterlegenen Position sind. Sprache wird dabei als Instrument eingesetzt, um über die eigene Position in der Gruppe, über den eigenen Status und die eigene Unabhängigkeit zu verhandeln. Hier gilt die Regel: *Wer sich im verbalen Wettstreit behauptet, gewinnt!* Das primäre Ziel liegt dabei darin, eine Status-Niederlage zu vermeiden und die persönliche Unabhängigkeit zu wahren.

Wenn für Männer das Leben an sich und insbesondere Kommunikationssituationen einen *Wettkampf* darstellen, in dem es entweder Gewinner oder Verlierer gibt und das *Beibehalten oder Hinzugewinnen von Unabhängigkeit und Status* ein erfolgreiches Gespräch markieren, so erklärt dies die männliche Sprechkultur und die verwendeten Gesprächsmuster: In Kommunikationssituationen sind die „Antennen" der Männer primär auf die feinen Statusunterschiede gerichtet, die mit einer Äußerung einhergehen können.

Der Fokus auf Status- und Unabhängigkeitsaspekte spielt nicht nur dann eine Rolle, wenn sie selbst sprechen. Sie achten auch bei den Äußerungen ihrer Gesprächspartner hauptsächlich auf diejenigen Metamitteilungen, die die Statusebene betreffen. Implizit stehen dabei folgende Fragen im Hintergrund: *„Versucht mein Gesprächspartner, mich zu übertrumpfen oder herabzusetzen?"* oder *„Versucht er, eine überlegene Position einzunehmen und mir Anweisungen zu geben?"*

Praxisbeispiel Sprechkultur:

Wenn ein Manager hauptsächlich durch die Statusbrille die Worte seines Gegenübers sieht, so empfindet er beispielsweise das Lob einer Kollegin nicht als Zeichen der Verbundenheit oder als ehrliches Kompliment, sondern vielmehr als einen Hinweis darauf, dass sie sich möglicherweise über ihn stellt und ihn „von oben herab" bewertet.

Durch das Denken in Hierarchie-Kategorien wird ein Mann auch die Situation, in der ihm eine Frau über Sorgen oder Probleme berichtet, anders deuten: Er sieht sich in seiner überlegenen „Retter-Rolle" angesprochen und dazu ermutigt, konstruktive Lösungsvorschläge einzubringen. Er fühlt sich herausgefordert, das Problem zu beheben anstatt einfach zuzuhören und Verständnis zu zeigen.

Frauen-Sprechkultur

Wenn Männer die Welt in Status-, Unabhängigkeits- und Hierarchiekategorien wahrnehmen, so sehen Frauen – idealtypisch gesehen – die Welt durch die „Beziehungs-Brille". Für sie ist die Welt kein Wettkampf, in dem man sich behaupten muss, vielmehr sehen sie sich eingebunden in ein Netz zwischenmenschlicher Beziehungen, in dem sie Fäden der Verbundenheit zu ihren Mitmenschen knüpfen. Jedes Handeln und jedes Gespräch erfolgt unter der *Beziehungsperspektive* und ist darauf ausgerichtet, *Nähe* und *Gemeinschaft* herzustellen (vgl. Tannen 2004, S. 20). Die Fragen, die unter diesem Blickwinkel interessieren, sind: *„Magst du mich?"*, *„War ich hilfsbereit genug?"* oder *„Versucht der andere, mir näher zu kommen, oder will er sich distanzieren?"*. Vor diesem Hintergrund dient die Sprache als *„sozialer Kitt"*, der Beziehungen aufbaut und erhält.

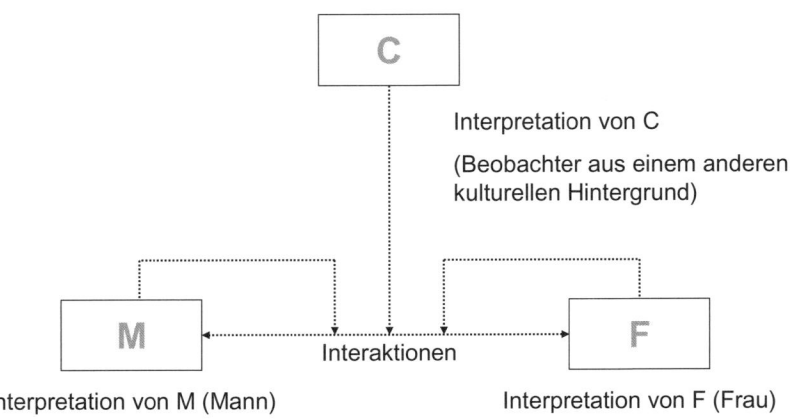

Fazit: Eine Interaktion – drei kulturell unterschiedliche Wahrnehmungen ein und desselben Gesprächs.

Abb. 9.11 Wahrnehmungsperspektiven sozialer Interaktionen   Quelle: © Eugen Buß

Frauen sprechen demnach eine *Beziehungssprache*, die sie insbesondere dann gerne anwenden, wenn sie sich „wie zu Hause fühlen" oder eine solche vertraute Atmosphäre aufbauen wollen. Dabei bedeutet für Frauen eine vertraute Atmosphäre, dass alle Personen gleichwertig sind, dass also *symmetrische Beziehungen und Intimität* vorherrschen (vgl. Tannen 2004, S. 24). In diesem Sinne setzen sie auch ihre Sprache ein: Die weiblichen Gesprächsmuster orientieren sich daran, *Gleichheit und Gleichwertigkeit* zum Ausdruck zu bringen. In ihrem Streben um Verbundenheit gehen weibliche Gesprächsrituale sogar so weit, sich freiwillig in eine (aus der männlichen Statusperspektive gesehen) untergeordnete Position zu begeben. So wenden Frauen *Dank- und Entschuldigungsrituale* sowie *Rituale der Abmilderung von Kritik* an, die sie aus Männersicht als unterlegen oder abhängig markieren, aus weiblicher Sicht allerdings der Herstellung von Nähe und Intimität dienen.

Praxisbeispiel Abschlussbericht:

Frauen in Führungspositionen neigen bei der Beurteilung von Arbeitsergebnissen ihrer Mitarbeiter eher dazu, Kritik „durch die Blume" zu formulieren, um die Gefühle des Gegenübers nicht zu verletzen. Dies zeigt folgende Szene: „Amy war eine Managerin mit einem Problem: Sie hatte gerade den Abschlussbericht von Donald gelesen und fand ihn jämmerlich schlecht. Sie stand vor der undankbaren Aufgabe, Donald zu sagen, dass er den Bericht überarbeiten müsste. Als sie mit ihm sprach, achtete sie darauf, den Schlag durch ein einleitendes Lob abzumildern und hob alle positiven Aspekte des Berichtes hervor. Dann erklärte sie, was noch fehlte und welche Änderungen Donald vornehmen müsste, um den Bericht akzeptabel zu machen.

Sie war stolz auf sich, weil sie die schlechte Nachricht so diplomatisch übermittelt hatte. Da sie so rücksichtsvoll war, mit einem Lob zu beginnen, hatte Donald die Kritik offenbar annehmen können und schien verstanden zu haben, was noch fehlte. Aber als die über-arbeitete Fassung auf ihrem Schreibtisch lag, war Amy entsetzt. Donald hatte nur kleine, oberflächliche Änderungen vorgenommen und keine der erforderlichen. Das nächste Gespräch lief nicht so gut. Donald war wütend, weil sie jetzt plötzlich behauptete, sein Bericht wäre unakzeptabel, und warf ihr vor, ihn getäuscht zu haben. „Neulich fanden Sie ihn doch großartig", protestierte er (vgl. Tannen 2001, S. 19).

Amy und Donald verfügen in dieser Situation ganz offensichtlich über keinen gemeinsamen Nenner der Kritikäußerung und Kritikwahrnehmung. Dies kann zur Folge haben, dass die Kritik gar nicht als solche erkannt wird oder die Indirektheit der Andeutungen als Schwäche der Führungsperson ausgelegt wird. Amy nutzt das Durchführungsmittel der Diplomatie, um die schlechte Botschaft zu vermitteln, Donald hingegen entschlüsselt das mit einem Lob eingeleitete Gespräch in keiner Weise als Kritik; insofern ergeben sich aus dieser Gesprächssituation Probleme, die kennzeichnend sind für die kulturell unterschiedliche Wahrnehmung von Kommunikation. Die „zwei Welten" der geschlechtstypischen Sprechkulturen werden in der folgenden Abbildung zusammenfassend gegenüber gestellt.

Männer-Sprechkultur „Berichtssprache"		Frauen-Sprechkultur „Beziehungssprache"
Welt als hierarchische Ordnung	——	Welt als Beziehungsnetzwerk
Statusperspektive: - wie wirkt sich das Gespräch auf meinen Status aus?	——	Bindungsperspektive: - wie wirkt sich das Gespräch auf die Beziehung aus?
wichtig ist Aufrechterhaltung des Status Quo	——	Veränderung der Beziehung wird mitberücksichtig
Recht oder Unrecht (statischer Aspekt)	——	Sprechkultur ist konfliktlösungsorientiert (dynamischer Aspekt)
Ziel des Gesprächs: Autonomie (Ich-Form)	——	Ziel des Gesprächs: Verständigung (Wir-Form)
erzeugt asymmetrische Beziehungen	——	erzeugt symmetrische Beziehungen
bevorzugtes Umfeld: öffentliches Sprechen	——	bevorzugtes Umfeld: privates Sprechen
eher auf Distanz gerichtet	——	eher auf Nähe gerichtet
Information dominiert	——	Interaktion dominiert
Konflikt ist strukturell begründet (kein Versagensgefühl)	——	Konflikt ist eher personenbezogen (Scham)

Abb. 9.12 Die Sprechkulturen   Quelle: © Eugen Buß

Zwischenfazit: Gibt es den besten Gesprächsstil?

Beide Sprechweisen funktionieren jeweils gut, wenn alle Beteiligten die „gleiche Sprache" sprechen. Wenn nun Männer und Frauen und damit zwei unterschiedliche Gesprächsstile aufeinander treffen, so kann dies zu Missverständnissen und Konflikten führen. Die Ursache liegt darin, dass der Zuhörer seine eigenen Ansichten, Motive und Gewohnheiten dem Sprecher unterstellt. Damit wird der eigene Blickwinkel „übergestülpt" und die eigenen Maßstäbe angelegt (vgl. Tannen 2004, S. 35). Der eigene kulturelle Hintergrund bestimmt auf diese Weise die Interpretation der Metamitteilung mehr als die eigentliche Intention des Sprechers.

In der Managementpraxis wie im gesamten Berufsleben gilt es daher, sich der kulturellen Unterschiede bewusst zu sein und die Fähigkeit zu erlernen, einen Perspektivenwechsel vorzunehmen, also die Welt mit den Augen der anderen zu sehen.

Auswirkungen der Gesprächsstile am Arbeitsplatz

In den Chefetagen großer Unternehmen finden sich nur wenige Frauen. Eine Studie des Nürnberger Institutes für Arbeitsmarkt- und Berufsforschung (IAB), die Anfang 2006 vorgestellt wurde, zeigt, dass der Anteil von Frauen in Spitzenpositionen nach wie vor gering ist: So ist nur jede vierte Führungsposition von einer Frau besetzt, bei Großunternehmen liegt der Frauenanteil im Top-Management bei lediglich vier Prozent. Bis 2004 hatte es keine einzige Frau in die Vorstandsetagen eines deutschen DAX-Unternehmens geschafft.

Für dieses Phänomen gibt es sicherlich zahlreiche Erklärungen. Der soziolinguistische Ansatz von Tannen sieht hier einen Zusammenhang zwischen der geschlechtsspezifischen Sprechkultur und den Aufstiegs- und Karrierechancen in Unternehmen. Tannen vertritt die *These, dass weibliche Gesprächsmuster, die sich an der Beziehungsperspektive und am privaten Sprechen orientieren, zu zahlreichen Missverständnissen und Benachteiligungen im Arbeitsalltag führen können.* Frauen sehen sich im Berufsalltag zahlreichen „Sprachbarrieren" gegenüber, die gleichzeitig als Hindernisse für ihr berufliches Fortkommen angesehen werden können.

Praxisbeispiel Sprachbarriere:

Eine Frau, die aus einer Gegend stammte, in der man Gespräche in ruhigem Ton und gemäßigtem Tempo führte, zog in eine andere Region, um einen neuen Job aufzunehmen. Dort sprach man sehr schnell und machte nur kurze Pausen zwischen den einzelnen Details. Bei Besprechungen suchte die Frau krampfhaft und erfolglos nach dem geeigneten Moment, um etwas zu sagen. Zu Hause galt sie als kontaktfreudig und selbstbewusst, in ihrer neuen Umgebung wurde sie als schüchtern und zurückhaltend eingeschätzt. Man empfahl ihr, einen Kurs zur Steigerung ihres Selbstbewusstseins zu belegen, weil sie nie den Mund auftat (Tannen 1999, S. 57).

9.4.2   Die Führungsetagen als ein „Haus der Männer"

Wenn Frauen in die Arbeitswelt eintreten, gelangen sie in ein männliches Territorium oder ein „Haus der Männer" (Tannen 2001, S. 147), das durch eine männliche Unternehmens- und Sprechkultur geprägt ist. Das Vorherrschen einer männlichen Denk- und Sprachwelt auf den Vorstandsetagen wird insbesondere an den verwendeten Metaphern aus der Welt des Sports und des Militärs deutlich: Ausdrücke wie „Stellung beziehen", „das Kommando übernehmen", „einen Volltreffer landen" oder „den Ball ins Rollen bringen" sind Teil der beruflichen Umgangssprache, die den männlichen Lebensbereichen entstammen und für die Frauen meist keinen Bezugsrahmen haben.

Die unterschiedliche Kommunikationskultur von Männern und Frauen im Managementalltag lässt sich an drei Aspekten besonders verdeutlichen:

Umgang mit Autorität

In der westlichen Welt ist das Bild von Autorität mit Männlichkeit verknüpft. Männer sind daher seit Kindertagen damit vertraut, mit Autorität zu spielen und diese auch nach außen zu demonstrieren. Folglich wenden sie diese für sie natürlichen Verhaltens- und Sprechmuster auch im Arbeitsalltag an, sie werden sogar von ihnen erwartet. Männer geben klare und direkte Anweisungen und üben ohne Umschweife Kritik. Für Männer ist es selbstverständlich, Autorität zu zeigen, da sie ihr Umfeld und damit auch ihre berufliche Situation in Autoritätskategorien und in hierarchischen Beziehungen sehen.

Während der Umgang mit Autorität für Männer sozusagen ein „Heimspiel" ist, tun sich Frauen in Autoritätspositionen eher schwer, damit umzugehen. „Weibliche Verhaltensnormen basieren auf Rollenbildern, die nicht vorsehen, dass Frauen den Boss spielen." (Tannen 2001, S. 43). Da Weiblichkeit mit Abschwächungsformen, Abmilderungen und Höflichkeit assoziiert wird, müsste eine Frau gegen ihr Bild vom guten Benehmen einer Frau verstoßen, wollte sie sich autoritär geben (vgl. ebd., S. 211). Gleichzeitig sind die Gesprächsmuster, die sie intuitiv anwendet, auf eben dieses Bild der Frau gerichtet.

Dies wird insbesondere in der Art und Weise deutlich, wie weisungsbefugte Frauen ihre Mitarbeiter zu einem bestimmten Handeln motivieren wollen. Während Männer *direkte Befehle* erteilen, formulieren Frauen ihre Anweisungen auf *indirektem Weg*, häufig über Vorschläge in der Wir-Form. Auch in Entscheidungsprozessen versuchen sie, die Mitarbeiter mit einzubeziehen, sie nach ihrer Meinung zu fragen und in der Begründung für die letztendliche Entscheidung zu berücksichtigen.

Verhalten in Projektsitzungen

Besprechungen und Sitzungen nehmen ein großes Zeitfenster im Managementalltag ein. Sie sorgen unter den Beteiligten immer wieder für Frustrationen. Wenn verschiedene Menschen zusammenkommen, um ein bestimmtes Projekt zu besprechen oder ein Problem zu lösen, ist für eine gelungene Sitzung nicht nur die Qualität der Ideen und Beiträge entscheidend, sondern die Art und Weise, wie diese vorgetragen werden. Je nach Gesprächsstil werden selbst qualitativ hochwertige Beiträge überhaupt nicht aufgegriffen und weitergedacht, oder sie werden einem ganz anderen Sprecher zugerechnet, der eventuell sogar unbeabsichtigt mit „fremden Lorbeeren geschmückt" wird und Anerkennung für etwas erntet, das eigentlich einem anderen zusteht (vgl. ebd., S. 355).

Generell bietet eine Besprechung mit mehreren, vielleicht sogar untereinander unbekannten Teilnehmern, bei der jeweils nur einer spricht und die anderen zuhören, den idealen Rahmen für die Berichtssprache der Männer. Sie stürzen sich gerne in den verbalen Wettstreit um die besten Beiträge und versuchen, das Gesprächssteuer an sich zu reißen. Die weiblichen Teilnehmer fühlen sich von solch einer Situation eher überfordert und lassen sich meist gar nicht erst auf den Wettkampf ein (vgl. Tannen 2004, S. 232f.). Von ihren natürlichen Sprechgewohnheiten ausgehend, wollen sie erst die Zustimmung der anderen einholen, bevor sie ihren Redebeitrag beginnen oder weichen zurück, wenn sie unterbrochen werden. Indem beide Gesprächsmuster auf diese Weise zusammenprallen, kommen Frauen in Besprechungen weniger zu Wort (vgl. Tannen 2001, S. 375). Paradoxerweise wird dieses Ergebnis weder von den Männern noch von den Frauen absichtlich herbeigeführt: Auch für die Männer kann es unbefriedigend sein, wenn sich die Frau nicht am Gespräch beteiligt. Es ist also weder die Schuld der einen noch der anderen Seite, sondern vielmehr das Aufeinandertreffen beider Gesprächskulturen, die zu dieser Konstellation führt.

Scheinbar gleichberechtigte Ausgangsbedingungen der Teilnehmer bzw. demokratische Entscheidungsstrukturen in Besprechungen müssen folglich nicht unbedingt dazu führen, dass jeder Teilnehmer zu Wort kommt, jede Meinung Gehör findet und sich letztendlich die beste

Idee oder der beste Vorschlag durchsetzt. Vielmehr können es einige wenige sein, die sowohl den Verlauf als auch den Ausgang der Besprechung bestimmen.

Das Problem der Glaswand

Tannen umschreibt das Phänomen, dass nur wenige Frauen in Spitzenpositionen von Unternehmen zu finden sind, mit dem Begriff der *Glaswand*. Es scheint, als gäbe es in der Arbeitswelt eine unsichtbare Barriere, die Frauen daran hindert, in die obersten Hierarchiestufen aufzusteigen (vgl. Tannen 2001, S. 162). Tannen interpretiert die Glaswand sozusagen als Wortmauer, indem sie darlegt, wie die Unterschiede im Gesprächsstil zur Schaffung solch einer unsichtbaren Mauer beitragen können.

Wenn Spitzenpositionen besetzt werden, spielen Eigenschaften wie Kompetenz, Entschlossenheit und Führungsfähigkeit eine große Rolle. Allerdings reicht es für die Bewerber nicht aus, solche Eigenschaften zu besitzen oder in der bisherigen beruflichen Karriere hervorragende Leistungen erbracht zu haben, sie müssen sich auch so „verkaufen", dass die anderen dies bemerken (vgl. ebd., S. 165ff.). Da es hauptsächlich Männer sind, die über Beförderungen entscheiden und bei der Beurteilung ihrer Mitarbeiter ihre „männlichen Maßstäbe" zugrunde legen, können Frauen bezüglich ihrer Kompetenz falsch eingeschätzt werden. Dies kann auf zweierlei Wegen erfolgen:

Zum einen bergen die weiblichen Sprechweisen, die auf Gleichwertigkeit und Konsens gerichtet sind, die Gefahr, dass sie als Zeichen von mangelnder Führungsstärke, Unentschlossenheit und mangelnder Kompetenz missverstanden werden. Statt die Beziehungssprache als kulturell bedingten Unterschied wahrzunehmen, werden Rückschlüsse auf den Charakter und die Befähigung gezogen. Dies ist insbesondere der Fall, wenn sich die Vorgesetzten an formellen Präsentationen als Beurteilungshintergrund orientieren, da sie bei dieser Gelegenheit die Mitarbeiter direkt beobachten können. Wenn sich Frauen bei solch einem öffentlichen Vortrag an ihren natürlichen Gesprächsmustern orientieren, werden ihr Wissen und ihre Führungsstärke durch den privaten Gesprächsstil heruntergespielt.

Das negative Bild kann auch dadurch entstehen, dass Frauen weniger Anstrengungen unternehmen, ihre Fehler oder ihre Unkenntnis zu verbergen und „freimütiger" zu ihren Schwächen stehen. Ihre Antennen sind nicht auf Statussignale geeicht, die sie unbewusst zu ihrem eigenen Nachteil aussenden.

Auch wenn Vorgesetzte ihre Mitarbeiter im alltäglichen Miteinander beobachten, können Fehldeutungen auftreten. Wenn beispielsweise Frauen, die in ihrer Managementfunktion dafür verantwortlich sind, eine bestimmte Entscheidung zu treffen, den Konsens wahren und ihre Kollegen in den Prozess der Entscheidungsfindung einbeziehen, können sie in den Augen ihrer Vorgesetzten als entschlussunfreudig und -fähig gelten, wenn sie nacheinander die Meinungen aller Beteiligten einholen.

Fazit:

Wenn sich Manager in verantwortlichen Positionen der Stilunterschiede zwischen Männern und Frauen und ihrer kulturellen Ursachen bewusst sind, besteht eine größere Chance für die Unternehmen, bisher ungenutztes weibliches Führungspotential auszuschöpfen. Für Frauen im Berufsalltag heißt das, sie müssen „auf dem Spielfeld nach Regeln agieren, die Männer aufgestellt haben. Aber in aller Härte mit ihnen bolzen – das dürfen sie nicht." (Moser 2006, S. 47).

9.4.3 Die Kommunikationsfalle oder das Problem des „double bind"

Tannen weist darauf hin, dass es für Frauen nicht funktional ist, lediglich den männlichen Gesprächsstil zu übernehmen. Zum einen laufen Managerinnen, die einen männlichen Gesprächsstil pflegen, Gefahr, als unweiblich zu gelten. Forschungen belegen, dass Gesprächspartner auf dieselben Gesprächsmuster unterschiedlich reagieren, je nachdem, ob ein Mann oder eine Frau sie anwendet. So wird Direktheit bei einem Manager als Aufgabenorientierung, Zielstrebigkeit und damit als positives Merkmal betont, während sein weibliches Pendant als schroff und nicht taktvoll dafür kritisiert werden kann (vgl. Tannen 2001, S. 244ff.).

Frauen werden sozusagen dafür bestraft, dass sie den geschlechtsspezifischen Erwartungen nicht entsprechen und machen sich insbesondere bei gleichgeschlechtlichen Untergebenen unbeliebt. Was soll frau da machen? Übernimmt sie männliche Gesprächsmuster, verhält sie sich wie jemand, der Autorität hat, dann wird man sie eher respektieren als sympathisch finden. Doch gerade darauf legen Frauen den größten Wert, dass sie akzeptiert *und* beliebt sind und dadurch fest in ihr Bindungsnetzwerk eingeknüpft sind. Tannen spricht in diesem Fall von einer „*Kommunikationsfalle*" oder einer Situation des „*double bind*": Wollen Frauen durchsetzungsstärker und kompetenter erscheinen, erhöhen sie gleichzeitig das Risiko, als unweiblich zu gelten und unbeliebt zu sein. Tragen sie stattdessen den Maßstäben Rechnung, die an das gute Benehmen einer Frau angelegt werden, gelten sie eher als inkompetent und unsicher (vgl. ebd., S. 254).

Fazit:

Das Konzept des Job Talk leistet einen wesentlichen Beitrag, Prozesse der interkulturellen Kommunikation zwischen den Geschlechtern zu erklären und zu verbessern. Das Management von Unternehmen profitiert von einer höheren Kompetenz und Flexibilität auf der Stilebene der Kommunikation in doppelter Weise: Sie fördert nicht nur die Integration weiblicher Mitarbeiter in den betrieblichen Alltag, verhindert bzw. löst Konflikte im Miteinander männlicher und weiblicher Kollegen und leistet damit insgesamt einen Beitrag zur Steigerung der Arbeitszufriedenheit ihrer Mitarbeiter.

Fragen zur Wiederholung:

1. Beschreiben Sie das instrumentelle Kommunikationsverständnis.
2. Was versteht man unter der Metaebene der Kommunikation?
3. Worin liegen die Vorteile der indirekten Kommunikation?
4. Was versteht man unter der Vorder- und Hinterbühne der Kommunikation?
5. Unter welchen Umständen entsteht ein „Kommunikationsverzerrwinkel"?
6. Was ist eine soziale Beziehungsfalle?
7. Nennen Sie drei Voraussetzungen/Umstände, in denen die Kommunikation des Managements misslingt.
8. Beschreiben Sie die „vier Ohren" nach dem Modell von Schulz von Thun.

9. Aus welchen Botschaften besteht das 6-Felder-Schema der Managementkommunikation?

10. Was versteht man unter einem „accounting lag"?

11. Erklären Sie die sogenannte „Et-Cetera-Regel" der Kommunikation.

12. An welchen Merkmalen kann man die Bedeutung von Markensymbolen beschreiben?

13. Geben Sie ein Beispiel für die Bedeutung von Logos im Rahmen der Unternehmenskommunikation.

14. Was versteht Tannen unter interkultureller Kommunikation?

15. Beschreiben Sie die geschlechtsspezifischen Gesprächskulturen.

16. Was versteht Tannen darunter, die Arbeitswelt als ein „Haus der Männer" zu beschreiben?

17. Erläutern Sie die Unterschiede von Männern und Frauen im Umgang mit Autorität. Welche Konsequenzen ergeben sich daraus jeweils?

18. Inwiefern kommt der Rahmen von Besprechungen den männlichen Gesprächsmustern entgegen? Welche Alternativen gibt es?

19. Inwieweit hängen nach Tannen das Kommunikationsverhalten und die berufliche Karriere zusammen?

20. Was versteht Tannen unter dem Begriff der Kommunikationsfalle bzw. des double bind?

Modul 10

Wert-Monitoring – das Scharnier zur Gesellschaft

Das Modul zielt darauf,

- den Wert- und Strukturwandel der Gesellschaft als zentrale Kategorie von Managementstrategien zu verstehen,

- die Sensibilität für Wertströmungen und Anspruchshaltungen der Öffentlichkeit zu wecken,

- die Rückwirkungen von Werten und gesellschaftlich relevanten Themen auf unternehmerische Entscheidungen wahrzunehmen,

- gegenwärtige Wertetrends in Deutschland zu erkennen und ihre Bedeutung sowie ihre Anwendung für Unternehmensprozesse zu verstehen,

- die Bedeutung des Wert-Monitoring in der Alltagspraxis des Managements sichtbar zu machen.

10.1   Wert-Monitoring als strategische Managementaufgabe

Manager operieren primär auf der funktionalen Ebene – d. h., sie beschäftigen sich vor allem mit strategisch-wirtschaftlichen Leistungszielen, für die sie „Experten" oder „Spezialisten" sind. Die Öffentlichkeit operiert daneben auch auf einer kulturellen Ebene. Sie schaut auf ein Unternehmen nicht nur aus der Perspektive des reinen Produktnutzens, des Designs oder der Qualität, sondern auch aus der Perspektive der kulturellen Nähe: Verkörpern die Manager in ihren Entscheidungen Werte und Vorstellungen, die ich teile, die ich „unterschreiben" könnte? Berücksichtigen sie diese Werte in ihren Produktstrategien, in ihren Kommunikationsstrategien, in ihrer Werbung, in ihrem Service?

10.1.1   Fallstudie: Zukunftswerkstatt

Hören wir einmal in die Zukunftswerkstatt eines großen deutschen Automobilkonzerns hinein: Auf der Tagesordnung steht die Erstellung eines Lastenheftes (Anforderungsprofils) eines Nutzfahrzeuges des Jahres 2020. Am Tisch sitzen Ingenieure, Manager aus den Bereichen Vertrieb, Marketing, Kommunikation, Controlling, Produktion und Marktforschung. Ein Ingenieur schlägt vor, das unfallfreie Auto zu entwickeln. Mit Hilfe der Technik ließen sich vollautomatische Abbremsmanöver ohne Einwirkung des Fahrers durchführen und damit die Sicherheit für Fahrer und Verkehr spürbar verbessern. Demgegenüber meint der Kollege aus dem Vertrieb, man solle den Fahrer nicht entmündigen, sondern stattdessen in den Komfort des Fahrerhauses investieren und hier zu vollkommen neuartigen Konzepten kommen. Denn letztlich entscheide der Fahrer, welche Marke ein Spediteur bestelle.

Der Leiter der Marktforschung greift in die Diskussion ein und meint, man könne den Wertewandel in Deutschland nicht länger ignorieren und solle doch besser alle Ressourcen für die Entwicklung eines ökologisch vorbildlichen Antriebssystems nutzen. Besser sei ein schadstofffreies als ein unfallfreies Auto. Dieser Auffassung widerspricht der Kollege aus dem Controlling und gibt zu bedenken, dass der heiß umkämpfte Nutzfahrzeugmarkt einen solchen Investitionsaufwand nicht honoriert. Schließlich müsse das Fahrzeug bezahlbar bleiben. Jetzt greifen die Manager aus dem Kommunikationsbereich und dem Marketing in die Diskussion ein und regen an, doch einmal grundsätzlich über die Veränderungen der Transportsysteme in Europa nachzudenken und möglicherweise eine öffentliche Debatte zu stimulieren, die auf eine engere Vernetzung von Bahn und Straße zielt und damit zugleich andere flexiblere und kleinere Fahrzeugkonzeptionen notwendig machen würde.

Fazit:
Fünf Manager, fünf Meinungen, fünf Wertvorstellungen. Werte der Sicherheit, des Komforts, der Ökologie, der Kosten-Nutzen-Rationalität und der Flexibilität prallen aufeinander. Wie soll hier das Management entscheiden? Das ist der Stoff, aus dem das Wert-Monitoring gemacht ist. Die Grundfrage lautet: Was ist die „richtige" Managementstrategie?

Definition Wert-Monitoring:

Wert-Monitoring bedeutet das systematische Beobachten und Erfassen von tieferliegenden Wert- und Strukturveränderungen in der Gesellschaft. Wert-Monitoring beinhaltet konkret die Untersuchung der (gegenwärtigen wie zukünftigen) Bedeutung gesellschaftlicher Werte sowie ihre Rückwirkungen auf die handelnden Akteure im Unternehmen. Es hat das Ziel, die Konsequenzen des öffentlichen Wert- und Strukturwandels für Managementstrategien nutzbar zu machen.

Werte sind Konzeptionen des Wünschenswerten. Sie kandidieren für die Richtung, die die Öffentlichkeit den Unternehmen zumutet. Es sind also zunächst vor allem jene sozialen Güter, die die überwiegende Mehrheit der Bevölkerung an ökonomischen Verhältnissen bzw. an den Managementstrategien als wertvoll und wichtig ansieht. Strukturen sind relativ stabile Gefüge im Aufbau einer Gesellschaft, beispielsweise die Bildungsstruktur oder die demographische Struktur (Altersaufbau).

10.1.2   Bedeutung und Funktionen des Wert-Monitoring

Wert-Montroing ist Ausdruck eines kontinuierlichen Abstimmungsprozesses, in dessen Verlauf es mehr oder weniger gelingt, Strategiegrundsätze und Geschäftsmodell eines Unternehmens auf zentrale Wertorientierungen der Öffentlichkeit bzw. Strukturwandlungen der Gesellschaft zu beziehen.

Es fungiert gleichsam als eine Art Frühwarnsystem, das Veränderungen öffentlicher Wertansprüche und gesellschaftlicher Strukturen diagnostiziert, ihre Relevanz für ein Unternehmen und das Management beurteilt und gegebenenfalls Konsequenzen ableitet. Gleichzeitig hilft

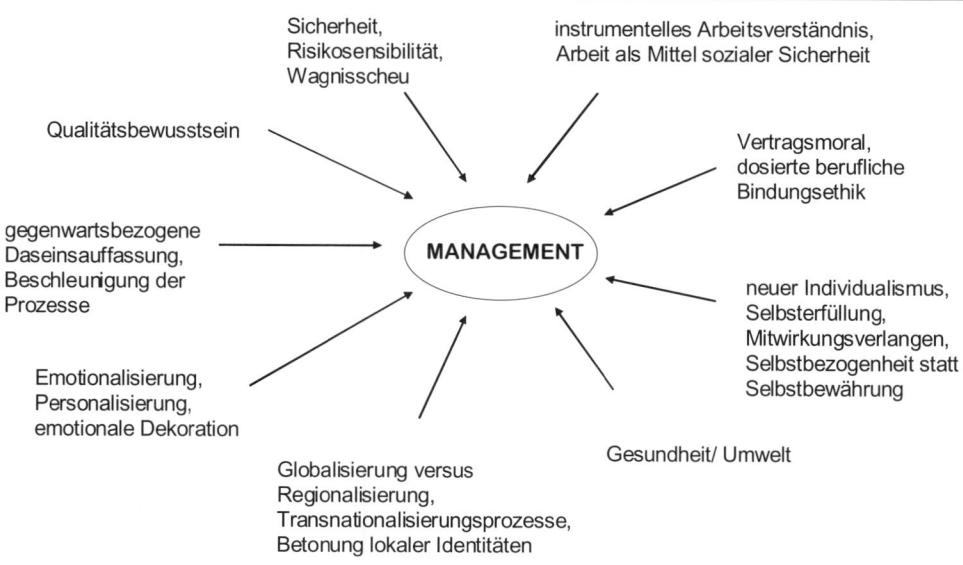

Abb. 10.1 Wert-Monitoring – Gesellschaftlicher Wertrahmen für das Management   Quelle: © Eugen Buß

dieser Seismograph dem Management, die eigene strategische Produkt-, Service- oder Kommunikationskonzeption auf grundlegende Wertentwicklungen abzustimmen.

Die Bedeutung des Wert-Monitoring für das Management hat vor allem einen Grund: Die Wertkultur der Menschen in Mitteleuropa hat sich in vielen Bereichen so gravierend verändert, dass aus dieser Veränderung neue Bewertungsmaßstäbe der Öffentlichkeit hervorgegangen sind. Die Einstellung zur Kompetenz, zum Stellenwert von Qualität, zu Innovationen, zu Risiken, zur Verfügbarkeit einer Leistung, zum Komfort, zur Umwelt oder auch die Einstellung zur Sicherheit, zur Erlebnisorientierung, zu Gesundheitsfragen – all dies ist in Bewegung geraten. Und all dies verändert die Gründe, warum Menschen ein Produkt oder ein Unternehmen schätzen, und welche *Managementstrategie* Erfolg verspricht.

Aus diesem Grund nötigt das Wert-Monitoring die Manager zu Antworten auf neue Fragen: Wie verändern sich die Wertansprüche der Stakeholder (öffentliche Anspruchsgruppen)? Wie verändern sich die sozialen Strukturen in Deutschland? Welche Rückwirkungen haben beispielsweise demographische Veränderungen, Globalisierungsprozesse oder die wachsende Bedeutung der Freizeit auf die Unternehmenspolitik, die Unternehmenskultur, die Unternehmensstrategie? Wie verändern sich die an die Manager adressierten Erwartungen maßgeblicher Teilöffentlichkeiten?

Strategisches Management fußt auf der Fähigkeit einer Organisation, gesellschaftliche Entwicklungen wahrzunehmen und in das eigene Selbstverständnis sowie in eigene Geschäftsmodelle zu integrieren. Es setzt die Kompetenz voraus, zwischen Geschäftsmodell einerseits und den grundsätzlichen Wertströmungen und Strukturveränderungen der Gesellschaft andererseits eine Brücke zu schlagen. Die für das Management zentralen Funktionen des Wert-Monitoring lassen sich wie folgt zusammenfassen:

1. Das Wert-Monitoring identifiziert unternehmensrelevante Erwartungen und Ansprüche der Öffentlichkeit auf der Basis dauerhafter Wertgrundsätze und bezieht sie in die Strategieprozesse des Managements ein. Es benennt bestimmte Werte als grundlegende Klammer für die Ausrichtung einer Organisation.

2. Das Wert-Monitoring ermittelt die Bedeutung und den Stellenwert der an eine Organisation adressierten öffentlichen Ansprüche. Dem Wert-Monitoring liegt eine Rangskala von Werten zugrunde.

3. Das Wert-Monitoring misst den Grad der Übereinstimmung – als Differenz – zwischen wahrgenommenem Wertprofil eines Unternehmens und Wertanforderungen der Öffentlichkeit. Es werden die Wertansprüche der Öffentlichkeit dem faktisch gegebenen Positionierungsprofil (Leitbild) eines Unternehmens gegenübergestellt. Auf diese Weise erhält man *Positionierungsgemeinsamkeiten* oder *Positionierungsdifferenzen*. Beispiel: Wie groß ist die Differenz zwischen Umweltanspruch der Öffentlichkeit und Umweltschutz als Leitbild des Managements?

Definition Positionierung:

Unter Positionierung versteht man das Leitbild eines Unternehmens, das die Maßstäbe des Handelns in den verschiedenen Unternehmensbereichen definiert.

---

4. Das Wert-Monitoring stellt gesellschaftliche Entwicklungen (Längsschnittanalyse) dar, an denen sich ein Strategieprogramm orientieren kann. Es benennt Stärken und Schwä-

chen, Risiken und Chancen auf Organisationsebene – sowohl im Vergleich mit dem Wettbewerb als auch im Vergleich zu einem Soll-Image.

5. Das Wert-Monitoring zeigt Strategie- und Kommunikationsbereiche mit hoher Priorität und solche mit geringerer Priorität auf. Es benennt Themenfelder, die durch aktives Issues Management besetzt werden. Issues Management ist ein Früherkennungssystem, das Themen mit öffentlichem Wirkungspotential identifiziert, analysiert und bewertet, um Handlungsoptionen für das Management zu gewinnen.

6. Das Wert-Monitoring benennt die Gründe, warum die Öffentlichkeit ein Unternehmen schätzt und welche Form des Dialogs sie sucht.

7. Das Wert-Monitoring trägt zu einer differenzierten Zielgruppenpolitik bei. Zielgruppen können auf der Plattform des Wertmonitors nach Wertprofilen und Lebensstilen differenziert werden.

8. Das Wert-Monitoring trägt zu einer differenzierten Stakeholderpolitik bei. Beispielsweise werden NGOs nach der jeweiligen öffentlichen Bedeutung ihrer Interessen differenziert.

10.1.3   Quellen des Wert-Monitoring

Ein auf Wertfragen fokussiertes Monitoring erfasst systematisch alle Hinweise auf gesellschaftliche Wertewandelsprozesse, wie sie in den unterschiedlichsten Quellen dokumentiert werden, beispielsweise:

*   In welchem atmosphärischen Umfeld werden unternehmensrelevante Themen, Daten, Nachrichten und Kommentare in den Medien veröffentlicht?
*   Welche wissenschaftlichen Quellen dokumentieren welche Wertveränderungen?
*   Wie lauten die Befunde bedeutender Meinungsforschungsinstitute zu den zentralen Werthaltungen, Einstellungen und Interessen der Deutschen?
*   Welche statistisch gut belegten Zeitreihen über Wertewandelstendenzen stehen zur Verfügung? Wie unterscheiden sich einzelne Zielgruppen und Milieus?
*   Welche wissenschaftlichen Befunde über den Wertewandel liegen vor?
*   Welche symbolischen Szenen, die die öffentliche Stimmungslage zu einem Thema zu beeinflussen vermögen, werden in Massenmedien dargestellt?
*   Wie werden unternehmensrelevante Themen in der Öffentlichkeit bewertet?
*   Wie wird das Management eines Unternehmens in den Medien gesehen? Welche wertenden Formulierungen/Attribute werden verwendet?
*   Mit welchen Zwischentönen werden für ein Unternehmen wichtige Themen in den Medien, in der Politik oder bei den Nichtregierungsorganisationen behandelt?
*   Welche Themen finden welche Resonanz in den Medien („issue tracking")?

10.2 Allgemeine Wertentwicklungen

Zentrale Lebensthemen und Werthaltungen sind in Mitteleuropa im Umbruch. Die Richtungen, in die sich allgemeine Grundsätze verlagern, lassen sich auf den unterschiedlichsten Wertfeldern lokalisieren: neuer Stellenwert von nachbarschaftlichen und nutzfreundschaftlichen Netzwerken, Öffnung herkömmlicher Männer- und Frauenbilder, neues Zeitempfinden, neuer Individualismus, wachsende Erlebnisorientierung, Renaissance herkömmlicher Pflicht- und Disziplinwerte, der neue Rang von Natur und Umwelt, verstärkte Betonung von Werten wie Ästhetik, Design oder Glaubwürdigkeit.

Auf diese höchst differenzierten Wertentwicklungen versuchen Manager im Rahmen des Monitoring-Prozesses entsprechende Antworten zu finden. Daher sind Manager, ob sie es so wünschen oder nicht, stets mit Fragen konfrontiert wie: Welche Vorstellungen, Zustimmungen und Vorbehalte der Öffentlichkeit werden an uns adressiert? Was bedeutet beispielsweise der Wandel von materialistischen zu postmaterialistischen Orientierungen in der Gesellschaft für uns als Organisation? Was bedeutet der allgemeine Vertrauensverlust der Öffentlichkeit gegenüber der Wirtschaft? Wie soll darauf reagiert werden?

Anhand von fünf exemplarischen Wertentwicklungen soll gezeigt werden, welche managementrelevanten Konsequenzen sich aus dem Monitoring ergeben:

10.2.1   Das veränderte Zeitbewusstsein

Lebenstempo und Zeitbewusstsein haben sich in zwei zentralen Aspekten gewandelt (vgl. Levine 2000):

- Die Menschen leben der Tendenz nach in einem beschleunigten Rhythmus.
- Die Zukunft verliert an Bedeutung.

Das Zeitbild bzw. das Zeitempfinden der Menschen verändert sich: Es findet ein allmählicher Wechsel vom Vorrang langfristiger Ziele zum Vorrang kurzfristiger Ziele statt. Der Zukunftshorizont wird verkürzt im Sinne einer präzisen Verwaltung von „absehbarer Zeit". Ausdruck der neuen Lebensstilorientierung ist eine stärker auf den Augenblick bezogene Daseinsauffassung. Es gibt ein verstärktes Verlangen nach dem erfüllten Augenblick oder wie es heute auch heißt: nach dem „paradise now". Damit wird die traditionelle Wertethik auf den Kopf gestellt: Die Verzichtmoral wird zur Jetzt-Erlebnis-Moral. Es scheint, als gehe es um eine Art Abdiskontierung des Lebensgefühls. Dahinter steht die Hoffnung, sich ein erfülltes Leben zu verschaffen und sich an den Freuden des Augenblicks statt an ferner gelegenen Zielen zu orientieren.

Das Ersetzen der Kategorie Zukunft durch das, was man als „erstreckte Gegenwart" bezeichnen könnte, hat vielfältige Folgen:

1. Vorrang der Verfügbarkeit

   Die verstärkte Gegenwartsorientierung der Menschen verändert die Einstellung zu Wartezeiten. Mit dem Verlust von Zukunft geht die allgemeine Wartebereitschaft verloren. Die Vertagung von Ansprüchen wird immer weniger hingenommen. Sie weicht einer ausgeprägten Hier-und-Jetzt-Mentalität. Die Menschen sind immer weniger bereit, sich in eine Art symbolische Warteschlange einzureihen, um die eigenen Ansprüche bedienen zu lassen.

   Folge: Die sofortige Verfügbarkeit von Produkten, Dienstleistungen, Service und Informationen nimmt an Wertschätzung deutlich zu. Verfügbarkeit gewinnt einen hohen Eigenwert. Jede Unternehmensleistung muss mit verlässlichen Verfügbarkeitsfristen ausgestattet werden, will das Management den Ansprüchen der Öffentlichkeit Rechnung tragen. Verfügbarkeit wird zu einem strategischen Erfolgsindikator. Was nicht kurzfristig verfügbar ist, verliert generell an Wertschätzung und gegebenenfalls seinen Markt.

2. Dosierte Bindungs- und Kundentreue

Das verstärkte Gegenwartsbewusstsein hat zweitens zur Folge, dass sich die Menschen immer weniger dauerhaft „festlegen". Wer die Zukunft gering schätzt, distanziert sich auch vermehrt von Verpflichtungen und Dauerbindungen. Dauer als Ausdruck moralisch begründeter, verlässlicher Konstanz verliert an Wertschätzung. Bindungstreue und damit Kundentreue sind nicht mehr selbstverständlich. Fraglose Mitarbeiterbindungen weichen eher einem Kalkül wohl dosierter Treuebindung.

3. Tempo als Eigenwert

„Tempo" avanciert zunehmend zu einem Eigenwert. Wenn Zeit als begrenzt erscheint, muss das Tempo erhöht werden. Ob Zukunftsinvestition, Marketingkampagne, Werbung, Pressenotiz oder anderes: die Eiligkeit steht außer Frage. Wer zugibt, dass ein Projekt Zeit hat, disqualifiziert es damit selbst. Ein selbstverständliches, gleichsam anonym gefordertes Tempo wächst in unsere Lebens- und damit auch in die Unternehmensstrukturen hinein. Zwar ist ein Wechsel der Ziele möglich, aber kein Wechsel des Tempos.

Konsequenz des Monitoring: Die Anforderungen an einen rascheren Produktzyklus oder an die Reaktionszeit der Unternehmenskommunikation nehmen deutlich zu. So muss die Reaktionszeit bei Anfragen, Reklamationen oder im Falle der Krisenkommunikation drastisch verkürzt werden. Nicht der Inhalt einer Reaktion, sondern vor allem die Reaktionszeit spielt für die Verständigung mit der Öffentlichkeit eine zentrale Rolle. Was heute als schnell gilt, wird morgen schon zu langsam sein. Wer sich zu lange bei einer Sache aufhält, diskreditiert sich selbst.

4. Time to Market

Mit dem gegenwartsbezogenen Denken wächst die Bedeutung des strategisch-taktischen Zeitaspektes einer Managemententscheidung. Entscheidend ist, zum richtigen Zeitpunkt das Richtige zu tun. „Time to market" wird zu einem Hauptkriterium für den wirtschaftlichen Erfolg. Manager sind heute darauf angewiesen, jene Regeln zu erfassen, denen das Timing einer richtigen Entscheidung unterliegt. Die Kunst des Zeitarrangements bedeutet auch: die Fähigkeit zu beschleunigen, zu verlangsamen, warten zu lassen, abwarten zu können, den richtigen Moment zu inszenieren oder das kunstvolle Arrangieren von Zeitschwellen zur Steigerung der Aufmerksamkeit.

5. Knappheit von Zeit

Mit der Knappheit von Zeit ist das Zeitfenster für Verständigungsprozesse in Unternehmen begrenzt. Es fehlt vielen Managern schlichtweg die Zeit für eine notwendige Konsenssuche mit den Mitarbeitern. Konsensprobleme treten überall dort auf, wo Knappheit von Zeit auf komplexe Sachprobleme stößt. Denn eines ist klar: Wer Konsens braucht, strapaziert sein Zeitbudget. Je weniger davon zur Verfügung steht, desto mehr eskalieren Konflikte und Missverständnisse. Oder wendet man es positiv: Durch Verzicht auf Konsens kann man Zeit sparen. Insoweit stecken in der Problemtransformation von Konsens in Zeit enorme Rationalisierungsreserven. Auch dies mag ein Grund für den zunehmenden Hang zur Alleinentscheidung auf den Führungsetagen der großen Unternehmen sein.

6. Bedeutung von Fristsachen

Durch das veränderte Zeitbild zeichnet sich eine Entwicklung ab, in der Fristsachen bevorzugte Aufmerksamkeit genießen. Allein die Terminierung stellt einem Thema die Frage: Sein oder Nicht-sein (Luhmann). Gegenüber Fristsachen werden andere Angelegenheiten aufgeschoben, seien sie inhaltlich auch noch so wichtig; d. h. allein die formale Tatsache der Dringlichkeit wird zum eigenen Wert. Alles in allem wächst die Präferenzverschiebung zugunsten des Befristeten. Formale Dringlichkeit eines Themas rangiert vor der inhaltlichen Bedeutung eines Themas.

7.   Verändertes Entscheidungsverhalten der Manager

Wegen der wahrgenommenen Knappheit von Zeit und wegen der wachsenden Komplexität vieler Entscheidungsgegenstände verändern sich wichtige Grundlagen im Entscheidungsverhalten von Managern:

- Aus knapper Entscheidungszeit ergibt sich in der Regel eine Privilegierung des schon Bekannten. Informationen, deren Beschaffung Zeit braucht, werden häufig aus Dringlichkeitsgründen nicht mehr herangezogen. Es herrscht eine Präferenz für vertraute, eingefahrene oder nach technischer Routine erfolgende Entscheidungsverfahren.

- Wegen der hohen Priorität des Befristeten werden nicht die wichtigen Entscheidungen, sondern die zeitlich anstehenden Entscheidungen bevorzugt getroffen. Entscheidungen, die die zeitliche Priorität von Vorgängen festlegen, haben eine größere Bedeutung als Entscheidungen über die Vorgänge selbst.

- Es werden vermehrt Entscheidungen getroffen, die kurzfristig umgesetzt werden können und rasch Erfolg zeitigen. Entscheidungen werden am Primat der Kurzfristigkeit und Absehbarkeit orientiert. Quartalszahlen rangieren vor einer revolvierenden (sich ständig fortschreibenden) Mehrjahresplanung.

- Knappe Zeit zwingt zum Verzicht auf vollständige Informationen, zum Verzicht auf Abwägung von Alternativen, zum Verzicht auf Konsens: sie zwingt daher zu ‚unteroptimalen' und intuitiven Entscheidungen. Die Diskrepanz zwischen zeitlich befristeten und sachlich notwendigen Entscheidungsverfahren wird noch evidenter. Mit der Knappheit der Zeit wächst das Element der Intuition in den modernen Entscheidungsverfahren. Intuition ist mehr als Instinkt. Wenn Intuition positiv wirkt, ist sie das glückliche Zusammenfallen von Erfahrungs- und Beurteilungsvermögen. Und wenn Intuition negativ wirkt, ist sie Ausdruck eines risikoreichen, tendenziell autoritären Entscheidungsverfahrens. Insgesamt nehmen autoritäre Verfahren bei zunehmendem Zeitdruck an Bedeutung zu.

10.2.2   Arbeitswerte im Wandel

Die moderne Haltung zur Arbeit ist aus einem tiefgreifenden Wandel hervorgegangen. Sie lässt sich am besten veranschaulichen, wenn man sie den traditionellen Arbeitswerten gegenüberstellt.

10.2.2.1 Traditionelle Arbeitswerte

Die traditionellen Arbeitswerte und Arbeitshaltungen in der Nachkriegszeit bis etwa Ende der sechziger Jahre waren durch ältere, bis ins vorige Jahrhundert zurückreichende religiöse und kulturelle Traditionen geprägt. Es waren vor allem Orientierungen lebendig, die sich bereits im preußischen Wertsystem durchgesetzt, in der Weimarer Republik überlebt und auch den Nationalsozialismus überdauert hatten (Buß 1997, S. 189ff.).

1. Arbeit als zentrales Lebensinteresse

2. intrinsische Motivation von Pflichtbewusstsein

3. uneingeschränkte Akzeptanz des Leistungsprinzips

4. Leistung als Arbeitstugend, Prestige nur aus Leistungserfolg

5. nicht Inhalt der Pflicht, Pflicht an sich wird geschätzt

6. klares Bild von Führung und Unterordnung, Anerkennung von Autorität

7. Werte der Effizienz und Anpassung

Abb. 10.2 Kennzeichen traditioneller Arbeitswerte   Quelle: © Eugen Buß

- Arbeit war zentrales Lebensinteresse, Beruf eine Art der Gesinnung. Das Berufsleben wurde verstanden als konsequente Tugendübung. Die Menschen waren von sich aus gesehen fleißig, gewissenhaft, diszipliniert und pflichtbewusst; und sie waren es, weil gerade dies ihren eigenen Wertvorstellungen am ehesten entsprach. Strenge Arbeitsdisziplin war nicht bloß eine von materieller Not oder dem Wunsch nach materieller Wohlfahrt diktierte Notwendigkeit, sondern eine moralische Haltung. Hohes Arbeitsethos war gestützt auf allgemein bejahte Disziplin- und Pflichtvorstellungen.

- Unausgesprochen bejaht wurde demzufolge das Leistungsprinzip: Leistung als die dem Wachstum und der eigenen materiellen Wohlfahrt unmittelbar dienende Tätigkeit. Leistung verstand sich von selbst, sie wurde um ihrer selbst willen honoriert. Andererseits hieß dies: wer nichts leistete, galt auch nichts. Insofern war Leistung im Mehrheitsbild der Deutschen eine der wesentlichsten Arbeitstugenden.

- Ebenso verhielt es sich mit der Pflicht; Pflicht verstanden als ständige Arbeit an sich selbst und an der Qualität der Aufgabenerfüllung, also Selbstkontrolle und Leistung. Nicht der Inhalt der Pflicht, Pflicht an sich wurde geschätzt; nicht der Inhalt der Arbeit, Arbeit an sich wurde als moralische Aktivität betrachtet. Die Pflicht zur Arbeit war folglich ein nicht weiter zu begründender ethischer Imperativ. Entsprechend galt Fleiß als Tugend. Das Bild des moralischen Individuums war das eines Menschen, der regelmäßig, zuverlässig und kompetent arbeitete, gleichgültig im wesentlichen, wie groß die materiellen und immateriellen Entgelte waren.

- Darüber hinaus war die Arbeitswelt geprägt von einem Weltbild von Führung und Unterordnung. Die große Mehrheit der Deutschen hielt es für wünschenswerter, dass der Einzelne sich fügte und persönliche Bedürfnisse den Belangen des Unternehmens unterordnete. In den Augen der Mehrheit waren hierarchische Betriebsstrukturen wünschenswert, d. h. dass klare Anweisungen gegeben wurden sowie deren bereitwillige, nicht weiter zu hinterfragende Ausführung. Man neigte dazu, Autoritäten anzuerkennen. Gehorsam und Disziplin galten nicht nur als erforderlich, um das reibungslose Funktionieren von Betriebs- und Arbeitsabläufen zu gewährleisten, d. h. sie wurden nicht nur als bloße Funktionsbedingungen geschätzt, sondern eben auch als moralische Qualitäten.

1. Arbeit steht nicht im Mittelpunkt des Lebens

2. Wertschätzung von Arbeit aus extrinsischer Motivation

3. Arbeit wird nur geschätzt, weil und soweit sie
    - finanziell unabhängig macht
    - soziale Sicherheit verbürgt
    - gesellschaftlichen Status erzeugt
    - soziale Kontakte stiftet

4. Arbeit als Erwerb von Identitäten

5. Arbeit als Faktor der Integration

Abb. 10.3 Kennzeichen moderner Arbeitswerte 1/3 – Instrumentelle Arbeitsauffassung   Quelle: © Eugen Buß

Die innere Logik dieser Werte ließ keinen oder nur sehr wenig Raum für Partizipationswünsche, Mitspracherechte, kooperative Verfahren, demokratische Führungsstile und persönliche Freiräume am Arbeitsplatz. Im Ganzen herrschte in der Bundesrepublik eine Arbeitsethik, derzufolge individualistische und kooperative Werte eindeutig niedriger rangierten als Ordnungswerte, Werte der Effizienz und Anpassung, Imperative der Pflicht und Selbstkontrolle, der Disziplin und Leistung.

10.2.2.2 Das instrumentelle Arbeitsverständnis

Der traditionelle Wertzusammenhang von Arbeit ist bis heute einem tief greifenden Wandel unterworfen. Die für das Management folgenreiche Umschichtung in den handlungslenkenden Arbeitsnormen lässt sich auf drei Formeln bringen:

a) der Übergang zur instrumentellen Arbeitsauffassung;
b) der Übergang zu einer individualistischen Arbeitsauffassung;
c) der Übergang zu einer Vertragsauffassung von Arbeit.

Arbeit und Beruf zählen zwar nach wie vor zu den Betätigungen, die die Mehrheit der Menschen als unerlässlich für die Entfaltung der Persönlichkeit ansieht. Trotzdem wird Arbeit kaum noch als Mittelpunkt des Lebens gesehen. Im Gegenteil: Arbeit und Beruf werden überwiegend nur noch geschätzt, weil und soweit sie finanziell unabhängig machen, Sicherheit verbürgen, soziale Kontakte stiften und Voraussetzungen schaffen, persönliche Bedürfnisse in der Freizeit zu befriedigen. Nicht mehr die Arbeit um ihrer selbst willen wird geschätzt, sondern vorwiegend als Mittel und Instrument zur Erfüllung individueller Interessen.

Wohl ist die Gesellschaft nach wie vor nicht nur de facto, sondern auch nach den Sollensvorstellungen ihrer Mitglieder eine Arbeitsgesellschaft. Sie soll aber in steigendem Maße auch eine Freizeitgesellschaft sein, d. h. das Zentrum der persönlichen Existenz soll sich von der Arbeit zur Freizeit verlagern.

Diese sich abzeichnende Verlagerung zu einer instrumentell-utilitaristischen Arbeitsauffassung bedeutet aber nicht, dass Arbeit selbst an Bedeutung verloren hat. Eben weil Arbeit heute zum unentbehrlichen Instrument geworden ist bei der Verwirklichung anderer Wertideen, wie beispielsweise für den Erwerb von Identität und sozialer Sicherheit, für die Vermittlung von Selbstwertgefühlen sowie für die Integration des Einzelnen in die Gesellschaft, ist ihre traditionelle Bedeutung nach wie vor ungebrochen. Nur – darin liegt der Unterschied zu früheren Haltungen – Arbeit als Eigenwert hat ihre dominierende Stellung eingebüßt.

10.2.2.3 Das neue individualistische Arbeitsverständnis

Die jüngste Entwicklung weist auf eine allmähliche Umdefinition persönlicher Lebensvorstellungen hin. Die meisten Mitarbeiter weisen das Ansinnen, dem Dienst und der Arbeit gebühre der Vorrang im Ensemble der Lebensziele, als Zumutung von sich. Der Glaube, man müsste persönliche Bedürfnisse den Erfordernissen eines als übergeordnet gedachten Unternehmensinteresses unterordnen, löst sich auf. Lebenserfüllung wird nicht mehr vom Dienst am Unternehmen erhofft, sondern von der Erfüllung individueller Lebenschancen durch das Unternehmen. Diese Verschiebung von Prioritäten kennzeichnet das individualistische Arbeitsverständnis (Buß 1997, S. 192ff.).

1. Arbeit als Sphäre der Selbsterfüllung

2. Unabhängigkeit als zentrale Arbeitstugend

3. Einlösung von Partizipationsansprüchen (Mitspracheansprüche)

4. Entscheidungsfreiräume als Leitfaden des Arbeitsverständnisses

5. Arbeit als Chance zur Selbstbehauptung

6. Abbau von Hierarchien, Unternehmen als Kooperationseinheit

Abb. 10.4 Kennzeichen moderner Arbeitswerte 2/3 – Individualistische Arbeitsauffassung   Quelle: © Eugen Buß

Auf der Skala der neuen Arbeitsorientierungen stehen persönliche Unabhängigkeit, Kompetenz, kommunikative Tugenden und Mitspracherechte weit höher als traditionelle Werte wie Disziplin, Pflichtbewusstsein und Unterordnung. Entsprechend stellen sich die Menschen die „richtige" Ordnung eines Unternehmens vor: Sie wird nicht länger als rein hierarchisch strukturierte, auf Anweisung und Gehorsam beruhende Befehlseinheit, sondern als Kooperationseinheit gedacht. Es darf zwar Hierarchien geben, aber eben nicht mehr diskussionslose Anweisungen und deren fraglose Ausführung. Entsprechend sind individuelle Mitsprachechancen weit wichtiger für eine hohe Arbeitszufriedenheit als die materiellen Ausstattungsaspekte eines Arbeitsplatzes. Darauf muss sich das Management einstellen.

10.2.2.4 Die neue Vertragsmoral

Drittens schließlich lässt sich das neue Arbeitsverständnis mit der Kategorie der „Vertragsmoral" umschreiben (Buß 1997, S. 196). Wer heute arbeitet, dient nicht. Er verspricht sich einen anderen Gewinn, als seine Pflicht getan zu haben. Er will präzise wissen, was er an Entgelt, Sicherheit, sozialen Kontakten, Karrierechancen und Prestige erhält. Man fragt heute nicht mehr, wie kann man am besten seine Pflicht erfüllen, sondern was erhält man als greifbaren Gegenwert für sein Engagement. Der in vielfacher Hinsicht prekäre Unterschied zu früher liegt darin, dass die moderne Haltung zur Arbeit einer Art vertraglicher Tauschbeziehung bzw. einer Art Rechtsgeschäft nachgebildet ist. Ich gebe so viel, wie mir entgolten wird; nicht mehr, aber auch nicht weniger. Diese Haltung, sofern konsequent praktiziert, schließt kurzfristige Überschussleistungen nicht aus. Nur langfristig müssen die Bilanzen des Gebens und Nehmens in der Einschätzung der Betroffenen ausgeglichen sein.

1.   Arbeit als rationaler, gegenseitiger Leistungstausch

2.   Arbeit verstanden als befristete Vertragsbeziehung

3.   erkennbarer Ausgleich von Leistungen und Gegenleistungen

4.   Dosierung von betrieblichen Pflichten

5.   Professionalisierung des Berufsstatus

6.   kalkulierte Bindungsbereitschaft

Abb. 10.5 Kennzeichen moderner Arbeitswerte 3/3 – Vertragsmoral   Quelle: © Eugen Buß

Der neue Berufsstatus ist professionalisiert. Arbeit als Inbegriff eines moralischen Wertes wird zur Arbeit auf rationaler Vertragsbasis; aus Pflichtgefühl wird kalkulierter Einsatz; aus beruflicher Hingabe die Betonung individueller Interessen. Arbeitsmoral ist heute primär Vertragsmoral. Die neue Vertragsauffassung der Arbeit kann verstanden werden als bewusste Dosierung von beruflichen Bindungen, die nur insoweit bejaht werden, als sie einen erkennbaren Ausgleich von Leistungen und Gegenleistungen beinhalten.

Fazit für das Management:

Die Manager können heute nicht mehr ohne weiteres die traditionellen Arbeitswerte wie Disziplin, Pflichtgefühl und Mobilitätsbereitschaft bedingungslos voraussetzen. Sie können sich auch nicht mehr ohne weiteres auf Verantwortungsfreude und Karrieregeist berufen, falls sie nicht die neue Vertragsethik in Rechnung stellen. Sicher gibt es noch starke Minderheiten, in denen die traditionellen Arbeitstugenden lebendig sind, aber die Mehrheit der Mitarbeiter ist von einer Art Unterströmung erfasst, die eine deutliche Erosion überlieferter Arbeitswerte mit sich bringt. Das fraglose berufliche Engagement und der ganz auf den beruflichen Erfolg fixierte Lebensstil gehen erheblich geschwächt aus dem Prozess des Wertewandels hervor.

10.2.3   Das neue emotionale Profil der Deutschen

In Deutschland hat sich das Verhältnis zur Emotionalität in den letzten drei Dekaden nachhaltig verändert. Die empirischen Befunde aus der jüngsten Vergangenheit lassen im Einzelnen folgende Entwicklungen erkennen (vgl. Buß 1999, S. 14ff.):

- Die Bedeutung von öffentlicher Emotionalität ist generell gestiegen. Es gibt eine Tendenz zur stärkeren Bejahung der Gefühlswelt gegenüber Konformitätsdruck.
- Trennlinien zwischen öffentlichen und privaten Ausdrucksformen sind durchlässiger geworden. Die Akzeptanz der öffentlichen Darstellung persönlicher Gefühle nimmt deutlich zu. Auch in den Medien haben emotionale Themen eine wachsende Bedeutung.
- Herkömmliche Scham- und Taktgrenzen werden zunehmend abgebaut.
- Negative Emotionen (Aggressionen, Hass, Wut, Angst, etc.) werden eher toleriert.
- Generell zeichnet sich eine Affektlockerung und Informalisierung des Lebensstils ab. Gefühle werden präsenter, direkter, selbstverständlicher und offener ausgedrückt. Der Stil des Informellen, Spontanen, Natürlichen rangiert vor Selbstdisziplinvorstellungen.
- Wachsender Stellenwert von Ästhetik, Kreativität, Spiel gegenüber funktionaler Routine.
- Emotionen gelten vermehrt als legitimes Mittel der öffentlichen Selbstdarstellung.
- Aufwertung des sinnlichen Lebensgenusses gegenüber materiellem Genuss.

Herkömmliche Grenzen zwischen Emotionskontrolle einerseits und freiem Ausdruck der Gefühle andererseits haben sich offenbar verschoben. Generell scheint die Stimmungslage der Deutschen emotionaler gefärbt zu sein, ihr Lebensgefühl informeller, ihre Beziehungen zueinander stärker entpflichtet, ihr Selbstverständnis erlebnisorientierter und emotionsbetonter.

Auch das Verhältnis zu Unternehmen hat sich gewandelt. Anstelle eines funktionalen Informationsaustausches bevorzugt die Öffentlichkeit heute einen atmosphärischen Mikrokosmos mit angedeuteten emotionalen Symbolen, die vergessen lassen, dass zwischen Betriebswirtschaftlichem und Erlebnissehnsüchten eine Grenze gezogen wird.

Frage: „Finden Sie es richtig, wenn die Öffentlichkeit ihren Unmut gegenüber Politikern oder Unternehmen auch sehr gefühlsbetont äußert?"

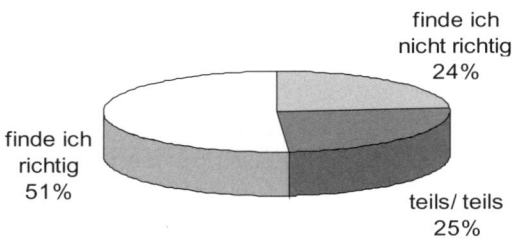

Abb. 10.6 Unmutspotential der deutschen Öffentlichkeit   Quelle: © Eugen Buß 1999, S. 157, Daten: Emnid 1998

Die öffentliche Emotionalität bildet heute in mehrfacher Hinsicht ein Strategierisiko für Manager. Die Akzeptanzprobleme von Entscheidungen sind deutlich gestiegen. Aus der neuen emotionalen Landkarte Deutschlands ergeben sich daher eine ganze Reihe von Konsequenzen für das Management:

- Vertrauensverletzungen werden nicht länger als entschuldbare Fahrlässigkeiten hingenommen. Die Beobachtungssensibilität der Öffentlichkeit gegenüber den Managern ist deutlich gestiegen. Glaubwürdigkeit und Verlässlichkeit bilden die Grundpfeiler von Akzeptanz und Sympathie. Demgegenüber haben Sachargumente und Expertisen ihre ungefragte Orientierungsfunktion verloren.

- Angesichts einer auf Effizienz gerichteten politischen und wirtschaftlichen Ordnung wächst das Bedürfnis nach „emotionaler Dekoration" des Lebens. Was die Öffentlichkeit kennzeichnet, ist nicht mehr und nicht weniger als eine verstärkte Suche nach emotionaler Inszenierung einer Produktpräsentation. Das Inszenierungsspektrum ist breit gefächert: Es reicht von der Selbstdarstellung eines Unternehmens anlässlich einer Jahreshauptversammlung bis zum Geschäftsbericht, vom Stil der Kommunikation in den Medien bis zum Auftritt von Managern in der Öffentlichkeit, von der emotionalen Dekorationsqualität von Dienstleistungen bis zur Berücksichtigung von Naturbezügen in der Architektur, von der Zunahme der Erlebniswelten in Kaufhäusern bis zur Cafeteria im Dienstalltag.

- Auf Wertverletzungen von Managern wird heute im Vergleich zu den 80er-Jahren deutlich aggressiver reagiert. Der feindselige Grundtenor öffentlicher Auseinandersetzungen bei Korruptionsverdacht, bei Maßlosigkeit oder ethischen Fehltritten von Managern spiegelt die Kehrseite einer allgemein veränderten emotionalen Stimmungslage der Menschen wider. Gemeinsam ist ihnen der Hang zu einer leicht aggressiveren Haltung angesichts einer kollektiven Feindfigur, seien es einzelne Manager oder die Unternehmerschaft als ganze. Die Folge: Die Boykottneigung bei Missachtung öffentlicher Interessen hat insgesamt deutlich zugenommen. (Beispiel: Wenn Politiker medienwirksam das Handy eines Herstellers zertreten, der seine Produktion ins Ausland verlegt). Die aktive Protestbereitschaft bei Entscheidungen über Mitarbeiterentlassungen z. B. bei Fusionen, Standortverlagerungen, Portfolio-Fokussierungen (Aufgabe von Geschäftsbereichen) ist deutlich gestiegen.

Emotionale Dekorationskompetenz des Managements
Die veränderte Stimmungslage macht neue Akzentsetzungen im Strategierahmen des Managements erforderlich. Die Manager beginnen, ihr Selbstverständnis auf die eher unterschwellig wirkenden emotionalen Ansprüche der Öffentlichkeit abzustimmen. Im Management nennt man diese Kompetenz *„Emotion-Setting"* (Buß 1999, S. 160ff.). Dies ist die Fähigkeit, durch Inhalt, Stil und Dekoration der Unternehmenspolitik und -kommunikation emotionale Felder zu besetzen.

Frage: „Unternehmen müssen mich gefühlsmäßig ansprechen: Bitte geben Sie an, inwieweit Sie dieser Meinung zustimmen."

Antworten anhand einer Skala von 1 (stimme voll und ganz zu) bis zu 5 (stimme nicht zu).
Antwortmöglichkeiten 1 und 2 sind zusammengefasst als „stimme zu",
Antwortmöglichkeit 3 entspricht „teils/ teils", sowie Antwortmöglichkeit 4 und 5
sind zusammengefasst als „stimme nicht zu".

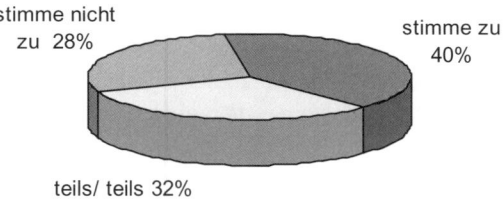

stimme nicht zu 28%

stimme zu 40%

teils/ teils 32%

Angaben in % der Bevölkerung

Abb. 10.7 Emotionales Erscheinungsbild von Unternehmen   Quelle: © Eugen Buß 1999, S. 88, Daten: Emnid 1998

Das öffentliche Ansehen eines Unternehmens setzt daher immer mehr eine „emotionale Dekorationskompetenz" des Managements voraus; dies heißt konkret: Emotionsarbeit. Emotionsarbeit im Sinne des richtigen Ausdrucks von Gefühl zur richtigen Zeit, am richtigen Ort und im richtigen Medium. Emotionsarbeit im Dialog mit Kunden und Öffentlichkeit.

Fallbeispiel Delta Airlines:
Inzwischen arbeiten über 50 Prozent der Frauen und nur unbedeutend weniger Männer in Berufen, die eine neue Art des Managements von Gefühlen verlangen; Gefühlsmanagement verstanden als betont hergestellter, öffentlich sichtbarer Körper- oder Gesichtsaus-

druck oder auch als emotionale Dekoration. Klassisch ist inzwischen die Studie von Hoch-schild (1990). Sie illustriert die neue Entwicklung anhand der wachsenden Gefühlsarbeit, die von Stewardessen der Delta Airlines erwartet wird. An ihrem Beispiel macht sie deut-lich, dass der emotionale Tonfall zu einem grundlegenden Bestandteil der Arbeit geworden ist. Stewardessen werden trainiert, das persönliche Lächeln mit einer als „professionell" bezeichneten Gefühlshaltung zu verknüpfen: Lächeln als Markenzeichen der Fluglinie, Lächeln als unternehmerische Ressource und Lächeln als Gesicht der Fluggesellschaft. Erwartet wird, dass der emotionale Stil, in dem die Stewardessen ihre Dienstleistung anbie-ten, zu einem Teil ihrer selbst wird. Ihre Aufgabe ist es, den Passagieren eine „emotionale Dekoration" in dem Sinn zu bieten, dass sie den Eindruck eines persönlichen Gastes, den Eindruck von Nähe, Sympathie und Wärme gewinnen.

Das emotionale Klima in der Öffentlichkeit verlangt daher vom Management eine Art Grenzüberschreitung gegenüber dem herkömmlichen Selbstverständnis. Es wird ein Stück weit Selbstenthüllung und Authentizität im Sinne einer personalisierten Führung gewünscht. Die neue Rolle von Vorstand und Geschäftsführung liegt in der Einlösung öffentlicher Pro-minenzansprüche.

Dies hat vor allen einen Grund: Gerade in Krisensituationen eines Unternehmens ist die personifizierbare Integrität von Managern von weit größerer Bedeutung als das reine Sachar-gument. Nicht die Fakten sind entscheidend für den Respekt der Öffentlichkeit gegenüber dem Management, sondern die persönlich wahrnehmbare Autorität desjenigen, der infor-miert.

In vielen traditionalen Gesellschaften haftet die Qualität eines Produktes oder einer Informa-tion nicht nur an seinem Gegenstand, sondern auch am Verkäufer und an seinem Leumund. Der Leumund ist ein Fürsprecher, der für den Verkäufer bürgt. Bourdieu spricht in diesem Zusammenhang vom symbolischen Kapital eines Verkäufers. In modernen Gesellschaften verschiebt sich die Perspektive nur graduell. Für die Öffentlichkeit ist die direkte Prüfung des guten Rufes eines Unternehmens nur noch schwer möglich. Auch die direkte persönliche Bindung zwischen Öffentlichkeit und verantwortlichen Managern ist vielfach verloren ge-gangen.

Daher ist die moderne Fassung des Leumunds ein gangbarer Weg, Reputationsmerkmale wie Erfolg, Integrität, Sympathie öffentlich zu repräsentieren. „Leumundkompetenz" wäre in diesem Sinn ein Stück emotionaler Kompetenz des Managements. Unternehmen verfügen dabei generell über zwei Wege, sich eines Leumunds zu bedienen:

- entweder über Bürgen, die für ein Unternehmen öffentlich eintreten wie beispielsweise prominente und moralisch integre Personen wie bekannte Sportler, Künstler, Umwelt- oder Wohlfahrtsorganisationen;
- oder aber das leitende Management fungiert gewissermaßen als Bürge in eigener Sache.

In diesem Sinne bildet ein Leumund ein symbolisches und emotionales Kapital, eine Art symbolische Ressource des Unternehmens. Er ist ein Ersatz für die direkte Kontrolle des guten Rufes – und bildet eine Kompensation für die Komplexitätsprobleme anonymer Märkte.

Praxisbeispiel:

Für Wendelin Wiedeking von Porsche ist Leumund Chefsache. Er selbst definiert Botschaften und repräsentiert sie persönlich in der Öffentlichkeit. Nicht allein die Qualität von Produkten, Service, nicht nackte Erfolgszahlen, sondern auch die Personifizierung des Unternehmens durch den Vorstandsvorsitzenden schaffen symbolisches Vertrauenskapital. Hier fungiert der Manager selbst als Identitätsangebot.

Der Wertewandel macht die Bedeutung des *„Emotion-Setting"* deutlich. Im Kampf um öffentliche Meinung und öffentliche Zustimmung bewähren sich eher Gesichter als Argumente, eher Prominenz als Programm, eher Personen als Sachgesetzlichkeiten. Gefühle werden gegen Sachzwänge reklamiert. Daher spielt es für die öffentliche Reputation von Managern eine große Bedeutung, inwieweit es ihnen gelingt, über einen Personalisierungsprozess Glaubwürdigkeit zu erlangen. Gegenwärtig dominiert ein defensiver Pragmatismus unter den Managern. Öffentliche Prominenz spielt in der Wirtschaft nur eine untergeordnete Rolle. Im Vergleich zu anderen Gesellschaftsbereichen wie Kultur, Politik, Medien oder Sport spielen „Prominente" aus der Wirtschaft kaum eine Rolle in der Öffentlichkeit.

10.2.4 Regionalisierung versus Globalisierung

Die Bildung der europäischen Union hat das Konzept der Regionen in der Wahrnehmung der Öffentlichkeit verändert. In dem Maße, in dem nationale Interessen zugunsten gesamteuropäischer oder gar globaler Belange zurücktreten, erfahren subnationale Interessen und Bezugsmuster eine deutliche Aufwertung. Wie sich auf der politischen und technischen Seite Tendenzen zu einer Globalisierung bemerkbar machen, verlaufen parallel dazu Strömungen, die eine stärkere Betonung regionaler Bräuche und Vorstellungen zur Folge haben. Die Menschen identifizieren sich vermehrt mit den Regionen, in denen sie leben – mit den kulturellen Besonderheiten und landsmannschaftlichen Traditionen, die für sie heimatliche Verbundenheit bedeuten. Die Region avanciert zu einem neuen Geländer der Orientierung, an dem entlang den Menschen Vertrautheit, Identität und Lebensgefühl zuwachsen.

Heimatbindungen werden offenbar vermehrt zur Richtschnur des Handelns. Gerade Prozesse der Globalisierung führen zu einem entgegengesetzten Effekt, nämlich der Betonung lokaler Identitäten (Giddens 1992, S. 30f.). Namentlich im Lebensstil wird der Prozess der Regionalisierung deutlich. Neben und trotz Welthandel, internationaler Telekommunikation, globalem Tourismus, internationaler Esskultur, Mode, Filme, Fernsehkanäle und Musik wird immer stärker das Bedürfnis nach eigener kultureller Identität und dessen Bewahrung offenkundig. Dies schlägt sich auch in den Erwartungen nieder. Je stärker der „internationale Lebensstil" (von den vereinigten Farben von Benetton bis McDonald's) als standardisiert erlebt wird, desto stärker wird Halt in Bildern des Vertrauten und Nicht-Austauschbaren gesucht (z. B. im Dialekt, in der regionalen Kunst, im regionalen Brauchtum, etc.). Darauf muss das Management reagieren.

Die Region verspricht Unmittelbarkeit, Vertrautheit und Selbstverständlichkeit, insbesondere wenn globale Strukturen mit Abstraktheit, Anonymität, Heimatlosigkeit und Bürokratisierung assoziiert werden (vgl. Bausinger 2000, Willems/Hahn 1999, Ipsen 1994, Buß 2002). Vergleichbar dem Heimatbegriff weist „regionale Identität" eine hohe affektive Geladenheit

Globalisierung	Regionalisierung

• Flexibilisierungszwang, Dynamik
• Heimatlosigkeit
• Standardisierung
• übernationale politische Machtzentren
• global operierende Eliten
• Trans- und Denationalisierungs-
  prozesse
• Bürokratisierung
• internationaler Lebensstil
	• Aufwertung landsmannschaftlicher
	  Traditionen
	• kultureller Identitäts- und
	  Orientierungsrahmen
	• Sicherheit
	• Vertrautheit und Unmittelbarkeit
	• Unverwechselbarkeit der Lebensbezüge
	• Heimat
	• emotionale Bezüge/ Zugehörigkeit
	• traditionell gewachsener Lebensstil

Abb. 10.8 Der Prozess der Regionalisierung   Quelle: © Eugen Buß

auf. Die Globalisierung der wirtschaftlichen und politischen Strukturen lassen Gefühle entstehen, wonach sich die Menschen Stück für Stück der Kontrolle über ihre Lebensverhältnisse entzogen sehen. Die Region wird zum Ort der Sicherheit, der Rückbettung in einem immer abstrakter werdenden Gefühlsglobus (Ipsen 1994, S. 235).

Folge: Es bahnt sich eine neue Ambivalenz zwischen globaler Dynamik und regionaler Gegenbewegung an. Die Globalisierung standardisiert, sie macht Standorte austauschbar, sie ebnet das Besondere ein. Gleichzeitig wollen die Menschen Eigenständigkeit und Unverwechselbarkeit. Gefordert wird auf der einen Seite eine grenzüberschreitende Gemeinschaft und Loyalität gegenüber transnationalen Institutionen wie z. B. gegenüber den Gremien der europäischen Union; wirksam sind dagegen auf der anderen Seite Mythen, Erfolge und Geschichte einer regionalen Identität. Gefordert werden Denationalisierungsprozesse (Sassen), die Kernfragen der Menschen lauten aber: Wohin gehörst du? Mit wem teilst du Dinge? Mit wem verbindet dich ein Gefühl von Gemeinschaft? Wer wollen wir sein?

Die Ambivalenz zwischen Globalisierung und Regionalisierung reicht allerdings noch weiter: Einerseits entstehen übernationale Machtzentren, übernationale Kulturstile, neue Weltstädte – andererseits bleibt die gemeinsame regionale und lokale Vergangenheit der Klebstoff für Zusammengehörigkeitsgefühle. Einerseits wird dem modernen Menschen eine „Entbettung" von nationalen Identitätsmustern abverlangt, ein Verlust des Ortssinns, ein zunehmender Flexibilisierungszwang – andererseits konzentrieren sich die Gedanken der Menschen auf höchst einfache Fragen: Wo man in der Nacht schläft, wo die Familie lebt, wo Kinder ihre Freunde haben.

Der Globalisierungsprozess hat eine wichtige Konsequenz: Angesichts der Verlagerung politischer Entscheidungen auf transnationale Ebenen bilden regionale Identitätsmuster und Loyalitäten mehr als einen kompensatorischen Ausgleich: Während bestimmte wirtschaftliche Tätigkeiten immer weitere Räume zu ihrer Entfaltung brauchen, suchen Menschen immer kleinere Räume, in denen sie sich zu Hause fühlen. Global denken, lokal handeln ist ein Motto, das in die Managementstrategien vieler Großunternehmen Eingang gefunden hat. Für den doppelten Prozess, der sich um uns, vielleicht sogar in uns abspielt, gibt es einen Namen *Glokalisierung*, also Globalisierung und Lokalisierung zugleich (vgl. Dahrendorf 2001).

Das Wert-Monitoring beantwortet daher die Frage, welche Bedeutung der sich abzeichnende Regionalisierungsprozess für das Management hat. Beispiele:

- Welche „Unternehmenssprache" passt zur regionalen Identität der Menschen?
- Inwieweit müssen Produkte und Service regional angepasst werden?
- Durch welche Stilmittel (z. B. Architektur) lässt sich der regionale Bezug eines Unternehmens symbolisch darstellen?
- Sind die Rekrutierungsmodalitäten der Mitarbeiter auch auf den Aspekt der regionalen Herkunft abgestimmt? Soll in Stuttgart ein Pharmaberater aus Kiel tätig werden?
- Sind Kommunikations- und Werbekampagnen mit regionalen Traditionen vereinbar?
- Inwieweit wird die regionale Verankerung eines Unternehmens in der Öffentlichkeitsarbeit erkennbar?
- Durch welches politische oder kulturelle Engagement wird die Verbundenheit des Managements zur Region zum Ausdruck gebracht?
- Ist das Sponsoring, der Internetauftritt, der Jahresbericht auf regionale Besonderheiten abgestimmt?

10.2.5   Der neue Individualismus

Der neue Individualismus markiert eine wichtige Zäsur in der Stimmungslage der gegenwärtigen Gesellschaften. Er ist zum Leitbild der modernen europäisch geprägten Zivilisation geworden. Mehr als andere Werte bestimmt er den Lebenssinn der Menschen (vgl. Klages 1984 u. 2005, Meulemann 2002, Joas u. Wiegandt 2005, Oesterdiekhoff u. Jegelka 2001).

Die jüngsten Entwicklungen haben eine ganze Reihe von Akzenten verschoben: ausgeprägte Selbstbezogenheit, weniger Hingabe an Gemeinschaftswerte, mehr Forderungen nach persönlicher Freizeit, Freude an einer Art „Erlebnis-Dekoration" des Lebens. Das Bild von einer wünschenswerten Gesellschaft ist heute primär geprägt von Gütern des persönlich-privaten Lebensbereichs. Gewünscht werden Gesundheit, Ehe, reichlich Freizeit, ein befriedigender Beruf, ein hoher materieller Lebensstandard und persönliche Unabhängigkeit – Orientierungen, die fast völlig entgegengesetzt sind zum Mehrheitsbild der Deutschen etwa vor einer Generation. In breiten Kreisen greift die Neigung um sich, sich an Ideen der Selbsterfüllung statt an Karriere und an fern liegenden Zielen zu orientieren.

Diese Wende zum „Ich" kann als Ausdruck einer wachsenden Beschäftigung des Einzelnen mit sich selbst, des um sich greifenden Wunsches nach Befriedigung der Eigenbedürfnisse verstanden werden. Selbstverständlich sind solche Wünsche und Bedürfnisse schon früher vorhanden gewesen. Was sich geändert hat, sind nicht diese Wünsche selbst, wohl aber der Anspruch, ihnen mehr Recht einzuräumen. Diese Verschiebung ist wichtig. Selbsterfüllung oder Lebenserfüllung wird nicht von der Hingabe an außerhalb des Individuums liegende Ziele erhofft, sondern von der Realisierung unmittelbar ich-bezogener Bestrebungen, nicht vom Dienst an der Religion, an der Gemeinschaft oder an der Familie, sondern unmittelbar von der Beschäftigung mit sich selbst.

Die Erfüllungsmentalität der Menschen nimmt weiter zu. Sie konnten sich an einen ständig steigenden materiellen Wohlstand gewöhnen. Die Gewöhnung hat Züge von Verwöhnung. Sie fördert die Abkehr von Orientierungen der Gegenseitigkeit und akzentuiert stärker als zuvor Tendenzen einer neuen Selbstbezogenheit.

Insgesamt scheint unverkennbar, dass sich die moderne Gesellschaft in einer Entwicklung zur stärkeren Betonung von Eigenbedürfnissen und zu deren Befriedigung durch „Eigengenuss" statt durch Hingabe an Gemeinschaftsideen oder an überindividuelle Sinngehalte befindet. Die Herausforderung für die Unternehmenspolitik liegt darin, die neue hochsensible Individualität des modernen Menschen in praktische Marktstrategien umzusetzen und sich auf die hochgradig individualisierten Ansprüche einzustellen.

Dosierte Bindungshaltung

Ein zentrales Merkmal des neuen Individualismus ist die Unabhängigkeit. Der moderne Mensch will Unabhängigkeit – und Unabhängigkeit heißt: bewusste Dosierung von Verpflichtungen, die er eingeht; beispielsweise dosierte Bindungen zu Ehepartnern: dafür spricht heute die hohe Scheidungsquote; dosierte Bindungen zur Herkunftsfamilie: dafür spricht das distanzierte Verhältnis zur Verwandtschaft; dosierte Bindungen zu Institutionen: dafür spricht die abnehmende Bedeutung von Kirchen; dosierte Bindungen zu Unternehmen: dafür spricht die nicht mehr fraglose Markenbindung; oder dosierte Bindungen zu Parteien: dafür spricht die zunehmende Rate der Wechselwähler. Beide, Geschichte und zeitgenössische Gesellschaft stärken die Tendenz zu einem Verständnis von persönlicher Unabhängigkeit, das Bindungen nur so weit bejaht, wie sie für das eigene Wohlergehen unmittelbar erforderlich sind.

- Selbsterfüllungsmentalität
- Unabhängigkeit
- dosierte Bindungshaltung
- gestiegene Ansprüche auf Selbst- und Mitentscheidung
- Zurücknahme von Treuebindungen
- Risiko- und Wagnisscheu
- Schwächung von Gemeinschaftswerten
- Selbstentfaltung statt Selbstbewährung
- Hedonismus (augenblicksbezogene Lebenserfüllung)
- hoher Stellenwert von Gesundheit
- Sicherheit statt Wettbewerb
- Vorrang von Wahlbeziehungen (Freunde) vor Pflichtbeziehungen (Verwandte)

Abb. 10.9 Die Merkmale des modernen Individualismus   Quelle: © Eugen Buß

Generell stehen heute langfristige und dauerhafte Bindungen niedriger im Kurs. Der Individualismus hat zu einer verbreiteten Haltung geführt, der zufolge man nicht mehr ohne weiteres bereit ist, Beziehungen um ihrer selbst willen fortzusetzen. Mit dieser Haltung wendet sich der moderne Mensch gegen jene Normen, die den Zusammenhalt einer Gruppe oder den Respekt vor einer Bindung prinzipiell über das wie immer verstandene Interesse des Einzelnen stellen. Was sich im Verhältnis zu Ehe, Familie, Freunden, Kollegen, aber auch zu Institutionen, Unternehmen und Marken exemplarisch ausdrückt, ist eher eine neue Art von *„dosierter Bindungshaltung"*.

Dies hat auch Folgen für das Management: Bindungen avancieren gleichsam zu einer Ware, deren mangelnde Güte reklamationsfähig wird. Damit können Manager immer weniger die Beständigkeit ihrer Kunden- oder Stakeholderbeziehungen voraussetzen. Der moderne Kunde ist enthaltungsbereit, ungebunden, gekennzeichnet durch hohe Wechselbereitschaft und kritisch abwägend. Produkttreue oder Markentreue sind für ihn nicht mehr selbstverständlich. Dies heißt, dass heute im Prinzip jede Kaufentscheidung der Tendenz nach entkoppelt ist von Treue- und Pflichtmomenten. Symptomatisch für diese Entwicklung ist es, wenn sich heute ein Kunde ausführlich im Fachhandel informiert, aber in den Großmärkten oder im Internet einkauft. Treuebindungen unterliegen immer weniger einer sich selbst genügenden Ethik, sie werden vielmehr zum Gegenstand eines jederzeit revidierbaren Planspiels.

Folgen hat die dosierte Bindungshaltung auch für das Verhältnis zwischen Management und Mitarbeitern. Manager müssen sich vermehrt mit Fragen befassen, a) welche Rückwirkungen der Individualismus auf Teambildungsprozesse hat, b) wie der Erfolg und die Effizienz von Projektgruppen tangiert wird, c) wie notwendige Kooperationsprozesse von Egoismen unterlaufen werden, d) welche Rolle die Vertragskomponente in Personalentwicklungsprogrammen spielt oder e) wie hohe Ausbildungsinvestitionen in Mitarbeiter mit deren dosierter Treue zum Unternehmen ausbalanciert werden können.

Gesundheit

In enger Verbindung mit dem neuen Individualismus steht zudem der Wert der Gesundheit. Der Deutsche ist übersensibel in Gesundheitsfragen. Es gibt keine vergleichbare westliche Gesellschaft, in der der Wert der Gesundheit so dominiert wie in Deutschland. Gesundheit rangiert noch vor Familie, Ehe, Sicherheit und materiellem Wohlstand. Der hohe Stellenwert von Gesundheit untermauert die Werte des Individualismus, da Gesundheitsrisiken mit Gefährdungen der eigenen Unabhängigkeit assoziiert werden. Unabhängigkeit und Gesundheit bilden ein Syndrom. Gesundheit schafft erst eine Plattform für Unabhängigkeit, und Unabhängigkeit wiederum stärkt die Sensibilität für Gesundheitsfragen.

Fallstudie McDonald's:

Gesundheitsfragen sind zu einem zentralen Thema im Management vieler Unternehmen geworden, so auch bei McDonald's. McDonald's wird 50, verdient so viel Geld wie nie zuvor – und probt trotzdem angesichts der Befunde aus dem Wert-Monitoring einen Strategiewandel. Die Fast-Food-Branche befürchtet angesichts lautstarker Debatten über falsche Ernährung milliardenschwere Massenklagen. Das Schicksal der Zigarettenindustrie gilt als Warnung. Erst vor einiger Zeit hatte McDonald's das PR-Debakel um „Super Size Me" zu verdauen, jenen Dokumentarfilm von Morgan Spurlock, der mit seiner 30-tägigen „McDonald's only"-Ernährung und deren Gesundheitsfolgen weltweit Furore machte.

Friede, Freude, Fritten? – in den USA längst Geschichte. John Banzhaf ist Jurist an der George-Washinghton-Universität in Washinghton. Der selbst ziemlich übergewichtige Professor ist Anführer einer Bewegung aus Selbsthilfegruppen und aggressiven Juristen, die McDonald's & Co. den Kampf angesagt haben. Banzhaf hatte begonnen, nachdem die US-Gesundheitsbehörde im Dezember 2001 erklärte, 300.000 Amerikaner koste die Fettleibigkeit jedes Jahr das Leben. Um den Druck zu erhöhen, wird geklagt – inzwischen auch mit Erfolg: McDonald's zahlte über zwölf Millionen Dollar, weil das Unternehmen seine Pommes in tierischem Fett frittiert und einen entsprechenden Hinweis darauf unterlassen hatte. Kläger war einer von Banzhafs Studenten, ein Vegetarier.

Die Folgen falscher Ernährung für das Gesundheitssystem sind gravierend. Zwei Drittel der erwachsenen Amerikaner leiden unter Übergewicht, bei den Kindern sind es bisher 30 Prozent, Tendenz steigend. Diabetes wird unter Jugendlichen heute zehnmal häufiger diagnostiziert als vor 25 Jahren. Fettsucht verkürzt inzwischen, so Forscher der Universität von Illinois, die Lebenserwartung sogar stärker als Herzkrankheiten oder Krebs.

Das alles koste die Öffentlichkeit laut jüngsten Schätzungen über 100 Milliarden Dollar – eine Zahl, die alle Kampagnen von McDonald's in den Schatten zu stellen droht. (Quelle: Spiegel Nr.15/2005, S. 78–81)

Mitwirkungsverlangen

Hand in Hand mit der Hinwendung zum Ich geht ein wachsendes Mitwirkungsverlangen. Damit verbunden ist der Wunsch, mitsprachefähig zu werden, mitreden zu können, gleichrangig, gleichberechtigt zu sein. Die neuen Anspruchsorientierungen sind auf verschiedene Weise wirksam.

Das Mitwirkungsverlangen macht sich erstens an den Arbeitsplätzen bemerkbar. Mängel an Information, Kommunikation und Selbständigkeit werden von den Mitarbeitern nicht mehr ohne weiteres akzeptiert. Obendrein ist der Anspruch auf Partizipation deutlich gestiegen.

Auch bestimmte Entwicklungen zur Gleichberechtigung zwischen den Geschlechtern fügen sich in das skizzierte Bild. Die Forderung nach stärkerer Förderung von Frauen auf den Top-Management-Positionen basiert auf der Ablehnung von Strukturen, die von Frauen mehr Kompromissbereitschaft verlangen als von Männern. Hier hat ein irreversibler Prozess eingesetzt, der das Recht der Frau auf Eigenständigkeit betont. An den Ansprüchen auf Selbstbestimmung, auf gleichrangige Mitsprache und gleichrangige Karrierechancen zeigt sich überdies besonders deutlich, dass ein Prozess des Werte- und Mentalitätswandels eingesetzt hat, der die Beziehungen zwischen den Geschlechtern anders als früher akzentuiert.

Wagnis- und Risikoscheu

Die Konzentration des Einzelnen auf seine Eigenbedürfnisse vermindert nicht sein Verlangen nach Sicherheit, im Gegenteil: Das Sicherheitsstreben nimmt eher noch zu. Kaum ein Wert in Deutschland rangiert im allgemeinen Werte-Ranking so weit oben wie der Wert der Sicherheit. Persönliche Anstrengungen werden der Tendenz nach gemieden, Karriererisiken zurückgewiesen, größere Verantwortung verbreitet abgelehnt.

Die Werte der persönlichen Wagnis- und Risikobereitschaft gehen deutlich geschwächt aus der jüngsten Entwicklung hervor. Die persönliche Mobilitätsbereitschaft ist sogar gesunken. Mobilität bedeutet Risiko und Wagnis, und beides ist nicht gefragt. Der Widerstand gegen einen Orts- und Berufswechsel, ja selbst gegen Umsetzungen innerhalb eines Unternehmens wächst. Gewünscht wird die Bewahrung dessen, was ist oder was man hat; nur ein paar Grade freizügiger und komfortabler. Die Menschen sind risikofeindlich. Sie schätzen Kontinuität, Klarheit und Verlässlichkeit – und dies möglichst im Komparativ.

Daraus ergeben sich im Rahmen des Wert-Monitoring für das Management eines Unternehmens Fragen, wie man etwa der abnehmenden Mobilitätsbereitschaft der Mitarbeiter begegnen kann, durch welche Maßnahmen Wagnisbereitschaft und Innovationsgeist gefördert werden können, welche Rolle Gewährleistungsversprechen gegenüber dem Kunden spielen oder welchen Stellenwert die Arbeitsplatzsicherheit für das Engagement der Mitarbeiter hat.

Selbstkultivierung statt Selbstbewährung

Der deutsche Individualismus ist seinem Wesen nach wettbewerbsfeindlich. Er ist im Kern an den Humboldtschen Bildungsbegriff gekoppelt, d. h. Individualismus verstanden als persönliche Selbsterziehung, frei von jedem Gedanken der Selbstbewährung. Individualismus bedeutet nicht, im Wettbewerb zu bestehen, sondern nach einer inneren Logik der Erziehung sich selbst zu verwirklichen. Es dominiert von der Idee her ein Individualismus der *Selbstkultivierung* statt eines Individualismus der *Selbstbewährung*.

Die Folgen für das Management sind augenscheinlich: Im Werte-Ranking stehen hierzulande Wettbewerbs- und Leistungswerte nicht unangefochten an der Spitze. Mitarbeiter der Unternehmen würden am liebsten so wie Himmelskörper ihre Bahnen ziehen, ohne sich gegenseitig ins Gehege zu kommen. Alles in allem ist es eher ein Individualismus der *Selbstbezogenheit* und Wagnisscheu und weniger der Eigenverantwortung und Selbstbehauptung. Die typisch deutschen Eckpfeiler des Individualismus stellen für das Management in den Unternehmen angesichts der verschärften Wettbewerbsbedingungen auf vielen Märkten eine große Herausforderung dar.

Fragen zur Wiederholung:

1. Definieren Sie die Kategorie des Wert-Monitoring.

2. Begründen Sie, warum das Wert-Monitoring für das Management von Bedeutung ist.

3. Worin drückt sich das veränderte Zeitbewusstsein in Mitteleuropa aus?

4. Wie wirkt sich das veränderte Zeitbewusstsein auf die Entscheidungsverfahren im Management aus?

5. Erläutern Sie die wichtigsten Merkmale der traditionellen Arbeitswerte.

6. Was ist charakteristisch für die individualisierte Arbeitsauffassung?

7. Was versteht man unter der neuen Vertragsmoral?

8. In welcher Hinsicht ist die öffentliche Emotionalität ein Strategierisiko für das Management?

9. Was versteht man unter der emotionalen Dekorationskompetenz des Managements?

10 Welche Merkmale sind kennzeichnend für den Prozess der Globalisierung?

11. Was versteht man unter dem Begriff „Glokalisierung"?

12. Welche Konsequenzen muss das Management aus dem Regionalisierungsprozess ziehen?

13. In welchen Merkmalen drückt sich der neue Individualismus aus?

14. Was versteht man unter dem „Prinzip der dosierten Bindungshaltung"?

15. Erläutern Sie den Gegensatz zwischen Selbstkultivierung und Selbstbewährung.

Modul 11

Management in der modernen Gesellschaft

Das Modul zielt darauf,

- die Entwicklung moderner Gesellschaften als zentrale Kategorie von Managementstrategien zu verstehen,
- die Bedeutung von soziologischen Gesellschaftsdeutungen für das Management zu erfassen,
- die Verankerung des Managements in übergeordneten gesellschaftlichen Strömungen zu skizzieren,
- die Abhängigkeit des Managements von sozialen, politischen und strukturellen Entwicklungen im nationalen und internationalen Kontext nachzuzeichnen,
- die Rückwirkungen von gesellschaftlichen Strömungen auf Strategieprozesse im Unternehmen zu erläutern.

Nicht nur bestimmte Wertprioritäten der Öffentlichkeit spielen im Rahmen von Monitoring-Prozessen eine Rolle, sondern auch soziologische Erklärungsansätze über die sich abzeichnenden Entwicklungen moderner Gesellschaften. Analog zum Wert-Monitoring praktizieren Topmanager regelmäßig intern im Rahmen langfristiger Strategieprozesse oder in Netzwerken außerhalb des Unternehmens ein sogenanntes *„Konzept-Monitoring"*, auch *Themen-Monitoring* genannt. Dabei handelt es sich um die Auseinandersetzung mit soziologischen Gesellschaftsdiagnosen sowie ihren Rückwirkungen auf die Managementpraxis. Nationale und transnationale Entwicklungen werden gleichsam seismographisch in ihren unterschiedlichen Facetten analysiert und ggf. in die internen Strategiedebatten einbezogen.

In der Managementpraxis werden u. a. folgende Ansätze und Erklärungsmodelle diskutiert:

Abb. 11.1 Rahmenbedingungen und Einflussfaktoren des modernen Managements   Quelle: © Eugen Buß

11.1   Ronald Inglehart – Die postmaterielle Gesellschaft[11]

> *„Während frühere Generationen mehr oder weniger bereitwillig ihre individuelle Autonomie für mehr ökonomische und physische Sicherheit opferten, sehen die Menschen in den entwickelten Industriegesellschaften diese Art der Sicherheit als selbstverständlich an. Sie messen der Selbstverwirklichung im Berufsleben und in der Politik einen höheren Stellenwert zu."* (Inglehart 1989, S. 19)

---

[11]   Mitverfasserin der Abschnitte 11.1–11.6: Theresa Sinnl.

Zur Person:

Der amerikanische Politikwissenschaftler Ronald Inglehart (geb. 1934 in Milwaukee/ Wisconsin) hat mit seiner Theorie der „Stillen Revolution" die international vergleichende Wertewandelforschung seit Anfang der siebziger Jahre maßgeblich geprägt. Er ist Vorsitzender der „World Values Surveys", einer weltweit in 65 Ländern durchgeführten Umfrage-Studie, die bisher in drei Wellen (1981/82; 1990/91; 1999–2001) erhoben wurde. Seit 1978 lehrt Inglehart Politikwissenschaften an der University of Michigan. Er übte zahlreiche Gastprofessuren (Genf, Berlin, Kyoto) aus und ist Mitherausgeber einiger wissenschaftlicher Zeitschriften.

Ausgangspunkt von Ronald Ingleharts Konzept der postmodernen Gesellschaft ist ein grundsätzlicher Wertewandel, den er in wirtschaftlich entwickelten Gesellschaften beobachtet, die ein bestimmtes Wohlstandsniveau erreicht haben. Charakteristisch für den Wertewandel ist die Entwicklung von materialistischen Werten zu postmaterialistischen Werten.

Materialistische Werte

- materielle Sicherheit
- Wirtschaftswachstum
- Erfolg, Fortschritt
- starke Verteidigungskräfte
- Aufrechterhaltung der Ordnung
- Versorgung
- Leistung
- Pflichterfüllung
- Pünktlichkeit
- Dienst

Postmaterialistische Werte

- Lebensqualität/ Lebensgenuss
- individuelle Autonomie
- Selbstverwirklichung
- Zugehörigkeit/ Solidarität
- Mitspracherecht
- partizipatives Engagement
- Selbstvertrauen
- Ideen zählen mehr als Geld
- humanere Gesellschaft
- Gleichberechtigung

Abb. 11.2 Wertwandel nach Inglehart   Quelle: © Eugen Buß

Materialistische Werte, wie existentielle Sicherheit und wirtschaftliches Wachstum, stehen in Gesellschaften im Vordergrund, die sich noch im Modernisierungsprozess befinden, d. h. die sich im Übergang von einer traditionalen zu einer modernen Form der Gesellschaft befinden. Herausragendes Merkmal der Modernisierung sei, „dass sie eine arme Gesellschaft dazu befähigt, reich zu werden." (Inglehart 1998, S. 15). Daher sieht Inglehart die Industrialisierung als Kernprozess der Modernisierung an. Ihr vorherrschendes Ziel ist das Wirtschaftswachstum und die *Leistungsmotivation*.

In postmodernen Gesellschaften mit relativ hohem Wohlstandsniveau werden materialistische Werte zunehmend zurückgedrängt. Ein wachsender Anteil der Bevölkerung wendet sich postmaterialistischen Werten zu, wodurch die Bedeutung von a) subjektivem Wohlbefinden, b) Selbstverwirklichung und c) politischer Partizipation zunimmt. Es vollzieht sich ein Wandel „von Werten, die das Überleben garantieren, zu Werten, die das Wohlbefinden steigern" (Inglehart 1998, S. 115).

Da der gesellschaftliche Wohlstand die Sorge um persönliche Sicherheit und Versorgung immer mehr in den Hintergrund drängt, verlieren demzufolge materialistische Werte und die Leistungsmotivation in postmodernen Gesellschaften an Bedeutung. Gerade in der jungen Generation kommt es zu einer Absetzungsbewegung gegenüber den „Tugenden" der älteren Generationen (Leistung, Pflichterfüllung, Erfolg, Dienst, Ordnung, Pünktlichkeit) und zu einer Betonung freiheitlicher und idealistischer Werte. Diesen Wertewandel erklärt Inglehart anhand zweier Hypothesen bzw. der „*Theorie des intergenerationellen Wandels*".

Die *Mangelhypothese* besagt, dass die Wertprioritäten eines Individuums seine gegenwärtige sozioökonomische Umwelt reflektieren: Den höchsten subjektiven Wert misst man den Dingen bei, die relativ knapp sind. Die *Sozialisationshypothese* hingegen bezeichnet die Beziehung zwischen Umwelt und Werten als nicht regelmäßig: Die Werte eines Menschen spiegeln in hohem Maße die Bedingungen wider, die in seinen Entwicklungsjahren vorherrschten.

Während die Mangelhypothese durch die Veränderungen auf der Systemebene (Wohlstand, Prosperität) Verschiebungen der Wertprioritäten erklärt, impliziert die *Sozialisationshypothese*, dass diese Veränderungen nicht bei allen Individuen auf gleiche Weise wirken. Da die Wertprioritäten eines Menschen hauptsächlich in der Sozialisationsphase (d. h. bis zu einem Alter von etwa 20 Jahren) ausgebildet und im Normalfall ein Leben lang beibehalten werden, ist in erster Linie die jüngere, noch nicht sozialisierte Generation vom Wertewandel betroffen. Der Wertewandel findet also nicht plötzlich und bei allen Menschen der Gesellschaft gleichzeitig statt, sondern eher schleichend: Die nachkommenden Generationen ersetzen nach und nach die alten, primär materialistisch geprägten Generationen.

Inglehart betont, dass materialistische Werte auch in postmodernen Gesellschaften nach wie vor positiv bewertet werden, postmaterialistischen Werten allerdings eine immer höhere Bedeutung zukomme. So würden materielle Sicherheit, Ordnung und Leistung zwar immer noch als wünschenswert erachtet, ein zunehmender Anteil der Bevölkerung wende sich jedoch Werten wie der individuellen Selbstverwirklichung, Gleichberechtigung und Partizipation zu.

Den Wandel von materialistischen zu postmaterialistischen Werten belegt Inglehart, indem er die Werteeinstellungen jüngerer Personen mit denen älterer Personen vergleicht. Dabei stellt er fest, dass postmaterialistische Werte wie persönliche Unabhängigkeit und Lebensgenuss vor allem von einem jüngeren Personenkreis geschätzt werden. Demgegenüber haben für ältere Personen materialistische Werte wie Autoritätshörigkeit und Versorgungsdenken eine höhere Bedeutung. Mit dem Vergleich der Werteeinstellungen untermauert Inglehart seine These von einem *intergenerationellen Wertewandel*. Im Sinne einer „stillen Revolution" „vollzieht sich [der Wandel von Werten und Überzeugungssystemen] hauptsächlich dadurch, dass eine Generation durch die nächste abgelöst wird." (Inglehart 1989, S. 14).

Für das Management ist vor allem folgender Gedanke von Inglehart von Bedeutung: Inglehart vertritt die sogenannte Interdependenz-These. Ihr zufolge hängen kulturelles System (das Wertsystem) und das wirtschaftliche System (das Wachstum) eng zusammen. Das zentrale Element der Modernisierung war der kulturelle Faktor der „Leistungsmotivation". Er vor allem hat das Wachstum beflügelt. Wenn nun im Zuge der Postmodernisierung die materialistischen Werte, also insbesondere die Leistungsmotivation der Menschen, in den Hintergrund treten, gehen parallel auch die Wachstumschancen zurück. Für das Management stellt sich daher die Kernfrage, a) wie die Leistungsmotivation in einem postmateriellen Umfeld gewahrt werden kann, und b) welche Rückwirkungen dieser Zusammenhang auf die Personalentwicklungspolitik hat.

Fallbeispiel Leistungsmotivation:

Die Bedeutung des Faktors „Leistungsmotivation" lässt sich gut am Beispiel der beiden konfuzianistisch geprägten Länder China und Japan illustrieren. Während China die technologische und militärische Überlegenheit der modernisierten protestantischen Länder in Nord- und Mitteleuropa sowie den USA lange Zeit ignorierte, um sich nicht auf das „Niveau von Barbaren" (Inglehart 1989, S. 85) herunterzulassen, griff man in Japan schneller die Ideen des Westens auf. Die Leistungsmotivation entsprang hier dem militärischen Ethos der bürokratischen Elite Japans, die sich aus der ehemaligen Kriegerkaste der Samurai rekrutierte. Während im Westen die Leistungsmotivation durch das Zusammentreffen von Industrialisierung und Reformation Eingang (vgl. Modul über Max Weber) fand, vollzog Japan die gleiche Entwicklung etwas verzögert durch das Zusammentreffen einer Bedrohung von außen mit dem Wertesystem einer gesellschaftlichen Trägergruppe.

11.2 Richard Sennett – Die flexible Gesellschaft

> *„Selbst wenn man voraussetzt, dass Routine den Charakter abstumpft – wie kann Flexibilität dem entgegenwirken und zu mehr menschlichem Engagement führen? […] Die heutige Gesellschaft sucht nach Wegen, die Übel der Routine durch die Schaffung flexiblerer Institutionen zu mildern. Die Verwirklichung der Flexibilität konzentriert sich jedoch vor allem auf die Kräfte, die die Menschen verbiegen."* (Sennett 1998, S. 56f.)

Zur Person:

Richard Sennett (geb. 1943 in Chicago) hat zunächst Musikwissenschaften studiert, musste das Fach jedoch nach einer misslungenen Operation an der Hand aufgeben und studierte danach in Chicago und Harvard Soziologie und Geschichte. Er lehrte in Yale, Rom und Washington und erhielt 2006 den Hegelpreis. Seit 1996 ist Sennett Vorsitzender des Council of Work der Unesco und lehrt u. a. an der London Business School of Economics. Die zentrale Herausforderung der modernen Gesellschaft sieht er darin, die Anforderungen einer kurzfristig ausgerichteten Ökonomie mit langfristigen Zielen, Loyalitäten und Verpflichtungen in Einklang zu bringen.

Sennett betrachtet die moderne Gesellschaft vor dem Hintergrund der globalisierten Wirtschaft und ihrer zunehmenden Flexibilitätsanforderungen. Mit Blick auf das Berufsleben stellt er beim intergenerationellen Vergleich fest, dass sich im Arbeitsleben ein Wandel von langfristiger Linearität zu kurzfristiger Flexibilität vollzogen hat. Ein linearer Lebensverlauf, der sich in Form einer zusammenhängenden Geschichte – von der Ausbildung bis zur Rente – erzählen lässt, ist in der heutigen modernen Wirtschaft, die Sennett auch als „dynamischen Kapitalismus" bezeichnet, kaum noch zu finden. Vielmehr hat sich das Berufsleben zu einer „zusammenhanglosen Zeit" verändert, in der sich der Mensch permanenten Veränderungen gegenübersieht und sich im ständigen Konkurrenzkampf behaupten muss.

Insofern erfordert die Flexibilität Sennett zufolge, dass sich die Menschen „verbiegen" müssen, um sich den dynamischen Anforderungen der Wirtschaft laufend anpassen zu können. Dazu gehören beispielsweise ständige Arbeitsplatzwechsel, Weiterbildungs- oder Umschulungsmaßnahmen sowie generell die permanente Bereitschaft, auf berufliche Veränderungen einzugehen. „In einer Wirtschaft, in der Produktdesign, Geschäftskonzepte, Kapitalausstattung und alle Arten von Wissen eine kürzere Lebenserwartung haben, sei Loyalität zu einer Institution eine Falle geworden. Ein Consultant, der vor kurzem eine Entlassungswelle bei IBM moderierte, erklärt, sobald Angestellte verstehen, dass sie sich nicht auf die Firma verlassen können, sind sie marktgängig. Distanz und oberflächliche Kooperationsbereitschaft sind ein besserer Panzer im Kampf mit den gegenwärtig herrschenden Bedingungen als ein Verhalten, das auf Loyalität und Dienstbereitschaft beruht." (Sennet 1998, S. 29).

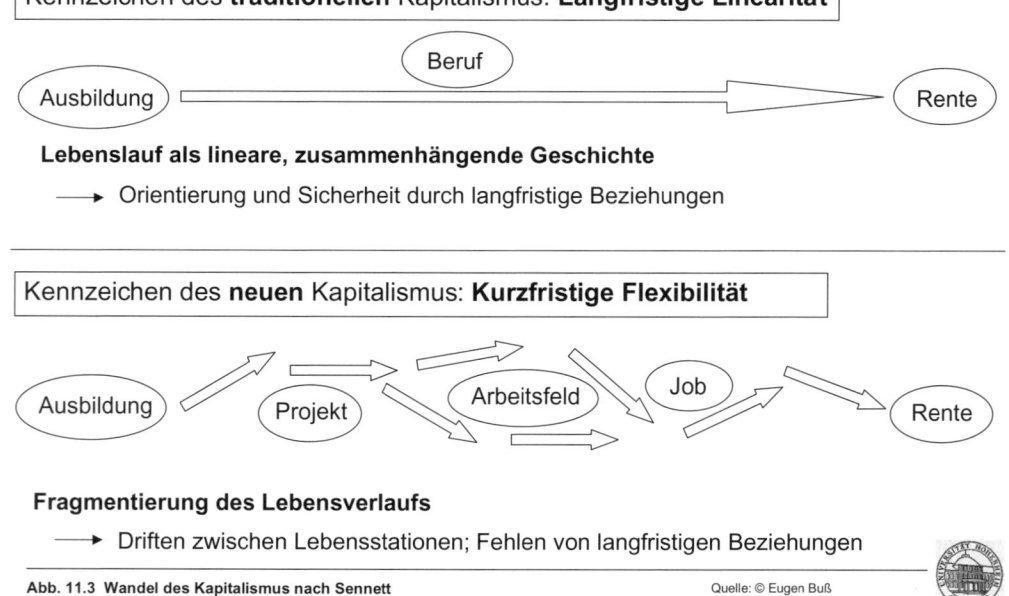

Abb. 11.3 Wandel des Kapitalismus nach Sennett   Quelle: © Eugen Buß

Praxisbeispiel „Flexibles Büro":

Sennett erzählt folgende Geschichte: Ich habe einmal einen amerikanischen Unternehmer, der einen flexiblen Betrieb leitet, mitgenommen in einen der großen Wolkenkratzer New Yorks. Die berühmten Büroräume dort stammen noch aus einer älteren Phase des Kapitalismus. Seine Reaktion war: Das ist ein sehr schlechtes Gebäude, denn die Architektur vermittelt den Leuten das Gefühl, hierher zu gehören. In seiner Firma hätte niemand ein Gefühl der Zugehörigkeit, seine Mitarbeiter glauben nicht einmal, dass ihnen überhaupt ein eigenes Büro zustünde. Darin kommt die Idee zum Ausdruck, dass die Bindung an einen Ort scheinbar ganz aufgelöst ist. Das flexible Büro hat absichtlich keinen individuellen Charakter, denn seine Nutzer wechseln ständig.

Die hohe Veränderungsgeschwindigkeit, durch die der flexible Kapitalismus gekennzeichnet ist, hat Sennett zufolge einen Wandel im Lebensstil der Menschen ergeben. Dieser Lebensstil führe dazu, die innere Sicherheit zu verlieren und in einen „Zustand des Dahintreibens" zu geraten. Der Einzelne sei zur Flexibilität gezwungen und müsse sich immer neuen Aufgaben stellen. Ein schneller Wechsel von beruflichen Fähigkeiten sei zur Norm geworden. Erfahrung habe ihren Stellenwert zugunsten von Flexibilität verloren.

Die Folgen dieser kurzfristigen Ökonomie seien daran erkennbar, dass anhaltende persönliche Beziehungen fehlten. Das permanente Driften zwischen den einzelnen Stationen des Lebens führe dazu, Freundschaften und örtliche Gemeinschaften nur flüchtig aufbauen zu können, wenn beispielsweise ein häufiger Arbeitsplatzwechsel mit häufigen Wohnortwechseln einhergehe. Die daraus entstehende Unsicherheit sei eine der zentralen Herausforderungen, denen sich der Mensch im neuen Kapitalismus stellen müsse. „Es ist nur natürlich, dass diese Flexibilität Angst erzeugt." (Sennett 1998, S. 10). Die mangelnde Kohärenz (innerer Zusammenhang) im Lebensverlauf der Menschen rufe den Wunsch nach langfristiger Orientierung hervor.

Fallbeispiel Smart (MCC):

Zur Offenheit des Unternehmenskonzeptes von Smart bzw. MCC, einer Tochter der Daimler AG, gehört die Bereitschaft, kontinuierlich den Wechsel zuzulassen. Smart will die Mitarbeiter gar nicht auf Dauer behalten. Der denkbare Wechsel der Mitarbeiter wird von vornherein in den Personalentwicklungsprogrammen einkalkuliert. Hinzu kommt: Wer bei Smart im Management arbeiten will, sollte eine große geographische und positionsbezogene Flexibilität mitbringen. Er sollte die Mentalitäten von mindestens vier Ländern gut kennen, ebenso ihre Sprachen, um in wechselnden Teams an wechselnden Orten eingesetzt werden zu können. Damit unterscheidet sich die Unternehmenspolitik von Smart deutlich von den Leitsätzen der Daimler AG, wo sich viele Führungskräfte in einem langen Berufsleben nach oben gearbeitet haben.

Vor dem Hintergrund der permanenten Veränderungen und Anpassungen erfordere Erfolg daher eine besondere Charakterstärke – „das Selbstbewusstsein eines Menschen, der ohne feste Ordnung auskommt, jemand, der inmitten des Chaos aufblüht" (ebd.). Es sei ein Charakter erforderlich, mit dessen Hilfe man sich von seiner eigenen Vergangenheit schnell lösen und die Fragmentierung des Lebensverlaufs akzeptieren könne.

Aber nicht nur den Mitarbeitern, sondern auch den Unternehmen wird Sennett zufolge ein hohes Maß an Flexibilität abverlangt. Eckpfeiler des modernen Managements ist der Glaube, lockere Netzwerke seien offener für grundlegende Umstrukturierungen als die pyramidalen Hierarchien der traditionellen Industriewelt (genannt „Fordismus" in Anlehnung an die hierarchisch organisierte Produktion der Automobilindustrie der Ford-Ära). Die flexible Spezialisierung ist das Gegenmodell zum Produktionssystem des Fordismus, und zwar bis ins Detail: Die Produktionsstätten sind so flexibel, dass die Manager auf Nachfrageveränderungen des Marktes die Einsatzpläne der Arbeiter innerhalb einer Woche und manchmal von einem Tag auf den anderen oder innerhalb von Stunden ändern können.

Betrachtet man den Produktionsprozess von Computern, ist der fertig produzierte Computer nichts anderes als eine Collage von überall auf der Welt hergestellten Einzelteilen; der Markenname steht bestenfalls noch für das Zusammensetzen am Schluss. Produkte werden immer mehr von einem Netzwerk hochflexibel operierender Unternehmenseinheiten auf dem globalen Arbeitsmarkt hergestellt. Diese Art der flexiblen Spezialisierung wird zudem von der modernen Kommunikationstechnik forciert, indem sie dem Management globale Daten über alle Produktionsschritte und mögliche preiswertere Alternativen verfügbar macht. Außerdem erfordern flexible Produktionsstätten schnelle Entscheidungen, die eine Konzentration von Entscheidungsbefugnissen ohne wirkliche Zentralisierung voraussetzen. Denn in einer großen bürokratischen Pyramide verlangsamt sich der Entscheidungsprozess, während Informationen nach oben wandern, um von der Zentrale abgesegnet zu werden. Das ist mit der flexiblen Produktion nicht mehr vereinbar (Sennett 1998, S. 65f.).

Die entscheidenden Fragen für das Management lauten daher:

- Wie lassen sich langfristige Ziele in einer auf Kurzfristigkeit angelegten Managementpraxis durchsetzen? Wie lassen sich langfristige Ziele in einer auf Kurzfristigkeit angelegten Quartalsplanung realisieren? Wie lassen sich langfristige Bindungen zu Mitarbeitern entwickeln, wenn die Ausbildungsinvestitionen hoch sind?

- Welches Maß an Flexibilität einer Organisation „erträgt" noch der Mitarbeiter? Ist es denkbar, dass die Fabrik in Mexiko steht, die Programmierer in Indien arbeiten, die Forschung in Deutschland und das Medienzentrum in Manhattan? Wie eng oder weit müssen oder sollten die Knotenpunkte einer Organisation geknüpft sein?

- Wo sind die Grenzen der produkttechnischen und organisatorischen Flexibilität? Welche möglichen Erosionskräfte setzen abrupte Produktionsumstellungen, neue nicht mehr auf einen konkreten Standort bezogene Machtkonzentrationen oder Flexibilitätszwänge unter den Mitarbeitern frei?

- Welche Rolle spielen noch dauerhafte wirtschaftliche Beziehungen im Markt (etwa Lieferantenbeziehungen, Beziehungen zu Finanzinvestoren)? Wie lassen sich Stakeholder- und Kundenbeziehungen stabilisieren?

- „Wie kann ein Mensch in einer Gesellschaft, die aus Episoden und Fragmenten besteht, seine Identität und Lebensgeschichte zu einer Erzählung bündeln?" (Sennett 1998, S. 31). Wie lässt sich im Rahmen der Identitätspolitik des Managements die Unternehmensgeschichte als verlässliches Navigationsleitbild erzählen?

- Wie wird eine künftige Gesellschaft aussehen, die von einer Generation geprägt sein wird, die unter den Gesetzen des Flexibilitätszwangs aufgewachsen ist? Welche Rolle spielen dann etwa moralische Fragen in der Wirtschaft?

Der auf Kurzfristigkeit angelegte Kapitalismus bedroht vor allem die Charaktereigenschaften, „die Menschen aneinander binden und dem Einzelnen ein stabiles Selbstgefühl vermitteln" (Sennett 1998, S. 31). Sennett sieht es als zentrales Problem, dass der flexible Kapitalismus den Menschen keinen Grund gibt, sich umeinander zu kümmern, und dennoch die Sehnsucht nach sozialer und örtlicher Verwurzelung vorhanden ist.

11.3   Gerhard Schulze – Die Erlebnisgesellschaft

„Man tut ein wenig so, als ginge die Ästhetisierung des Alltagslebens in Entästhetisierung über, lässt aber keinen Zweifel daran, was eigentlich gespielt wird. Das Geländeauto ist mit verchromten Stoßstangen armiert, das derbe Schuhwerk mit empfindlichem verschiedenfarbigem Wildleder verarbeitet, der wichtigste Hebel an der trickreichen Kamera ist derjenige, mit dem man das Wunderding auf Vollautomatik stellen kann." (Schulze 1992, S. 13)

Zur Person:

Gerhard Schulze (geb. 1944) studierte Soziologie an den Universitäten München und Nürnberg. Derzeit ist er als Professor für Methoden der empirischen Sozialforschung und Wissenschaftstheorie an der Universität Bamberg tätig. Schulzes Interesse gilt vor allem der Erforschung des sozialen und kulturellen Wandels, wobei er versucht, Zeitdiagnosen und Zukunftsperspektiven zu entwickeln. In „Die Erlebnisgesellschaft" (1992) diagnostiziert Schulze einen umfassenden sozialen Wandel, demzufolge das Leben in unserer Gesellschaft zum Erlebnisprojekt geworden ist.

Schulze stellt in der modernen Gesellschaft eine zunehmende Erlebnisorientierung fest. „Der kleinste gemeinsame Nenner von Lebensauffassungen in unserer Gesellschaft ist die Gestaltungsidee eines schönen, interessanten, subjektiv als lohnend empfundenen Lebens." (Schulze 1992, S. 37). Da der Großteil der Menschen über mehr Mittel verfüge, als er für seine Existenzsicherung benötigt, spiele der ästhetische Wert von Produkten eine immer bedeutendere Rolle. Beim Kauf eines Konsumgutes stehe nicht mehr der Gebrauchswert, sondern zunehmend der Erlebniswert im Vordergrund, d. h. Komfort und Geschmack fallen beim Entscheidungsprozess stärker ins Gewicht als Notwendigkeit und Nützlichkeit. Im Prozess der „Ästhetisierung" gehe es daher nicht um die reine Bewältigung der Lebensumstände, sondern um den individuellen Ausdruck eines inneren Lebensgefühls und die Entwicklung eines ganz persönlichen ästhetischen Stils. Häufig werde dabei die Ästhetik als Zweckmäßigkeit verschleiert. Beispielsweise stelle die Geländegängigkeit eines Allradwagens auf unseren asphaltierten Straßen nur einen vermeintlichen Nutzen dar und sei daher eher als „ästhetisches Attribut" zu verstehen.

Die Erlebnisorientierung beziehe sich jedoch nicht nur auf Güter, sondern betreffe sämtliche Lebensbereiche. Alternative Wahlmöglichkeiten, bei denen der jeweilige Erlebniswert im Vordergrund steht, gebe es ebenso bei Dienstleistungen, Berufen, Wohnsituationen oder Partnern. Auf der Suche nach Glück habe der Imperativ „Erlebe dein Leben" hohe Bedeutung erlangt (Schulze 1992, S. 33). Der Einzelne handle nicht mehr zweckrational, um äußere Lebensumstände bewältigen zu können, sondern richte sein Handeln erlebnisrational am inneren Lebensgefühl aus. Die außenorientierte Lebensauffassung werde von der innenorientierten verdrängt. Zum Beispiel sei das Ziel, Kinder zu haben, in der heutigen Gesellschaft nicht allein durch deren Geburt erreicht, sondern erst dann, wenn sie die Eltern glücklich machen. Bei einem Auto sei nicht nur die Fortbewegungsfunktion wichtig, sondern auch, dass dabei ein schönes Fahrgefühl entstehe. „Innenorientierung ist Erlebnisorientierung. Das Projekt des schönen Lebens ist das Projekt, etwas zu erleben." (Schulze 1992, S. 38).

Eine neue Form der *Erlebnisrationalität* bestimme daher das Alltagsleben. Erlebnisrationalität ist für Schulze die Umkehr des naturwissenschaftlichen Denkens, das auf messbare Ziele fokussiert ist. Beim erlebnisrationalen Denken wandert der Fokus von außen nach innen: Man betrachtet Konsumgüter, Reiseziele, Unterhaltungsangebote, Partner, etc. primär unter der Perspektive ihrer vorgestellten Wirkungen wie Faszination, Lust, Entspannung. Schulze verweist als Beispiel auf einen Werbespruch: „Betrachten Sie das Glas als Instrument des Genusses" (Schulze in Pongs 1999, S. 231). Gekauft wird nicht mehr das Produkt mit dem höchsten Nutz-, sondern mit dem höchsten Erlebniswert.

Dimensionen des Lebensstils und Erlebnismilieus

Um eine systematische Betrachtung des Lebensstils zu ermöglichen, unterscheidet Schulze drei unterschiedliche „alltagsästhetische Schemata" (Schulze 1992, S. 125ff.): Trivial-, Spannungs- und Hochkulturschema. Der Lebensstil bestimmt sich nach Schulze durch die Nähe oder Distanz zu diesen drei Dimensionen. Jeder Mensch kreiert sich also seinen persönlichen Lebensstil durch eine spezifische Kombination dieser drei alltagsästhetischen Schemata. Die Menschen behandeln die drei Schemata nicht als Alternativen, sondern als Kombinationsmöglichkeiten, von denen sie auf verschiedene Weise Gebrauch machen, um ihren persönlichen Stil zusammenzubasteln.

	Genussmuster	Typische Zeichen (Freizeitstil)
Hochkulturschema	Kontemplation	klassische Musik, Museumsbesuch, Lektüre „guter Literatur"
Trivialschema	Gemütlichkeit	deutscher Schlager, Heimatfilm, Fernsehquiz, Arztroman
Spannungsschema	Action	Rockmusik, Thriller, Ausgehen (Kneipen, Discos, Kino usw.)

Abb. 11.4 Alltagsästhetische Schemata   Quelle: nach Schulze 2005, S. 163

Schulze sieht gerade in der zunehmenden Verschiedenartigkeit der Menschen eine neue grundlegende Gemeinsamkeit. Das bedeutet, dass es für Schulze trotz der individuellen Erlebnisorientierung und der bunten Vielfalt an Lebensweisen gemeinsame Milieus mit einem bestimmten gemeinsamen Kern gibt. Die soziale Segmentierung (Gliederung) richte sich dabei nicht an vorgegebenen Beziehungen aus, wie dies in hierarchisch geschichteten Gesellschaften des 18. und frühen 19. Jahrhunderts der Fall war, sondern sei durch die subjektive

Auswahl von Beziehungen bestimmt. *„Soziale Milieus bilden sich als Erlebnisgemeinschaften."* (ebd., S. 59). Jeder Einzelne könne seine Kontaktpartner selektiv wählen, wobei sich die Personen nur dann aufeinander einließen, wenn sie sich gegenseitig als ähnlich wahrnehmen.

Definition Milieus:

Milieus sind Personengruppen, die sich durch gruppenspezifische Existenzformen und erhöhte Binnenkommunikation voneinander abheben (Schulze 1992, S. 174). Bei der Milieubildung sind aufgrund der freien Beziehungswahl evidente (leicht interpretierbare) und signifikante (verlässliche) Zeichen von besonderer Bedeutung. Ausreichend evident und signifikant sind nach Schulze ausschließlich die drei Zeichen Alter, Bildung und alltagästhetischer Stil (z. B. Kleidung, Sprachstil, Wohnstil, Freizeitstil, Medienkonsum).

Die drei „Zeichen" spielen für Schulze eine wichtige Rolle. Trotz freier Beziehungswahl in der modernen Gesellschaft werden auf der Suche nach Sicherheit, Akzeptanz und Zugehörigkeit hauptsächlich Kontakte zu Menschen mit ähnlichen Zeichen gewählt. Die so entstehenden Gruppen verdichten sich zu fünf sozialen Erlebnismilieus, in Schulzes Worten eine neue gesamtgesellschaftliche „Einfachstruktur" (Schulze 1992, S. 211).

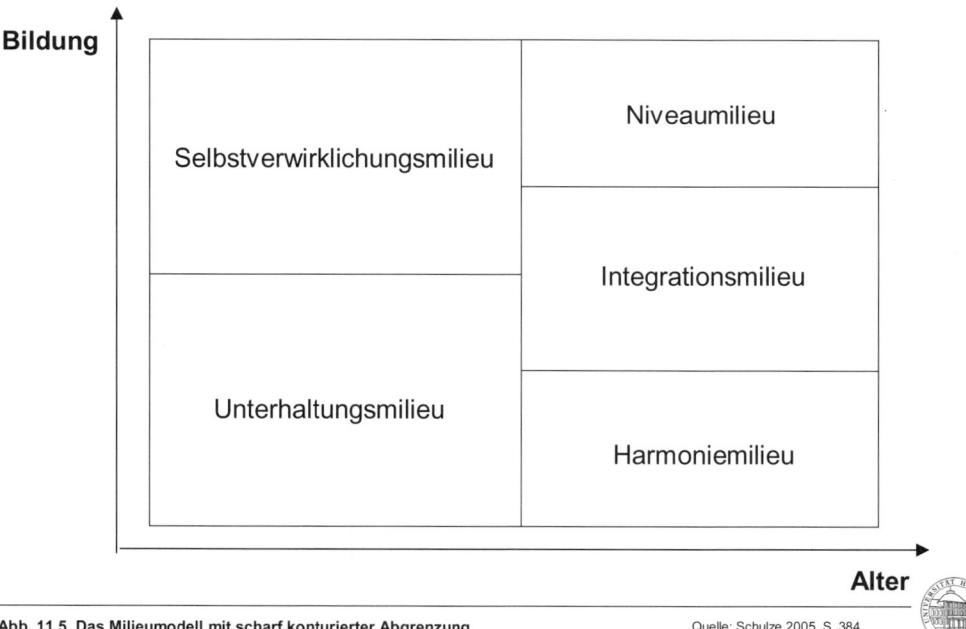

Abb. 11.5 Das Milieumodell mit scharf konturierter Abgrenzung   Quelle: Schulze 2005, S. 384

Entscheidend für die Abgrenzung unterschiedlicher sozialer Milieus ist nach Auffassung Schulzes vor allem der Bildungsgrad und das Alter der Menschen. So liege beim 40. Lebensjahr die Schnittstelle für eine Differenzierung sozialer Milieus nach Alter. Bezüglich der Bildung ließen sich die Milieus aufgrund der unterschiedlichen Schulabschlüsse (Hauptschule, Realschule und Gymnasium) und der darauf folgenden Berufsausbildung unterscheiden.

Das Modell von Schulze erweist sich als wichtiger Ansatz der Lebensstilforschung und als sinnvolle Ergänzung der Sozialstrukturanalyse. Für das Management sind die Untersuchungen von Schulze in mehrfacher Hinsicht folgenreich: Sie üben einen großen Reiz für Marketing- und Werbestrategien aus. Schließlich hat sich der Inhalt der Werbung von einstmals reiner Produktinformation inzwischen zur Vermittlung eines Produkterlebnisses gewandelt. Die Erlebnismilieus werden deshalb in der „Verbraucher-Analyse" vom Bauer und Springer Verlag verwendet, um der werbetreibenden Wirtschaft einen verständlichen Überblick über deren Zielgruppenstruktur vermitteln zu können. Auch in der Unternehmenskommunikation ist die Typologie von großer Bedeutung. Je mehr die Event-Kommunikation zum stilbildenden Mittel der gesamten Kommunikationspolitik wird, umso eher wird sie sich an den differenzierten Erlebnismilieus orientieren. Selbst in der Marktforschung können Schulzes Milieus als eine Grobstruktur für Klassifizierungen herangezogen werden. Aber die Folgen dieses Modells reichen noch weiter:

- Wie lassen sich Erlebnismilieus als unternehmensspezifische Zielgruppen weiter aufschlüsseln?
- Welche Konsequenzen hat das Erlebnisprimat für die Produkt- und Entwicklungspolitik eines Unternehmens?
- Welche Rückwirkungen hat die These von der Erlebnisgesellschaft für die gesellschaftliche Verantwortung eines Unternehmens?
- Wie muss sich die Personalrekrutierung und -entwicklung auf die Erlebnismilieus einstellen?
- Welche Rolle spielt der Erlebnischarakter der modernen Gesellschaft für die Leitbildentwicklung und das Identitäts-Management eines Unternehmens?

Milieu	Soziale Lage	Lebensphilosophie	Existentielle Problemdefinition	Erlebnisparadigma
Niveaumilieu	über 40 Jahre gebildet	Perfektion	Streben nach Rang, Karriere, vorzeigbaren Wohlstand	Nobelpreis-verleihung
Integrationsmilieu	über 40 Jahre, mittlere Bildung	Harmonie & Perfektion	Streben nach Konformität, Anpassung, skeptische Haltung gegenüber allem Neuen	nette Runde
Harmoniemilieu	über 40 Jahre, geringe Bildung	Harmonie	Streben nach Geborgenheit, Bedürfnis, Konflikten aus dem Weg zu gehen	Hochzeit
Selbstverwirklichungs-milieu	unter 40 Jahre, mittlere/ höhere Bildung	Narzissmus & Perfektion	Streben nach Selbstverwirklichung, experimentierfreudig	Künstler
Unterhaltungsmilieu	unter 40 Jahre, geringe Bildung	Narzissmus	Streben nach Stimulation, nach spannungs- und aktionsgeladenen Situationen	Miami Beach

Abb. 11.6 Das Milieumodell von Schulze   Quelle: Schulze 2005, S. 332f.

11.4 Peter Gross – Die Multioptionsgesellschaft

„Der endlose Prozess der Steigerung von Wahlmöglichkeiten, dieser geheime Lehrplan allen Tun und Lassens, dieser Zuwachs an Möglichkeiten, der als Zuwachs von Freiheitsgraden gedeutet wird – er findet auch auf der letzten und hintersten Ebene, auf der nicht mehr über den Verwandlungsmechanismus, sondern über das Warum dieser endlosen Steigerung verhandelt wird, keine endgültige Antwort, keine Endlösung." (Gross 1994, S. 40)

Zur Person:

Peter Gross (geb. 1941) studierte Soziologie und Nationalökonomie an den Universitäten Zürich und Bern. Nach einer Tätigkeit als Kantonsrat übte er zunächst eine Professur für Soziologie in Bamberg aus, anschließend war er bis 2006 als Professor für Soziologie an der Universität St. Gallen (HSG) tätig. Gross ist Mitglied diverser wissenschaftlicher und nichtwissenschaftlicher Vereine und Gesellschaften, u. a. PEN International. In „Die Multioptionsgesellschaft" (1994) beschreibt Gross, wie sich der Zuwachs an Wahlmöglichkeiten in allen Lebensbereichen permanent beschleunigt. Die Vervielfältigung von Optionen führe schließlich dazu, dass traditionelle Gewissheiten und kulturelle Werte zunehmend in Frage gestellt werden.

Zentrale These der Gesellschaftsdiagnose von Gross ist die Annahme, dass eine ungebremste Wachstums- und Steigerungsdynamik unser Leben beherrsche. Das „Dreipunkteprogramm der Moderne", so schreibt Peter Gross, beinhalte die Steigerung der Handlungsmöglichkeiten, die Steigerung der Teilhabe an den Handlungsmöglichkeiten und die Garantie minimaler Teilhabe an den eröffneten Handlungsmöglichkeiten. Daraus erwachse die Vorstellung, dass ein selbstbestimmtes Leben nur möglich sei mit Optionen (vgl. Pongs 1999, S. 109).

In der modernen Gesellschaft gebe es einen permanenten „Drang nach Mehr". Überall gebe es Lücken zwischen Wirklichkeit und Möglichkeit, die man versuche zu schließen. Der Verlust von Verbindlichkeiten und Gewissheiten und die Steigerung von Möglichkeiten (Optionen) treibe die Menschen an. Damit sei der Weg bereitet von einer Multiobligationsgesellschaft (bedeutet: Netz von Verbindlichkeiten und Verpflichtungen) zu einer Multioptionsgesellschaft (bedeutet Netz von Wahl- und Möglichkeitschancen). Der Einzelne gerate unter Druck, mit der Überfülle an Möglichkeiten in der sich zusehends verdichteten Zeit zurechtzukommen.

Das führe beispielsweise zu einem Meer an verschiedenen Produktsorten, seien es Glühlampen, Schuhe, Brotsorten oder Kapitalanlagen. „Von der Wohnungseinrichtung bis zur Haartracht sind die Optionen ins Feinste ausdifferenziert" (Gross 1994, S. 59) und „wenn [...] von hundert Parfums eines nicht zur Hand ist, rasten die Käufer aus" (ebd., S. 44). Aber nicht nur die immer breiteren Produktpaletten, die permanent mehr bieten und besser sein müssen als ihre Vorgänger, auch die Liebe, die Partnerschaft, die Familie und die Namensgebung werden, so Gross, durchoptioniert. Ebenso gebe es hinsichtlich des beruflichen Werdegangs durch technologische Neuerungen immer mehr Optionen. Nur noch selten werden Berufe von Generation zu Generation traditionell fortgeführt. Und schließlich lasse sich auch im geistigen Bereich eine Möglichkeitsvielfalt feststellen, denn selbst hinsichtlich des Weltverständnisses stehen unterschiedliche Optionen zur Auswahl. „Die Optionierung betrifft [also] Güter, Menschen und Gedanken." (ebd., S. 113).

Ob es die Entwicklung des Automobils anbelangt oder Weltdeutungen: „Alles geschieht schneller, in immer schnellerer Kadenz, die Multioptionsgesellschaft ist nicht nur ein Endlos-, sondern ein sich selbst beschleunigendes Endlos-Projekt." (ebd., S. 30). Die Selbstverständlichkeit der Fortschrittsbewegung gehe schließlich damit einher, dass Traditionen zurückgedrängt werden. Wenn Berufe schneller kommen und gehen als Generationen, können sich, so Gross, gar keine Traditionen ausbilden. „Optionssteigerung und Traditionsvernichtung gehen […] Hand in Hand." (ebd., S. 16).

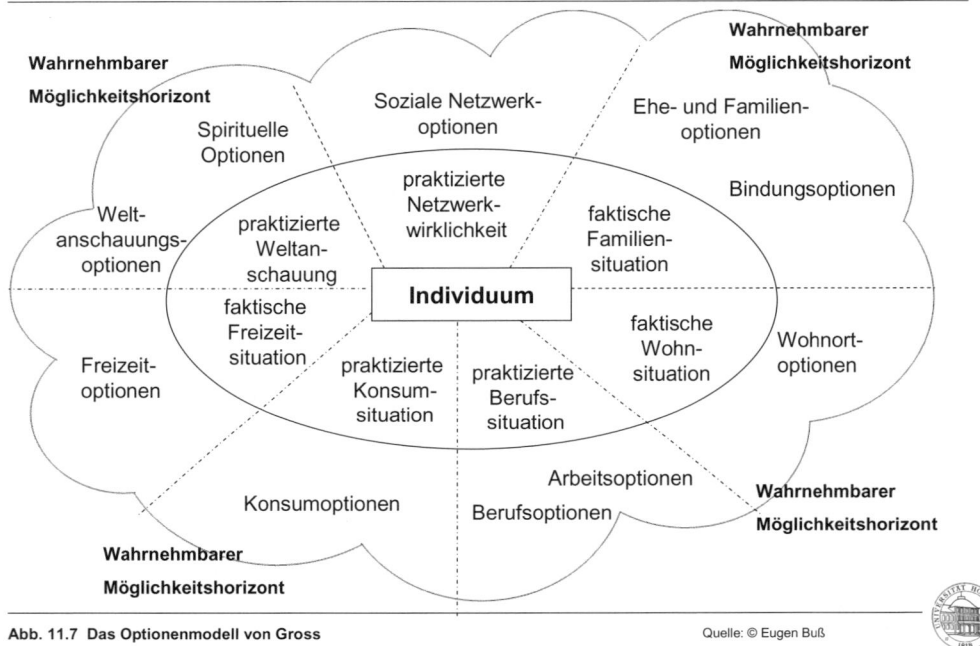

Abb. 11.7 Das Optionenmodell von Gross   Quelle: © Eugen Buß

Problematisch sei, dass mit jeder realisierten Möglichkeit wieder neue Möglichkeiten entstehen und die Kluft zwischen Nicht und Noch-Nicht immer wieder erweitert werde. Die Steigerung der Optionen gehe schließlich einher mit der Forderung, auch die Teilhabe am Mehr zu steigern. Das führe zu der Angst, den Anschluss am Weltgeschehen zu verpassen und dazu, unter Realisierungsdruck zu geraten. Das Überangebot an Möglichkeiten mache die moderne Welt zu einem gigantischen Supermarkt, in dem die Menschen driften und nach Orientierung suchen.

Die kulturelle Essenz und die traditionellen Werte einer Gesellschaft werden übertüncht von einer permanent wachsenden Angebotsvielfalt. Wenn fraglose Verbindlichkeiten und Selbstverständlichkeiten zerstört und durch Wahlmöglichkeiten ersetzt werden, fühle sich der Mensch zwar frei, aber zugleich auch heimatlos. Wenn alles möglich sei und herkömmliche Verpflichtungen den Optionen Platz machen, bestehe daher letzten Endes auch die Möglichkeit, dass sich eine Gesellschaft durch eine Überproduktion von Optionen selbst zerstört. Die Gefahr für die moderne Gesellschaft bestehe „in einer mit der Unendlichkeit des Fortschritts und der Endlichkeit des Lebens vorprogrammierten, lebensfeindlichen und selbstmörderischen Selbstüberforderung" (ebd., S. 33).

Die Differenzen zwischen Wirklichkeit und Möglichkeit ließen sich nicht mindern, wenn ständig neue geschaffen werden. Einen möglichen Ausweg aus der Fortschrittsspirale sieht Gross deshalb darin, Differenzen zu akzeptieren. Verzicht sei eine zwingend notwendige Option. Nur durch Indifferenz gegenüber der Differenz könne die kulturelle Dynamik gedämpft werden. Nur wenn man sich von der Vorstellung löse, alles müsse besser möglich sein, könne man sich der quälenden Spannung zwischen Hier und Dort entziehen. „Was das in der Lebenswirklichkeit bedeutet, leuchtet manchmal, wenn wir in friedlicher Gemeinschaft durch den Stundenschlag, die hereinbrechende Nacht oder durch den Gedanken an das Pflichtenheft von Morgen aufgeschreckt werden, undeutlich auf" (ebd., S. 404).

Der Grundgedanke von Gross, dass die kulturelle Dynamik von der Endlos-Schleife an Optionen geprägt wird, ist für das Management von großer Bedeutung. Er macht das Grundproblem der dosierten Bindung von Mitarbeitern, Konsumenten, Stakeholdern und Öffentlichkeit evident. Dem Management stellen sich die Fragen:

- Welchen Beitrag kann es zur Reduktion von Komplexität im Markt leisten?
- Wie kann es für eine Marke erkennbare Identifikationsangebote, eine erkennbare Persönlichkeit bieten, um verfügbare Optionen auszuschalten?
- Wie kann es der Öffentlichkeit einen Filter für Informationen anbieten, um denkbare Optionen zu reduzieren?
- Wie kann es den Verbraucher von aufwendigen Produktvergleichen entlasten?
- Wie kann es Mehrdeutigkeit, die durch Optionen entstehen, verhindern?
- Was kann das Management tun, um Optionen durch sinnhaftes Handeln zu verringern (Abwanderung der Mitarbeiter, Wechsel der Lieferanten, etc.)?

Die Deregulierung der Arbeitswelt ist ein Spiegelbild der Multioptionsgesellschaft. Befristete Arbeitsverhältnisse, Arbeit auf Abruf, ortsungebundene Arbeit, Arbeitswechsel, Gelegenheitsarbeit, Aushilfsarbeit, Praktika, quasi-selbständige Beschäftigungsformen sind Kennzeichen einer Optionsgesellschaft, die die Manager nötigt, Alternativen zu wahren, auch wenn sie von den Mitarbeitern eher als Risiken als Chancen gedeutet werden. Eine Chance auf Erfolg hat in der Optionsgesellschaft vor allem ein „Arbeitsunternehmer", der die alten Vorstellungen eines lebenslangen Dienstverhältnisses über Bord wirft und sich selbst als Agent eines klug diversifizierten Kompetenz-Portfolios (aufeinander abgestimmtes Angebot) versteht und als freier Mitarbeiter oder teilzeitlich für unterschiedliche Unternehmen und Organisationen tätig ist. Im Zentrum der Erwerbsmöglichkeiten in der Multioptionsgesellschaft steht also der „Portfolioworker", der unterschiedliche Fachkompetenzen in unterschiedlicher Weise in den Arbeitsmarkt einbringt (Gross in Pongs 1999, S. 120).

11.5 Neil Postman – Die Unterhaltungsgesellschaft

„Weitgehend ohne Protest und ohne dass die Öffentlichkeit auch nur Notiz davon genommen hätte, haben sich Politik, Religion, Nachrichten, Sport, Erziehungswesen und Wirtschaft in kongeniale Anhängsel des Showbusiness verwandelt. Wir sind im Zuge dieser Entwicklung zu einem Volk geworden, das im Begriffe ist, sich zu Tode zu amüsieren." (Postman 1985, S. 12)

Zur Person:

Neil Postman (1931–2003) wurde 1959 Professor für Kommunikationswissenschaften an der New York University. Mit der Veröffentlichung seines Buches „Wir amüsieren uns zu Tode" erhielt er 1985 weltweite Beachtung und wurde dafür 1986 mit dem Orwell-Award ausgezeichnet. Postman vertrat eine sehr kritische Position gegenüber dem Fernsehen, später weitete er seine Medienkritik auch auf die globale Vernetzung durch das Internet aus. Er beklagt eine durch Reizüberflutung stattfindende „Boulevardisierung", „Trivialisierung" und „Infantilisierung" der technikgläubigen Gesellschaft, die das (Nach-)Denken immer mehr zugunsten blinden Konsumierens verdrängen würde.

Abb. 11.8 Die Wirkung der Mediengesellschaft (nach Postman)   Quelle: © Eugen Buß

Postman konzentriert sich in seiner Argumentation „auf die Formen des kommunikativen Austauschs, des ‚Gesprächs' zwischen den Menschen" (Postman 1985, S. 15), da nur das Gespräch darüber entscheidet, „welche Gedanken wir bequem zum Ausdruck bringen können" (ebd., S. 15). Der Übergang vom Buchdruck-Zeitalter zum Fernseh-Zeitalter führe dazu, dass sich Inhalt und Bedeutung des öffentlichen Diskurses (Gedankenaustausch) unwiderruflich verschieben.

- Bücher erlauben, so Postman, die systematische Analyse von Informationen und einen auf Dauer angelegten Diskurs. Zudem seien Bücher „ausgezeichnete Behältnisse für […] Informationen und Ideen" (ebd., S. 90). Sie zu schreiben und zu lesen brauche Zeit. Durch die Erörterung des Inhalts bilde sich der Leser ein Urteil über die geschriebenen Worte, wobei der Handlungswert der Informationen im Vordergrund stehe. Aufgrund dieser aktiven Auseinandersetzung nennt Postman das Buchdruck-Zeitalter auch Zeitalter der Erörterung.

- Die Erfindung des Telegraphen als erster Form der elektronischen Medien habe den kommunikativen Austausch schließlich wesentlich verändert. „Der Beitrag des Telegraphen zum öffentlichen Diskurs, so könnte man sagen, bestand darin, der Belanglosigkeit zu Ansehen zu verhelfen und die Ohnmacht zu verstärken." (ebd., S. 89). Die Technik machte eine Flut an Informationen möglich, die nur teilweise gebraucht werden konnte. Die Kürze und Häufigkeit der übermittelten Botschaften erschwere Postman zufolge die kritische Vertiefung, wodurch sich die „soziale und politische Handlungsfähigkeit verringert hat" (ebd., S. 88).

- In der bildlichen Darstellung des Fernsehens habe dies in der Folge eine weitere Steigerung erfahren. Das neue Kommunikationsmedium stelle mal dies, mal jenes in den Blickpunkt, wodurch „das Wechselspiel zwischen Bild und Augenblicklichkeit zur äußersten Perfektion" (ebd., S. 99) getrieben werde. Eine Vielfalt an Themen, die minimale Anforderungen an das Auffassungsvermögen habe, stehe dem Zuschauer permanent zur Auswahl. Der Handlungswert von Informationen weiche dem Unterhaltungswert. Dadurch entwickle sich aus dem Zeitalter der Erörterung das Zeitalter des Showbusiness.

Postman verdeutlicht damit, welchem inhaltlichen Wandel der öffentliche Diskurs unterliege, sobald sich die Formen des kommunikativen Austauschs (z. B. Druck, Telegraph, Fernsehen) verändern. Er versteht seine Bedenken gegenüber der heutigen Mediengesellschaft jedoch nicht als Generalangriff auf das Fernsehen. *„Schließlich messen wir eine Kultur nicht an den unverhüllten Trivialitäten, die sie hervorbringt, sondern an dem, was sie für bedeutsam erklärt. Hier liegt unser Problem."* (ebd., S. 27). Postman betrachtet es in keiner Weise als problematisch, dass das Fernsehen unterhaltsame Themen präsentiert, sondern kritisiert vielmehr, dass es *„jedes Thema als Unterhaltung präsentiert"* (ebd., S. 110). Die lächelnden Sprecher und die musikalische Einbettung einer Nachrichtensendung, in der uns bruchstückhaft Kurzmeldungen aus aller Welt vorgetragen werden, erweckten *„den Eindruck, dass das, was wir eben gesehen haben, kein Grund zum Heulen sei"* (ebd., S. 110). Die Fülle von Informationen, die täglich auf den Zuschauer einprasselt, sei stets von einem Rahmen für Entertainment umgeben. Die Öffentlichkeit würde sich dadurch in eine Teilnahmslosigkeit „hineinamüsieren". Schließlich führe die Maximierung des Unterhaltungswerts dazu, dass es zu einer passiven Informationsberieselung komme.

Das zentrale Problem sieht Postman darin, dass durch die unzählbaren Unterhaltungsveranstaltungen der öffentliche Diskurs verschwinde. Ohne einen aktiven kommunikativen Austausch verkümmere die Kritikfähigkeit der Menschen. Aktive Handlungskraft schlage in Passivität um. Letzten Endes habe dies verheerende Auswirkungen auf die demokratische und freiheitliche Ordnung einer Gesellschaft. Daher fordert Postman, durch aufklärende Bildungsmaßnahmen ein Bewusstsein über die Auswirkungen einer bildbestimmten Mediengesellschaft zu schaffen. Anknüpfend an Aldous Huxley und dessen Prophezeiungen in *Schöne neue Welt* schlussfolgert Postman schließlich: „Die Menschen in Schöne neue Welt leiden nicht daran, dass sie lachen, statt nachzudenken, sondern daran, dass sie nicht wissen, worüber sie lachen, und warum sie aufgehört haben nachzudenken." (ebd., S. 198).

Wie sehr die Analyse von Postman noch heute den Rahmen der Kommunikationskultur in vielen Unternehmen reflektiert, macht vor allem ihr Eventcharakter deutlich. Viele PR- und Werbemaßnahmen sind Ausdruck einer fernsehgerechten Inszenierung („beautification"). Das Bild einer Marke mit ihrem Identitätskern wird dabei willkürlich oder absichtslos aufs Spiel gesetzt. Die „neue Gefälligkeit" der Markenpräsentation folgt dabei einem zeitgeistigen Zuckerbäckergeschmack, der eher an Hollywood-Effekten orientiert ist als an der eigentlichen Authentizität der eigenen Unternehmenskultur. Unternehmenskommunikation gehört vielfach den Zeitgeistarrangeuren. Ohne eingebunden zu sein in eine wertunterlegte Markenkommunikation, erfüllen Werbebotschaften ihre Rolle mit dem Gestus eines Schleppers, ihre Informationen sind Animierphasen ohne Dialog. Die zumeist werbetechnisch geschickt inszenierten und professionell arrangierten Kampagnen dienen eher der Herstellung suggestiver Bilder als einem ernsthaften Dialog mit der Öffentlichkeit.

Daher wird die Essenz der Analyse von Postman vermehrt in Managementkreisen diskutiert: Öffentliches Ansehen entsteht nicht aus inflationär entwertetes, zum puren Effekt erstarrtes Werbeschönes, ist auch keine Collage aus dekorativen, öffentlichkeitswirksamen Versatzstücken der Werbung. Reputation entsteht eben nicht durch eine auf Unterhaltung gerichtete werbetaktische Kommunikation, sondern nur durch eine vertrauensstiftende Dialogkommunikation. Postmans Überlegungen haben der wertorientierten Unternehmenskommunikation des Managements einen besonderen Schub verliehen.

11.6　　　Ulrich Beck – Die Risikogesellschaft

„Ähnlich wie im 19. Jahrhundert Modernisierung die ständisch verknöcherte Agrargesellschaft aufgelöst und das Strukturbild der Industriegesellschaft herausgeschält hat, löst Modernisierung heute die Konturen der Industriegesellschaft auf, und in der Kontinuität der Moderne entsteht eine andere gesellschaftliche Gestalt.“ (Beck 1986, S. 14)

Zur Person:

Ulrich Beck (geb. 1944) studierte Rechtswissenschaften, Soziologie, Philosophie und Politikwissenschaften in Freiburg und München. Er lehrte zunächst an den Universitäten in Münster und Bamberg. Heute ist Beck Professor für Soziologie an der Universität München (LMU) und an der London School of Economics (LSE). 2005 erhielt Beck den renommierten Schrader Preis. In „Die Risikogesellschaft. Auf dem Weg in eine andere Moderne“ (1986) entwickelt Beck die These, dass globale Risiken zum beherrschenden Merkmal der modernen Gesellschaft geworden sind.

Beck betrachtet den Trend wachsender globaler Risiken als zentrales Merkmal der heutigen Gesellschaft. Die zunehmende Technisierung berge nicht nur Fortschritt in sich, sondern auch immer größer werdende Modernisierungsrisiken, wie das Reaktorunglück von Tschernobyl belege. Hier habe sich gezeigt, dass nationalstaatliche Regelungsmechanismen untauglich geworden sind. Wir leben inzwischen in einer Weltrisikogesellschaft, die mit globalen Folgen zu tun hat, welche in einem nationalstaatlichen Rahmen nicht mehr bewältigt werden können.

Neben den industriell erzeugten Risiken gibt es für Beck eine zweite Form von Gefährdungen, die mit einer zunehmenden Individualisierung der modernen Gesellschaft zusammenhängen. Viele Menschen sind den Herausforderungen der individuellen Lebensgestaltung nicht gewachsen: Entscheidungen über Beruf und Familie werden vermehrt als risikoreich empfunden. Traditionelle Sicherheiten sind verloren gegangen. Dazu gehören unter anderem auch die *Entstandardisierung* der Erwerbsarbeit (vgl. auch den Abschnitt über Sennett in diesem Modul) und die Freisetzung des Individuums aus traditionell festgeschriebenen Lebenszusammenhängen. Für Beck hat die Risikogesellschaft demnach zwei Seiten:

- industriell erzeugte Großrisiken (Makroebene)
- Risiken durch den Verlust sicherer Daseinsumstände (Mikroebene)

Beck ist der Auffassung, dass die sogenannten industriell erzeugten Risiken und die mit ihnen verbundenen sozialen Gefährdungen die sogenannte *Reichtumsproduktion* oder besser: den Wohlstand überlagern. Beispielsweise ist der Nutzen von Gütern, bei deren Herstellung Luft, Wasser oder Boden verschmutzt werden, angesichts des globalen Gefahrenpotentials für Natur und Menschheit ernsthaft in Frage zu stellen.

> *„Entsprechend werden die Verteilungsprobleme und -konflikte der Mangelgesellschaft überlagert durch die Probleme und Konflikte, die aus der Produktion, Definition und Verteilung wissenschaftlich-technisch produzierter Risiken entstehen"* (Beck 1986, S. 25).

Beck weist besonders auf industriell erzeugte Risiken hin, die mit der Ausweitung der Nuklear-, Chemie- und Gentechnologie einhergehen, sowie deren Gefährdungspotential für Natur und Mensch. Mit der ungehemmten Produktion von „weltweit verzahnten Modernisierungsrisiken" sei die Verschmutzung der Luft und die Verunreinigung von Wasser und Boden deutlich forciert worden. In seiner neuen Studie entwickelt er eine Typologie globaler Risiken, anhand derer er ökologische, ökonomische und terroristische Gefahren unterscheidet. Dabei bestehe eine „wesentliche Differenz zwischen ökologischen und ökonomischen Gefahren einerseits, der terroristischen Bedrohung andererseits [..] darin, dass bei letzterer Zufall durch Absicht ersetzt wird" (Beck 2007, S. 37f.).

Gemeinsam sei den drohenden Gefahren, dass sie „übernationale und klassenunspezifische Globalgefährdungen" darstellen. Plastisch ausgedrückt bedeutet dies, eine „Atom-Wolke" bedrohe jeden, unabhängig von Nationen- und Schichtzugehörigkeit, von Alter und Geschlecht. Das Risiko der selbst geschaffenen Selbstvernichtungsmöglichkeiten lasse die Weltgesellschaft zu einer Gefahrengemeinschaft schrumpfen.

> *„Mit der Industrieproduktion geht ein Universalismus der Gefährdungen einher, unabhängig von den Orten ihrer Herstellung: Nahrungsmittelketten verbinden praktisch jeden mit jedem auf der Erde"* (Beck 1986, S. 48).

Die Gleichheit vor globalen Risiken relativiert Beck jedoch, indem er die Dimensionen der Reichtums- und Armutsverteilung mit berücksichtigt. Risiken würden sich akkumulieren, wenn Entscheider-Regionen (hoch entwickelte Länder) Gefahren in nicht entwickelte Länder exportieren.

Die zweite Seite der Risikogesellschaft ist für Beck durch den Verlust sicherer Daseinsumstände charakterisiert. Die Lebensgestaltung des Einzelnen ist immer weniger vordefiniert. Jeder Einzelne wird aus vormals traditionell festgeschriebenen Lebenszusammenhängen freigesetzt und sieht sich einer eigenverantwortlichen Lebensgestaltung gegenüber. Die Kehrseite der Medaille sind die Risiken, die dieser Freiraum schafft. Das Individuum ist auf sich gestellt. Es muss angesichts einer komplexen Umwelt die Entscheidungen selbst treffen. Anstelle der Sicherheit, die früher die *„Tradition der Kleinfamilie"* bereitstellte, sind jetzt Entscheidungen zum Thema Wohnort, Beruf, Ehe, Freizeit selbst zu fällen. Viele sind den Anforderungen zunehmender Scheidungshäufigkeiten und der Flexibilisierung der Arbeitsgesellschaft, die die *„Grenzen zwischen Arbeit und Nichtarbeit"* verwischen lassen, nicht mehr gewachsen. „Die Menschen werden freigesetzt aus den Lebensformen und Selbstverständlichkeiten der industriegesellschaftlichen Epoche der Moderne" (ebd., S. 20). Die ernüchternde Wahrheit laute, so Beck, dass ein sehr großer Teil der Bevölkerung aus sicheren

Arbeits- und Familienverhältnissen herausfällt. Die individuellen Daseinsrisiken nehmen zu. Der soziale Halt wird brüchig. „Plötzlich wird alles unsicher: die Form des Zusammenlebens, wer wo wie was arbeitet" (ebd., S. 180). Es werde schwieriger, sich in der Risikogesellschaft zurechtzufinden.

Beck betont den *reflexiven* Charakter, der der Modernisierung der Industriegesellschaft innewohnt, sobald die globalen Gefahren ins Bewusstsein der Öffentlichkeit dringen; mit anderen Worten: Die Menschen beginnen über die Modernisierung nachzudenken, sobald das Selbstgefährdungspotential als Problem erkannt wird. Die Risikogesellschaft werde reflexiv, indem sie sich selbst als Problem erkenne, eingefahrene Handlungsweisen und Lebensformen hinterfrage sowie eingeschliffene Denkstrukturen aufbreche. Bürgerinitiativen sowie soziale Bewegungen, die Handlungsdruck auf Vertreter aus Politik und Wirtschaft ausüben, spielten für ein zunehmendes Risikobewusstsein eine zentrale Rolle. Durch eine reflexive Modernisierung sei die Risikogesellschaft in der Lage, Handlungen an deren globalen Konsequenzen auszurichten und sich somit für das gemeinsame Schicksal einzusetzen.

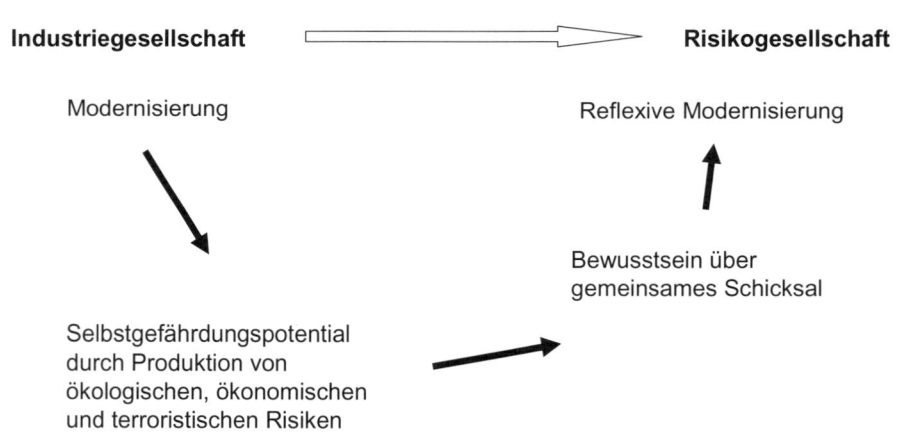

Abb. 11.9 Die reflexive Modernisierung (nach Beck)   Quelle: © Eugen Buß

Fallstudie Swiss Re:

Naheliegenderweise verfügen Versicherungsunternehmen über die am stärksten ausgefeilten Systeme für die Erkennung und Bewertung (Monitoring) von Risiken. Der Schweizer Rückversicherungskonzern Swiss Re hat ein eigenes System entwickelt – SONAR (Systematic Observation Notions Associated Risk) gilt in Wissenschaft und Praxis als beispielhaft. Alle Mitarbeiter, die in irgendeiner Form mit Risiken zu tun haben, sind angehalten, ihre Beobachtungen in eine umfassende Datenbank einzugeben. Ergänzend werden alle öffentlich zugänglichen Informationen aus Wissenschaft und Praxis zugespielt.

Die Ergebnisse werden zweifach genutzt. Zum einen beschäftigt sich die Abteilung für Risiken im Detail mit messbaren Risikofaktoren, etwa in Prozessindustrien wie Ölraffinerien oder Chemiefabriken. Zum anderen werden die Ergebnisse zu sechs Kernthemen gebündelt – mehr als die Hälfte geht in Richtung nachhaltige Entwicklung wie Klimawandel oder Wasserversorgung. Das Topmanagement schaltet sich in diesen Prozess aktiv ein. Ein Vorstandsmitglied ist unmittelbar verantwortlich. Die herausgearbeiteten Themenkreise werden einerseits intern für das Versicherungsgeschäft berücksichtigt. Andererseits will sich Swiss Re extern als verantwortliches Unternehmen und damit als Meinungsführer positionieren, der sein Wissen verantwortlich im Sinne von Kunden und Gesellschaft nutzt (vgl. Steger 2004, S. 113).

Becks Analyse sensibilisiert das Management für die Gefährdungen, die mit der Industrieproduktion verbunden sind. Sie macht das Thema der gesellschaftlichen Verantwortung evident. Für eine wachsende Mehrheit der Menschen in Mitteleuropa wird die unmittelbare Konsumerfahrung überlagert durch die Risiken und Gefahren der modernen Industriegesellschaft sowie durch den Eindruck einer kollektiven Selbstschädigung bei wachsendem Wohlstand. Aus ihrer Betroffenheit über die wachsenden Umweltprobleme ist der Öffentlichkeit die gesamte äußere Lebens- und Naturumwelt inzwischen zum Thema geworden.

Die Öffentlichkeit ist bereit, eingefahrene traditionelle Positionen zu räumen, weil ihr die höhere Legitimation umwelt- und naturorientierten Verhaltens zunehmend Freude und Befriedigung verschafft. Umwelt und Natur bilden die eigentlichen Kernkristallisationen einer neuen öffentlichen Sensibilität, denen das Management Rechnung zu tragen hat, will es öffentliche Akzeptanz erhalten. Das Management ist unter diesen Umständen gehalten, Rechenschaft über Produktionsmethoden und Produkte abzulegen. Die Öffentlichkeit interessiert sich u. a. dafür, was in Lebensmitteln enthalten ist, wie Abfälle entsorgt werden, welche Maßnahmen zum Schutz des Klimas getroffen werden. Risiken haben Beck zufolge eine eigentümliche Logik: Sie wirken wie eine Peitsche, die die Wirtschaft antreibt, etwas zu tun, was sie sonst möglicherweise nicht getan hätte.

Aus dieser Entwicklung ergeben sich für das Management wichtige Folgerungen (Beispiele):

- Welche zukünftigen Gefährdungspotentiale für den Menschen und die Natur hängen unmittelbar mit der eigenen Produktion zusammen (z. B. in der Chemiebranche)?
- Welche Bedeutung kommt den Fragen der Risikominderung der Produktion zu?
- Welchen Stellenwert misst das Management allen strategischen Gefährdungsfragen bei?
- Welche Folgen hat das eigene Geschäft für das regionale und globale Gefahrenpotential?
- Welche eigenen Programme (z. B. Klimaschutzprogramme) müssen geplant werden, um einen eigenen Beitrag zur globalen Risikominderung zu leisten?
- Welche Risiken sind mit der Verlagerung von Produktionsstandorten in Billiglohnländer a) in der Wahrnehmung der Mitarbeiter, b) in der Wahrnehmung der Öffentlichkeit und c) in ökologischer Hinsicht verbunden?
- Welche Rolle spielen verlässliche Personalentwicklungsprogramme für die Rekrutierung von Mitarbeitern?
- Welche Sicherheitsvorkehrungen zum Schutz der Natur und Umwelt werden getroffen? Welche umweltverträglichen Verfahrensprozesse kommen zum Einsatz?
- Welche Rolle spielt der Dialog mit Nichtregierungsorganisationen?
- Wie ist das Selbstverständnis der Manager als öffentliche Akteure bzw. als Repräsentanten von gesellschaftlicher Verantwortung?

11.7   Amitai Etzioni – Die Verantwortungsgesellschaft[12]

„Nun weist alles darauf hin, dass wir uns in den letzten Jahrzehnten zu weit in eine Richtung gelehnt haben, die jedem das zu tun erlaubte, was er wollte – und uns zu wenig um unsere gesellschaftlichen Pflichten und unsere moralische Verantwortung gekümmert haben." (Etzioni 1998, S. 43f.)

Zur Person:

Amitai Etzioni, US-amerikanischer Soziologe, geboren 1929 in Köln unter dem Namen Werner Falk. 1936 musste er nach Palästina fliehen, wo er später an der Universität von Jerusalem studierte. Seit 1963 besitzt er die amerikanische Staatsbürgerschaft. Für 20 Jahre arbeitete er als Professor für Soziologie an der Columbia Universität in New York. Er fungierte als Berater der amerikanischen Präsidenten Jimmy Carter und Bill Clinton. Seit1980 ist er Professor für Soziologie an der George Washington University in Washington D.C., wo er das „Institute for Communitarian Policy Studies" leitet. Er ist zudem Direktor des Center for Political Research. Etzionis Hauptwerke „Die Verantwortungsgesellschaft" (1999) und „Die Entdeckung des Gemeinwesens" (1998) sind inhaltlich geprägt durch ein theoretisches Plädoyer für die gesellschaftliche Selbstregulierung von unten her (societal guidance) durch aktive Bürger und ihr engagiertes selbstbestimmtes Handeln in der Gesellschaft.

Als Reaktion gegen die Auflösung traditioneller Werte und moralischer Verpflichtungen entstand Mitte der 80er-Jahre die kommunitaristische (den Gemeinsinn betonende) Bewegung, deren berühmtester Verfechter Etzioni geworden ist. Die Kernidee des Kommunitarismus geht auf einen Grundsatzstreit unter den Harvard Professoren M. Sandel und J. Rawls zurück. Rawls hatte ein Modell von politischer Gerechtigkeit entwickelt und damit großen Einfluss gewonnen: Man müsse in Wissenschaft und Politik so tun, als bestehe die Gesellschaft aus lauter eigenschaftslosen Individuen, die ihre Beziehungen untereinander per Vertrag regeln.

Rawls Leitbild war das „ungebundene Selbst". Genau dies sei ein Ding der Unmöglichkeit, entgegnete Sandel in seiner Replik. Jeder Mensch sei irgendwo hineingeboren und hineingewachsen; daher gebe es immer Menschen, denen er mehr verpflichtet sei als anderen. Und zwar nicht aufgrund eines Vertrages, sondern wegen Bindungen, die Teil seiner Identität sind. Was bin ich – so fragt Sandel – wenn ich von meiner Familie, meinen Freunden, Kollegen und meiner Heimat abstrahiere? Nichts. Das „ungebundene Selbst" taugt nicht einmal als Gedankenexperiment. Wenn das stimme, sei auch Rawls Schlussfolgerung falsch, der Gesetzgeber solle sich auf die Sicherung der Grundfreiheiten und ein paar Regeln der Gerechtigkeit beschränken. Eine Gesellschaft brauche vielmehr einen Konsens darüber, was als moralisch gut und anständig zu gelten habe. Das war Sandels Fazit.

Zugleich zeichnen Sandel und Etzioni das hässliche Gesicht Amerikas in den 80er- und 90er-Jahren: Gier an der Wall Street und Protz auf der einen Seite, bittere Armut auf der anderen Seite; einerseits zerrüttete Familien, zerfallende Wohnquartiere, andererseits ein ausufernder Konsumfetischismus im oberen Drittel der Gesellschaft: Schuhe in jeder Farbe des Regenbogens, Designer-Sonnenbrillen als „symbolischer Schrott".

---

[12]   Mitverfasser: Andreas Bunz u. Michael Klein.

Das Problem des Individualismus	**Die Vorzüge des Kommunitarismus**
• sorgt für gemeinschaftsfeindliche Überformung des Denkens	• Balance zwischen individuellen Rechten und sozialer Verantwortung
• unterhöhlt moralische Untermauerung der gesellschaftlichen Entwicklung	• freiwillige Anerkennung sozialer Pflichten
• sorgt für eine Unterversorgung mit Leistungen im öffentlichen Bereich (Gesundheitswerte)	• private Initiativen zugunsten des Gemeinschaftswohls
• schafft Barrieren gegen Übernahme öffentlicher Verantwortung	• Gleichgewicht zwischen Ordnung und Autonomie
• führt zum Wertrelativismus	• Stärkung sozialer Netze
• führt zu Integrationsdefiziten	• Übernahme von Verantwortung
• macht das Problem von „Wegwerfbeziehungen" evident	• Bedeutung des moralischen Dialogs
• führt zur Erosion sozialer Tugenden	• Aufwertung des Gemeinschaftsgedankens

Abb. 11.10 Individualismus versus Kommunitarismus   Quelle: © Eugen Buß

Etzioni beklagt in diesem Zusammenhang öffentliche Tendenzen, den ungezügelten materiellen Egoismus in den Rang einer sozialen Tugend zu erheben. Auch wenn die Wirtschaft vom egoistischen Erfolgsstreben profitiere, so stoße die Gesellschaft durch die Egozentrik ihrer Mitglieder an ihre Grenzen.

Etzioni geht von der These aus, dass in dem Bemühen moderner Gesellschaften, die Freiheit aller auszudehnen, zugleich eine Aushöhlung sozialer Tugenden einherging. Auf diesem Weg haben insbesondere die westlichen Gesellschaften ihre innere Balance verloren. An vielen Beispielen lässt sich nachzeichnen, dass sich Elemente der Tradition (d. h. eine auf Tugenden basierende Ordnung) und der Moderne (d. h. eine gut geschützte Autonomie) heute nur schwer verbinden lassen. Besonders problematisiert er den „Massenexodus beider Elternteile aus der häuslichen Verantwortung in die Berufstätigkeit" und die daraus resultierenden moralischen Folgen für die Gesellschaft wie z. B. Jugendkriminalität sowie die gesunkene Bedeutung der Ehe, die nach seiner Ansicht eine Art „Wegwerfbeziehung" geworden ist. Das Verhältnis von Individuum und Gemeinschaft hat ihr Gleichgewicht verloren. Es scheint eine einseitige Verschiebung stattgefunden zu haben, in der die integrierende Kraft der „Gemeinschaft" gegenüber einer zunehmend individualistischen Selbstorientierung das Nachsehen hat.

Daher solle die Gemeinschaft („community") rekonstruiert werden. Für Etzioni zeichnet sich eine „gute" (kommunitäre) Gesellschaft durch mehrere Kriterien aus (Etzioni 1999, S. 54):

Das Konzept der gebundenen Autonomie
Kerngedanke ist erstens die Balance zwischen der Autonomie des einzelnen Menschen und der allgemein verbindlichen sozialen Ordnung. In einer „guten" Gesellschaft gehen Ordnung und Individualität Hand in Hand. Der spezifische Charakter dieser Balance liegt einerseits darin, dass diese Ordnung aus einer inneren Überzeugung und einer freiwilligen Haltung der

Menschen heraus aufrecht erhalten wird. Andererseits bedeutet die Balance eine Autonomie im Rahmen gemeinsam geteilter Werte und verinnerlichter Verpflichtungen. Eine „gute" kommunitaristische Gesellschaft ermöglicht also individuelle Freiheit innerhalb eines akzeptierten Rahmens an Grundwerten und sozialen Bindungen.

Gesellschaften können eine Balance von Autonomie und Ordnung erreichen, wenn sie sich an die „goldene Regel" halten: „Achte und wahre die moralische Ordnung der Gesellschaft in gleichem Maße, wie du wünschst, dass die Gesellschaft deine Autonomie achtet und wahrt" (Etzioni 1999, S. 19).

Praxisbeispiel:

Etzioni gibt ein Beispiel für das schwierige Wechselverhältnis von Ordnung und Autonomie: So wird z. B. seit Jahrzehnten in den USA über eine nationale Ausweispflicht diskutiert. Die Befürworter argumentieren mit dem notwendigen Schutz vor Terror und Kriminalität. Sie sehen die derzeitige Gesetzgebung geradezu als Einladung an potentielle Terroristen. Die Kritiker des nationalen Ausweises sehen jedoch die Gefahr eines Überwa-chungsstaats, der die Bewegungen und Handlungen seiner Bürger weitgehend kontrolliert und reglementiert. Charakteristisch für diese Diskussion über das Verhältnis von Autonomie und Ordnung ist aus Sicht Etzionis die überwiegende Argumentation in Extremen. So sieht jede Seite stets die Gefahr, dass bei einem nur minimalen Abweichen von der eigenen Position sofort eine „abschüssige Bahn" betreten wird, die unweigerlich ins andere Extrem führt. Etzioni sieht darin eine wesentliche Blockade für gesellschaftliche Entwicklungen (Etzioni 2001).

Die goldene Regel einer Verantwortungsgesellschaft orientiert sich an dem Ideal eines Ausgleichs von Rechten und Pflichten; ihr Gleichgewicht schafft Eigenständigkeit, ohne die gemeinsame Ordnung zu vernachlässigen. Die wechselseitige Verantwortungsübernahme von Gemeinschaft und Individuum bezeichnet Etzioni auch als „Ich&Wir-Paradigma". Es ist auf einen Ausgleich zwischen Moralnormen und individueller Freiheit gerichtet.

Gegenwärtig sieht Etzioni die Gefahr eines übersteigerten Individualismus (Etzioni 1999, S. 107ff.). Eine „ungebundene" Autonomie ohne verpflichtende gemeinsame Grundregeln führt letztlich zu anarchischen Verhältnissen. Kennzeichnend für die ungebundene Autonomie ist die weit verbreitete Einstellung, dass jeder ohne Einschränkung tun kann, was er möchte. Nicht nur in den USA hat sich bei vielen Bürgern die Überzeugung durchgesetzt, dass die Individuen umfassende Rechte haben wie etwa das „Recht auf Glück", wie es die US-amerikanische Verfassung verbrieft, dass aber auf der anderen Seite diesen Rechten keine oder nur sehr wenige Verpflichtungen gegenüberstehen. Gegenüber der gesamten Gesellschaft fühlen sich immer weniger Bürger verantwortlich.

Die Bedeutung der „moralischen Stimmen"

Ein zentraler Kern des Kommunitarismus ist zweitens die Bedeutung des *moralischen Dialogs*. Um zu gemeinsam geteilten Werten zu kommen, ist die Verständigung in gemeinschafts- und gesellschaftsweiten moralischen Diskussionen unabdingbar. Erst in unzähligen Gesprächen im privaten und beruflichen Umfeld, in der Familie, zwischen Freunden und in der Öffentlichkeit kristallisieren sich gesellschaftsweit geteilte moralische Grundwerte heraus.

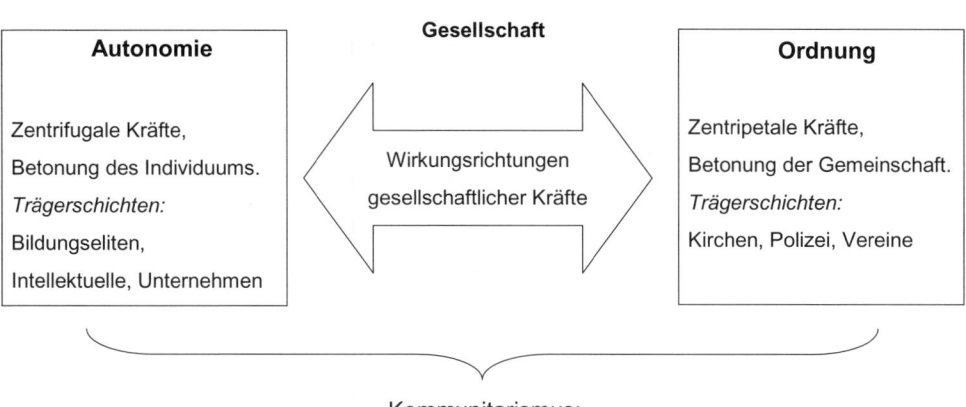

Abb. 11.11 Das Wechselspiel zwischen Autonomie und Ordnung (nach Etzioni) Quelle: © Eugen Buß

Wegen der Bedeutung der moralischen Dialoge weist Etzioni die Idee zurück, dass praktisch per einfacher Abstimmung oder gar hoheitlichem Erlass das moralische Grundgerüst einer Gemeinschaft beschlossen werden könne. Welche Werte die Basis einer Gemeinschaft bilden, kann und soll aus Sicht der Kommunitarier von jedem Einzelnen mitbestimmt werden. Den Medien kommt in diesen Prozessen eine einflussreiche, aber keine bestimmende Position zu.

Als Basis einer „guten" Gesellschaft sehen die Kommunitarier daher eine „Internalisierung" (Verinnerlichung) der grundlegenden Werte, also eine selbst eingegangene Bindung an die soziale Ordnung aus moralischer Überzeugung. Für Manager hieße dies: Im Gegensatz zu der Kosten-Nutzen-Rechnung oder der reinen Gewinn-Kalkulation führt die „Internalisierung" von Werten zu einer Veränderung der Präferenzen (Etzioni 1999, S. 168).

Fallbeispiel Pharma-Unternehmen:

Der Vorstand eines deutschen Pharmakonzerns gibt für die Argumente von Etzioni ein anschauliches Beispiel: *„Vor einiger Zeit standen wir an einem Wendepunkt: sollen wir ein Präparat ähnlich wie Viagra entwickeln? Wir haben es damals abgelehnt, weil ein zusätzlicher Stimulus der Sexualität für uns etwas war, was wir nicht wollten. Das ist eine Frage der Moral. Sie können das natürlich als Arroganz bezeichnen, dass wir letztlich über den Konsumenten hinweg entscheiden. Wir haben aber die Entscheidung getroffen, die Firma wird das nicht herstellen. Ein anderes Beispiel: Bei der Multiplen Sklerose können wir mit Betaferon die Krankheit stoppen, aber wir können sie nicht heilen. Wir wollen deshalb Zellen transplantieren, die noch entwicklungsfähig sind. Da bekommen Sie ein Problem: Sollen Sie embryonale, also tuttipotente Zellen nehmen oder machen Sie es mit pluripotenten, das sind keine embryonalen Zellen mehr. Mit welcher Sorgfalt Sie derartige Fragen* behandeln, das ist eine Frage der Moral für mich, nämlich wie gut ziehen Sie die Grenzen zwischen Erlaubtem und nicht Erlaubtem." (Buß 2007, S. 151f.)

Den Mechanismus, der diese innere Überzeugung gegen individuelle Eigeninteressen oder Unternehmensinteressen verteidigt und durchsetzt, bezeichnet Etzioni als *„moralische Stimme"* (Etzioni 1998, S. 30ff.). Die innere Stimme der Moral ist das Gewissen, die äußere Stimme der Moral ist für Etzioni die Rückmeldung des Umfelds, ob man seiner moralischen Verpflichtung gegenüber der Gemeinschaft gerecht wird. Er bezeichnet die moralische Stimme als „Quelle moralischer Orientierung". Sie trägt entscheidend zur Stärkung des moralischen Fundaments einer Gesellschaft bei, indem man ihr immer wieder Gehör verschafft.

Folgen für das Management:
Die Probleme des ungezügelten Individualismus, die Etzioni beschreibt, haben in den letzten Jahren die Sensibilität für Fragen der wirtschaftlichen Moral geschärft und unter den Spitzenmanagern eine Ethik-Diskussion ausgelöst. Wenn sie als verantwortungslose Akteure dargestellt werden, die Gewinnstreben, Eitelkeit und Eigeninteresse vor das Gemeinwohl stellen, stehen die Grundsätze einer verbindlichen ‚Business-Ethik' auf der Tagesordnung.

Aber die Frage bleibt: Ist es überhaupt denkbar, dass sich Manager angesichts dieser Zusammenhänge für einen moralischen Dialog, wie ihn Etzioni vorschlägt, engagieren wie für eine persönliche Angelegenheit? Für eine Regelung sozialer Beziehungen zwischen Unternehmen und Gesellschaft, die sie weniger unmittelbar erleben als Globalisierungseffekte, Wettbewerbsdruck und Interessen der Kapitaleigner? Können solche auf den gesamten Handlungshorizont bezogene moralische Leitideen und Werte überhaupt zu Regulativen erhoben werden, denen man die gleiche Wertigkeit zumisst wie den elementaren Wirtschaftlichkeitsfragen? Welche Bedeutung Etzionis Analyse hat, wird jedenfalls daran erkennbar, dass es kaum noch eine Vorstandssitzung in den großen Konzernen gibt, in der nicht über moralische Fragen diskutiert wird.

11.8   Albert Hirschman – Die zyklische Gesellschaft

„Es gibt im Leben zwei tragische Erfahrungen: die eine ist, dass man nicht bekommt, was man sich sehnlichst wünscht; die andere ist, dass man es bekommt". (Hirschman)

Zur Person:
Albert Hirschman, überaus einflussreicher amerikanischer Soziologe und Volkswirt, geb. 1915 in Berlin als Otto Albert Hirschmann. Er begann das Studium der Wirtschaftswissenschaften in Berlin, musste 1933 fluchtartig emigrieren und setzte sein Studium anschließend an der Sorbonne und der London School of Economics fort. Im Jahr 1941 ging Hirschman in die USA, arbeitete nach dem Zweiten Weltkrieg viele Jahre als Entwicklungsexperte in Kolumbien, kehrte 1956 in die USA zurück und lehrte in Yale, Columbia und Harvard. Seine akademische Laufbahn beschloss er am Institute for Advanced Study in Princeton.

Abwanderung und Widerspruch

Für Hirschman liegt ein Problem des Niedergangs großer Konzerne oder Staatsunternehmen darin, dass ihre Manager eines ganz zentralen ‚Rückkoppelungsmechanismus' entbehren: Ihnen fehlt der lebendige kritische Dialog zum Kunden und der Widerspruch des Kunden. Anstoß zu seiner These erhielt Hirschman durch eine Beobachtung, die er als Entwicklungsökonom in Nigeria machte. Entgegen einem naiven Glauben an die Wirksamkeit des Konkurrenzmechanismus unter allen Bedingungen zeigten sich dort die staatlichen Eisenbahnen unbeeindruckt von der „Abwanderung" zu anderen Beförderungsmitteln, mit der ihre „Kunden" die Leistungsmängel der Bahn quittierten.

Aus dieser Beobachtung zog Hirschman eine Konsequenz: Er glaubt, dass viele große Unternehmen in Sektoren, in denen sie einer scharfen Konkurrenz unterliegen, am schwächsten sind. Dies erklärt sich daraus, dass ein leicht zugänglicher und zufrieden stellender Ersatz für die von ihnen angebotenen Dienstleistungen oder Produkte diese Unternehmen eines wertvollen Rückkoppelungsmechanismus' beraubt, der immer dann am besten funktioniert, wenn den Kunden einfache Alternativen auf dem Markt fehlen. Diesen Unternehmen fehlt die Regeneration und Innovation durch Widerspruch (voice) im Unterschied zur Abwanderung (exit).

Kundenwiderspruch, Kundenreklamationen oder öffentlicher Unmut können für Manager einen besseren Rückkoppelungsmechanismus bilden als stille Abwanderung des Kunden zum Konkurrenten. Es gibt Hirschman zufolge viele Beispiele, die belegen, dass Abwanderung nicht Ansporn zur Innovation oder Regeneration eines Unternehmens ist, sondern zu ernsten Unternehmensschieflagen führt, weil sich das Management aufgrund der organisatorischen Schwerfälligkeit von der Abwanderung unbeeindruckt zeigt.

Hirschman plädiert daher dafür, entgegen der herrschenden Lehre nicht von vornherein Konkurrenzverhältnisse auf dem Markt vorzuziehen und Monopole nicht von vornherein zu verdammen. Monopole können den Reparaturmechanismus des Widerspruchs aktivieren, während sie sich durch Abwanderung (vor allem wenn es sich um staatliche Unternehmen am Markt handelt) nicht beeindrucken lassen. Beispielsweise haben sich die Deutsche Bundesbahn oder die Deutsche Telekom selbst durch die scharfe Konkurrenz zunächst nicht zu einer wirklichen Verbesserung ihrer Leistungen anstacheln lassen.

Folgt man der Analyse Hirschmans gewinnt man die Erkenntnis, dass Loyalität dann am sinnvollsten ist, wenn sie scheinbar am irrationalsten aussieht; d. h. wenn sie eine starke Anhänglichkeit an eine Organisation bedeutet, die dem Anschein nach eine solche Loyalität nicht verdient. Hartnäckige Unternehmenstreue ist dann, wenn sie „irrational und direkt" dumm aussieht, am nützlichsten. Denn anders lässt sich die Regeneration einer schlaffen und heruntergewirtschafteten Unternehmensorganisation nicht vorantreiben.

Widerspruch und Loyalität zu Unternehmen ermöglichen für Hirschman unter bestimmten Bedingungen leichter notwendige Strukturänderungen, als es der Effekt von Abwanderung leisten könnte. In vielen Unternehmen zieht inzwischen das Management daraus die Konsequenz: Es etabliert ausgefeilte Systeme des Reklamationsmanagements sowie des internen Vorschlags- und Verbesserungswesens.

Engagement und Enttäuschung

Auch Hirschmans Überlegungen zum Kategorienpaar „Engagement" und „Enttäuschung" haben einen großen Einfluss auf das Management ausgeübt. Sie stellen das Thema der Legitimation wirtschaftlicher Entscheidungen in den Mittelpunkt öffentlichen Interesses.

Hauptausgangspunkt der Überlegungen von Hirschman ist der Staatsbürger in seiner Rolle als einseitig mit seiner privaten Wohlfahrt beschäftigter Verbraucher. Ihn interessiert, warum sich die Verbraucher zunächst geschlossen mit ihren Konsumbedürfnissen befassen, um sich anschließend – gleichsam eine Generation später – den öffentlichen Fragen zuzuwenden. Zu diesem Zweck entwickelt Hirschman eine Zyklentheorie sozialen und wirtschaftlichen Wandels, deren hauptsächliches Merkmal eine Art gesellschaftlicher Gezeitenwechsel ist. In ihm dreht es sich um ein sich in längeren historischen Perioden stets wiederholendes Wechselspiel zwischen privatem Rückzug und öffentlichem Engagement.

Hirschman verbindet zu diesem Zweck endogene (von innen wirkende) soziale Triebkräfte wie Engagement und Enttäuschung mit makrosoziologischen Strukturproblemen von Wirtschaft und Gesellschaft. Er entwickelt eine Theorie, die zwischen öffentlichem Engagement und Konjunkturschwächen einen direkten Zusammenhang herstellt. Je mehr sich eine Generation in die öffentliche Arena begibt und sich entsprechend vom privaten Konsum distanziert, umso nachhaltiger sind die konjunkturellen Auswirkungen. Und umgekehrt: Je mehr sich eine Generation aus Enttäuschungserfahrungen mit ihrem öffentlichen Engagement in die private Sphäre zurückzieht, umso stimulierender wirkt dieses Verhalten auf die Konjunktur.

Hirschman entwickelt ein Modell des Staatsbürgers und Verbrauchers, der auf bestimmte Konsumenttäuschungen mit systematischem Präferenzwandel reagiert. Fast jedes Konsumerlebnis birgt enttäuschende Erfahrungen. Dies liegt daran, dass materielle Güter auf Dauer eine Leere erzeugen. Das Enttäuschungspotential ist umso höher, a) je mehr es zu einer Qualitätsverminderung von Dienstleistungen kommt, b) je mehr neue Produkte unerwünschte Nebenwirkungen aufweisen, c) je weniger Dienstleistungen und Produkte soziale Privilegierungen zulassen, d. h. je mehr sie allen Schichten der Gesellschaft zugänglich werden und d) je weniger schließlich Konsumgüter „Behagen" vermitteln.

Während sich bei kurzlebigen Verbrauchsgütern Enttäuschungen gegebenenfalls durch Lernbereitschaft noch kompensieren lassen, sind bei langfristigen Verbrauchsgütern die Enttäuschungen stabil. Auf lange Sicht entsteht ein Überdruss am bloßen materiellen Wohlergehen. Er provoziert zu einer geschlossenen Reaktion des öffentlichen Widerspruchs. Der Verbraucher tritt aus der privaten Konsumsphäre in die öffentliche Arena. Er wird zum Staatsbürger.

Dies ist für die Unternehmen nicht folgenlos. Je enttäuschender die Suche nach privatem Konsumglück ausfällt, umso distanzierter tritt der Verbraucher den Unternehmen gegenüber; mit der Konsequenz, dass abnehmenden Konsuminteressen entsprechend konjunkturelle Schwächen folgen. Konjunktur- und Wachstumsprobleme der Wirtschaft können demnach Ausdruck einer geschlossenen Präferenzverschiebung einer ganzen Generation sein: vom Vorrang privater Konsuminteressen zum Primat des öffentlichen Engagements. Unzufriedenheit über materielle Güter schlägt in Engagement für öffentliche Dinge um. Die verantwortlichen Manager geraten unter Legitimationsdruck.

Aber dieser Vorgang ist nicht endgültig. Auch die Woge des öffentlichen Engagements ist nicht von Dauer. Je enthusiastischer die Partizipation des Staatsbürgers zunächst ist, umso größer ist anschließend das ihr entsprechende Enttäuschungspotential und der damit verbundene wiederkehrende Rückzug ins Private. Die Gründe für die Enttäuschungserfahrungen im öffentlichen Bereich sieht Hirschman a) in den überzogenen Erwartungen des Einzelnen, rasch und für alle sichtbar etwas verändern zu können, b) im zeitlichen Überengagement, dem kein angemessenes Erfolgsäquivalent gegenübersteht; c) in der den politischen Institutionen eigenen Unempfindlichkeit gegenüber der unterschiedlichen Intensität von Gefühlen und Überzeugungen. Periodische Wahlen sind ungeeignet, bestimmten politischen Gefühlen Ausdruck zu geben. Sie unterfordern den engagierten Bürger. Es gibt folglich nur die Wahl zwischen übermäßigem oder unzulänglichem Engagement, so dass öffentliche Partizipation im einen wie im anderen Fall auf eine neue Kette von Enttäuschungserfahrungen hinauslaufen muss.

Mit dem erneuten Rückzug ins Private, wo der Einzelne wieder mit Enthusiasmus der Mehrung seines Wohlstandes nachgeht, ist eine veränderte Einstellung zum Konsum und damit zu den Unternehmen verbunden. Dies hat konjunkturelle Konsequenzen: Die Rückkehr zu materiellen Interessen löst Wachstumsimpulse aus, die Legitimation wirtschaftlicher Entscheidungen wächst.

Doch auch diese Phase ist nicht von Dauer. Der ins Privatleben zurückgekehrte Bürger ist bereits wieder auf dem Weg zu den Enttäuschungen, die aus dem Konsum resultieren. Der Kreislauf beginnt von neuem. Je nach Zyklus haben wir es mit wirtschaftlichem Aufschwung oder wirtschaftlicher Stagnation zu tun, mit Legitimationsproblemen der Wirtschaft oder stabilen Legitimationsverhältnissen.

Folgen für das Management:
Hirschmans Analyse zielt auf das politische Mandat der Manager. Da Hirschman befürchtet, dass der Bürger als Privatmensch mit seinen materiellen Interessen den Sieg über den des Staatsbürgers davontragen wird und damit die moderne Demokratie in ihren Grundfesten gefährdet ist, bedarf es eines sichtbaren öffentlichen Engagements der Manager. Ohne moralisieren zu wollen, glaubt Hirschman, dass auch die Manager auf Dauer eine Antwort auf die Frage finden müssen, wie sie eine Balance zwischen Unternehmens- und öffentlichem Engagement herstellen können. Managementfunktionen stehen nicht in einem luftleeren Raum. Daher provoziert die Analyse Hirschmans zu Fragen wie:

- Welches öffentliche Mandat soll das Management ausüben?
- Welche Rolle müssen in den Geschäftsprozessen Fragen der bewusst praktizierten Widerspruchskultur seitens der Mitarbeiter oder der Reklamationskultur seitens der Verbraucher spielen? Inwieweit soll das Management Prozesse des „voice" aktiv fördern?
- Welche Rolle sollten die Manager in der Politik spielen?
- Wie lassen sich die Konsumenttäuschungen durch einen Kundendialog bis zu einem gewissen Grad auffangen?
- Wie lassen sich Verbraucher als Co-Produzenten einer Leistung stärker aktiv in den Herstellungsprozess einbeziehen?
- Wie lässt sich das kulturelle Bild (Image) eines Produktes als Kompensation von Enttäuschungserfahrungen aufwerten?

11.9   Daniel Bell – Die nachindustrielle Gesellschaft

„Das Konzept der nachindustriellen Gesellschaft ist keine Projektion der Gegenwart in die Zukunft, es ist keine Vorhersage; es ist vielmehr eine social science fiction dessen, was sein kann, was sein könnte, wenn sich bestimmte Züge der fortgeschrittenen Industriegesellschaften mit der ihnen inhärenten Logik fortentwickeln. " (Bell 1976, S. 10)

Zur Person:

Daniel Bell (geb. 1919 in New York als Sohn polnischer Immigranten) war zunächst als Journalist und Redakteur tätig, bevor er knapp 40-jährig begann, an der Columbia University Soziologie zu studieren. Er lehrte an der Columbia University in New York sowie an der Harvard University, war Mitglied mehrerer für die amerikanische Regierung tätiger Forschungskommissionen und Mitherausgeber der Zeitschrift „The public interest". Heute lebt Bell in Cambridge, Massachusetts. In seinem inzwischen klassisch gewordenen Hauptwerk: Die nachindustrielle Gesellschaft (1976) entwickelt Daniel Bell die These, dass die postindustrielle Gesellschaft nicht mehr durch die industrielle Produktion von Gütern bestimmt sei, sondern durch die zentrale Bedeutung von Wissen und Dienstleistungen.

	Vorindustrielle Gesellschaft	**Industrielle Gesellschaft**	**Postindustrielle Gesellschaft**
Regionen	Asien, Afrika, Lateinamerika	Westeuropa Sowjetunion Japan	Vereinigte Staaten
Wirtschaftlicher Sektor	Primär: Landwirtschaft Bergbau Fischerei Waldwirtschaft	Sekundär: (Güterproduktion) Verarbeitung Fertigproduktion	Tertiär: Quartär: (Dienstleistungen) Verkehr Banken Erholung Versicherungen
Wichtigste Berufsgruppe	Bauer Bergmann Fischer	angelernter Arbeiter Ingenieur	technische und akademische Berufe Wissenschaftler
Grundlage der Technologie	Rohstoffe	Energie	Information
Entwurfsprinzip	Spiel gegen die Natur	Spiel gegen die technische Natur	Spiel zwischen Personen
Axiales Prinzip	Traditionalismus; Begrenzung von Boden und Ressourcen	Wirtschaftswachstum; Staatliche oder private Kontrolle oder Investitionsentscheidung	Zentralität und Kodifikation des theoretischen Wissens

Abb. 11.12 Allgemeines Schema des sozialen Wandels   Quelle: nach Bell 1976, S. 117

Die Dienstleistungsgesellschaft: das Spiel zwischen Menschen

Bell's Annahme nach ist die nachindustrielle Gesellschaft gekennzeichnet durch den unumkehrbaren Übergang von einer primär güterproduzierenden Gesellschaft zur Dienstleistungsgesellschaft. Mit dem Begriff der Dienstleistungsgesellschaft ist die These verbunden, dass der Anteil der Dienstleistungsarbeit an der Gesamtheit der gesellschaftlichen Arbeit wächst, und dass dieses Wachstum von entscheidender Bedeutung für Arbeitsbedingungen und

Arbeitsverhältnisse, Konsum und Wohlfahrt sowie für die Verteilung gesellschaftlicher Macht und für die Strukturen politischer Herrschaft ist.

Charakteristisch für die Dienstleistungsgesellschaft sind die veränderten Bedingungen der Arbeit. Während in der Industriegesellschaft die manuelle Arbeit mit Rohstoffen, Produkten und Halbfertigfabrikaten vorherrscht, überwiegen in der postindustriellen Dienstleistungsgesellschaft die interpersonellen Arbeitsbeziehungen. An die Stelle der Beziehungen zwischen Menschen und Maschinen tritt die Kommunikation zwischen den Menschen. Die postindustrielle Gesellschaft ist primär „ein Spiel zwischen Personen". Immer mehr Berufe sind durch Mensch-Mensch-Beziehungen, weniger dagegen durch Mensch-Produkt-Beziehungen gekennzeichnet.

Bell untergliedert den Dienstleistungssektor in a) solche Dienstleistungen, die direkt mit der Produktion im Zusammenhang stehen, z. B. auf dem Transport- und Distributionssektor; b) in Dienstleistungen des Finanz- und Versicherungswesens; c) in fachliche Dienstleistungen wie die Datenverarbeitung; d) persönliche Dienstleistungen wie Wäschereien und Reparaturwerkstätten; e) ferner in den Bereich, der die Freizeitbedürfnisse wie Reisen, Unterhaltung, Sport, Erholung befriedigt und schließlich f) in die gemeinschaftsbezogenen Dienstleistungen wie Erziehen, Lehren, Betreuen, Pflegen, Forschen, Verwalten.

Die kommunale Gesellschaft: die wachsende Bedeutung von Gesundheit und Bildung
Genossen in der industriellen Gesellschaft vor allem materielle Güter eine hohe Wertschätzung, bemisst sich die Lebensqualität der nachindustriellen Gesellschaft mehr nach den empfangenen sozialen Dienstleistungen. Die stärkere Betonung immaterieller Werte kennzeichnet die in großen Gruppen um sich greifende Neigung, sich mehr und mehr an Ideen der Selbsterfüllung zu orientieren. Kennzeichnend für die neuartigen Wünsche nach Selbsterfüllung sind vor allem die Forderungen nach besseren Gesundheits- und Bildungsleistungen. Darin drückt sich die Überlegung aus, dass Gesundheit und Bildung unentbehrliche Voraussetzungen für die Zustände und Beziehungen sind, die sich hinter der Vorstellung eines schönen Lebens verbergen.

Da die traditionellen Institutionen des Marktes diesen Ansprüchen nicht gerecht werden, führen die Forderungen nach mehr Dienstleistungen und nach einer menschenwürdigen Umwelt zu einem starken Ausbau der öffentlichen Einrichtungen, vor allem in den Kommunen, wo es diese Bedürfnisse zu befriedigen gilt. Mit der wachsenden Betonung immaterieller Wünsche nimmt zwangsläufig der kommunale Charakter der Gesellschaft zu. „Die nachindustrielle Gesellschaft ist demnach eine ‚kommunale' Gesellschaft, in der weniger das Individuum als vielmehr die Gemeinde die unterste Einheit bildet." (Bell 1976, S. 136)

Die Entscheidung über Art und Befriedigung individueller Bedürfnisse wird mehr und mehr vom Markt auf den Staat übertragen. Denn die Ansprüche auf soziale Dienstleistungen lassen sich nicht nach demselben Organisationsschema einlösen wie die auf industrielle Güter. Die Entscheidungsstrukturen des Marktes, d. h. die schlichte Summierung individueller Nachfrageakte, tritt gegenüber den kommunalen Entscheidungsstrukturen zurück, die die Bereitstellung der Dienstleistungen antizipieren, planen und lenken.

Das axiale Prinzip: die Wissens- und Bildungsgesellschaft
Das theoretische Wissen wird zur *„zentralen Achse"*, um die sich die wirtschaftliche und soziale Entwicklung in der postindustriellen Gesellschaft organisiert. Das axiale Prinzip bezeichnet die Zentralität theoretischen Wissens als Quelle von Innovationen und industriel-

ler Produktion. Vor allem im wissenschaftlichen Bereich nimmt das Tempo des Wissenszu-
wachses sprunghaft zu. Entsprangen Innovationen in früheren Gesellschaftsformationen vor
allem empirischen Versuchs- und Irrtumverfahren, werden sie heute durch die Entwicklung
abstrakter und umfassender Theorien vorangetrieben. Damit verbunden ist eine beschleunigte
Umsetzung von theoretischem in praktisches Wissen.

Axiales Prinzip	Die zentrale Stellung und Systematisierung des theoretischen Wissens
wichtigste Einrichtungen	Universität akademische Institute Forschungsgesellschaft
wirtschaftliche Basis	aus wissenschaftlicher Forschung aufbaunde Industrien
Hauptressource	ausgebildetes Personal (human capital)
Strukturprobleme	Ausgleich zwischen dem privaten und dem öffentlichen Sektor

Abb. 11.13 Das „Axiale Prinzip" nach Bell   Quelle: nach Bell 1976, S. 119

Den Motor dieser Entwicklung sieht Bell vor allem in den umwälzenden Neuerungen im
Kommunikationssektor, die die Aktivierung der Kontakte zwischen den Menschen, das Spiel
zwischen den Personen, überhaupt erst ermöglichen.

Die Universität entwickelt sich daher Bell zufolge zur wichtigsten gesellschaftlichen Institution, der Akademiker avanciert zum Archetyp der postindustriellen Gesellschaft. Der Universität wird zugemutet, die Wissensproduktion als eigentliche Triebfeder des Fortschritts neu
zu arrangieren. Sie löst von ihrer institutionellen Bedeutung her die Unternehmen ab, deren
Aufgabe vor allem darin bestand, die Massenproduktion von Gütern zu organisieren.

Fallbeispiel Unternehmens-Universität:

Das von Bell proklamierte axiale Prinzip der Bildung wird in der Wirtschaft umgesetzt.
Seit 1998 erlebt die deutsche Wirtschaft eine Gründungswelle von Unternehmens-Universitäten, Akademien, Research Institutes oder University Relations Programs. Den Anfang
machten Lufthansa (Lufthansa Business School) und Daimler, dann folgten Bertelsmann
und das Pharma Unternehmen Merck mit einer Corporate University. Der größte deutsche
Softwarehersteller SAP finanziert ein „University Alliance Program", in dem das Unternehmen seine Software für Lehre und Forschung an Hochschulen zur Verfügung stellt. Zu

den Gründern neueren Datums gehört auch die Allianz mit dem Allianz Group Management Institute (AMI). Das Etikett Corporate University verleiht dem Lernen im Betrieb neuen Glanz. Manager, die diese Einrichtungen vorantreiben, signalisieren: Bei uns ist Wissen wichtig, wir kümmern uns um die Bildungszukunft, wir kennen die Triebfeder des Fortschritts.

Die Blaupause für das Verknüpfen von Lernen und Unternehmensstrategie lieferte General Electric (GE). Die Bildungseinrichtung dieses Weltkonzerns ist Muster vieler anderer Corporate Universities, wie z. B. die IBM Academic Initiative. Mehr als 1700 Institutionen beteiligen sich an ihr. Deren Lehrende, Studenten und Schüler können kostenlos IBM-Software und Lehrmaterial nutzen. Die „Center of Advanced Studies" ermöglichen Professoren und Studenten Kontakt zu IBM-Entwicklern. Zudem lehren rund 170 IBM-Mitarbeiter an akademischen Einrichtungen. Gemeinsam mit Hochschulen will IBM seine Erkenntnisse aus Informatik, Ingenieurwesen, Business Strategy, Betriebswirtschaft und den Sozial- und Kognitionswissenschaften in einer neuen wissenschaftlichen Disziplin zusammenbringen. Im Januar 2008 unterzeichneten IBM und die Universität Karlsruhe deshalb einen Vertrag zur Gründung des „Karlsruhe Service Research Institutes".

Mit der zunehmenden Bedeutung des Wissens entsteht eine neue Wissensklasse, deren wichtigste Gruppe die Wissenschaftler sind. Von allen qualifizierten Erwerbstätigen hat sie die höchste Wachstumsrate. Die Wissensklasse setzt sich aus vier Gruppen zusammen: Wissenschaftler, Technologen, Verwaltungsexperten und Kulturschaffende. Trotz ihres hohen Prestiges ist der politische Einfluss der Wissensklasse aus drei Gründen begrenzt: erstens weil die Wissensklasse selbst relativ inhomogen ist, also keine einheitliche Interessenfront gegenüber Staat und Gesellschaft bildet; zweitens weil die Kulturen der modernen Gesellschaften von antirationalen Strömungen erfasst werden, die den kognitiven Grundlagen der Wissensklasse entgegengesetzt sind und drittens, weil die staatliche Bürokratie die Macht zu absorbieren versteht. Auch wenn Bell zufolge der technokratische Charakter der Wissensmacht zentraler Antrieb der gesellschaftlichen Entwicklung wird, müssen sich ihre Repräsentanten letztlich der staatlichen Bürokratie unterordnen. Widersprüche, Konflikte und Konkurrenz innerhalb der Wissensklasse verstärken die Tendenz zur Unterwerfung der Wissenschaften unter die Politik. Wissensherrschaft als Technokratenherrschaft kommt nicht zum Zuge. Bell betont stets den Primat des Politischen.

11.10   Immanuel Wallerstein – Die Weltgesellschaft

„Im Lebenszyklus sozialer Systeme ist das moderne Weltsystem in einer Spätphase. Ganz sicher wird nicht Utopia an seine Stelle treten. Doch mit dem Ende dieser sonderbaren moralischen Veränderung, die der Kapitalismus darstellt, in dem der Nutzen weniger mit einer größeren Ausbeutung vieler zusammengefallen ist als in allen vorangegangenen sozialen Systemen, kann der langsame Aufbau einer relativ freien und egalitären Welt beginnen: nur dies, scheint mir, wird wahrscheinlich jedem Einzelnen und der Menschheit insgesamt die Realisierung ihrer Möglichkeiten erlauben." (Wallerstein S. 229, in: Blaschke 1983)

Zur Person:

Immanuel Wallerstein (geb. 1930 in New York) lehrte an verschiedenen amerikanischen und internationalen Universitäten und ist seit seiner Emeritierung als Senior Research Scholar an der Yale University tätig. In seinen Studien *Das moderne Wirtschaftssystem* (1980) und *Der historische Kapitalismus* (1984) versucht Wallerstein eine Geschichte der Neuzeit aus gesellschaftswissenschaftlicher Sicht zu schreiben, um die Gesetze der weltweiten kapitalistischen Entwicklung, aber zugleich auch der nach wie vor bestehenden Unterentwicklung verschiedener Weltregionen zu bestimmen. Seither gibt es eine umfangreiche internationale „Wallerstein-Debatte".

Als einzig angemessene soziologische Analyseeinheit erscheint Wallerstein das „Weltsystem", das auf der Arbeitsteilung zwischen den einzelnen Weltregionen beruht. Weltsystem meint allerdings erst in heutiger Zeit eine vom Kapitalismus bestimmte Epoche der menschlichen Zivilisation, die nahezu den gesamten Globus erfasst hat. Zuvor bezieht sich der Begriff „Weltsystem" auf verschiedene historisch bekannte, in sich geschlossene, überregionale und stets mehrere Kulturen vereinigende Gebilde wie z. B. die Weltsysteme des Römischen Reiches oder der verschiedenen chinesischen Reiche.

Soziales und wirtschaftliches Handeln vollzieht sich nicht isoliert in einer Gesellschaft, sei diese Gesellschaft definiert als Volk, Staat oder Nation, sondern in einem Weltsystem. Wirtschaftliche Beziehungen, insbesondere sog. „commodity chains", d. h. die Verkettung der Produktionsprozesse, die ein bestimmtes Endprodukt ergeben, durchschneiden Staatsgrenzen und verbinden viele auch geographisch weit auseinanderliegende Weltregionen. Die Systemeinheit, die zu untersuchen wäre, ist für Wallerstein also die durch die kapitalistischen Strukturen berührte gesamte Staatengemeinschaft dieser Welt.

Die Weltwirtschaft findet ohne eine gemeinsame übergreifende politische Struktur statt. Für die moderne Weltwirtschaft bzw. das kapitalistische Weltsystem ist der Pluralismus politischer Systeme förderlich; mit anderen Worten: Das kapitalistische Weltsystem setzt sich aus verschiedenen politischen Konzeptionen zusammen, aus autoritären ebenso wie aus demokratischen, aus sozialistischen ebenso wie aus marktwirtschaftlichen Systemen. Aus dem Systempluralismus leitet Wallerstein die These ab, dass die Stärke des Kapitalismus gerade darin liegt, dass er erstens auf einem weltweiten Feld unterschiedlicher ökonomischer Systeme agiert, dass sich zweitens ökonomische Beziehungen in einer größeren Arena bewegen als ein Staat oder ein politisches System je *ganz* kontrollieren kann, und dass drittens der Kapitalismus als übergreifendes Prinzip verschiedene Kulturen und Denkweisen miteinander verbindet.

Demnach ist der Kapitalismusbegriff bei Wallerstein weiter gefasst. Das kapitalistische Weltsystem ist nicht an marktwirtschaftliche Regelungssysteme gebunden, sondern spannt sich über unterschiedliche gesellschafts- und wirtschaftspolitische Systeme und wird vor allem a) durch die Teilnahme der Staaten am ungleichen Tausch, b) durch eine Welthierarchie der Arbeitsteilung und -kontrolle und c) durch eine weltweite Verteilung bestimmter Produktionstypen definiert. Die Stärke des Kapitalismus ist seine systembedingte Unabhängigkeit. Er ist immun gegenüber Interventionsmanövern irgendwelcher Einzelstaaten. Und gerade dies begründet seine innere strukturelle Stabilität.

Wallerstein sieht also die verschiedenen Staaten der Erde als Teile eines einheitlichen weltweiten ökonomischen Zusammenhangs. Es handelt sich um ein System internationaler

Arbeitsteilung, das durch Abhängigkeiten und ungleiche Tauschverhältnisse gekennzeichnet ist. Das Prinzip des ungleichen Tausches bedeutet ungleiche Entlohnung von Arbeit in der Ersten und Dritten Welt. Bei dieser Art des Tausches handelt es sich um terms of trade, die die Dritte Welt und die Rohstoffproduzenten benachteiligen. Der ungleiche Tausch ist demnach ein strukturelles Element des weltweiten ökonomischen Zusammenhangs.

Unterentwicklung von einem Teil der Gesellschaften auf dieser Erde ist daher funktional für die ökonomische Entfaltung hoch entwickelter Staaten. Die modernen westlichen Staaten „brauchen" zur Aufrechterhaltung des kapitalistischen Weltsystems die Unterentwicklung anderer Staaten. Entwicklung der einen und Unterentwicklung der anderen bedingen sich im modernen Weltsystem gegenseitig (Dependenztheorie). Das internationale (transstaatliche) System des ungleichen Tausches bildet daher die Quelle von Polarisierungsprozessen innerhalb der Staaten und zwischen den Staaten, was immer wieder zur Entstehung sozialer Bewegungen geführt hat, führt und führen wird.

Die geographische Arbeitsteilung und den mit ihr verbundenen ungleichen Tausch macht Wallerstein zur Grundlage seines Modells des modernen Weltsystems. Dieses Modell besteht aus drei miteinander und ineinander verwobenen, gegenseitig voneinander abhängigen Zonen:

1. Das Zentrum bzw. das Kerngebiet („core-states") des Systems
Vorherrschende Arbeitsform („modes of labour control") ist die Pacht und Lohnarbeit. Zu diesen Staaten zählen die hoch entwickelten „westlichen" Industriestaaten wie beispielsweise USA, Japan, Frankreich, Großbritannien, Italien, Schweden, Schweiz und Deutschland.

2. Die Semiperipherie als Zwischenzone des Systems
Sie bildet ein notwendiges strukturelles Element der Weltwirtschaft. Die semiperipheren Zonen sind Sammelpunkte von vitalen Fähigkeiten, die in anderen Regionen des Weltsystems politisch unpopulär sind. Sie bilden Wallerstein zufolge eine Grundbedingung für den stabilen Bestand des Gesamtsystems. Semiperiphere Länder stehen in Bezug auf Lohnniveau, Gewinnspanne, Diversifizierung und Kapitalintensität der Produktion zwischen Zentrum und Peripherie. Sie treten gegenüber Kernländern als Teil der Peripherie, gegenüber peripheren Ländern als Teil des Zentrums auf. Als „middle areas" lenken diese Länder den politischen Druck ab, den die peripheren Staaten gegen die Kernstaaten richten.

Die semiperipheren Regionen wirken wie strukturelle Puffer des Weltsystems. Sie dämpfen Tendenzen der Polarisierung zwischen Kernstaaten und peripheren Staaten, sie verhindern mögliche politische Rebellionen in unterdrückten Gebieten und verringern die Gefahr einer Desintegration des Weltsystems. Die semiperipheren Zonen umfassen eine recht heterogene Gruppe von Ländern. Wallerstein zählte dazu u. a. Brasilien, große Teile Osteuropas, Nigeria, Indien, China, etc. Wallerstein überträgt also gleichsam eine Art Schichtmodell auf die Beziehungen zwischen einzelnen Ländern und schreibt dabei der Semiperipherie die Mittelschichtrolle zu, die zwischen Ober- und Unterschicht der Weltsystemnationen interveniert.

3. Die Peripherie des Weltsystems
Vorherrschende Arbeitsform der Peripherie ist die landwirtschaftliche Arbeit unter Zwang (leibeigenschaftsähnliche Arbeitsverhältnisse oder Sklaverei). Zu den peripheren Staaten zählen vor allem die Länder der Dritten Welt, die Entwicklungs- und unterentwickelten Länder.

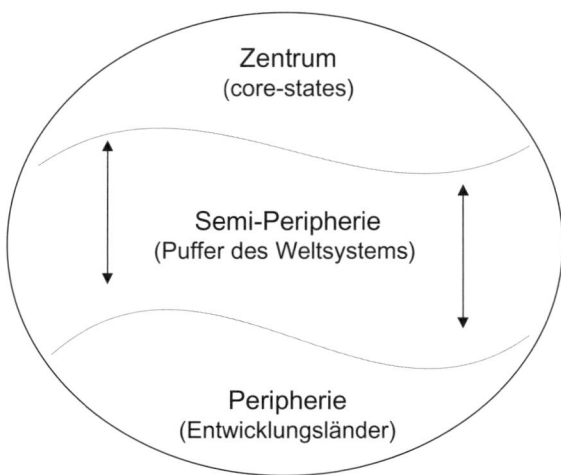

Abb. 11.14 Das Konzept des modernen Weltsystems (nach Wallerstein)   Quelle: © Eugen Buß

Die Begriffe Zentrum, Semiperipherie und Peripherie betonen den strukturellen Zusammenhang eines einheitlichen Systems. Es handelt sich bei Kernstaaten und Peripheriestaaten nicht um separate Wirtschaftsordnungen mit unterschiedlichen Gesetzmäßigkeiten, sondern um *ein* ökonomisches System mit unterschiedlichen Sektoren, die nur unterschiedliche Funktionen wahrnehmen. Zentrum, Semiperipherie und Peripherie existieren nicht unabhängig voneinander. Der moderne Staat ist also nur zu verstehen durch seine Zugehörigkeit zum weltweiten zwischenstaatlichen System (interstates system). Der einzelne Staat ist daher nicht wirklich autonom oder souverän, er ist vielmehr eingespannt in ein verwobenes Netz von wechselseitigen Abhängigkeiten, das seine Entscheidungsfreiheit einschränkt.

Unter diesen Umständen korreliert die Stärke eines Staates mit der Abstufung von Zentrum, Semiperipherie und Peripherie. Starke Staaten sind Kernstaaten, schwache Staaten Peripheriestaaten. Starke Staaten sind für Wallerstein Staaten mit effizientem Staatsapparat und hohem kapitalistischen Niveau (d. h. mit hoher Kapitalintensität, hoher Diversifizierung der Produktion, hohen Löhnen, ständiger Expansion der Produktion, regelmäßigen Innovationen, Warencharakter von Arbeitskräften und natürlichen Ressourcen). Die Kernstaaten nehmen Einfluss auf die Gestaltung der Weltmarktpreise, verteidigen ihre wirtschaftlichen Interessen und sorgen somit dafür, die Bedingungen des ungleichen Tausches innerhalb des Weltsystems aufrechtzuerhalten.

Welche Staaten und welche Regionen sich zu Kerngebieten, zu Zwischenzonen oder zu Peripheriegebieten entwickeln, ist nicht im voraus festgelegt. Zufällige Unterschiede in den Startpositionen ergeben sich aus historischen Konstellationen; sie sind für die zukünftige Entwicklung nicht maßgeblich. Einzelne Teile des Zentrums verlieren im Laufe der Zeit ihre beherrschende Bedeutung für die Welthierarchie. Sie sinken zu Semiperipherien ab, semiperiphere Staaten oder Regionen steigen zu Zentren auf oder zu Peripherien ab, und Peripherien steigen zu Semiperipherien des Weltsystems auf. Innerhalb des Weltsystems finden im Laufe der Jahrhunderte ständig Aufstiegs- und Abstiegsprozesse statt. Führende Länder werden wie in einem Elitenkreis laufend abgelöst.

Auf der Grundlage dieses Modells entwickelt Wallerstein die Strukturmerkmale des Kapitalismus. Der Kapitalismus bildet einen globalen funktionalen Zusammenhang eines geschlossenen, weltumspannenden Systems, das sich dadurch auszeichnet, dass es tendenziell alle Ereignisse in der Welt zu inneren Vorgängen macht. Dazu gehört folglich, dass Lohnarbeit, freie und unfreie Arbeit kombiniert auftreten. Zwangsmäßige Arbeitsformen wie Teilpacht oder leibeigenschaftsähnliche Verhältnisse sind nicht der Rest vorkapitalistischer Produktionsweisen, sondern sie sind in die Struktur des modernen Weltsystems eingewoben. Der Kapitalismus ist also für Wallerstein nichts anderes als ein globales System von ungleichen Tauschtransaktionen auf der Basis der nicht vollständigen Freiheit von Produktionsfaktoren.

Folgen für das Management:

Wallerstein stellt insbesondere die Moral der Manager in den Kernstaaten auf die Tagesordnung. Wenn unfreie Arbeit oder Kinderarbeit zu konstitutiven Elementen in der weltweiten Arbeitsteilung zwischen Peripherie- und Kernstaaten gehören, lautet die Frage: Bis zu welchem Maß darf der ungleiche Tausch die Umsatz-, Gewinn- und Wertschöpfungspotentiale eines Unternehmens beeinflussen? Kann man in einem peripheren Gebiet, das von einer verbreiteten Verarmung der Bevölkerung geprägt ist, auf „Fairen Handel" verzichten? Oder das Management muss sich der Frage stellen: Wo liegen die Grenzen beim kontinuierlichen Transfer von Surplus (Mehrwert) von der Dritten Welt in die sog. Erste Welt? Was bedeutet es für die internationale Spezialisierung und Abhängigkeit, wenn in Indien im Jahr 2008 Facharbeiter beim Aufbau eines neuen VW Werkes 2,00 € in der Stunde verdienen? Was bedeutet es für das Projektmanagement eines internationalen Konzerns, wenn er in Schwellenländern eher mit Clans als mit dem einzelnen Arbeiter verhandelt? Wie weit reicht die Verantwortung eines Unternehmens für Schulbildung, Müllentsorgung, fließendes Wasser oder Kinderbetreuung, wenn es in der Peripherie investiert?

Die öffentliche Diskussion über die moralische Verantwortung von Managern gerade gegenüber den Entwicklungsländern hat sich in den letzten Jahren spürbar zugespitzt. Immer wieder treten Fragen auf wie: Haben moralische und soziale Kategorien als ein konstitutiver Handlungsrahmen in internationalen Transaktionen zu gelten? Ähnlich wichtig wie wirtschaftlicher Erfolg? Gehören ethische Maßstäbe zu denjenigen Handlungsleitlinien, die im Rahmen einer Ethikkonvention im Handel mit und in der Produktion in Peripheriestaaten kodifiziert werden sollten? Oder sollten sie nur den Rang eines nützlichen Arrangements haben – ein Arrangement, das man bejaht, weil es die öffentliche Akzeptanz stärkt und nützlich ist?

Wallerstein ist der Überzeugung, dass die Auseinandersetzung mit moralischen Fragen für die Manager unumgänglich wird. In den peripheren Gebieten wird die Unzufriedenheit von Landarbeitern wachsen; ebenso der Unmut von städtischen Armen: Ihre Revolten werden zu einer „atemberaubenden Entwicklung von sozialen Bewegungen" führen. Daher werden unter der Oberfläche, wie Wallerstein glaubt, die strukturellen Gegensätze des Kapitalismus und die daraus entstehenden fundamentaloppositionellen sozialen Bewegungen in Dritte-Welt-Ländern an den Eingeweiden des Systems nagen, wenn nicht die Manager von sich aus ihre Maßstäbe an die Gegebenheiten eines wie immer auch definierten fairen Handels anpassen.

Fragen zur Wiederholung

1. Was versteht Inglehart unter der Mangelhypothese und der Sozialisationshypothese?

2. Welche Gefahren sieht Sennett im Flexibilitätsprinzip für die moderne Gesellschaft?

3. Skizzieren Sie die sozialen Milieus aus der Gesellschaftsdiagnose von Schulze.

4. Was sind die Merkmale der Multioptions-Gesellschaft?

5. Was lässt sich aus der Unterhaltungsgesellschaft für das Management ableiten?

6. Zwischen welchen beiden grundlegenden Risikotypen unterscheidet Beck?

7. Erklären Sie das Wechselspiel von Autonomie und Ordnung im Konzept der Verantwortungsgesellschaft von Etzioni.

8. Erläutern Sie die Bedeutung der Prinzipien von Abwanderung und Widerspruch für das Management.

9. Analysieren Sie die wesentlichen Merkmale der nachindustriellen Gesellschaft von Bell.

10. Skizzieren Sie in einer Graphik das Weltmodell von Wallerstein und analysieren Sie das Spannungsverhältnis zwischen Kernstaaten und Peripheriestaaten.

„Unternehmerisch zu denken heißt,
soziale Verantwortung zu tragen. "
(Porsche-Chef Wendelin Wiedeking)
„Gute Taten? Das bedeutet Ruin!"
(Shui Ta in Bertold Brechts
„Der gute Mensch von Sezuan")

Modul 12

Der Manager im Spannungsfeld zwischen Unternehmen und Öffentlichkeit

Ziel dieses Moduls ist es,

- den Manager in seiner öffentlichen Rolle zu skizzieren,

- die gesellschaftliche Verantwortung des Managements zu erläutern,

- die Funktionen von Corporate Social Responsibility zu erörtern,

- die Bedeutung des bürgerschaftlichen Engagements herauszustellen,

- den Funktionswandel des Managements in der modernen Gesellschaft zu beschreiben,

- das „Münchner Modell" vorzustellen,

- die Legitimationsprobleme von Managern zu analysieren.

Manager fühlen sich in erster Linie ihrem Unternehmen verpflichtet. „The Business of Business is Business" – frei übersetzt: Manager sollten sich einzig und allein um ihre Geschäfte kümmern – dieser Satz des amerikanischen Nobelpreisträgers und Ökonomen Milton Friedman prägt nach wie vor zu einem wesentlichen Teil das Selbstverständnis vieler Manager. Aber nicht allein. Sie sind sich zugleich in der überwiegenden Mehrheit der Tatsache bewusst, dass sie ihre Aufgaben in einem demokratischen Gemeinwesen zu erfüllen haben, das den Verantwortungshorizont weiter absteckt. Die Legitimität der Unternehmertätigkeit bedarf der Ergänzung durch ein gewisses Maß an sozialer Verantwortung. Die Identität des modernen Managers gründet sich demnach auf eine Verantwortungsfusion: Verantwortung nicht nur gegenüber den Mitarbeitern und Kapitaleignern, sondern auch gegenüber dem sozialen, gesellschaftlichen und kulturellen Umfeld.

12.1   Der Manager im Fadenkreuz öffentlicher Anspruchsgruppen

Während aus betriebswirtschaftlicher Perspektive hauptsächlich Gesichtspunkte wie Faktormobilität, Kapitalrentabilität oder Wachstum den Handlungshorizont der Manager bestimmen, rückt die soziologische Wahrnehmung den Dialogprozess zwischen Unternehmen und öffentlichen Anspruchsgruppen (Stakeholder) ins Blickfeld. Dies hat vor allem drei Gründe:

1. Die Vorstellung der Öffentlichkeit von einem „idealen" oder „wünschenswerten" Unternehmen hat sich in den letzten Jahren gründlich verändert. Sie hat sich wertbezogener entwickelt, d. h. stärker in Richtung einer Einbeziehung von öffentlichen Wertmaßstäben in die unternehmerische Entscheidungsmatrix. Entsprechend ist das Wertklima insgesamt „öffentlicher" geworden. Werte gelten nicht länger als Privatsache der verantwortlichen Manager. Die Beobachtungssensibilität der Öffentlichkeit gegenüber den Managern ist deutlich gestiegen. Gleichzeitig ist die Toleranzschwelle gegenüber Wertübertretungen spürbar gesunken. Es herrscht ein wachsender *öffentlicher Druck* zur Wahrnehmung gesellschaftlicher Verantwortung.

2. Unternehmen müssen sich auf institutioneller Ebene mit Teilöffentlichkeiten auseinandersetzen, die als Repräsentanten bestimmter Interessenansprüche fungieren. Dabei handelt es sich um die wachsende Zahl sogenannter Nichtregierungsorganisationen (NGO), die zusammengenommen auch als Dritter Sektor bezeichnet werden. Viele NGOs setzen sich öffentlich mit der Rolle der Manager auseinander, üben Kritik und bieten ihre Kompetenz für Kooperationen an. Die Bedeutung dieser Gruppen wächst, da sie sich aktiv am gesellschaftlichen Dialog über die öffentliche Akzeptanz von Unternehmen beteiligen, oft sogar intensiver als die herkömmlichen „Marketing-Zielgruppen". Ihre Aktivitäten erfahren Verstärkung durch die Medien und werden so zu einem öffentlichen Thema.

3. Mitteleuropa befindet sich im Umbruch, nicht nur ökonomisch und nicht nur politisch. Wir sind Zeuge einer tiefgreifenden *Zäsur unseres Selbstverständnisses*. Die Einstellung zur moralischen Integrität des Managements, zum Stellenwert von Vertrauen, zu Risiken von Entscheidungen, zum Darstellungsstil des Managements, zur gesellschaftlichen Verantwortung, zur Haltung gegenüber der Umwelt oder auch zu Status- oder Bonusfragen – all dies ist in Bewegung geraten. Und all dies verändert die Gründe, warum Menschen das Management von Unternehmen schätzen oder kritisieren, welche neuen Maßstäbe des Handelns sie erwarten und welches Auftreten und Handeln schließlich Erfolg verspricht.

Manager können sich in der Regel nicht mehr nur auf die Lösung rein wirtschaftlicher Probleme beschränken, sondern müssen heute unter dem Druck der öffentlichen Meinung ihre Aufmerksamkeit auch auf die gesellschaftlichen Konsequenzen ihres Verhaltens richten. Es wird von ihnen erwartet – und in diesem Erwartungsdruck liegt soziologisch gesehen ein nicht zu unterschätzender Steuerungs- und Kontrollmechanismus der Öffentlichkeit – dass sie angesichts des strukturellen Wandels der Gesellschaft auch Fragen der Lebenswelt in ihre ökonomischen Dispositionen einbeziehen, selbst wenn dies den wirtschaftlichen Erfordernissen widersprechen sollte (vgl. Hansen 2004, S. 63ff.).

Managementhandeln gerät dort in Legitimationsnöte, wo es kulturelle, kommunale und soziale Belange ignoriert. Darin liegt die Kraft der öffentlichen Anspruchsgruppen. Das Attribut „öffentlich" bedeutet also, dass das Handeln der Manager zumindest teilweise einem Strukturprinzip unterliegt, das die strikte Selbstbindung eines Managers an rein wirtschaftliche Maßstäbe aufhebt und im Gegenzug die wirtschaftlichen Handlungskriterien einer sensibilisierten öffentlichen Meinung unterstellt. Über die öffentlichen Anspruchsgruppen regiert die Gesellschaft zumindest teilweise in die Entscheidungsstrukturen des Managements hinein.

Die Mehrheit der Menschen will heute eine Wirtschaftsordnung, in der ökonomische Funktionserfordernisse und gesellschaftliche Erwartungen besser aufeinander abgestimmt werden. Gewünscht wird eine Wirtschaft mit hohem technologischen Leistungspotential, aber auch mit mehr Rücksicht auf die Belange der privaten und öffentlichen Lebenswelt. Neu ist die Betonung einer öffentlichen Verantwortung und neu ist, dass die Öffentlichkeit die Manager für einen Mangel an gesellschaftlicher Verantwortung belangt.

Generell erstrecken sich die Ansprüche der Öffentlichkeit auf ein neues Selbstverständnis und Rollenbild der Manager. Die Öffentlichkeit kombiniert ihre Rolle des Nur-Konsumenten mit der Rolle eines Sachwalters öffentlicher Interessen. Die Kunden treten aus ihrer Anonymität heraus. Sie werden zu Staatsbürgern. Sind die Verbraucher betriebs- oder volkswirtschaftlich gesehen eine anonyme, rational agierende, rein abstrakte Nachfrageeinheit, so werden sie jetzt – soziologisch betrachtet – zu einer sozialen Größe, durch die eine ganze Reihe öffentlicher Interessen für die Manager maßgebliche Bedeutung erhalten. Sie können auf die Verbraucher nicht mehr wie auf atomisierte Individuen reagieren, sondern nur noch wie auf Vertreter von Positionen, denen bestimmte Rechte, Interessen und Werte zu eigen sind; es sind Wertmaßstäbe, die eine gesteigerte Empfindlichkeit im Hinblick auf die moralischen, biologischen oder humanen Wirkungen unternehmerischen Handelns signalisieren. Wollen die Manager ihr Handeln auch aus wirtschaftlichen Gründen auf langfristige Akzeptanz gründen, müssen sie lernen, ein neues Repertoire sozialer und nicht nur ökonomischer Beziehungen zu bedienen. Diese neuartigen Beziehungen sind Ausdruck und Inhalt des Spannungsfeldes zwischen Unternehmen und Öffentlichkeit.

Sie beruhen auf einer Art überökonomischen Vertrauensverhältnisses – Vertrauen der Öffentlichkeit und des einzelnen Kunden nicht nur in die Qualität der rationalen Unternehmensentscheidungen und nicht nur in die Qualität von Produkten und Dienstleistungen, sondern auch in eine Art von sozialem Wohlverhalten der Manager. Die Ambivalenz zwischen ökonomischem Erfolgsdruck einerseits und öffentlicher Wertschätzung andererseits ist Ausdruck des Bemühens von Managern, diese doppelte Glaubwürdigkeit zu schaffen und zu bewahren.

Praxisbeispiel gesellschaftliche Verantwortung der Manager:

Gegenwärtig werden die Manager dem öffentlichen Erwartungsdruck nach stärkerer Übernahme gesellschaftlicher Verantwortung nicht in angemessener Weise gerecht. Auf die Frage: „Kommen die Manager im Großen und Ganzen ihrer Verantwortung nach?" antworten 61 Prozent der Deutschen in einer repräsentativen Erhebung, die Unternehmer könnten einen höheren Beitrag für unsere Gesellschaft leisten (vgl. Buß 1999, S. 102f.).

Die Mehrheit der Deutschen verkennt zwar nicht, dass jeder verantwortliche Manager in erster Linie seinem Unternehmen verpflichtet ist, bestreitet jedoch, dass daraus zwingend eine konsequente Ausrichtung auf Gewinnmaximierung folgt. Nur 20 Prozent der Bevölkerung unterstützen die Auffassung, dass ausschließlich der Nutzen für das Unternehmen zähle, und dass der Unternehmer nur diesem wirtschaftlichen Nutzen verpflichtet sei. Die überwiegende Majorität der Deutschen (67 Prozent) fordert, ein Manager müsse neben dem Wohlergehen des Unternehmens auch *die öffentlichen Interessen* im Auge haben (vgl. Allensbach 2000).

Derzeit glaubt die Öffentlichkeit nicht, dass sich die Interessen der Wirtschaft mit der Interessenlage der Bevölkerung decken. Nur 38 Prozent teilen die Überzeugung: „Was der Wirtschaft nützt, nützt auch der Bevölkerung." Die Mehrheit hält dieses Credo für überholt, sieht in blühenden Unternehmen nicht mehr die Garanten von allgemeinem Wohlstand (vgl. Allensbach 2000).

Falls ein Manager vor der Entscheidung steht, in Deutschland oder in Ungarn zu investieren, wird er sich – davon ist die Mehrheit überzeugt – ohne Zögern für Ungarn entscheiden. Selbst wenn eine Investition in Deutschland beachtliche Gewinne verspricht, die Investitionen in einem anderen Land jedoch noch größere Chancen bieten, hat der Standort Deutschland, so glaubt die Öffentlichkeit, keine Chance: 73 Prozent der Deutschen vermuten, dass sich die verantwortlichen Manager in diesem Fall für das Ausland entscheiden werden, nur 12 Prozent erwarten eine Entscheidung zu Gunsten der Investition in Deutschland (vgl. Allensbach 2000).

Dem Strukturprinzip der Öffentlichkeit liegt gedanklich ein Kreislaufmodell zugrunde. Die Manager üben Einfluss auf die Gesellschaft aus, ihre Entscheidungen verändern die Umwelt, verändern Konsum- und Freizeitgewohnheiten, verändern schließlich die Wertprioritäten der Menschen. Die Gesellschaft wiederum, unmittelbar betroffen, reagiert. Sie formuliert neue Forderungen, erhebt Ansprüche und meldet Interessen auf bessere Arbeits-, Lebens- und Umweltbedingungen an. Daraufhin entwickeln sich im Management wiederum veränderte Handlungsparameter, veränderte Prioritäten. Je besser dieser Kreislauf funktioniert, umso nachhaltiger ist die Wirkung der öffentlichen Anspruchsgruppen.

Fazit:

Managementerfolg ist Ausdruck eines kontinuierlichen Abstimmungsprozesses, in dessen Verlauf es mehr oder weniger gelingt, die wirtschaftlichen Entscheidungskriterien auf das Wertprofil der Öffentlichkeit zu beziehen. Entsprechend sehen sich die Manager mit einer Reihe neuartiger Ansprüche konfrontiert: Wie können sie mit den veränderten Wertansprüchen der Öffentlichkeit und der Mitarbeiter umgehen? Wie können sie die natürlichen Verständigungsschwellen gegenüber der Öffentlichkeit überwinden? Das Problem ist: Manager handeln primär auf der betriebswirtschaftlichen Funktions- und Interessenebene. Die Öffentlichkeit operiert daneben auch auf der Wertebene. Die gegenseitigen Betrachtungsebenen sind partiell verschoben. Dadurch entsteht ein „gap", das die Manager verstärkt ins Fadenkreuz öffentlicher Anspruchsgruppen rückt.

12.2 Corporate Responsibility (CR) und Corporate Citizenship (CC)[13]

Der Begriff Corporate Responsibility (CR) – auch „Unternehmerische Verantwortung" genannt – beschreibt den Grad des Verantwortungsbewusstseins eines Unternehmens, wo immer seine Geschäftstätigkeit Auswirkungen auf die Gesellschaft, die Mitarbeiter, die Umwelt und das wirtschaftliche Umfeld hat. Corporate Responsibility steht im engeren Sinne für eine Unternehmensphilosophie, die Transparenz, ethisches Verhalten und Respekt vor den Stakeholdern in den Mittelpunkt aller Managementaktivitäten stellt. Der Begriff „CR" umschließt die Themenbereiche (vgl. Bassen u. a. 2005, S. 234):

- Corporate Social Responsibility (nachhaltige Gestaltung der Unternehmensprozesse unter ausgewogener Berücksichtigung von ökonomischen, ökologischen und sozialen Faktoren),
- Corporate Governance (Fragen der Unternehmensführung und -kontrolle) sowie
- Corporate Citizenship (bürgerschaftliches Engagement von Unternehmen).

Bei CR geht es um den freiwilligen Beitrag der Manager zu einer nachhaltigen Entwicklung, der über die gesetzlichen Forderungen (Compliance) hinausgeht (vgl. Beschorner 2005, S. 41f.). Der Begriff CR steht für verantwortliches unternehmerisches Handeln in der eigentlichen Geschäftstätigkeit (Marktdimension), über ökologisch relevante Aspekte (Umweltdimension) bis hin zu den Beziehungen mit Mitarbeitern (Arbeitsplatzdimension) und dem Austausch mit den relevanten öffentlichen Anspruchsgruppen (gesellschaftliche Dimension).

Corporate Social Responsibility (CSR) umschreibt die gesellschaftliche Verantwortung des Managements im Sinne von Nachhaltigkeit. Es ist ein Konzept, das den Führungsverantwortlichen als Grundlage dient, gesellschaftliche Belange in ihre Unternehmenstätigkeit und in den Wechselbeziehungen mit den Stakeholdern (öffentliche Anspruchsgruppen) zu integrieren. CSR-Initiativen des Managements beruhen auf Freiwilligkeit. Sie gehen über den gesetzlichen Rahmen hinaus. Diese Verantwortung bezieht sich nicht nur auf die eigenen Mitarbeiter, sondern auf die gesamte Wertschöpfungskette und die davon betroffenen Menschen. Ihren Ursprung hat CSR im amerikanischen Konzept des Corporate Citizenship. Unternehmerische Verantwortung gilt in den USA als Teil des Modells der Bürgergesellschaft. Seit Ende der 90er-Jahre wird der Begriff auch in Deutschland verwendet. In der Praxis werden seither große Anstrengungen unternommen, um die Unternehmensprozesse auf Nachhaltigkeit, Umweltverträglichkeit, Schutz von Menschenwürde hin zu überprüfen und durch Qualitätssicherungsmaßnahmen, unterstützt durch Zertifizierungen und regelmäßige Audits (standardisierte Prüfprozesse) zu dokumentieren.

---

[13] Mitverfasser: Andreas Bunz.

Fallbeispiel Puma:

„Wer CSR wahrhaftig betreiben will, muss das Leitbild nachhaltiger Entwicklung in die gesamte Unternehmensstrategie integrieren", heißt es beim fränkischen Sportartikel-Unternehmen Puma (vgl. Wickel 2007, S. 31). Dort wurde der Bereich Umwelt und Soziales ausgebaut und eine eigene S.A.F.E.-Abteilung (Social Accountability and Fundamental Environmental Standards) geschaffen, die kontinuierlich für das Einhalten der Umwelt- und Sozialstandards nicht nur bei Puma, sondern auch bei Herstellerbetrieben, sorgt. Neben dem klassischen Audit setzt Puma vermehrt auch auf andere Instrumente in Form von Workshops oder Pilotprojekten, um die Bedingungen in den Fabriken nachhaltig zu verbessern und vollständige Schadstofffreiheit für alle Puma-Produkte zu gewährleisten.

Heute besteht das S.A.F.E.-Team aus zehn Mitarbeitern, die in den letzten Jahren weltweit über 1500 Audits und Re-Audits bei Herstellerbetrieben durchgeführt haben. Einmal pro Jahr suchen die verantwortlichen Manager des Unternehmens bei einer zweitägigen Veranstaltung das direkte Gespräch mit den Stakeholdern (Anspruchsberechtigten). Anfang November 2007 trafen sich im bayerischen Kloster Banz zum fünften Mal Vertreter von Gewerkschaften und NGOs (Greenpeace, Oxfam und die „Kampagne für Saubere Kleidung"), des deutschen Netzwerks für Arbeitsethik, der GTZ (Deutsche Gesellschaft für Technische Zusammenarbeit) und der Internationalen Arbeitsorganisation. Ziel und Zweck der „Banzer Gespräche" ist es, die CSR-Strategie von Puma kritisch zu hinterfragen und zu diskutieren.

Aus der Erkenntnis, dass auf dem globalen Markt eine übergeordnete Instanz zur Durchsetzung von CSR fehlt, sind die Unternehmen aufgerufen, sich selbst Regeln zu setzen. Diese Verpflichtung ist im sogenannten Global Compact der Vereinten Nationen kodifiziert, die der damalige UN-Generalsekretär Kofi Annan im Jahre 1999 vorstellte. Derzeit haben sich 3.000 Konzerne dem Kodex freiwillig unterworfen, davon etwa einhundert aus Deutschland.

Auch die Europäische Kommission will die soziale Verantwortung in großen und kleinen Unternehmen sowie insbesondere das Konzept des „Corporate Social Responsibility" vorantreiben. CSR erlaube den Unternehmen, auf freiwilliger Basis soziale und Umweltbelange in ihre Tätigkeit und in den Wechselbeziehungen zur Öffentlichkeit zu integrieren, heißt es in einem Grundlagendokument (Grünbuch), das die europäische Kommission bereits 2001 unterbreitet hat. Inzwischen fühlt sich die Kommission aufgerufen, eine Informationsplattform zum Austausch von „Good Practice" Beispielen im Rahmen des CSR-Konzeptes ins Leben zu rufen.

Praxisbeispiel CSR:

Die Manager, die sich sozial verantwortliches Handeln auf die Fahne geschrieben haben, kommen aus allen Branchen. Bei Lufthansa etwa reicht die CSR-Palette von der Integration behinderter Menschen über flexible Arbeitszeitmodelle bis hin zu sozialen Projekten wie Straßenkinder-Hilfsorganisationen oder einem Buschhospital in Kenia. Zudem engagiert sich Lufthansa bei der Klimaforschung.

Der Chemiekonzern Bayer hat schon 2005 gemeinsam mit National Geographic einen Forschungsfonds aufgelegt, der neue Ideen zum Schutz von Trinkwasser fördert. Außerdem unterstützt Bayer weltweit Umweltprojekte für Kinder und Jugendliche und engagiert sich bei der Entwicklung eines Tuberkulosemedikaments.

Mc Donald's Deutschland hat bereits vor fast zwanzig Jahren die McDonald's Kinderhilfe ins Leben gerufen, die schwer kranke Kinder und deren Eltern unterstützt.

Der Handelskonzern METRO spendet Lebensmittel aus seinen Filialen an den Verein „Die Tafel", der die Waren an Bedürftige verteilt.

Die Allianz engagiert sich beim Klimaschutz, indem sie federführend in den internationalen Gremien mitarbeitet und ihre Stimme für eine Reduktion des CO_2-Ausstoßes erhebt. Zweiter wichtiger Bereich, in dem die Allianz ihre globale Verantwortung zeigt, sind sogenannte Mikro-Versicherungen. Diese Policen werden in Entwicklungs- und Schwellenländern verkauft, lauten auf vergleichsweise geringe Beträge und könnten die Existenz ganzer Familien sichern, falls der Ernährer ausfällt.

BMW engagiert sich, überall wo es Werke gibt, für die Nachbarschaft. In Südafrika unterstützt BMW Kinder, die säen, düngen und ernten lernen sollen. Das Projekt soll den Hunger in den Townships lindern helfen, aber auch gleichzeitig der Umwelt dienen. In Deutschland reicht die Spanne der Projekte von Verkehrssicherheitserziehung über solche gegen Fremdenfeindlichkeit und für interkulturelles Verständnis bis hin zur Hochbegabtenförderung für Kinder.

Dass es sich bei *Corporate Social Responsibility* (CSR) nicht um „Philanthropie" (Menschenliebe) handelt, steht außer Frage. Die Unternehmen engagieren sich gesellschaftspolitisch, um langfristig das Geschäft zu sichern. Für die BMW Gruppe zahlen sich beispielsweise die im Praxisbeispiel geschilderten Projekte aus. Das Unternehmen gehört zu der Spitzengruppe des „Dow Jones Sustainability Group Index". Unternehmen, die in diesem Index geführt werden, verpflichten sich dem Prinzip der Nachhaltigkeit. Nachhaltigkeit heißt in diesem Zusammenhang, sich an Mitarbeitern zu orientieren, Menschenrechte zu achten und Sozialstandards zu setzen.

Corporate Citizenship (CC) bezeichnet das bürgerschaftliche Engagement in und von Unternehmen, die eine mittel- und langfristige unternehmerische Strategie auf der Basis verantwortungsvollen Handelns verfolgen und sich über die eigentliche Geschäftätigkeit hinaus als „guter Bürger" aktiv für die lokale Zivilgesellschaft oder für ökologische oder kulturelle Belange engagieren. Konkrete CC-Maßnahmen können wie folgt aussehen (vgl. Dresewski 2004, S. 21f.):

- *„Unternehmensspenden" (Corporate Giving):* das ethisch motivierte selbstlose Überlassen, Spenden oder Zustiften von Geld oder Sachmitteln sowie das kostenlose Überlassen oder Spenden von Unternehmensleistungen, -produkten und -logistik.

- *„Sozialsponsoring" (Social Sponsoring):* die Übertragung der gängigen Maßnahme Sponsoring – als ein Geschäft auf Gegenseitigkeit – auf den sozialen Bereich, womit dem Unternehmen neue Kommunikationskanäle und der gemeinnützigen Organisation neue Finanzierungswege eröffnet werden.

- *„Unternehmensstiftungen" (Corporate Foundations):* das Gründen von Stiftungen durch Unternehmen.

- *„Gemeinnütziges Arbeitnehmerengagement" (Corporate Volunteering):* das gesellschaftliche Engagement von Unternehmen durch die Investition der Zeit, des Knowhows und Wissens ihrer Mitarbeiter und die Unterstützung des ehrenamtlichen Engagements von Mitarbeitern in und außerhalb der Arbeitszeit.

- *„Auftragsvergabe an soziale Organisationen" (Social Commissioning):* die gezielte geschäftliche Partnerschaft mit gemeinnützigen Organisationen, die z. B. behinderte und sozial benachteiligte Menschen beschäftigen, mit der Absicht, die gemeinnützigen Organisationen durch die Auftragsvergabe zu unterstützen (Integrationsfirmen).

Praxisbeispiel:

Hako, der Weltmarktführer für Kehrmaschinen, hat zusammen mit der Gruppe Norddeutsche Gesellschaft für Diakonie eine sogenannte Integrationsfirma (Di.Hako-Tec GmbH) gegründet, in der behinderte Menschen eingestellt werden. Sie produzieren technische und einfache technische Zulieferprodukte, die an die Muttergesellschaft Hako geliefert werden.

Corporate Citizenship ist als Teil einer Unternehmenskultur zu begreifen. In Großbritannien engagieren sich beispielsweise Unternehmen wie die Deutsche Bank, die Dresdner Bank oder Volkswagen im Rahmen der Einrichtung „Business in the Community" mit Zeit, Wissen und Geld für Corporate-Citizen-Projekte. Hinter ihrem bürgerschaftlichen Engagement verbirgt sich vor allem ein Transfer von Wissen und Zeit. Die Unternehmen verstehen sich als Bürger des Gemeinwesens und handeln dementsprechend. Grund für das Engagement: Aus der Privilegierung erwächst eine Verpflichtung für die Unterprivilegierten. Das sehen die beteiligten Firmen durchaus als Teil einer langfristigen Strategie zur Erhöhung der Wettbewerbsfähigkeit. Gefördert werden nämlich nicht nur der Teamgeist unter den Mitarbeitern, sondern auch die Bindung an das Unternehmen. Gleichzeitig hebt man sich von seinen Mitbewerbern deutlich ab. Man ist in den beteiligten Firmen der Überzeugung, dass in Zukunft hochqualifizierte Bewerber nur zu gewinnen sind, wenn CC Teil der eigenen Unternehmenskultur ist.

Fallstudie Altera:

Beim Projekt „Altera" lernen Manager andere soziale Milieus kennen. Es ist wie ein Sprung in eine neue Welt. Arbeitsdirektor Wilhelm Lindenberg hat Anzug und Krawatte mit Jeans und Sportblouson vertauscht. Der 50-Jährige sitzt nicht im Chefsessel seines weitläufigen, holzvertäfelten Büros, um von hier die Geschicke seiner 2.000 Mitarbeiter zu lenken. Vielmehr steht der Manager vor einem Kaufhaus in der Innenstadt und bietet mit frostklammen Fingern Zeitungen feil. Das Blatt „Asphalt" kostet 1,40 €. Wenn man aber als Verkäufer nach Wechselgeld sucht, dann geben die meisten Leute 2,00 €, erbaut sich der Manager an dem bescheidenen Morgenlohn.

Lindenberg gehört zu den neuen Managern, die auf einem Fortbildungsseminar „Altera – die andere Seite" teilgenommen haben und nach einem Einsatz in einem radikal anderen beruflichen Milieu ihr eigenes Normenverständnis in Frage stellen. Das Konzept, das von der evangelischen Kirche aus der Taufe gehoben wurde, ist einfach: Führungskräfte verbringen eine Woche in einer sozialen Institution der Diakonie Hannover und lernen dabei den Alltag und die Herausforderungen durch authentische Begegnungen mit den dort agierenden Menschen kennen. Die Manager sollen durch ihre „Zeitspende" Verantwortung für das Gemeinwesen zeigen. Die Idee ist nicht neu. Das Pionierprojekt heißt „Seiten-Wechsel" und ist vor zehn Jahren in der Schweiz bekannt geworden. Durch ihre Einsätze in anderen Berufsmilieus sollen die Manager ihre Sozialkompetenz erweitern, also die Fähigkeit erwerben, mit zwischenmenschlichen Situationen sensibel und differenzierter umgehen zu können(vgl. Kals 2003, S. 19).

Die Praxisbeispiele von Corporate Social Responsibility und Corporate Citizenship bedeuten allerdings nicht, dass zweckfreie, aus ideellem Engagement entspringende Verbindungen zu anderen sozialen Milieus unter den Topmanagern der Regelfall sind. Im Gegenteil: Sie scheinen nach wie vor äußerst selten zu sein. Andere soziale Welten sind aus dem Horizont der Spitzenmanager zumeist ausgeblendet. Fehlt aber das berufsunabhängige soziale Engagement, entfällt auch die Gelegenheit, sich über andere Denkweisen zu informieren.

12.3   Das Münchner Modell nach Mutz[14]

> **Zur Person:**
>
> Gerd Mutz ist Professor für Volkswirtschaftslehre und Sozialpolitik an der Fachhochschule München und Direktor des Munich Institute for Social Science (MISS). Seine Forschungsschwerpunkte umfassen international vergleichende Studien zur Zivilgesellschaft, Zukunft der Arbeit, Dritter Sektor, Soziale Ökonomie und Sozialkapital.

Das von Mutz entwickelte „Münchner Modell" ist ein besonders weitreichendes Beispiel für Corporate Citizenship. Ziel des Münchner Modells ist es, nachhaltige soziale Lernprozesse in neuen Erfahrungsfeldern des bürgerschaftlichen Engagements zu erproben. Das Münchner Modell richtet sich an solche Unternehmen, die das Engagement ihrer Manager und Mitarbeiter in außerbetrieblichen Lernfeldern fördern wollen. Das Münchner Modell bietet drei verschiedene Varianten, wie sich der Wechsel zwischen den Tätigkeitsfeldern und -phasen im Sinne eines „Baukastensystems" institutionalisieren lässt (vgl. Mutz 1999, S. 8).

Variante 1: Einmaliges bürgerschaftliches Engagement als Bildung
Diese einfachste Variante des Münchner Modells schlägt eine relativ leicht zu realisierende Kombination der Bausteine Erwerbsarbeit und bürgerschaftliches Engagement vor. Unternehmen können ihren Mitarbeitern einen einmaligen „Switch" – einen Perspektivenwechsel – in eine soziale, ökologische oder kulturelle Einrichtung ermöglichen mit dem Ziel, durch das Engagement in einer fremden Arbeitsumgebung die sozialen und kommunikativen Kompetenzen der Mitarbeiter sowie deren Bereitschaft zu bürgerschaftlichem Engagement zu fördern. Um derartige Lernprozesse anzuregen und sie für den betrieblichen Alltag nutzbar zu machen, wird diese Bildungsphase (von bis zu einem Monat Dauer) professionell vorbereitet, begleitet und nachbereitet. Diese Variante wird beispielsweise von der Siemens AG umgesetzt.

> **Fallbeispiel „Switch" (Führungskräfteprogramm der Siemens AG):**
>
> Im September 1999 startete die Siemens AG gemeinsam mit dem Sozialreferat der Landeshauptstadt München das Pilotprojekt „Switch". Switch wurde als Programm für Führungskräfte konzipiert mit dem Ziel, einen Kompetenz-Switch anzuregen: Führungskräfte erhalten eine Woche lang Einblick in soziale Einrichtungen für Jugendliche, Aidskranke, Behinderte oder Menschen in Armut. Es werden Erfahrungen mit einer fremden Um-

---

[14]   Verfasserin: Ulrike Bunz.

gebung und neuen Herausforderungen gesammelt, die in den beruflichen Alltag zurückge-
führt werden sollen. Das Switchen in einen neuen Erfahrungskontext kann damit Katalysa-
tor für situationsgerechtes Handeln und Toleranz in schwierigen Situationen des betrieblichen Alltags, insbesondere auch im interkulturellen Kontext sein.

Switch ist dabei kein reines Bildungsprogramm, vielmehr soll ein langfristiges bürgerschaftliches Engagement der Mitarbeiter gefördert werden. Zwei Beteiligte bringen ihre
Erwartungen folgendermaßen auf den Punkt: „Wir erhoffen uns, dass die Führungskräfte
soziale Kompetenzen intensiver und dauerhafter erlernen, als dies in den üblichen Schu-
lungen möglich ist.",,Mit der Zeit wird man ja betriebsblind – neue Perspektiven sind daher immer nützlich." (zitiert in Mutz u. Korfmacher 2000, S. 11). Das Modell wird mittlerweile auch an anderen Siemens-Standorten in Berlin, Bremen, Erlangen, Nürnberg und
Fürth praktiziert.

Variante 2: Kontinuierliches bürgerschaftliches Engagement

Über das Switch-Konzept hinaus können Manager ihren interessierten Mitarbeitern anbieten,
ihre Erwerbsarbeitszeit zugunsten eines stabilen Engagements außerhalb des Unternehmens
dauerhaft zu reduzieren. Gerade vor dem Hintergrund der Diskussionen um die zivilgesellschaftliche Verantwortung von Unternehmen (CSR) könnte sich diese Variante anbieten. So
hätten die Mitarbeiter hier die Gelegenheit, ihre Arbeitszeit monatlich um bis zu 20 Stunden
zu reduzieren, um dann wiederum diese Zeit einmal monatlich, jährlich oder kumuliert über
einen Zeitraum von sieben Jahren für bürgerschaftliches Engagement in Anspruch zu nehmen. Auch bei dieser Variante ist die Einbindung der Teilnehmenden in ein Coaching-
Programm vorgesehen (vgl. Mutz u. Korfmacher 2000, S. 9).

Variante 3: Das Münchner Vier-Schichten-Modell – Eigenarbeit während der Eigenzeit

Die umfassendste Variante versucht, neben dem einmaligen (ca. 100 Stunden p. a.) und kontinuierlichen (ca. 240 Stunden p. a.) bürgerschaftlichen Engagement auch den Baustein
Eigenarbeit zu integrieren. Mitarbeiter sollen dabei nach individueller Absprache mit ihren
Arbeitgebern die Möglichkeit haben, bis zu einem Jahr in Eigenzeit zu verbringen, um diese
nach persönlichen Vorstellungen und Neigungen gestalten zu können. Um Bürger zu Eigenarbeit anzuregen, wurde bereits 1987 in München das sog. „Haus der Eigenarbeit" eröffnet.
Als eine „städtische Variante des Dorfbrunnens" bietet es einen Ort, an dem sich unterschiedliche Menschen treffen und miteinander kooperieren können. Indem es einen Rahmen für
handwerkliche, soziale und kulturelle Eigenarbeit in einem öffentlichen Kontext bietet, fördert es sowohl kommunikative als auch produktive Aspekte gesellschaftlichen Miteinanders.
Das Angebot ist breit gefächert: Es umfasst nicht nur professionell eingerichtete und betreute
Werkstätten und Kurse für handwerkliche Tätigkeiten, kulturelle Aktivitäten oder Gesund-
heitskurse, sondern auch ein Café und Angebote wie das „Werkstattfrühstück". Weiterhin
gibt es Gruppenräume, die für soziale Aktivitäten genutzt werden können, hier trifft sich z. B.
ein geldloser Tauschring oder es finden Gesprächskreise für Arbeitslose statt.

Die Vorteile des Münchner Modells

Das Münchner Modell bietet eine Win-Win-Situation für alle Beteiligten (vgl. Mutz 1999,
S. 10): Die hier engagierten *Manager* und *Mitarbeiter* erhalten neue Freiräume für selbstbestimmtes Tätigsein. Dies fördert gleichzeitig die Ausbildung eines größeren lebensgeschicht-

lichen Erfahrungshorizonts sowie eines neuen Kompetenzportfolios sozialer und fachlicher Qualifikationen, die für den beruflichen Werdegang nutzbar gemacht werden können.

Die *Unternehmen* profitieren auf zweierlei Weise: Das Engagement der Manager und Mitarbeiter ist einerseits imagewirksam und stärkt die öffentliche Reputation. Gleichzeitig fördert das Unternehmen eine neue Lernkultur und gewinnt innovative, vernetzt denkende und kompetente Mitarbeiter, die sich in neuen, unvorhergesehenen Situationen bewähren können.

Auch die *beteiligten sozialen, kulturellen und ökologischen Einrichtungen* profitieren vom Engagement sowie von den Qualifikationen und Perspektiven der Unternehmensmitarbeiter. Der dritte Sektor als Ganzes stärkt seine Bedeutung als zivilgesellschaftliche Infrastruktur, als Plattform für soziale Integration und aktive Demokratie.

Auf *kommunaler und gesellschaftlicher Ebene* fördert das Münchner Modell einen neuen Geist des Engagements und der Verantwortung. Menschen können sich als aktive Mitbürger für ihr direktes Umfeld, für das Gemeinwohl einsetzen. Dadurch entsteht neues soziales Kapital in der Gesellschaft, die Kommunen und der Staat werden gleichzeitig entlastet, und das Subsidiaritätsprinzip wird mit neuem Leben gefüllt.

Die Organisation des Münchner Modells

Für die erfolgreiche Umsetzung des Münchner Modells ist es Voraussetzung, dass alle arbeitsmarktrelevanten Institutionen auf kommunaler Ebene zusammenwirken und in das Modell integriert sind. Beteiligt wären damit sowohl die Erwerbspersonen und Unternehmen als auch die sozialen, ökologischen und kulturellen Einrichtungen sowie die Kommune, insbesondere die kommunale Arbeitsverwaltung. Alle diese kooperierenden Institutionen sind in einem Stiftungsrat zusammengefasst, der ein Dialogzentrum als „Herz des Münchner Modells" einsetzt: Das Dialogzentrum „koordiniert das „Brauchen" der sozialen, ökologischen und kulturellen Einsatzfelder, den „Bedarf" der Unternehmen, das „Wollen" und „Können" der interessierten Mitarbeiter sowie die übergeordneten allgemeinen „Belange der Region"." (Mutz 1999, S. 10).

Der Stiftungsrat stellt gleichzeitig die Stiftung Bürgerschaftlichen Engagements dar, die sich sowohl aus Einlagen der beteiligten Organisationen als auch aus Erblassungen und Spenden finanziert. Die Stiftungsgelder sind insbesondere für einen Lohnausgleich solcher Erwerbspersonen gedacht, die sich ehrenamtlich engagieren und damit eine Lohneinbuße in Kauf nehmen müssen. Generell ist der Gedanke, dass Manager und Mitarbeiter, die sich für bürgerschaftliches Engagement entscheiden, finanziell nicht benachteiligt werden sollten. Sie erhalten bis zu 70 Prozent ihres Nettolohns von ihrem Arbeitgeber und den entsprechenden Lohnausgleich aus Stiftungsgeldern und bleiben weiterhin sozialversichert. Für die Eigenarbeit ist kein Lohnausgleich vorgesehen, allerdings bleiben auch diese Mitarbeiter sozialversichert.

Fazit:

Mutz schlägt vor, die Perspektive des Arbeitsverständnisses zu weiten. Er greift in diesem Zusammenhang den von Hannah Ahrendt geprägten Begriff der Tätigkeit auf. In der Tätigkeitsgesellschaft wird anerkannt, dass in vielen Bereichen der Gesellschaft gearbeitet wird und diese Arbeiten auch gesellschaftlich wichtig, aber in Form der Erwerbsarbeit einfach nicht bezahlbar sind (vgl. Mutz 1999, S. 6). Der Arbeitsbegriff erhält somit eine neue Qualität: Arbeit bedeutet hier nicht nur Erwerbsarbeit, sondern vielmehr jede „bedachte tätige Auseinandersetzung mit der natürlichen, sozialen, kulturellen und psychischen Umwelt, die als gesellschaftlich wertvoll anerkannt wird" (Mutz u. Kühnlein 1998, S. 754). Als Tätigkeitsfelder neben der Erwerbsarbeit sollen auch die öffentliche Eigenarbeit, Erziehungsarbeit, Ehrenamt, Vereinsarbeit, Netzwerkarbeit (wie z. B. Nachbarschaftshilfen), Selbsthilfe und öffentlich-gemeinnützige Arbeit wieder mehr Beachtung finden.

Definition Tätigkeitsgesellschaft:

Die *Tätigkeitsgesellschaft* ist eine spezielle Ausprägung der Arbeitsgesellschaft. Arbeit spielt im Leben der Menschen nach wie vor noch die zentrale Rolle, allerdings wird Arbeit unter dem Begriff der „Tätigkeit" weiter gefasst und beinhaltet auch Eigen- und Bürgerarbeit, die im Rahmen des dritten Sektors außerhalb der institutionalisierten Erwerbsarbeit stattfindet. Auf der Strukturebene werden dazu solche Rahmenbedingungen geschaffen, die den flexiblen Wechsel zwischen unterschiedlichen Arbeitsformen erlauben.

Alle diese Arbeitsformen werden von Mutz modellhaft in einer „*Triade der Arbeit*" (ebd., S. 754) dargestellt. Diese besteht dabei aus den Arbeitsformen: a) Erwerbsarbeit, b) individuell nützliche Arbeit (sogenannte öffentliche und private Eigenarbeit) und c) gesellschaftlich nützliche Arbeit (öffentlich-gemeinnützige Arbeit, Ehrenamt, Nachbarschaftshilfen). Aus dem bisherigen Konkurrenzverhältnis der Arbeitsformen sollte Mutz zufolge eine komplementäre Beziehung erwachsen (vgl. ebd., S. 755). Durchlässigkeiten und Verknüpfungen zwischen den verschiedenen Arbeitsformen sind so zu gestalten, dass sich Zeiten der Eigenarbeit oder des bürgerschaftlichen Engagements *parallel* zur Erwerbsarbeitsphase realisieren lassen.

12.4   Das öffentliche Mandat der Manager

Charakteristisch für das Management in der modernen Gesellschaft sind eine Reihe von Merkmalen, die eng miteinander zusammenhängen:

- Erweiterung der Managementfunktionen (Übernahme öffentlicher Funktionen);
- Infragestellung des Primats rein sachwirtschaftlicher Erwägungen und strategischer Rationalitätsmaßstäbe;
- Zunahme öffentlicher Einflussfaktoren in den Managemententscheidungen;
- die neue Doppelrolle des Managers (wirtschaftlich und gesellschaftlich orientiert);
- veränderte Legitimationsmaßstäbe des Managerhandelns.

Vor allem öffentliche Forderungen spielen mehr und mehr in die innerbetrieblichen Entscheidungsstrukturen hinein. Die Entscheidungsparameter des Managers werden zunehmend von der Geltung öffentlicher Interessen geprägt. Das ehedem private Unternehmertum erhält zusehends einen öffentlichen Charakter. Dies trifft insbesondere für Konzerne und große Aktiengesellschaften zu. Investitionsentscheidungen fallen zusehends in Form von Interessenkompromissen, die über die Schranken privater Eigentümerinteressen hinausgehen. In dem Maße aber, in dem sich das Aushandeln der Kompromisse in den Verkehrskreis der Öffentlichkeit verschiebt, büßen Unternehmer und Manager zugleich ihre aus dem Eigentum abgeleitete uneingeschränkte Verwertungs- und Verfügungsbefugnis ein. Die innerbetrieblichen Entscheidungsstrukturen werden heute vielfach durch öffentliche Einflüsse überlagert. Die klassische Abgrenzung zwischen Wirtschaft und Gesellschaft löst sich auf.

Praxisbeispiel Organisationsstruktur:

Sichtbarer Ausdruck des Strukturwandels im Management sind Änderungen im Organisationsaufbau. In den Organisationsplänen von Unternehmen tauchen Funktionen auf wie Director of Urban Affairs, Environmental Affairs, Minority Relations, Community Relations. Oder man findet Stabsabteilungen für Sozial- und Umweltpolitik, Komitees und Ausschüsse, die auf die Einbeziehung öffentlicher Interessen in die Entscheidungsverfahren des Managements spezialisiert sind.

Diese Stäbe, zumeist angesiedelt auf der obersten hierarchischen Ebene eines Unternehmens, haben die Aufgabe, den Druck gesellschaftlicher Interessen mit betrieblichen Erfordernissen zu koordinieren. Sie befassen sich mit öffentlichen Themen, die für die grundsätzlichen Planungs- und Strategieprogramme des Managements eine Rolle spielen könnten. Dabei werden gesellschaftliche Entwicklungstrends analysiert, soziale, politische und kulturelle Daten aufbereitet, zu Programmen verdichtet und in ihrer Bedeutung für die unternehmenspolitische Zielsetzung interpretiert.

12.4.1   Die Sozialbilanz

Ein charakteristisches Merkmal des Strukturwandels des Managements sind die sogenannten sozialen Erfolgs- und Bestandsrechnungen (die *Social Balance Sheets* oder *Social Income Statements*).[15] Sie bilden den äußeren Rahmen für die Erhebung und systematische Erfassung von Daten über die gesellschaftlichen Auswirkungen der regelmäßigen Unternehmenstätigkeit. Die Daten werden in einer „Sozialbilanz" oder anderen Aufzeichnungsformen zusammengestellt, die anders als die klassische finanzwirtschaftliche Bilanz als Konto von Forderungen und Verpflichtungen gegenüber der Gesellschaft aufgefasst wird. Die Sozialbilanz enthält die sozialen und öffentlichen Leistungen wie auch die sozialen und öffentlichen Kosten, die ein Unternehmen verursacht. Im Einzelnen werden die sozialen Nutzen wie beispielsweise Verbesserung der Umwelt, neu geschaffene Arbeitsplätze, Einstellung Benachteiligter, Humanisierung von Arbeitsplätzen, Förderung von Wissenschaft und Kunst den sozialen Kosten gegenübergestellt wie beanspruchten Staatsleistungen, beanspruchten kommunalen Diensten, Umweltschädigungen oder Infrastruktur-Nutzungen.

Praxisbeispiel Geschäftsberichte:

Die Geschäftsberichte der deutschen Aktiengesellschaften, die den DAX-Index repräsentieren, belegen den allmählichen Anpassungsprozess der Unternehmen an ihre erweiterte gesellschaftspolitische Zuständigkeit. Verstärkt nehmen sie öffentliche Themen, öffentliche Ansprüche und gesellschaftliche Entwicklungen in ihrem Rechenschaftsbericht auf. Von 1976 bis 2006 hat sich der Anteil gesellschaftsbezogener Themen im Rahmen der finanztechnischen Aufstellung erheblich ausgeweitet. Ihnen wird inzwischen quantitativ und qualitativ eine deutlich prominentere Stellung eingeräumt als noch vor 30 Jahren.

---

[15]   Eine gute Übersicht zum Thema des Sozialkapitals gibt das Werk von Robert D. Putnam (2001).

Offenbar hat der notwendige Dialog der Unternehmen mit der Öffentlichkeit zu einer Zäsur des traditionellen Leitbildes eines rein finanztechnisch geprägten Geschäftsberichts geführt. Die jüngsten Geschäftsberichte bedienen sich eines erweiterten Themenspektrums, das auf eine sehr viel stärkere Sensibilisierung gegenüber gesellschaftspolitischen Fragen schließen lässt. Darüber hinaus veröffentlicht eine laufend weiter steigende Zahl von Unternehmen in Ergänzung zum normalen Geschäftsbericht regelmäßig sogenannte Umweltberichte und Corporate Responsibility-Berichte, um ihre gesellschaftliche Verantwortung zu dokumentieren.

Im Konzept der Sozialbilanz oder der Sozialberichterstattung wird die öffentliche Dimension unternehmerischer Entscheidungsparameter ausdrücklich festgeschrieben. Die Berichterstattung über die gesellschaftliche Verantwortung ist Ausdruck eingegangener gesellschaftlicher Verpflichtungen des Managements.

12.4.2   Der Rollen- und Funktionswandel des Managers

Nicht nur die Rolle des Managers, auch seine Aufgaben sind im Wandel begriffen. Die Logik des Gewinnprinzips, das heißt die Prämierung des Eigentums, ist nach wie vor das zentrale Handlungsmotiv der Manager; aber eben nicht mehr uneingeschränkt. Wo die Mechanismen des wirtschaftlichen Erfolgsdenkens nicht mehr ausreichen, die in die Gesellschaft hineinreichenden Konsequenzen der Unternehmensprozesse aufzufangen, wird im Gegenzug den Managern die Zuständigkeit für gesellschaftliche Funktionen zugemutet.

Statt von einer Nur-Zuständigkeit für bloß wirtschaftliche Aufgaben kann man heute von einer Mehr-Zuständigkeit der Manager für wirtschaftliche und gesellschaftliche Funktionen sprechen. Das für die Marktwirtschaft typische Merkmal der Manager- und Unternehmersouveränität unterliegt einem Wandel. Enthielt der traditionelle Begriff der Unternehmersouveränität noch eine Art Blankovollmacht für den absoluten Vorrang wirtschaftlicher Effizienzkriterien und damit zugleich eine Freistellung von gesellschaftlicher Verantwortung, formt der neue Souveränitätsbegriff die Rolle des Managers um: Ihm wird jetzt auch eine Art Generalzuständigkeit für die Übernahme gesellschaftlicher Aufgaben zugemutet. Nach eigener Einschätzung beschäftigen sich die Manager der 100 größten deutschen Unternehmen bereits zu etwa einem Drittel ihrer Arbeitszeit mit sozialen, kulturellen, öffentlichen oder Umweltproblemen (vgl. Buß 2007, S. 209ff.). Verglichen mit dem historischen Typus des privaten Unternehmers ist die moderne Managerrolle privat und öffentlich zugleich: darin liegt ihre Doppelnatur.

Eine Vorstellung von der möglichen Vielfalt gesellschaftsbezogener und öffentlicher Managementfunktionen vermittelt eine Liste, die vom Committee for Economic Development (CED) in Washington (USA) zusammengestellt wurde[16]:

---

[16]   Das CED in Washington ist eine unabhängige Non-profit-Denkfabrik, deren Mitglieder aus ca. 200 führenden Managern von Unternehmen und Universitäten besteht. Das Ziel des CED ist es, zentrale Themen des langfristigen wirtschaftlichen Wachstums zu erörtern, ihre Implikationen zu erforschen und entsprechende Empfehlungen für alle Felder der Politik und Wirtschaft abzuleiten (vgl. www.ced.org).

Ausbildung
- Gewährung direkter finanzieller Hilfe an Schulen, einschließlich Stipendien, Subventionen und Studienbeihilfen
- Zuwendungen zur Erhöhung von Schulbudgets
- Zur-Verfügung-Stellen von Ausrüstung und Fachkräften
- Unterstützung bei der Entwicklung von Studienprogrammen
- Beratung und Hilfe bei sonderschulähnlichen Ausbildungsprogrammen
- Einrichtung neuer Schulen, Finanzierung von bestehenden Schulen und Schulsystemen
- Unterstützung und Finanzierung von Colleges und Universitäten

Beschäftigung und Weiterbildung
- Aktive Anwerbung von Unterprivilegierten
- Spezifische Weiterbildung, sonderschulähnliche Ausbildung und Beratung
- Einrichtung von Tagesstätten für Kinder von berufstätigen Müttern
- Umschulung von arbeitslos gewordenen Arbeitern
- Aufstellung von Unternehmensprogrammen zur Beseitigung von Alters- und Krankheitsrisiken
- Soweit erforderlich und sinnvoll, zusätzliche Unterstützung von staatlichen Unfall-, Arbeitslosen-, Gesundheits- und Rentensystemen

Bürgerrechte und Gleichheitsprinzip
- Gewährleistung von Beschäftigungs- und Aufstiegsmöglichkeiten für Minderheitsgruppen
- Erzielung gleichwertiger Leistungen durch fortlaufende Weiterbildung und andere Spezialprogramme für Minderheitengruppen
- Finanzierung und organisatorische Unterstützung der Aktivitäten von Minderheitsgruppen und Teilnahme an gemeinsamen Unternehmungen mit Minderheitsgruppen

Stadtsanierung und -entwicklung
- Leitung und Finanzierung von Projekten der Stadt- und Regionalplanung und -entwicklung
- Errichtung oder Verbesserung von Sozialwohnungen
- Verbesserung der städtischen Infrastruktur
- Verbesserung der Verkehrssysteme

Umweltschutz
- Bau neuer Anlagen zur Minimierung von Umweltbelastungen
- Forschung und technologische Entwicklung in allen Fragen des Umweltschutzes
- Zusammenarbeit mit Stadtverwaltungen bei gemeinsamen Umweltschutzvorkehrungen
- Zusammenarbeit mit lokalen, regionalen, Landes- und Bundesstellen bei der Entwicklung besserer Verfahren für den Umweltschutz
- Entwicklung wirksamer Programme für das Recycling und die Weiterverwendung von Abfallstoffen

Landschaftsschutz und Freizeit
- Vermehrung sich erneuernder Naturschätze, z. B. Bäume, durch produktivere Arten
- Erhaltung der Tierwelt und der Ökologie von Wäldern und vergleichbaren Gebieten

- Schaffung von Erholungseinrichtungen für die Öffentlichkeit
- Wiederherstellung von durch Tagebau zerstörter Landschaft
- Verbesserung des Ertrages und Rückführung von seltenen Materialien zur Konservierung des Vorrates

Kunst und Kultur
- Direkte finanzielle Unterstützung von Kunsteinrichtungen und Künstlern
- Indirekte Unterstützung durch Geschenke, Förderung künstlerischer Talente und Werbung
- Beratung bei Rechts-, Personal- und Finanzfragen durch Teilnahme an Ausschüssen
- Beschaffung öffentlicher Mittel oder Bereitstellung eigener Mittel für lokale und bundesstaatliche Kunstprojekte

Regierung
- Mitwirkung an der Steigerung der Leistungsfähigkeit der Führungskräfte auf allen Regierungsebenen
- Unterstützung leistungsgerechter Vergütungssysteme und Weiterbildungsprogramme für Beamte und Angestellte der Regierung
- Mitarbeit bei der Modernisierung der Regierungs- und Verwaltungsstruktur
- Hilfe bei der Reorganisation der staatlichen Verwaltung zur Verbesserung ihrer Reaktions- und Leistungsfähigkeit
- Aufstellen von Programmen zur Steigerung der Leistungsfähigkeit der Verwaltungsbeamten
- Förderung von Reformen im öffentlichen Wohlfahrtssystem bei der Rechtspflege und bei anderen wichtigen Maßnahmen der Regierung

Wenn auch viele Punkte eher programmatischen Charakter haben, illustrieren sie doch das vergleichsweise deutlich erweiterte Spektrum gesellschaftlicher Funktionen auf den Führungsetagen der Wirtschaft. Den Managern stellen sich eine Reihe von Anforderungen, die man mit der Formel *„komplementär-öffentliche Funktionen"* bezeichnen könnte. Es sind ihnen Aufgaben zugewachsen, die sich teilweise mit den Tätigkeiten der öffentlichen Hand zu kreuzen scheinen. Neben die öffentlichen Funktionen des Staates treten ebenso öffentliche Funktionen der Unternehmen; und in dem Maße, in dem die öffentlichen Aufgaben wachsen, scheint sich auch der komplementär-öffentliche Sektor der Managementzuständigkeiten auszudehnen. Die Manager übernehmen neben ihren klassischen ökonomischen Aufgaben eine Art *Komplementärrolle zur öffentlichen Hand.*

Inzwischen hat sich dieses Komplementärverhältnis von Staat und Wirtschaft gefestigt. Es lässt sich besonders anschaulich an den Bereichen der Bildungs-, Kommunal- und Sozialpolitik verdeutlichen:

- Die Großunternehmen sind zu „Treuhändern der Erziehung und Bildung" (Whyte) geworden. Sie gewähren nicht nur Stipendien und Studienbeihilfen, sie unterstützen nicht nur die Errichtung neuer Forschungsstätten an Universitäten, sondern erfüllen selbst umfangreiche Bildungsaufgaben, entwickeln Programme zur Fortbildung und Umschulung ihrer Mitarbeiter, gründen selbst Unternehmens-Universitäten und stellen Ausrüstung und Fachkräfte öffentlichen Bildungseinrichtungen zur Verfügung. Die Unternehmen gelten heute als „vierte gesellschaftliche Bildungsebene".

- Zu den kommunalen Funktionen des Managements zählen beispielsweise Aufgaben wie die Schaffung von Erholungs- und Sporteinrichtungen für die Öffentlichkeit sowie die Beteiligung an der Finanzierung von Projekten der Stadtentwicklung und des Verkehrswesens.

- Quasi-öffentliche Funktionen, die unter dem Begriff der Sozialpolitik zusammenzufassen sind, beziehen sich auf medizinische Aufgaben (Werksarzt), Errichtung von Kindergärten und -tagesstätten für berufstätige Mütter, eigene ergänzende Programme der Altersversorgung, der Vermögensbildung, der Sozialberatung, der Wohnungshilfe und der Hilfe in Notlagen.

Die Fülle quasi-öffentlicher, nicht-ökonomischer Managerfunktionen berührt das grundsätzliche Verhältnis von Staat und Unternehmen. Traditionell sozialstaatliche Funktionen werden als Folge einer Kompetenzteilung zwischen Staat und Wirtschaft auch von den Unternehmen wahrgenommen. Es scheint, als gehen Staat und Unternehmen in bestimmten Fällen ein informelles Bündnis ein: In dem Maße, in dem die Manager öffentliche Funktionen wahrnehmen, sichert der Staat quasi im Sinn einer kompensatorischen Gegenleistung bis zu einem gewissen Grad den Bestand des Unternehmens durch Subventionen ab. Dies zeigt sich vor allem am Einfluss der öffentlichen Hand in Sanierungsfällen oder bei der Verlagerung von Unternehmensteilen ins Ausland. Die Selbstverantwortung des Managements erfährt bis zu einem gewissen Grad eine Art öffentlicher Rückversicherung. Das Komplementärverhältnis von Staat und Unternehmen bindet beide. Darin liegt der Struktur- und Rollenwandel des Managements.

12.4.3 Das neue Rationalitätsverständnis des Managements

Das Spannungsfeld zwischen Unternehmen und Öffentlichkeit hat auch die den betriebswirtschaftlichen Entscheidungsparametern zugrunde liegenden Rationalitätsformen erfasst. Herrschte in der Vergangenheit vorwiegend die strategische Ergebnisrationalität, so zeichnet sich heute ein teilweise widerspruchsvolles Nebeneinander von *strategischer* und *kommunikativer Rationalität* (Habermas) ab.

Unter strategischer Rationalität versteht man die reine Zweck-Mittel-Rationalität; es ist die Rationalität, die alle wirtschaftlichen Entscheidungen des Managements dem Prinzip der Nutzenmaximierung oder Kostenminimierung unterwirft. Die Zustimmung zu ihr beruht auf dem betriebswirtschaftlichen Erfolg und den positiven Leistungen, die mit ihr in den Vorstellungen der Bevölkerung verknüpft werden. Die strategische Rationalität gewährleistet technologischen Fortschritt und hohen materiellen Lebensstandard. Dies sind soziale Güter, die hoch geschätzt werden und deren Sicherstellung man offenbar strategisch handelnden Managern am ehesten zutraut.

12.4.3.1 Das kommunikative Rationalitätsverständnis des Managements

Durch den Druck der Öffentlichkeit nach Übernahme von gesellschaftlicher Verantwortung sind neben die strategischen Rationalitätsmaßstäbe sogenannte kommunikative (verständigungsorientierte) Rationalitätsmuster getreten. Kommunikative Rationalität bedeutet: Entscheidungen und Handeln sind nur dann rational, wenn und soweit sie der Verständigung dienen. Die Entscheidungsparameter des Managements sind heute gekennzeichnet durch parallel laufende Prozesse strategischer Nutzenkriterien und sozialer Verständigung. Neben kommerziellen Handlungskriterien entwickeln sich solche des Konsens oder des Dialogs mit öffentlichen Stakeholdern, neben Maßstäben der Effizienz und des Nutzens gewinnen solche der Verbundenheit von Unternehmen und ihren öffentlichen Anspruchsgruppen an Bedeutung. Zwar dominieren nach wie vor im Management Entscheidungsparameter, die auf eine strategische Rationalitätssteigerung gerichtet sind, aber es wächst der Einfluss der Kräfte, die auf einen Kompromiss zwischen den auseinander strebenden strategischen und kommunikativen Mustern drängen.

Die Verankerung der *kommunikativen Denkweise* im Selbstverständnis der Manager bedeutet, dass die Unternehmensprozesse ihre Maßstäbe auch in einem weiter gefassten öffentlichen Bezugsrahmen finden. Zielt die strategische Rationalität noch auf die umstandslose Verwirklichung klar definierter Zweck-Mittel-Entscheidungen, so formt die kommunikative Rationalität diese Entscheidungen im gleichen Zug wieder um, und zwar im Sinne der Rücksichtnahme auf gesellschaftliche Strömungen, auf moralische, kulturelle oder soziale Orientierungen. Die kommunikative Rationalität schleift in gewisser Weise die nach allgemeiner Überzeugung als bedenklich angesehenen Erscheinungsformen der strategisch-betriebswirtschaftlichen Rationalität wieder ab.

Indizien für die neue Entwicklung sind die stärkere Beachtung von allen Fragen der Partizipation, Mitbestimmung, Sozialpartnerschaft oder die informellen Koalitionen von Unternehmen mit NGOs. Sie machen deutlich, in welchem Umfang bereits ursächlich betriebswirtschaftliche Entscheidungen über die Schranken strategischen Denkens hinausreichen. Dabei ist weniger die im Einzelnen auf die so genannten „social values" und „personal rights" abgestimmte unternehmerische Entscheidung als vielmehr gerade ihr Kompromisscharakter bezeichnend für die Wirkung des neuen Rationalitätsmusters im Management.

12.4.3.2 Fallstudie: Starbucks

Die amerikanische Kaffeehauskette Starbucks versteht sich als guter Nachbar. Das gilt vor allem für die Bauern, die den Kaffee produzieren. Denn das Unternehmen zahlt für seine Bohnen deutlich mehr, als am Weltmarkt nötig wäre. Angesichts dieser Firmenphilosophie passt es nicht, wenn sich äthiopische Kaffeebauern oder westliche Lobbyverbände darüber beschweren, der internationale Großfilialist gehe mit den Bauern nicht anständig um. Er verwehre ihnen gar den Schutz ihrer Markenzeichen, um selbst möglichst viel Geld mit den braunen Bohnen zu verdienen. Die Anschuldigungen stießen im Frühjahr 2007 auf ein großes Echo. Unter anderem veranstalteten Aktivisten der Nichtregierungsorganisation Oxfam vor der Starbucks-Zentrale in Seattle einen Aktionstag. Die Demonstranten filmten Interviews mit Passanten, die sich über Starbucks und seine Preispolitik empörten. Auf der Internetplattform Youtube stieß das Video, das an diesem Tag entstand, auf großes Interesse. Das war unangenehm für Starbucks, schließlich gehört die Internetgeneration, die in den Filialen drahtlos im Datennetz surfen kann, zum wichtigsten Kundenkreis (vgl. Knop 2007, S. 24).

Auf diese Demonstrationen antwortete Starbucks mit einer Strategie, die zeigte, wie wirksam das Kraftfeld der Öffentlichkeit für das verantwortliche Management sein kann. Schon im Sommer wurde mit Äthiopien im ersten Schritt ein Abkommen geschlossen, das drei äthiopische Spezialkaffeesorten als Handelsmarken anerkannt hat. Zudem wurde ein Lizenz-, Vertriebs- und Marketingvertrag für die hochwertigen äthiopischen Kaffeesorten Sidamo, Harar und Yirgacheffe unterzeichnet. Von Oxfam wurde das Einlenken von Starbucks sogleich als Schritt zu gerechteren Handelsstrukturen begrüßt. Die neuen Markenrechte könnten dazu beitragen, dass sich das Leben von 15 Millionen Äthiopiern, deren Existenz vom Kaffee abhängt, entscheidend verbessert und die Armut gelindert werde, hieß es von Oxfam: „Die äthiopischen Kaffeebauern werden in Zukunft einen gerechteren Anteil am Ertrag ihrer Ernte erhalten. Dadurch werden mehr Kinder die Schule besuchen können, und eine bessere Gesundheitsfürsorge wird zur Verfügung stehen" (vgl. Knop 2007, S. 24).

Mit diesem Rückenwind ist Starbucks-CEO Howard Schultz anschließend nach Afrika gereist, um seinem Unternehmensmotto vom guten Nachbar Nachdruck zu verleihen. Der Besuch in Afrika diene nicht nur dem Unternehmen, er sei ihm auch ein „persönliches Anliegen", sagt Schultz. Die Kaffeebauern waren von seinem Besuch angetan, man begegnete ihm mit großem Respekt. „Weil vermutlich noch nie ein Chef eines größeren westlichen Abnehmers hier war", sagt Schultz. Er kündigt an, dass das Unternehmen im Jahr 2008 in der äthiopischen Hauptstadt ein „Starbucks Farmer Support Center" eröffnen wird, ein weiteres soll es in Ruanda geben. Die erste Einrichtung dieser Art in Afrika soll Starbucks in die Lage versetzen, mit äthiopischen Kaffeefarmern zusammenzuarbeiten, um Qualität und Produktion der Spezialitätenkaffees des Landes zu erhöhen. Zudem verhandelte Starbucks mit einer äthiopischen Bekleidungsfabrik, um dort die schwarzen Starbucks-Schürzen herzustellen, die von etwa 27.000 Kaffeemeistern getragen werden. Die Nachbarschafts-Atmosphäre soll dadurch gestärkt werden (vgl. Knop 2007, S. 24).

Aufgabe:

Versuchen Sie alle Aspekte herauszuarbeiten, die dem Prinzip der kommunikativen Rationalität entsprechen.

12.4.4   Der Legitimationswandel des Managements

Mit dem Rationalitätswandel von Managemententscheidungen ist ein Legitimationswandel verbunden. Hinter der dauerhaften Wertschätzung von Wohlstand und Freiheitsrechten haben sich grundlegende gesellschaftliche Veränderungen vollzogen, nicht nur Veränderungen in den wirtschaftlichen und sozialen Verhältnissen, sondern auch Veränderungen in der Vorstellung der Bevölkerung. Man setzt inzwischen andere Prioritäten, folgt neuen Wertorientierungen. Sie berühren auch die Anerkennung der Handlungsgrundlagen des Managements.

Veränderte Legitimationsmaßstäbe hat vor allem der öffentliche Charakter der Managerrolle hervorgerufen. Die öffentliche Rolle des Unternehmers und die sich abzeichnende Verschränkung von Unternehmen und Öffentlichkeit üben Rückwirkungen auf das Mehrheitsbild der Bevölkerung von einer „legitimen Rahmenordnung des Managements" (Corporate Governance) aus. In das Bild vom „guten" Management fließen in zunehmendem Maße Vorstellungen über öffentliche Tugenden der Manager ein. Plädierte man früher für einen primär betriebswirtschaftlichen Auftrag der Unternehmen (Bereitstellung von Gütern und Arbeitsplätzen), so votiert man heute darüber hinaus für ein Öffentlichkeitsmandat und ein moralisches Mandat der Manager.

Immer deutlicher zeichnet sich ab, dass Misserfolge beispielsweise in Umweltanstrengungen, im Erhalt von Arbeitsplätzen, sowie moralisches Fehlverhalten die Anzeichen beginnender Legitimationskrisen sein können. Gleichgültigkeit der Manager gegenüber öffentlichen Problemen und gegenüber Fragen der moralischen Integrität wird als unberechtigt angesehen. Erst der Kompromiss zwischen öffentlichen und betriebswirtschaftlichen Notwendigkeiten legitimiert heute das Verhalten des Managements in der Öffentlichkeit.

Im Grunde ist diese Entwicklung durch zwei konkurrierende Tendenzen geprägt: Zum einen müssen sich die Manager mehr und mehr an öffentlichen Maßstäben, das heißt an ihrem Öffentlichkeitsmandat orientieren, liegt ihm doch die erweiterte Legitimationsbasis zugrunde; zum anderen müssen sie nach wie vor der schrittweisen Verbesserung des materiellen Lebensstandards Rechnung tragen. Darin liegt die Doppelnatur des neuen Legitimationsprinzips: Es ist „öffentlich" gefärbt einerseits, materiell und leistungsorientiert andererseits.

Diese Entwicklung hat Konsequenzen für die Institutionen der Wirtschaft. Die sich abzeichnende Verbreiterung der Legitimationsgrundlage der Manageridentität festigt die Stabilität der gesamten wirtschaftlichen Ordnung. Dadurch, dass die Wertschätzung des Managements nicht mehr allein auf die Erfüllung bloß wirtschaftlicher Funktionen gerichtet ist, sondern auch auf der Berücksichtigung öffentlicher Ansprüche gründet, ist die moderne Wirtschaftsordnung gegenüber zyklisch auftretenden konjunkturellen Krisen in ihrem Bestand immer weniger gefährdet. Die Öffentlichkeit „erträgt" es, wenn Defizite (Arbeitslosigkeit), Konflikte (über Arbeitszeit) und Krisen (Wachstum, Versorgung) auftreten. Die Wertschätzung ihrer Ordnung ist heute tendenziell auch über die gesellschaftlichen Leistungen des Managements abgesichert. Treten ökonomische Probleme auf, steht damit nicht zugleich die generelle Legitimation der ganzen Wirtschaftsordnung auf dem Spiel. Andererseits: vernachlässigen die Manager ihre gesellschaftliche Verantwortung oder setzen sie im Einzelfall moralische Maßstäbe außer Kraft, geraten nicht nur sie selbst in ernste Legitimationsnöte, sondern auch die marktwirtschaftliche Ordnung als solche.

Fazit:

Soweit und insofern Manager immer wieder öffentliche Themen in ihre Entscheidungsprozesse einbauen, erarbeiten sie sich ein breiteres Verständnis und einen größeren öffentlichen Konsens. Dadurch sichern sie ihre Legitimation ab.

12.5   Ein schwieriges Verhältnis: Manager und Demokratie

Top-Manager in Deutschland nehmen eine unangefochtene Schlüsselposition im Machtdreieck von Politik, Wirtschaft und Gesellschaft ein. Von ihren Entscheidungen hängt die Entwicklung des ganzen Landes ab. Nicht, als läge die Verantwortung für die wirtschaftliche Zukunft allein bei ihnen, sie teilen sie mit anderen Institutionen. Doch letztlich kommt ihrer Entscheidungsmacht eine strategische Bedeutung zu. Ihre Beschlüsse formieren sich zu Weichenstellungen über die Prosperität der Gesellschaft, über Wachstum und Wettbewerbsfähigkeit, über Chancen des Sozialstaates und vor allem der Demokratie. Die Frage nach dem ‚demokratischen Mandat' der Manager zielt auf das im weitesten Sinne politische Verhalten der heutigen Spitzenmanager.

12.5.1   Die politische Haltung der Top-Manager

Es fällt auf, dass derzeit kaum einer der deutschen Topmanager ein besonderes Verantwortungsgefühl gegenüber demokratischen Institutionen der Politik äußert. Nur eine verschwindend geringe Minderheit von 5 Prozent der Spitzenmanager engagiert sich politisch. Die

Identität von Spitzenmanagern speist sich nicht aus dem Anspruch, demokratische Prozesse aktiv mitzugestalten.[17]

Bereits vor dem ersten Weltkrieg hat Max Weber eine ähnliche Beobachtung gemacht. Dem Unternehmer, so sein Fazit, fehle die Zeit für die Politik. Es sei für ihn sehr schwer, sich auch nur zeitweilig vertreten zu lassen, und dies umso weniger, je hervorragender er ist. An dieser Einschätzung hat sich in den vergangenen hundert Jahren offenbar nichts geändert. Die deutschen Spitzenmanager sind keine Männer des öffentlichen Lebens. Dies machen mehrere exemplarische Kommentare deutlich.

Stellungnahmen von Top-Managern:

> *„Ich glaube, das politische Engagement ist in der Wirtschaft sehr beschränkt. Freiraum für Politik lässt der Beruf nicht zu. Vielleicht würde ich die eine oder andere politische Aufgabe übernehmen; ich muß aber sagen, ich bin sehr negativ berührt von dem, was dort passiert, wie dort gespielt wird, wie Machenschaften oder Seilschaften, die es natürlich auch in der Wirtschaft gibt, genutzt werden und das Engagement eigentlich weniger dem dient, was der Auftrag der Wähler ist. Mein Auftrag ist, den Mitarbeitern und Aktionären zu dienen, und dies geschieht im Unternehmen mit klareren, saubereren und auch erfolgsorientierteren Spielregeln als in der Politik. Deshalb würde ich wahrscheinlich keine politische Aufgabe übernehmen wollen."*

> *„Ich empfinde die Politik als ziemlich hermetisch abgeschlossen. Sie folgt ihren eigenen Gesetzen und ist nicht das Produkt eines gesellschaftlichen Dialogs, sondern in hohem Maße das Ergebnis einer Eigengesetzlichkeit. Insofern würde ich den Einfluss der Unternehmen auf die Politik gering einschätzen, mit Ausnahme des professionellen Lobbyings interessanterweise."*

> *„Wir haben gerade in Deutschland eine sehr unglückliche Trennungsstruktur zwischen Wirtschaft und Politik. Das ist auch unter demokratischen Vorzeichen riskant. Da sind in der Tat viele Kontakte und Berührungen, die wie Schiffe in der Nacht aneinander vorbeifahren. Es hängt halt damit zusammen, daß wir Strukturen in Deutschland geschaffen haben, wo Unternehmer im Prinzip nie in die Politik gehen und Leute aus der Politik nie den Weg an die Unternehmensspitze. Und die Konsequenz daraus ist: wir haben Verständnisprobleme, Kommunikationsprobleme, Interessenskonflikte allergrößter Ordnung (...)."*

Die politische Enthaltsamkeit der deutschen Spitzenmanager ist folgenreich. Ihre Voten und ihr Engagement, die Interventionen der von ihnen beauftragten Verbände, die Tätigkeiten ihrer politischen Vertrauensleute in den Parteien, sowie weitere Instrumente und Verfahren, durch die sie auf die demokratische Willensbildung der politischen Gremien Einfluss nehmen können, machen sie zu einer demokratischen Steuerungsinstanz ersten Ranges. Auf der anderen Seite sehen sich die Topmanager als eine Gruppe, die bewusst nicht als öffentlicher Akteur auf die politische Bühne tritt, sondern sich primär dem Unternehmensinteresse verpflichtet fühlt. Evident ist, dass die die Spitzenmanager auf einen Demokratiebegriff fokussiert sind, der die innere Kausalität von wirtschaftlichem Erfolg und öffentlicher Demokratie ausblendet.

---

[17] Diesem Abschnitt liegt die Untersuchung von Buß, Eugen: Die deutschen Spitzenmanager. Wie sie wurden, was sie sind, München 2007, S. 219 ff zugrunde.

Etwa die Hälfte der deutschen Top-Manager ist sich durchaus bewusst, kraft ihrer Position politischen Einfluss ausüben zu können. Sie sind der Auffassung, mehr Einflusschancen zu haben, als sie tatsächlich wahrnehmen. Ihnen ist auch klar, dass sie sich nicht damit begnügen dürfen, hauptsächlich unternehmerisch tätig zu sein. Nur werden nicht die entsprechenden Schlussfolgerungen gezogen.

Mit dieser Haltung einer partiellen politischen Abstinenz werden die Unternehmensvorstände ihrer Verantwortung gegenüber der demokratischen Ordnung in Deutschland nicht gerecht. Managementfunktionen stehen nicht in einem luftleeren Raum. Die Manager leben von der Demokratie, aber die Demokratie lebt auch von ihnen. Sie haben allen Grund, dieses Bündnis zu festigen. Dies würde ihnen eine politische Legitimation verschaffen, man kann auch sagen, eine moralische Legitimation. Sie ist auf Dauer ebenso wichtig wie die Legitimation durch wirtschaftliche Erfolge.

Stellungnahmen von Top-Managern:

> *„Diese ganzen Kompromissprozesse, die heute die Demokratie erfordert, sind nicht meine Welt. Wenn Sie Unternehmer sind, dann versuchen Sie klare Wege zu gehen und klare Entscheidungen zu treffen. Und das müßte ich politisch auch machen können. Aber das würde bedeuten, dass einem das als Autorität und zu wenig Demokratieverständnis ausgelegt wird. Ich hätte auch keine Lust und keine Zeit, mich diesen endlosen Diskussionsrunden zu stellen."*

> *„Politik und Wirtschaft haben über lange, lange Jahre ihre Kontaktmöglichkeiten nicht genutzt und allenfalls als Lobby fungiert, mit dem klaren Ziel, hier muß ich vorstellig werden, weil ich das so nicht ertragen kann und das geändert werden muß."*

> *„Der Einfluss ist natürlich bei einem so großen Unternehmen wie unserem sehr hoch. Sie müssen sich der Verantwortung für die Arbeitsplätze vollkommen klar sein. Diese Verantwortung hat man. Damit hat man automatisch auch auf die Politik Einfluss, und zwar ganz enorm. Man kann daher schon sagen, ihr müsst euch überlegen, ob ihr uns unterstützt. Man hat auch eine Marktmacht auf die Politik."*

> *„Es ist schon so, dass man, wenn man in einer Verantwortung ist, in der ich bin, bei den Politikern gerne gehört wird als Katalysator oder auch als Meinungsbringer. Ich glaube aber kaum, dass wir als Wirtschaftsführer einen großen Einfluss auf die Sachentscheidungen in der Politik haben. Wir können höchstens eine „katalysatorisch" wirkende Meinung einbringen."*

Das Kernproblem ist gegenwärtig, dass sich der Großteil der Manager nicht in einer öffentlichen Rolle sieht. Sie haben andere Funktionseliten wie etwa die Medien neben sich, die ihr stärker und einflussreicher erscheinen. In der Regel neigen die Manager sogar zur Deutung, auch sie seien nur ein Objekt der Verhältnisse. Daran ist nur richtig, dass auch die mächtigsten Unternehmensleiter in Deutschland genötigt sind, sich den von der Politik gesetzten Imperativen zu fügen. Aber innerhalb dieses Rahmens sind die Manager frei, die ihnen zusagenden politischen, rechtlichen und auch geistigen Tendenzen weitaus wirkungsvoller zu fördern, als sie es derzeit praktizieren und vor allem sehr viel mehr, als es der durchschnittliche Staatsbürger vermag.

Fazit:

Prinzipien der demokratischen Partizipation werden von der großen Mehrheit der Manager nicht verfolgt. Sie nutzen nicht die Spielräume, die die Strukturen der pluralistischen Gesellschaft ihnen ermöglichen. Damit blenden sie ihre Verantwortung für eine politisch aktive Rolle weitgehend aus. Der demokratische Generalanspruch unserer Zeit nach vitaler Einmischung wird zumindest in diesem Punkt von einer gewissen ‚Selbstgenügsamkeit' des Großteils aller Manager unterlaufen, mit der Folge. Dass die Legitimationsnöte der Manager in Zukunft möglicherweise steigen.

12.5.2   Das Konzept von Helge Pross

Kernstück der soziologischen Arbeiten von Helge Pross (1927–1984) ist ihre Auseinandersetzung mit dem Verhältnis zwischen Managern und Demokratie. Sie will klären, welche Rolle a) die Industrialisierung, b) der Kapitalismus und c) vor allem die leitenden Manager für die Stabilität demokratisch verfasster Sozialstrukturen spielen. Oder konkreter: Was bedeuten die modernen Managementtechniken, die Steigerung der Produktivität und die Rationalität aller betrieblichen Prozeduren für die Demokratie? Und weiter: was bedeuten die eng mit der Industrialisierung der modernen Industriegesellschaft verbundenen Entwicklungen wie Bürokratisierung, Steigerung des materiellen Wohlstands und Konsums für die Ausbildung einer demokratischen Mentalität?

Zur Person:

Helge Pross (1927–1984) gehört zu den wenigen auch international hoch angesehenen Wissenschaftlern, die die Soziologie einer breiten Öffentlichkeit erschlossen haben. Sie studierte und promovierte in Heidelberg. Nach ihrer Assistentenzeit bei Max Horkheimer und Theodor W. Adorno lehrte sie zunächst an der Universität Gießen und anschließend von 1976–1983 an der Universität-Gesamthochschule Siegen. Sie ist eine der prominentesten Vertreter einer angewandten Aufklärung. Ihre zahlreichen Forschungsschwerpunkte zu Strukturproblemen in Deutschland lassen sich unter die alles leitende Fragestellung nach Verwirklichung von Demokratie und Partizipation subsumieren. Mit aufklärerischen journalistischen Beiträgen versuchte sie, Ergebnisse soziologischer Forschung in gesellschaftspolitische Debatten einzubringen.

Ausgehend von der Annahme, dass die technischen Entwicklungen der modernen Industriegesellschaft nahezu die gesamte persönliche Existenz der Menschen beherrschen, folgert Pross, dass sie nicht ohne Einfluss auf soziale Strukturen bleiben. Der Begriff der industriellen Gesellschaft bezieht sich daher nicht nur auf bestimmte technische Verfahrensweisen in Produktion, Verwaltung und Bürokratie, sondern auch auf Ordnungen und Muster des Zusammenlebens.[18]

Das Wechselverhältnis zwischen moderner Industrialisierung und sozialer Ordnung fasst Pross in einer ambivalenten These zusammen: ohne Industrie ist eine Demokratie nicht möglich, aber die Industrie und die vom Management praktizierten Strategien sind zugleich eine

---

[18]   Dem folgenden Abschnitt liegen Pross 1971, Pross 1973 und Theis 1989 zugrunde.

die Demokratie behindernde Kraft. Oder anders formuliert: zwar liegt das Fundament der Demokratie in spezifischen Formen der modernen Industrialisierung, aber ihre Technologien und Verfahrensweisen bilden allein noch keine Bedingung für die dauerhafte Festigung einer Demokratie.

Die positiven Einflüsse des Managements der Unternehmen auf die Entwicklung demokratischer Strukturen in modernen Gesellschaften lassen sich wie folgt zusammenfassen:

1. Die von Managern forcierte industrielle Technik hat durch Massenproduktion und Massenkonsum zur Steigerung des kollektiven Wohlstands geführt. Dadurch förderten sie die Herstellung der für die Demokratie charakteristischen Gleichheit der formalen Rechte aller und die Gleichheit der Chancen zur Teilhabe am materiellen Wohlstand. Darüber hinaus hat der materielle Wohlstand zur Auflösung traditioneller Abhängigkeiten und Immobilitäten beigetragen, gerade eine Grundvoraussetzung selbstbestimmten politischen Handelns.

2. Mit der vom Management geförderten Durchsetzung des individualistischen Leistungsprinzips als Mechanismus für die Zuweisung sozialer Positionen fiel eine entscheidende Barriere gegen die Demokratie. Die Struktur moderner Unternehmen hat die Chance für eine höhere vertikale Mobilität (Auf- und Abstiegsmobilität) deutlich erweitert.

3. Auch die von Managern forcierte technologische Entwicklung und die damit verbundenen höheren Kompetenzansprüche haben als Wegbereiterin der Demokratie fungiert. Indem die Technologie die Anforderungen an berufliche Qualifikationen ständig steigerte, erhöhte sich auch kontinuierlich das allgemeine Bildungsniveau. Die von hoch entwickelten industriellen Infrastrukturen vorausgesetzte und geförderte Bildungsbreite ist eine konstitutive Grundlage für kritisch-lebendige demokratische Auseinandersetzungen.

4. Die moderne industrielle Entwicklung hat politische Grundeinstellungen verändert. Pross vermutet einen Zusammenhang zwischen Industrialisierung und politischer Mentalität darin, dass die moderne Technik die Hochschätzung individualistischer Ansprüche generell gestärkt und damit eine Mentalität des selbstverständlichen Anspruchs auf Teilhabe am materiellen Wohlstand durchgesetzt hat. Die Ablösung einer Art passiven „Hinnahme-Mentalität" durch eine neuartige Forderungsmentalität stellt eine weitere Leistung der Industrialisierung im Sinne der Herstellung demokratischer Strukturen dar. Denn demokratische Dialog funktioniert nur unter denjenigen, denen aktive Teilhabe am gesellschaftlichen Leben ein selbstverständlicher Anspruch ist.

5. Die Entwicklung zur modernen Industriegesellschaft hat schließlich mit ihrem technischen Fortschritt einen grundlegenden sozialen Wandel mit sich gebracht. Der Wandel technischer Verfahren bedingt auch den Wandel von Berufsrollen sowie den Wandel der mit ihnen zusammenhängenden Denk- und Sozialstrukturen. Jeder einzelne ist von diesem Wandel berührt, er kann sich den Änderungen nicht entziehen. Die dadurch erzeugte Betroffenheit macht den einzelnen für demokratische Mitspracherechte zumindest empfänglicher. Der vom Management vorangetriebene technische Fortschritt bildet insoweit einen günstigen Nährboden für demokratische Entwicklungen, als er das Engagement des einzelnen direkt provoziert.

Mit diesen fünf Entwicklungen schaffen die Manager unentbehrliche Voraussetzungen für die Festigung einer modernen Demokratie. Aber es sind eben nur Voraussetzungen oder Vorarbeiten für demokratische Strukturen. Denn trotz dieser Leistungen trägt die ökonomische Entwicklung nicht von sich aus dazu bei, Demokratie auf Dauer zu festigen. Die von Managern stark forcierte Entwicklung zur Hochtechnologie enthält nämlich auch einen

Spielraum für demokratiebehindernde Entwicklungen. Darin liegt die Ambivalenz aller Managementaktivitäten. Wie sie auf der einen Seite demokratische Strukturen fördern, wirken andere Prozesse wie Barrieren gegenüber demokratischen Prozessen:

1. Zu diesen Barrieren gehört für Pross erstens die Komplexität betrieblicher, administrativer und bürokratischer Organisationen. Die unter industriellen Bedingungen offenbar unvermeidbare Zentralisierung von Produktions-, Verwaltungs- und Forschungsmitteln und die damit zusammenhängende Komplexität von Entscheidungsvorgängen, die nur noch die Experten verstehen, machen es für den Laien unmöglich, die demokratisch notwendige Kontrolle verantwortungsvoll auszuüben. Das moderne Unternehmen ist zwangsläufig ein arbeitsteiliges System; aber gerade die enorm gestiegene Arbeits- und Funktionsdifferenzierung steht einer Kontrolle aller Beschlüsse durch alle Betroffenen im Wege.

2. Pross diagnostiziert eine Entwicklung, der zufolge es zu einer wachsenden Machtkonzentration in Wirtschaft und Gesellschaft kommt. Mit der Machtkonzentration sind eine Art von „sozialen Versteinerungen" verbunden, die die innere Balance eines demokratischen Systems zu zerstören vermögen. Die Kontrolle über die wirtschaftlichen Führungseliten ist gefährdet. Es kann offenbar eine paradoxe Situation entstehen: durch die industriellen Entwicklungen und den mit ihnen eng zusammenhängenden Unternehmenskonzentrationen wird der Bedarf an Demokratie ständig erhöht. Gleichzeitig nehmen auf den Führungsebenen des Managements durch Bürokratisierung, Zentralisierung und Expertentum vermehrt Chancen des Machtmissbrauchs zu.

Wägt man die demokratiefördernden und demokratiebehindernden Einflüsse der industriellen Technik ab, überwiegen Pross zufolge eindeutig die positiven Ausstrahlungen der Industrialisierung auf demokratisch verfasste Strukturen. Pross glaubt nicht, dass die Manager durch Machtkonzentration die Stabilität einer demokratischen Ordnung auf Dauer zu unterminieren vermögen. Industrielle Strukturen bieten genügend objektive Kontrollmöglichkeiten. Zwar lassen sich die Kontrollwiderstände in großen Organisationen nicht beseitigen, aber zumindest soweit vermindern, dass sie keine Gefährdung für die Realisierung eines demokratischen Willensbildungsprozesses darstellen.

Neben der Industrialisierung spielt der Kapitalismus eine zentrale Rolle für die Entwicklung demokratischer Institutionen. Pross glaubt, dass der Kapitalismus zwar nicht die demokratische Entwicklung bestimmt, wohl aber für die Ausgestaltung der demokratischen Verfassung beträchtliche Spielräume zulässt. Demokratische Verfassungen hat es bisher nur in kapitalistischen Ländern gegeben. Zwar kann der Kapitalismus auch in nicht-demokratischen Gesellschaften praktiziert worden; ob aber Kapitalismus mit nicht-demokratischen Strukturen auf Dauer vereinbar ist, bleibt offen. Für Pross hängen kapitalistische und demokratische Strukturen prinzipiell unauflöslich zusammen.

Der Kapitalismus hat sich in seinen Erscheinungsformen zu einem pluralistischen System gewandelt. Man muss daher heute von einem „pluralistischen Kapitalismus" sprechen. Anstelle der Interessen von Unternehmenseigentümern (z. B. Aktionären) tritt heute eine Vielzahl von divergierenden, prinzipiell voneinander unabhängigen Interessengruppen (z. B. Manager, Betriebsrat, Umweltschutzorganisationen, Gewerkschaften, Verbraucherschutz-Verbände, Mitarbeiter, etc.). Diese für den pluralistischen Kapitalismus typischen Interessengruppen sorgen dafür, dass diejenigen, die in der Wirtschaft über Macht verfügen, das demokratische Verfassungsgebot der Verantwortlichkeit wenigstens teilweise erfüllen. Die moderne Form des pluralistischen Kapitalismus erschwert den Machtmissbrauch der Manager und erwirkt Kompromisse. Auch wenn der Pluralismus unvollständig ist, wird durch die Interessenvertretung der Stakeholder (Anspruchsgruppen) gegenüber den Inhabern wirtschaftlicher Machtpositionen der demokratische Spielraum erheblich erweitert.

Die pluralistische Struktur des Kapitalismus bildet also einen guten Nährboden für die Entwicklung einer Demokratie. Der Kapitalismus ist mit der Demokratie besser vereinbar als jedes andere ökonomische System. Würde sich die Demokratie mit einem anderen Wirtschaftssystem verbinden, – so Pross – würde sie schließlich zugrundegehen. Dies bedeutet aber nicht, dass der Kapitalismus nur positive Konsequenzen für eine demokratische Ordnung hat. Auch der Kapitalismus ist – ähnlich wie die Industrialisierung – von ambivalenter Wirkung, wenn es um die Verwirklichung der Demokratie geht. Als problematisch müssen folgende Aspekte des Kapitalismus gelten:

1. Der Kapitalismus schafft soziale Ungleichheiten. Die Unternehmenseigentümer und leitenden Manager erhalten zusätzlich zu ihrem Einkommen einen Gewinn und Bonus, der faktisch vom Lohn der Arbeit abgezogen wird. Moderne Gehaltssysteme widersprechen dem demokratischen Gleichheitsgebot.

2. Als weitere Schranke für eine pluralistische Demokratie sieht Pross die Entscheidungsstrukturen auf den höheren Managementebenen. Entscheidungen sind unter pluralistischen Bedingungen im wesentlichen Kompromisse zwischen divergierenden Interessen. Aber solche Kompromisse weisen zwei Gefahren auf: a) die Perspektiven eines Gesamtinteresses werden tendenziell ausgeblendet und b) Kompromisse bergen die Gefahr von Immobilität und Stagnation in sich und sind insoweit sowohl aus Demokratie- wie auch aus Managersicht riskant.

3. Eine weitere negative Konsequenz der modernen Marktwirtschaft liegt in der Suggestion einer einseitigen Orientierung am Konsum. Diese Suggestion ist notwendig, um dem Imperativ aller Manageraktivitäten – nämlich der Gewinnorientierung – Rechnung zu tragen. Um Gewinne zu erzielen, sind die Unternehmen genötigt, immer neue Bedürfnisse zu wecken. Damit lenken sie die Energie der Menschen auf die Steigerung des Konsums und den Erwerb der Mittel dafür. Die Konsequenzen sind für Pross fatal: die Konsumsuggestion erzeugt politische Apathie. Die aus der Konsumfixierung resultierende politische Gleichgültigkeit wirkt daher gegenüber aktiven Mitspracheansprüchen demokratischer Strukturen kontraproduktiv.

4. Schließlich bietet der pluralistische Kapitalismus aus dem Selbstverständnis der Manager keine Garantien für den Erhalt demokratischer Institutionen. Der Kapitalismus enthält keine „Sicherheiten" gegen einen Umwandlungsprozess in eine Fusion mit einer politischen Diktatur. Die Zukunft des pluralistischen Kapitalismus hängt "strukturell in der Luft".

Trotzdem ist Pross optimistisch. Für sie ist die pluralistische Marktwirtschaft noch am ehesten der Garant demokratischer Prozesse. Entsprechend plädiert sie für den Ausbau sozialstaatlicher Einrichtungen sowie für den Ausbau des Erziehungs- und Bildungswesens.

Fragen zur Wiederholung:

1. Aus welchen beiden Gründen sind die sogenannten öffentlichen Interessen für die Manager von wachsender Bedeutung?

2. Was versteht man unter CSR?

3. Zwischen welchen Varianten des bürgerschaftlichen Engagements unterscheidet das Münchner Modell?

4. Charakterisieren Sie die Tätigkeitsgesellschaft im Gegensatz zur Erwerbsgesellschaft.

5. Was versteht man unter einer Sozialbilanz?

6. Was versteht man unter der Doppelnatur der Managerrolle?

7. Erläutern Sie die Formel von der komplementär-öffentlichen Funktion des Managements.

8. Was kennzeichnet das Rationalitätsverständnis der Manager?

9. Welche Merkmale charakterisieren in besonderer Weise den Legitimationswandel des Managements?

10. Was ist das hervorstechende Legitimationsproblem der Manager in der modernen Gesellschaft?

11. Wie würden Sie das Verhältnis der deutschen Spitzenmanager zur Politik beschreiben?

12. In welcher These lässt sich Helge Pross zufolge das Wechselverhältnis zwischen moderner Industrialisierung und sozialer Ordnung zusammenfassen?

13. Worin liegen die positiven Einflüsse des Managements von Unternehmen auf die Entwicklung demokratischer Strukturen in modernen Gesellschaften?

14. Was sind die problematischen Aspekte des Kapitalismus im Hinblick auf die moderne Demokratieentwicklung?

Literaturverzeichnis

Abels, Heinz (2004): Interaktion, Identität, Präsentation, 3. Aufl., Wiesbaden.

Abels, Heinz (2007a): Einführung in die Soziologie, Bd. 1: Der Blick auf die Gesellschaft, 3. Aufl., Wiesbaden.

Abels, Heinz (2007b): Einführung in die Soziologie, Bd. 2: Die Individuen in ihrer Gesellschaft, 3. Aufl. Wiesbaden.

Albert, Hans (1967): Marktsoziologie und Entscheidungslogik. Ökonomische Probleme für die Willensbildung im Unternehmen, Neuwied.

Allensbacher Jahrbuch der Demoskopie (2000): hrsg. von Elisabeth Noelle-Neumann und Renate Köcher, München.

Allmendinger, Jutta und Thomas Hinz (Hrsg.) (2002): Organisationssoziologie, Sonderheft 42 der KZfSS, Wiesbaden.

Alvesson, Mats und Hugh Willmott (1996): Making Sense of Management. A Critical Introduction, London/Thousand Oaks/New Delhi.

Antonoff, Roman (1991): CI Report 1991. Das Jahrbuch vorbildlicher Corporate Identity, Darmstadt.

Armbrecht, Wolfgang/Avenarius, Horst und Ulf Zabel (Hrsg.) (1993): Image und PR, Opladen.

Arndt, Helmut (1974): Wirtschaftliche Macht. Tatsachen und Theorien, 2. neubearb. Aufl., München.

Avenarius, Horst (1995): Public Relations. Die Grundformen der gesellschaftlichen Kommunikation, Darmstadt.

Baecker, Dirk (2000): Ausgangspunkte einer soziologischen Managementlehre, in: Soziale Systeme 6/2000, S.137–168.

Baecker, Dirk (2003): Organisation und Management, Frankfurt a.M.

Baethge, Martin/Denkinger, Joachim und Ulf Kadritzke (1995): Das Führungskräfte-Dilemma. Manager und industrielle Experten zwischen Unternehmen und Lebenswelt, Frankfurt a.M./New York.

Barth, Matthias (1998): Unternehmen im Wertewandel. Zur Bindung der Mitarbeiter durch Unternehmenskultur, Konstanz.

Bassen, Alexander/Jastram, Sarah und Katrin Meyer (2005): Corporate Social Responsibility. Eine Begriffserläuterung, in: Zeitschrift für Wirtschafts- und Unternehmensethik, Jg. 6, Heft 2, S. 231–236.

Bausinger, Hermann (2000): Typisch deutsch. Wie deutsch sind die Deutschen?, München.

BBDO Germany (Hrsg.) (o.J.): Brand Equity Drivers Model, Band 3, Düsseldorf.

Beauchamp, Tom C. and Norman Bowie (Hrsg.) (1979): Ethical Theory and Business, Englewood Cliffs/New York.

Beck, Ulrich (1986): Risikogesellschaft. Auf dem Weg in eine andere Moderne, Frankfurt a.M.

Beck, Ulrich (2007): Weltrisikogesellschaft: Auf der Suche nach der verlorenen Sicherheit, Frankfurt a.M.

Behnke, Cornelia und Renate Liebold (2001): Beruflich erfolgreiche Männer: Belastet von der Arbeit – belästigt von der Familie, in: Döge, Peter und Michael Meuser (Hrsg.): Männlichkeit und soziale Ordnung. Neuere Beiträge zur Geschlechterforschung, Opladen, S. 141–158.

Bell, Daniel (1976): Die Zukunft der westlichen Welt, Frankfurt a.M.

Bell, Daniel (1985): Die nachindustrielle Gesellschaft, Frankfurt a.M.

Berger, Peter L. (1982): Einladung zur Soziologie, 3. Aufl., München.

Bergler, Reinhold (1963): Psychologie des Marken- und Firmenbildes, Göttingen.

Bergler, Reinhold (1987): Psychologie in Wirtschaft und Gesellschaft. Defizite, Diagnosen, Orientierungshilfen, Köln.

Bergler, Reinhold (1998): Unternehmenskultur als Führungsaufgabe, unveröff. Ms., Münster.

Bernays, Edward (1976): Was die Gesellschaft von der Wirtschaft erwartet, Düsseldorf/Wien.

Berthel, Jürgen und Fred G. Becker (2003): Personal-Management. Grundzüge für Konzeptionen betrieblicher Personalarbeit, 7.Aufl., Stuttgart.

Beschorner, Thomas (2005): Corporate Social Responsibility, Corporate Citizenship, Corporate Governance. Schillernde Begriffe und ihre Deutung, in: Ökologisches Wirtschaften 3/2005, S. 40–42.

Beyer, Jürgen (1998): Managerherrschaft in Deutschland? „Corporate Gouvernance" unter Verflechtungsbedingungen, Opladen.

Beyer, Jürgen (2001): „One best way?" oder Varietät? Strategien und Organisationsstrukturen von Großunternehmen im Prozess der Internationalisierung, in: Soziale Welt, Jg.52, Heft 1, S. 7–28.

Beyme, Klaus von (1978): Wirtschaftliches Wachstum als gesellschaftliches Problem, Königstein/Ts.

Bieringer, Andreas/Paschke, Karin und Andreas Pollner (Hrsg.) (1997): Umwelt unternehmen. Das Leitbild nachhaltigen Wirtschaftens – Konzepte und Beispiele aus der Unternehmenspraxis, Frankfurt a.M.

Blaschke, Jochen (Hrsg.) (1983): Perspektiven des Weltsystems. Materialien zu Immanuel Wallerstein, „Das moderne Weltsystem", Frankfurt a.M.

Blau, Peter M. (1974): On the Nature of Organizations, New York.

Blau, Peter M. and Richard W. Scott (1982): Formal Organizations, London.

Blom, Herman (2002): Interkulturelles Management. Interkulturelle Kommunikation, internationales Personalmanagement, Diversity-Ansätze im Unternehmen, Herne/Berlin.

Böllhoff, Florian (1975): Management und Soziologie. Zu Problemen der Anwendung der Industrie- und Betriebssoziologie in der betrieblichen Praxis, Münster.

Boltanski, Luc (1990): Die Führungskräfte. Die Entstehung einer sozialen Gruppe, Frankfurt a.M./New York.

Boltanski, Luc und Ève Chiapello (2003): Der neue Geist des Kapitalismus, Konstanz.

Bornschier, Volker (1980): Multinationale Konzerne, Wirtschaftspolitik und nationale Entwicklung im Weltsystem, Frankfurt a.M./New York.

Bosch, Aida (1997): Vom Interessenkonflikt zur Kultur der Rationalität – Neue Verhandlungsbeziehungen zwischen Management und Betriebsrat, München/Mering.

Boulding, Kenneth E. (1956): The Image. Knowledge in Life and Society, Ann Arbor, Michigan.

Boulding, Kenneth E. (1958): Die neuen Leitbilder, Düsseldorf.

Bourdieu, Pierre (1987): Sozialer Sinn. Kritik der theoretischen Vernunft, Frankfurt a.M.

Bourdieu, Pierre (1991): Zur Soziologie der symbolischen Formen, Frankfurt a.M.

Bourdieu, Pierre (1992): Ökonomisches Kapital, kulturelles Kapital, soziales Kapital, in: ders.: Die verborgenen Mechanismen der Macht, Hamburg, S. 49–75.

Bourdieu, Pierre (1997): Die feinen Unterschiede. Kritik der gesellschaftlichen Urteilskraft, Frankfurt a.M.

Breidenbach, Joana und Ina Zukrigl (2000): Globalisierungskolumne: Kulturelle Reinheitsgebote, in: brand eins, 6/2000.

Brentel, Helmut/Klemisch, Herbert und Holger Rohn (Hrsg.) (2003): Lernendes Unternehmen. Konzepte und Instrumente für eine zukunftsfähige Unternehmens- und Organisationsentwicklung, Wiesbaden.

Büschges, Günter und Martin Abraham (1997): Einführung in die Organisationssoziologie, 2. Aufl., Stuttgart.

Bunz, Andreas (2005): Das Führungsverständnis der deutschen Spitzenmanager. Eine empirische Studie zur Soziologie der Führung, Frankfurt a.M.

Burger, R. (2000): Transportmittel für Protest, Mythos, Freiheit und Polizisten, in: FAZ, Nr.50/2000.

Buß, Eugen (1973): Der Wettbewerb, Tübingen.

Buß, Eugen (1983): Markt und Gesellschaft, Berlin.

Buß, Eugen (1997): Wirtschafts- und Arbeitswerte im Wandel, in: Reinhold, Gerd. (Hrsg.): Wirtschaftssoziologie, München, S.189–203.

Buß, Eugen (1999): Das emotionale Profil der Deutschen. Bestandsaufnahme und Konsequenzen für Unternehmer, Politiker und Öffentlichkeitsarbeiter, Frankfurt a.M.

Buß, Eugen und Ulrike Fink-Heuberger (2000): Image Management. Wie Sie Ihr Image-Kapital erhöhen. Erfolgsregeln für das öffentliche Ansehen von Unternehmen, Parteien und Organisationen, Frankfurt a.M.

Buß, Eugen (2002): Regionale Identitätsbildung: Zwischen globaler Dynamik, fortschreitender Europäisierung und regionaler Gegenbewegung, Münster/Hamburg.

Buß, Eugen (2004): Elite wider Willen – Selbstdeutungen der deutschen Spitzenmanager, in: Pöttker, Horst und Thomas Meyer (Hrsg.): Kritische Empirie: Lebenschancen in den Sozialwissenschaften. Festschrift für Rainer Geißler, Wiesbaden.

Buß, Eugen (2005): Das Leuchtfeuer einer modernen Zivilgesellschaft, in: Universitas, 6/2005, Nr. 708, S. 591–603.

Buß, Eugen (2006): Unternehmensgeschichte und Markenhistorie. Die heimlichen Erfolgsfaktoren des Markenmanagements, in: Herbrand, Nicolai O. und Stefan Röhrig (Hrsg.): Die Bedeutung der Tradition für die Markenkommunikation, Stuttgart.

Buß, Eugen (2007a): Die deutschen Spitzenmanager. Wie sie wurden, was sie sind, München.

Buß, Eugen (2007b): Geschichte und Tradition, die Eckpfeiler der Unternehmensreputation, in: Archiv und Wirtschaft, Nr. 2/2007, S. 72–85.

Buß, Eugen (2007c): Image und Reputation – Werttreiber für das Management, in: Piwinger, Manfred und Ansgar Zerfass (Hrsg.): Handbuch Unternehmenskommunikation, Wiesbaden, S. 227–244.

Caroll, Archie and Ann K. Buchholtz (2006): Business & Society. Ethics and Stakeholder Management, 6. Aufl., Mason, Ohio.

Chandler, Alfred D. jr. (1977): The Visible Hand: The Managerial Revolution in American Business, Cambridge/London.

Chandler, Alfred D. jr. and Herman Daems (1979): Administrative Coordination, Allocation and Monitoring: Concepts and Comparisons, in: Horn, Norbert und Jürgen Kocka (Hrsg.): Recht und Entwicklung der Großunternehmen im 19. und 20. Jahrhundert. Wirtschafts-, sozial- und rechtshistorische Untersuchungen zur Industrialisierung in Deutschland, Frankreich, England und den USA, Göttingen.

Chandler, Alfred D. jr. and Herman Daems (eds.) (1980): Managerial Hierarchies. Comparative Perspectives on the Rise of the Modern Industrial Enterprise, Cambridge/London.

Chandler, Alfred D. jr. (1990): Scale and Scope. The Dynamics of Industrial Capitalism, Cambridge/London.

Cicourel, Aaron V. (1973): Basisregeln und normative Regeln im Prozeß des Aushandelns von Status und Rolle, in: Arbeitsgruppe Bielefelder Soziologen (Hrsg.): Alltagswissen, Interaktion und gesellschaftliche Wirklichkeit, Band 1, Hamburg, S. 147–188.

Cicourel, Aaron V. (1974): Methode und Messung in der Soziologie, Frankfurt a.M.

Collins, James C. and Jerry I. Porras (1995): Visionary Companies: Visionen im Management, München.

Collins, James C. (2004): Der Weg zu den Besten. Die sieben Management-Prinzipien für dauerhaften Unternehmenserfolg, Stuttgart/München.

Core, John E./Holthausen, Robert W. and David F. Larcker (1999): Corporate Governance, chief executive officer compensation and firm performance, in: Journal of Financial Economics, Vol.51, p. 371–406.

Dahrendorf, Ralf (1965): Homo Sociologicus. Ein Versuch zu Geschichte, Bedeutung und Kritik der Kategorie der sozialen Rolle, 5. Aufl., Köln/Opladen.

Dahrendorf, Ralf (1966): Markt und Plan – zwei Typen der Rationalität, Tübingen.

Dahrendorf, Ralf (1983): Wenn der Arbeitsgesellschaft die Arbeit ausgeht, in: Matthes, Joachim (Hrsg.): Krise der Arbeitsgesellschaft, Frankfurt a.M./New York.

Dahrendorf, Ralf (2003): Auf der Suche nach einer neuen Ordnung, München.

Deal, Terrence E. and Allen A. Kennedy (1982): Corporate Cultures, Reading, Mass.

Deutsche Shell AG (Hrsg.) (1995): Die Ereignisse um Brent Spar in Deutschland, Hamburg.

Deutschmann, Christoph (1993): Unternehmensberater – eine neue „Reflexionselite"?, in: Müller-Jentsch, Walther (Hrsg.): Profitable Ethik – effiziente Kultur. Neue Sinnstiftungen durch das Management?, München/Mering, S. 57–87.

Deutschmann, Christoph/Faust, Michael/Jauch, Peter und Petra Notz (1995): Veränderungen der Rolle des Managements im Prozeß reflexiver Rationalisierung, in: Zeitschrift für Soziologie, Jg.24, Heft 6, S. 436–450.

Deutschmann, Christoph (1999): Die Verheißung des absoluten Reichtums. Zur religiösen Natur des Kapitalismus, Frankfurt a.M./New York.

Deutschmann, Christoph (2001): Führungskräfte der Wirtschaft – Entzauberung einer Elite?, in: Abel, Jörg und Hans-Joachim Sperling (Hrsg.): Umbrüche und Kontinuitäten – Walther Müller-Jentsch zum 65. Geburtstag, München/Mering, S. 69–82.

Diekmann, Andreas und Peter Preisendörfer (2001): Umweltsoziologie. Eine Einführung, Reinbek.

Dierkes, Meinolf (1974): Die Sozialbilanz, Frankfurt a.M./New York.

Dierkes, Meinolf (Hrsg.) (1976): Künftige Beziehungen zwischen Unternehmen und Gesellschaft, Köln.

Dörre, Klaus/Elk-Anders, Rainer und Frederic Speidel (1997): Globalisierung als Option – Internationalisierungspfade von Unternehmen, Standortpolitik und industrielle Beziehungen, in: SoFi-Mitteilungen, Nr.25, Göttingen, S. 43–70.

Dresewski, Felix (2004): Corporate Citizenship. Ein Leitfaden für das soziale Engagement mittelständischer Unternehmen, Berlin.

Drucker, Peter F. (2005): Was ist Management?, 4. Aufl., München.

Eberwein, Wilhelm und Jochen Tholen (1990): Managermentalität. Industrielle Unternehmensleitung als Beruf und Politik, Frankfurt a.M.

Eberwein, Wilhelm und Jochen Tholen (1993): Euro-Manager or Splendid Isolation? International Management – An Anglo-German Comparison, Berlin/New York.

Eliade, Mircea (1988): Ewige Bilder und Sinnbilder. Über die magisch-religiöse Symbolik, Frankfurt a.M.

Eliade, Mircea (1990): Das Heilige und das Profane, Frankfurt a.M.

Endruweit, Günter (2004): Organisationssoziologie, 2. Aufl., Stuttgart.

Etzioni, Amitai (1964): Modern Organizations, Englewood Cliffs.

Etzioni, Amitai (1978): Soziologie der Organisationen, 5. Aufl., München.

Etzioni, Amitai (1998): Die Entdeckung des Gemeinwesens: Ansprüche, Verantwortlichkeiten und das Programm des Kommunitarismus, Frankfurt a.M.

Etzioni, Amitai (1999): Die Verantwortungsgesellschaft: Individualismus und Moral in der heutigen Demokratie, Berlin.

Etzioni, Amitai (2001): America's battle of extremes on safety and rights, in: The Boston Globe, 18.12.2001, Boston.

Eurobarometer (2001), Nr. 44, Brüssel.

Falthauser, Kurt (1978): Unternehmen und Gesellschaft, Berlin.

Faust, Michael (2000): Warum boomt die Managementberatung? – und warum nicht zu allen Zeiten und überall?, in: SoFi-Mitteilungen, Nr. 28, Göttingen, S. 59–85.

Faust, Michael (2002): Karrieremuster von Führungskräften der Wirtschaft im Wandel – Der Fall Deutschland in vergleichender Perspektive, in: SoFi-Mitteilungen, Nr. 30, Göttingen, S. 69–90.

Feigl, Joachim (2000): Teamarbeit im unternehmensinternen Dienstleistungsbereich, München/Mering.

Florian, Michael und Frank Hillebrandt (Hrsg.) (2006): Pierre Bourdieu: Neue Perspektiven für die Soziologie der Wirtschaft, Wiesbaden.

Forster, Marie-Claude (2002): Management Skills for Project Leaders. What to do when you do not know what to do, Basel.

Fourastié, Jean (1969): Die große Hoffnung des zwanzigsten Jahrhunderts, Köln.

Franke, Richard and James D. Kaul (1978): The Hawthorne Experiments: first statistical interpretation, in: American Sociological Review, 43, p. 623–643.

Franzen, Axel und Markus Freitag (Hrsg.) (2007): Sozialkapital: Grundlagen und Anwendungen, Sonderheft 47 der KZfSS, Wiesbaden.

Frese, Erich (Hrsg.) (1992): Handwörterbuch der Organisation, 3. Aufl., Stuttgart.

Frey, Bruno S. (1977): Moderne politische Ökonomie. Die Beziehung zwischen Wirtschaft und Politik, München/Zürich.

Frey, Bruno S. (1990): Ökonomie ist Sozialwissenschaft. Die Anwendung der Ökonomie auf neue Gebiete, München.

Froschauer, Ulrike (1997): Organisationskultur als soziale Konstruktion, in: Österreichische Zeitschrift für Soziologie, 2/1997, S. 107–124.

Gaitanides, Michael (2004): Is there no business like show business – Manager, die Stars der Moderne?, Hamburg.

Galbraith, John K. (1968): Die moderne Industriegesellschaft, München/Zürich.

Galbraith, John K. (1974): Wirtschaft für Staat und Gesellschaft, München/Zürich.

Ganter, Dieter und Gerd Schienstock (Hrsg.) (1993): Management aus soziologischer Sicht. Unternehmensführung, Industrie- und Organisationssoziologie, Wiesbaden.

Garfinkel, Harold (1967): Studies in Ethnomethodology, New York.

Garfinkel, Harold (1973): Das Alltagswissen über soziale und innerhalb sozialer Strukturen, in: Arbeitsgruppe Bielefelder Soziologen (Hrsg.): Alltagswissen, Interaktion und gesellschaftliche Wirklichkeit, Bd. 1, Hamburg, S.189–261.

Geiger, Theodor (1931): Führung, in: Vierkandt, Alfred (Hrsg.): Handwörterbuch der Soziologie, Stuttgart.

Geiger, Theodor (1941): „Konkurrence", in: Acta Jutlandica XIII, Aarhus.

Geißler, Rainer (2006): Die Sozialstruktur Deutschlands, 4. Aufl., Wiesbaden.

Georgi, Dominik (2003): Kundenbindungsmanagement im Kundenzyklus, in: Von Bruhn, Manfred und Christian Homburg (Hrsg.): Handbuch Kundenbindungsmanagement, Wiesbaden.

Gergs, Hans-Joachim und Markus Pohlmann (1999): Ökonomische Eliten vor und nach der Wiedervereinigung: Die Selektivität des Transformationsprozesses, in: Hornbostel, Stefan (Hrsg.): Sozialistische Eliten, Opladen, S. 267–288.

Gergs, Hans-Joachim und Rudi Schmidt (2002): Generationswechsel im Management ost- und westdeutscher Unternehmen. Kommt es zu einer Amerikanisierung des deutschen Managementmodells?, in: KZfSS, Jg. 54, Heft 3, S. 553–578.

Giesen, Bernhard (1999): Identität und Versachlichung. Unterschiedliche Theorieperspektiven auf kollektive Identität, in: Willems, Herbert und Alois Hahn (Hrsg.): Identität und Moderne, Frankfurt a.M., S. 389–402.

Giddens, Anthony (1992): Kritische Theorie der Spätmoderne, Wien.

Giddens, Anthony (1995): Konsequenzen der Moderne, Frankfurt a.M.

Giddens, Anthony (1999): Soziologie, Graz/Wien.

Girschner, Walter (1990): Theorie sozialer Organisationen, Weinheim/München.

Glombitza, Anna (2005): Corporate Social Responsibility in der Unternehmenskommunikation, Berlin.

Gmür, Markus (2004): Was ist ein „idealer Manager" und was ist eine „ideale Managerin"? Geschlechtsrollenstereotypen und ihre Bedeutung für die Eignungsbeurteilung von Männern und Frauen in Führungspositionen, in: Zeitschrift für Personalforschung, Jg.18, Heft 4, S. 396–417.

Goffee, Rob and Gareth Jones (1996): What holds the modern company together, in: Harvard Business Review, Nr. 6/96, p. 133–148.

Goffee, Rob und Gareth Jones (1997): Kultur: Der Stoff, der Unternehmen zusammenhält, in: Harvard Business Manager, Nr. 2/97, S. 41–57.

Goffee, Rob and Gareth Jones (1998): The Character of a Corporation. How your Company's Culture can Make or Break your Business, London.

Goffman, Erving (1969): The Presentation of Self in Everyday-Life, New York.

Goffman, Erving (1978): Interaktionsrituale. Über Verhalten in direkter Kommunikation, Frankfurt a.M.

Goffman, Erving (1993): Rahmen-Analyse. Ein Versuch über die Organisation von Alltagserfahrungen, Frankfurt a.M.

Goffman, Erving (1994): Techniken der Imagepflege, in: ders.: Interaktionsrituale. Über Verhalten in der direkten Kommunikation, 3. Aufl., Frankfurt a.M., S. 10–53.

Goffman, Erving (1996): Stigma. Über Techniken der Bewältigung beschädigter Identität, Frankfurt a.M.

Goffman, Erving (2000): Wir alle spielen Theater, München.

Grey, Christopher and Hugh Willmott (2005): Critical Management Studies. A Reader, Oxford.

Gross, Peter (1994): Die Multioptionsgesellschaft, Frankfurt a.M.

Guillén, Mauro F. (1994): Models of Management. Work, Authority and Organization in a Comparative Perspective, Chicago/London.

Habermas, Jürgen (1982a): Theorie des kommunikativen Handelns. Bd. 1: Handlungsrationalität und gesellschaftliche Rationalisierung, Frankfurt a.M.

Habermas, Jürgen (1982b): Theorie des kommunikativen Handelns, Bd. 2: Zur Kritik der funktionalistischen Vernunft, 2. Aufl., Frankfurt a.M.

Habermas, Jürgen (1989): Legitimationsprobleme im Spätkapitalismus, Frankfurt a.M.

Habermas, Jürgen (1990): Strukturwandel der Öffentlichkeit, Frankfurt a.M.

Habermas, Jürgen (2001): Moralbewusstsein und kommunikatives Handeln, 8. Aufl., Frankfurt a.M.

Hahn, Tobias (2005): Gesellschaftliches Engagement von Unternehmen. Reziproke Stakeholder, ökonomische Anreize, strategische Gestaltungsoptionen, Wiesbaden.

Hales, Colin P. (1986): What do managers do? A critical review of the evidence, in: Journal of Management Studies, Vol. 23, Issue 1, p. 88–115.

Hansen, Ursula (2004): Gesellschaftliche Verantwortung als Business Case – Ansätze, Defizite und Perspektiven der deutschsprachigen Betriebswirtschaftslehre, in: Schneider, Ursula und Peter Steiner (Hrsg.): Betriebswirtschaftslehre und gesellschaftliche Verantwortung – Mit Corporate Social Responsibility zu mehr Engagement, Wiesbaden, S. 59–83.

Harrison, Lawrence E. and Samuel P. Huntington (Hrsg.) (2000): Culture Matters: How Values Shape Human Progress, New York.

Hartmann, Michael (1995): Deutsche Topmanager: Klassenspezifischer Habitus als Karrierebasis, in: Soziale Welt, Jg. 46, Heft 4, S. 440–468.

Hartmann, Michael (1996): Topmanager, Die Rekrutierung einer Elite, Frankfurt a.M.

Hartmann, Michael (1997): Soziale Öffnung oder soziale Schließung? Die deutsche und die französische Wirtschaftselite zwischen 1970 und 1995, in: Zeitschrift für Soziologie, Jg. 26, Heft 4, S. 296–311.

Hartmann, Michael (1999): Auf dem Weg zur transnationalen Bourgeoisie? Die Internationalisierung der Wirtschaft und die Internationalität der Spitzenmanager Deutschlands, Frankreichs, Großbritanniens und der USA, in: Leviathan, Jg. 27, Heft 1, S. 113–141.

Hartmann, Michael und Johannes Kopp (Hrsg.) (2001): Elitenselektion durch Bildung oder durch Herkunft? Promotion, soziale Herkunft und der Zugang zu Führungspositionen in der deutschen Wirtschaft, in: KZfSS, Jg. 53, Heft 3, S.436–466.

Hartmann, Michael (2002): Die Spitzenmanager der internationalen Großkonzerne als Kern einer neuen „Weltklasse"?, in: Schmidt, Rudi/Gergs, Hans-Joachim und Markus Pohlmann (Hrsg.): Managementsoziologie. Themen, Desiderate, Perspektiven, München, S. 184–208.

Hartmann, Michael (2004): Elitesoziologie. Eine Einführung, Frankfurt a.M.

Hartfiel, Günter (1968): Wirtschaftliche und soziale Rationalität, Stuttgart.

Heidenreich, Martin und Gert Schmidt (Hrsg.) (1991): International vergleichende Organisationsforschung, Opladen.

Heinen, Edmund und Matthias Frank (1987): Unternehmenskultur, München/Wien.

Heinze, Thomas (2002): Die Struktur der Personalverflechtung großer deutscher Aktiengesellschaften zwischen 1989 und 2001, Zeitschrift für Soziologie, Jg.31, Heft 5, S. 391–410.

Herbrand, Frank (2000): Interkulturelle Kompetenz. Wettbewerbsvorteil in einer globalisierten Wirtschaft, Bern/Stuttgart/Wien.

Hillmann, Karl-Heinz (1988): Allgemeine Wirtschaftssoziologie. Eine grundlegende Einführung, München.

Hillmann, Karl-Heinz (2003): Wertewandel: Ursachen, Tendenzen, Folgen, Würzburg.

Hilse, Heiko (2000): Kognitive Wende in Management und Beratung. Wissensmanagement aus sozialwissenschaftlicher Perspektive, Wiesbaden.

Hirsch-Kreinsen, Hartmut (2005): Wirtschafts- und Industriesoziologie, Weinheim.

Hirschman, Albert O. (1974): Abwanderung und Widerspruch. Reaktionen auf Leistungsabfall bei Unternehmungen, Organisationen und Staaten, Tübingen.

Hirschman, Albert O. (1984): Engagement und Enttäuschung. Über das Schwanken der Bürger zwischen Privatwohl und Gemeinwohl, Frankfurt a.M.

Hiss, Stefanie (2006): Warum übernehmen Unternehmen gesellschaftliche Verantwortung? Ein soziologischer Erklärungsversuch, Frankfurt a.M.

Hochschild, Arlie Russell (1990): Das gekaufte Herz. Zur Kommerzialisierung der Gefühle, Frankfurt a.M.

Hoefert, Hans-Wolfgang (1994): Der Mensch in der Organisation, 4. Aufl., Gießen.

Höpner, Martin (2003): Wer beherrscht die Unternehmen? Shareholder Value, Managementherrschaft und Mitbestimmung in Deutschland, Frankfurt a.M.

Höpner, Martin (2004): Unternehmensführung im Wandel. Was bewegt die Führungskräfte? Von der Agency-Theorie zur Soziologie des Managements, in: Soziale Welt, Jg. 55, Heft 3, S. 263–282.

Hoffmann-Nowotny, Hans-Joachim (Hrsg.) (1981): Sozialbilanzierung. Soziale Indikatoren 8, Frankfurt a.M./New York.

Hofstede, Geert (1980): Motivation, leadership, and organization: Do American theories apply abroad?, in: Organizational Dynamics, Vol. 9, Issue 1, p. 42–63.

Hofstede, Geert/Neuijen, Bram/Ohayv, Denise and Geert Sanders (1990): Measuring organizational cultures: a qualitative and quantitative study across twenty cases, in: American Science Quarterly, 35, p. 286–316.

Hofstede, Geert (1993a): Interkulturelle Zusammenarbeit: Kulturen – Organisationen – Management, Wiesbaden.

Hofstede, Geert (1993b): Cultural constraints in management theories, in: Academy of Management Executive, Vol. 7, Issue 1, p. 81–93.

Hofstede, Geert (1993c): Cultural dimension in people management. The socialization perspective, in: Pucik, Vladimir (ed.): Globalizing management: Creating and Leading the Competitive Organization, New York, p. 139–158.

Hofstede, Geert (1997): Cultures and Organizations. Software of the Mind, Rev. ed., New York.

Hofstede, Geert (1998): Think locally, act globally: cultural constraints in personnel management, in: Management International Review, Vol 38, p. 7–26.

Hofstede, Geert (2001): Cultures Consequences. Comparing Values, Behaviors, Institutions and Organizations across Nations, 2nd ed., Thousand Oaks.

Hofstede, Geert (2002): What goals do business leaders pursue? A study in fifteen countries, in: Journal of international business studies, Vol. 33, Issue 4, p. 785–804.

Homann, Karl (2001): Ökonomik: Fortsetzung der Ethik mit anderen Mitteln, http://www.philoek.uni-muenchen.de/homann/Oekonomik-FortsetzungderEthik.pdf, am 30.12.2007.

Hondrich, Karl-Otto/Joost, Angelika/Koch-Arzberger, Claudia und Bärbel Wörndl (1993): Arbeitgeber-West – Arbeitgeber-Ost, Berlin.

Hoß, Dietrich (1999): Management im Wandel. Thesen und Hypothesen für einen deutsch-französischen Vergleich, in: Brink, Hans-Josef/Davoine, Eric und Hermann Schwengel (Hrsg.): Management und Organisationen im deutsch-französischen Vergleich, Berlin, S. 53–73.

Inglehart, Ronald (1977): The Silent Revolution. Changing Values and Political Styles among Western Publics, Princeton.

Inglehart, Ronald (1989): Kultureller Umbruch. Wertewandel in der westlichen Welt, Frankfurt a. M./New York.

Inglehart, Ronald (1998): Modernisierung und Postmodernisierung: kultureller, wirtschaftlicher und politischer Wandel in 43 Gesellschaften, Frankfurt a.M./New York.

Ipsen, Detlev (1994): Regionale Identität, in: Lindner, Rolf (Hrsg.): Die Wiederkehr des Regionalen, Frankfurt a.M./New York.

Jahoda, Marie/Lazarsfeld, Paul F. und Hans Zeisel (1975): Die Arbeitslosen von Marienthal. Ein soziographischer Versuch, Frankfurt a.M.

Janich, Nina (Hrsg.) (2005): Unternehmenskultur und Unternehmensidentität. Wirklichkeit und Konstruktion, Wiesbaden.

Jänicke, Gundula (2005): Screening der Unternehmenskultur, in: Janich, Nina (Hrsg.): Unternehmenskultur und Unternehmensidentität. Wirklichkeit und Konstruktion, Wiesbaden, S. 93–104.

Joas, Hans und Klaus Wiegandt (2005): Die kulturellen Werte Europas, Frankfurt a.M.

Jonas, Friedrich (1981): Geschichte der Soziologie, Bd.1, 2. Aufl., Wiesbaden.

Kaelble, Hartmut/Kirsch, Martin und Alexander Schmidt-Gering (Hrsg.) (2002): Transnationale Öffentlichkeiten und Identitäten im 20. Jahrhundert, Frankfurt a.M./New York.

Kaesler, Dirk (1976): Max Weber, in: Kaesler, Dirk (Hrsg.): Klassiker des soziologischen Denkens, Band 1, München/Frankfurt a.M.

Kaesler, Dirk (1995): Max Weber. Eine Einführung in Leben, Werk und Wirkung, Frankfurt a.M.

Kals, Ursula (2003): Die Entdeckung der Langsamkeit, in: FAZ, Nr.10/2003.

Kampschulte, Heinrich (1866): Geschichte der Einführung des Protestantismus im Bereiche der jetzigen Provinz Westfalen, Paderborn.

Kasper, Helmut (1987): Organisationskultur – Über den Stand der Forschung, Wien.

Kasper, Helmut/Scheer, Peter und Angelika Schmidt (2002): Managen und Lieben – Führungskräfte im Spannungsfeld zwischen Beruf und Privatleben, Frankfurt a.M./Wien.

Kaufmann, Jean-Claude (2005): Die Erfindung des Ich. Eine Theorie der Identität, Konstanz.

Kern, Horst und Michael Schumann (1984): Das Ende der Arbeitsteilung?, München.

Kern, Horst und Michael Schumann (1985): Industriearbeit und Arbeiterbewusstsein, Frankfurt a.M.

Kieser, Alfred/Reber, Gerhard und Rolf Wunderer (Hrsg.) (1995): Handwörterbuch der Führung, 2. Aufl., Stuttgart.

Kieser, Alfred (Hrsg.) (1999): Organisationstheorien, 3. Aufl., Stuttgart.

Kirsch, Guy (1969): Manager – Herrscher ohne Auftrag?, Köln.

Klage, Jan (1995): Vom Image zum Unternehmenserfolg, in: Markenartikel, Heft 1/95.

Klages, Helmut (Hrsg.) (1979): Beiträge der Organisationsforschung zur Analyse industrieller Gesellschaften, Berlin.

Klages, Helmut und Peter Kmieciak (Hrsg.) (1984): Wertewandel und gesellschaftlicher Wandel, Frankfurt a.M./New York.

Klages, Helmut (2002): Der blockierte Mensch. Zukunftsaufgaben gesellschaftlicher und organisatorischer Gestaltung, Frankfurt a.M./New York.

Klages, Helmut und Thomas Gensicke (2005): Wertwandel und die Big Five-Dimensionen, in: Schumann, Siegfried (Hrsg.): Persönlichkeit – eine vergessene Größe in der empirischen Sozialforschung, Wiesbaden, S. 279–299.

Klatetzki, Thomas und Veronika Tacke (Hrsg.) (2005): Organisation und Profession, Wiesbaden.

Kleining, Gerd und Harriett Moore (1959): Das Bild der sozialen Wirklichkeit. Analyse der Struktur und der Bedeutung eines Images, in: KZfSS, Jg. 11, Heft 3, S. 353–376.

Knights, David and Hugh Willmott (1992): Conceptualizing leadership processes: a study of senior managers in a financial services company, in: Journal of Management Studies, Vol. 29, p. 761–782.

Knop, Carsten (2007): Starbucks ist der Kaffee teuer, in: FAZ, Nr. 279/2007.

Kocka, Jürgen und Hannes Siegrist (1979): Die hundert größten Industrieunternehmen im späten 19. und frühen 20. Jahrhundert, in: Horn, Norbert und Jürgen Kocka (Hrsg.): Recht und Entwicklung der Großunternehmen im 19. und 20. Jahrhundert. Wirtschafts-, sozial- und rechtshistorische Untersuchungen zur Industrialisierung in Deutschland, Frankreich, England und den USA, Göttingen, S. 55–122.

Kohtes, Paul (2005): Dein Job ist es, frei zu sein, Bielefeld.

Kohtes, Paul und Nadja Rossmann (2007): Hören Sie auf zu rennen. Was Manager von Hase und Igel lernen können, Bielefeld.

Kohtes, Paul und Joachim Klewes (Hrsg.) (o. J.): Corporate Agenda. Kommunikation in Zeiten unternehmerischer Transformation, Düsseldorf.

Kondratieff, Nikolai D. (1926): Die langen Wellen der Konjunktur, in: Archiv für Sozialwissenschaft und Soziologie, Band 56.

Kotthoff, Hermann (1998): Führungskräfte im Wandel der Firmenkultur – Quasi-Unternehmer oder Arbeitnehmer?, 2. Aufl., Berlin.

Krahwinkel, Hans-Jürgen (1999): Manageridentitäten. Orientierungsmuster und Verhalten des leitenden Managements im Globalisierungskontext, Münster.

Krappmann, Lothar (2000): Soziologische Dimensionen der Identität, Stuttgart.

Krücken, Georg und Frank Meier (2003): „Wir sind alle überzeugte Netzwerktäter". Netzwerke als Formalstruktur und Mythos der Innovationsgesellschaft, in: Soziale Welt, Jg. 54, Heft 1, S. 71–92.

Kuhlen, Beatrix (2005): Corporate Social Responsibility (CRS). Die ethische Verantwortung von Unternehmen für Ökologie, Ökonomie und Soziales. Entwicklung, Initiativen, Berichterstattung, Bewertung, Baden-Baden.

Kutsch, Thomas und Günter Wiswede (1986): Wirtschaftssoziologie. Grundlegung, Hauptgebiete, Zusammenschau, Stuttgart.

Kühl, Stefan (2002): Sisyphos im Management. Die vergebliche Suche nach der optimalen Organisationsstruktur, Weinheim.

Lang, Rainhart (2002): Wertewandel im ostdeutschen Management, in: Schmidt, Rudi/Gergs, Hans-Joachim und Markus Pohlmann (Hrsg.): Managementsoziologie. Themen, Desiderate, Perspektiven, München, S. 128–156.

Lange, Elmar (Hrsg.) (1994): Der Wandel der Wirtschaft. Soziologische Perspektiven, Berlin.

Langen, Claudia und Holger Sievert (Hrsg.) (2006): Strategisch kommunizieren und führen. Eine aktuelle Studie zu Profil und Qualifizierung für eine transparente Unternehmenskommunikation, Gütersloh.

Lay, Rupert (1991): Die Macht der Moral. Unternehmenserfolg durch ethisches Management, 2. Aufl., Düsseldorf/Wien/New York.

Lepsius, Rainer (1954): Die soziale Stellung des Meisters im Industriebetrieb. Ergebnisse einer Befragung von Industriemeistern, München.

Levine, Robert (2000): Eine Landkarte der Zeit. Wie Kulturen mit Zeit umgehen, 4. Aufl., München/Zürich.

Lindblom, Charles (1980): Jenseits von Markt und Staat, Stuttgart.

Lindner, Roland (2008): Die neue Bescheidenheit von Starbucks, in: FAZ, Nr. 69/2008.

Linton, Ralph (1952): The Cultural Background of Personality, 3. Aufl., London.

Liouville, Jacques und Géraldine Schmidt (1999): Empirische Untersuchung der Managementstile in Frankreich und Deutschland: Ein Beitrag zur vergleichenden Managementtheorie, in: Brink, Hans-Josef (Hrsg.): Management und Organisationen im deutsch-französischen Vergleich, Berlin, S. 11–37.

Lohrmann, Sabine (1995): Image und Unternehmenserfolg, unveröff. Diplomarbeit, Universität Hohenheim, Stuttgart.

Lord, Robert G./Foti, R.J. and C.L. de Vader (1984): A test of leadership categorization theory: Internal structure, information processing, and leadership perceptions, in: Organizational Behaviour and Human Performance, 34, p. 343–378.

Lueger, Manfred/Meyer, Renate/Sandner, Karl und Gerhard Hammerschmid (1997): Zur Kontextabhängigkeit individuellen Durchsetzungshandelns in Organisationen, in: Österreichische Zeitschrift für Soziologie, 2/1997, S. 51–78.

Luhmann, Niklas (1967): Soziologie als Theorie sozialer Systeme, in: KZfSS, Jg. 19, Heft 4, S. 615–644.

Luhmann, Niklas (1973): Vertrauen. Ein Mechanismus der Reduktion sozialer Komplexität, Stuttgart.

Luhmann, Niklas (1975a): Politische Planung, Opladen.

Luhmann, Niklas (1975b): Öffentliche Meinung, in: ders.: Politische Planung, Opladen, S. 9–34.

Luhmann, Niklas (1988): Die Wirtschaft der Gesellschaft, Frankfurt a.M.

Luhmann, Niklas (1991): Wirtschaft als soziales System, in: Soziologische Aufklärung, Bd. 1, Wiesbaden.

Luhmann, Niklas (1996): Organisation und Entscheidung, unveröff. Ms., Bielefeld.

Luhmann, Niklas (2002): Einführung in die Systemtheorie, Heidelberg.

Malik, Fredmund (1992): Strategie des Managements komplexer Systeme, Bern.

March, James G. und Herbert Simon (1976): Organisation und Individuum, Wiesbaden.

Mast, Claudia (2006): Unternehmenskommunikation, Stuttgart.

Mayntz, Renate (1967): Soziologie der Organisation, Reinbek.

Mayntz, Renate/Holm, Kurt und Peter Hübner (1978): Einführung in die Methoden der empirischen Sozialforschung, 5. Aufl., Opladen/Wiesbaden.

Mayntz, Renate (1985): Soziologie der öffentlichen Verwaltung, Heidelberg.

Mayo, Elton (1949): Probleme industrieller Arbeitsbedingungen, Frankfurt a.M.

Mayo, Elton (1960): The Human Problems of an Industrial Civilization, New York.

Mayo, Elton (1977): The Social Problems of an Industrial Civilization, in: König, René (Hrsg.): Handbuch der empirischen Sozialforschung, Band 9, 2. Aufl., Stuttgart, S. 1–141.

McClelland, Davis C. (1966): Die Leistungsgesellschaft. Psychologische Analyse der Voraussetzungen wirtschaftlicher Entwicklung, Stuttgart.

Mead, George H. (1973): Geist, Identität und Gesellschaft, Frankfurt a.M.

Mead, George H. (1980): Die soziale Identität, in: Joas, Hans: George H. Mead. Gesammelte Aufsätze, Bd.1, Frankfurt a.M.

Merton, Robert K. (1957): Social Theory and Social Structure, Rev. ed., Glencoe.

Meulemann, Heiner (1996): Werte und Wertewandel. Zur Identität einer geteilten und wieder vereinten Nation, Weinheim/München.

Miegel, Meinhard/Grünewald, Reinhard und Karl D. Grüske (1993): Wirtschafts- und arbeitskulturelle Unterschiede in Deutschland, Gütersloh.

Mikl-Horke, Gertrude (2008): Sozialwissenschaftliche Perspektiven der Wirtschaft, München.

Mills, C. Wright (1962): Die amerikanische Elite. Gesellschaft und Macht in den Vereinigten Staaten, Hamburg.

Minssen, Heiner (1995): Spannungen in teilautonomen Fertigungsgruppen. Gruppensoziologische Befunde für einen arbeitssoziologischen Gegenstand, in: KZfSS, Jg. 47, Heft 2, S. 339–353.

Minssen, Heiner (2006): Arbeits- und Industriesoziologie. Eine Einführung, Frankfurt a.M.

Mintzberg, Henry (1973): The Nature of Managerial Work, New York.

Mintzberg, Henry (2005): Manager statt MBAs. Eine kritische Analyse, Frankfurt a.M.

Moldaschl, Manfred und Günther Voß (1995): Subjektivierung von Arbeit, Mering.

Müller-Jentsch, Walther (2003): Organisationssoziologie. Eine Einführung, Frankfurt a.M./New York.

Münch, Richard (1999): Europäische Identitätsbildung, in: Willems, Herbert und Alois Hahn (Hrsg.): Identität und Moderne, Frankfurt a.M.

Münch, Richard (2004): Soziologische Theorie, Bd. 3: Gesellschaftstheorie, Frankfurt a.M.

Mutz, Gerd und Irene Kühnlein (1998): Die Tätigkeitsgesellschaft, in: Universitas, Nr. 53, S. 751–758.

Mutz, Gerd (1999): Strukturen einer Neuen Arbeitsgesellschaft. Der Zwang zur Gestaltung der Zeit, in: APuZ, 9/1999, S. 3–11.

Mutz, Gerd (2000): Von der Erwerbsgesellschaft zur modernen Arbeitsgesellschaft: Das Münchner Modell, in: Fechter, Mathias und Margret Kranich (Hrsg.): Gesellschaftliche Perspektiven. Arbeit – Geschlecht – Natur – Neue Medien. Jahrbuch der Hessischen Gesellschaft für Demokratie und Ökologie, Band 2, S. 73–82.

Mutz, Gerd und Susanne Korfmacher (2000): Das Projekt Switch. Ein „take off" für bürgerschaftliches Engagement. Voraussetzungen, Erfahrungen, Empfehlungen, München.

Neuberger, Oswald und Ain Kompa (1987): Wir, die Firma. Der Kult um die Unternehmenskultur, Weinheim/Basel.

Neuberger, Oswald (1995): Moden und Mythen der Führung, in: Kieser, Alfred/Reber, Gerhard und Rolf Wunderer (Hrsg.): Handwörterbuch der Führung, Stuttgart, S. 1578–1590.

Neuberger, Oswald (1999): Führen und geführt werden, Stuttgart.

Neuberger, Oswald (2002): Führen und führen lassen: Ansätze, Ergebnisse und Kritik der Führungsforschung, Stuttgart.

Newman, Karen L. and Stanley D. Nollen (1996): Culture and congruence: The fit between management practices and national culture, in: Journal of International Business Studies, Vol. 27, Issue 4, p. 753–779.

Noelle-Neumann, Elisabeth und Burkhard Stümpel (1984): Macht Arbeit krank? Macht Arbeit glücklich?, München.

Oesterdiekhoff, Georg W. und Norbert Jegelka (Hrsg.) (2001): Werte und Wertewandel in westlichen Gesellschaften. Resultate und Perspektiven der Sozialwissenschaften, Opladen.

Olson, Mancur (1991): Aufstieg und Niedergang von Nationen, Tübingen.

Ortmann, Günther und Albrecht Becker (1995): Management und Mikropolitik. Ein strukturationstheoretischer Ansatz, in: Ortmann, Günther (Hrsg.): Formen der Produktion: Organisation und Rekursivität, Opladen, S. 43–80.

Ouchi, William G. (1981): Theory Z, Reading, Mass.

Parsons, Talcott (1960): Structure and Process in Modern Societies, Glencoe.

Parsons, Talcott (1964): Beiträge zur soziologischen Theorie, hrsg. von Dietrich Rüschemeyer, Neuwied.

Parsons, Talcott (1966): Societies, Englewood Cliffs.

Parsons, Talcott (1975): Gesellschaften – Evolutionäre und komparative Perspektiven, Frankfurt a.M.

Parsons, Talcott (1976): Zur Theorie sozialer Systeme, Opladen.

Parsons, Talcott (1985): Das System moderner Gesellschaften, Reprint München.

Peitsmeier, Henning (2008): Es ist ein Husarenstück: Porsche wird bald Volkswagen übernehmen – und in Wolfsburg nichts lassen, wie es war, in: FAZ, Nr.1/2008.

Peters, Thomas J. and Robert H. Waterman (1982): In Search of Excellence. Lessons from America's Best-run Companies, New York.

Piller, Tobias (2007): Unseren Rückstand holen wir auf, in: FAZ, Nr. 238/2007.

Piwinger, Manfred (Hrsg.) (1997): Stimmungen, Skandale, Vorurteile, Frankfurt a.M.

Piwinger, Manfred und Wolfgang Niehüser (1997): Formen symbolischer Kommunikation – ihre wichtige Rolle im Verständigungsprozess, in: Piwinger, Manfred (Hrsg.): Stimmungen, Skandale, Vorurteile, Frankfurt a.M., S. 16–40.

Piwinger, Manfred und Ansgar Zerfaß (Hrsg.) (2007): Handbuch Unternehmenskommunikation, Wiesbaden.

Podsiadlowski, Astrid (2004): Interkulturelle Kommunikation und Zusammenarbeit, München.

Pohlmann, Markus und Hans-Joachim Gergs (1997): Manager in Ostdeutschland. Reproduktion oder Zirkulation einer Elite?, in: KZfSS, Jg. 49, Heft 3, S. 540–562.

Pohlmann, Markus (2002): Management, Organisation und Sozialstruktur – Zu neuen Fragestellungen und Konturen der Managementsoziologie, in: Schmidt, Rudi/Gergs, Hans-Joachim und Markus Pohlmann (Hrsg.): Managementsoziologie. Themen, Desiderate, Perspektiven, München.

Pohlmann, Markus (2003): Der Generationswechsel und die neue „Weltklasse" des Managements. Anmerkungen zum Zusammenhang von demographischem und gesellschaftlichem Wandel, ISO-Mitteilungen, Nr. 2, S. 50–64.

Pohlmann, Markus (2005): Die neue Kulturtheorie und der Streit um Werte, in: Soziologische Revue, Jg. 28, Nr. 1, S. 3–14.

Pohlmann, Markus (2008): Management und Moral, in: Blank, Tobias u. a. (Hrsg.): Integrierte Soziologie – Perspektiven zwischen Ökonomie und Soziologie, Praxis und Wissenschaft, Heidelberg, S. 161–175.

Pohlmann, Markus (2008): Der diskrete Charme der Bourgeoisie – ein Beitrag zur Soziologie des modernen Wirtschaftsbürgertums, in: Sigmund, Steffen u. a. (Hrsg.): Soziale Konstellation und historische Perspektive. Festschrift für M. Rainer Lepsius, Wiesbaden.

Polanyi, Karl (1979): Ökonomie und Gesellschaft, Frankfurt a.M.

Pongratz, Hans J. (2002): Legitimitätsgeltung und Interaktionsstruktur. Die symbolische Repräsentation hierarchischer Verfügungsrechte in Führungsinteraktionen, in: Zeitschrift für Soziologie, Jg. 31, Heft 4, S. 255–274.

Pongratz, Hans J. (2003): Die Interaktionsordnung von Personalführung. Inszenierungsformen bürokratischer Herrschaft im Führungsalltag, Wiesbaden.

Pongs, Armin (1999): In welcher Gesellschaft leben wir eigentlich? Gesellschaftskonzepte im Vergleich, Bd. 1, München.

Pongs, Armin (2000): In welcher Gesellschaft leben wir eigentlich? Gesellschaftskonzepte im Vergleich, Bd. 2, München.

Postman, Neil (1985): Wir amüsieren uns zu Tode: Urteilsbildung im Zeitalter der Unterhaltungsindustrie, Frankfurt a.M.

Pries, Ludger (2000): Globalisierung und Wandel internationaler Unternehmen, in: KZfSS, Jg. 52, Heft 4, S. 670–695.

Prigge, Wolfgang-Ulrich und Rolf Sudek (Hrsg.) (2003): Innere Führung durch Leitbilder?, Berlin.

Pross, Helge (1965): Manager und Aktionäre in Deutschland. Untersuchungen zum Verhältnis von Eigentum und Verfügungsmacht, Frankfurt a.M.

Pross, Helge und Karl W. Böttchen (1971): Manager und Kapitalismus, Frankfurt a.M.

Pross, Helge (1973): Kapitalismus und Demokratie, Frankfurt a.M.

Pross, Helge (1983): Der Geist der Unternehmer. 100 Jahre Vorwerk & Co. 1883–1983, Düsseldorf.

Putnam, Robert D. (Hrsg.) (2001): Gesellschaft und Gemeinsinn, Gütersloh.

Reed, M. I. (1989): The Sociology of Management, New York.

Rink, Dieter (Hrsg.) (2002): Lebensstile und Nachhaltigkeit. Konzepte, Befunde und Potentiale, Opladen.

Robbins, Stephen P. (1992): Essentials of Organizational Behaviour, 3rd ed., Englewood Cliffs.

Roethlisberger, Fritz J. (1945): The foreman: Master and victim of double talk, in: Harvard Business Review, Nr. 23/45, p. 283–298.

Roethlisberger, Fritz J. and William J. Dickson (1950): Management and the Worker, Cambridge, Mass.

Roethlisberger, Fritz J. (1954): Betriebsführung und Arbeitsmoral, Köln/Opladen.

Roethlisberger, Fritz J. (1991): Barriers and Gateways to Communication, in: Harvard Business Review, Nr. 6, p. 106–111.

Rohmeder, J. (1989): Die Herrschaft der Gefühle, in: GDI-Impuls, Heft 2, S. 70–73.

Rokeach, Milton (1973): The Nature of Human Values, New York.

Rosenstiel, Lutz von/Regnet, Erika und Michael E. Domsch (2003): Führung von Mitarbeitern, 5.Aufl., Stuttgart.

Roßbach, Henrike (2007): Das Geheimnis der Emotionen, in: FAZ, Nr. 190/2007.

Rüßmann, Karl Heinrich (1988): Strahlkraft durch Kompetenz, in: Manager Magazin, Heft 4, Hamburg, S. 254–273.

Sackmann, Sonja (2002): Unternehmenskultur: Erkennen, Entwickeln, Verändern, Neuwied/Kriftel.

Sackmann, Sonja (2004): Erfolgsfaktor Unternehmenskultur, Wiesbaden.

Sarges, Werner (1990): Management-Diagnostik, Göttingen/Toronto/Zürich.

Sassen, Saskia (2000): Machtbeben – Wohin führt die Globalisierung?, Stuttgart/München.

Schäfers, Bernhard (2003): Grundbegriffe der Soziologie, 8. Aufl., Opladen.

Schäfers, Bernhard und Johannes Kopp (Hrsg.) (2006): Grundbegriffe der Soziologie, 9. Aufl., Wiesbaden.

Schäfers, Bernhard und Johannes Kopp (Hrsg.) (2007): Einführung in die Hauptbegriffe der Soziologie, Wiesbaden.

Schauer, Hans (1997): Nationale und europäische Identität, in: APuZ, 10/1997, S. 3–13.

Schein, Edgar (1995): Unternehmenskultur. Ein Handbuch für Führungskräfte, Frankfurt a.M./New York.

Schein, Edgar (2003): Organisationskultur. The Ed Schein Corporate Culture Survival Guide, Bergisch Gladbach.

Schein, Edgar (2005): Karriereanker. Die verborgenen Muster in Ihrer beruflichen Entwicklung, Darmstadt.

Scherf, Michael (2002): Beratung als System. Zur Soziologie der Organisationsberatung, Wiesbaden.

Scherhorn, Gerhard und Christoph Weber (Hrsg.) (2002): Nachhaltiger Konsum. Auf dem Weg zur gesellschaftlichen Verankerung, München.

Scheuch, Erwin und Ute Scheuch (1995): Bürokraten in den Chefetagen, Reinbek.

Scheuch, Erwin und Ute Scheuch (2003): Manager im Größenwahn, Reinbek.

Schienstock, Gerd (1991a): Struktur, Politik oder soziale Praxis. Perspektiven einer soziologischen Theorie des Managements, in: Österreichische Zeitschrift für Soziologie, 2/1991, S. 27–40.

Schienstock, Gerd (1991b): Managementsoziologie – ein Desiderat der Industriesoziologie? Theoretische Perspektiven einer Soziologie des Managements, in: Soziale Welt, Jg. 42, Heft 3, S. 349–370.

Schienstock, Gerd (1993): Soziologie des Managements: Eine Prozessperspektive, in: Staehle, Wolfgang H. und Jörg Sydow (Hrsg.): Managementforschung 3, Berlin/New York, S. 271–308.

Schiller, Friedrich von (1980): Sämtliche Werke, Bd. IV, 6. Aufl., München.

Schluchter, Wolfgang (1979): Die Entwicklung des okzidentalen Rationalismus, Tübingen.

Schlüter, Christiane (2004): Praktiken ziviler Gesellschaft. Anwendungsorientierter Kommunitarismus in den USA und Deutschland, Regensburg.

Schmid, Stefan (1996): Multikulturalität in der internationalen Unternehmung: Konzepte – Reflexionen – Implikationen, Wiesbaden.

Schmidt, Gert und Rainer Trincek (Hrsg.) (1999): Globalisierung. Ökonomische und soziale Herausforderungen am Ende des zwanzigsten Jahrhunderts, in: Soziale Welt, Sonderband 13, Baden-Baden.

Schmidt, Klaus (2007): Leitbilder schaffen Mehrwert, in: FAZ, Nr. 30/2007.

Schmidt, Siegfried (2003): Unternehmenskultur. Die Grundlagen für den wirtschaftlichen Erfolg von Unternehmen, Wiesbaden.

Schneider, Ursula (2004): Governance statt Government? Zu einem erweiterten Verständnis von Corporate Citizenship, in: Schneider, Ursula und Peter Steiner (Hrsg.): Betriebswirtschaftslehre und gesellschaftliche Verantwortung – Mit Corporate Social Responsibility zu mehr Engagement, Wiesbaden, S. 19–42.

Schnell, Rainer/Hill, Paul Bernhard und Elke Esser (1989): Methoden der empirischen Sozialforschung, 2. überarb. u. erw. Aufl., München.

Schoppen, Willi (2007): Finanzinvestoren – Eigentümer mit hohem Anspruch, in: FAZ, Nr. 239/2007.

Schramm, Michael (2006): Der Preis der Werte. Wirtschaftsethische Notizen, in: AMOS. Gesellschaft gerecht gestalten. Internationale Zeitschrift für christliche Sozialethik, Nr. 4, S. 11–18.

Schreyögg, Georg und Jörg Sydow (Hrsg.) (1999): Managementforschung 9. Führung neu gesehen, Berlin/New York.

Schreyögg, Georg und Peter Conrad (Hrsg.) (2002): Theorien des Managements, Wiesbaden.

Schröer, Evelyn und Werner Freund (1999): Neue Entwicklungen auf dem Markt für Übertragung mittelständischer Unternehmen, in: IfM-Materialien, Nr. 136.

Schröer, Norbert (2002): Verfehlte Verständigung? Kommunikationssoziologische Fallstudien zur interkulturellen Kommunikation, Konstanz.

Schülein, Johann/Mikl-Horke, Gertrude und Ruth Simsa (2003): Soziologie für Wirtschaftswissenschaftler, Wien.

Schüller, Anne (2004): Zukunftstrend Kundenloyalität, Göttingen.

Schulz, Beate (1991): Strategische Planung von Public Relations, Frankfurt a.M./New York.

Schulz von Thun, Friedemann (1981): Miteinander reden 1. Störungen und Klärungen, Reinbek.

Schulz von Thun, Friedemann (1989): Miteinander reden 2. Stile, Werte und Persönlichkeitsentwicklung, Reinbek.

Schulz von Thun, Friedemann (1998): Miteinander reden 3. Das „innere Team" und situationsgerechte Kommunikation, Reinbek.

Schulz von Thun, Friedemann/Ruppel, Johannes und Roswitha Stratmann (2000): Miteinander reden: Kommunikationspsychologie für Führungskräfte, Reinbek.

Schulze, Gerhard (1992/2005): Die Erlebnisgesellschaft. Kultursoziologie der Gegenwart, Frankfurt a.M.

Schumpeter, Joseph A. (1987): Kapitalismus, Sozialismus und Demokratie, Stuttgart.

Seifert, Matthias (2001): Vertrauensmanagement. Eine empirische Studie über Vertrauen zwischen Angestellten und ihren Führungskräften, München/Mering.

Selznick, Philip (1957): Leadership in Administration. A Sociological Interpretation, Evanston.

Sennett, Richard (1998): Der flexible Mensch. Die Kultur des neuen Kapitalismus, Berlin.

Sievert, Holger (2007): Der Blick über den Tellerrand, in: PR Magazin, Nr. 2, S. 47–54.

Six, Ulrike (1988): Ethnische Vorurteile. Möglichkeiten und Grenzen ihrer Reduktion durch Massenmedien, in: Schäfer, Bernd und Frank Petersmann (Hrsg.): Vorurteile und Einstellungen, Köln.

Smelser, Neil J. (1972): Soziologie der Wirtschaft, München.

Smith, Adam (1974): Der Wohlstand der Nationen, München.

Soeffner, Hans-Georg (1995): Die Ordnung der Rituale, Frankfurt a.M.

Sombart, Werner (1986): Der moderne Kapitalismus. Historisch-systematische Darstellung des gesamteuropäischen Wirtschaftslebens von seinen Anfängen bis zur Gegenwart, Berlin.

Sombart, Werner (1988): Der Bourgeois. Zur Geistesgeschichte des modernen Wirtschaftsmenschen, Reinbek.

Spiegel, Bernt (1961): Die Struktur der Meinungsverteilung im sozialen Feld, Bern.

Staehle, Wolfgang H. (1989): Unternehmenskultur als Managementkonzept, ArbS der Fernuniversität Hagen, Nr. 000 384 402 (10/89).

Staehle, Wolfgang H. (1999): Management, 8. Aufl., überarbeitet von Peter Conrad und Jörg Sydow, München.

Stafflage, Eva (2005): Unternehmenskultur als erfolgsentscheidender Faktor, Wiesbaden.

Steger, Ulrich (2004): Corporate Diplomacy. Gesellschaftsbewusste Unternehmensführung, München.

Steinle, Claus (1985): Organisation und Wandel, Berlin/New York.

Steinmann, Horst und Albert Löhr (1994): Grundlagen der Unternehmensethik, 2. Aufl., Stuttgart.

Steinmann, Horst und Georg Schreyögg (2000): Manager und Management, in: Steinmann, Horst und Georg Schreyögg: Management. Grundlagen der Unternehmensführung. Konzepte – Funktionen – Fallstudien, 5.Aufl., Wiesbaden, S. 3–25.

Tacke, Veronika (Hrsg.) (2001): Organisation und gesellschaftliche Differenzierung, Wiesbaden.

Tannen, Deborah (1999): Das hab' ich nicht gesagt! Kommunikationsprobleme im Alltag, München.

Tannen, Deborah (2001): Job Talk. Wie Frauen und Männer am Arbeitsplatz miteinander reden, München.

Tannen, Deborah (2004): Du kannst mich einfach nicht verstehen. Warum Männer und Frauen im Alltag aneinander vorbeireden, München.

Taylor, Frederick W. (1911): The Principles of Scientific Management, New York.

Theis, Roswitha (1989): Partizipation und Demokratie. Die Soziologie von Helge Pross, Frankfurt.

Theis-Berglmair, Anna Maria (2003): Organisationskommunikation. Theoretische Grundlagen und empirische Forschungen, Münster.

Thomas, Alexander (1995): Mitarbeiterführung in interkulturellen Arbeitsgruppen, in: Rosenstiel, Lutz von/Regnet, Erika und Michael Domsch (Hrsg.): Führung von Mitarbeitern. Handbuch für erfolgreiches Personalmanagement, 3. Aufl., Stuttgart, S. 485–502.

Türk, Klaus (1987): Einführung in die Soziologie der Wirtschaft, Stuttgart.

Türk, Klaus (1990): Von „Personalführung" zu „Politischer Arena"? Überlegungen angesichts neuer Entwicklungen in der Organisationsforschung, in: Wiendieck, Gerd und Günther Wiswede (Hrsg.): Führung im Wandel, Stuttgart, S. 54–87.

Türk, Klaus (1995): „Die Organisation der Welt", Opladen.

Türk, Klaus/Lemke, Thomas und Michael Bruch (2002): Organisation in der modernen Gesellschaft, Wiesbaden.

Ulrich, Peter: Integrative Wirtschaftsethik (2001): Grundlagen einer lebensdienlichen Ökonomie, 3. Aufl., Bern/Stuttgart/Wien.

Vanberg, Victor (1982): Markt und Organisation, Tübingen.

Van Deth, Jan W. (2001): Wertewandel im internationalen Vergleich: Ein deutscher Sonderweg?, in: APuZ, 29/2000, S. 23–30.

Von Klipstein, Michael und Burkhard Stümpel (Hrsg.) (1985): Gewandelte Werte – erstarrte Strukturen. Wie die Bürger Wirtschaft und Arbeit erleben, Bonn.

Von Pierer, Heinrich/Homann, Karl und Gertrude Lübbe-Wolff (2003): Zwischen Profit und Moral. Für eine menschliche Wirtschaft, München/Wien.

Walgenbach, Peter (1994): Mittleres Management. Aufgaben – Funktionen – Arbeitsverhalten, Wiesbaden.

Wallerstein, Immanuel (1980): Das moderne Weltsystem, Frankfurt a.M.

Wallerstein, Immanuel (1984a): Der historische Kapitalismus, Berlin.

Wallerstein, Immanuel (1984b): The Politics of the World Economy, Cambridge.

Wallerstein, Immanuel (1991): Geopolitics and Geoculture. Essays on the Changing World System, Cambridge.

Walter-Busch, Emil (1996): Organisationstheorien von Weber bis Weick, Amsterdam.

Watzlawick, Paul (1983): Anleitung zum Unglücklichsein, München.

Watzlawick, Paul/Beavin, Janet H. und Don D. Jackson (2000): Menschliche Kommunikation. Formen, Störungen, Paradoxien, Bern.

Weber, Max (1976): Soziologische Grundbegriffe, 3. Aufl., Tübingen.

Weber, Max (1982 [1910]): Die protestantische Ethik I, hrsg. von Johannes Winckelmann, 4. erw. Aufl., Tübingen.

Weber, Max (1988 [1920]): Gesammelte Aufsätze zur Religionssoziologie I, 9.unv.Aufl., Tübingen.

Weber, Max (1988 [1922]): Die protestantische Ethik und der Geist des Kapitalismus, in: Gesammelte Aufsätze zur Religionssoziologie, Tübingen.

Weber, Max (1994): Wirtschaft und Gesellschaft. Studienausgabe, Köln/Berlin.

Weber, Max (1996): Die protestantische Ethik und der Geist des Kapitalismus, 2. Aufl., Weinheim.

Weede, Erich (1985): Entwicklungsländer in der Weltgesellschaft, Opladen.

Weede, Erich (1990): Wirtschaft, Staat und Gesellschaft, Tübingen.

Weick, Karl und Kathleen Sutcliffe (Hrsg.) (2003): Das Unerwartete managen. Wie Unternehmen aus Extremsituationen lernen, Stuttgart.

Weik, Elke und Rainhard Lang (Hrsg.) (2001/2003): Moderne Organisationstheorien, Bd. 1 und 2, Wiesbaden.

Weitbrecht, Hansjörg und Wolf-Matthias Braun (1999): Das Management als Akteur der industriellen Beziehungen, in: Müller-Jentsch, Walther (Hrsg.): Konfliktpartnerschaft. Akteure und Institutionen der industriellen Beziehungen, 3. überarb. u. erw. Aufl., München/Mering, S. 79–101.

Welch, Jack und Suzy Welch (2005): Winning. Das ist Management, Frankfurt a.M.

Welge, Martin K. und Andreas Al-Laham (2003): Strategisches Management – Grundlagen, Prozess, Implementierung, Wiesbaden.

Wickel, Horst-Peter (2007): Alle an einem Tisch, in: Süddeutsche Zeitung, Nr. 233/2007.

Wiedemann, Herbert (2003): Das Unternehmen als dialektisches System. Führung und Kommunikation einmal anders betrachtet, Leonberg.

Wieland, Josef (1999): Die Ethik der Governance, Marburg.

Wieland, Josef (2002): Wertemanagement und Corporate Governance, in: OrganisationsEntwicklung, Heft 4, S. 84–90.

Wieland, Josef (Hrsg.) (2004a): Handbuch Wertemanagement, Hamburg.

Wieland, Josef (2004b): Wozu Wertemanagement? Ein Leitfaden für die Praxis, in: Wieland, Josef (Hrsg.): Handbuch Wertemanagement, Hamburg, S. 13–54.

Wieland, Josef (2005): Normativität und Governance. Gesellschaftstheoretische und philosophische Reflexionen der Governanceethik, Marburg.

Wiendieck, Gerd und Günter Wiswede (Hrsg.) (1990): Führung im Wandel. Neue Perspektiven für Führungsforschung und Führungspraxis, Stuttgart.

Wieser, Carmen (2005): „Corporate Social Responsibility" – Ethik, Kosmetik oder Strategie? Über die Relevanz der sozialen Verantwortung in der Strategischen Unternehmensführung, Wien.

Willems, Herbert und Alois Hahn (Hrsg.) (1999): Identität und Moderne, Frankfurt a.M.

Windolf, Paul und Jürgen Beyer (1995): Kooperativer Kapitalismus. Unternehmensverflechtungen im internationalen Vergleich, in: KZfSS, Jg. 47, Heft 1, S. 1–36.

Windolf, Paul/Brinkmann, Ulrich und Dieter Kulke (1999): Warum blüht der Osten nicht? Zur Transformation der ostdeutschen Betriebe, Berlin.

Windolf, Paul and Jürgen Beyer (2002): Corporate networks in Britain and Germany, in: British Journal of Sociology, 47/2, p. 205–231.

Windolf, Paul (2003): Sind Manager Unternehmer? Deutsche und britische Manager im Vergleich, in: Hradil, Stefan und Peter Imbusch (Hrsg.): Oberschichten – Eliten – Herrschende Klassen, Opladen, S. 299–335.

Wiswede, Günther (1980): Motivation und Führung in Betrieben, Köln.

Wiswede, Günther (1990): Führungsforschung im Wandel, in: Wiendieck, Gerd und Günther Wiswede: Führung im Wandel. Neue Perspektiven für Führungsforschung und Führungspraxis, Stuttgart, S. 1–38.

Wiswede, Günther (2002): Konsumsoziologie – Eine vergessene Disziplin, in: Rosenkranz, Doris und Norbert F. Schneider (Hrsg.): Konsum. Soziologische, ökonomische und psychologische Perspektiven, Opladen, S. 23–72.

Wöhrle, Michael (1987): Imagebildung als Ziel von PR-Prozessen, in: PR-Magazin, Heft 8, S. 23–30.

Woodward, Joan (1994): Industrial Organization: Theory and Practice, 2nd ed., London.

Wozniak, Steve (2006): iWoz – Wie ich den Personal Computer erfand und Apple mitgründete, München.

Zerfaß, Ansgar (2004): Unternehmensführung und Öffentlichkeitsarbeit. Grundlegung einer Theorie der Unternehmenskommunikation und Public Relations, Opladen.

Zündorf, Lutz (Hrsg.) (1979): Industrie- und Betriebssoziologie, Darmstadt.

Zündorf, Lutz und Manfred Grunt (1980): Hierarchie in Wirtschaftsunternehmen. Die sozialen Beziehungen zwischen Vorgesetzten und ihren Untergebenen in Industrie- und Dienstleistungsunternehmen, Frankfurt a.M./New York.